21/世/纪/高/等/学/校/法/学/专/业/应/用/型/系/列/教/材

法理学

主　编　魏清沂

副主编　张　姝

撰稿人（以撰写章节先后为序）

魏清沂　张　姝　张举国

蔡晓义　张　华

兰州大学出版社

21 世纪高等学校法学专业应用型系列教材

总序

当时光的车轮匆匆驶入21世纪的时候，我们有理由相信，中国，这个有着悠久历史和厚重传统文明的古老国度，也已开步迈向了法治现代化的道路，并昭示出光明的前景。改革开放以来，经济多元化和政治民主化的发展迫切需要法治的推动、保障和引导，社会的进步、权利意识的觉醒呼唤一个法治时代的来临。在历史动力的促动之下，立法被提上了国家生活的重要日程，一个以宪法为核心的颇具规模的中国特色社会主义法律体系逐步形成并趋于完善。行政执法正在逐步实现规范化、程序化和法制化，政府依法行政、依法管理的水平有了明显提高。以刑事诉讼、民事诉讼和行政诉讼为核心的三大诉讼体系渐趋完备，司法体制改革借助经济体制改革和政治民主化进程的推进而得以推进。“依法治国、建设社会主义法治国家”终于历史性地进入国家生活和社会生活之中，成为上个世纪最后若干年里中国最重大的进步之一。可以说，中国的法治建设在经历了曲折的发展道路之后，终于可以以一个崭新的面貌终结一个世纪，并迎来新世纪的曙光。

应当明了，法治现代化的进步，不仅取决于政府与社会的鼎力推动，而且有赖于法学教育的繁荣。我国的法学教育经过三十年的迅速发展，已经建立了一个多形式、多层次、多规格的法学教育体系，形成了比较完整、科学和稳定的法学学科分类布局；理论法学、应用法学门类齐全，一些法学子学科、法学边缘学科也渐次成型，法学学科体系在不断调整中日益完善和成熟。法学教育的规模迅速扩大，法学教育水平不断提高。统计资料显示，截至2005年底，我国有法学本科专业的高等院校已达559所（这一数字尚不包括独立院校及各类法学专科院校），法学专业在校本科生和研究生达30万人，其中本科生为20多万人，法律硕士专业学位研究生2万多人，法学硕士研究生6万多人，法学博士研究生6000多人。法学教育的勃兴，为我国社会主义法治建设奠定了良好的基础。正如中国法学教育研究会会长曾宪义教授所说，法学教育的飞速发展，反映了我国民主与法治的进步，说明社会对法律人才的迫切需求。

社会科学发展史反复向我们证实：法学是治国之学，是强国之学，是正义之学，是权利之学。在现代法治社会，法学教育注定将承载时代赋予的神圣使命。在过去的30年中，中国法学教育走过的历程足资我们自豪，展望21世纪，随着国家的发展、社会的进步，法学教育将面临着更大的挑战。目前，法学界关于中国法学教育未来走向最有价值的讨论，莫过于法学教育的目标与理念的革新。概而言之，法学教育如何创新？法学教育的定位应当是素质教育、职业教育，抑或是精英教育？苏力教授指出，现在我国的法学教育应当侧重于学生能力的培养，而不仅仅是知识的传授。在我们看来，学术教育和职业训练是现代法学教育两个不可或缺的组成部分，一方面，法学已发展成为一门学科体系庞大、理论成果丰富的社会科学，其专业化、复杂化的程度决定了法律学术教育的必要；另一方面，法学又是一门实践性很强的学科，法学教育绝不仅只是单纯的知识传授和学术培养，而且是一种职业训练。因此，未来的法学教育不仅要教授给学生法律的知识、理论和制度，教授相关的人文科学知识、培养学生深厚的人文精神，而且还要教授给学生必备的法律职业素质和技能，包括追求公平、正义，崇尚法治的理想和信念，认同职业伦理、恪守职业道德的自律精神，以及运用法律概念、原理和规则发现法律事实和法律问题，并运用法律职业者独有的批判性和创造性法律思维方式分析法律关系，处理法律问题的技术和能力。

基于此种认识，甘肃政法学院与兰州大学出版社经过研究协商，决定以甘肃政法学院为主，组织甘肃政法学院、兰州大学、兰州商学院等院校骨干师资力量，出版这套“21世纪高等学校法学专业应用型系列教材”。本套教材包括国家教育部所确定的法学专业核心课程教材，也包括法学各领域、各新兴学科教材，共20本。参与编写本套教材的教师，以甘肃政法学院的学科带头人及中青年学术骨干为主。教材内容侧重“应用性”，同时充分注意了实践性与理论性的合理结合，力争使教材内容能够站在21世纪的学术理论与实践的前沿，反映各学科成熟的理论。对我们来说，这是一次尝试。

应该感谢我们所处的这个时代，正是对于社会进步的渴望，对于法治的崇尚和追求，才有了中国法学教育事业的迅速发展。甘肃政法学院正是伴随着我国法治建设和法学教育的步伐而成长起来的一所年轻的法律院校，她始建于1956年，前身为甘肃省政法干部学校，1984年经教育部批准改建为普通高等学校，开始专科教育，1989年开始本科教育，2005年开始硕士研究生教育。她见证了共和国三十年法治建设的历程。虽然，她地处祖国经济欠发达的西北，环境艰苦，无交通、信息之便，开展法学高等教育尤为步履艰难，目前尚不能与国内著名的法学院校并肩，然而，她毕竟在发展壮大，在向“立足甘肃、面向全国、西部一流”的目标迈进。我们可以自豪地说，这一方水土也许贫瘠，但这里活跃着一支默默奉献的耕耘者队伍，他们热爱法学教育事业，愿意在艰苦的条件下为我国法学教育事业尽绵薄之力——只有他们，才是我们事业发展不竭的力量源泉，才是我们未来的希望。

我愿意借此机会，向参与本系列教材编写的各位撰稿人，以及为本系列教材的付梓出版提供各项便利的兰州大学出版社表达我的感谢，向为我国法学教育事业奉献青春和智慧的西部法律学人表达由衷的敬意。让我们共同期待21世纪我国的法学教育和法治建设取得更多、更丰厚的收获。

最后，谨以本系列教材作为庆祝甘肃政法学院建院五十周年的贺礼！

王肃元　谨识

二〇〇六年元月九日

编写说明

本教材在编写过程中，我们将《法理学》的全部内容系统地归纳为六编，即法学导论、法的本体论、法的历史论、法的价值论、法的运行论和法的关系论。这六个部分虽然没有涵盖法理学的全部内容，但是，我国法理学研究的绝大部分成果都可以涵盖其中。我国的法理学研究和教学中普遍存在着方法论的研究和教育不足的问题，法学的方法论这一法理学的重要内容还不能成为一个系统的体系，因此，本教材的美中不足就是没有法学的方法论这样单独的一编。这是我长期以来在法理学的研究和教学过程中不断地思考和疏理的结果，并将在今后的工作中继续不断地整理和思考完善。

本教材的编写体例借鉴和吸收了最近几年的一些新教材的编写方法。每章都有学习提示、重点或难点问题、思考题和推荐阅读，教材末尾有推荐参考书。

由于时间紧迫，我们的水平和能力也很有限，错误之处在所难免。恳请读者斧正。

本教材由魏清沂副教授任主编，制定编写大纲和要求，并负责统稿、定稿。张姝、张举国任副主编，负责文字的校定和部分内容的审阅。

各编分工如下：

魏清沂　第一编、第三编

张　姝　第二编

张举国　第四编

蔡晓义　第五编

张　华　第六编

主　编

2006年元月

目录

第一编　导论

第二编　法本体论

第三编　法历史论

第四编　法的价值论

第五编　法的运行论

第一编

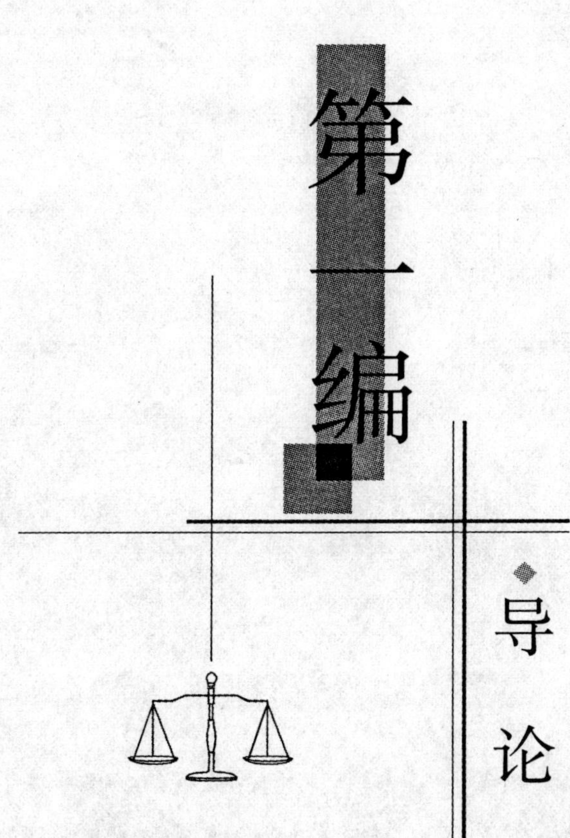

导论

第一章　法学

学习提示:本章主要介绍法学这门学科的相关问题,包括法学的概念、研究对象、法学的功能以及法学学科和其他社会科学的关系等问题,从而认识法学学科的最基本的问题。本章的主要难点是法学的研究对象的多角度理解问题。重点是法学的功能和法学与其他社会科学的关系问题。

重点问题:

1. 法学的研究对象
2. 法学的功能及其表现
3. 法学与其他社会科学的关系

第一节　法学的研究对象

法学,在中国先秦时期称为"刑名法术之学"或"刑名之学"。自汉代开始各代又有"律学"的名称。"法学"或"法律科学"在中国的广泛使用是近代西方文化传入中国之后的事情。在西方,"法学"一词源自古代拉丁语的 Jurisprudentia。其原意是"法律的知识"或"法律的技术"。古罗马法学家乌尔比安(Ulpianus)对该词的定义是:"人和神的事务的概念,正义与非正义之学"。①

在法学史上,不同时期、不同学派的思想家、法学家对法学的研究对象往往有不同的理解,因而对法学研究的具体对象,往往作了不同的解说和回答。例如,有的认为法学主要研究法的价值和最高目的,特别是法与道德、正义或哲理的关系,亦即研究先验的、亘古不变的理想法、正义法或自然法,以此作为评价现行法、修改或创制新法的依据;有的主张法学应着重研究实在法,即国家制定或认可的法律规范、法律体系及其结构和要素,特别是要对法的概念进行分析;有的主张法学的任务在于调查研究法与社会的相互关系,研究法的社会功能和实效;有的认为法学的研究对象应包括法的价值、法的形式和法的事实;而有的则把法学的对象归结为注释法典或重述判例。

我们认为,法学是以法律现象为研究对象的各种科学活动及其认识成果的总称。作为一门系统的科学,法学必须对其研究对象进行全方位的研究,即既要对法进行历时性研究——考察研究法的产生、发展及其规律,又要对法进行共时性研究——比较研究各种不同的法律制度,它们的性质、特点以及它们的相互关系;既要研究法的内在方面,即法的内部联系和调整机制等,又要研究法的外部方面,即法与其他社会现象的联系、区别及其相互作用;既要研究法律规范、法律关系和法律体系的内容和结构以及法律关系的要素,又

① 《学说汇纂》1,1,10,2;《法学阶梯》1,1,1。

要研究法的实际效力、效果、作用和价值。总之,凡属与法有关的问题和现象都在法学研究的范围之内。

第二节 法学的功能

一、法学的理论认识功能

法学作为以法这一特定的社会现象及其规律为研究对象的科学,是一门具有多种功能的科学。概括起来,其功能又主要表现在理论认识、法律实践、法文化传播三个大的方面。

(一)法学的解释功能

"解释学之父"施莱尔马赫曾指出,解释的必要即在于克服误解。法律活动其实也存在着误解问题,因而也有"误解克服"的必要性,因之也就存在着解释的必要性。这种必要性对法学来说,主要表现在对法律规范本身和法制过程两个方面。

1.法学对法律本身的学理解释

法学对法律的解释是法学本身固有的功能之一。这种学理解释虽然没有被赋予法律效力,不能作为适用法律的依据,但对于普及法律知识、提高人们的法律意识,正确理解和遵守法律,推动法学发展,都有很重要的意义。因此,法学对法律的解释功能为历代统治阶级所重视,而往往将法学这种功能赋予一定的法律效力。

从中国历史上看,自汉代开始,"律学"开始兴起,它以儒家学说为指导对以刑律为主的成文法进行解释。晋代张斐是较为有名的律学家之一,他曾经任晋武帝时的明法椽(即解释法律的属官),对晋代刑律作了很多的解释。东晋以后,对法律的私家注释逐渐由官方注释所取代。公元652年,唐朝大臣长孙无忌等人奉诏编写《唐律疏议》一书,对《唐律》作了权威性的解释,与唐律具有同样的法律效力。可见,古代中国对法律的解释是律学的重要使命之一,无不体现法学所具有的对法律的解释功能。

在西方历史上,古代罗马法高度发达,并形成了一个职业的法学家集团,专门为个人提供法律咨询,起草法律文书与"解答法律问题"。这种解答以后逐渐发展为具有法律效力。所以法学家的法律解释被认为是罗马法的重要渊源之一。在公元6世纪查士丁尼皇帝下令编纂法律时,不少著名的法学著作成为编纂的内容即编成《学说汇纂》。

在罗马法复兴运动中,罗马法学在西欧大陆得到了进一步的张扬。当时,以伊纳留斯(Irnerius,约1055~1130年)为首的注释法学派,以意大利的波伦那(Bologna)大学为中心,对查士丁尼的《国法大全》,尤其是《学说汇纂》进行了系统的注解。至13世纪,这种注解活动越出意大利,波及法国、德国以及其他欧洲国家。注释法学家的这些活动对罗马法在欧洲的传播具有重要的意义。到近现代,法学对法律的解释虽不像古代,赋予其与法律本身一样的效力,但是,法学对法律的解释功能并未因此丧失,其功能发挥的面反而扩大了,方法也增多和更新了。

在当代,法律解释的职责已经被赋予了专门的国家机关,但法学对法律的解释功能却依然存在,它主要表现在:对法律的现实目的、意义作出学理说明;对某些原则性、纲领性的法律规范进行语义剖析;对法律之间的联系和区别进行说明;对某些专业性较强的法律术语做出学理界定。

2. 法学对法律实践活动的解释

一般来说，法律实践活动是在法律理论的指导下进行的，即先有一定的理论模式然后才有实践。然而，在社会生活中往往会出现另外的情形：实践先于理论，或者说理论滞后于实践。在社会变革时代，尤其如此。在社会变革时代，法律实践具有强烈的开拓性，因而不可能将每一类可能出现的实践都事先议定出某种理论模式。这样，那些具有开拓性的法律实践必定具有探索的性质，因而，作为实践主体就可能按照自己的需要尺度去探索着从事某些原来从未经历过、书本上也未提到过的实践活动，这样，实践便先于理论。正因为这种法律实践具有探索的性质，所以这种实践存在以及连续存在的合理性就有待于说明。正因为有些法律实践先于法律理论的指导，那么滞后的理论就应该对这些实践活动的合理性、可行性作出恰当的解释。在现实生活中往往某项法律实践活动在实施之前或以后，为什么要实施该项活动，它到底有何意义，它的目标是什么等问题，有时是显而易见的，有时是模糊不清的。为了让人们更清楚、充分地理解和认识，法学就必须从不同的角度，用不同的方式对上述若干问题作出客观合理的解释，让人们从对该法律实践活动充分了解，到完全接受并最后积极参与。

即使是在法律理论或法律制度存在情况下的法律实践，也有法学解释的问题。

(二)法学的预测功能

法学解释是对于现实的法律存在和曾经的法律存在的说明，而法学预测则意在说明尚未出现的法律存在。法律解释和法律预测，作为法学的基本功能，试图说明作为整个过程的法律存在。

法学的预测功能是指法学本身具有对法律可能产生的各种效果和未来发展趋势提出的预见。具体地说，就是根据经济关系的要求和社会关系参加者的行为，依照一定阶级的利益和各种法律本身的性质以及社会生活各方面对法律的要求等，用科学的方法对立法、执法、守法、法律监督的各种情况以及一般发展趋势进行估计和推断，事先提出的预见。

法学之所以具有预测功能，首先在于法学作为一种理论体系而具有相对独立性。其理论反映对现实的超越，就是这种相对独立性，就是预见。从本质而言，法学注定要摆脱对法律现实直观、感性的认识，因而对其研究对象不可能只是现象的把握与静态的把握，而是本质的、规律的把握，因之亦是动态的把握。这种把握便在法学对象的现实中向人们理论地展示了它的未来。其次，法学之所以具有预测功能，还在于其研究对象(法律现象)本身是有规律的、动态的。以规律为纽带的一系列因素链条构成了对象的运动发展，这样，法学对象本身在现实中就已经包含着未来。

法学对法律的预测是一种科学认识活动，其目的是形成对某些对象的发展预测。由于法学预测是一种对未来某一时间内、局限于某一空间内对象的概率判断，因而它是一种科学预见的方式，其依据同一种思维性质，即超前反映实际情况，从中不仅能了解过去，而且能了解现在和将来。预见是法律科学理论的内在部分，同方法、假设、事实、结论一起进入科学结构。实际上，预见是任何发达科学的不可分割的一种功能。科学知识的形成过程，从一开始就提出要在完成阶段务必研究对未来的预见问题。法学也是如此。只有回答了关于未来的问题，才能证明科学知识的形成已到了完成阶段。发达的现代法律科学理论，作为一个必须的要素，也包括对所描述、所解释的对象提出进一步发展的预见。

法学对法律的预测对象主要有两类，即法和法的实践活动。法学以法的实践活动为

对象,主要表现为对法律实践结果的预测,以及对于法律实践过程的预测。在法律实践过程之初,对于其实践结果的理论预测,便形成法律实践的目的,因为实践过程结束之后的理想的结果就应当是实践过程之初的目的。所谓法律实践的“合目的性”就是指法律实践过程结束之后的结果与过程之初的目的相一致,如果法律过程之初的目的是对于过程之后的结果的预测,那么,法律实践的合目的性就成为可跑。对法律实践过程的预测,便形成法律实践可以进行的实施方案。根据过去的法律经验和现实也可以形成法律实践的目的与方案,然而现代法律实践更要求它们在预测中形成。由此亦表明,这种法学预测具有“实践决策”的意义。此外,以法律实践活动为对象,法学理论的预测还具有“实践动力”的意义。在法律实践中,有些实践具有一种必然的良好结果,如果法学的预测能将这种结果超前地展示给人,并以其理论的力量足够使人们确信,这无疑能增强实践主体的信心,并使信心进而转化为动力。

(三)法学的评判功能

法学是为了研究法这一特定的社会现象及规律而产生的科学,从它产生那天起就一直关注法这一特定的社会现象,具备对该现象的评判功能。这种评判功能是以一定时期的主体的需要为尺度,对已有的法律客体作出的价值评判。通过这一评判,揭示法律客体与法律主体需要的满足关系是否存在,以及在多大程度上存在。当某一法律已经产生,某一法律实践活动或结果已经存在时,它与人们实际上已经构成了价值关系,即已构成了满足或不满足关系,但这并不意味着人们已经了解了这种价值关系。从实质上看,法学的评判功能就是要展示这种价值关系,使人们不断摆脱盲目被动而走向自觉能动。法学的评判视域在社会中是广阔的。从视角看,一是着眼于社会中法这一特定的现象;二是着眼于社会中社会主体的法行为。

1.法学对法这一特定社会现象的评判。评判法这一特定社会现象,是法学研究的主题。法学研究体现着对法的评判,这种评判既有宏观的,也有微观的;既有动态的,也有静态的,它们主要表现在对法律规范本身的评判、对法律运作的评判和对法律效果的评判。

(1)法学对法律规范的评判。法学对法律本身的评判主要是解决评判标准问题。从当今法学对法律的评判标准看,主要有两类:一类是道德标准即恶法、善法(良法)标准;一类是生产力标准。对法律本身的评判标准的确认应该根据法的本性来定,一方面法律是公平、正义的体现,因而法学在评判法律时,首先应以是否体现公平、正义要求来评判。另一方面,法律的生命在于能根植于特定的社会现实土壤,对社会产生良好的效果,因此法学在评判法时,还必须以是否符合社会发展的客观规律、是否适合和推动社会发展作为客观标准。法学对法律本身的评价应该是上述两个标准的统一。前者是法律最基本的而且永恒的标准;后者是法律最现实的也是不断变动的标准。

(2)法学对法律运作的评判。法律运作是法律能够产生价值的关键,以法律研究为重要使命的法学,必定要对法律的运作情况作出评判。法学对法律运作的评判主要侧重于两个方面:一是评判该法律运作是否处于正常状态,如对运作程序、运作秩序、运作进程等进行评判;二是评判法律运作是否遵循自身的规律,是否符合社会发展的规律,是否能够实现其价值目标。

(3)法学对法律效果的评判。一个独立的法律实践活动完成之后,必有其一定的结果。该结果是“优”是“劣”、理想与否、与法律目标是否吻合等,有时是显而易见的,有时则是模糊不清的。这样,对于法律实践活动效果成败的确认,就需要参与一种"人为的"并且是力图正确的评判。否则,就有可能引起误解,以致将成功确认为失败,或将失败确认为成功。这种误解的实例,在科学实践和社会实践中屡见不鲜。可见,一个相对独立的法律实践过程,从活动的意义上完结之后,仍不意味着这一过程的最后完结,最后的完结还有待于法学对其法律实践活动结果评判的完结。换言之,对于法律实践结果成败的评判,是法律实践过程最后的也是十分必要的一个环节。

2.法学对社会主体的行为的评判。社会是人与人之间相互联系构成的有机体。在人与人相互关系的形成中,人的行为起到了主要的作用。法学并不以人的所有社会行为作为评判视域,而仅仅是对与法律所辖的或与法律有关的社会行为作为评判对象。法学对人们行为的评判主要是以法律为标准,即把法律作为一种行为标准和尺度,来判断、衡量人们的行为是否有效、是否合法等。通过这种评价,影响人们的价值观念和是非标准,从而达到引导人们正确行为的效果。但是,法学对人们行为的评判不仅仅是以现实法律为标准,它还可能以一定的法律理想作为标准。它在指导法律自身的变革和发展中,也超前评判那些未被法律评价的行为模式。特别是在社会变革时期,法学往往既反映法律现实,但也超越现实,对众多目前仍未被法律所肯定或否定的行为,作出积极的法律评判。如法学建议增加某某罪名、建议对某某行为进行立法保护等等。

二、法学的实践功能

从严格意义上讲,法学的理论认识功能与法律实践功能是不可分的,它们是一个问题的两个方面。这两个方面的功能往往在同一法学实践活动中表现出来,是同一法律活动的不同方面。理论认识是实践的基础,实践是理论认识的行动表现,而且认识中有实践,实践中也有认识。但在法学的诸多功能比较中,相对而言,有些功能更侧重于理论认识,有些功能更侧重于具体实践。所以法学的理论认识功能与法律实践功能的划分只是相对意义上的,决非绝对意义上的。

(一)法学的导向功能

法学对法律运作有一定导向功能,它主要表现在:法学不仅为法律发展指明奋斗目标和价值追求,而且为人类实现这些奋斗目标和价值追求设计具体方案、方式和方法。法学的这一功能是建立在法学对法律现象的理解、预测、评判等功能基础上的。一般来说,法学对法律现象的理解、预测、评判是以对法律运作进行有益指导为目的。首先,法律制定离不开法学的科学指导。法律来源于社会经济生活,并随着它的发展而不断发展和完善,只有依靠一定的法学理论对现行的法律进行认知,才能对法律是否适应社会实际进行正确估价,及时建议立法机关作出立、废、改的决策,提供立、废、改的方案,使法律得以发展和完善。马克思在论述立法问题时曾指出:"如果一个立法者用自己的臆想来代替事物的本质,那么我们应该责备他极端任性。"① 这就是说,立法者在立法时离不开一定的法学理论对社会物质生活关系和法律关系的洞察和科学指导。否则就可能使得制定出来的法律偏离社会实际,甚至出现"恶法",造成法律实施方面的障碍。其次,在法律实施过程中,也离不开法学的理论指导。因为要保证法律的有效实施,不仅需要运用法学理论对具体的法律行为进行分析、评判以及对法律规范适用进行认知和恰当选择,而且需要依据一定

① 《马克思恩格斯全集》第1卷,183页,北京:人民出版社,1956年。

的法学理论把握立法精神和对法律成本、收益进行效益判断,以确立最佳的实施方案。如果执法者或司法者缺乏相应的法学理论知识,没有正确的理论指导,就非常容易出现执法或司法偏差,甚至出现执法或司法专横。而守法者一旦缺乏一定的法学知识的指引,就很难自觉运用和遵守法律,永远只能做"法律的奴隶"。

(二)法学的教化功能

法学作为一套完整的理论知识体系是多层次的。既有高深的理论概括、抽象,也有具体实际的经验总结,还有浅层的知识基础。正是这些浅显明了的基础知识,对广大民众具有重要的教化功能。人们往往从中了解和理解了法律,接受了法律,受到了法律教育,自觉矫正着自己的行为。一方面这类法学以个别法律规范、法律行为、法律事实等为对象,通过对这些具体现象的描述和阐释,如实、客观地复归事实的本来面目,给人们关于这些法律现象的感性的、真实的、确切的印象和知识,使人们受到具体的法律"感染"和熏陶,自觉形成正常健康的法律心理。如采用"法律个案分析"或"法律条文释义"、"法律知识问答"、"法律问题解答"等法学形式。另一方面以通俗易懂的形式,并借助某些典型生动事例和案例,对法律理论作简明扼要的介绍,给人以基本的法律知识、方法和技能,对人们的思想和行为产生积极影响。

三、法学的法文化传播功能

马克思、恩格斯在《共产党宣言》中曾经指出,资本主义制度的建立,标志着"过去那种地方的和民族的自给自足和闭关自守状态,被各民族的各方面的相互往来和各方面的相互依赖所代替了。物质的生产是如此,精神的生产也是如此。各民族的精神产品成了公共的财产。民族的片面性和局限性日益成为不可能,于是由许多种民族的和地方的文学形成了一种世界的文学"。[①] 由此可见,任何一个国家或者民族的文化,在当代都不可能离开世界文明的大道而孤立发展。各个国家和民族的文化都是在相互影响、相互借鉴中向前发展的。因而,国际间的文化传播交流在当代也就成了一种普遍现象。

法律,作为文化的一部分,也有一个不断丰富和发展的问题。法律文化要丰富和发展,离不开法律文化的传播与交流。而法律自身则无法实现其传播和交流,因为作为社会规范的法律它本身还是有国界、有时效的。要完成法律的跨时空的传播与交流,则是法学的重要功能之一。法学的法律文化传播功能主要表现在:一方面,它可以采用一定形式,把一国传统的法律文化记载下来,世代传播。它保留了人类特定社会形态和特定历史阶段的法律原貌以及文化创造,为后代继承先辈法律文化遗产,进一步研究、认识古代法律及其发展规律,提供了多方面的依据和基础。特别是为当代法制建设借鉴吸收古代法律文化优秀成果提供充分的理论指导。另一方面,法学能够跨越国界,进行法律文化的交流与传播,从而摆脱偏狭的、民族的地域限制,吸收其他国家优秀的法律文化成果,以丰富本国的法律文化;同时,本国的优秀的法律文化也可以通过法学研究向世界各国传播。这样做无疑会大大丰富世界法律文化的内容,促进世界法律文化的发展。

我国当前正处在社会变革时期,发挥法学对法律文化的传播功能有积极的意义。特别是加强中外法学家之间的学术交流,吸收世界法律文化的优秀成果为我所用,可以更好地为我国社会主义市场经济的发展和法治国家建构服务。但是,我们的法学不能仅仅只

① 《马克思恩格斯选集》第1卷,255页。

把外来的优秀法律文化传播到中国，还应把中国自己的优秀法律文化成果向世界传播。在让世界法学走进中国的同时，中国法学也应该走向世界，特别是当代法律国际化趋势日益突出，这些无不催促着中国法学对人类共同问题的关注。有人认为，中国没有什么优秀的法律文化值得向世界传播。这种认识不符合实际。历史上中国大量的优秀法律文化曾传播到国外，对传入国产生过重大的影响。新中国成立后，我国成功的法制经验如人民调解制度、社会治安综合治理等，都是中国独创的优秀法律文化成果，对世界法律文化有特殊的贡献。我们完全应该通过法学把这些优秀的法律文化成果向世界介绍和传播，从而提高我国法律文化在世界法律文化中的地位。

第三节　法学与相邻学科的关系

法学是一门科学。科学是人类认识世界的成果，又是改造世界的思想武器。根据研究对象的不同，科学可以分为若干大类，每一类都包括一系列科学部门。在不同的科学部门之间还有若干边缘科学。各门科学都以具有矛盾特殊性的特定客体作为研究对象。各门科学以其研究对象的个性而互相区别开来，各自成为一门独立的学科，同时也由于它们研究的对象的共性而互相联系，并一起构成科学体系或学科群。法学吸收其他学科的认识成果来说明法的现象，从而使它深入到法的本质和价值基础中，并且能够解答法的外在方面(如法的政治方面、经济方面、社会方面)和客观倾向，同时也以自己的认识成果推动其他学科的发展和新学科的产生。特别是有关法律现象的许多问题属于法学与其他学科的双边问题或多边问题，这更使得法学与其他学科密不可分。在法学与其他学科的关系中，法学与哲学、政治学、经济学、社会学、历史学的联系尤为突出。把握法学与这些学科的关系，对于有效地学习法律知识，掌握法律思想，从事法学研究和法律实践是十分必要的。

一、法学与哲学

哲学是关于自然、社会和思维知识的总结和概括。哲学所要探求的不是某一具体领域的具体规律，而是自然界、社会和人类思维发展的一般规律。哲学始终居于知识阶梯的最高层次，属于社会意识的最高形式。因此，任何阶级或学派的法学理论，总是以某种哲学作为自己的理论基础。法学同哲学的关系十分密切。在思想史上，哲学曾经作为“科学的科学”出现，企图站在科学之上，独立地创立一个包罗万象的知识体系，将包括法学在内的一切学科都当做这一体系的一个环节。德国古典哲学大师黑格尔曾明确宣布“法学是哲学的一个部门”。① 19世纪中期以后，法学从哲学中分化出来，成为一门独立的学科。但是这并不意味着法学与哲学的脱节。事实上，法学始终受着哲学的巨大影响。这突出地表现为哲学上的每一次更新，每一种新的较有影响的哲学流派的出现，都会引起法学方法论的更新或法学价值定向的改变，并推动着新的法学流派的出现或既有法学流派的分化、变态或消失。例如，实证主义法学是随着哲学实证主义和功利主义的出现而出现的，又是随着哲学实证主义内部语义分析哲学的出现而由“分析法学”形态转变为“新分析法学”形态的。至于新康德主义法学、新黑格尔主义法学、存在主义法学等，则更是由于相应

① 黑格尔：《法哲学原理》，中译本，2页，北京：商务印书馆，1961年。

的哲学的出现和发展而产生和发展的。法学与哲学的关系在法理学(法哲学)中表现得最为明显。法理学(法哲学)是对法的一般基础的哲学反思,或者说是根据哲学的观点和方法进行的法律分析。它好像一门中间学科,一头与哲学相连,另一头与具体法学部门接壤,是把部门法学与哲学结合起来的一座桥梁。

马克思主义法学是在马克思主义哲学的理论基础上形成和发展起来的,它以马克思主义哲学为指导,从中吸取"时代精神的精华",同时又对马克思主义哲学提供丰富的材料和思想。但是,这并不意味着可以用马克思主义哲学关于真、善、美的一般理论和方法论代替法学的具体原理和方法。

二、法学与政治学

政治学是以政治现象及其发展规律为研究对象的一门科学。它所研究的范围相当广泛,包括政治本质、政治结构、政治权力、政治权利、政治决策、政治规范、政治运行、政治组织、政治文化、政治理论、政治动力、政治秩序、国际政治等。由于法是政治活动和实现政治目标的一种常规形式,特别是在现代社会,民主政治就是法治政治,政治必须采取合法的形式,有规则、有秩序地运行,因而政治和法具有内在的统一性,法学和政治学有着内在的联系,特别是像宪法学、立法学、行政法学,本身就兼有法学和政治学两重性质。所以,有人形象地说法学和政治学是一枚硬币的两面。

在历史上,政治学和法学曾经长期不分彼此。例如,在古希腊,柏拉图的《理想国》和亚里士多德的《政治学》,是把政治和法放在一起论述的,也就是把政治学和法学融为一体了。中世纪的欧洲,天主教会居于统治地位,哲学、政治学和法学都成了神学的附庸。17、18世纪资产阶级革命时期,这些学科才逐步摆脱神学的桎梏。但是,政治学和法学还是结合在一起的。曾经为资产阶级革命摇旗呐喊的自然法学家都既是政治学家,又是法学家。他们的著作,例如,洛克的《政府论》,卢梭的《社会契约论》,孟德斯鸠的《论法的精神》,可以说都是兼具政治学和法学两种内容的著作。19世纪以后,法学和政治学才各自成为一门独立的学科。但是,由于许多问题,诸如民主与法制、立法政策、权力制约、国家、政党、政府、公民与国家的关系、政治程序等,是法学和政治学的双边问题,所以,法学和政治学两者之间保持着紧密的联系。当然,这并不意味着法学要把政治问题并列研究甚至用对政治的研究代替对法律现象的研究。有法学流派的分化、变态或消失。例如,实证主义法学是随着哲学实证主义和功利主义的出现而出现的,又是随着哲学实证主义内部语义分析哲学的出现而由"分析法学"形态转变为"新分析法学"形态的。至于新康德主义法学、新黑格尔主义法学、存在主义法学等,则更是由于相应的哲学的出现和发展而产生和发展的。法学与哲学的关系在法理学(法哲学)中表现得最为明显。法理学(法哲学)是对法的一般基础的哲学反思,或者说是根据哲学的观点和方法进行的法律分析。它好像一门中间学科,一头与哲学相连,另一头与具体法学部门接壤,是把部门法学与哲学结合起来的一座桥梁。

三、法学与经济学

经济学是研究各种经济关系和经济活动规律的科学。法学与经济学有着十分密切的联系,这主要因为:

第一,法所反映的统治阶级意志以及法所定型化的权利和义务及其界限,归根结底是由这一阶级的物质生活条件决定的。只有正确而深刻地认识特定阶级的物质生活条件,才能认清法的本质,说明特定社会、特定历史时期法定权利和义务的界限,并为合理地设计权利和义务及其界限提供科学根据。

第二,法律对经济起着能动的反作用,它能推动社会生产力的发展,也会阻碍社会生产力的发展。这取决于法律制度是否符合经济规律。要为按照经济运行和经济发展的规律管理经济提供法律保障和服务,法学就需要吸收经济学的研究成果。

第三,民主和法制的进程取决于社会经济模式和经济发展水平。民主和法制是商品、市场经济发达的产物。商品、市场经济的等价交换原则从根本上否定了血缘、门第、权力、地域、民族、宗教之间的差别,推动了与这种经济关系相适应的平等的政治关系和法律关系的建立,资产阶级民主和法制就是在这个基础上发展起来的。在社会主义社会,民主和法制的经济基础仍然是商品、市场经济,民主和法制的发展程度依然取决于经济发展的水平。这就使法与经济的关系成为法学、特别是法理学的重要课题。在这方面,经济学的理论,尤其是经济学关于经济体制改革和社会主义商品、市场经济的理论,对法学是极为有用和有益的。

第四,经济学的许多理论模式和研究方法引入法学领域,可以加深和丰富人们对法律的认识,特别是政治经济学的理论和方法,更是有助于说明法律制度,促进法律制度的改革。

四、法学与社会学

社会学是一门重要的具有综合意义的社会科学。一百多年前,当社会学被创立出来时,它是把整个社会作为研究对象的。但是,随着政治学、法学、经济学、教育学等专门学科的形成,社会学主要研究社会结构和社会进程的宏观问题,其中包括社会关系、社会组织、社会文化、社会规范、社会制度,社会和谐与社会冲突,社会运动和社会变迁,社会越轨与社会控制等。法学与社会学存在着相当密切的、相互交错的关系。一方面,法学要研究社会中的法(把法作为社会现象的一部分研究);另一方面,社会学要通过法律研究社会(把法律作为社会内容的形式)。因而,法学和社会学有很广的共同论题。例如,法律的社会根源,法律的社会功能,法律规范的效力的社会标准,法律实效的社会条件,法律的社会化,人在法律方面的社会化,法律行为的社会基础、心理基础和道德基础,社会变迁中的法律变迁,通过法律的社会变迁,法律与社会冲突,法律与社会秩序,法律与社会意识形态,法律观念的社会史,社会利益、需要、愿望与立法,越轨与社会控制,社会舆论与法律的实施,法律职业的社会化及其社会影响,各种法律制度的改革。正是由于这些广泛的共同论题存在,产生了法学与社会学互相结合的需要,并推动了横跨法学和社会学两个领域的新学科——法律社会学的产生和发展。法律社会学的诞生和发展是20世纪法学领域最伟大的成就之一。它以注重研究法律——社会活动、法律角色、法律文化、法律运作、法律实效为其理论视角,以理论模型的设计与经验考察和实证分析的融会为其方法论指向,以参与法制进程,推动法制和法律文化现代化为其价值目标。

五、法学与历史学

历史学是研究和阐述人类社会发展的具体过程及其规律性的科学,亦即描述、解释、反思人类在过去的所作所为,以帮助人类温故知新的科学。法学与历史学有密切的关系。其原由和表现是:

第一,法律是凝结的历史,或者说是历史过程的产物。在人类社会的转折点,都可以

看到法律的旗帜或标志。美国麦克劳—希尔出版公司出版的《世界伟大文献汇编》一书收集了 30 份世界重要文献,其中法律文献占了三分之一,包括《汉谟拉比法典》(公元前 1700 年)、《梭伦法典》(公元前 590 年)、《英国大宪章》(1215 年)、《论国际秩序》(1625 年)、《美国独立宣言》(1776 年)、《美国宪法》(1787 年)、法国《人权宣言》(1789 年)、《拿破仑法典》(1804 年)、《联合国宪章》(1945 年)等。这些文献被称做"人类历史的里程碑"。谁要是不认真研究这些文献,就不可能理解和编写历史,特别是人类社会制度的历史和思想的历史。从另一方面来说,阐释社会进程中的法律因素的历史学有助于法学对法律进行历时性研究。

第二,法律的生命不仅是逻辑,重要的是经验。经验总是历史上的东西。历史学在研究古今之变、盛衰之道的过程中,也以时代的顺序和具体历史事实再现历代统治阶级及其统治集团是怎样和基于什么根据分配社会的权利(利益)和义务(负担),历代法定权利和义务产生了什么社会效果——建立和维护了良好的社会秩序,还是引发了社会动乱,推动或是阻碍了社会生产力的发展,以及怎样产生了这些社会效果,历代法定权利和义务体系的变化过程及其特点,历代政治家和思想家如何对待法律遗产,等等。马克思主义历史学在这方面的研究成果相当丰富,经过处理可以转化为法学的理论观点。因此,法学大师们无不重视吸收和借鉴历史学的研究成果。

第三,历史学的实证研究方法是法学可以借鉴的重要方法。实证研究,即"从实在的事实中获取确切的知识的方法",是历史学研究的重要特征。历史学不能想当然,只能以遗迹和文献为基础。实证方法的理论基础是辩证唯物主义和历史唯物主义。它在社会科学方法群中有明显的优势。把它引入法学,有助于克服法学中容易出现的唯心主义和形而上学,把法学的每个结论都建立在可靠的证据基础上,并经受实践的检验。

第四,法学中的概念、范畴、理论观点、学说、学派都是历史的产品,有其产生和演变的过程。要想准确而深刻地把握它们,并在此基础上丰富和发展它们,就必须运用历史学的理论和方法,考察它们是怎样提出来的,先前的学者有过哪些重要的、关键性论述,它们在演变过程中经历了哪些主要阶段,曾经有过哪些表现形态。恩格斯明确指出:"每一时代的理论思维,从而成为我们时代的思想,这都是一定历史的产物,在不同的时代具有非常不同的形式,并因而具有非常不同的内容。""理论思维仅仅是一种天赋的能力。这种能力必须加以发展和锻炼,而为了进行这种锻炼,除了学习以往的哲学,直到现在还没有别的手段。"①

六、法学与逻辑学

逻辑学是关于思维及其规律和规则的科学。由于逻辑问题贯穿于法律运行的各个环节,所以逻辑学与法学有着密切的联系。法学与逻辑学关注的焦点是法律推理问题。法律推理是法律工作者从一个或几个已知的前提(法律事实或法律规范、法律原则、判例等法律资料)得出某种法律结论的思维过程。如何理解法律推理的性质?如何运用辩证逻辑或实践推理呢?这是颇有争议的问题。为了解决这些问题,法学家必须借助于逻辑学的知识(当然,逻辑学家也常常到最具辩证逻辑意义的法律生活中汲取营养),于是法学就同逻辑学联手。在当代国内外法学著作中,有关语义分析、实践理性和法律逻辑的论著大

① 《马克思恩格斯选集》第 3 卷,465 页。

量涌现,就是法学与逻辑学联手的标志。

推荐阅读

1. 郑戈:《法学是一门社会科学吗?——试论法律科学的属性及其研究方法》,载《北大法律评论》第1卷第1辑,法律出版社,1998年版。

2. 周永坤:《法学学科的定位与法学方法》,载《法学论坛》,2003年第1期。

3. 胡玉鸿:《法学是一门科学么?》,载《江苏社会科学》,2003年第4期。

思考题

1. 谈谈你对学习法学专业(学科)的认识。

2. 怎样认识法学的研究对象?

3. 法学所能发挥的功能是什么?

4. 如何理解法学与相邻学科之间的关系?

第二章 法学的历史

学习提示:本章分别介绍西方和中国法学的历史,通过对中西方法学历史的了解,来初步地掌握法学的历史知识和相关的术语。难点问题是如何比较和理解中西方法学历史的联系与区别。

重点问题

1. 西方法学的历史发展
2. 中国法学的历史发展
3. 马克思主义法学的特点
4. 中西方法学历史的比较

第一节 西方法学的历史

一、古代西方法学的历史

西方法学起始于古希腊。根据现有的文献和地下发掘出来的资料,以雅典为代表的古希腊城邦国家的成文法不多,而且法律的制定和适用通常采用直接民主或大民主的程序和方式,没有健全的专门法律机构和职业法学家集团,因而也就不可能有独立的法学。但是,由于以习惯法为主体的法律制度已有相当程度的发展,法律已经渗透到社会生活的方方面面,成为基本的社会结构和人们感受和认识的对象;同时,古希腊的哲学非常发达,发达的哲学开发了自由民(尤其是自由民中的知识分子)认识和评价社会现象的能力,促进了政治学、伦理学、文学、美学等专门知识体系的形成。在丰富多彩的政治学、伦理学、文学、美学作品中涉及到一系列法理学问题,诸如:法与权力、理性的关系,法与人、神、自然的关系(法是人定的或是出自神灵或自然),法与利益、正义(在人们互相冲突或重叠的主张之间,什么是正当的或正义的),人治和法治(人治优于法治或是相反),守法的道德基础和政治基础(公民为什么要服从法律和国家)……用西方法学家的话说,这些问题是法学的"症结"、"永恒的主题"。这些法学史上最初提出的文体以及苏格拉底、柏拉图、亚里士多德等人在这些问题上的论述,对西方法学一直有着深刻的影响。

古罗马的法律制度是古代西方世界法律制度发展的顶峰。与发达的法律制度相适应,罗马法学十分繁荣。罗马法学家不仅提出和解决了许多涉及立法、执法、司法的技术和方法问题,而且引入希腊人的自然法概念来论证罗马法的神圣性和广泛适用性。在罗马帝国前期,已经有了比较发展的简单商品经济和复杂的财产关系。法律调整机制和法律秩序越来越具有抽象性和普遍性,也越来越复杂。法律事务需要有受过专门训练的专家来处理,由此出现了职业法学家集团、法律学校和法学流派。由于奥古斯都大帝建立了法学家官方解答权制度,法学家的声誉大振,法学不仅获得了相对独立的地位,而且成为罗马法的渊源之一。罗马法学对其后的西方法学和法律制度的发展都有重大影响。

中世纪是西方社会最灰暗的时期,基督教处于万流归宗的地位。"中世纪的世界观本质上是神学的世界观","中世纪把意识形态的其他一切形式——哲学、政治学、法学都合并到神学中,使之成为神学中的科目。"① 因此,独立的法学消失了。但这不意味着法学思想的消失。事实上,在托马斯·阿奎那的著述中包含着丰富的法律思想。阿奎那通过把希腊人和罗马人的法律思想糅合在神学中,保存和发展了古希腊和古罗马的法律思想。到中世纪后期,日益发展的商品经济和资本主义生产方式产生了对法律的需要。于是,出现了法学教育和法学研究。当时的法学教育和法学研究以复兴罗马法为中心任务。随着法学研究和法学教育的恢复和发展,又一次出现了职业法学家集团,出现了法学流派。这就是注释法学派。注释法学派因以意大利北部的伦比亚大学为中心,故又称"伦比亚学派"。注释法学派分为前注释法学派和后注释法学派。前注释法学派的侧重点是通过对查士丁尼时代所编纂的各个罗马法文献的文字、语言、逻辑的解释和旁征博引,澄清罗马法文献的精确意思。后注释法学派则致力于使罗马法与城市法规、封建法、日尔曼的习惯法、教会法的原理相结合和同化,把古代罗马法改造成现代意大利法,以便为实际的社会生活服务。因而,他们改变纯注释的方法为既注释又评论的方法,着重从罗马法中提炼法律的原则和根据,建立法律的分结构。

自 13～14 世纪开始的文艺复兴和宗教改革运动,使西方法学朝着世俗化的方向发展和变革。一批出身于新兴中产阶级的思想家把君主(而不是上帝)或人性(而不神性)看做国家和法律的基础,使法律和法学从天国回到了人间。这个时期法学发展的最重要的标志是人文主义法学派的产生。人文主义法学派是继注释法学派之后兴起的法学流派,因与文艺复兴运动中的人文主义思潮(一种反对封建旧秩序的社会思潮)相联系而得名。人文主义法学派主张把罗马法作为整个古典文化的组成部分对待,把哲学方法和历史方法运用于罗马法研究,以便更有说服力地复兴罗马法。注释法学派和人文主义法学派为民族国家的形成、资本主义法律制度的出现和法律的统一化创造了思想理论和技术等方面的有利条件。注释法学家和人文主义法学家是把古代法学传达到近代的使者,他们的研究是连接古代法学和近代法学的纽带。

二、近代西方法学的历史

17 世纪开始的资产阶级革命和在革命中普及的建立资产阶级民主和法制的时代要求既需要法学,也解放了法学,大规模发展起来的商品经济更是需要法学。从此,法学教育和法学研究蓬勃兴起,法律学校和法学流派如雨后春笋般涌现出来。近代资产阶级法学的出现意味着一种与中世纪神权世界观相对立的法权世界观的出现。这一世界观的核心是自由、平等、人权和法治,其典型的表达形式是自然法学派的"社会契约论"和"天赋人权论"(自然权利论)。自然法学派是资产阶级革命的旗手,它反对神性和神权,主张人性和人权;反对专制和等级特权,主张自由和平等;反对人治,要求法治。自然法学派不仅起着宣传、推动革命的历史作用,而且对于资产阶级民主和法制的建立起着论证和促进作用。近代资产阶级国家民主和法制的模式主要是由他们设计的。契约自由、法律面前人人平等、罪行法定主义等现代法律制度的基本原则也是由他们提出的。

---

① 《马克思恩格斯全集》第 21 卷,545 页。

从18世纪末,欧洲大陆陆续出现了以抽象的概念、保守的理论形式、费解的哲学语言传播天赋人权、自由主义、宪政、法治等启蒙思想的哲理法学派,以反对古典自然法学派、强调法律民族精神或历史传统为特征的历史法学派,以功利主义和实证主义哲学为理论和方法论基础、以对实在法律的逻辑分析为己任的分析法学派。分析法学派的出现标志着作为独立学科的法学的出现。与独立法学出现的同时,出现了理论法学和应用法学的分化,即出现了法学和刑法学、民法学、宪法学等法学部门的分化。但是,在19世纪前期,法学基本上是哲学家或政治学家的法学。从19世纪中期以后法学才由哲学家和政治学家的副产品成为职业法学家的法学。

20世纪初西方社会进入帝国主义阶段,各种社会矛盾加剧,旧的利益结构被打破,新的利益结构开始形成,有关劳资、福利、教育、经济等社会立法相继出现,法的社会化成为时代潮流。社会问题和法律实践要求新的理论,在这种种因素的推动下,强调研究法律的社会作用、法律的实效、法律规则生效的手段、法律与其他社会控制方式的联系的社会法学派问世。与此同时,以继承和发展黑格尔的法学理论为特征的新黑格尔主义法学派和以继承康德的法学理论为特征的新康德主义法学派开始在德意等国传播。在新康德主义法学派和新黑格尔主义法学派中,一部分法学家为正在出现的法西斯主义起到了理论论证、辩护、参与的作用。

第二次世界大战前后,由于席卷资本主义世界的经济危机和全球战争把学者们的注意力转向经济、战争和其他社会问题上,同时由于战争期间各国政府加强了对言论自由和学术研究的控制或限制,使得西方法学与政治哲学一样,处于“休眠状态”,“看上去就要消亡”。但是,从20世纪50年代中期,由于一系列重大的政治争论和学术争论的推动,西方法学开始振兴,经过十多年的发展,出现了西方法学史上前所未有的繁荣局面。自然法学派、社会法学派和分析法学派以新的政治和理论姿态出现。以行为主义心理学和行为主义政治学为理论基础和原形的行为主义法学,作为存在主义哲学组成部分的存在主义法学,试图折中调和各派,实现法的概念、法的价值、法学方法三统一的综合(统一)法学派也纷纷登场。20世纪70年代以后,主张运用经济学的理论和方法分析、评论法律制度和法律活动,朝着实现最大经济效益的目标改革法律制度的经济分析法学派,以批判西方法律制度和法律文化为宗旨的批判法学派,以人本主义为哲学基础、宣扬非意识形态化、宣布对马克思主义实行“扬弃”的“新马克思主义法学派”异军突起。这些法学流派分别从不同的角度解释和评价法律制度,为维护或改善资本主义法律制度服务。

第二节　马克思主义法学的产生

一、马克思主义法学

西方各个历史时期占主导地位的法学和中国历史上的法学,都是剥削阶级的法学。通观剥削阶级法学,不论是属于神学的、哲学的或政治学的,还是从这些领域中分离出来成为一门独立学科的各派法学,尽管其中都或多或少地包括了对法律现象的某些方面、某些过程的真理性认识,特别是有关法律的技术问题、形式问题和法律的运作问题的认识甚至达到了相当完善的程度,但是由于受到剥削阶级私利、唯心主义世界观和形而上学方法论的多重局限,它们没有揭示出甚至有意地掩盖了法的本质和法的发展规律,因而从总体

上来说是不科学的。直到19世纪40年代马克思主义法学的出现，法学领域才发生了根本变化。在无产阶级革命斗争实践中产生和发展，在社会主义国家法制建设中不断丰富和更新的马克思主义法学，是人类历史上最进步、最科学、最有活力的法学。马克思主义法学以辩证唯物主义和历史唯物主义作为世界观和方法论，深刻地分析了社会各个方面的现象，揭露了剥削阶级的偏见，科学地阐述了法的本质及其发展规律，使法学成为一门真正的科学。同时马克思主义法学在对以往的法学分析评判的基础上，继承了其中进步的思想和正确的认识成果，从而把法学推向崭新的发展阶段。

二、马克思主义法学的发展和完善

1.马克思、恩格斯奠定了马克思主义法学的理论和方法论基础，开创了法学的新纪元。马克思主义法学是由马克思、恩格斯创立的。这两位科学巨人合著的《德意志意识形态》是马克思主义法学诞生的标志。它所阐述的唯物史观和以唯物史观为基础的法律观完成了马克思从大学起为寻求新的法学体系的哲学基础而孜孜探索的漫长路程，向世人宣告了以马克思的名字为标识的法学理论和方法论的形成。在这篇奠基性的论著中马克思和恩格斯揭示了法和法的关系根源于社会物质生活条件(关系)，根源于利益的冲突，法随着经济条件的发展而发展等客观规律，揭示了法与阶级、国家的联系，阐明了马克思主义法学的一系列基本原理。之后，马克思和恩格斯在《共产党宣言》、《论住宅问题》、《哥达纲领批判》、《家庭、私有制和国家的起源》、《路德维希·费尔巴哈和德国古典哲学的终结》、《英国工人阶级状况》、《法兰西内战》、《资本论》、《反杜林论》、《法学家的社会主义》等著作中进一步丰富和发展了他们的法学理论。马克思和恩格斯虽然不是职业的法学家，他们很少写过纯粹的法学著作或教科书式的法学读本，但他们在上述著作中所阐述的法学原理却在法学领域引起了一场伟大革命。马克思和恩格斯的法学理论在法学史上的革命地位和科学地位，对近现代以及今后世界法学发展的影响，特别是它对亿万劳动人民的启蒙和动员作用，是任何一派法学都无法比拟的。马克思和恩格斯所阐述的法学原理既划清了马克思主义法学与以往其他法学的原则性界限，也构成了新法学的基础，使法学从此在科学的基点上前进。

2.列宁的社会主义法制理论丰富了马克思主义法学。马克思和恩格斯在19世纪末先后去世。他们去世之后，列宁作为当时共产党人的杰出代表不仅继承、捍卫了马克思和恩格斯的法学理论，而且在创建和领导世界上第一个社会主义国家的过程中，创造性地发展了马克思主义法学。他在《新工厂法》、《立宪民主党人的胜利和工人政党的任务》、《杜马的解散和无产阶级的任务》、《国家与革命》、《苏维埃政权的当前任务》、《论国家》、《关于用自由平等口号欺骗人民》、《关于司法人民委员会在新经济政策条件下的任务》、《论“双重”领导和法制》等著作中深化了马克思和恩格斯关于法的产生、本质、特征、作用、发展规律的基本观点，提出并解决了一些新的法学问题，特别是第一次具体提出了有关无产阶级专政时期社会主义法制的学说。例如，无产阶级政权必须依靠法律，善于运用法律；宪法的实质是阶级力量的对比关系，社会主义宪法的内容是确认和保护人民的权利；必须加强法律监督，维护宪法和法律的权威等。但是，由于他过早地去世，未能进一步阐述和发展社会主义法制理论。在马克思主义的指导下，一些苏联法学家从学科建设的角度探索了马克思主义法学理论体系的建构问题，对马克思主义法学的传播和发展做出了一定贡献。

3.以毛泽东为代表的中国共产党人创立的人民民主专政的国家和法律理论丰富了马

克思主义法学宝库。俄国十月革命一声炮响,给中国人民送来了马克思主义。毛泽东、周恩来、朱德、刘少奇等老一辈无产阶级革命家和中国共产党人的杰出代表,把马克思主义原理与中国革命的实践相结合,在批判剥削阶级法律制度,论证和建立新民主主义革命法制的过程中,创造性地提出了有关中国马克思主义法学的一些理论。不过由于当时党的中心任务是领导人民群众夺取政权而不是法制建设,所以,有关法制的思想理论往往包含在国家学说中,散见于《人民民主主义论》、《论政策》、《论联合政府》、《论人民民主专政》、《关于废除国民党的六法全书与确定解放区的司法原则的指示》、《关于废除伪法统》等论著和文献中。中华人民共和国成立后,在领导社会主义民主和法制建设的过程中,毛泽东等党和国家领导人发表了一系列重要讲话、指示、著作,丰富和发展了马克思主义法学。如毛泽东的《关于中华人民共和国宪法草案》、《在省市自治区党委书记会议上的讲话》、《关于正确处理人民内部矛盾的问题》,周恩来的《专政要继续,民主要扩大》,刘少奇的《中国共产党中央委员会向第八次全国代表大会的政治报告》,董必武的《关于党在政治法律方面的思想工作》、《进一步加强人民民主法制,保障社会主义建设事业》、《在军事检察院检察长、军事法院院长会议上的讲话》等。这些讲话和著述中提出的两类矛盾学说,对人民实行民主、对敌人实行专政的学说,民主和社会主义的立法原则,纲领性和灵活性相结合的立法思想,有法可依、有法必依的法制原则,以事实为根据、以法律为准绳的诉讼思想,都是对马克思主义法学的发展。遗憾的是,50 年代中期以后,由于种种原因,党的最高领导人忽视法制在社会经济生活、政治生活和文化生活中的作用,把法治与党的领导对立起来,致使法制建设停顿,法学研究停止不前,一度繁荣的法学急剧衰败。

第三节　中国法学的历史

一、中国古代法学

中国历史悠久,拥有丰富的法律文化遗产。早在春秋战国时期,法学研究就很兴盛,并有专门的法学著作问世。其后历代都有丰富的法律思想。但是,直到 20 世纪,法学始终被包围在封建主义的哲学、伦理学、政治学之中,独立的法理学更是无从谈起。

从发展阶段来说,中华人民共和国成立之前,中国法学的历史大体上可以分为四个阶段,即夏、商、西周时期,春秋战国时期,西汉至清代中期,清代末至中华民国。

根据古籍记载,夏、商、西周时代已有不少关于法律的论述,出现了以天命和宗法制度为核心的法律思想。例如,在汉人整理的儒家经典之一《商书》中就记载有"以德配天"、"明德慎刑"的思想和政策,"明德慎刑"的思想和政策显然是后来儒家"德主刑辅"的文化渊源。它在相当长的时期内是支配封建法学和法律制度的主导思想。不过,由于当时的立法尚未发展成为复杂的、广泛的整体,法学产生的客观条件不成熟;又由于人们认识社会现象的能力有很大的局限性,法学产生的主观条件也不充分,所以,还不可能有真正的法学研究和系统的法律知识体系,不可能有法学理论形态。

春秋战国的几百年是中国法学兴起和大发展的时期。当时各种学说、学派层出不穷,构成了百花竞放的繁荣景象。儒、法、墨、道四家都对法学的兴起和发展做出了贡献,其中法家的贡献尤为突出。儒家从人性善的哲学出发,强调圣人、贤人、圣君、贤相个人的统治力量,重视道德礼教的作用,主张礼主刑辅,综合为治,并对这些观点进行了哲学论证。墨家从天意乃法的根源的法律观出发，主张以天为法，循法而行；他们还提出“兼相爱、交相利”的社会信念，主张在经济上重视生产、节约、利民，在刑罚上“赏当贤，罚当暴，不杀无辜，不失有罪”。道家从“小国寡民”的理想国设想出发，反对制定各种礼法制度，主张一切顺乎自然，“无为而治”，甚至断言“法令滋彰，盗贼多有”，与希腊圣哲柏拉图的政治法律主张不谋而合。这是中国法律虚无主义思想的先河。法家的代表人物大都是政治活动家。他们在政治活动中总结了历史上和现实的治国经验，把法治推崇为立国和治国之本，明确提出“援法而治”、“以法治国”等主张，并发动了一系列旨在实现法治的政治改革和变法。在主张和实行法治的过程中，法家的代表人物发表了许多颇有见地的新思想，法家学说曾经成为“显学”。法家的思想和主张对中国封建法学和法律制度的形成和发展，曾经是一个巨大的推动，其推动作用不亚于西方资产阶级启蒙思想在资本主义法律制度取代封建法律制度中的划时代的作用。

经过战国时期的百花齐放、百家争鸣，中国古代法学非常昌盛。但是，这种局面随着秦朝中央集权专制主义的出现而终止。到了汉代，由于汉武帝采纳董仲舒的“罢黜百家，独尊儒术”的主张，儒学在所有思想领域占居了统治地位，也垄断了中国两千多年的法学领域。法学开始成为儒学伦理学的附庸。汉以后的儒家思想是在儒学为主的条件下实行儒法合流，在德主刑辅的原则下实行礼法合一。尽管儒学的具体内容不断有所更新，且有董仲舒、朱熹、王向明等人对儒学实行改造和深化，但“德主刑辅”这一中国封建社会正统法律思想并没有实质性改变。所以，可以说，中国古代的法律文化是以儒家法律思想为核心的文化系统。

从汉代起，在法学领域出现了通常所说的“律学”（亦称为“刑名律学”、“注释律学”），即根据儒学原则对以律为主的成文法进行讲习、注释的法学。它不仅从文字上、逻辑上对律文进行阐释，也阐述某些法理，如关于礼与法的关系，释法与尊经的界限，条文与法意的联系，律例之间的关系，还有定罪与量刑，刑法的宽与严，肉刑的存与废，刑名的变迁以及诉讼和狱理等。西汉的于定国、杜延年，东汉的郭躬、陈宠等人世代传习法令，收徒教法，学生多至数百人。东汉经学大师马融、郑玄等都曾对汉律作章句注解。晋代张斐和杜预等也曾对晋律作注释，并对立法原理和法律适用问题有所说明。东晋以后，私人注释逐渐由官方注释所取代。公元652年的《唐律疏义》是这种官方注释的范本。它集中唐代以前的法律思想，主要引述儒家经义对律文进行疏解，宣扬君权至上、等级制度和宗法伦理。它是中国乃至世界历史上最系统、保存最完整的注释法学著作，对中国后世以及亚洲一些国家的封建法律制度都有重大的影响。《唐律疏义》传世以后，宋、明、清各代都有类似的著述。这些著述包含着丰富的法学思想，可以看做是没有法学名称的法学著作。

三国魏明帝时曾设律博士，专门传授律学，在一定范围内出现了法学昌明的景象。律博士官制一直延续到宋代。宋代王安石从“立法善于天下则天下治”的认识出发，锐意进行改革变法，曾设学校，立法明科，提倡律学，但遭到保守势力的反对，未能实行，从此律学不振，法学萧条。

在长期的封建社会，律学是正统的法学，是法学的代表。但不是唯一的法学，除律学之外，还有各种风格不同的法学研究方法和价值取向不同的法律思想。特别是明末以后进步的法律思想和法学研究对律学产生了巨大的冲击。例如，黄宗羲在其《明夷待访录·原法》篇中尖锐地指出，专制王朝的法是帝王一家之法，非天下之法。法应是天下之公器，

应该以天下之法取代一家之法。

二、中国近现代法学

1840年鸦片战争后，中国逐步沦为半封建半殖民地社会。由于帝国主义的侵略，当时的爱国人士都有变法图强的要求。当权的洋务派主张中学为主、西学为用，以此为指导思想进行改革。康有为、梁启超主张实行君主立宪制，并发动了戊戌变法。孙中山、章太炎等主张废除君主制，实行民主共和制。他们都曾对中西两种法律思想进行过比较系统的研究，提出融中西政治法律经验为一体的改革方案。这些思想对中国人民产生了巨大的启蒙作用。与此同时，清政府迫于人民革命的压力，为了收回领事裁判权，也不得不研究外国的法律，修订本国的法律。为此，他们派出官员和学生出国考察和学习法律。这些人回国后纷纷介绍和论述西方的法律和法学，传播西方资产阶级的法律思想，开创了中国现代法学教育和法学研究。1901年京师大学堂设立法科，1906年成立法律学堂，从此法学在中国成为一门独立的学科，并一度获得较快的发展。法科师生在传播西方法学理论，宣传资产阶级民主和法制，批判封建法律制度等方面发挥了积极的作用。西方资产阶级法学的输入，冲破了原有的封建法学体系，促进了清末以至民国初期的法律改革和法律思想的变革。

其后，在国民党政权的统治下，官方的法学承袭封建的法律观点，移植西方资产阶级的法学，是封建地主阶级法律思想和资产阶级法律思想的大杂烩。与此同时，进步法学不顾反动势力的压制和禁止，高举科学、民主、人权和法治的旗帜，揭露和批判封建的法律制度和法律思想，参与推翻国民党反动政权的伟大斗争。

中国共产党领导的新民主主义革命，结束了剥削阶级在中国的统治地位，也结束了两千多年的封建主义法学和国民党的反动法学，取而代之的是马克思主义法学。从此，中国法学走向了科学的道路。

第四节　中国法学的现实与未来

一、中国法学的现实

"文化大革命"结束以后的20世纪70年代末80年代初，如果说是我国的法学开始恢复，还不如说我国的法学才真正地兴起。如果说"文化大革命"以前我国存在法学研究，那也只是苏联的模式在我国的简单翻版，没有中国法学自己的特色。由于我们的整个经济体制依然还是苏联的计划经济模式，这种经济所需要的也只能是适应其发展的法律制度。所以，当时的法学不可能脱离苏联式的计划经济桎梏。同时，法学还被挂在"阶级斗争"的纲下。但是，刚刚从"文化大革命"的灾难中走出来的我国一大批法学家就顶着压力，在对法学普及的同时，开始了对法学的反思。对法的继承性、法的阶级性、法的社会性、法的起源、法的消亡等问题进行研究。[①] 这一时期法学研究的艰辛是不言而喻的，这一时期的法学研究也是非常必要的。

伴随着改革开放的进程，我国的法学才真正迎来了发展的契机。首先，大量的立法如雨后春笋般涌现，宪法的多次修改，我国的法学研究由此全面铺开。各法学学科的研究呈

① 参见卓泽渊：《走向新世纪的中国理论法学》。刘升平，冯治良主编：《走向二十一世纪的法理学》，367页，云南大学出版社，1996年。

现出交相辉映的局面。

(一)传统法学思想的更新

“文化大革命”结束后,虽然我们在法学方面做了大量的工作,但是,随着我国改革开放的不断深入,社会关系发生了变化,法律关系也发生了变化,我们法学研究的方法、对象、范围也应有相应的变化。特别是市场经济在我国的兴起,提出了许多新的问题。如果仍然采用固有的法学研究方法,将无法适应新的形势,将会拖社会主义法制建设的后腿。所以,对传统的法学思想的更新是非常必要的。

1.虽然,“以阶级斗争为纲”已成为历史,但不得不承认的是,我们的法学仍然没有离开过阶级斗争这一主题。这大大地限制了作为一门独立的学科——法学的发展。法学有自己的研究方法、研究范围,是一门科学,有自己独立的个性。没有这个基本观念的确立,法学的研究对于法律就只能是一种误导,给法制带来不良的影响。而任何对法学的非本意牵强,都只能会使其变形、扭曲,成为某一门学科或某一种现象的附庸。结果只能导致法学的不存在。所以,对法学的基本定位是法学现代化的首要任务。

2.现代化国家的标志之一是民主政治,民主政治就必须实行法治,法治的基本要求是依法治国。法治也是市场经济的根本保障。所以,我们所面临的就有两种制度的根本改变。一是经济制度的改变,二是传统的法律制度的改变。我们不能想象没有良好法律制度的现代化经济。经济与法律不是简单的决定与被决定的关系,法律和经济是不能分离的。这是一场深刻的概念更新。

3.法制的发展使我们感到,现在有些法学的概念已经落后,其原因是最早对苏联法学照搬的结果。社会已经发展了,原有的照搬苏联的法律体系已呈逐步被替代之势,而我们的法学概念依然还是照旧沿用。所以对这些概念的清理是非常必要的。同时,现存的一些法学术语表述不科学、不规范。

4.法学通过对法律的研究以达到为政治服务的目的。但是,法学毕竟有自己的研究范围。所以,法学不能简单地图解与政治的关系,不能脱离法律本身而成为政治的传声筒。对法学的研究需要仔细、冷静地思考法学应该研究的问题。

(二)新兴法学思想的产生

从20世纪70年代末开始,我国法学界就对法学的一些问题进行了深刻的讨论,在这一过程中,法学家们所思考问题的方式方法、思考的角度、出发点已不再是如同以前千篇一律,如出一辙。与传统的法学思想不尽相同的新兴法学思想开始出现,给我国沉闷的法学研究注入了新的活力。比如在当时所兴起的对“人治”还是“法治”的讨论;关于法到底是以权利为本位还是以义务为本位的讨论;经济法概念的讨论;民法若干问题的讨论;诉讼法有关问题的讨论;刑法有关问题的讨论;行政法有关问题的讨论等等,无不体现了对中国法律的深层次的思考和新兴的法学思想正在产生。

(三)外来法学思想的扬弃

在一个开放的社会,不仅仅是经济的开放,开放应当是全方位的。对某一个方面封闭的开放体从本质上就不是开放的。改革开放对于我们国家来说也不能只是经济活动的开放,还应该有制度的开放、文化的开放、意识形态的开放。作为一个开放体,所表现出来的特征就应该是能够纳入存在于体外的它质。法学也不例外,作为一个大的开放体中的部分开放体,法学同样要吸收外来的法学思想。20世纪80年代以来,我国派出了一大批的

法学学者出国学习或考察，带回来大量全新的法学思想和许多国外新的法学知识，同时，通过大量的西方法学学术著作的翻译和介绍，使我们接触到了不同于我们本土的法学知识，看到了中国法学与西方法学的差距。但是我们要注意到，这种差距是我们在法学的研究方法、研究内容和观念上的差距，也许还有制度本身。由于国情不同、文化背景不同，我们不可能将西方的全部法学思想整体接收。以前对苏联的法学思想乃至于整个社会的经济、政治文化的照搬，教训很深，我们不应重蹈覆辙。有选择地吸收、借鉴一些国外先进的法学思想，对我国的法制建设是非常必要的。

二、中国法学的未来走向

人类已经跨入21世纪，人类的文明将要翻开新的一页，这一时刻的到来必将对全世界产生巨大的影响。中国也不例外，也将在这一最重要的时刻同世界其他各国一样接受洗礼。中国现在正进行着前所未有的经济建设，经济体制、政治体制也将逐步地过渡，以期与之相适应。中国的法学同样面临着这一时刻。中国法学需要一种更深刻的改革。如果没有这种转变，法学将因跟不上时代的节拍而被淘汰。所以，未来的中国法学与现在的法学相比有如下特征：

（一）传统法学观念的彻底转变

未来的中国法学学科本身将真正成为一门独立的学科，在研究的范围不断扩大的前提下，法学的研究对象、内容更加具体，法学研究的学术氛围更加浓厚。对法学的研究不再有什么“敏感”问题，法学的研究是为法律制度及其现实社会服务的，但这一服务是通过法学的本身研究来完成的。法学将对现实的社会给予更多的关心，但不是通过对社会的简单图解来完成的。法学也不再是对法律条文的简单注释，但对法律的概念解释却是准确、科学的 。

（二）法学研究的方法将多元化

未来的社会发展将呈多元发展，多元的社会将会出现多元的利益。多元的利益将从不同的层面、不同的角度表现出来，人们的价值取向也将随着多元的利益表现出来。对价值的追求不再是单一。这种观念必然要反映到法学的研究中去，引起法学研究方法的多元化。法学研究的多元化首先是法学研究方法的多元化。多元的现实社会为法学研究的方法多元化提供了场所。纯理性的研究，纯实证的研究，归纳的研究，演绎的研究，注释的研究，理论的研究等方法都将为人们所采用，并取得丰硕的成果。加之民主政治的不断完善，法学研究真正成为一种学术的研究。通过这种学术的研究，反过来又促进民主政治的更进一步完善。这样，整个社会就与法学保持一种良性的互动关系。法学在不断完善自己的过程中为社会提供优质的服务，社会在不断发展自己的过程中为法学提供更肥沃的土壤。

（三）法学本土知识和世界先进法学思想的融通

中国具有几千年的文化，中国文化这一背景使中国之所以成为中国。文化的发展是文化在不断的交流中完成的。我们说封闭的土著文化是世界的，是因为这种文化是世界文化的一分子，对它的认同也仅仅是在这个意义上的认同。再落后、再愚昧的文化我们都称之为世界文化；但我们不能说这种文化会被世界所接受并得以普及。法律制度是人类社会发展过程中又一文明的里程碑，是世界先进的文明所公认的。法学是法律制度的理论升华，法学更需要世界的认同。所以，本土的法学知识与世界先进的法学思想的融通是

非常必要的。将来的中国法学会在对外开放时给予外来的法学思想科学对待。对他人不再盲目崇拜，对自己不再固步自封。吸收他人先进的、科学的方法和思想，融入到中国法学的土壤中去，成为中国法学的一部分，同时也将把自己科学的部分贡献给世界法学。

(四)理论法学和部门法学的真正衔接

过去的和现在的中国法学与部门法学的脱节现象非常严重。理论法学更多的是研究与部门法学不着边际的问题，没能起到理论法学应该起的作用。将来的中国法学，由于研究方法的多元化，理论法学将会直接深入到部门法学中去汲取营养，从理性的高度将其升华，反过来指导部门法学。

(五)边缘法学将不断兴起

科学技术的发展，社会科学的昌盛，法学所面对的天地更加广阔，法学所涉及的内容将会更加广泛。最早，人们的认知能力比较低，笼统地将全部的科学视为一门。后来，根据其研究的内容、范围的区别，有了学科的划分。随着人们对知识的认识能力的提高，对学科的划分将更加精细。在社会关系更加复杂化的将来，法律规范调整范围也将不断扩大。加之法学研究方法的多元化，自然科学与法学的结合部、其他社会科学与法学的结合部将会出现新兴的边缘法学。新兴的边缘法学的出现，又将为法学的研究开辟新的领域，促进法学的更加繁荣。

(六)法学流派将逐步形成

就某一种学科的理论或研究方法，不同的人有不同的看法，对某一学科的理论或研究方法持相同观点并形成共同主张的学术群体及其理论倾向，我们称为流派。法学流派是指对于法学的某一理论及研究方法持相同观点并形成共同的主张的法学学术群体及其理论倾向。

今天的中国法学，没有出现法学流派，原因是复杂的。将来的中国法学，法学流派必将形成，法学必将走向繁荣。

推荐阅读

1. 万斌：《西方法理思想的历史演变规律》，载《浙江大学法律评论》(专刊)，2002年。

2. 刘星：《法学科学主义的困境——法学的知识如何成为法律实践的组成部分》，载《法学研究》，2004年第3期。

3. 胡玉鸿：《西方三大法学流派的方法论检讨》，载《比较法研究》，2005年第2期。

思考题

1. 简述西方法学的历史。

2. 简述中国法学的历史。

3. 为什么说马克思主义法学的产生是法学思想史上一次伟大的变革？

4. 谈谈当代中国法学的发展前景。

第三章 法学的体系与法理学

学习提示:本章主要介绍法学的内部体系结构,法理学及其在法学体系中的地位,进而展示法学内部各分支学科的整体面貌。其中法学的内部各学科的整体结构是重点要掌握的内容,法理学及其在法学中的地位是难点内容。

重点问题:

1. 法学体系的概念
2. 法学体系的内部结构
3. 法理学及其在法学中的地位

第一节 法学的体系与结构

一、法学体系

法学体系就是依据一定的标准对法学学科内部进行划分而形成的内在体系。

法学形成体系或法学有内部分支学科划分是近代以来的事情。近代资产阶级革命以前,法学从未成为一门完全独立的学科,它或者被包括在神学、哲学、政治学、伦理学之中,或者依附于国家的立法和司法活动。既然没有形成一门独立的学科,当然也就不存在体系或分科的问题。

随着法学从其他学科中分化出来,特别是随着立法发展成为广泛而复杂的整体和随之而来的法律部门的出现,也就出现了法学的分科。然而,如何分科或依据什么标准分科,这在国内外法学著作中还没有一致的观点。各国学者提出的分科相当宽泛,名称也不尽相同。例如,英国《牛津法律指南》中提出,法学可分为理论法学与应用法学两大部类,并可进一步具体分为7个部门:(1)法律理论和哲学;(2)法律史和各种法律制度史;(3)比较法研究;(4)国际法;(5)跨国家法;(6)国内法;(7)附属学科,如法医学、法律精神病学等。以上(1)至(3)部门属于理论法学,(4)至(6)属于应用法学,(7)部门本身并不研究法律问题,但同所发生的法律问题有联系。① 又如日本《万有百科大辞典》中将法学分为四大部类:(1)公法,包括宪法、行政法和国际法;(2)私法,包括民法、商法、民诉法、劳动法、国际私法;(3)刑事法,包括刑法、刑诉法、刑事政策学;(4)基础法学,包括法律哲学、法律社会学、法律史学、比较法学。②前苏联法学家一般将法学体系划分为四类:(1)方法论和历史科学(国家和法的理论、国家和法的历史);(2)与各法律部门相联系的专门科学(国家法、行政法、民法和刑法);(3)研究外国国家和法以及对国际关系的法律调整的科学;(4)辅助法律科学,如法医学、法律精神病学、法律化学等。

① 沃尔克:《牛津法律指南》,754页,牛津大学出版社,1980年。
② 《日本万有百科大辞典》,第11卷,530页,1973年。

二、我国现阶段的法学体系划分

从我国现阶段法学教育和法学研究的实践需要，我们可以从以下两个角度来划分法学体系。

1. 从法律部门划分的角度，由于法被划分为宪法、行政法、民法、刑法、诉讼法等不同部门，与之相应就有宪法学、行政法学、民法学、刑法学、诉讼法学等。一个新的法律部门的出现或迟或早要有新的法学部门与之相应。例如，随着行政法、经济法等新的法律部门的出现，产生了行政法学和经济法学。每个部门法学对该部门法的历史的研究，构成部门法专史，如宪法史、民法史、刑法史等；每个部门法学对本国的与外国的同类法的研究构成比较法(学)，如比较宪法、比较民法、比较刑法等。这些专史和部门法学比较分别属于相应的部门法学，而对于各部门法总体即整个法律制度的历史研究，则构成独立的法制史学；对于比较法的理论和方法论的研究以及对各国法律制度或主要法系的整体比较，构成比较法学。也可根据法律属于国内法或国际法，而把法学分为两大类，即国内法学与国际法学。

2. 从认识论的角度，法学可以分为理论法学和应用法学。理论法学综合研究法的基本概念、原理和规律等。应用法学主要是研究国内法和国际法的结构和内容，以及它们的制定、解释和适用。这当然不是说应用法学没有自己的理论，只是说这种理论在概括范围和抽象程度上与理论法学的理论有所不同。相对地说，应用法学与法的实践有直接联系，它所处理的是直接的经验材料，并且它的理论一般限定在本部门法的领域。理论法学则相对地抽象，是从应用法学中概括出来又用以指导应用法学的，并且它的理论贯穿于整个法律现象。至于人们通常所说的“边缘法学”一般是横跨两个或由两个学科整合而成的，如法律社会学、法律经济学、法律心理学、法医学、刑事侦查学、法律统计学、法律教育学等。它们有的侧重理论研究，有的侧重解决法律实践问题，分别属于理论法学和应用法学。

第二节　法理学及其在法学中的地位

一、法理学名称的由来

中国出现法理学这门学科，是清末以来西方法理学传播到中国的结果。在中国，最早使用“法理学”一词的是梁启超的《法理学发达史论》。近百年来，中国法理学这门学科的名称几经变化，直到20世纪90年代才普遍使用“法理学”这一名称。

1832年，英国法学家约翰·奥斯丁(John Austin)出版《法理学范围之限定》，使用“一般法理学”(General Jurispdence)一语，指称“实在法哲学”(philosophy of positive law)，以区别当时的政治哲学、道德哲学。这种用做“分析法学”意义的“法理学”后来为英美法学界接受，成为通行的概念。但在学者们的著作中，此概念有时与法哲学互用，有时并不完全等于法哲学。在欧陆国家，“法理学”一词并不流行，法学家们更愿意使用“法哲学”(Rechtsphilosophie)称谓，指称“法之哲学”(PhilosophiedesRechts)或“法学之哲学”(Philosophie der Rechtswissenschaften)。德语Jurisprudenz与英语“法理学”词形相同，但有时特指“法解释学”，两者含义存在差别。19世纪后期受实证主义影响而在德国出现的“一般法学”(Allgemeine Rechtslehre)，后又改称“法的理论”(Rechtstheorie)，就其研究的

对象和所运用的方法看,则更接近英美的法理学(尤其是分析法学)。[①] 法理学与法哲学用法上的偏好,反映了英美与欧陆两大法系及其学术传统的差异。

二、法理学研究的对象和范围

法理学研究的范围具有宽泛性,法理学是一个开放的理论体系,即向自然科学、社会科学、人文科学(精神科学)的一切学问和知识开放的学科。它随着整个自然科学、社会科学、人文科学的发展而不断限定或拓展自己的研究方向和范围。法理学研究的对象主要是法和法学的一般原理(哲理)、基本的法律原则、基本概念和制度以及这些法律制度运行的机制。因而,就制度层面言,法理学是一门研究所有法律制度中的一般问题、原理、原则和制度的学问。它不关心每一具体制度、法律的具体操作问题(这属于不同法学学科研究的对象),而是对每一法学学科中带有共同性、根本性的问题和原理作横断面的考察。由于这样一种研究具有宽泛的性质,这就给法理学的划界带来了一定的困难。尽管如此,我们仍然可以将法理学研究的范围大致归结为三个基本研究方向,即法哲学方向、法社会学方向和法的理论(或"形式法学")方向。笼统地讲,法理学研究的范围(领域)就是这三个法学基本研究方向的结合。法哲学、法社会学、法的理论各自可以相互独立成为一门学问,它们分别侧重于对法的价值方面(法哲学)、事实方面(法社会学)和规范方面(法的理论)的研究。而法理学则以法哲学为基础,通过对法的原理、原则、概念、制度的探讨将其他两个理论方向的研究联系和统一起来,但又不完全代替各个理论方向的具体研究。这样一个范围既反映了科学分化与整合的大趋向,也反映了当代世界三大法学流派(即自然法学、社会法学、实证主义法学)理论倾向相互融合的事实。

三、法理学在法学体系中的地位

法理学在法学体系中占有特殊地位。这个特殊地位就是:它是法学的一般理论、基础理论和方法论。这一特殊地位首先是由法理学的研究对象的一般性和法理学论题的根本性所决定的。

(一)法学的一般理论

法理学以"一般法"即整体法律现象为研究对象。所谓"一般法",首先指法的整个领域或者说整个法律现实,即包括宪法、行政法、民法、经济法、刑法、诉讼法、国际法等在内的整个法律领域,以及现行法从制定到实施的全部过程。法理学要概括出各个部门法及其运行的共同规律、共同特征、共同范畴,从而为部门法学提供指南,为法制建设提供理论服务。为此,法理学应当以各个部门法和部门法学为基础,应是对各个部门法的总体研究,对各个部门法学研究成果的高度概括。如果不是这样,而仅仅从一些或个别部门法和部门法学中找例子为自己的观点作注解,或仅仅是对部门法学的某些理论的简单升格,法理学的结论就难免带有局限性,就不可能在部门法学中贯彻到底,也就谈不上对部门法学有指导意义。

"一般法"其次指古今中外一切法。法理学应是对古今中外一切类型的法律制度及其各个发展阶段的情况的综合研究,它的结论应能解释法的一切现象。如果它仅以一国或某些国家或某一种历史类型的国家为对象,它的结论就不可避免地带有时代的局限性或民族的偏狭性,就不可能是放之四海而皆准的真理。因此,我们的法理学要立足中国,放

① 参见舒国滢:《战后德国法哲学的发展路向》,载《比较法研究》1995年第4期,352~353页。

眼世界,通观历史,从横向和纵向全面地考察法律现象,要吸收比较法学和法史学的研究成果,尽可能了解和批判地借鉴国外法学的研究成果。正因为法理学研究的是一般法,所以,它也被法学家们称做“法的一般理论”。

当然,必须指出,虽然作为一门学科,法理学是以古今中外一切法为研究对象的,但是如同任何国家的法理学都是以本国的现行法律为主要研究对象一样,我国的法理学也应当以研究自己的法律问题和法制建设为主,即以我国社会主义初级阶段的法制建设和现行法律为主,其起点、重心和归宿都必须是建设有中国特色的社会主义法制。

(二)法学的基础理论

法理学的对象是一般法,但它的内容不是一般法的全部,而仅仅是包含在一般法中的普遍问题和根本问题。法理学属于法学知识体系的最高层次,担负着探讨法的普遍原理或最高原理,为各个部门法学和法史学提供理论根据和思想指导的任务。它以其对法的概念、法的理论和法的理念的系统阐述,帮助人们正确理解法的性质、作用、内在和外在的变化因素。它所处理的主要是法律的一般思想,而不是法律的具体知识。因而,法理学的论题是法学和法律实践中带有根本性的问题。例如,法是什么?法是怎样产生、发展的?法有什么作用和价值?法是如何运行和操作的?法是如何受制于其他社会现象又如何影响其他社会现象的?这些问题的解决是法学各科解决其具体问题的前提,也是解决法律实践问题的前提。同时,在解决这些问题的过程中,法理学还要概括和阐述法学的基本范畴,例如,法、权利、义务、法律规范、法律原则、法律行为、法律关系、法律责任、法律文化、法律价值、法治等。这些范畴横贯所有法的部门,是各部门法学共同适用的。从法理学的这些论题,可以明显看出法理学是法学的基础理论或法学体系的基础。

(三)法学的方法论

除作为法的一般理论和法学基础理论之外,法理学还是法学的方法论。所谓方法论是指关于方法的理论和学说。法学的历史反复表明,用于研究工作的方法是否正确和有效,对于科学研究是至关重要的。因为研究方法在很大程度上影响着主体的认知兴趣,课题设计,资料的识别与取舍,逻辑推理的方法以及评价的标准,甚至决定着人们能否完成或顺利地完成其研究任务。在一定意义上,科学的方法是把主体与客体联系起来的桥梁、渡船、通道。在没有科学的方法就没有科学的认识这种意义上,也可以说方法是科学的生命。在法学领域,马克思主义法学之所以能够在众多的法学流派中独树一帜,表现出明显的理论优势,正是得益于其研究方法的科学性。法学的历史也表明,法学领域的变革或革命往往是由方法的更新或革命引起的。大凡一种新的法学理论或学说的兴起,都是从研究方法的突破开始的,至少是与方法的更新分不开的。所以,方法本身就成为法理学的研究对象。改革开放以来,我国法理学越来越重视对法学方法的研究,正在建立起科学的方法论体系。在这个过程中,法理学特别注重研究如何把马克思主义认识世界的一般方法即哲学方法论具体化为认识法律现象的具体方法;注重总结我国法学工作者在法学研究中积累起来的有效的方法,并通过理性化的升华,使之成为普遍有效的认识方法;注重移植其他学科(包括人文、社会科学和自然科学在内)的方法;注重批判地借鉴国外法学研究中的科学方法。

鉴于上述法理学在整个法学体系中的特殊地位和作用,认真学习法理学,切实掌握法理学的理论和方法,对于树立科学的法律观、民主的法制观,学会运用辩证唯物主义和历

史唯物主义的立场、观点和方法观察和思考法的问题，特别是当代中国社会主义法制建设的基本问题，确立法律思维方法和法学理论素质，是十分重要的。

推荐阅读

1. 张文显:《迈向法治新世纪，展望法学大趋势》，载《现代法学》，2000 年第 1 期。

2. 吕世伦:《对当前法学分类论的评价》，载吕世伦:《法理念探析》，法律出版社，2002 年版。

思考题

1. 法学体系形成于何时？
2. 法学的分支学科是如何划分的？
3. 如何理解法理学在法学中的地位？
4. 学习研究法理学的意义是什么？

第四章　法学方法

学习提示：法学方法是每个法学的学习研究者必须掌握的方法。掌握不同的学习研究方法，可以增进我们对法的最基本问题的研究和学习。本章首先介绍法学方法的基本概念、法学方法应坚持的基本原则以及法学中常用的几种基本的研究学习方法。重点是掌握法学研究和学习的基本方法。

重点问题

1. 法学方法的概念
2. 法学方法必须坚持的基本原则
3. 法学的基本方法

第一节　法学方法论

一、法学方法论的概念

对于科学研究来说，用于研究的方法本身是否科学和正确，是决定研究活动成功与失败的关键因素。正因为如此，自近代科学产生以来，关于科学方法的研究日益引起人们的关注。可以这样说，与各种非马克思主义法学流派相比，在揭示法律现象的本质与规律方面，马克思主义法学之所以具有明显的理论优势，主要在于其方法的科学与有效。

方法一词，是人们在日常生活、科学研究和社会实践中经常使用的一个术语，同时，也是一个具有重大理论意义的哲学概念。据考证，在古希腊语言中，方法一词是由“沿着”和“道路”两个词组成的，意即接近某物的途径。在汉语中，则用“法”、“术”、“道”等词来表达类似的意思。方法是与人类有意识、有目的的活动相联系的。由于人类活动的复杂性，在人类活动的不同领域中有不同的方法，但所有的方法又都具有内在的共同之处，因而，从最一般的意义上说，方法就是人们为了解决某种问题而采取的特定的活动方式，既包括精神活动的方式，也包括实践活动的方式。把某一领域分散的各种具体方法组织起来并给予理论上的说明，就是方法论。在西方许多民族的语言文字中，方法论一词都具有两种基本的含义，既指关于方法的理论，又指方法的体系。

法学方法论就是由各种法学研究方法所组成的方法体系以及对这一方法体系的理论说明。一般来说，法学方法论的内容可分为两个基本层次或方面。第一个层次是法学方法论的原则，它构成了法学方法体系的理论基础，并对其他方法的运用发挥着整体性的导向功能。第二层次是研究的具体方法，它构成了法学体系的主干部分，在解决具体的法律问题方面发挥着广泛的作用。

二、马克思主义法学方法论

在法学研究的方法体系中，方法论原则占有特别重要的地位。方法论原则是认识问

题、解决问题的基本出发点和基本思路，也是关于如何运用具体方法的一种根本方法。以马克思主义为指导的法学必须以唯物辩证法做为自己的根本方法。

唯物辩证法本身包含着丰富的内容，这些内容不是一种积木式的组合，而是以不可分割的方式有机地结合为一个整体。有时，出于理解和表述上的需要，人们通常把它们分解成若干条基本的方法论原则。只要我们能够避免以教条主义的态度把它们当做僵死的、孤立的"条条"来对待，这样做还是有益的，因为它能够帮助我们从中抓住最关键、最重要的东西。

对于法学研究而言，坚持唯物辩证方法首先就要坚持以下几条基本方法论原则：

第一，用唯物辩证方法研究法学，就必须坚持实事求是的思想路线。在认识和研究对象世界(包括法律现象)时，是从实际出发，还是从观念出发？是坚持具体问题具体分析，还是坚持用抽象的概念和原则来衡量一切？是坚持主观与客观、理论与实践的统一，还是割裂这种统一的关系？这两种不同的研究方法和态度代表着马克思主义和非马克思主义两条根本对立的思想路线。前一种研究方法和态度就是马克思主义的实事求是的唯物主义思想路线。

"实事求是"是马克思主义思想路线的中国式表达。它是规定思维的根本出发点和总方向的方法论原则。这也就是说，一切本质上合乎科学的方法(包括唯物辩证方法的其他原则)，只有在实事求是的基础上加以运用并用实事求是来统帅，才会使人们的认识和研究沿着正确方向前进。也正是在这个意义上，我们才称"实事求是"是马克思主义的"活的灵魂"。中国现代法学发展和法制建设的历史证明，当遵循着实事求是的思想路线时，我们的法学研究和法制建设就能够健康、顺利地前进，即使出现了挫折和失误，也能比较容易地克服；反之，当偏离了这一思想路线时，就会犯方向性的大错误。

第二，用唯物辩证方法研究法学，就必须坚持社会存在决定社会意识的观点。在几千年的人类思想史上，法作为一种社会现象，一直是各个时代的思想家们所着重研究的重大课题之一。但是，在马克思之前，人们总是力图从所谓宇宙理性、上帝意志、人类理性、绝对精神或民族精神出发去说明这一现象。针对这种历史唯心主义的错误方法，马克思和恩格斯表明了自己的态度：法的关系既不能从它们本身来理解，也不能从人类精神的一般发展来理解，历史上出现的一切法律制度，"只有理解了每一个与之相应的时代的物质生活条件，并且从这些物质条件中被引伸出来的时候，才能理解"。[①] 因此，我们在法学研究中，必须坚持社会存在决定社会意识，也即社会物质生活过程决定社会精神生活过程的观点。具体说来，就是要在深入考察社会物质资料的生产、交换、分配和消费的基本条件和方式的基础上，来说明法的产生、发展和更替，说明法的本质、内容和作用。法作为社会的上层建筑，是由经济基础决定的，是经济关系的记录，法定权利和义务的内容及其分配状况当然要通过人类的理性、观念和意志来确定，但是，归根结底，最终的决定力量则存在于社会物质生活的现实过程之中。总而言之，社会物质生活条件决定着什么样的社会意识会占居统治地位，决定着法定权利和义务的基本内容和分配状况。只有坚持这种彻底的唯物主义观点，我们才能够避免犯唯心主义的错误，才能建立起科学的法学理论体系。

第三，用唯物辩证方法研究法学，就必须坚持社会现象的普遍联系和相互作用的观

---

① 《马克思恩格斯选集》第2卷，117页。

点。在马克思主义看来,物质生活的生产方式从根本上决定着社会发展的基本面貌,但是,人们往往由此把马克思主义的历史观简单地归结为经济决定论,认为在唯物史观中,唯有经济因素才是历史发展的积极的起推动作用的因素,而非经济的因素则是被动的,进而认为,只要了解了社会存在决定社会意识、经济基础决定上层建筑这一基本观点,就是掌握了历史唯物主义,就可以正确地说明历史的发展。这种看法是错误的。实际上,经济决定论仅仅是对历史唯物主义的一种片面化、庸俗化的理解,其实质是以形而上学的机械唯物论代替了马克思主义的历史辩证法。历史唯物主义不仅是唯物的,也是辩证的,它对社会现象的分析不是线型的单值分析,而是多元的多变量的分析。恩格斯在著名的《致约·布洛赫》一信中曾严厉批评了以经济决定论代替历史辩证的做法。他说:"……根据唯物史观,历史过程中的决定性因素归根到底是现实生活的生产和再生产。无论马克思或我都从来没有肯定过比这更多的东西。如果有人在这里加以歪曲,说经济因素是唯一决定性的因素,那末他就是把这个命题变成毫无内容的、抽象的、荒诞无稽的空话。"① "青年们有时过分看重经济方面,这有一部分是马克思和我应当负责的。我们在反驳我们的论敌时,常常不得不强调被他们否认的主要原则,并且不是始终都有时间、地点和机会来给其他参预交互作用的因素以应有的重视。……可惜人们往往以为,只要掌握了主要原理,而且还并不总是掌握得正确,那就算已经充分地理解了新理论并且立刻就能够应用它了。"② 显然,我们在法学研究中如果仅仅强调经济因素的作用而忘记了社会现象间的普遍联系,忘记了非经济因素尤其是法对经济因素的反作用,同样是不可能建立起正确的法学理论体系的。

第四,用唯物辩证方法研究法学,就必须坚持社会历史的发展观点。按照马克思主义的世界观,整个世界都处于运动和发展的过程之中,人类社会也是如此,而唯物辩证法就正是"关于自然、人类社会和思维的运动和发展的普遍规律"③ 的科学,是"最完整深刻而无片面性弊病的关于发展的学说"。④ 用发展的观点观察和分析法律现象,就会发现,世界上根本没有什么超时空的法律制度,任何法律体系都不能不具有时代特征,它必须与自己时代的社会条件相适应并随着这些社会条件的变化而变化;就会发现,法律发展的过程与社会基本矛盾的运动过程有着深刻的联系,一种法律制度,只有在准确反映了社会发展的主题和基本趋势的条件下才能为推动社会进步贡献力量,并且在自身的运动和发展过程中获得强大的生命力。用发展的观点指导法学研究,对于一个改革的时代而言,就显得尤其重要,它是克服因循守旧的传统和教条主义思想的强大精神武器。

第二节　法学的基本方法

法学研究的具体方法是多种多样的,在众多的具体研究方法中,有一些方法在揭示法律现象的矛盾特殊性方面发挥着特别重要的作用,或者在法学各分支学科中具有普遍的适用性,这些方法就构成了法学研究的基本方法。对于马克思主义法学来说,其基本的研

① 《马克思恩格斯选集》第4卷,477页,479页。
② 《马克思恩格斯选集》第4卷,477页,479页。
③ 《马克思恩格斯选集》第3卷,181页。
④ 《列宁选集》第2卷,442页。

究方法大致上可分三类，即阶级分析方法、价值分析方法和实证分析方法。

一、阶级分析方法

阶级分析方法就是用阶级和阶级斗争的观点去观察和分析阶级社会中各种社会现象的方法。它可以广泛地应用于各门社会科学或人文学科，在法学研究中也占有重要地位。

在如何对待阶级分析方法这一问题上，必须防止两种错误倾向。第一种倾向是以教条主义的态度来理解和运用阶级分析方法，把科学的阶级分析片面归结为"阶级斗争之学"和"对敌专政之学"。这种错误倾向曾给我国的法制建设和法学研究造成了灾难性的影响。第二种倾向是以虚无主义的态度对待阶级分析方法，有意或无意地贬低、轻视甚至否认阶级分析方法的理论意义和认识价值。对于这种错误倾向也应注意防止。

阶级分析方法作为法学研究的基本方法之一，其独特的功能主要体现在以下四个方面：其一，对于法学的理论建设而言，阶级分析方法是避免走入唯心主义法学误区的必要指南。其二，对于法律现象的历史考察而言，阶级分析方法是探索法律制度和法律思想历史演变规律的基本线索。其三，对于古今中外法律制度的定性研究而言，阶级分析方法是有力的分析工具。其四，对于法制实践而言，阶级分析方法是坚持正确政治导向的重要理论参照。这些功能能否得到充分发挥，首先取决于能否用科学的态度准确理解和运用阶级分析方法。在过去相当长的一段时期内，由于受教条主义思维方式的影响，人们在理解和运用这一马克思主义的方法时，往往是只留心于抽象的结论而舍弃了丰富、具体的分析过程，只注重可为现行政策做注脚的个别观点而忽视了理论的整体联系，只记住了作为分析工具的范畴和术语而忘记了使这些范畴和术语的运用免于片面和极端的前提条件。实践证明，以这种非科学的态度来对待阶级分析方法，只会给我们的法学发展和法制建设带来灾难性的影响。另外，还应看到，由马克思和恩格斯创立于 19 世纪中叶的阶级分析方法并不是封闭和僵死的东西，这就要求我们必须通过参照 20 世纪以来社会结构的重大变迁、联系我国的实际与实践、借鉴现代科学研究的相关优秀成果而对其进行完善、修正和发展，只有这样，才能使之不断地保持科学性与有效性。

二、价值分析方法

马克思主义哲学是一种实践哲学，因为它强调：哲学家们只是用不同的方式解释世界，而问题在于改变世界。那么，人类为什么要改变世界又应当如何改变世界呢？这样的问题一被提出，我们就来到了价值判断的领域。

价值这一概念所以重要，就在于它揭示了实践活动的动机和目的。在人类的实践活动中，外界事物与人不仅仅是存在与感知的关系。外界事物作为人类所改造的对象，与人类建立了新的关系即价值关系。在政治理论和法学理论的文献中，价值经常被定义为值得追求的或美好的事物。例如，安全、福利、知识、声誉、德行等都是一般人所希望得到的，因而，它们便被视为价值的存在形态。广义的价值概念还包括人们心目中关于美好事物和理想状态的观念以及关于什么是"正当"的评价标准即价值准则。运用一定的价值准则去评判、衡量某种事物或状态就形成了价值判断。从价值关系的角度来看，任何社会规范都是一种价值准则，因为它作为一种规范必然会要求人们做出某种行为或禁止做出某种行为。在这里，前一种行为被认为是正当的，是有价值的，后一种行为则被认为是非正当的，是无价值的或负价值的。法作为调整社会生活的规范体系，它的存在本身并不是目的，而是实现一定价值的手段。也就是说，社会中所有的立法和司法活动都是一种进行价值选择的活动。当立法者们为人们确定权利义务的界限时,他们实际上就是力图通过保护、奖励和制裁等法律手段来肯定、支持或反对一定的行为,从而使社会处于一种在立法者看来是正当或理想的状态。当一个法官在解决法律纠纷时,他实际上就是适用法律所提供的价值准则在冲突的利益中做出权威性的选择,因此,他可以用减少或剥夺某些人的财产、自由、安全和生命的办法来增加或保护另一些人的财产、自由、安全和生命。正因为法与价值之间有着这种不可分割的联系,所以,价值分析就不能不成为法学研究的重要方法。

在科学研究中是否允许有价值判断,在当代西方社会科学界是一个争论不休尚无定论的问题。实证主义者认为,科学只能研究事实而不能涉及价值,因为一旦涉及价值,科学就不成其为科学;为此,在科学研究之前必须进行价值祛除,以防止因为研究者的好恶而减低或丧失观察的客观性和陈述的可靠性。以此种观点为指导,西方的实证主义法学家认为法学是“价值中立”之学。例如,纯粹法学的代表人物凯尔逊即主张:法学作为科学必须陈述它的对象实际上是这样的,而不是从某种特定的价值判断的观点出发来规定它应当或不应当这样。但是,在马克思主义的实践哲学看来,在社会科学中完全排除价值因素是不可能的。对于法学来说尤其如此。这主要是因为,首先,法作为调整社会利益关系的规范体系,其本身就是一定价值观念的体现。法所以要对一些行为予以保护而对另一些行为予以制裁,就是因为法之中隐含着一套价值准则,凡是被这种价值准则所肯定的行为,就得到法的保护;反之,则受到制裁。因此,法学理论的一个首要任务就是对各种利益进行评价并确定它们在价值序列中的相应位阶,当发生利益冲突时,还要提供一种在其中进行取舍的原则。也就是说,法学理论必须回答在利益关系中,哪些利益应当受到保护,应当保护到什么程度,哪些利益应当受到限制,应当限制到什么程度。如果一个社会的法学理论不能承担起这一任务,那么,立法就成了立法者个人的随意活动,这对于任何人都是极危险的事情。其次,包括法学在内的社会科学研究,其目的不仅仅是描述世界,更重要的是改善世界。这是马克思主义法学的基本主张。如果法学理论在改善世界的问题上毫无用处,那么,法学自身的价值也就成了问题。如欲改善世界,价值判断就不能回避也不应回避。对于法学家来说,他们必须为此发挥两方面的作用。一方面要为现存法律秩序的评价和批判提供一套价值准则,从而使人们能够有目的地对法律制度并通过法律制度来对社会进行改造;另一方面,还要为未来的社会提供一种法的理想并以此作为引导人们走向未来的价值目标。

以马克思主义哲学为指导的法学在进行价值分析时应当以无产阶级和人民群众的需要为出发点,在这个意义上,马克思主义法学的价值分析方法与阶级分析方法是相通的。为了使价值分析的阶级性与科学性统一起来,马克思主义法学在运用价值分析方法时必须遵循生产力标准和人道主义标准,必须坚持现实主义原则和历史主义原则。

三、实证分析方法

实证分析方法也是法学研究的一种基本方法,其主要特点是通过对经验事实的观察和分析来建立和检验各种理论命题。所谓经验事实是可以通过人们的直接或间接观察而发现的确定的事实因素。对于法学的实证研究而言,经验事实既包括与法律的制定和实施有关的一切社会事实,也包括法律文本中的词语、句法和逻辑结构等事实因素。在法学研究中,可资运用的实证分析方法有许多具体形态,其中最主要的有以下几种。

社会调查的方法。社会调查是法学进行实证研究的最基本的方法。为了使我们的法学研究摆脱理论脱离实际的不良学风,大力开展社会调查是非常必要的。法学所进行的社会调查其课题和范畴是极其广泛的,诸如治安状况的调查、社会组织的调查、法文化的调查、法行为的调查、法实效的调查、法角色的调查和风俗习惯的调查等等。社会调查的方式也是多种多样的,一般可分为普遍调查、抽样调查、典型调查和个案调查四种。为了使社会调查达到预期目的,法学工作者在选择一种调查方式(如典型调查或抽样调查等等)之后,还必须学会熟练地运用一些接触事实、收集资料的技术性方法,如观察法、实验法、参与法、访谈法和问卷法等等。这些技术性方法只有经过专门的学习和训练才能准确地掌握。调查者如果不具备这方面的知识,则调查结果的可靠性和根据调查结果所做出的推论的科学性就很难保证。

历史考察的方法。一切社会现象都有其产生、发展的历史。如果抛开历史的联系,那么,无论是经济现象、政治现象、宗教现象还是法律现象都不可能得到正确的理解和把握。正如列宁所指出的那样:“为了解决社会科学问题,为了获得正确处理这个问题的本领而不被一大堆细节或各种争执意见所迷惑,为了用科学眼光观察这个问题,最可靠、最必须、最重要的就是不要忘记基本的历史联系,考察每个问题都要看某种现象在历史上怎样产生,在发展过程中经过了哪些主要阶段,并根据它的这种发展去考察这一事物现在是怎样的”。① 进行这种历史的考察可以使我们从总体上把握法与经济、政治、文化相互作用的历史脉络,加深我们对历史唯物主义法律观的理解,并为研究现实问题打下坚实的理论基础。

比较的方法。对法现象的比较研究一般可分为两种形式,一种是横向的比较,一种是历史的比较。横向的比较是法学中最常用的比较方法,其中国际间的比较已发展成为法学的一个独立分科,被称为比较法学。由此足见比较方法在法学研究中的重要地位。然而,国际间的比较并不是横向比较研究的唯一形式,对国内不同地区的法现象也可以进行比较研究,如比较研究不同地区的治安情况,比较研究城市和农村中法的实效,比较研究沿海发达地区和内地不发达地区的法意识等等。历史的比较是按照法现象的时间顺序进行比较研究。通过对不同历史类型法制以及同一类型中不同时期法制度的比较研究,我们可以从中得到很多具有启发性和实用性的知识。这无论对于法制建设还是对于法学理论的完善都大有裨益。

逻辑分析方法。任何科学理论的建立都必须借助于逻辑推理,法学自然也不能例外。逻辑分析方法的具体形式有很多,如归纳与演绎、分析与综合、比较与分类、科学抽象法、数学模型法等等。这些具体形式在法学研究中都有其独特的作用,例如,法学研究者可以用演绎法从法的原则中推论出具体的法规则,可以用分类法来划分法的部门,可以用科学抽象法提炼法学的基本范畴等等,因为法本身就是一种由各种规则构成的内在统一、结构严谨的体系,所以,正确使用逻辑分析的方法对于全面、准确地了解法的内容和形式是十分有益的。

语义分析方法。语义分析方法在法学研究中发挥着十分重要的作用。这是因为,在法律领域中,语言的功能不仅是一般性地交流思想。立法、执法和司法机构正是通过语言

① 《列宁选集》第4卷,43页。

的操作来划定权利与义务的界限，从而宣告和推行国家意志。在此语言成为传达国家意志和指令的载体，立法过程、执法过程和司法过程本身都伴随一个语言的操作过程。因而，如何正确地使用和解释法律用语，就直接与秩序和人们的切身利益联系在一起了，如果不能合理地对法律用语进行解释，或者法律本身就是语义含混和前后矛盾的，那么，法律就难以承担起自己的使命。这时，法律就不能充分地保护它所应当保护的利益，也不能有效地制裁它应当制裁的行为，在利益关系高度复杂化的现代社会，就更是如此。另外，在建构法学理论、表达法学观点的学术活动中，如果不能准确合理地使用各种概念和术语，也会引起思想交流的障碍和理论的混乱。因此，近现代法学十分注重语义分析方法的运用。当然，西方某些法学派别过高估价语义分析方法的地位和作用，甚至将其视为法学研究最根本的和首要的方法，这种观点确实不足为训。但是，必须充分承认语义分析方法的独特功能，这一方法的运用，对于法制建设和法学研究都是十分有益的。

推荐阅读

1. 舒国滢：《法学研究方法的历史演进》，载《法律科学》，1992年第4期。
2. 胡玉鸿：《关于法学方法论的几个基本问题》，载《华东政法学院学报》，2000年第5期。
3. 刘永林：《法学方法论研究》，载《法学研究》，2003年第3期。

思考题

1. 法学研究中如何坚持唯物辩证法的基本原则？
2. 简述法学学习研究的基本方法。
3. 应该建立一个怎样的法学专业学习方法？

第二编

法本体论

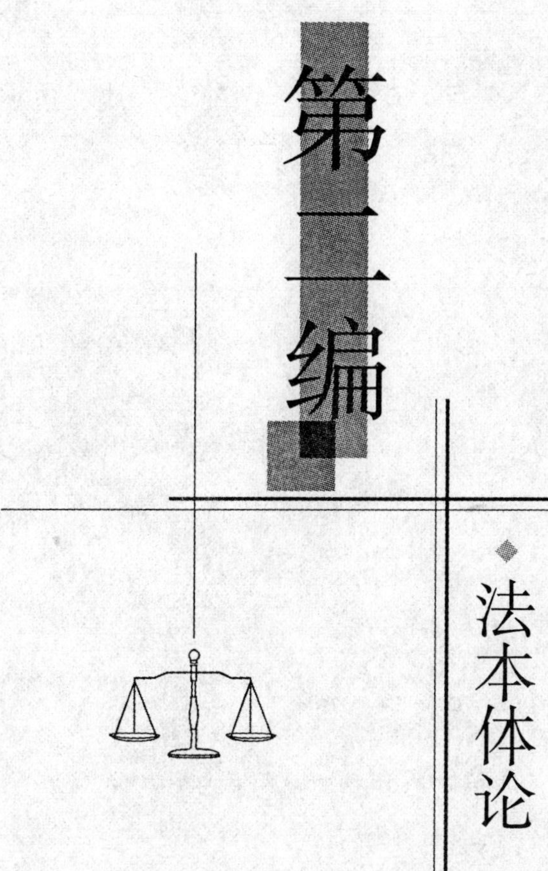

第五章　法的概念

学习提示：本章是用哲学的方法和范畴对法的定义首先从中西方不同文化中对法的含义的不同理解和比较，并区分法和法律的不同含义，然后讨论法的特征、本质，最后给法一个初步的定义。重点是要我们初步认识法是什么这一重要的理论问题。难点是中西方不同的文化对法的不同理解，以及马克思主义法学关于法的定义的相对科学性。

重点问题

1. 中西方关于法的词源词义的比较
2. 法与法律的不同含义
3. 法的特征
4. 法的层级本质
5. 马克思主义法学法的定义

第一节　法的定义

一、法、法律的词义

在了解法的概念之前，我们首先要了解法的词源和词义。据我国历史上第一部字书《说文解字》的考证，汉语中“法”的古体是“灋”。“灋，刑也，平之如水，从水；廌，所以触不直者去之，从去。”① 这一解释表明，第一，古代的“法”和“刑”是通用的。古代的刑既有刑戮、罚罪之意，也有规范之意。第二，“平之如水，从水”，表明法有“公平”之意。第三，“廌，所以触不直者去之，从去”，表明法有“明断曲直”之意。据说廌是一种神兽，《神异经》称之为“獬豸”，其“性知有罪……有罪则触，无罪则不触”。

在古代文献中，“法”除与刑通用外，也往往与“律”通用。据《尔雅·释诂》记载，在秦汉时期，“法”与“律”二字已同义，都有常规、均布、划一的意思。《唐律疏义》更明确指出：“法亦律也，故谓之为律。”又称，战国李悝“集诸国刑典，造《法经》六篇……商鞅传授，改法为律。”② 固“法”与“律”复合，作为“法律”独立合成词，在古代文献中偶尔出现过，但主要是近现代的用法。清末以来，“法”与“法律”是并用的。

在现代汉语中，“法律”一词有广义和狭义两种用法。广义的“法律”指法律的整体。例如，就我国现在的法律而论，它包括作为根本法的宪法，全国人民代表大会及其常务委员会制定的法律，国务院制定的行政法规，地方国家权力机关制定的地方性法规，国务院各部委和省级人民政府制定的规章等。狭义的法律仅指全国人民代表大会及其常务委员会制定的法律。为了加以区别，学者们有时把广义的法律称为法，但在很多场合下，仍根

① 《说文解字》，202页，北京：中华书局，1963年影印本。
② 《唐律疏义》，2页，北京：中华书局，1983年。

据约定俗成的原则,统称为法律,即有时作广义解,有时作狭义解。

在西文中,除英语中的 law 同汉语中的"法律"对应外,欧洲大陆的各民族语言中都用两个词把"法"和"法律"分别加以表达。比如拉丁文的 Jus 和 lex,法文中的 droit 和 loi,德文中的 recht 和 gesetz,意大利语中的 diritto 和 legge,西班牙语中的 derecho 和 ley,等等。值得注意和思考的是:第一,西文中的 Jus、droit、recht 等词既表示"法",又兼有"权利"、"公平"、"正义"等富有道德意味的抽象含义。第二,lex 等词通常指具体规则,其词义明确、具体、技术性强。第三,有学者认为,法指永恒的、普遍有效的正义原则和道德公理,而法律则指由国家机关制定和颁布的具体的法律规则,法律是法的真实或虚假的表现形式。这也就是"自然法"与"实在法"对立的法哲学概括。

在我国当代法学理论上,法律有广狭两层含义,广义的法律是指法的整体,包括法律、有法律效力的解释及其行政机关为执行法律而制定的规范性文件(如规章)。而狭义的法律则专指拥有立法权的国家机关依照立法程序制定的规范性文件。另外,我国也有一些学者认为需要从"自然法"观念出发来区分"法"与"法律",这里的"法"是指高于制定法之上并能衡量制定法善恶的某些特定的标准;而"法律"只是国家机关制定的法律规则。

在我国现代法律制度中,法律也有广狭两层含义,一是指包括宪法、行政法规在内的一切规范性法律文件,一是指全国人大及其常委会制定的基本法律以及基本法律以外的法律。

二、非马克思主义的法的定义

关于法的定义可以分为两大类,一是非马克思主义的,一是马克思主义的。从总体上看,虽然非马克思主义法学关于法本质的理论也包含着富有启迪性的见解,但它们都不是真正科学的和比较完备的法学理论。非马克思主义者对法所作的定义大致有三个角度,即法的本体,法的本源以及法的作用。

第一,从法的本体下定义,着重以简化或抽象化的形式揭示法是什么。在这方面比较有代表性的定义有:①规则说,认为法即规则。例如我国古代思想家管仲说:"法律政令者,吏民规矩绳墨也。"① 我国清末法学家沈家本说:"法者,天下之程式,万事之仪表。"② 现代西方法学中的法律实证主义者更明确地把法定义为一个社会为决定什么行动应受公共权力加以惩罚或强制执行而直接或间接地使用的一批特殊规则。②命令说,认为法是国家的命令,主权者的命令。③判决说,认为法即判决。例如美国法学家格雷说,法只是指法院在其判决中所规定的东西,法规、判例、专家意见、习惯和道德只是法的渊源。当法院作出判决时,真正的法才被创造出来。美国现实主义法学家卢埃林说,官员们关于争端作出的就是法。

第二,从法的本源下定义,着重说明法的基础或法自何出。在这方面,比较有代表性的定义有:①神意论,认为法即神意。古代社会的"君权神授"理论所包含的法观念几乎都主张法自神出,法是神(上帝、先知)为人类规定的行为标准。现代社会神学的自然法学家仍然主张法是上帝的意志。②理性论,认为法是理性。例如古罗马思想家西塞罗说:"法就是最高的理性并且它固植于支配应该做的行为和禁止不应该做的行为的自然之中。当

---

① 《管子·七臣七主》。
② 张国华主编:《中国法律思想史》,465 页,北京:法律出版社,1982 年。

这种最高的理性在人类理智中稳固地确定和充分地发展了的时候，就是法。”[①] ③公意论，认为法是公共意志或共同意志。例如卢梭说：“法是公意的宣告。”[②] ④权力说，认为法即权力的表现或派生物。例如中国古代商鞅说：“法者，宪令著于官府，刑罚必于民心，赏存乎慎法，而罚加乎奸令者也。”[③] 美国法人类学家霍贝尔说：“这样的社会规范就是法规范，即如果对它置之不理或违反，按例就会遇到拥有社会承认的，可以这样行为的权力的人或集团，以运用物质武力相威胁或事实上加以运用。”[④]

第三，从法的作用下定义，着重说明法的工具性。在这方面较有代表性的定义有：①正义论，认为法是正义的工具。例如亚里士多德说：“要使事物合于正义，须有毫无偏私的权衡，法恰恰是这样一个中道的权衡。”[⑤] 古罗马法学家赛尔苏斯说：“法是善良公正之术。”②社会控制说，认为法是社会控制的手段。例如庞德说：“我把法理解为发达的政治上组织起来的社会高度专门化的社会控制形式——一种通过有系统有秩序地适用社会强力的社会控制。在这种意义上，它是一种统治方式，我称之为法秩序的统治方式。”[⑥] ③事业说，这是美国新自然法学派的代表人物福勒给法下的定义，其概括的表述是：“法是使人们的行为服从规则治理的事业。”[⑦]

从以上所引述的非马克思主义的法的定义可以看出：唯心主义的和形而上学的法的定义具有形式主义的或神秘主义的特点，它们最大的缺陷是没有揭示或故意掩盖法的阶级本质，而如果没有揭示这一层本质，任何一个法的定义的作用都是极其有限的，甚至是无益的。

三、马克思主义的法的定义

马克思主义创始人从唯物史观出发，从不同侧面和角度对法的概念作了不少定义式的表述，深刻地揭示了法的本质和基本特征。

马克思和恩格斯在《德意志意识形态》中指出，在一定的物质生产关系中“占统治地位的个人除了必须以国家的形式组织自己的力量外，他们还必须给予他们自己的由这些特定关系所决定的意志以国家意志即法律的一般表现形式”。

“由他们的共同利益所决定的这种意志的表现，就是法律。”[⑧] 1848年马克思和恩格斯在《共产党宣言》中指出：资产阶级法不过是被奉为法律的资产阶级意志，而这种意志的内容是由资产阶级的物质生活条件决定的。从引文出处的上下文来看，马克思、恩格斯的上述话语不是专门论述法的，更不是给法下学理上的定义。但是，它们揭示了法的概念的核心内涵，指明了给法下科学定义的基本要素，也为研究法的本质和基本特征提供了科学的立场、观点和方法。

根据马克思主义关于法的一般理论，吸收了国内外法学研究的成果，可以把法定义为：法是指由国家专门机关创制的、以权利义务为调整机制并通过国家强制力保证的调整行为关系的规范，它是意志与规律的结合，是阶级统治和社会管理的手段，它应当是通过

① 西塞罗：《法律篇》，《西方法律思想史资料选编》，64页，北京大学出版社，1983年。
② 卢梭：《社会契约论》（中译本），51页，商务印书馆，1982年。
③ 《商君书·室法篇》。
④ 霍贝尔：《原始人的法律》，28页，哈佛大学出版社，1954年。
⑤ 亚里士多德：《政治学》（中译本），169页，商务印书馆，1981年。
⑥ 庞德：《我的法哲学》，引自莫里斯：《伟大的法哲学家》，532页，美国宾夕法尼亚大学出版社，1981年。
⑦ 福勒：《法的道德性》，106页，美国耶鲁大学出版社，1969年修订版。
⑧ 《马克思恩格斯全集》第3卷，378页。

利益调整从而实现社会正义的工具。从这一定义可以看出,马克思主义法学所说的法是指国家法,包括国内法和国际法,而把非国家主体创造或发展的规范体系排除在法的范围之外。

马克思主义关于法的定义与非马克思主义关于法的定义相比较,具有如下科学性:第一,揭示了法与统治阶级的内在联系,深刻地阐明了法的内容是以统治阶级的利益为出发点和归宿的,法是从统治阶级的立场,根据统治阶级的利害标准和价值观念来调整社会关系的。第二,揭示了法与国家之间的必然联系,直接指明了国家在统治阶级的意志客观化为法的过程中有“中介作用”①,没有这个中介,任何阶级意志都不能成为社会的“共同规则”,具有统一性、权威性和普遍约束力。第三,揭示了法与社会物质生活条件的因果联系。它不是从精神世界或权力意志中寻找法的本源,而是深入到法的物质基础即经济基础中来理解法的本源。第四,揭示了法的主要目的、作用和价值。法是统治阶级有意识地创造出来的行为规范体系,具有一定的目的性:确认、保护和发展一定的社会关系和社会秩序。而这种社会关系和社会秩序是统治阶级所期望的,即对统治阶级来说是有意义和有价值的,所以法又具有价值取向。

第二节　法的特征

法的特征是法的本质的外化,是区别于其他事物和现象的征象和标志所在。了解法的特征是为了更好地把握法的性能、作用,把握法的自身规律,以便在运用法律时我们能够得心应手。由于法的特征是法律固有的、确定的东西,人们无法主观想像,任意编造,只能科学地予以认识和分析。在前人对法律特征进行探索和认识的基础上,我们把法的一般特征归纳为四个基本方面,即:调整行为关系的规范,由国家专门机关制定、认可和解释,以权利义务双向规定为调整机制,通过国家强制力保证实施。

一、调整行为关系的规范

(一)行为关系是法律的调整对象

法律通过对行为的作用来调整社会关系。法律的调整对象是社会关系还是行为?通常我们认为法律调整社会关系,即调整社会利益资源在各社会主体间的分配。这是没有疑问的。但是法律通过什么中介进而作用到社会关系呢?这在以往法学论著中总是被忽略。法律不是通过对人们思想的调整来调整社会关系的。我们知道,是因为人的行为才使人与人之间的关系得以建立和存在,这种“社会关系”是以行为为条件的,并形成“行为关系”。行为关系是社会关系中的一种,它是一种表现于外部的通过人们行为而发生的社会关系。达成社会控制的有效途径是通过对人们行为的调整进而对社会关系进行调整。另外,在法律上,行为是极为重要的。马克思说过:“对于法律来说,除了我的行为以外,我是根本不存在的,我根本不是法律的对象。”② 这就是说法律一般不以主体作为区分标准,而是以行为作为区分标准。

法是针对行为而设立的,因而它首先对行为起作用,首先调整人的行为。对于法律来说,不通过行为控制就无法调整和控制社会关系。这是法律区别于其他社会规范的重要

① “一切共同的规章都是以国家为中介的”,参见《马克思恩格斯全集》第3卷,71页。
② 《马克思恩格斯全集》第1卷,16~17页。

特征之一。比如道德规范是通过思想控制来调整和控制社会关系的，政治规范是通过组织控制或舆论控制来完成社会调整的。概而言之，法律是以行为关系为调整对象的规范。

(二)法律的规范性

法律是一种行为规范，之所以说它具有规范性，是因为：第一，法律具有概括性；它是一般的、概括的规则；不针对具体的人和事，可以反复被适用。这一点又使法律同非规范性法律文件(如判决书)区别开来。第二，法律的构成要素中以法律规范为主；这不仅表现在法律规范在量方面占主导地位，而且法律概念、法律原则等要素是为法律规范服务的。第三，法律规范的逻辑结构中包括行为模式、条件假设和法律后果；这是法律的规范性最明显的标志。这同其他社会规范有着显著的区别，一般的规范都不具有这种严密的逻辑结构。法律的规范性决定了它的效率性。法律是抽象的概括的，它无须像个别指引那样对具体的人和事作出具体的指引，只要通过规范的安排和指引，即规范性调整，它就能对一切同类主体和同类行为起到作用，每个人只须根据法律而行为，不必事先经过任何人的批准，因而其作用是高效率的。

二、由国家专门机关制定、认可和解释

(一)制定、认可、解释是法律创制的三种主要方式

制定是指国家机关通过立法活动产生新规范。认可是国家对既存的行为规则予以承认，赋予法律效力。“认可”通常有三种情况：第一，赋予社会上早已存在的某些一般社会规则，如习惯、经验、道德、宗教、习俗、礼仪，使之具有法律效力；第二，通过加入国际组织、承认或签定国际条约等方式，认可国际法规范；第三，特定国家机关对具体案件的裁决作出概括产生规则或原则，并赋予这种规则或原则以法律效力。其中最常见的是第一种情况。法律的创制不是仅仅通过认可和制定，法律被认可或被制定以后还有一个再度创造的过程，这就是解释。所谓法律解释是指有权的国家专门机关依照法定权限和法定程序，根据一定的标准和原则对法律所进行的阐释。如果把法律仅仅理解为立法机关认可或制定的规范，容易造成多种误解，并会导致法官轻视法律的适用阶段。

(二)法律的国家性

法律出自国家，具有国家性，因为：第一，它是以国家的名义创制的。尽管它是统治阶级意志的体现，但它不能只是以统治阶级的名义。法律代表的是“一种表面上驾于社会之上的力量”①，法律需要在全国范围内实施，就要求以国家名义来制定和颁布。第二，法律的适用范围是以国家主权为界域的，这是区别于以血缘关系为范围的原始习惯的重要特征。第三，法律是由国家强制力为保证的。所有这些是它区别于其他社会规范的重要特征。法律的内容从本质上说是统治阶级意志，从形式上说是国家意志。只有经过国家制定或认可的统治阶级意志才是国家意志。

(三)法律的普遍性

由于法律是国家制定或认可的，所以它派生出普遍性的特征。一般来说，法律在一国全部地域范围内对一切人和组织发生效力。但是我们应当看到法律的“普遍性”的程度是不一样的。因为不同的法律在空间、时间和对人的效力上是不一样的。法律在空间上的效力区别取决于这个规范是在全国范围内普遍生效，还是只在某一确切规定的地区内生

---

① 《马克思恩格斯选集》第4卷，166页。

效,或是预先规定在国外生效。

三、以权利义务双向规定为调整机制

(一)法律以权利和义务为内容

之所以这样说,是因为:第一,法律的要素以法律规范为主,而法律规范中的行为模式是以授权、禁止和命令的形式规定了权利和义务;法律规范中的法律后果则是对权利义务的再分配。第二,法律对人们行为的调整主要是通过权利义务的设定和运行来实现的,因而法律的内容主要表现为权利和义务。第三,权利义务是主体法律地位的体现,不管法律是怎样的法律,不管这种法律以权利为本位还是以义务为本位,权利和义务总是被立法者所充分重视,也受社会各成员关注。法律上的权利和义务规定具有确定性和可预测性的特点,它明确地告诉人们该怎样行为,不该怎样行为以及必须怎样行为;人们根据法律来预先估计自己与他人之间该怎样行为,并预见到行为的后果以及法律的态度。

(二)法律的利导性

这是从法律是社会各利益关系的调整机制而派生的特征。法律通过规定人们的权利和义务来分配利益,影响人们的动机和行为,进而影响社会关系。法律的利导性取决于法律上的权利和义务的规定是双向的。"双向"表现在:权利和义务是两个截然不同的事物,一个表征利益,一个表征负担,一个是主动的,一个是被动的,它们是两个互相排斥的对立面;如果把权利看成正数,那么义务便是负数;义务是权利的范围和界限,权利是义务的范围和界限;法律上只要规定了权利就必须规定或意味着相应的义务。权利以其特有的利益导向和激励机制作用于人的行为,而义务也具有利导性。因为许多义务本质上意味着利益负担以及责任后果,所以它能促使人们不做法律禁止并且最终不利于自己的事,履行法律规定的积极义务。义务以其特有的约束机制和强制机制作用于人的行为,使人们从有利于自身利益出发来选择行为。通过义务对行为和社会关系进行调整的规范很早以前就出现了,如道德、宗教规范,但它们都不采用利导的机制,不承认利益,只提倡对社会、对他人的责任和义务。"对人们行为的任何规范性调整如果只与禁止和义务相联系,就不可能是有效的"①,它会侵犯个人的自我决定性,也就不可能存在把社会有机体联结在一起的社会相互作用。在众多的社会规范中,只有法律是具有利导性的,只有法律是通过权利和义务的双向规定来影响人们的意识并调节有意识的活动。所以只有法律才最能适应商品经济的价值规律,最能适应商品经济社会的生产、分配和交换行为。

四、通过国家强制力保证实施

法律的实施由国家强制力保证,如果没有国家强制力作后盾,那么法律在许多方面就变得毫无意义,违反法律的行为得不到惩罚,法律所体现的意志也就得不到贯彻和保障。国家强制力是指国家的军队、警察、法庭、监狱等有组织的国家暴力。尽管许多社会规范也有强制力,但是其他社会规范的强制力不具有国家性。国家强制力是法律与其他社会规范的重要区别,比如道德规范就不具有国家强制的性能。由于法律是国家创制并以国家强制力保证法律在整个国家范围内实施,因而使法律具有了统一性、普遍性和权威性。法律在全国范围内形成统一的体系,并统一地普遍地实施,对一切人和事有约束力,具有极高的尊严和权威。法律的权威有两种,一种是通过强制力来建立和维护的,它是任何社

① 雅维茨著:《法的一般理论——哲学和社会问题》(中译本),105页,辽宁人民出版社,1986年。

会类型的法律的共性，但它在古代社会被变成淫威；另一种是靠法律自身的优良品格如公正、科学、民主、效率等，来建立和维护的。

关于法律的强制力或强制性有三点要作说明：第一，法律的强制力具有潜在性和间接性；这种强制性只在人们违反法律时才会降临行为人身上。日本法学家高柳贤三的一个观点颇能说明这一问题，他认为法律以"强制可能性"为其本质。他说与法律规范"被破坏之可能性同时，常有外部强制可能性"①。法律的强制力并不意味着法律实施过程的任何时刻都需要直接运用强制手段，当人们自觉遵守法律时，法律的强制力并不显露出来，而只是间接地起作用。第二，法律的强制力不等于纯粹的暴力。法律的强制力是以法定的强制措施和制裁措施为依据并由专门的机关依照法定程序执行的。法律的强制如果等于简单的暴力，那么统治阶级也就无须采用法律的形式来进行治理，只要有刑场和行刑队这种暴力工具就行了。法律的强制是通过缜密的程序进行的。第三，国家强制不是法律实施的唯一保证力量；法律的实施还依靠诸如道德、人性、经济、文化等方面的因素。

第三节　法的本质

研究法的概念，即回答什么是法时，首先应注意法的本质与现象之间的辩证关系。马克思主义哲学认为，本质与现象是一对范畴。任何事物都有本质和现象两个方面，本质是事物的内部联系，现象是事物的外部联系。这两个方面是密不可分的，本质总要通过一定的现象表现出来，而现象总是本质的显现。把这一辩证法的原理运用于法学研究，可以说"法的本质"与"法的现象"是一对范畴，它们分别从法的内部依据和法的外部显现两个方面把握法律现象。法的现象是法的外部联系和表面特征，是外露的、多变的，通过经验的、感性的认识就能了解到。而法的本质则深藏于法的现象背后，是法存在的基础和变化的决定性力量，是深刻的、稳定的，不可能通过感官直接把握，需要通过思维抽象才能把握。剥削阶级法学家和思想家或者看不到这一点，习惯于停留在表面现象就法论法或者把法的现象等同于法的本质；或者是到虚无飘渺的"宇宙精神"、"自然命令"或人的心灵世界寻找法的本质，所以，他们从未真正发现法的本质。马克思主义创始人对法学的主要贡献在于，依据唯物史观科学地揭示了法的本质及其发展规律。总结马克思主义创始人的有关论述，我们可以把法的本质归结为两方面：

一、法是统治阶级意志的体现

"法是统治阶级意志的体现"这一命题包含着丰富而深刻的思想内容。

第一，法是"意志"的体现或反映。法是人们有意识活动的产物，因此，法是意志的体现或反映。那么，什么是意志呢？意志是指为达到某种目的（如满足一种要求，获得某种利益）而产生的自觉的心理状态和心理过程，是支配人的思想和行为并影响他人的思想和行为的精神力量。意志的形成和作用在一定程度上受世界观和价值观的影响，归根到底受制于客观规律。意志作为一种心理状态和过程、一种精神力量，本身并不是法，只有表现为国家机关制定的法律、法规等规范性文件才是法。所以说，法是意志的反映、意志的结果、意志的产物。正因为法是意志的产物，所以才可以说法属于社会结构中的上层建

① 高柳贤三：《法律哲学原理》（中译本），210页，上海大东书局。

筑。

第二,法是"统治"阶级意志的反映。把法看做一种意志的反映,这并不是马克思主义的首创,如果停留在这里,也不是马克思主义。在马克思主义产生之前,剥削阶级思想家就曾经说过,法是"神的意志"、"民族意志"、"公共意志"、"主权者的意志",等等。但是马克思主义创始人首次指出法是统治阶级的意志的表现或反映,是被奉为法律的阶级意志。这就揭露了阶级对立社会中法的本质,驱散了笼罩在法的本质问题上的迷雾。所谓"统治阶级"就是掌握国家政权的阶级。因此,"法律就是取得胜利,掌握国家政权的阶级的意志的表现"。① 不过,需要指出,虽然统治阶级意志由统治阶级的根本利益和整体利益所决定,但其形成和调节也必然受到被统治阶级的制约。统治阶级在制定法律时,不能不考虑到被统治阶级的承受能力、现实的阶级力量对比以及阶级斗争的形势。统治阶级意志上升为国家意志、被奉为法律之后,在其实施过程中还会遇到来自被统治阶级的阻力。这种阻力会作为一种反馈信息,促使统治阶级调节其立法政策和法律规定。过去受"左"的思潮的影响,人们对此视而不见或讳莫如深,是不正确的。但是,我们不能由此而走到另一个极端。应当清楚地看到,在任何情况下,被统治阶级的意志都不能作为独立的意志直接体现在法律里面。它只有经过统治阶级的筛选,吸收到统治阶级的意志之中,转化为统治阶级的国家意志,才能反映到法律中。所以,归根到底,在阶级对立社会中,法是统治阶级意志的体现。

第三,法是统治"阶级"意志的反映。法所反映的意志是统治阶级的阶级意志,即统治阶级的共同意志。有些剥削阶级思想家在谈到法的意志性时,往往说法是"统治者"或"强者"的意志。这是非常含糊的。马克思主义认为,法不论是由统治阶级的代表集体制定的,还是由最高政治权威个人发布的,所反映的都是统治阶级的阶级意志,代表着统治阶级的整体利益,而不纯粹是某个人的利益,更不是个别人的任性。当然,统治阶级的共同意志并不是统治阶级内部各个成员的意志的简单相加,而是由统治阶级的正式代表以这个阶级的共同的根本利益为基础所集中起来的一般意志。借用法国资产阶级启蒙思想家卢梭的术语,就是法所体现的是统治阶级的"公意",而不是统治阶级的"众意"。统治阶级的意志虽不是各个个人的意志的简单相加,但也没有脱离个人的意志而产生和存在。正如马克思和恩格斯所指出的:统治者中的所有个人"通过法律形式来实现自己的意志,同时使其不受他们之中任何一个单个人的任性所左右……由他们的共同利益所决定的这种意志的表现,就是法律"。②

第四,法是"被奉为法律"的统治阶级的意志。马克思恩格斯说,法是"被奉为法律"的统治阶级的意志,这意味着统治阶级意志本身也不是法,只有"被奉为法律"才是法。"奉为法律",就是经过国家机关把统治阶级的意志上升为国家意志,并客观化为法律规定。正如马克思和恩格斯所指出的:"一切共同的规章都是以国家为中介的,都带有政治形式。"③ 而"国家照例是最强大的、在经济上占统治地位的阶级的国家"。④ 我们注意到,马克思恩格斯的这些论述中使用的是"法律"。他们之所以用"法律",是由于法律是法的"一

① 《列宁全集》第16卷,145页,北京:人民出版社,1990年。
② 《马克思恩格斯全集》第3卷,378页,北京:人民出版社,1960年。
③ 《马克思恩格斯选集》第1卷,132页,北京人民出版社,1995年。
④ 《马克思恩格斯选集》第4卷,172页,北京:人民出版社,1995年。

般表现形式”。但通观法的历史，法的表现形式并不是只有法律这一种。除法律之外，还有最高统治者的言论，由国家认可的习惯、判例、权威性法理，法学家的注解等。所以可以把马克思恩格斯所用的“法律”普遍化为所有法的形式。这样就可以说，统治阶级的意志只有表现为国家有权机关制定的规范性文件，才具有法的效力。

二、法的内容是由统治阶级的物质生活条件决定的

把法的本质首先归结于统治阶级的意志，开始触及到了阶级对立社会的法的本质。但如果认识停止于此，仍摆脱不了唯心主义。要彻底认识法的本质，[1] 认识法产生和发展的规律，还必须深入到那决定着统治阶级意志的社会物质生活条件之中。社会物质生活条件培植了人们的法律需要，同时又决定着法的本质。

社会物质生活条件指与人类生存相关的地理环境、人口和物质资料的生产方式，其中物质生活资料的生产方式是决定性的内容。生产方式是生产力与生产关系的对立统一，生产力代表人与自然界的关系，生产关系代表生产过程中所发生的人与人之间的关系。马克思和恩格斯的一个伟大功绩，是发现了社会物质生活条件中生产方式因素的决定意义。生产方式之所以是根本因素，是因为一方面正是通过生产力和生产关系使自然界的一部分转化成为社会物质生活条件，使生物的人上升为社会成员，创造了社会；另一方面，生产过程发生的人与人之间的关系是根本的社会关系（包括对生产资料的占有关系，生产过程的交换关系，对产品的分配关系等），其他一切关系包括法律关系在内都是从这里派生出来的。地形、气候、土壤、山林、水系、矿藏、动植物分布等地理环境因素和人口因素一般说来只有通过生产方式才能作用于法。

当然，统治阶级意志的内容由社会物质生活条件决定，这是从最终决定意义上说的。除了物质生活条件外，政治、思想、道德、文化、历史传统、民族、科技等因素也对统治阶级的意志和法律制度产生不同程度的影响。恩格斯在其晚年阐述唯物史观的基本原理时曾指出：“政治、法律、哲学、宗教、文学、艺术等的发展是以经济发展为基础的。但是，它们又都互相影响并对经济基础发生影响。并不是只有经济状况才是原因，才是积极的，而其余一切都不过是消极的结果。这是在归根到底不断为自己开辟道路的经济必然性的基础上的互相作用。”如果不考虑这些因素，也就不能解释为什么受同样的或相似的社会物质生活条件所决定的法律制度之间会有很多差别，为什么几个国家或一个国家在不同地区、不同时期，虽然就经济制度或经济发展水平来说是同样的，但它们的法律却可能存在着千差万别的情况，也就不能完全解释为什么我国社会主义法会具有中国特色。

在法的阶级性与社会物质生活条件制约性的关系上，我们强调社会物质生活条件是法的更深层次的本质，统治阶级的意志是较浅层次的“初级本质”，不是要把二者截然对立起来，更不是要用社会物质生活条件的制约性去否定阶级性。因为在马克思主义的理论体系中，法的阶级性与社会物质生活条件制约性是统一的：第一，社会物质生活条件都是由一定的阶级即统治阶级来代表的。第二，社会物质生活条件只有通过统治阶级及其国家的意志这个必不可少的中介才能体现在法律中。第三，马克思主义关于阶级和阶级斗争的学说正是从社会物质生活条件的分析中得出的。

---

① 《马克思恩格斯选集》第 4 卷，732 页，北京：人民出版社，1995 年。

推荐阅读

1. 梁治平:《法辨》,贵州人民出版社,1989 年版。
2. 张永和:《‘灋’义探源》,载《法学研究》,2005 年第 3 期。

思考题

1. 概述法的基本特征。
2. 法的内容是什么? 你怎样理解?
3. 如何正确认识法的本质?
4. 为什么说马克思主义法学关于法的本质的认识是比较科学的?
5. 怎样理解法的阶级性与社会性的统一?
6. 你给法的定义是怎样的?

第六章　法的要素

学习提示：法是一个有多种要素构成的系统。关于法的要素模式历来是法学界争论的问题。我们认为法是一个多种要素组成的集合体，包括法律原则、法律规则和法律概念以及法律技术性规定为基本要素的。本章主要介绍法的要素的概念，各种法的要素的概念、特征、功能及其相互关系等。重点是掌握法律原则、法律概念和法律规则三个要素。

重点问题

1. 法的要素的概念
2. 法律原则的概念及其特征和功能
3. 法律规则的概念及其特征和功能
4. 法律概念的特征及其功能

第一节　法的要素释义

一、法的要素的概念

要想了解法是什么，除了要了解法的定义、本质和特征之外，还必须进一步研究法的要素问题，即，法是由哪些基本的因素或元素所组成的。

按照系统论的观点，法律可以被看做一个系统，它与任何系统一样，也是由若干要素按一定的结构组织起来的统一整体。任何发达的法律体系都是由难以计数的众多要素组成的庞大而复杂的系统，如果仅仅了解法的定义及其宏观特征，就还难以形成更加清晰和具体的法的概念，而研究法的要素问题，也就是深入到法的系统内部，在微观层次上进一步了解和回答法是什么这一法学基本问题。

法的要素指法的基本成分，即构成法律的基本元素。作为与法律整体相对应的法的要素，具有如下特征：①个别性和局部性。它表现为一个个元素或个体，是组成法律有机体的细胞。因此，我们在认识法律要素的性质和功能时，应当结合法律整体背景来理解。②多样性和差别性。组成法律的要素具有多样性，不同的要素具有差别性。这起码可以从两个层次上来理解：一是法律要素可以分成不同的种类，它不是同一的，二是相同种类的法律要素又可以有多种不同个性。③整体性和不可分割性。虽然每个法律要素都是独立的单位，但是法律要素作为法律的组成部分又具有整体性和不可分割性。某一法律要素的改变可能会引起其他要素或整体发生相应的变化，某一要素被违反可能会引起整体或其他要素的反应。每一个要素都与其他的要素相联结，具有不可分割性。例如，法律适用的“特权原则”向“平等原则”的转变将极大地影响一系列法律规则与概念的理解与解释，“犯罪”这一概念的变化可能会影响到整个刑法体系及许多刑事规则。我们在对某一法律要素作出解释时不能离开它存在的法律背景。

二、法的要素的理论

在法理学中,法的要素与法的模式(model of law)是两个相互关联的问题。法的模式是在解释法律由何种要素所组成时所使用的概念。在法学史上,最先对法律进行要素分析并概括出较系统的法的模式理论的法学家,是19世纪的英国学者奥斯丁。奥斯丁用"命令模式论"来解释法律,在他看来,法就是无限主权者的命令,这种命令是主权者向其他社会成员所表明的某种希望,要求他们按照此种希望去进行或停止某种行为,即作为和不作为,同时,此种作为或不作为又表现为某种义务,不履行义务的人将因此而受到制裁,也就是遭致不利或痛苦。在奥斯丁的理论中,命令、义务和制裁是三位一体的关系,因为,按照他的理论,"严格意义的法律"就是主权者发出的以制裁为后盾的各种各样的命令之总和。

命令模式把法所包含的众多要素全部归结为以制裁为后盾的命令,这种做法显然是对法律的一种过于简单和片面的概括,因为法律的某些特点和法律中的许多规则是难以用命令来涵盖的。到了20世纪,西方法理学界又提出了一些新的法的模式理论,其中影响最大的有"律令—技术—理想模式论"、"规则模式论"和"规则—原则—政策模式论。"律令—技术—理想模式论是由美国的社会法学派代表人物庞德提出的。庞德认为,如果把法律理解为一批据以作出司法或行政决定的权威性资料、根据和指示,那么,法律就是由律令、技术和理想三种要素或成分所组成的。法律的"律令成分"本身又包括规则、原则、概念和标准。其中,规则是对一个具体的事实状态赋予一种确定的后果的律令,原则是用来进行法律推理的权威性出发点,概念是可以容纳某些情况的权威性范畴,标准则是根据每个案件具体情况加以适用的行为尺度。在规则、原则、概念和标准之中,规则构成了律令的主要成分。法律的"技术成分"是指解释和适用法的规定、概念的方法和在权威性法的资料中寻找审理特殊案件的根据的方法。法律的"理想成分"是指公认的权威性法律理想,它归根结底反映了一定时空条件下的社会秩序的理想图画,反映了法律秩序和社会控制之目的是什么的法律传统,并成为解释和适用法令的背景。总之,庞德认为,在法律是一批据以作出决定的权威性根据这一意义上,法律是一个很复杂的概念,但人们往往简单地把法律归结为权威性律令这一种成分,其实,"我们正在讲的这一意义上的法律是由律令、技术和理想构成的:一批权威性的律令,并根据权威性的传统理想或以它为背景,以权威性的技术对其加以发展和适用"。①

"规则模式论"是由英国的新分析法学派代表人物哈特提出的。哈特在回答什么是法这一法学基本问题时,在批判奥斯丁的命令模式论基础上建立了自己的规则模式论。哈特把法律视为由第一性规则和第二性规则两类要素结合而形成的规则体系。第一性规则是设定义务的规则,它要求人们为或不为一定行为而不管他们愿意与否。第二性规则是授予权利或权力的规则,它规定人们怎样形成、修改或取消第一性规则,或规定人们如何决定这些规则的作用范围、控制它们的实施。哈特认为,一个社会如果仅有设定义务的第一性规则,它的社会控制就必然具有不确定性、静态性和用以维护规则的社会压力的无效性等三种缺陷,此时,该社会就还处于"前法律世界",因为法律制度区别于非法律制度(如习惯和道德体系)的特征在于法律制度是由第一性规则和第二性规则结合而形成的。第

① 庞德:《通过法律的社会控制》(中译本),23页,北京:商务印书馆,1984年。

二性规则包括确认规则、改变规则和审判规则三种成分。确认规则规定一条规则在符合何种条件下才能取得法律效力,它能够消除单纯第一性规则的不确定性;改变规则授予个人和集团以权利或权力,使他们能够实行新的第一性规则或修改与取消旧的第一性规则,它能够消除单纯第一性规则的静态性;审判规则授权个人或机关就一定情况下某一第一性规则是否已被违反,以及应处何种制裁,作出权威性决定,它能够消除单纯第一性规则的社会压力无效性。哈特认为,在三种第二性规则中,确认规则是最重要的,它构成了法律制度的基础。总之,哈特的规则模式论把法律视为由一系列义务规则、确认规则、改变规则和审判规则所组成的一套制度,并把第一性规则与第二性规则的结合当做理解法的概念的关键。

"规则—原则—政策模式论"是由美国的具有新自然法学倾向的著名法学家德沃金提出的。

德沃金反对哈特把法的要素归结为规则的观点,认为规则模式论过于简单,与法律实践的复杂性和错综性不相符合。德沃金认为,规则模式论忽视了法律中的非规则成分,而实际上,当法律工作者就法律上的权利和义务进行辩论和推理时,特别是在那些疑难案件中,往往要借用规则以外的其他标准,这些标准主要就是原则和政策。原则是有关尊重和保障个人(或由若干人组成的集团)权利的一种政治决定,政策是旨在促进或保护整个社会的某种集体目标的一种政治决定。例如,反对种族歧视,主张少数民族享有平等的权利就是一项原则;而为加强国防而对飞机制造商提供政府补贴就是一项政策。德沃金认为,在立法和司法中,政策和原则的作用是不同的,在立法中,一般地说,任何复杂的立法法案都需要考虑政策和原则两个因素;在司法中,则更多依靠原则而不是政策。值得注意的是,德沃金虽然主张原则也是法的一部分,但是他并不认为所有的原则都可以从严格意义上的法律文本中引用或推导出来,相反,有时原则直接来自道德或政治理论。总之,德沃金坚持法律除了规则成分之外,还包括原则和政策的成分,而且,在疑难案件的处理过程中,后两种成分往往起着更重要的作用。

上述三种法的模式理论按不同的思路对法进行了要素分析,尽管每一种分析都未能在法学界取得一致同意,但是,它们各有所长,对于深化人们对法的认识和理解是有益的。参照中国法理学界近年来的研究成果,我们可以把法的要素区分为三类,即:规则、原则和概念三种基本成分。本章即按此种区分对法进行要素分析。

第二节 法律规则

一、法律规则的含义

为了对法进行要素分析以深化对法的理解,我们有必要首先区分法律规则的两种含义。在从宏观上讨论法律问题时,人们常常把法律界说为某种行为规则或规范的总和或体系。如:法律是由国家制定或认可的行为规则体系,法律是由国家强制力保障实施的行为规范的总和,等等。在这里,法律和法律规则可以被看成是两个大体同等的概念,它们的内涵和外延没有实质的不同。

但是,当我们在微观层次上对法律进行要素分析时,法律和法律规则就不再是等同的关系而是包含关系了,即,法律不是仅仅由规则这一种要素组成的,除了规则之外,原则和

概念也是法律不可缺少的要素。在这里,法律规则既不同于法律原则,也不同于法律概念。简要地说,法律规则就是法律的基本要素之一,是法律中明确赋予一种事实状态以法律意义的一般性规定。

所谓赋予一种事实状态以法律意义,指的是某些事件或行为发生之后,可能会导致某种权利或义务的产生、变化或消灭,也可能引起某种法律责任的出现,此时,法律要素中的规则成分所发挥的作用,就是将这些事件或行为的法律意义明确下来。例如,婴儿出生这一事件是具有法律意义的,它会引起某些人身权和财产权的形成;在公共道路上驾驶机动车这一行为也是具有法律意义的,它会使驾车人承担右侧通行、不得闯红灯等义务;当某个权利人滥用了自己的权利或某个义务人拒不履行义务时,这些行为也是具有法律意义的,因为行为人可能因此而承担某种法律上的责任,等等。

对某种事实状态的法律意义作出明确规定,这是规则区别与另外两种法的要素(原则和概念)的显著特征。原则只是法律行为和法律推理的指南,它并不明确地规定一种事实状态及其法律意义,概念则只是对事实状态进行区分和界定。

在理解规则的含义时,有一点还必须注意。这就是,法律规则不仅是明确的,也是一般性的规定。所谓一般性,指的是法律规则针对某一类事实状态作出规定,它适用于某一类人,而不是对某一件特定的事、特定的人作出规定。这是法律规则与依法作出的有法律效力的决定之间的重要区别。例如,"父母有抚养未成年子女的义务,这种义务并不因为父母离婚而消失",这是一条法律上的规则,它在原则上适用于所有的父母,是一般性的规定。"李××在离婚后,每月须向由其原配偶监护的子女支付100元抚养费",这是根据法律作出的一项决定,它只适用于本案的离婚当事人李××,是一个个别的决定。尽管该决定对那个特定的当事人来说,也是一条有法律效力的行为规则,但是,却不能把它也纳入法律规则的范围之中。在每一个法律制度之下,这种只对特定人有法律效力的行为规则是数量庞大、样式繁多的。西方有些法学家把这种特定的规则也当做法律规则看待,这非常容易引起混乱,是不足为训的。

二、法律规则的逻辑结构

法律规则有严密的逻辑结构,这是它与习惯和道德规范相区别的重要特征之一。法律规则的逻辑结构,指的是一条完整的法律规则是由哪些要素或成分所组成,这些要素或成分是以何种逻辑联系结为一个整体的问题。

法律规则的逻辑结构,是深入理解法律所必须研究的问题,但是,也是一个非常复杂的问题。中外法学家至今尚未能取得一致意见。参照国内外学者的研究成果,我们可以把法律规则的要素区分为假定、处理和法律后果三种成分,并由此来考察它们之间的逻辑联系。

(一)假定

假定是法律规则的必要成分之一,是法律规则中关于适用该规则的条件的规定。因此,有的学者也把假定称为"条件"或"条件假设"。

任何规则,无论是法律规则,还是其他行为规则,都只能在一定的范围内被适用,也就是说,只有当一定的情况具备时,该规则才能够对人的行为产生约束力。这里所说的"一定范围"、"一定情况",就是由法律规则中的假定部分来明确的。例如,我国原刑法规定:以营利为目的,聚众赌博或以赌博为业的,处三年以下有期徒刑、拘役或管制。这是否意味着任何人在任何条件下从事上述行为，都应无一例外被按照这一规定追究刑事责任呢？显然不能这样来理解法律的规定。因为，如果行为人在当时尚未能达到刑事责任年龄，或因患有某种精神疾病而处于不能辨认行为的社会意义的状态，或该行为发生于境外某个法律不禁止赌博的国家和地区，则不加区分地一律适用前述刑法规定，就是不合理的。至于此一刑法规定究竟在何种条件下适用，这需要考虑许多因素才能确定，而这些因素，均属规则的假定部分。

（二）处理

处理也是法律规则的必要成分之一，是法律规则关于行为模式的规定，即法律关于允许做什么、禁止做什么和必须做什么的规定。有些学者因此而把处理称为行为模式。由于法律允许做什么就是授予可以为一定行为的权利，法律禁止做什么就是设定不得为一定行为的义务，而法律要求必须做什么，就是设定必须为一定行为的义务，因而，有的学者也使用“权利和义务的规定”来称谓法律规则中“处理”这一要素。

在法律文件中，关于处理的规定常常使用这样一些术语或表达方式：可以、有权、有……的自由、不受……侵犯，或应当、必须、不得、禁止等等。

（三）法律后果

法律后果也是法律规则的必要成分之一，是法律规则中对遵守规则或违反规则的行为予以肯定或否定的规定，有些学者也将其称之为“后果归结”或“法律后果归结”。

法律后果分为肯定性后果和否定性后果两种形式。肯定性后果是确认行为以及由此产生的利益和状态具有合法性和有效性，予以保护甚至奖励。否定性后果是否认行为及由此产生的利益和状态具有合法性和有效性，不予保护甚至对行为人施以制裁。

在过去，我国的法学教科书中曾流行过一种以假定、处理和制裁为法律规则三要素的理论。这种理论把法律后果片面地归结为制裁，既忽视了肯定性法律后果，也排除了否定性法律后果中非惩罚性的因素（如宣布行为无效），因而，是不正确的，它只能解释刑事法律和其他法律中的部分规则，而不能对全部法律规则作出合理的解释，可以说，把法律简单地视为一种制裁手段或惩罚工具的观念，是一种过于陈旧的观念，它与现代法制的基本精神是不合拍的。

在理解法律规则的逻辑结构时，必须注意以下三个问题：

第一，任何一条完整意义的法律规则都是由前述三种要素按一定逻辑关系结合而成的。三要素缺一不可，缺少任何一种，不仅意味着该种要素的不存在，而且也意味着该法律规则也是不存在的。例如，一条规则只是规定在任何条件下（假定）不得说谎或杀人（处理），但是，对作伪证或杀人的行为却没有规定相应的法律后果，那么，我们就只能说，在这里，没有一条禁止作伪证或杀人的法律规则，而倒是可能存在一条禁止如此行为的道德规则或风俗习惯。

第二，在立法实践中，有时出于立法技术的考虑，为了防止法律条文过于繁琐，在表述法律规则的内容时，常常对某种要素加以省略。但是，省略并非不存在，被省略的要素存在于法律内在的逻辑联系之中，只是没有被明文表述出来而已。因为立法者相信，通过法律推理，这些未加明文表述的规则要素可以较容易地被人们发现。例如，“妻子有继承丈夫遗产的权利”这一规定，其假定和法律后果部分没有被明文表述，但是，该规定只能在丈夫已死且留有遗产的条件下（假定）才能适用，妻子已经合法继承的遗产应得到法律确认

和保护(法律后果),这些内容是可以很容易地按照法律内在的逻辑联系推导出来的。不过,必须强调的是,对规则要素的省略不能是随意的,只有该要素可以被人们至少被那些法律专业人员毫无歧见地推导出来时,省略才是可取的,否则,就会为了追求法律简洁而损害了法律的明确性。另外,还须注意,法律后果部分的省略原则上是不允许的,尤其是其中的制裁性规定绝不可以省略,否则,法律就会丧失可操作性,这样一来,它所发布的禁令与道德宣言就没有任何区别了。

第三,应当把法律规则与法律条文区别开来。法律条文只是法律规则的表述形式,而不是法律规则的同义语。通常情况下,一条规则的全部要素是通过数个条文加以表述的,有时,其中的一个要素(如假定)也可能分别见诸于不同的条文,而且,规则的诸要素分散于不同的法律文件之中,甚至跨越两个以上的法律部门的现象,也是有的。

三、法律规则的种类

为了深入了解法律规则,就要了解法律规则的种类。按照不同的标准,可以把法律规则区分为不同的类型。在此,我们讨论一些比较重要的分类。

(一)权利规则、义务规则和复合规则

按照法律规则是授予权利,还是设定义务,可以把法律规则分以下三种类型,这也是最重要、最常用的分类。

权利规则又称授权性规则,是规定人们可以为一定行为或不为一定行为以及可以要求他人为一定行为或不为一定行为的法律规则。在典型的意义上说,权利规则授予人们以某种权利,也就是在法律上确认了某种选择的自由,人们可以通过行使权利来维持或改变自己的法律地位,也可以不去行使权利甚至放弃权利。

义务规则是规定人们必须为一定行为或不为一定行为的法律规则。在典型的意义上说,义务规则与权利规则的显著区别在于它具有强制性而没有选择性,义务规则所规定的行为方式是不可以由义务人随意变更和选择的。在有些法学著作中,义务规则只用来称谓规定必须为一定行为的规则,而规定不得为一定行为的规则被划分为另一个类型,即禁止性规则。这种划分缺乏逻辑上的严密性,因为禁止性规则(如不得盗窃,不得欺诈等等)也是设定义务的,禁止做什么和必须做什么是法律设定义务的两种不同方式,区别仅在于一个设定了必须积极地作出某种行为的义务,另一个设定了必须消极地不作出某种行为的义务。在汉语中,有一条与这两种设定义务的方式直接相关的成语,即,“令行禁止”。令,是要求必须为一定行为;禁,是要求不得为一定行为。参照汉语的表达习惯,也可以把义务规则再区分为两种形式,其中,命令式规则是要求积极行为,也就是设定作为义务的规则;禁止式规则是要求消极行为,也就是设定不作为义务的规则。

复合规则又称权利义务复合规则,是兼具授予权利和设定义务的双重属性的法律规则。这种规则的特点是,在一定的角度或一定的条件下看,它授予当事人某种权利;当事人可以根据此种权利去作为或不作为,其他人不得干涉,而且,也可以根据此种权利要求他人作为或不作为,对于这种要求,他人必须服从;但是,从另一种角度或条件下看,又会发现此种权利是不允许当事人选择或放弃的,因此,它又具义务的属性。例如,授予国家机关以职权的法律规则就是复合性规则。依法享有一定职权,意味着可以作出一定行为或要求处于职权管辖范围内的其他人作出一定行为,然而,行使职权本身又是一种义务,不能适当地行使职权也就是不能适当地履行职责,这在一定条件下会构成违反法定义务

的行为并引起法律责任。另外,授予普通公民以某种权利的规则,也可能属于复合规则,如授予监护权的规则,授予受教育权的规则,等等。

(二)强行性规则和任意性规则

按照权利、义务的刚性程度,可以把法律规则区分为强行性规则和任意性规则。

强行性规则又叫强制性规则,指所规定的权利、义务具有绝对肯定形式,不允许当事人之间相互协议或任何一方任意予以变更的法律规则。此种规则与前述所讨论的命令式规则、禁止式规则和复合规则是大体重合的,换言之,义务规则和复合规则中的绝大部分都属于强行性规则。

任意性规则是指所规定的权利、义务具有相对肯定形式,允许当事人之间相互协议或单方面予以变更的法律规则。前述所讨论的权利规则绝大多数都属于任意性规则。

需要注意的一个问题是,不能把义务规则和强行性规则、权利规则和任意性规则简单地等同起来。某些义务规则在一定场合并不具有强行性规则的属性,例如,"缔约人有履行合同之义务"的规定,虽为一义务规则,但是,在一定的条件下,法律允许当事人以协议方式予以变更。同样,某些权利规则在一定场合也可能并不具有任意性规则的属性,例如,现代法制均规定公民享有人身自由权,但是,若某人与他人自愿协议出卖自己为奴隶,则该协议并不能取得法律上的效力。

(三)确定性规则、委任性规则和准用性规则

按法律规则的内容是否直接地被明确规定下来,可以把法律规则区分为确定性规则、委任性规则和准用性规则。

确定性规则是明确地规定了行为规则的内容,无须再援用其他规则来确定本规则内容的法律规则。这是法律规则最常见的形式。

委任性规则是没有明确规定行为规则的内容而授权某一机构加以具体规定的法律规则。例如,我国选举法对选举的某些具体问题未加明确规定,而是在第44条规定由省级人民代表大会常务委员会根据选举法制定实施细则,许多与选举有关的具体问题,是由实施细则来予以明确的。

准用性规则是没有明确规定行为规则的内容,但明确指出可以援引其他规则来使本规则的内容得以明确的法律规则。准用性规则准许引用何种规则来使本规则的内容得以明确?有两种情况。第一种情况是援引其他法律规则,例如,有些单行法规中关于违法责任的规定,常表述为"依照《治安管理处罚条例》第×条"或"依照《刑法》第×条"处理。第二种情况是援引某种非法律性规则,例如,原刑法规定:厂矿职工由于不服管理,违反规章制度导致重大伤亡事故的,处3年以下有期徒刑或拘役。这里的"规章制度"本身并非法律性规则,但刑法中此一规则所谓的"违章"行为为何,却须据事故发生单位的规章制度或行业性规章制度来确定。

(四)调整性规则与构成性规则

按照规则所调整的行为是否可能发生于该规则产生之前,可以把法律规则区分为调整性规则与构成性规则。

调整性规则是对已经存在的各种行为方式进行评价,并通过授予权利或设定义务来调整相关行为的法律规则。其主要特征是,在本规则产生之前,相关的行为方式就已经存在,调整性规则只是按照一定的价值标准予以区分,允许某种行为方式的存在,使之合法

化并成为某种权利(如发表言论的自由权),或要求必须按某一行为方式活动,使之成为作为的义务(如父母必须抚养未成年子女),或禁止某一行为方式,使之成为不作为义务(如不得盗窃)。

构成性规则是以本规则的产生为基础而导致某些行为方式的出现,并对其加以调整的法律规则。与调整性规则不同,在构成性规则产生以前,该规则所涉及的行为不可能出现,只有当规则产生以后,才有可能导致相关行为的出现。例如,授予审判权的规则和授予诉讼权的规则都属于构成性规则,在这些规则产生以前,相关的审判活动和诉讼活动不可能出现,更谈不上受到法律的调整。

第三节 法律原则

一、法律原则的概念及其种类

法律原则是可以作为众多法律规则之基础或本源的综合性、稳定性的原理和准则。

原则的特点是,它不预先设定任何确定而具体的事实状态,也没有规定具体的权利、义务和责任。因此,与规则相比,原则的内容在明确化程度上显然低于规则,但是,原则所覆盖的事实状态远广于规则,因而,原则的适用范围也远广于规则。一条规则只能对一种类型的行为加以调整,而一条原则却调整某一个或数个行为领域,甚至涉及全部社会关系的协调和指引。例如,"酒后不得驾驶机动车"是一条规则,它的内容具有高度的明确性,也正因如此,它只能适用于某个特定类型之中的各个具体行为;而"公平对待"则是一条原则,它的内容显然不像前述规则那样明晰,但是,它能够起作用的行为领域是极其宽广的。

可以把法律原则分为若干种类,其中比较重要的分类有如下几种。

第一,基本原则与具体原则。基本原则中体现了法律的基本精神,是在价值上比其他原则更为重要,在功能上比其他原则的调整范围更广的法律原则。具体原则是以基本原则为基础,并在基本原则指导下适用于某一特定社会关系领域的法律原则。当然,基本原则与具体原则的划分只有相对的意义,例如,相对于"法律面前人人平等"原则而言,"罪刑法定"就是只适用于犯罪与刑罚领域的具体原则;但是,如把讨论问题的范围限定在刑法领域,则罪刑法定就成为刑法的基本原则了。

第二,公理性原则和政策性原则。公理性原则是从社会关系本质中产生出来、得到社会广泛公认并被奉为法律之准则的公理。例如,民法中民事活动应当遵循自愿、公平、等价有偿、诚实信用的原则,即为一上升为法律的公理。政策性原则是国家在管理社会事务的过程中为实现某种长期、中期或近期目标而作出的政治决策,例如,我国把"计划生育"确立为基本国策,即为政策性原则之一例。

第三,实体性原则与程序性原则。实体性原则是直接涉及实体性权利、义务分配状态的法律原则。例如,宪法中的民族平等原则和民法中的契约自由原则都是实体性原则。程序性原则是通过对法律活动程序进行调整而对实体性权利、义务产生间接影响的法律原则。例如,无罪推定原则和民事诉讼当事人地位平等原则都是程序性原则。

二、法律原则的功能

在法制实践中,法律原则具有非常重要的和不可替代的功能。

从法律的创制上看,法律原则具有以下三个方面的重要功能。

第一,法律原则直接决定了法律制度的基本性质、基本内容和基本价值倾向。法律原则是法律精神最集中的体现,因而,构成了整个法律制度的理论基础。可以说,法律原则也就是法律制度的原理和机理,它体现着立法者及其代表的社会群体对社会关系的本质和历史发展规律的基本认识,体现着他们所追求的社会理想的总体图景,体现着他们对各种相互重迭和冲突着的利益要求的基本态度,体现着他们判断是非善恶的根本准则,所有这一切,都以高度凝缩的方式集中在一个法律制度的原则之内。因此,确立了一批什么样的法律原则,也就确立了一种什么样的法律制度。对不同时代、不同社会的法律制度加以比较就可以发现,规则间的众多差别不一定构成实质性的差别,规则间的众多一致也不一定构成实质性的一致,然而,当一批为数不多的基本原则之间存在着重要的差别或一致时,两种法律制度间的深刻差别或一致性就会作为一种不容争议的事实而凸现在人们眼前。

第二,法律原则是法律制度内部协调统一的重要保障。任何一个成熟的法律制度都包含着众多的规则要素,这些众多的规则所涉及的事实状态纷繁复杂,其法律性质、法律效力和具体的立法目的也各有不同。尤其是在现代社会中,法律规则的数量之巨、种类之多,远非古代法律所能比拟,而且,这些规则又分别由各级、各类不同的国家机构出于不同的管理需要所制定,因此如何保障法律自身的协调一致就成为一个突出的问题。近、现代立法经验表明,法律原则在防止和消弥法律制度内部矛盾和增强法制统一方面,具有突出作用。在法律的创制过程中,当处于不同效力位阶的各项原则能够被各级、各类立法者刻意遵从时,法制的统一就有了最基本的保障。

第三,法律原则对法制改革具有导向作用。现代社会是变迁节奏越来越快的社会,随着社会的不断发展,新的兴趣、利益、行为方式和权利要求也不断涌现,并且时常与原有的权利、义务分配结构发生冲突,在此种形势下,法制改革或曰法律发展就成了现代法制中一种惯常的现象和客观需要。这一点在正处于改革时代的中国社会体现得尤为突出。中国实行改革开放以来,原有的权利、义务沿着特定的方向发生了深刻变化,大批的原有规则被废止和修正,大批的新规则被制定出来。在过去,某些行为属于作为义务,不作为者会被惩处,现在却被当成不作为的权利而受到保护;过去,某些行为属于不作为的义务,作为者会被制裁,现在却被当成作为的权利而受到鼓励;与此同时,某些行为在过去属于权利或权力,现在却被取消或禁止。这种涉及人们行为方式和生存方式的深刻变化,正是由于法律原则的变化而直接引发的:某些新的原则取代了原有的原则或某些原有的原则被赋予新的含义,并引导整个法制沿着新的方向发展,即,从计划走向市场,从人治走向法治,从封闭走向开放,最终把我国建设成为社会主义法治国家。

从法律实施上看,法律原则也具有重要作用。这种作用主要表现在以下三个方面。

第一,指导法律解释和法律推理。法律解释和法律推理是法律实施过程中两个关键性环节。为了将抽象的普遍性规则适用于具体的事实、关系和行为,就必须对法律进行解释并进行法律推理。在这一过程中,原则构成了正确理解法律的指南,尤其当法律的含义存在着作出复数解释的可能时,原则就成为在各种可能的解释中进行取舍的主要依据。同时,原则也构成了推理的权威性出发点,从而大大降低了推理结果不符合法律目的的可能性。可以说,如果没有法律原则的指导作用,不合理的法律解释和法律推理就会以较高的频率出现,并使法律的实施受到消极影响。

第二，补充法律漏洞，强化法律的调控能力。由于社会关系的复杂性和变动性，立法者对应纳入法律调整范围的事项可能一时尚难以作出细致的规定，也可能因缺乏预见而未作规定，还可能因思虑不周而导致已有的规定在某些情况下不能合理地适用，否则即违反了法律的目的。上述情形在各国法律实践中均难以完全避免。此时，法律原则就成为补充法律漏洞的一种不可替代的手段，它可以使法律对规则空白地带的事项加以调整，也可以防止现有规则的不合理适用。

第三，限定自由裁量权的合理范围。各国法律实践的经验表明，再详尽的法典也不可能使法律适用变成一种类似于数学运算那样的操作过程。数学运算的最终答案是非选择性的、唯一的，而法律适用常面临在数种可能的结论中作出选择的问题。例如量刑幅度、罚款幅度等许多的规定都允许适用法律的机构有一定的自由选择空间。但是，如果对在此一空间中的选择不加任何限定，就会使自由裁量权绝对化，这样一来，极易导致职权的滥用，从而对法律秩序构成危胁。如何使自由裁量权保持在合理的范围之内？法律原则就是一种最重要的因素。如能使自由裁量权受制于法律原则，那么，自由裁量权的积极作用就能充分发挥，而其消极作用则得以防止，发生了问题也容易得到纠正。

第四节　法律概念

一、法律概念

作为法律的要素之一，法律概念指的是在法律上对各种事实进行概括，抽象出它们的共同特征而形成的权威性范畴。“概念是法律思想的基本要素，并是我们将杂乱无章的具体事项进行重新整理归类的基础。”① 概念本身并不能将一定的事实状态和法律后果联系起来，但是，它却是适用法律规则和原则的前提。只有当我们把某人、某事、某行为归入某一概念所指称的范围时，才谈得上法律的适用问题。例如，各国现代民事法律均规定：不当得利之债的债务人负有向受害人返还不当得利的义务。当现实生活中发生了一个具体行为时，能否将该规定适用于此行为，首先取决于能否将该行为合理地归入“不当得利”的范畴。能，则该规定须加适用；否则该规定不能适用。

在法律文明史上，法律概念体系的科学性和完备程度是法律文明发达程度的重要标志之一。这是因为，法律所调整的行为领域具有一个突出的特点，即，事实因素以不可名状的极度复杂性而交织在一起。如何把那些看似同类而实质不同的因素合理地区分开来，并把那些看似不同而实质相同的因素归入同类，从而在杂乱无章的全部因素中形成一定的秩序，这需要高度的技巧和长期的经验积累。例如，在法律文明形成的初期，法律概念体系非常粗放和简单，它还不足以把那些形似而实异的事实因素合理地区分开来。如果一个人的行为引起了他人死亡，按“同态复仇”的规则，他必须被处死，至于此行为是属于故意杀人、过失杀人、伤害致死，还是属于意外事件，则不加区分。这种做法按现代法律的观点看来是荒谬的，尽管导致他人死亡的结果是相同的，但是，谋杀行为与非恶意的玩笑是有实质区别的，至于纯粹的意外事件，则更不会被当做犯罪来惩罚。因此，法律概念实质上体现了一种理智地区分和归类的专业智慧，凭借这种专业智慧，混沌一片的事实状

① 《牛津法律大辞典》(中译本)，533页，北京：光明日报出版社，1988年。

态得以明晰,法律体系也由此而取得更高的科学性与合理性。

在理解各个法律概念时,有一点必须注意,法律概念是借助于词汇来表达的,由此便引发了两个问题。

其一,法律在表达一个概念时所使用的语汇,有些是专业性用语,这些用语的含义比较精确,但不易于使专业人士之外的普通人理解。例如:假释、诉讼时效、留置权、信托财产、法人人格,等等。有些法律用语来自日常用语,这些用语易于使普通人士理解,但其含义的精确程度较低,因而容易引起歧义,例如:疏忽、过错、公平、适当注意,等等。后一类用语在法律上使用时,往往与其原有的日常含义有所区别。

其二,在不同的民族语言中,由于受不同语言习惯、法律传统等因素的影响,有时用来互相对译的同一对用语,在不同国家法律制度中往往有不尽相同的含义。如对此不加区分,也容易引起误解和混乱。

二、法律概念的种类

为便于了解法律概念的种类,可以按一定标准对之加以分类。

按照法律概念所涉及的因素,可将其分为五类:①主体概念,这是用以表达各种法律关系主体的概念。如公民、社团法人、原告人、行政机关等等。②关系概念,这是用以表达法律关系主体间权利、义务关系的概念。如所有权、抵押权、交付义务、赔偿责任等等。③客体概念,这是用以表达各种权利、义务所指向的对象的概念。如动产、主物、著作、支票,等等。④事实概念,这是用以表达各种事件和行为的概念。如失踪、不可抗力、违约、犯罪中止,等等。⑤其他概念,上述四种概念并不能穷尽所有的法律概念,如公平、正当程序、法典、一般条款,等等。

此外,按概念的确定性程度,可有确定概念与不确定概念之分;按法律部门的不同可有民法概念、刑法概念和行政法概念之分。

在法律诸要素中,概念的独特功能在它通过对各种事实因素的区分归类而为法律规则和原则的适用提供了可能。有时,在无现成规则可加适用的情况下,以存在着相应的概念为基础,适用原则也可以合理地处理所面对的法律问题。当然,对于一个成熟的法律制度来说,规则总是应当占居主干的地位。若规则的数量与法律调整的需要相差过多,滥用自由裁量权的现象就会大面积发生。

推荐阅读

1. 陈金钊:《论法律概念》,载《学习与探索》,1995 年第 4 期。

2. 董玉庭:《论法律原则》,载《法制与社会发展》,1999 年第 6 期。

3. 孙笑侠:《论法律规范的社会渊源》,载《法律科学》,1995 年第 2 期。

4. 刘作翔:《遵循先例:原则、规则和例外——卡多佐的司法哲学观》,载《比较法在中国》(2002 卷),法律出版社 2002 年版,第 75～104 页。

思考题

1. 什么是法的要素？法的构成要素有哪些？
2. 什么是法律原则？其意义是什么？
3. 什么是法律规则？法律规则的逻辑构成是怎样的？
4. 法律规则的分类有哪些？这些分类的意义何在？
5. 什么是法律概念？法律概念的局限性表现在那些方面？

第七章　法的形式与效力

学习提示: 本章涉及的内容比较多。首先要掌握法的渊源的概念、含义,法的各种渊源形式和我国法的各种渊源,其次要掌握法的各种分类形式,最后还要掌握法的效力的概念、效力范围和效力位阶。重点问题是法的渊源的概念和含义、我国法的渊源形式、法的分类的概念和各种分类形式、法的效力的概念和效力范围、效力位阶。难点问题是法的渊源的含义理解、我国法的渊源形式、法的效力范围和位阶。

重点问题:

1. 法的渊源的概念及含义
2. 法的分类的概念和各种分类形式
3. 我国法的各种渊源形式
4. 法的效力的概念和效力范围
5. 法的效力位阶

第一节　法的渊源

一、法的渊源的概念

法的渊源一词在中外法学著述中是一个包括多种含义的概念。它可指法的实质渊源,即法是根源于国家权力还是自然理性、神的意志、君主意志、人民意志抑或社会物质生活条件;可指法的效力渊源,即法产生于立法机关还是其他主体,产生于什么样的立法机关或其他主体;可指法的内容或材料渊源,即构成法的内容的材料是来源于先前的法典、外国的法典,或是来源于政策、习惯、宗教、礼仪、道德、典章、理论、学说;可指法的形式渊源,即法是来源于制定法、判例法、习惯法抑或法学著作;还可指法的历史渊源,即能够引起法或法律原则、法律规则产生或改变的历史现象或事件。

法的渊源这一术语源自欧陆,后衍及英美。起初在罗马法里称为 Fontesiuris,后在德文里称为 Rechtsquellen,在法文里写做 Sources du droit,在意大利文里便是 Fonti del diritto,在英文中则以 Sources of law 表述。其基本涵义主要是指法的来源或法之栖身之所,也有著述称法的渊源主要指法之产生的原因或途径,故法的渊源亦可简称法源。

法的渊源作为法学基本范畴,它表明一国的法可以或可能基于何种途径产生,是一国的法和法律规范的预备库或半成品。一国的法和法律规范通常多从自己的法的渊源中产生,因而法的渊源这一概念有一定的必然性意味。但法的渊源更主要的是一个可能性的概念,是可以产生或可能产生未然的法的概念。法的渊源是法之背后的法,是历史积淀和文化积淀的产物,它显示一国的法律文化以至整个社会历史文化,在文明程度上处于何种状态,具有何种特质。

法的渊源的价值和功用是重要的。首先,立法者可以凭借法的渊源理论和知识,从法的渊源中提取有关规则,上升为法或法律规范,使立法具有针对性,以收提高效率、降低成本之效。其次,用法者可以借助法的渊源理论和知识,在既有的法或法律规范不敷需要之时,从法的渊源中提取有关规则,运用于所面对的案件或有关法律事务中去,以收弥补现行法不足之效。再次,研究和认知法的渊源,有助于从深层次上解读一国法的形式和整个法律制度,理解它与别国存在差异的原因。最后,对于法治处于后进态势的国家,例如中国,还可以从这一个重要方面汲取经验和教训作为借鉴。

二、形式意义上的渊源

对法的渊源,在较多数情况下是在两种意义上使用的:即实质意义上的渊源和形式意义上的渊源。实质意义上的渊源:即法的真正来源、根源和发源,是指法产生的一定生产方式下的物质生活条件。形式意义上的渊源:即指法的创制方式和表现形式,也就是指法的效力渊源,即法学上通常所说的法的渊源。是指那些具有法的效力作用和意义的法的外在表现形式,它侧重于从法的外在的形式意义上来把握法的各种表现形式。

在中外法学家的著作以及法的发展历史中,作为具有法的效力和意义的法的外部表现形式的法的渊源主要有以下几种:

第一,制定法。制定法是现代国家主要的法的渊源,即由不同的享有立法权或经授权的国家机关根据法定职权和程序制定的各种规范性文件。

第二,判例法。判例法是指与制定法相对称的一种法的渊源,是上级法院对下级法院处理类似案件时具有法律上的约束力的判例。

第三,习惯法。习惯法是由习惯发展而来的一种法的渊源,而习惯则是经过长期的历史积淀而形成的一种为人们自觉遵守的行为模式,这种行为模式经过国家的认可,成为习惯法,便具有了法律的约束力,因而便具有了法的效力,成为法的渊源之一。

第四,法理。法理主要是指法学家对法的各种学理性说明、解释和理论阐发,这种学理性解释(法理)能否成为具有法律效力的法的渊源,取决于各个时代和各个国家的法律规定和法律传统。在法律发展早期,如古希腊、古罗马时代,法学家的著作中所阐发的法理成为具有法的效力的法的渊源之一。在现代,各个国家一般不承认法理是具有直接法的效力的法的渊源,但却是具有推理意义上的法的渊源。

第五,国际协定和条约。国际协定和条约是指两国或多国缔结的双边或多边条约、协定和其他具有条约、协定性质的文件。国际条约是国际法的主要渊源,也成为现代社会的重要的法的渊源之一。

法的渊源的多样性,源于其产生原因的多样性。法是历史阶段的产物。不同国家在不同的历史发展阶段,产生了不同的法的渊源。此外,社会制度,法的阶级本质,国家的政体结构,特定社会的政治、经济条件,思想、道德、文化传统、宗教、科技发展水平,法的创制技术等等,都对法的渊源产生影响。

以其是否具有法定权威和法的效力作为界分的标准,法的渊源又可分为:

1. 正式渊源。正式渊源又称为法定渊源,是指不同国家机关制定的具有地位和效力的各类规范性法律文件的表现形式,如宪法、法律、行政法规和规章、地方性法规等。

2. 非正式渊源。非正式渊源又称为间接渊源或者非法定渊源,是指各种习惯、判例、宗教规则、法理学说、道德原则和规范等。这些非正式的法的渊源不具有正式法的渊源的

形式和效力，但在特定条件下可作为一种法的辅助渊源。

法的渊源的多样性，源于其产生原因的多样性。法是历史阶段的产物。不同国家在不同的历史发展阶段，产生了不同的法的渊源。此外，社会制度，法的阶级本质，国家的政体结构，特定社会的政治、经济条件，思想、道德、文化传统、宗教、科技发展水平，法的创制技术等等，都对法的渊源产生影响，法的渊源是动态的、发展的，一国正式法的渊源和非正式法的渊源究竟各自包括哪些要素，主要由该国的国情决定。

第二节 法的分类

一、法的分类的概念

法的分类是指从不同的角度，按照不同的标准，将法律规范划分为若干不同的种类。人类社会存在已有几千年，法律也随着人类社会的发展经历了几千年的发展历史，在每一发展阶段，法律呈现为不同的形态。法的分类也就是对人类社会存在过的和现实中仍存在着的诸法律从技术的角度进行类别划分。分类虽是一项技术性工作，但分类同时也是一种对法的各种形态的比较。通过对法的分类，从中探索法律发展的一些带有规律性的问题。

法的分类要遵循一定的标准，根据不同的标准，可以有不同的分类。例如，以社会形态为标准，可以将法分为奴隶制法、封建制法、资本主义法、社会主义法等等；以国度为划分标准，可以将法分为中国法、日本法、美国法、英国法等等；以规则内容为标准，可以将法分为禁止性法、授权性法、选择性法或宪法、民法、刑法等等。但我们这里所讲的法的分类，侧重于从形式意义上对法的分类。

在对法进行分类时，应贯彻以下两个分类原则：第一，在选取分类标准时，要力图使各个标准有相对独立性和特性；第二，在标准取定以后，各种类的内部划分要有相对的对应性，避免发生交叉。

二、法的一般分类

法的一般分类是指世界上所有国家都可适用的法的分类，它们主要有下列几种类型：

(一)成文法与不成文法

这是按照法的创制方式和表达形式为标准对法进行的分类。成文法是指由国家特定机关制定和公布，并以成文形式出现的法律，因此又称制定法。不成文法是指由国家认可其法律效力，但又不具有成文形式的法，一般指习惯法。不成文法还包括同制定法相对应的判例法，即由法院通过判决所确定的判例和先例，这些判例和先例对其后的同类案件具有约束力，但它又不是以条文(成文)形式出现的法，因此也是不成文法的主要形式之一。

(二)实体法和程序法

这是按照法律规定内容的不同为标准对法的分类。实体法是指以规定和确认权利和义务或职权和职责为主的法律，如民法、刑法、行政法、宪法等。程序法是指以保证权利和义务得以实施或职权和职责得以履行的有关程序为主的法律，如民事诉讼法、刑事诉讼法、行政诉讼法、立法程序法等等。实体法和程序法的分类是就其主要方面的内容而言，它们之间也有一些交叉，实体法中也可能涉及到一些程序规定，程序法中也可能有一些涉及到权利、义务、职权、职责等内容的规定。

(三)根本法和普通法

这是根据法律的地位、效力、内容和制定主体、程序的不同为标准而对法的分类。这种分类通常只适用于成文宪法制国家。在成文宪法制国家,根本法即宪法,它在一个国家中享有最高的法律地位和最高的法律效力,宪法的内容,制定主体、制定程序及修改程序都不同于普通法,而是有比较高的严格的程序要求;普通法指宪法以外的法律,其法律地位和法律效力低于宪法,其制定主体和制定程序不同于宪法,其内容一般涉及调整某一类社会关系,如民法、刑法、商法、诉讼法、行政法等等。

(四)一般法与特别法

这是按照法的适用范围的不同对法所作的分类。一般法是指针对一般人、一般事、一般时间,在全国普遍适用的法;特别法是指针对特定人、特定事、或特定地区、特定时间内适用的法。

一般法和特别法这一法的分类是相对而言的,具有相对性。如以针对人来讲,民法典是适用于一般人的法,它的适用主体是一般主体,而与民法典相对应,继承法则是适用于特定人——继承人与被继承人主体的法律;以针对事来讲,民法典适用于一般民事法律行为和事件,而收养法则针对收养这一特殊的民事法律行为和事件;以针对地区来讲,宪法、组织法、选举法等是适用于全国的法,而特别行政区基本法和法律,经济特区法规和规章则只适用于特别行政区和经济特区;以针对时间而言,一般法如宪法、刑法、民法等在它们的修改和废止以前一直有效,而有些特别法如戒严令等仅在特定的戒严时期内生效。

(五)国内法和国际法

这是以法的创制主体和适用主体的不同而作的分类。国内法是指在一主权国家内,由特定国家法律创制机关创制的并在本国主权所及范围内适用的法律;国际法则是由参与国际关系的国家通过协议制定或认可的,并适用于国家之间的法律,其形式一般是国际条约和国际协议等。国内法的法律关系主体一般是个人或组织,国家仅在特定法律关系中(为国家财产所有人)成为主体,而国际法的国际法律关系主体主要是国家。

三、法的特殊分类

法的特殊分类是相对于法的一般分类的一种分类方法。法的一般分类是对世界上所有国家的法律都基本适用的一种分类,而法的特殊分类则是仅适用于某一类和某一些国家的法律的分类。

(一)公法和私法

这是以古罗马法为来源,后来通行于大陆民法法系的一种法的分类。关于公私法的划分标准,法学界一直没有统一的认识。古罗马法学家将公法界定为有关国家利益的法律,而将私法界定为有关个人利益的法律。现代法学一般则认为,凡涉及到公共权力、公共关系、公共利益和上下服从关系、管理关系、强制关系的法,即为公法,而凡属个人利益、个人权利、自由选择、平权关系的法即为私法。在当代中国,有一些学者也主张应借鉴公私法划分的分类来划分当代中国法律体系,并且把公法与私法的区分作为建立社会主义市场经济法律体系的前提。

(二)普通法和衡平法

这是普通法法系国家的一种法的分类方法。这里的普通法,不同于前面法的一般分类中的普通法概念,而是专指英国在11世纪后由法官通过判决形式逐渐形成的适用于全

英格兰的一种判例法。而衡平法是指英国在 14 世纪后对普通法的修正和补充而出现的一种判例法。

(三)联邦法和联邦成员法

这是实行联邦制国家的一种法的分类,单一制国家没有这一分类。联邦法是指由联邦中央制定的法律,而联邦成员法是指由联邦成员制定的法律。由于各联邦制国家的内部结构、法律关系各不相同,因此,有关联邦法和联邦成员法的法律地位、适用范围、效力等均由各联邦制国家宪法和法律规定,没有一种划一的模式。

第三节　当代中国社会主义法的渊源及其分类

当代中国社会主义法的渊源,按它们在法治实际生活中的地位,可分为正式渊源和非正式渊源两类。

一、当代中国正式法的渊源

(一)立法立法是各国最直接的法的渊源。无论古今,无论欧陆英美,都是如此。这里所谓立法,包括各种立法。议会立法、政府接受委托的立法或自主立法、中央立法、地方立法、以及立法机关有关所立之法的解释,均在其内。

(二)国家机关的决策和决定

这种法的渊源主要有行政机关的行政命令、行政措施、重要文告等。行政机关在依法行政的过程中,需要通过发布行政命令、采取行政措施、颁布行政文告的方式行使职权和履行职责。实施这些行政行为所积累的经验和形成的规则,可以或应当提升为法律规范。在中国法律、法规、规章中,有大量的规则就是由这些决策和决定中提升出来的。

(三)司法机关的司法判例和法律解释

这类法的渊源在法的渊源体系中的地位,在不同国情之下,往往有较大差别。在当代中国,最高司法机关对法律的解释属于法的渊源的范围,是无可置疑的。但司法判例是否属于正式法的渊源,人们却有诸多疑虑。这同中国学人误把判例与判例法视为同一事物,又误把判例法这种法的形式等同于法的渊源,直接相关。实际上,中国固然不属于普通法法系,固然不存在判例法这种法的形式,但中国最高司法机关选择、确认和公布的典型判例,在司法实践中,是起到了正式法的渊源的作用的。

(四)国家和有关社会组织的政策

这在当今时代也是具有普适性的法的渊源。由于中国的国家性质和执政党对国家的领导地位,中国的执政党政策,特别是转化为国家政策的执政党政策,是许多法律、法规、规章的重要渊源,这些法律、法规、规章在相当大的程度上是政策的提升或法定化。

(五)国际法

国际法作为一国的法的渊源,既包括该国加入的国际条约和其他国际规范性法律文件,也包括该国未加入的国际条约和其他国际规范性法律文件。国际法在当代同样是一种显示出重要价值的法的渊源。欧洲共同体的规范性法律文件,世界贸易组织的规范性法律文件,就是方今之世非常重要的法的渊源。在改革开放的年代,在中国加入世界贸易组织的背景下,在全球经济和文化一体化的趋向益见明显的情形之下,国际法自然成为中国一种重要的法的渊源。

二、当代中国非正式法的渊源

(一)习惯

习惯是无论何种法律文化背景下都存在的一种法的渊源。法律规则中有不少规则来自于习惯。立法机关可以根据习惯形成制定法规则。司法机关往往从习惯中抽取某些规则,据以处理某些案件。这些都是没有疑义的。但习惯在各国法的渊源体系中的地位如何,却是个见仁见智的议题。一般说,习惯在过往的历史上比之现今时代,在法的渊源体系中的地位更重要。"在现代国家,随着经济和科学技术的进步,全球一体化的要素愈加增多,习惯作为法的渊源的组成部分,在许多国家所占的比重愈加紧缩。"① 在中国法的渊源中,习惯有重要地位,并将继续在中国的法治建设中发挥重要作用。

(二)道德规范和正义观念

这也是具有普适性的法的渊源。古今自然法学派就特别强调这种法的渊源,他们中的许多人不仅把这些因素视为最主要的法的渊源,甚至要把这些因素直接视为法的形式。尽管中国自古所讲的德,主要是要求个人成为一个有德的好人,绝少要求国家成为有德的好国家,但中国文化传统素以隆德为其重要特色。在这种传统下,道德规范以及与其相关联的正义观念,成为中国自古以来的一种法的渊源。在法治和德治并举的现时期,道德规范和正义观念,更是法的渊源的重要组成部分。

(三)社团规章和民间合约

这些由民间社会形成的规则一经融入法律规则之中,便使法获得深厚的社会基础和生活根基。它们是以商品经济和市民社会为基础的,是西方国家许多法律规则尤其是私法规则的直接因素。在中国市场经济、民主政治和法治国家的建设过程中,以及在建成之后,社团规章、民间合约也都应为法的渊源的一种要素。

(四)外国法

如同国际法在当代中国日益成为重要法的渊源一样,外国法在现今中国,亦应成为一种法的渊源。事实上,作为力求尽快发展的国家,在改革开放和入世的年代,在经济和文化一体化的情形下,法的移植的必要性和可能性也愈发突出。中国需要借鉴和参酌外国法特别是经济文化发达国家的法律制度,并把其中可以为我所用的因素作为自己的一种法的渊源。

(五)理论学说特别是法律学说

学说也是古今法的渊源之一。历史上和现实中,有关学说甚至担当着法制和法治指导思想的角色。中国封建时代的儒家学说是法的渊源。最近几十年,主流意识形态是法的渊源乃至于法的指导思想,但法律学说很少成为法的渊源。恰如梁启超所言:"采学说以为法律,实助长法律之进步最有力者也。罗马法所以能为法界宗主者,其所采学说多,而所含学理富也。"② 中国法欲臻于现代化之境域,不能不重视以学说特别是科学而权威的法律学说,并以之作为自己的渊源。

三、当代中国法的主要渊源

当代中国法的主要正式渊源采用的是以各种制定法为主的法的形式。它们有各种不同的层次和范畴。

① 周旺生:《中国历代成文法述论》,载《立法研究》,2002年第3卷,98页,北京:法律出版社,2002年。

② 梁启超:《饮冰室文集》第2卷,47页,北京:中华书局,1989年。

(一)宪法

宪法是国家的根本大法,是当代中国最重要的法的渊源。它由最高国家权力机关——全国人民代表大会制定、通过和修改。宪法规定了当代中国最根本的政治、经济和社会制度,规定了国家的根本任务,公民的基本权利和基本义务,国家机关的组织结构和活动原则等国家和社会生活中最基本、最重要的问题。宪法是其他各种法律、法规的"母法",其他法律、法规的规定,是宪法这一根本法的具体化。按照我国宪法的规定,宪法具有最高的法律效力,其他各种法律、法规的制定,均须以宪法为依据,服从宪法,凡与宪法相抵触、相冲突的法律、法规以及活动和行为,均不具有法律效力。

(二)法律

在当代中国法的渊源中,法律是仅次于宪法的主要的法的渊源。它是由全国人民代表大会和全国人民代表大会常务委员会制定颁布的。根据宪法的规定,法律分为基本法律和基本法律以外的法律。基本法律由全国人民代表大会制定和修改,内容涉及国家和社会生活某一方面的最基本的问题,如刑法、民法、诉讼法以及有关国家机构的其他的法律;基本法律以外的法律由全国人民代表大会常务委员会制定和修改,内容涉及"除应当由全国人民代表大会制定的法律以外的其他法律",如《中华人民共和国国家赔偿法》、《中华人民共和国未成年人保护法》、《中华人民共和国著作权法》等等。按照宪法规定,在全国人民代表大会闭会期间,全国人民代表大会常务委员会也有权对全国人民代表大会制定的基本法律在不同该法律基本原则相抵触的条件下进行部分补充和修改。

此外,全国人民代表大会及其常务委员会所作出的决议或决定,具有规范性内容的,也属于法律的范畴,与法律具有同等效力,如全国人民代表大会常务委员会通过的《关于在沿海港口城市设立海事法院的决定》、《关于国家安全机关行使公安机关的侦查、拘留、预审和执行逮捕职权的决定》等等。

(三)行政法规和部门规章

在当代中国法的渊源中,行政法规也是一种主要的法的渊源,它是指国家最高行政机关即国务院根据宪法和法律制定的一种规范性文件,其法律地位和法律效力仅次于宪法和法律。按照宪法规定,国务院作为最高国家行政机关,为了履行其最高行政管理职责,经常也发布一些带有规范性内容和性质的决定和命令,这些带有规范性内容和性质的决定和命令,也属于法的渊源。

按照宪法规定,国务院所属各部、各委员会,有权根据法律和国务院的行政法规、决定、命令,在本部门的权限内,制定规章。法学界将此类规章称之为"部委规章"或"部门规章"。1990 年 2 月 18 日国务院第 48 号令《法规、规章备案规定》则将此定名为"部门规章"。它们连同国务院各部委发布的带有规范性内容和性质的命令和指示,也是法的渊源之一,但它们的法律地位和法律效力低于宪法、法律和行政法规。

(四)军事法规和军事规章

在当代中国法的渊源中,军事法规和军事规章也是法的渊源之一。1982 年宪法虽没有规定军事法规和军事规章的制定权,但 1982 宪法却规定了中央军事委员会领导全国武装力量,中央军事委员会主席对全国人民代表大会和全国人民代表大会常务委员会负责。中央军事委员会于 1993 年 4 月 15 日发布的《中国人民解放军立法程序暂行条例》,使我国军事机关立法活动步入了法制化轨道。按照该暂行条例规定,军事立法有三种类型:由

中央军事委员会制定军事法规;由中央军事委员会各部以及国防科工委、各军兵种、各军区制定军事规章;如果调整对象属于国防建设领域,涉及地方政府、社会团体、企事业单位和公民的军事行政法规、军事行政规章,分别由中央军事委员会会同国务院,军委各总部、国防科工委会同国务院有关部门联合制定①。这样,就使军事法规和军事规章成为当代中国法的渊源之一。按照宪法推论,军事法规的法律地位和效力低于宪法和法律,军事规章的法律地位和效力低于宪法、法律、行政法规和军事法规。

(五)地方性法规和政府规章

在当代中国法的渊源中,地方性法规是一种数量最大的法的渊源。按照宪法和1986年修改后的《地方各级人民代表大会和地方各级人民政府组织法》的有关规定,我国地方性法规有以下几种类型:(1)省、自治区、直辖市的人民代表大会和常务委员会(在本级人民代表大会闭会期间),根据本行政区域的具体情况和实际需要,在不同国家宪法、法律、行政法规相抵触的前提下,可以制定和颁布地方性法规,报全国人民代表大会常务委员会和国务院备案;(2)省、自治区的人民政府所在地的市和经国务院批准的较大的市的人民代表大会和常务委员会(在本级人民代表大会闭会期间)根据本市的具体情况和实际需要,在不同宪法、法律、行政法规和本省、自治区的地方性法规相抵触的前提下,可以制定地方性法规,报省、自治区的人民代表大会常务委员会批准后施行,并由省、自治区的人民代表大会常务委员会报全国人民代表大会常务委员会和国务院备案;(3)根据宪法和组织法的有关规定,地方各级人民代表大会和常务委员会可以依照法律规定的权限,在自己的职权范围内通过和发布决议,如果这些决议属规范性文件,在其管辖区域内,也应属于法的渊源,虽然不能将它们称之为地方性法规,但具有同地方性法规同等的效力。

在当代中国法的渊源中,还有一类范围广泛的法的渊源,即"政府规章"。根据宪法和组织法有关规定,省、自治区、直辖市以及省、自治区的人民政府所在地的市和经国务院批准的较大的市的人民政府,可以根据法律和国务院的行政法规,制定规章,法学界将这类规章称之为"政府规章"或"地方政府规章",1990年2月18日国务院第48号令将此定名为"地方人民政府规章",简称为"政府规章",以同国务院各部委所制定的"部门规章"相区别。政府规章的法律效力低于宪法、法律、行政法规和地方性法规,也不得同国务院各部委等制定的"部门规章"相抵触。

根据宪法和组织法有关规定,县以上地方各级人民政府依照法律规定的权限,可以发布决定和命令。如果这些决定和命令属规范性文件,应该视为法的渊源。虽然不能将它们称之为"政府规章",但应具有同政府规章同等的法律效力。

(六)民族自治地方的自治条例和单行条例

在当代中国法的渊源中,民族自治地方的自治条例和单行条例也是一种重要的法的渊源。根据宪法、组织法和民族区域自治法的规定,民族自治地方的人民代表大会有权依照当地民族的政治、经济和文化特点,制定自治条例和单行条例。其中,自治区的自治条例和单行条例,应报全国人民代表大会常务委员会批准后生效,自治州、自治县的自治条例和单行条例,应报省或者自治区的人民代表大会常务委员会批准后生效,并报全国人民代表大会常务委员会备案。

① 参见《人民日报》1993年4月8日报道。

(七)特别行政区基本法及特别行政区法律

在当代中国法的渊源中,有两种特殊种类的法的渊源,即特别行政区基本法和特别行政区法律。我国宪法第31条规定:"国家在必要时得设立特别行政区。在特别行政区内实行的制度按照具体情况由全国人民代表大会的法律规定。"这是"一国两制"政治构想在宪法中的具体体现。特别行政区基本法,由全国人民代表大会制定通过。目前在我国已有两部特别行政区基本法,即《中华人民共和国香港特别行政区基本法》和《中华人民共和国澳门特别行政区基本法》,前者于1997年7月1日生效,后者于1999年12月20日生效。特别行政区基本法虽也是由全国人民代表大会制定的基本法律,但它们是不同于前述的法的渊源之一的基本法律。主要区别是前述的基本法律是在全国通行,而特别行政区基本法则只是在特别行政区施行。

特别行政区法律,是指根据宪法和特别行政区基本法,在特别行政区内施行的法律。例如,根据香港特别行政区基本法的规定,香港特别行政区法律包括1997年7月1日以后,香港特别行政区立法会制定的法律和除同香港特别行政区基本法相抵触或经香港特别行政区的立法机关作出修改者外,予以保留的香港原有法律,即普通法、衡平法、条例、附属立法和习惯法。有的法学著作将特别行政区基本法和特别行政区法律统称为"特别行政区法",似有不妥。因为这两种法的渊源虽都适用于特别行政区,但在法律地位、法律效力、等级上,有重大的区别。

(八)经济特区的单行经济法规,经济特区法规和经济特区规章

在当代中国法的渊源中,还有三种类型的法的渊源,即经济特区的单行经济法规、经济特区法规、经济特区规章,这三种法的渊源是经全国人民代表大会及其常务委员会的特别授权而产生的。1981年11月26日第五届全国人民代表大会常务委员会第十一次会议授权广东省、福建省制定所属经济特区的各项单行经济法规;1992年7月1日全国人大常委会又通过决定,授权深圳市人大及其常委会和深圳市人民政府分别制定法规和规章。由于这三种法的渊源是经由全国人大常委会特别授权而制定的,其法律地位和内容不同于一般的地方性法规和规章,因而可单列为法的渊源之一。

(九)国际条约和国际惯例

国际条约是指我国同外国缔结的双边和多边条约、协定和其他具有条约、协定性质的文件。国际条约本是国际法的主要渊源,但由于它对签约国有约束力,因而凡是我国政府签约的国际条约,也属于我国法的渊源之一。

根据我国全国人民代表大会常务委员会于1990年通过的《中华人民共和国缔结条约程序法》的规定,国际条约的缔结权限分别为:国务院同外国缔结条约和协定;全国人民代表大会常务委员会决定同外国缔结的条约和重要协定的批准和废除;中华人民共和国主席根据全国人民代表大会常务委员会的决定,批准和废除同外国缔结的条约和重要协定。该程序法还规定:加入多边条约和协定,分别由全国人民代表大会或国务院决定;接受多边条约和协定,由国务院决定。

在当代中国法的渊源中,还有一种适用面虽小,但仍存在着的法的渊源,即国际惯例。国际惯例的适用前提一般是我国法律或国际条约中没明确规定的。我国的有关国内法对国际条约和国际惯例的法律效力作了规定,如《民法通则》第142条规定:"中华人民共和国缔结或者参加的国际条约同中华人民共和国的民事法律有不同规定的,适用国际条约

的规定,但中华人民共和国声明保留的条款除外。中华人民共和国法律和中华人民共和国缔结或者参加的国际条约没有规定的,可以适用国际惯例。"第150条还规定:"依照本章规定适用外国法律或者国际惯例的,不得违背中华人民共和国的社会公共利益。"

第四节　法的效力

一、法的效力概念

法的效力这一概念,通常有广义和狭义两种含义。广义的法的效力,是指法的约束力和强制力,即凡是由国家制定和颁布的法律,都对人的行为具有一种普遍性的法律上的约束力和强制力,这是规范性法律文件的效力。广义的法的效力还包括那些非规范性法律文件的效力,如判决书、调解书、逮捕证、公证书、违章罚款单、依法制作的民事或经济合同书等等,这些非规范性的法律文件对具体的事和人都有特定的法律约束力;狭义的法的效力,则仅指由国家制定和颁布的规范性法律文件的效力,包括法的效力层次、效力范围(人、空间、时间)等等。

二、法的效力层次

(一)法的效力层次的含义

当代世界各国的法律,无论是大陆法系,还是英美法系,或当代中国法律,都自成为一个法律体系。在大陆法系国家,大多是以制定法为法的渊源,而在制定法渊源中,又大都以宪法为最高渊源而形成一个"金字塔型"的法律等级体系;在英美法系国家,虽然没有一个以制定法为主的法律体系,但以法院判决为主要形式的判例法,也存在一个由审判等级而形成的法的等级体系;在当代中国,已形成一个以宪法为核心的社会主义法律体系,这个法律体系中的各种法的渊源之间也有一个等级位阶体系。因此,法的效力层次就是指在一个国家法律体系的各种法的渊源中,由于其制定主体、程序、时间、适用范围等不同,各种法的效力也不同,由此而形成的一个法的效力等级体系。

在法学理论中,法的效力层次有时也被称为法的效力等级,或法的效力位阶。影响法的效力层次的因素主要有:(1)制定主体。一般而言,法的制定主体地位的高低影响到法的效力层次的高低。(2)适用范围。一般来讲,适用于特定人、特定事、特定时间和特定地域的特别法优于适用于一般人、一般事、一般时间和全国地域的一般法,即"特别法优于一般法"。(3)制定时间。一般而言,就同一调整领域或同类调整关系来讲,后制定的法的效力优于前制定的法,即"后法优于前法"。以上的几点都是指一般原则,具体的法的效力层次还要根据宪法、法律以及法律传统而具体分析和对待。

(二)法的效力层次的一般规则

法的效力层次的一般规则,即指不同等级的主体制定的法有不同的法的效力,等级高的主体制定的法,效力自然高于等级低的主体制定的法。以当代中国为例,根据宪法和组织法的有关规定,宪法是具有最高效力的根本大法,位于当代中国法的效力层次的最高层(顶尖),依次是法律、行政法规、地方性法规、政府规章等。它们由不同级别的制定主体制定,因而具有不同的效力,形成一个法的效力等级体系。

在各个法的体系中,法的效力层次要贯彻以下两个规则:(1)在整个法的效力层次体系中,宪法是具有最高效力的,不仅是仅低于宪法的法律,而且所有的其他法的渊源的效

力都要服从宪法、遵守宪法；(2)除宪法的效力统摄所有法的效力之外，上一级法的效力均高于下一级任何一种法的效力。比如，法律的效力高于行政法规、地方性法规、部门规章和政府规章的效力；行政法规的效力则高于地方性法规、部门规章和政府规章的效力。因此，当下级法同上级法相抵触时，就不能适用下级法。这就是法的效力层次的一般规则。

(三)法的效力层次的特殊规则

法的效力层次除要贯彻它的一般规则外，由于法的复杂性，法的效力层次还存在着一些特殊规则。这些特殊规则有以下几点：

1.特别法效力优于一般法。“特别法优于一般法”是针对同一制定主体制定的法而适用的一个法的效力层次的特殊规则，对于不同主体制定的法仍应坚持法的效力层次的一般规则。之所以要对同一主体制定的法实行“特别法优于一般法”，是因为特别法一般是针对特别人、特别事或特别地域而专门制定的，它的内容是一般法所没有涉及或一般法虽有涉及但较原则、笼统、抽象等，因此，在针对有关人、事、地区时，要适用特别法，而不适用一般法。此外，有些特别法如戒严法等，是适用于特定时间内(如宣布戒严时期内)的法，一般法无法满足这一特定时间内的要求，因此，必须适用特别法。

2.新法优于旧法。“新法优于旧法”这一特殊规则也是针对两个具有同等级别效力的法律时所适用的规则。这里面有两种情况：一种是当新法颁布后，旧法被废止，失去效力，那自然要适用新法；另一种是新法虽颁布，但旧法并未被废止，仍继续有效力，如果两部法所涉及的内容有相同或相似性时，应适用新法。因为一般而言，新法的制定和颁布，都是由于旧法不能适应新的发展变化了的情况时，才制定和颁布的。因此，新法在内容上肯定同旧法有极大差异，并且更加适应新的形势要求。这种情况下，就应适用新法。但这一规则仍不能适用于不同主体制定的不同等级的法的效力。

3.法律文本优于法律解释。这一规则是针对法律文本与法律解释之间的效力而言。我国一般认定，在效力等级同等情况下，法律解释与被解释的法律具有同等的法的效力，这在法律解释符合法律文本的情况下，是成立的。但是在法律解释实践中，常常出现法律解释与被解释的法律文本之间存在抵触，或者法律解释超越了解释权限、变成了新的“造法”活动时，仍应维护法律文本的效力。当然，解释是否超越权限和解释是否同法律文本相抵触，都得结合具体解释实例，由有权部门(一般是制定主体)进行分析和裁定。

三、法的效力范围

法的效力范围，即指法对何种人，在何种空间范围、时间范围内有效，从而发挥法的约束力和强制力。由此，法的效力范围一般包括：①法的对象效力范围；②法的空间效力范围；③法的时间效力范围三个方面的内容。

(一)法的对象效力范围

法的对象效力范围，是指法适用于哪些人。这里的“人”，包括自然人和法律拟制的人。根据世界各国历史上存在过的法的效力规定，法的对象效力范围主要有以下几种：①属人主义。即凡是本国人，不论在国内还是在国外，都受本国法的约束，而对在本国的外国人则不适用。②属地主义。即一国法对它所管辖的领土内的一切人都有约束力和强制力，而不论他是本国人还是外国人。本国人在外国则不受本国法的约束。③保护主义。即指不论任何人，只要损害了本国的利益，不论行为人的国籍与所在地域，都要受到本国法的追究。④结合主义。即以属地主义为主，与属人主义、保护主义相结合。这是近代以

来许多国家采用的法的对象效力范围原则。我国也采用这一原则。

按照结合主义原则，根据我国法律规定，法的对象效力范围包括两个方面：

第一，法对中国公民和中国组织的效力范围。凡是具有中国国籍的人，都是中国公民。中国公民在中国领域内一律适用中国法律。中国公民在国外的法律适用问题，原则上仍适用中国法律，但当中国法律与所在国的法律发生冲突时，要区别不同的情况和具体的国际条约、协定及国内法的规定，来确定是适用中国法律还是适用外国法律。比如我国民法规定，中国公民定居国外的，其民事行为能力可以适用居住国的法律。对中国组织的法律适用也与中国公民一样。

第二，法对外国人的效力范围。中国法律对外国人的适用包括两种情况：一是对在中国境内的外国人的适用问题；二是对在中国境外的外国人的适用问题。外国人在中国境内，除法律另有规定外，一般适用中国法律：所谓另有规定，一般是指法律上明确规定不适用中国法律的情形，比如享有外交特权和豁免权的外国人，得通过外交途径解决。关于外国人在中国境外对中国国家或中国公民的犯罪，按中国刑法规定的最低刑为3年以上有期徒刑的，可以适用中国刑法，但是按照犯罪地的刑法不构成犯罪的除外。

(二)法的空间效力范围

法的空间效力范围是指法在哪些地域、空间范围内发生效力。法的空间效力范围是根据法的制定主体、适用范围等的不同来区分的。一般来讲，有四种情况：

第一，全国性法律的空间效力范围。全国性法律的空间效力范围就是国家主权及主权所及的范围，包括陆地、水域及其底土和上空，还包括延伸意义上的领土，即驻外使馆和在领域外的本国交通工具，如本国船舶、飞机等。

第二，地区性法律的空间效力范围。地区性法律的空间效力范围一般是地区性法律的管辖空间，如特别行政区基本法和法律，只适用于特别行政区空间范围；民族自治条例，只适用于该民族自治地区空间范围内，等等。

第三，有的法律，不但在国内有效，在特定条件下其效力还可越出国境。如刑法规定的伪造国家货币罪，泄露国家机密罪等条款，也适用于中国境外。

第四，国际条约和协定的空间效力范围。国际条约和协定作为国际法的主要渊源，也有其特定的空间效力范围。一般来讲，国际条约和协定的空间效力范围及于该条约和协定的缔结国和参加国，但缔结国和参加国声明保留的条款除外。

(三)法的时间效力范围

法的时间效力范围是指法何时生效，何时终止生效及法律对其颁布实施前的事件和行为是否具有溯及力的问题。

第一，法的生效时间，一般根据法律的具体性质和实际需要来决定。主要有以下几种形式：①自法律颁发之日起生效；②由该法来规定具体生效时间；③由专门决定规定该法的具体生效时间(如香港特别行政区基本法和澳门特别行政区基本法这两个法律的生效时间是由全国人大以决定的形式规定生效日期的)；④规定法律颁布后到达一定期限开始生效。

第二，法的终止效力，即法律通过明令被废止或被默示废止的形式，而终止其效力。我国法律终止效力的形式有：①新的法律公布后，原有的法律即丧失效力；②新法律取代原有法律，同时宣布旧法律作废；③法律本身规定的有效期届满；④由有关机关颁发专门文件宣布废止某个法律;⑤法律已完成其历史任务而自行失效。

第三,法的溯及力,又称法的溯及既往的效力,是指新的法律颁布后,对其生效前的事件和行为是否适用的问题,如果适用,则具有溯及力;如果不适用,则不具有溯及力。一般情况下,我国法律坚持"法不溯及既往"原则,这一原则也是各国通行的法律原则。但这个原则也有例外,特别是在刑法中。目前各国采用的通例是"从旧兼从轻"原则,即新法原则上不溯及既往,但新法不认为犯罪或罪轻的,可以适用新法。我国现行刑法就是采用"从旧兼从轻"的原则。

推荐阅读

1. 由嵘:《关于法类型划分问题的思考》,载《中国法学》1994 年第 5 期。
2. 莫纪宏:《论国际法与国内法关系的新动向》,载《世界经济与政治》2001 年第 4 期。
3. 汪习根:《公法法治——公、私定位的反思》,载《中国法学》2002 年第 5 期。

思考题

1. 什么是法的渊源？法的渊源与法的形式你是怎样理解的？
2. 什么是法的分类？你怎样理解法的分类的意义？
3. 我国的法的渊源和分类是怎样的？
4. 什么是法的效力？法的效力有哪些？
5. 什么是法的效力位阶？法的效力位阶的原则有哪些？
6. 什么是法的效力范围？包括哪些内容？
7. 什么是法的溯及力？怎样看待法的溯及力问题？
8. 规范性法律文件的系统化和规范化的方式有哪些？其各自的性质是什么？
9. 对于社会主义法是否应该有公法和私法的划分？为什么？

第八章　法律体系

学习提示:法律体系与法学体系、立法体系、法系等相关概念不同,是法律部门的总合,而法律部门则是按照一定的标准和原则确定的同类法律规范的总和。在不同的国家,法律部门的划分方式不同,法律体系也不同。我国法律部门划分的主要标准是法律的调整对象,辅助标准是法律的调整方法。我国法律体系是以宪法为统率的各个法律部门组成的有机联系的整体。

重点问题:

1. 法律体系的概念
2. 法律部门的概念与特征
3. 法律部门的划分标准
4. 我国社会主义法律体系所涵盖的主要法律部门

第一节　法律体系

一、法律体系的概念和特点

法律体系,法学中有时也称"法的体系",或简称为"法体系",是指由一国现行的全部法律规范按照不同的法律部门分类组合而形成的一个呈体系化的有机联系的统一整体。

从以上法律体系的概念来看,法律体系有以下几个特点:

第一,法律体系是一个国家的全部现行法律构成的整体。这就是说,它既不是几个国家的法律构成的整体,也不是一个地区或几个地区的法律构成的整体,而是一个主权国家的法律构成的整体;既不包括一国历史上的法律或已经失效的法律,也不包括一国将要制定的法律或尚未生效的法律,只包括现行的国内法和被本国承认的国际法。法律体系不仅是一个国家的社会、经济、政治和文化等条件和要求的综合性法律表现,而且是一个国家主权的象征和表现。

第二,法律体系是一个由法律部门分类组合而形成的呈体系化的有机整体。"体系"一词指由若干事物构成的一个相互联系的有机整体,它和静态意义上的"系统"概念相似。法律体系作为一个"体系",它的内部构成要素是法律部门,并且法律部门也不是七零八散地堆积在一起,而是按照一定的标准进行分类组合,呈现为一个体系化、系统化的相互联系的有机整体。这既是法律体系的客观构成,也是法律体系的一种理性化要求。

第三,法律体系的理想化要求是门类齐全、结构严密、内在协调。门类齐全是指在一个法律体系中，在宪法的统摄下，调整不同社会关系的一些最基本的法律部门应该具备，不能有缺漏；结构严密是指不但在整个法律体系之间要有一个严密的结构，而且在各个法律部门内部也要形成一个从基本法律到和基本法律相配套的一系列法规、实施细则等；内部协调是指在一个法律体系中，一切法律部门都要服从宪法并与其保持协调一致，即普通法与根本法相协调，程序法与实体法相协调等，也即恩格斯曾指出的："在现代国家中，法不仅必须适应于总的经济状况，不仅必须是它的表现，而且还必须是不因内在矛盾而自己推翻自己的内部和谐一致的表现。"①

第四，法律体系是客观法则和主观属性的有机统一。从最终极的意义上讲，法律体系是经济关系的反映，它必须适应于总的经济状况，因此，法律体系的形成是由客观经济规律和经济关系决定的；但从法律关系的形成过程来讲，它又离不开人的意志、主观能动性、意识形态、文化传统等作用，由此而使世界各国的法律体系呈现出不同的模式、形态等。因此，法律体系是客观法则和主观属性的有机统一。

二、法律体系与相关概念之异同

在法学理论中，同法律体系这一概念相邻或相近的概念还有法制体系、法学体系、立法体系、法系等概念。这些概念之间有一定的联系，又有一定的区别，有必要对它们加以区分。

(一)法律体系与法制体系

法制体系，有时也称法制系统，它同法律体系虽一字之差，但含义不同。法制体系是指法制运转机制和运转环节的全系统，法制体系(或法制系统)包括立法体系、执法体系、司法体系、守法体系、法律监督体系等，由这些体系组合而成的一个呈纵向的法制运转体系。法律体系着重说明的是呈静态状的法律本身的体系构成，而法制体系则既包括静态的法律规范，更着重说明的是呈动态状的法制运转机制系统。从相互关系来讲，法制体系包容着法律体系，而法律体系则组合在法制体系之中。

(二)法律体系与法学体系

这是两个不同的但却有密切联系的概念。首先，法学体系是指一个国家的有关法律的学科体系，它属于社会科学范畴，具有意识形态和思想文化属性；而法律体系则是指一国现行的法律规范体系，属于社会规范体系范畴，是社会及个人的行为准则，有实际的法律效力，并产生实际的法律后果。一个属思想范畴，一个属规范体系，这是两者的本质区别。但两者之间又有密切的联系：

第一，法律体系是法学体系形成、建立的前提和基础。一个国家的法学体系中的实体法学(也称应用法学)内容，是同法律体系中的法律部门划分相对应的。如法律部门划分为宪法、民法、商法、行政法、经济法、刑法、诉讼法、国际法等等，法学体系也就相应地划分为宪法学、民法学、商法学、行政法学、经济法学、刑法学、诉讼法学、国际法学等等。第二，法律体系也是法学体系发展的重要动力。随着法律体系中新的法律内容的增加和扩充，便会促成新的法学体系内容的出现。比如，行政法的产生和出现，便促动了行政法学的产生；行政诉讼法的产生，便促动了行政诉讼法学的出现，等等。第三，法学体系反过来也会成为法律体系发生变化的原因和根据，这表现在两个方面：⑴法学的研究结果，会促成新

① 《马克思恩格斯选集》第4卷，702页，北京：人民出版社，1995年。

的法律的产生,补充和调整原有法律体系的内容和结构;⑵法学关于“法律体系”的学术研究,也会改变原有的法律体系布局和结构,使法律体系重新布局,以适应变化了的客观情势和认识发展的要求。

(三)法律体系与法系

这是两个含义不同的法学概念。法系是指由不同的国家或地区在历史上所形成的具有相同法的结构和渊源的一种法的类型,法系的概念更多地表达的是一种法律传统,它是跨越历史和国度的;而法律体系则指的是一国内的由现行法律规范所组合而成的法律部门的统一整体,它只能是现实法,而且主要在一主权国家范围内构成。

第二节 法律部门

一、法律部门的概念

“法律部门”这一概念,在有的法学著作和教材中被称为“部门法”,它是指根据一定的标准和原则,按照法律调整社会关系的不同领域和不同方法等所划分的同类法律规范的总和。法律部门是法律体系的基本组成要素,各个不同的法律部门的有机组合,便成为一国的法律体系。

从以上对“法律部门”的理解,法律部门具有如下一些特点:

第一,法律部门既是一个法学概念,也是组成法律体系的一种客观的基本要素。它主要是根据法律所调整的不同的法律关系(社会关系)的性质,划分为不同的法律部门,如将调整民事法律关系的法律规范,归属于民法法律部门;将调整刑事法律关系的法律规范,归属于刑法法律部门,等等。这样一种划分虽然是一种学理上的划分,但这种划分对于法律体系的建立以及法制实践是非常重要的,它直接影响着立法、执法、司法的实践进程,因此,法律部门这一概念是一种法律文化的产物。

第二,在某一法律部门中,又可以划分为若干个子部门,这些子部门是法律部门的进一步细化和具体化,在法律部门中具有相对的独立性。子部门是由调整包含在法律部门大范围中的一些特殊种类的法律制度和法律规范构成,它同法律部门是一种“种属关系”。如同样是调整民事法律关系的民法法律部门中的各种法律制度和法律规范,根据其调整的特殊种类的法律关系的不同,又可划分为著作权法、合同法、商标法、专利法等等子部门;同样是调整宪法法律关系的宪法法律部门,又可划分为立法法、组织法、选举法等子部门。子部门的划分一方面说明法律体系从法律部门到子部门是一个大的系统化的结构,同时也对法律体系的完善、健全提供了一个逐步深化的指向。

第三,法律部门是构成法律体系的基本要素,而构成法律部门和子部门的基本要素则是法律制度及其相应的法律规范的总和。比如,在一个国家的法律体系中,凡是调整民事法律关系的法律制度和法律规范,则属于民法法律部门的范围;凡是调整刑事法律关系的法律制度和法律规范,则属于刑法法律部门。这就产生一个问题,任何一个国家的不同的法律部门就不仅仅只有一部法律或一部法典,还包括那些散见于其他法律中的有关法律制度和法律规范。因此,“总和”这一概念表达了有的法律部门和子部门是以一部法律或法典为轴心,包括其他法律中的相关法律制度和法律规范在内组合而成,如民法法律部门、刑法法律部门;有的法律部门和子部门则没有一部轴心法律或法典,而是由若干部性

质相同或相近的规范性法律文件组合而成的,如行政法法律部门、经济法法律部门等等。

第四,上一点说明了组成法律部门和子部门的法律制度和法律规范的多来源性和总和性,反过来,法律制度对于法律部门来讲,又存在着一种交叉性和综合性,即同一法律制度可能由一个或几个法律部门中的具有相同或相近调整属性的法律规范所组成,比如所有权法律制度,就有可能体现在宪法、民法、经济法、商法等多个法律部门中;辩护制度、证据制度、回避制度等就有可能体现在刑事诉讼法、民事诉讼法、行政诉讼法等多个不同的诉讼法律子部门中。

二、法律部门的概念及划分标准和原则

(一)法律部门的划分标准

法律部门既然是指按照法律调整社会关系的不同领域和不同方法等所划分的不同法律规范的总和,那么,法律部门的划分标准自然就应该是:其一,法律规范所调整的社会关系;其二,法律规范的调整方法。这两个方面有着较为密切的内在关系。

1. 法律规范所调整的社会关系。法律是调整社会关系的行为准则,任何法律都有其所调整的社会关系,否则,就不成其为法律。法律部门就是以法所调整的社会关系的内容作为依据来划分一部法律属于何一部门的。因为这种调整社会关系的内容决定着法律规范的性质。社会关系是多种多样的且复杂的,人们可以将社会关系分为政治关系、经济关系、文化关系、宗教关系、家庭关系等等,当这些不同领域的社会关系成为法律调整领域之后,它们便成了法律部门形成的基础,而调整不同领域的社会关系的法律又形成不同的法律部门。

2. 法律规范的调整方法。法律规范所调整的社会关系虽是很重要的法律部门的划分标准,但仅仅用此作为划分标准还是不够的,因为它们既无法解释一个法律部门(如刑法法律部门)可以调整不同种类的社会关系,也不能解释同一社会关系需由不同的法律部门来调整这一法律现象,因此,划分法律部门,还需将法律规范的调整方法作为划分标准。如可将凡属以刑罚制裁方法为特征的法律规范划分为刑法部门,将以承担民事责任方式的法律规范划分为民法法律部门,等等。此外,国内有些法学论著还提出以法规的数量为依据、方便归类的标准。

(二)法律部门的划分原则

我国法学界除了提出法律部门的划分标准外,还提出了法律部门的划分原则,这些原则概括起来有以下几点:

1. 整体性原则。即以整个法律体系为划分对象,划分结果必须囊括一国现行法律的全部内容,使法律体系中的所有法律都归属于某一法律部门。

2. 均衡原则。即划分法律部门时应当考虑各法律部门之间法律规范的规模或数量之间保持大体上的均衡,不能使某些法律部门的内容(即规范)特别多,而有些法律部门的内容则特别少。当然,这种均衡只是相对均衡,主要还要取决于各法律部门的实际需要和调整幅度。

3. 以现行法律为主,兼顾即将制定的法律。即虽然法律体系中的法律部门划分只以现行法律为主,但法律是发展的,法律体系的内容也在不断发生变化。划分法律部门虽要以现行法律为基础,但也不能不考虑法律的发展变化,否则,就不可能在法律发展的动态过程中保持法律体系的相对稳定。

第三节 当代中国的法律体系

一、当代中国的法律体系

"当代中国的法律体系"这一命题，从法理学的角度看有两层含义，一是指它的实然状态，即实际的客观存在着的法律体系；一是指它的应然状态，即理想的应当具有的法律体系。在此处，我们主要考察一下当代中国实际存在着的法律体系。

当代中国的法律体系，在经历了几十年的曲折历史之后，尤其是在1979年中国实行改革开放、加强社会主义民主和法制建设之后，经过近二十年的努力，已初步形成了以宪法为核心的社会主义法律体系框架。这个法律体系包括以下一些主要的法律部门：

(一)宪法法律部门

在当代中国的法律体系中，宪法是根本大法，它规定国家的各种根本制度、基本原则、方针，规定国家机关的组织和活动的基本原则，以及公民的基本权利和义务等，因此，它在当代中国的法律体系中处于中心的、占主导的地位。

在宪法这一占主导地位的法律部门中，现行的主要法律规范就是1982年通过的《中华人民共和国宪法》，以及1988年和1993年两次通过的《中华人民共和国宪法修正案》11条。除此而外，宪法法律部门还包括如下一些种类的宪法性法律文件和规范：

国家机关组织法。主要有全国人民代表大会组织法、国务院组织法、人民法院组织法、人民检察院组织法、地方各级人民代表大会和地方各级人民政府组织法，等等。国家权力机关议事规则及人民代表法。主要有全国人民代表大会议事规则，全国人民代表大会常务委员会议事规则，全国人民代表大会和地方各级人民代表大会代表法，等等。

选举法。主要有全国人民代表大会和地方各级人民代表大会选举法，人民解放军选举全国人民代表大会和地方各级人民代表大会代表的办法，香港特别行政区选举人民代表的办法，等等。

民族区域自治法。主要有民族区域自治法。

特别行政区基本法。目前主要有香港特别行政区基本法和澳门特别行政区基本法。

立法授权法。此类规范现主要有全国人大常委会授权广东省、福建省人民代表大会及其常务委员会制定所属经济特区的各项单行经济法规的决议，授权国务院改革工商税制度发布有关税收条例草案试行的决定，全国人大授权国务院在经济体制改革和对外开放方面可以制定暂行的规定或者条例的决定，授权海南省人大及其常委会制定在海南经济特区实施的法规，授权深圳经济特区制定特区法规和规章的决定，等等。

国籍法和其他公民权利法。此类规范现主要有国籍法、义务教育法、残疾人保障法、妇女权益保障法、未成年人保护法等等。

作为宪法法律部门，还应该有几类非常重要的法律，如立法法、监督法等等。

随着我国社会主义市场经济法律体系的逐步完善，宪法法律部门还会不断得到丰富和扩充。

(二)行政法法律部门

行政法法律部门，是指有关调整国家行政管理活动中形成的社会关系的法律规范的总和，具体包括由国务院制定的有关一般行政管理的行政法规，也包括全国人大及其常委会制定的有关行政管理的法律或地方国家机关制定的有关行政管理的地方性法规。

行政法法律部门不像宪法、民法、刑法等那样，有一部轴心法律或法典，而是由许多单行的法律、法规、地方性法规等构成，这是由于国家行政管理活动的多样性、复杂性及国家管理活动的广泛性所决定的，它很难集中在一部统一的行政法典或法律性文件中。行政法律关系的主体双方的法律地位一般是不平等的，它体现了管理与被管理间的行政隶属关系。但是随着市场经济的逐步发展，有些行政法律关系会趋于平等化，体现出行政法律关系主体双方的平等性，如行政合同关系，就须建立在合同双方的自愿、平等、协商基础之上，而不是一味的命令——服从关系。

(三)民商法法律部门

民商法法律部门是指调整平等主体的公民与公民之间、法人与法人之间、公民与法人之间的财产关系和人身关系以及商事关系的法律规范的总和。

世界上大多数国家多是采用以一部较完整的民法典和商法典作为民法法律部门的轴心法律规范，而我国目前尚无较完整的民法典和商法典，只是以一部《中华人民共和国民法通则》作为民法法律部门的轴心法律规范，附之以其他一些单行民事和商事法律，这些单行民事法律包括有婚姻法、继承法、收养法、经济合同法、涉外经济合同法、技术合同法、商标法、专利法、著作权法、企业破产法、海商法、公司法、票据法、保险法等等。民商法的调整特点主要是自愿、平等、合意、等价、有偿等。

(四)经济法法律部门

经济法法律部门是指调整国家在国民经济管理中和各种经济组织的活动中所发生的经济关系的法律规范的总和。作为法律部门的经济法和作为人们日常生活中所泛指的经济法既有联系又有区别。泛指的经济法，包括一切有关经济内容的经济立法和调整经济关系的法律；而作为法律部门的经济法，则主要指那些国家在调整国民经济管理中和各种经济组织之间的活动中所发生的经济关系的法律规范。经济法和民法、商法、行政法等法律部门之间有较为密切的联系，由于其调整对象都是经济关系，因而有些法律规范有所交叉，如经济合同法，既可适用于经济合同，也可适用于民事合同等。

由于经济法所调整的经济关系的复杂性和广泛性，很难由一部法典来作为经济法法律部门的轴心法律规范。我国目前也没有一部法典型的经济法法律规范，而是由大量的单行的经济法组合而成，主要有：计划法、预算法、全民所有制企业法、集体所有制企业法、私人企业法、各种外资企业法、对外贸易法、全民所有制企业转换经营机制条例、银行法、信贷法、证券法、金融法、物价管理法、产品质量法、统计法、会计法、基本建设法、农业法、消费者权益保障法、反不正当竞争法等。

(五)劳动法法律部门

劳动法法律部门是调整有关劳动关系以及与劳动关系紧密相联系的其他系的法律规范的总和。劳动法法律部门的内容主要有：劳动合同的成立与解除，集体劳动合同的签订与执行，法定工作时间和休息时间的制度，劳动报酬、工资制度，最低工资保障制度，劳动保护与劳动安全卫生的规定，劳动保障和生活福利，劳动纪律与奖罚制度，职工培训、工会和职工自主管理，劳动争议的处理，劳动法的监督与检查制度，劳动争议调解、仲裁、诉讼制度，工会与企业、行政之间的法律关系等。

我国劳动法法律部门主要是以一部《中华人民共和国劳动法》为轴心法律规范，附之

以其他一些单行的劳动法规范。

(六)自然资源法和环境法法律部门

自然资源法和环境法法律部门是指有关自然资源、环境保护、污染防治以及其他防止公害的法律规范的总和。该法律部门主要包括自然资源法和环境保护法两大类。自然资源法主要指对各种自然资源的规划、合理开发、利用、治理和保护等方面的法律规范;环境保护法主要是指保护环境、防治污染和其他公害的法律规范。

我国目前有关自然资源方面的法律规范主要有:森林法、草原法、渔业法、矿产资源法、水法、水土保护法、土地管理法、节约能源管理条例等等;有关环境保护方面的法律规范主要有:环境保护法、海洋环境保护法、水污染防治法等。

(七)刑法法律部门

刑法法律部门是指有关犯罪和刑罚的法律规范的总称。在当代中国的法律体系中,刑法是一个非常重要的法律部门,也是惩治各种犯罪现象和犯罪行为,打击各种严重破坏社会关系和社会秩序的犯罪分子,维护正常的社会秩序的重要法律部门。

刑法适用于那些实施了较严重的社会危害性、已经触犯了刑事法律规范的行为的犯罪人,刑法所采用的调整方法是最严厉的一种法律制裁方法即刑罚的方法。所以,刑法法律部门并不是主要的以调整对象来划分,而是以其调整方法——刑罚制裁的方法来划分,即凡属用刑罚制裁方法的法律规范,都属于刑法法律部门。

我国目前的刑法法律部门主要是以1997年八届人大五次会议修订通过的《中华人民共和国刑法》为轴心的法律规范,还包括一些散见于经济法规、行政法规中关于追究刑事法律责任的规定等。

(八)诉讼法法律部门

诉讼法法律部门是指有关诉讼程序的法律规范的总和。诉讼法是一种程序法,但它只是程序法之一种,是涉及有关诉讼程序的法律规范,而程序法除了包括诉讼法之外,还包括立法程序法、选举程序法和行政程序法等等。

诉讼法是相对于实体法而言的一个重要的法律部门。实体法是规定各种实体权利和义务的法律,而诉讼法则是规定在诉讼过程中各个诉讼主体的诉讼权利和诉讼义务的法律,诉讼法中也可能包含一部分少量的实体权利和义务,但就其主要内容而言,它主要是诉讼权利和义务的规范。

我国目前的诉讼法律部门主要由三大类诉讼法构成:刑事诉讼法、民事诉讼法、行政诉讼法,这三大类诉讼法都各自有一部法律。刑事诉讼法除了一部轴心法律外,还有散见于全国人大常委会所作的有关刑事诉讼的一些决定;民事诉讼法也除了一部轴心法律外,还有散见于其他法律中(如婚姻法中有关离婚程序)有关民事诉讼的规定。

(九)军事法法律部门

军事法法律部门是指关于军事管理和国防建设方面的法律规范的总和。军事法法律部门在当代中国法律体系中,是一个新兴的法律部门。在过去,这一法律部门的有些法律规范归属于宪法法律部门,如兵役法;有些归属于刑法法律部门,如惩治军人违反职责罪条例,等等。但由于军事管理和国防建设在国家政治生活中的重要性增强,这一领域的法律规范将独立成为一个法律部门。

目前,组成军事法法律部门的法律规范,从法律渊源讲,有以下三个层次:由全国人大

或全国人大常委会制定的法律；由国务院和中央军委联合制定的军事法规；由中央军委各总部、国防科工委等单独制定或会同国务院有关部门联合制定的军事规章。以上三个层次按法律渊源来划分，可简称为军事法律、军事法规、军事规章。目前我国军事法法律部门的法律主要有：国防法、兵役法、中国人民解放军军衔条例、民兵工作条例、中国人民解放军文职干部暂行条例、中国人民解放军环境保护条例，香港特别行政区驻军法，等等。惩治军人违反职责罪暂行条例既可属于军事法法律部门，也可属于刑法法律部门，具有双重属性。由此可以看出，法律规范的部门划分只是一种相对的划分，许多法律规范都兼具双重或多重属性。

（十）国际法法律部门

在当代中国法律体系中，还有一个比较特殊的法律部门，即国际法法律部门。关于国际法能否成为当代中国法律体系的一个独立的法律部门，学界尚有争议。但国际法作为一个客观存在，我们不能将它排除在当代中国法律体系之外。当然，它同其他国内法法律部门相比，有其自身的特殊性，是一个"特殊的"法律部门。

国际法法律部门同国内法法律部门相比，其特殊性表现在：第一，国际法的主体一般是国家。在特殊的条件下和范围内，一些类似国家的政治实体或由国家组成的国际组织也可以成为国际法的主体；第二，国际法的法律渊源主要是国际条约、协定、国际惯例，以及各国有关处理国际问题的国内法律规定等等；第三，国际法的有关条约、协定、惯例等渊源要通过国家间的协议或国家的认可才能发生实际的效力，国际法一经国内接受，即成为国内法的一部分，就具有了法律上的效力。

目前，国际法法律部门已成为一个大的部类，在这一大部类中，又可分为国际公法、国际私法、国际经济法三个子法律部门，每一个子法律部门又可划分为许多具体的部类。

二、"一国两制"下当代中国法律体系的特点

"一国两制"，即"一个国家，两种制度"，这是中国政府为了实现祖国和平统一而提出的一个在世界上未有前例的独具特色的政治构想和政治实践。关于这一政治构想的具体含义，邓小平同志曾对它进行了精确而又简明的概括："实行'一个国家，两种制度'，具体说，就是在中华人民共和国内，10亿人口的大陆实行社会主义制度，香港、台湾实行资本主义制度。"[①] 这就是说，"一国两制"的具体含义是：在坚持一个中国的前提下，大陆实行社会主义制度，香港、澳门、台湾实行资本主义制度。

"一国两制"这一政治构想的政治实践，必然对当代中国的法律体系带来一系列重大的变化。在一个主权国家内两种不同社会制度的并存，必然要求和导致两种不同性质的法律制度的并存。

根据"一国两制"的政治构想以及中英、中葡联合声明和香港特别行政区基本法、澳门特别行政区基本法、全国人大常委会的有关决定的规定，我国政府将分别于1997年7月1日和1999年12月20日对香港和澳门恢复行使主权。也就是说，1997年7月1日香港特别行政区开始正式政治运作阶段，标志着"一国两制"正式进入到政治现实阶段。1999年12月20日，澳门特别行政区进入政治运作阶段。这一政治构想的贯彻实施，使当代中国的法律体系将发生一些重大变化，并呈现出一些新的特点。

① 《邓小平文选》第3卷，219页。

第一,1997年7月1日前,我国是一个单一的社会主义国家,与此相适应,我国的法律体系也是一个统一的单一的社会主义法律体系。1997年7月1日后,香港特别行政区正式进入运作阶段,标志着"一国两制"正式进入实践和实现阶段。"一国两制"的实现将改变我国原来的单一的社会主义法律体系格局,形成一种在统一的中华人民共和国法律体系之内,有两种不同性质的法律制度存在,即以大陆为主的社会主义法律制度和香港、澳门为代表的资本主义法律制度。

第二,这种一个统一的法律体系内两种法律制度并存的新格局,是一种相互并存的关系,而不是一种相互"并行"、"并列"或"并重"的关系。具体而言,其一,两种法律制度的并存,是以大陆的社会主义法律制度为主体的并存,因为在两种法律制度之间,社会主义法律制度在13亿人口的大陆地区实行,它们是当代中国法律体系中占主导地位的主体构成成分,而香港、澳门两个特别行政区的法律制度仅在这两个特别行政区实行,它们具有局部性和区域性。其二,之所以说两种法律制度之间不是"并行"、"并列"或"并重"的关系,是指虽然特别行政区实行高度自治,享有独立的立法权和高度的法律自治权,并保留原有的法律制度基本不变,但特别行政区的法律制度具有从属性,它从属于中华人民共和国的法律体系,不能不受到占主导地位的主体法律制度的影响和制约,其中最主要的一点就是在特别行政区实行的法律,不得同由全国人民代表大会制定的特别行政区基本法相抵触,因为特别行政区基本法是宪法法律部门的重要组成部分,在特别行政区具有最高的法律效力。

推荐阅读

1. 葛洪义:《法理学》,中国政法大学出版社,1999年版。
2. 魏清沂:《论部门法的划分标准》,载《甘肃政法学院学报》,2001年第1期。

思考题

1. 简述法律体系与法学体系、立法体系与法系的区别与联系。
2. 什么是法律部门?划分法律部门的标准是什么?
3. 我国的部门法大体上有哪些?
4. 试述当代中国法律体系。
5. 怎样理解有中国特色的社会主义法律体系?

第九章 权利和义务

学习提示:本章主要研究法律权利和法律义务及其相互关系。学习中要重点理解权利的构成要素、法律权利与权力的区别、法律权利与法律义务的关系。难点是关于本位的争论。要注意理解权利本位论、义务重心论和权利义务并重论各自的价值侧重。

重点问题:

1. 权利的概念及分类
2. 义务的概念及分类
3. 权利义务的相互关系
4. 权利的滥用
5. 法律的本位问题

第一节 权利和义务释义

一、权利和义务的概念

权利和义务是包括多种要素、具有丰富内容的概念,我们可以从任何一个要素或层面出发去理解权利和义务。例如:

第一,可以把权利理解为资格,即去行动的资格、占有的资格或享受的资格。按照这种理解,权利意味着"可以",义务意味着"不可以"。一个人只有被赋予某种资格,具有权利主体的身份,才能够向别人提出作为与不作为的主张,也才有法律能力或权力不受他人干预地从事某种活动。

第二,可以把权利理解为具有正当性、合法性、可强制执行的主张,即以某种正当的、合法的理由要求或吁请承认主张者对某物的占有,或要求返还某物,或要求承认某事实(行为)的法律效果。按照这种理解,义务就是被主张的对象或内容,即义务主体适应权利主体要求的作为与不作为。

第三,可以把权利理解为自由,即法律允许的自由——有限制、但受到法律保护的自由,每一个真正的权利就是一种自由:包括权利主体的意志自由和行动自由,主体在行使权利时不受法律上的干涉,主体做或不做一定行为不受他人的强使。

第四,可以把权利理解为法律所承认和保障的利益。不管权利的具体客体是什么,上升到抽象概念,对权利主体来说,它总是一种利益或必须包含某种利益。而义务则是负担或不利。

第五,可以把权利理解为法律赋予权利主体的一种用以享有或维护特定利益的力量,义务则是对这种力量的服从,或为保障权利主体的利益而对一定法律结果所应承受的影

响,或一个人通过一定行为或不行为而改变法律关系的能力。

第六,可以把权利理解为法律规范规定的有权人作出一定行为的可能性,要求他人作出一定行为的可能性以及请求国家强制力量给予协助的可能性。这种可能性受到由法律规范所责成的他人的相应的义务的保障。义务是法律所决定的和用国家强制力来保证的一定行为的必要性。

第七,可以把权利理解为法律所保障或允许的能够作出一定行为的尺度,是权利主体能够作出或不作出一定行为,以及要求他人相应地作出或不作出一定行为的许可与保障。与此相应,义务被解释为法律为着满足权利人的权利需要而要求义务人作出必要行为的尺度,其未履行构成法律制裁的理由或根据。

第八,可以把权利理解为在特定的人际关系中,法律规则承认一个人(权利主体)的选择或意志优越于他人(义务主体)的选择或意志。换言之,某人之所以有某项权利,取决于法律承认它关于某一标的物或特定关系的选择优越于他人的选择。正是法律对个人自由和选择效果的承认构成了权利观的核心。

解析上述观点或定义,我们发现均有其合理因素,也都有缺点和不足,其中共同的不足在于片面性,片面性的突出表现是它们在法律规范、法律关系、权利和义务的价值、权利主体和权利之间缺乏一种关系上的揭示,而这种揭示又像引线对于串珠那样必不可少。综合上述理解,着重从内部和外部关系、权利的法律功能和社会价值的角度,可以把权利解释为规定或隐含在法律规范中、实现于法律关系中的、主体以相对自由的作为或不作为的方式获得利益的一种手段;可以把义务理解为设定或隐含在法律规范中、实现于法律关系中的、主体以相对受动的作为或不作为的方式保障权利主体获得利益的一种约束手段。

二、权利和义务在法中的地位

法是以权利和义务为机制调整人的行为和社会关系的,权利和义务贯穿于法律现象逻辑联系的各个环节、法的一切部门和法律运行的全部过程。

第一,权利和义务是从法律规范到法律关系再到法律责任的逻辑联系的各个环节的构成要素。权利和义务是法律规范的核心内容,一个标准之所以被称为法律规范,就在于它授予人们一定权利,告诉人们怎样的主张和行为是正当的、合法的、会受到法律的保护;或者给人们设定某种义务,指示人们怎样的行为是应为的、必为的或禁为的、在一定条件下会由国家权力强制履行或予以取缔。权利和义务是法律关系的关键要素,某一社会关系之所以是法律关系,就在于它是依法形成的、以权利和义务的相互联系和相互制约为内容的社会关系。至于法律责任则是由于侵犯法定权利或违反法定义务而引起的、由专门国家机关认定并归结于法律关系主体的、带有直接强制性的义务,亦即由于违反第一性义务而招致的第二性义务。

第二,权利和义务贯穿于法的一切部门。例如,作为国家根本大法和总章程的宪法,它规定国家的政治制度、经济制度、文化教育制度和法律制度,实际上就是确认和规定社会上各个阶级、阶层、集团、民族等社会基本力量在国家生活中的权利和义务,并以此为基础,规定了公民的基本权利和义务,国家机关及其公务人员的职权和职责。行政法规定国家行政机关在组织实施国家职能的日常活动中所拥有的权利(权力、职权)和义务(职责),以及在政府与公民、法人等行政相对人的关系中双方各自的权利和义务。民法调整着平等主体之间有关财产关系或人身关系的权利和义务,规定着解决因侵权或违约而发生的

权利和义务纠纷的准则。经济法调整着国家在管理经济活动中所发生的国家与经济组织之间、经济组织与经济组织之间的权利和义务。刑法规定何种行为是极端的、超过社会容忍极限的侵害个人、集体和国家权益的行为以及对这种行为所应采取的取缔和惩罚措施，以此敦促或强制罪犯履行法定义务，保护人们的法定权利。诉讼法则规定着诉讼过程中诉讼当事人及其代理人、国家审判机关、检察机关等诉讼主体的权利和义务。国际法也是以权利和义务为构成要素的，不过它是通过条约和协定、惯例等形式确定下来的国家之间的权利和义务。其他法律部门也都是有关某种社会生活领域和社会关系中人们的权利和义务。

第三，权利和义务通贯法的运行和操作的整个过程。法的运作以立法为起点，以执法、守法、司法、法制监督为主要环节。任何国家的立法，都是统治阶级的国家通过立法机关，根据本阶级的根本利益、实际的阶级力量对比以及民族文化传统等条件，确定人们的权利和义务，并使之规范化和制度化的过程。执法就是国家行政机关在管理社会的活动中，依靠国家权力，落实法定权利和义务的过程。守法就是公民、法人及其他社会组织正确行使法定权利，忠实而又积极地履行法定义务。与守法相对的违法则是超越法定权利边际滥用权利，或者规避或疏于履行法定义务。司法就是通过国家的审判活动和各种诉讼程序，确认被模糊的当事人的权利和义务，恢复被搁置、被破坏的权利和义务关系。法制监督就是国家法律监督机关对国家机关工作人员、社会团体、法人和公民个人行使权利和履行义务的情况实行监督，追究违法者的法律责任。

第四，权利和义务全面地表现和实现法的价值。权利、义务是法的价值得以实现的方式，正是通过权利和义务的宣告与落实，统治阶级把自己的价值取向和价值选择变为国家和法的价值取向和选择，并借助于国家权威和法律程序而实现。权利与义务的关系（结构），反映着法的价值的变化。通过分析不同历史类型的法律制度中权利和义务的关系（结构），可以透视不同法律制度的价值取向和价值序列。在前资本主义社会，总的说，法重义务，轻权利，以义务为本位来配置义务和权利。显然，它的首要的、甚至唯一的价值在于建立奴隶主阶级、封建地主阶级在经济上、政治上和思想上的统治秩序。现代社会的法是充满活力的调整机制。它以权利为本位或重心配置权利和义务，赋予人们各种政治权利、经济权利、文化权利和社会权利，给人们以充分的、越来越扩大的选择机会和行动自由，同时为了保障权利的实现，规定了一系列相应的义务。这使现代社会的法（特别是社会主义法）的价值显然不限于秩序，而扩大到了促进经济增长、政治发展、文化进步、个人自由、社会福利、国际和平与发展、生态平衡等。

第二节　权利与义务的分类

法律权利和义务，可以从不同的角度、按照不同的标准进行分类。

一，从权利和义务的存在形态可划分为应有权利和义务、习惯权利和义务、法定权利和义务、现实权利和义务。

应有权利和义务。应有权利是权利的初始形态，它是特定社会的人们基于一定的物质生活条件和文化传统而产生出来的权利需要和权利要求，是主体认为或被承认应当享有的权利。由于应有权利又往往表现为道德上的主张（以道德主张出现），所以也被称为

"道德权利"。应有义务是虽未被法律明文规定、但根据社会关系的本质和法律精神应当由主体承担和履行的义务,通常以"道德义务"的形式存在,但不是纯粹的道德义务。

习惯权利和义务。习惯权利是人们在长期的社会生活过程中形成的或从先前的社会承传下来的,表现为群体性、重复性自由行动的一种权利。习惯权利也是法外权利。如中世纪西欧各国贵族对农奴新娘的初夜权。被统治阶级的习惯权利则是被剥削、被压迫的劳动人民为了维护生存而争取和保存下来的权利。在剥削阶级社会,穷人承担着数不尽的习惯义务。在社会主义条件下,与旧的剥削制度相连的习惯义务(如进贡、差役)被宣布为非法,但并没有根除。

法定权利和义务。法定权利是通过实在法律明确规定或通过立法纲领、法律原则加以宣布的、以规范与观念形态存在的权利。它是统治阶级的主观权利意志客观化的结果,所以也称做"客观权利"。在重视法治和人权的国家,法定权利是权利的主要存在形态。法定权利不限于法律明文规定的权利,也包括根据社会经济、政治和文化发展水平,依照法律的精神和逻辑推定出来的权利,即"推定权利"。任何权利立法都不可能像流水账那样把人们应当享有的权利一一列举出来。那些没有"入账"的权利要靠推定来发现和确认。法定义务是法律明文设定的、以法律规范的形式存在的义务。对公民、法定义务一般限于法律明文规定,不得作扩大推定,即不能推定法律禁止之外还有法律义务。对国家机关,则可以作出某种必要的扩大推定。

现实权利和义务。现实权利,即主体实际享有与行使的权利,亦称"实有权利"。这种权利是通过主体的主观努力而实现的,所以也称为"主观权利"。现实权利是权利运行的终点,又是新权利运行的起点。因而现实权利是法定权利的另一种参照和评价标准。法定权利只有转化为现实权利,才能成为或再现生活的事实,才对主体有实际的价值,才是真实的和完整的;对于国家来说,才算实现了统治阶级的意志和法律的价值。从法定权利到现实权利是一个决定性的转变。现实权利概念的存在以及现实权利与法定权利的对立说明,在法律上宣布主体享有什么权利、享有多少权利,是比较容易的,而把这些权利规定转化为主体的实际权利和利益,则需经主体的主观努力和国家提供保障。现实义务或实有义务是由主体实际承担和履行的义务,是法定义务的现实化。现实义务与法定义务的关系实际上就是法律的实效与法律的效力的关系。法律的效力指法律义务对其所指向的对象的约束力或强制力。当义务经由国家立法机关或受委托立法的机关的规范性文件宣布生效之后,就具有法律效力。但这时,其效力尚停留在应然的状态,只有效力对象依法履行义务,法定义务才具有实效,才是现实化的义务。从社会控制的角度,应当高度重视法定义务向现实义务的转化。

二,根据权利和义务所体现的社会内容(社会关系)的重要程度,亦即它们在权利义务体系中的地位、功能及社会价值,可划分为基本权利和义务与普通权利和义务。

基本权利和义务是人们在国家政治生活、经济生活、文化生活和社会生活中的根本权利和义务,是源于社会关系的本质,与主体的生存、发展、地位直接相关,人生而应当有之的,不可剥夺、转让、规避、且为社会公认的,因而也可说是"不证自明的权利和义务"。它们是人们在基本政治关系、经济关系、文化关系和社会关系中所处地位的法律表现,一般由宪法或基本法确认或规定。如我国宪法第二章所确认和规定的公民的基本权利和义务即是。

普通权利和义务即非基本的权利和义务，是人们在普通经济生活、文化生活和社会生活中的权利和义务，通常由宪法以外的法律或法规规定。如合同法、民法中关于缔约人权利和义务的规定。

三，根据权利和义务对人们的效力范围可划分为一般权利和义务与特殊权利和义务。

一般权利亦称“对世权利”，其特点是权利主体无特定的义务人与之相对，而以一般人（社会上的每个人）作为可能的义务人。它的内容是排除他人的侵害，通常要求一般人不得作出一定的行为。国家的安全权、独立权，公民的各项自由权、财产权等均属于此类。“一般义务”亦称“对世义务”，其特点是无例外地适用于每个人；每个义务主体无特定的权利人与之相对。一般义务的内容通常不是积极的作为，而是消极的不作为。例如，任何人不得损害国家的独立和安全，不得损害其他公民的人身自由。

特殊权利亦称“相对权利”、“对人权利”或“特定权利”，其特点是权利主体有特定的义务人与之相对，权利主体可以要求义务人作出一定行为或抑制一定行为。特殊义务亦称“对人义务”或“特定义务”，其特点是义务主体有特定的权利主体与之相对，义务主体应当根据权利主体的合法要求作出一定行为，以其给付、协助等行为使特定权利主体的利益得以实现。经济合同关系中的权利和义务，借贷关系中的债权和债务，婚姻家庭关系中夫妻之间、父母与子女之间的权利和义务等均属于此类。

四，根据权利之间、义务之间的因果关系可划分为第一性权利和义务与第二性权利和义务。第一性权利亦称“原有权利”。第一性权利是直接由法律赋予的权利或由法律授权的主体依法通过其积极活动而创立的权利。如财产所有权，缔约权，合法契约中双方当事人的权利。第一性义务与第一性权利相对，由法律直接规定的义务或由法律关系主体依法通过积极活动而设定的义务，其内容是不许侵害他人的权利，或适应权利主体的要求而作出一定行为的义务。义务主体以自己的作为或不作为满足权利主体的合法主张。如宪法中规定的公民的纳税义务、服兵役义务等。

第二性权利亦称“补救权利”（或救济权利）。补救权利是在原有权利受到侵害时产生的权利。如诉讼权、恢复合法权益的请求权。第二性义务与第二性权利相对，其内容是违法行为发生后所应负的责任。如违约责任、侵权责任、行政赔偿责任等。

五，根据权利主体依法实现其意志和利益的方式可划分为行动权利和消极义务与接受权利和积极义务。行动权使主体有资格做某事或以某种方式采取行动，接受权使主体有资格接受某事物或被以某种方式对待。选举权和被选举权就是一对典型的行动权和接受权。

与行动权和接受权对应的是消极义务和积极义务。消极义务的内容是不作为，积极义务的内容是作为。当权利主体有资格做某事或以某种方式做某事时，义务主体处于避免做任何可能侵犯权利主体行动自由之事的消极状态，即不得干预、阻止或用可怕的结果威胁权利主体。当权利主体拥有接受权时，义务主体处于给付某物或作出某种对待的积极行动状态。

六，根据权利主体的不同划分为个体权利和义务、集体权利和义务、国家权利和义务、人类权利和义务。

个体权利是个人——自然人依法所享有的政治权利、经济权利、文化权利和社会权利，通常叫做公民权利。个人义务是自然人依法承担的义务，其中包括对其他个体的义

务、对集体的义务和对国家的义务。

集体权利是社会团体、企事业组织、法人等集体所享有的各种权利，集体义务则是它们依法承担的义务。

国家权利是国家作为法律关系的主体以国家或社会的名义所享有的各种权利，如对财产的所有权，审判权、检察权、外交权等。国家义务是国家依法承担的义务，保护公民的合法权益，为老人、病人或丧失劳动能力的人提供物质帮助，对因遭受国家机关和国家工作人员的侵犯而蒙受损失的公民给予赔偿的义务等。

人类权利是指人类作为一个整体或地球上的所有居民共同享有的权利，如环境权，和平权，发展权等。人类义务是指人类每个成员、每个群体、各个国家都应承担的义务，如尊重人格，不互相伤害，禁止种族歧视和迫害，维护世界和平，维护生态平衡等。

第三节　权利和义务的关系

权利与义务的关系是权利义务理论的基本内容。法律关系主体所拥有的全部权利，一部分以他人履行义务而获得，一部分以自己履行义务而获得，除此之外，再没有第三种形式。从这一理论出发，权利义务关系对同一主体就形成了两种形式：当他人履行义务而自己是单纯的权利主体时，权利和义务是以分离的形式统一于一组关系中的；当该主体既享有权利又履行义务而具双重性时，权利和义务是以相合形式统一于一组关系中的。权利义务关系对同一主体两种形式的结论来自于马克思关于“没有无义务的权利，也没有无权利的义务”的思想，由此，权利和义务的关系可以概括为对立统一关系。

一、权利义务的对立统一

首先表现在权利义务的相互对应、相互依存、相互转化的辩证过程中。言其对应，是说任何一项权利都必然伴随着一个或几个保证其实现的义务，而不管这个义务是权利人自己的还是他人的，有其一，必有其二，无其二，其一便毫无存在意义。言其依存，是说权利以义务的存在为存在条件，义务以权利的存在为存在条件，缺少任何一方，它方便不复存在。就像婚姻关系中的男女，缺少任何一方，其夫妻关系便无法结成一样，夫为妻而存，妻为夫而存。言其转化，是说权利人在一定条件下要承担义务，义务人在一定条件下要享受权利，法律关系中的同一人既是权利主体又是义务主体。从一个角度看该主体是权利人，从另一角度看，该主体是义务人，也可能他既是权利人又是义务人。权利和义务就是对应、依存、转化的过程中在一组关系内由对立走向统一。

二、社会的权利与义务等量定律

如果把权利作为数轴的正侧，把义务作为数轴的负侧，则权利每前展一个刻度，义务向另一方向延展相同的刻度，权利的绝对值总是等同于义务的绝对值。该关系式的原理可适用于每一社会主体。一个为社会履行义务量多的人，必然社会应赋予其更多量的权利，这种量的对等关系是社会公正与正义的基本标准。如果允许没有贡献的权威存在，如果允许没有劳动的财富存在，那么必定是做了贡献的人反而受制于人，付出劳动的人反而成为愈加贫穷的人，这种社会便是容忍罪恶存在。虽然社会权利的总量与义务的总量不因罪恶而失衡，但总量平衡关系在具体主体身上的不公却能证明社会实体的不正义。

三、权利义务关系价值的一致性与功能的互补性

价值的一致性是说无论是权利还是义务,其设立的目的都等于立法目的。权利和义务都是主体所需要的,它们是主体所执左右两柄,共同构成了主体支配客体的手段。功能的互补性是说权利与义务对同一主体同时贡献着激励与抑制、主动与被动、受益与付出两种机制。以社会需要而言,当活力与创造及革新为人们所追求时,权利的功能就会被人们格外重视;而当稳定、秩序与安全为人们所珍视时,义务的功能更能满足人们的要求。

四、权利义务守恒定律

该定律表现为权利义务在不同关系中的三大比例关系:其一,在权利义务总量不变的前提下,私权利义务与公权利义务间成反比例关系;其二,私权利主体间的权利义务成等比例关系;其三,权利义务相对于一国经济、社会文化及民主的状况成正比例关系。用权利义务守恒的定律来分析公民与国家间的关系,可以发现两种不同本位的对立。以国家权利(权力)为标准,强制公民只有服从的义务,该类型的法律便是义务本位的法,资本主义以前的法皆具这一特征。反之,以公民权利为标准,以之判断国家是否以服从于公民权利为根本义务,该类型的法律,便是权利本位的法。民主制的法必定是权利本位的法。权利义务关系,如果从价值主次上分析,也可得出相同的结论。

第四节　权利的界限和权利的滥用

一、权利义务的界限

权利和义务都有明确的界限。权利和义务所体现的利益以及为追求这种利益而采取的行动,是被限制在统治阶级的根本利益和社会普遍利益之中的,是受社会的经济结构以及社会的文化发展水平所制约的,即以社会承受能力为限度的。正像君主们无论什么时候都不能向经济基础发号施令一样,权利在任何情况下都不会超越社会经济结构以及由它决定的其他制度所产生的制约。在财产实行公有和生产有计划进行的制度下,人的迁徙自由和职业选择自由就难以纳入权利体系之中。南非奇拉萨格尔王国男子有多妻的权利,这与现代文明是多么不谐调,但并没有人去说三道四,因为特殊的地理环境导致的男女两性比例失调成了被人理解的该国男子享有特殊权利的根据。在温饱问题还没有解决的国家,无法划出"贫困线"是不言而喻的,很多权利只是这些国家公民的企望。权利界限的决定因素毫无疑问是经济因素,其他如政治的、历史的、宗教的等因素只是权利范围大小的影响因素。权利义务界限确定得适当,符合社会物质生活条件所提供的可能,可以带来社会的稳定和发展;反之,社会就会引发政治上的动荡,迟滞甚至破坏社会的发展。立法者的基本任务就在于根据政治优选法的原理,正确地划分权利和义务的界限,合理地分配权利和义务。

权利和义务的界限可从两方面观之。一方面是立法时的界限,即哪些权利应当有,哪些权利不应有,哪些权利能够有,哪些权利不能有。这是一个历代思想家和法学家探研不止的问题。在中国,这一问题经常是在权利与义务的关系范畴内加以论述的。"利"和"义"从来都是一对矛盾。中国所形成的重义轻利的传统比世界任何其他国家都要悠久。孔丘的语录中"罕言利"成了中国法律两千年不规定平民权利的根据。然而,细读《论语》,我们却看到有这样的话:"富与贵是人之所欲也,不以其道得之,不处也。贫与贱是人之所

恶也,不以其道得之,不去也。"原来他也想脱贫贱以致富贵。然而这个过程却不可离经叛道,说到底,在他脑子里有了一个权利分配方案,这就是他力主的礼制。孔子的思想贯通后世,每一朝代都有人出来为权利划线,汉时的董仲舒以其"度制"对前人的思想作了概括。他在《春秋繁露》中说:"使富者足以示贵而不至于骄,贫者足以养生而不至于忧,以此为度,而均调之,是以财不匮而上下相安,故易治也。"至此,中国古代法律上的权利界限被勾勒清楚了。在西方,古代思想家(如柏拉图、亚里士多德等)也是在正义(公正)与利益的关系中论述权利的界限,他们着重探讨在互相冲突或重叠的利益要求和主张之间什么是正当的或正义的,以及在特定场合可以适用的正义标准或正当行为。近代以来的思想家则是直截了当地提出权利的界限,并对之加以论述。

马克思主义经典作家在谈及权利的范围时并不去指责权利自身如何不安分守己,而是像跳远裁判那样把两眼放在起跳者是否把脚踏在起跳线上。马克思最早使用了法定权利与习惯权利的概念,并认为当权者在不满足法定权利而呼吁习惯权利时,则他们要求的不是法的人类内容而是法的动物形式。可见,法科出身的马克思早就树起了权利的路标。

明确立法上权利界限的原理可以使我们对权利的要求变得实际起来。不具备条件的权利即使规定在法律中,也只是画出来的饼,看则好看却不能充饥。诚如马克思所言:"当自由这个名字还备受尊重,而只是对它的真正实现设下了——当然是根据合法的理由——种种障碍时,不管这种自由在日常的现实中的存在怎样被彻底消灭,它在宪法上的存在仍然是完整无损的、不可侵犯的。"①

从另一方面看,权利界限指权利被法概括出来之后在现实生活中运行的界限,即权利在什么时间、在什么范围内、对什么人能够实现的界限,亦即法律上的保护力在多大程度上与人的价值相统一的界限。

首先,权利具有时间性。一些权利可供人终生享用,如姓名权,即使被判处死刑,姓名权仍不被剥夺。而有些权利却只是一时的,法定行使时间一过,权利性便悄然逝去。选举权不能天天行使,专利权在经过一段时间后其利益性将转化为社会共有价值。民法上的时效制度和诉讼法上的期间规定都表明了权利的时间界限,所谓一时权和永久权就是对权利时间范围的划分。

其次,权利具有空间性。相邻权只对发生相邻关系的对方才具有约束力,诉讼权只有服从管辖权才能有效行使,集会、游行的请求权总是有着行政区的制约。空间的划定,有些权利是固定的或绝对的,而有些权利的空间是不固定或相对的。不动产的所有权空间是不动产所在地,它属于绝对空间,而人身自由的空间则随人所在位置的变化而变化,此类空间是相对的。由相对空间承担的权利一旦被置于绝对空间中,权利预示着被强制和限制。人之被拘禁,失去的不是人身,而是人身自由选择的空间。

最后,权利具有对人性。权利对人的范围一般应分为普通对人范围和特殊对人范围两种界限。普通范围又称一般范围,它是指向所有人的范围,即权利的效力表现在所有人都承担着义务上,这个范围是无限的,具有对世性。此类广泛界限内的权利叫做对世权或绝对权,如所有权。特殊范围是指向特定人的范围,即权利的效力表现在只有特定的人才承担义务上,这个范围是极其有限的。此类有限范围内的权利叫做对人权或相对权,如债

① 《马克思恩格斯全集》第8卷,135页,北京:人民出版社,1961年。

权。

权利的对人界限主要指的是相对权的界限,相对权在实现的时候如果要求对世的范围,相对权会随而变为零。

二、权利的滥用

所享有的权利,由于人的主观意志尚未发挥作用,因之总是循规蹈矩。所行使的权利情况则有所不同。由于权利人的意志有着对权利的识别和能动作用,所以运动过程中有着突破权利界限的可能性,这就易产生权利滥用问题,能够被滥用的权利一定是那些为权利人意识到并处于主动行使状态中的权利。

权利滥用的规定始自古代罗马法,定制于法国的人权宣言,后来随着拿破仑法典吸收了这个制度而演变为举世公认的权利行使原则。我国宪法也于1982年采用了这一原则,规定"中华人民共和国公民在行使自由和权利的时候,不得损害国家的、社会的、集体的利益和其他公民的合法的自由和权利"。这条规定既为我国公民明确了所有能够被行使——不是被享有——的权利的共有界限,也向我们提供了判断权利滥用的法律根据。

根据我们对宪法第51条的理解,权利滥用的概念应当明确为:权利人在权利行使过程中故意超越权利界限损害他人的行为。这个定义说明权利滥用的构成有四方面要素。第一,权利滥用的主体是正在行使权利的权利人。对主体做出如此限定,可以把单纯的违法行为和权利滥用区分开来。说到底,权利滥用是一种违法行为,但它与一般违法行为有着阶段性区别。权利滥用的第一阶段是权利行使阶段,属于合法阶段,只是行使行为超过了极限才进入违法阶段。所以权利滥用的主体具有两重性,它首先是以合法的面目出现的,其次才成为违法者。第二,权利滥用的客体是国家的、社会的、集体的利益和其他公民的合法的自由与权利。权利关系是统治阶级所处的物质生活条件决定的利益关系的法律表现,损害任何法定权利都将打破符合立法者要求的法的平衡,权利滥用的违法性正是从客体上去认定的。第三,权利滥用的主观方面是权利人损人利己的故意。在权利滥用中不存在过失问题。权利的界限既然是已知的,就无法辩解为过失行使权利。西方法理学著作中,有人把权利滥用定义为:"主观上追求一种损害的发生而行使权利的行为"。也有人认为,"权利滥用是为了自我利益而以不正当方式行使权利的行为"。不管是"追求"还是"为了",都说明权利滥用中有着损人利己的故意。第四,权利滥用的客观方面是有危害他人权利和利益后果发生的行为。常见的滥用行为以权利人故意的不同可分为四类,一类是追求权利超过法定量的行为,一类是以不正当方式维护自己利益的行为,一类是行使权利时牺牲他人权利的行为,一类是把行使权利作为损害他人的手段的行为。

把上述权利滥用的四个要件统一起来,是我们判断权利行使当与不当的法律上的标准。除此之外,由于权利利己的属性,还应当再设道德上的标准来认识权利行使的意义。任何权利行使都不允许歪曲它的目的、使命和社会职能,法律上能够支持的只是基于社会主义公德的权利利用,权利人对人对己都不能推卸所应承担的法律上和道德上的双重义务,任何以不道德为目的利用法的形式损害他人的行为都是对权利的亵渎。在有合法性要求的标准中以道德标准作为补充,权利滥用可从两个方面得到透视。

权利滥用是违反权利规范和破坏法律秩序的行为。权利滥用一经认定,必然伴随两种法律后果,首先是被滥用的权利归于消灭。当把物当做犯罪工具使用时,对物的所有权因犯罪工具被没收归于消灭便是例证。其次由于权利滥用而给社会和他人所造成的损害

将依性质和程度而引起刑事的、民事的等法律责任。

总结权利界限和权利滥用的理论可以使行使权利的人获得两点启示：一是不受限制的权利是不存在的，这个结论应验了英国人洛克的预言：哪里没有法律，哪里就没有自由。其二，权利在行使之前必须设想三方面利益：自己的利益，与自己对应的义务人的利益，权利人义务人之外第三者的、即社会的利益。只有这三种利益互不冲突、和谐一致，权利才能真正得到实现，否则，就将走上滥用的歧途。

推荐阅读

1. 张恒山：《论法以义务为重点——兼评〈权利本位说〉》，载《中国法学》，1990 年第 5 期。

2. 童之伟：《权利本位说再评议》，载《中国法学》，2000 年第 6 期。

3. 张文显，于宁：《当代中国法哲学研究范式的转换——以阶级斗争范式到权利本位范式》，载《中国法学》，2001 年第 1 期。

4. 刘旺洪：《权利本位的理论逻辑——与童之伟教授商榷》，载《中国法学》，2001 年第 2 期。

5. 夏勇：《民本与民权——中国权利话语的历史基础》，载《中国社会科学》，2004 年第 5 期。

思考题

1. 什么是权利和义务？其在法中的地位是什么？
2. 权利和义务的关系是怎样的？
3. 权利和义务的分类有哪些？其意义是什么？
4. 简述权利的界限和权利的滥用。

第十章　法律关系

学习提示：法律关系理论属于必须掌握的内容。本章首先介绍了法律关系的概念和特征，分析了法律关系的构成要素，阐明了几种常见的法律关系分类以及法律关系变革的前提与具体条件。在学习时，要重点理解法律关系的三个构成要素。

重点问题：

1. 法律关系的概念、性质和意义
2. 法律关系的种类
3. 法律关系主体的条件、资格和种类
4. 法律关系客体的性质和种类
5. 法律关系的产生、变化和消灭的原因

第一节　法律关系和分类

一、法律关系的概念

法律关系是法律在调整人们行为的过程中形成的权利、义务关系。法律关系是社会关系的一种特殊形态，它与一般的社会关系相比，有三个最主要的特征。

第一，法律关系是以法律规范为前提而形成的社会关系。法律关系是法律对人们的行为及其相互关系加以调整而出现的一种状态，因此，在没有相应的法律规范（规则、原则与概念的统称）之前，也就不可能形成相应的法律关系。当然，在这时，某种社会关系可能是存在的，但是，它不具有法律意义，只是一种不具有法律关系性质的单纯社会关系。例如，家庭生活中的婚姻关系、亲属关系以及生产劳动中的协作关系、分配关系，在法律尚未出现的原始社会就已经存在了，但是，这些社会关系在当时并不具有法律关系的性质。再如，在技术的发明与使用过程中所形成的利益关系，直到近代专利法出现之后，才成为法律关系，在古代社会中，尽管已经建立了一套法律制度，但是，其中并没有关于技术发明与使用问题的规定，这些问题在当时是不受法律调整的。因此，可以这样来理解法律关系：凡纳入法律调整范围内的社会关系，都是法律关系；凡未纳入法律调整范围的社会关系，都不是法律关系。

第二，法律关系是以法律上的权利、义务为纽带而形成的社会关系。法律关系与不具有法律意义的社会关系的重要区别，就是在法律化的社会关系中，当事人之间按照法律规范而分别享有一定的权利或负有一定的义务，当事人双方或数方被一条法律上的纽带——权利和义务的纽带联系在一起。前文提及，法律关系是被纳入法律调整范围之内的社会关系，何谓“被纳入法律调整范围之内”？这就是由法律在当事人之间设定权利和义务，从而使它们之间的行为和要求具有法律意义，可以依法予以肯定或否定评价，被给予

肯定评价的行为和要求会得到法律的支持和保护,被给予否定评价的行为和要求则会受到法律的取缔甚至制裁。在此,有一个细微但十分重要的区别必须被充分注意,即,法律关系是且仅仅是法律关系当事人之间具有权利、义务内容的关系,而不是他们之间的全部关系。例如,某甲和某乙是一个合同法律关系的当事人,他们之间的全部关系中,也只有那些具有合同权利和义务内容的部分,才是合同法律关系,至于那些不具有权利、义务内容的关系(如长期的朋友关系)也不属于法律关系。

第三,法律关系是以国家强制力作为保障手段的社会关系。在法律规范中,关于一个人可以做什么、不得做什么和必须做什么的规定,是国家意志的体现,它体现了国家对各种行为的态度。当根据法律规范而形成法律关系时,就是法律从书本上的抽象规定变成社会中现实秩序的一种状态。如果这种现实的权利、义务关系受到破坏,就意味着国家意志所授予的权利受到侵犯,意味着国家意志所设定的义务被拒绝履行。因此,一旦一种社会关系被纳入法律调整范围之内,就表明国家意志不会听任它被随意破坏,并且会利用国家强制力来加以保障。在此,有一点必须强调:当法律关系受到破坏时,国家强制力是否立即发挥作用,这取决于法律关系的性质。依据强行性规则而形成的法律关系是受国家强制力直接保障的,而依据任意性规则而形成的法律关系,在其受到破坏时,则需经权利人的请求后,国家强制力才会出现。

有的学者认为,法律关系还有一个特征,即,它是意志关系或思想社会关系。这种观点在过去几十年曾在法学界占主导地位。其理论依据是,按唯物史观,可以把全部社会关系分为物质社会关系和思想社会关系,物质资料生产和再生产过程中的生产关系是物质社会关系,它最终决定上层建筑和意识形态领域中的思想社会关系;而法律是国家意志的体现,是上层建筑的一部分,所以,法律关系也只能属于意志关系和思想社会关系。我们认为,这种推论似是而非,理由是:承认法律规范是上层建筑和国家意志的宣告,不等于说法律关系也是上层建筑和国家意志的宣告。法律既调整精神生活领域的行为,也调整物质生产过程中的行为,那些受到法律调整的经济关系并不会因此而不再是生产关系的一部分。实际上,在唯物史观中,社会意识和社会存在、经济基础和上层建筑的划分只具有相对的意义,完全没有物质因素的精神生活过程是不存在的,完全没有精神因素的物质生活过程也是不存在的,把法律关系定位于单纯的意志关系,是机械地套用哲学理论的结果,也是对法律关系真实属性的歪曲。法律关系是法律规范对各种行为加以调整而形成的一种状态,它既可能属于上层建筑领域的现象,也可能属于经济基础领域的现象。法律当然是上层建筑,但是,法律所调整的社会关系不一定也是上层建筑。当某种经济关系因受法律调整而成为法律关系之后,唯一的变化是这种关系具有了法律上的意义,对这种关系的破坏会引起法律上的不利后果,而不是这种经济关系本身也变成了思想关系。

二、法律关系的分类

法律关系的数量和种类随着法律调整范围的增大而增加。在现代法制条件下,法律关系的样式繁多,不胜枚举。可以说,有一种权利、义务,就会有一种法律关系。在此,我们只是从宏观上讨论一下法律关系的分类问题。

(一)基本法律关系、普通法律关系与诉讼法律关系

这是按法律关系所体现的社会内容的性质所作的分类。

基本法律关系是由宪法或宪法性法律所确认或创立的、直接反映该社会经济制度和

政治制度基本性质的法律关系。基本法律关系主要包括公民与国家的关系、国家机构之间的关系、中央与地方的关系、民族之间的关系、所有制关系和分配关系等内容。基本法律关系是社会中根本性的权利和义务关系,直接反映社会基本利益结构,并构成其他法律关系的基础。

普通法律关系是依据以宪法和宪法性法律为指导的实体法而形成的,存在于各类权利主体和义务主体之间的法律关系。普通法律关系是由各种实体法加以调整的法律关系,它们构成了全部法律关系的主干部分,是最为常见、数量最大的法律关系。

诉讼法律关系是依据诉讼法律规范而形成的,存在于诉讼程序之中的法律关系。当基本法律关系和普通法律关系受到破坏或引起当事人间的争议时,由于提起诉讼,诉讼法律关系便产生了。诉讼法律关系既存在于在诉讼程序中出现的各司法机关之间,也存在于各诉讼参与人之间,还存在于各司法机关和诉讼参与人之间。诉讼法律关系是为了恢复或补救被破坏了的基本法律关系和普通法律关系而形成的特殊法律关系,它对于维护法律秩序具有重要意义。国家强制力对法律关系的保障作用,在诉讼法律关系中表现得最为典型。

(二)平权型法律关系与隶属型法律关系

这是按照法律关系各主体间的法律地位是否平等所作的分类。

平权型法律关系又叫平向法律关系,是存在于法律地位平等的当事人之间的法律关系。所谓法律地位平等,指的是当事人之间没有隶属关系,也就是既不存在职务上的上、下级关系,也不存在一方当事人可以依据职权而支配对方的情形。这种平权型的法律关系以民事法律关系最为典型,当然,在民事行为领域之外也存在许多种平权型法律关系。

隶属型法律关系又叫纵向法律关系,是一方当事人可依据职权而直接要求他方当事人为或不为一定行为的法律关系。隶属型法律关系存在于具有职务关系的上、下级之间,也存在于依法享有管理职权的国家机构和在其管辖范围内的各种主体之间。行政法律关系是典型的隶属型法律关系,在这种法律关系中,行使职权的机关可通过单方面的意思表示而要求相对人服从。

(三)绝对法律关系和相对法律关系

这是按法律关系主体是否完全特定化而作出的分类。

绝对法律关系是存在着特定的权利主体而没有特定的义务主体的法律关系。绝对法律关系的特点是,只有权利主体是特定的、具体的,而义务主体则是不特定、不具体的。绝对法律关系以"一个人对一切人"的形式表现出来,即一个特定的人与其他任何可能出现的人之间的法律关系。例如,某甲享有一项专利权,其他一切人在未经某甲允许时都负有不得使用该专利技术的义务。在这里,只有权利主体是特定的,而义务主体是不特定的。

相对法律关系是存在于特定的权利主体和特定的义务主体之间的法律关系。相对法律关系的特点是参加法律关系的双方或数方均是特定的、具体的人,其表现形式是"某个人对某个人"。例如,在某甲和某乙的合同法律关系中,谁享有权利、谁承担义务都是确定的,其中,享有权利的当事人只能要求已经确定化的某个具体的人履行相应的义务,而不能要求其他人履行义务。

(四)第一性法律关系和第二性法律关系

这是按照法律关系中是否存在法律责任而作出的分类。这种分类与第一性权利、义

务和第二性权利、义务的划分是一致的。

第一性法律关系是存在于权利主体与义务主体之间的、尚未产生法律责任的法律关系。在第一性法律关系中,各方主体的行为均具有合法性,权利主体没有滥用权利,义务主体没有拒绝履行义务,从而使法律规范的内容正常地在社会实际生活中实现出来,因此,第一性法律关系是原初状态的法律关系,它没有受到人为的破坏,不存在违法行为及其所引起的法律责任,也不需要对任何人实施法律制裁。

第二性法律关系是在原有权利、义务受到破坏并产生法律责任的条件下形成的法律关系。如果第一性法律关系没有被破坏,第二性法律关系就没有可能、也没有必要产生。然而,当原有权利、义务的分配状态被破坏时,法律规范的内容就不能正常地实现。为了排除法律实现的障碍,第二性法律关系就成为必要。在第二性法律关系中,法律责任出现了,当法律责任带有惩罚性时,法律制裁也会随之出现。

第二节　法律关系的构成要素

法律关系是由主体、客体和权利与义务三要素构成的。在此,我们首先讨论主体问题。

一、法律关系主体

法律关系主体是法律关系的参加者,即在法律关系中享有权利或负有义务的人,通常又称为权利主体和义务主体。

权利主体和义务主体也就是由法律对其行为加以调整的人。不过,法律上称的“人”与日常用语所称的“人”有不完全相同的含义。法律上所使用的“人”的概念主要包括自然人和法人。

自然人是指有生命并具有法律人格的个人,是权利主体或义务主体最基本的形态,包括公民、外国人和无国籍人。自然人首先是有生命的血肉之躯,也就是日常用语所说的圆颅方趾、为万物之灵长的理性生物,这是法律上的自然人与法人之间的根本区别。不过,有生命的人并不一定在任何时空条件下都被法律视为人,即并不一定会被法律当做一个人来对待。在奴隶制中,奴隶虽然是一般意义上的人,但往往不被法律承认为人,即不具有法律上的人格。因此,自然人是一个法律概念,以有生命且有法律人格为充分必要条件。

法人是自然人的对称,指具有法律人格,能够以自己的名义独立享有权利或承担义务的团体。法人是由自然人组成的团体,但是,它在法律上不同于任何团体成员。法人有时又被称为拟制人,即由法律赋予人格并将其视同自然人一样有独立的意志和利益的社会组织体,因此,法人可以用自己的名义拥有财产,订立合同,行使权利,履行义务,起诉或应诉,基本上可以像自然人一样进行活动。在大陆法系国家,有公法人与私法人之分,公法人是依据公法而组织起来,以履行国家管理职能为宗旨,享有职权并承担职责的机构。私法人是依据私法而组织起来,追求私人目的,享有权利并承担义务的团体。在我国现有立法中,法人的概念目前尚仅使用于民事领域,不过,在其他法律行为领域中,虽未使用法人之名,许多团体与机构却在按法人的方式存在和活动。

在法律上,国家或国库也常常作为具有法律人格者而参加一定的法律关系,并享有权利或承担义务。有学者亦将其列为特殊法人。此外,有些不具有法人资格的团体也在一定范围内参加法律关系,如合伙、个体工商户、农村联产承包户、各级人民政府的职能部门,等等。

二、法律关系主体的资格和条件——权利能力和行为能力

法律关系主体的资格和条件是指社会的主体能成为法律关系的主体必须具备的资格和条件。这是作为法律关系主体的前提条件和资格。即参加任何法律关系都必须具有权利能力,参加某些特定类型的法律关系,除了要具有权利能力之外,还必须具有行为能力或责任能力。

所谓权利能力,就是由法律所确认的享有权利或承担义务的资格,是参加任何法律关系都必须具备的前提条件。也就是说,不具有权利能力,就意味着没有资格享有权利,甚至也没有资格承担义务。权利能力是法律人格的同义语。人们不会主张让一匹马享有权利或承担义务(文明程度较低的法律制度除外),这是因为法律不会把一匹马作为人来对待。最极端的奴隶制的法律也完全不承认奴隶具有法律上的人格,故奴隶与牲畜都属于动产,在法律上,奴隶不能成为权利主体,甚至也不能成为义务主体——一个奴隶损坏了别人的财产,如同一匹马践踏了别人的农作物一样,要由它的主人来承担赔偿的义务。奴隶不能成为义务主体并不表明他的地位优越,而只能说明他在法律上受到非人待遇。一个人有资格承担义务,意味着他只在义务所划定的范围内受权利人的支配;如果他因为不具有法律人格而无资格成为义务主体,则意味着他可以像财产一样被其主人不受限制地随意处分。

在自然人的权利能力问题上,不同时代、不同社会的法律制度所作出的规定有重大差别。在奴隶制时代,只有自由民才可能具有完全的权利能力,奴隶则完全没有权利能力或只在某些特定的范围内具有不完全的权利能力;在封建农奴制时代农奴只具有部分权利能力,在法律上不被视为完全意义上的人,而首先是财产。在资产阶级革命之后,近、现代法制均确认一切公民的权利能力一律平等,非公民的自然人在人身和财产关系方面,也与公民具有平等的权利能力。法学界主流观点把公民的权利能力分为一般权利能力和特殊权利能力两类。一般权利能力为所有公民普遍享有,始于出生,终于死亡,如人身不受侵犯的权利能力、继承遗产的权利能力,等等。特殊的权利能力以一定的法律事实出现为条件才能享有,如参加选举的权利能力须以达到法定年龄为条件。也有学者认为,所谓特殊的权利能力实质上都是行为能力,因此,他们认为把权利能力分为一般和特殊两类是不合适的。

法人的权利能力始于法人依法成立,终于法人解散或撤销。法人权利能力的内容和范围与法人成立的目的直接相关,并由有关法律和法人组织的章程加以规定。

行为能力是法律所承认的,由法律关系主体通过自己的行为行使权利和履行义务的能力。具有行为能力,首先意味着法律允许权利主体和义务主体独立地以自己的名义参加法律关系,行使自己的权利或履行自己的义务。在此,法律按照何种标准来决定是否允许权利主体和义务主体独立行使权利或履行义务呢？这就要看权利主体和义务主体是否具备对自己行为及后果的理解和判断能力。换言之,行为能力也就是法律所承认的行为人对自己行为及后果的正常识别能力。这种能力主要取决于年龄和健康状况两种因素。在行为人年龄幼小或患有精神疾病的情况下,若允许其自行处分自己的权利或自行履行

自己的义务,则可能因行为人缺乏正常的判断力而陷于不利处境,为对未成年人和精神疾病人予以特殊保护,现代各国的法律均设有行为能力制度。

行为能力制度将自然人分为三类。一类为完全行为能力人,即已经成年且神智正常之人,他们可以独立地处分自己的一切权利和义务。第二类为限制行为能力人,即尚未成年但已满一定年龄的人和患有某种精神疾病但尚具有一定识别能力的人,他们只能独立处分与其能力相适应的权利和义务。第三类为无行为能力人,即尚未达到一定年龄的幼童和完全丧失识别能力的精神病人,他们自行处分自己权利和义务的行为,在法律上均为无效。

与无权利能力的人不能参加任何法律关系不同,限制行为能力人和无行为能力人只是不能成为某些法律关系的主体(如房地产买卖合同关系的缔约人),但可以成为无需作出判断的法律关系(如人身关系)或与其能力相适应的法律关系(如购买一支铅笔)的主体。

与行为能力直接相关的是责任能力。责任能力即对自己的行为承担法律责任的能力。责任能力是行为能力在第二性法律关系中的变化了的存在形式,它与行为能力是一致的。完全行为能力人即完全的责任能力人,限制行为能力人即限制责任能力人,而无行为能力人即无责任能力人。

法人自成立到终止,始终具有完全行为能力,故其行为能力与权利能力是一致的。因为法人原本非人而由法律拟制为人,不存在智力年龄过小和患有精神疾病的问题。

三、法律关系客体

法律关系客体是法律关系主体的权利和义务所指向的共同对象,又称权利客体和义务客体。它是将法律关系主体间的权利与义务联系在一起的中介,没有客体为中介,就不可能形成法律关系。因此,客体构成了任何法律关系都必须具备的一个要素。

在每一个法律关系中,权利客体和义务客体都是重合的,具有一致性。也正因如此,客体才能把权利主体的权利和义务主体的义务联系在一起。在此,可以通过一本画册的买卖法律关系为例加以分析:买方的义务是支付画册的价金,权利是取得画册;卖方的义务是交付画册,权利是取得价金。画册和价金即买卖双方权利义务指向的共同对象,由此才能在双方之间形成买卖法律关系。假设某人专为买此画册而持款至书店,而店主却欲以一影碟售之,则双方权利与义务所指向的对象不具有一致性,此一买卖法律关系便难以成立。

究竟哪些事物可以成为法律关系的客体,在社会发展的不同阶段上是不一样的。不过,只有同时符合以下三条件者,才可能成为权利和义务的客体。第一,必须是一种资源,能够满足人们的某种需要,因而被认为具有价值。第二,必须具有一定的稀缺性,因而不能被需要它的一切人毫无代价地占有利用。第三,必须具有可控制性,因而可以被需要它的人为一定目的而加以占有和利用。在现代社会中,同时符合上述三种条件的事物是非常之多的,因此,法律关系客体的数量和种类难以一一详述。在宏观上说,其主要的典型形态有如下几类。

1.物。法律上所说的物包括一切可以成为财产权利对象的自然之物和人造之物。

2.行为。在法律关系客体的意义上,行为指的是权利主体的权利和义务主体的义务所共同指向的作为或不作为。

3. 智力成果。作为客体的智力成果指的是人们在智力活动中所创造的精神财富，它是知识产权所指向的对象。

4. 人身利益。包括人格利益和身份利益，是人格权和身份权的客体。

法律关系客体并不限于以上几类。可以说有一类权利或义务就有一类与之相应的客体。如果没有相应的客体，权利和义务便无所依附，也就不存在了。

在过去，有一种被广泛接受的观点认为，在现代法制中，尤其是在社会主义法制中，人身不能成为法律关系客体，把人身当做客体是奴隶制社会进行人身买卖所特有的情况。这种观点值得讨论。在现代法制中，人身固然不能成为买卖关系的客体，但是，却可以成为各种人身权法律关系的客体。在客体中，若完全排斥人身，人身权就不能存在了。

第三节　法律关系的形成、变更与消灭

一、法律关系形成、变更与消灭的条件

法律关系是法律对社会关系加以确认和保障的结果，因此，它具有相对的稳定性。然而，由于社会生活本身是不断变化的，法律关系也就不能不具有某种流动性，从而表现为一个形成、变更与消灭的过程。法律关系的形成指的是在主体之间产生了权利、义务关系，变更指的是法律关系的主体、客体或权利和义务发生了变化，消灭指的是主体间权利、义务关系完全终止。

法律关系的形成、变更与消灭不是随意的，必须符合两方面的条件。第一方面的条件是抽象的条件，即法律规范的存在，这是法律关系形成、变更与消灭的前提和依据。第二方面的条件是具体的条件，即法律事实的存在，它是法律规范中假定部分所规定的各种情况，一旦这种情况出现，法律规范中有关权利和义务的规定以及有关行为法律后果的规定，就发挥作用，从而使一定的法律关系形成、变更或消灭。因此，可以用一句话来概括法律关系形成、变更或消灭的条件，即，由法律规范加以规定的法律事实是法律关系得以形成、变更或消灭的条件。

法律规范对主体之间权利、义务的规定，为法律关系的产生提供了可能性，然而，在一定的法律事实未出现之前，这种可能性还无法转化为现实性。当法律事实出现时，法律规范关于权利、义务的规定就从可能变为现实，因此，也可以说，法律规范为法律关系的形成、变更或消灭提供了可能性的条件，法律事实为法律关系形成、变更或消灭提供了现实性的条件。法律事实是由法律规定的，能够引起法律关系形成、变更或消灭的各种事实的总称。法律事实与一般意义上的事实既有相同之处，也有重要区别。相同之处在于，法律事实本身也是一种事实，它与其他事实一样是一种客观存在的情况。区别之处在于：

第一，法律事实只是由法律加以规定的那些事实。法律之所以对某些事实加以规定，是因为这些事实具有法律意义，也就是说，在法律看来，这些事实对于明确人们的权利、义务及其界限是重要的，在决定应当如何评价和对待某种行为、利益和要求时，必须对这些事实加以考虑。而那些法律不加规定的事实，则不具有法律上的意义，在作出法律上的决定时，这些事实可以被忽略不计。例如，合同是否已由当事人签署，这是有法律意义的事实；而签署合同所使用的墨水是蓝色还是黑色，则是没有法律意义的事实。

第二，法律事实只是能够引起法律后果的那些事实。法律事实具有法律意义，故它的

出现会引起一定的法律后果,即导致某种法律关系的形成、变更或消灭。以前例言之,合同已经当事人签署,这一事实具有法律意义,它所引起的法律后果就是在当事人之间形成了合同法律关系,当事人分别享有约定的权利同时也被约定的义务所约束。

二、法律事实的种类

可以根据不同的标准来划分法律事实的种类。在此,我们讨论几种最常见的划分方法。

(一)事件和行为

按照法律事实是否与当事人的意志有关,可以把法律事实分为事件和行为,这是一种最基本、最重要的分类。

事件又称法律事件,指的是与当事人意志无关的,能够引起法律关系形成、变更或消灭的事实。事件的特点是它的出现与当事人的意志无关,不是由当事人的行为所引发的。导致事件发生的原因,既可以来自于社会,也可以来自于自然。例如,战争或社会革命,有可能引起某些法律关系的形成、变更或消灭,这属于社会事件;洪水或地震,也有可能引起某些法律关系的形成、变更或消灭,这属于自然事件。当然,有些事件的起因可能既有社会因素,也有自然因素,因此,社会事件与自然事件之间并无绝对界限。

行为又称法律行为,指的是与当事人意志有关的,能够引起法律关系形成、变更或消灭的作为和不作为。行为一旦作出,也是一种事实,它与事件的不同之处在于当事人的主观因素成为引发此种事实的原因,因此,当事人既无故意又无过失,而是由于不可抗力或不可预见的原因而引起的某种法律后果的活动,在法律上不被视为行为,而被归入意外事件。法律上所说的行为,仅指与当事人意志有关且能引起法律关系后果的那些行为,既不含与当事人意志无关的行为,也排除了与当事人意志有关但无法律意义的行为。对于法律行为,还可按是否合法而进一步划分为合法行为与非法行为。合法行为能引起肯定性法律后果,非法行为能引起否定性法律后果。

(二)确认式法律事实和排除式法律事实

这是按事实的存在形式而作的划分。

确认式法律事实指的是只有当该事实得到确认之后,才能引起一定法律后果的法律事实。与之相反的是排除式法律事实,指的是只有该事实被排除之后,才能引起一定法律后果的法律事实。有的学者将前者称为肯定的法律事实,将后者称为否定的法律事实。

确认式法律事实是法律事实的正态存在形式,它意味着只有当某一具有法律意义的事实出现时,才能引起相应的法律后果。例如,只有完成婚姻登记之后,婚姻法律关系才能形成。在此,完成婚姻登记即为一正态存在的法律事实。排除式法律事实则是法律事实的反态存在形式,它意味着只有当某一具有法律意义的事实不存在时,才能引起相应的法律后果。某种事实的不存在,其本身也是一种事实。例如,审判案件的法官与诉讼当事人没有利害关系,申请结婚的双方没有血缘关系,制售食品的个体商贩没有传染性疾病,均为法律事实的反态存在形式。

(三)单一的法律事实和事实构成

按照引起法律后果所需的法律事实具有单数形式还是复数形式,可把它们划分为单一的法律事实和事实构成。

单一的法律事实是无需其他事实出现就能单独引起某种法律后果的法律事实。出生、死亡和放弃债权等等，都是单一的法律事实，这种事实一旦出现，就会引起法律上的后果。

事实构成是法律事实的复数存在形式，是由数个事实同时出现才能引起法律后果的法律事实。多数法律关系的形成、变更或消灭，必须以同时具备数个事实为条件，缺一不可。例如，抵押贷款合同关系就至少同时具备如下数个事实后始得成立：一方要约、一方承诺、双方意思表示一致、签订书面合同、合同公证。

推荐阅读

1. 童之伟：《法律关系的内容重估和概念重整》，载《中国法学》，1999 年第 6 期。

2. 王涌：《法律关系的元形式》，载《北大法律评论》第 1 卷第 2 辑，法律出版社，1999 年版。

3. 袁曙宏，方世荣：《论行政法律关系的产生》，载《江苏社会科学》，2000 年第 6 期。

4. 张志铭：《法律关系综论》，载《法律思考的印迹》，中国政法大学出版社，2003 年版。

5. 刘岸：《法律关系的概念分析》，载《法大评论》，2003 年第 2 期。

思考题

1. 为什么说法律关系是一种特殊的社会关系？

2. 如何理解法律规范与法律关系之间的关系？

3. 试比较法律规范与法律关系的分类。

4. 什么是权利能力、行为能力和责任能力？其相互关系是什么？

5. 简述法律关系的主体、客体及内容。

6. 法律关系产生、变更和消灭的条件有哪些？

7. 什么是法律事实？法律事实的种类有哪些？分类的标准是什么？

第十一章　法律行为

学习提示：本章首先分析法律行为的概念、特征、结构和基本分类，着重阐明了法律行为的结构。本章难点是法律与行为的关系。

重点问题；

1. 法律行为的概念、特征和分类
2. 法律行为的结构

第一节　法律行为释义

一、法律行为的概念

法律行为是指一切具有法律意义的行为，也就是能使法律关系产生、变更和消灭的能以人的主观意志为转移的行为。法律行为作为实体是从一般行为中分化出来的特殊行为，作为范畴是一个组合概念，"法律"是对"行为"的名定。所以，要理解法律行为需要从分析一般行为开始。人的行为与大自然的"运行"不同，与动物的"动作"也不同，根本的区别在于人的行为是在一定目的、欲望、意识、意志支配下的活动，是受思想支配而表现在外面的活动，是可受意志所控制的、与环境和结果发生联系的身体活动。

中文的"法律行为"一词始于日本学者。日本学者借用汉字中的"法律"和"行为"两个词，把德语 Rechtsgeschaft(由"Rechts"和"Geschaft"组成)译为"法律行为"。由于德语中 Rechts 兼有"公平"、"合法"等意思，所以法律行为的原初语义是合法的表意行为。在民法学中，"民事法律行为"大都是在这种意义上，即作为"合法表意行为"的等值概念使用的。但是，在一般的法学理论论著中，"法律行为"是一个涵括一切有法律意义和属性的行为的广义概念和统语，而不限于狭义的合法的表意行为。

二、法律行为的特点

(一)社会性

马克思说："人的活动和享受，无论就其内容或就其存在方式来说，都是社会的，是社会的活动和享受。"[①] 法律行为作为人的活动，社会性当然也是其首要的特征。法律行为的社会性可从以下几个方面理解：第一，人与动物的根本区别之一在于人的行为是社会的产物，即受社会环境和社会关系的制约，并且是从社会习得的，而不仅是自然的禀赋。自然只赋予人物理学或生物学意义上的行动能力——与生俱有、不学即会的行动能力。社会则赋予人社会学意义上的行为。正是在社会学意义上，人的行为区别于动物的条件反射。第二，人在其现实性上是一切社会关系的总和，行为是社会关系的创造者。第三，人

① 《马克思恩格斯全集》第 42 卷，121～122 页。

的行为是社会互动行为，即引起他人行为的行为。不管行为者主观意图如何，他行使权利、履行义务或违反义务的行为，必然伴随着他人的相应的行为，或者是为了达到某种共同的目的而互相配合、彼此协助，或者是为了某种有限的同一目标而竞争、冲突、斗争。正因为法律行为的社会互动性，使其成为引起法律关系产生、变更、消灭的法律事实。第四，法律行为是其他社会行为的形式或一个方面。如同法律关系不是一种独立的社会关系一样，法律行为也不是一种独立的行为。它往往与其他社会行为交织在一起，并作为其他社会行为的形式或一个方面而存在。在社会中，可以有非法律性质的经济、政治、文化行为，而不存在非经济、非政治、非文化的法律行为。第五，受社会规范的制约。人的行为不仅受生理、心理机制的作用，而且受社会规范的调控，从而使其保持一定的社会倾向性。

（二）法律性

法律性是法律行为区别于一般社会行为的根本特征。法律行为的法律性可以从以下几个方面理解：第一，法律行为是由法律规定的行为。如有的法学家所说，某个行为之成为法律行为，正因为它是由法律规范所决定的。任何行为的法律性质即其与法律规范的关系。一个行为也只能够在法律规范所决定的范围以内，才得以成为法律行为。由法律规定的行为既包括国家希望发生的行为（合法行为），也包括国家不希望发生的行为（违法行为）。第二，法律行为是发生法律效果的行为。所谓法律效果首先是指它能够引起人们之间权利义务关系产生、变更或消灭。其次，它是受到国家承认、保护、奖励的行为（合法行为），或是受到国家否定、取缔、惩罚的行为（违法行为）。那些国家可以不管不问的行为，不属于法律行为之列。当然，法律效果可能是行为人意识到，也可能是它未意识到的；可能是他的意志指向的，也可能是违背他的初衷的。第三，法律行为是法律现象的组成部分。法律现象不只是法律规范，而是包括使法律规范由抽象到具体、由本本上的规定到现实实践的行为。

（三）可控性

法律行为都是可以控制的行为，既可以受到法律的控制，又能够受到个人的自我控制。法律行为之所以可以控制，乃是因为：第一，法律意义上的行为都是有规律的。行为动机的出现，行为的发生，行为的路线、方法，行为的预期效果，乃至行为的环境，都是有一定规律性或必然性的。那种毫无规律的行为（动作）是不可能由法律控制的。科学的法律规范正是依据人们对行为规律的认识而对行为实施控制的。第二，法律行为具有意志性，即法律行为是受人的意志所支配，有意识、有目的地作出的。人的意志是直接由行为者控制，并可以间接受到法律规范控制的。行为的可控制性意味着是行为者自己“志其所行，行其所志”。意志性是人的行为区别于动物对外界的机械反射的主要之点。正是通过意志的表现，行为获得了人的行为的性质。

（四）价值性

法律行为的价值性在于：第一，法律行为是基于行为人对该行为的意义的评价而作出的。一个行为只有当它被认为是有价值的，即行为人认为是有利的，才能由行为人实施。第二，法律行为是以需要为机制的，由行为人的需要所推动或引发。第三，法律行为是一种对象性实践活动，体现了主体与客体的关系。从认识论上，法律行为是对客体的认识和改造，对客观规律的认识与运用。从目的上，行为者之所以要认识和改造对象，则是为了满足某种需要，实现某种利益。第四，法律行为是一定社会价值的载体，人们可以用善恶、

好坏、利害等范畴进行评价。

第二节　法律行为的结构

法律行为是主体与客体、主观因素与客观因素交互作用的复杂过程，在结构上表现为行为的内在方面和外在方面。内在方面包括动机、目的、认知能力等要素，外在方面包括举动、手段、效果等要素。

一、法律行为的内在方面

马克思说过："使人们行动起来的一切，都必然要经过他们的头脑。"① 这就是说，人的行为必然有一个内在的、主观的领域，即行为的内在方面。它包括动机、目的和认知能力等要素。

（一）动机

有很多心理因素（心理学概念）可以用来解释行为的内在动机及其向外在行动的转化，其中最古老、最常用的解释性概念是"动机"。人类行为的秘密就深藏于动机之中。动机问题包括动机的机能、动机的结构、动机的形成等。

1. 动机的机能。动机是直接推动人去行动，以达到一定目的的内在动力或动因。动机的基本机能或作用是：第一，激发机能。动机是人行为的直接原因和驱力，一个人怀有某种动机之后，就会推动他作出某种行动。动机越强烈，行动则越迅即、果敢、集中。第二，定向机能。动机对人的行动方向具有选择、稳定和加强的作用，能够使行为朝着特定的方向和目标进行，而排除其他干扰。因此，行为者的动机越善良、纯洁，方向就越正确，其行为就越有积极的价值。反之，邪恶的动机必将引导人们沿着错误的方向，导致消极的社会影响。正是在这种意义上，人们要对行为者的动机进行善恶评价。

2. 动机的结构。在很多情况下，行为者的行动、特别是那些较为复杂的活动是多种动机综合作用的结果。这些同时并存、相互作用、相互制约的动机构成一个人的动机结构或动机系统。在整个动机结构系统中，有始源于人的自然性的生理动机和始源于人的社会性的习得动机；出于满足物质需要的物质性动机和出于满足精神需要的精神性动机；持久而反复起作用的动机和暂时地或一次性起作用的动机；在广泛的活动领域起作用的普遍动机和在单一活动领域起作用的特殊动机；对他人和社会有益的积极动机和对他人、社会无益而有害的消极动机；起决定作用的优越动机和起辅助作用的次要动机。这些动机在特定环境中形成不同的合力，从而产生了复杂的动机结构或动机类型。

3. 动机的形成。动机是由行为者的需要所激发的。所谓需要，是指行为者由于在生理上或心理上的某种缺乏而失去平衡，产生不适或紧张状态，从而要求自动追求新的平衡，消除不适或紧张状态的倾向。需要一旦达到较强的程度，被行为者所意识到，就会转化为动机，推动行为者朝着满足需要的方向活动。与人的动机一样，人的需要也是多方面、分层次的。有物质的需要和精神的需要，眼前的需要和长远的需要，低级的需要和高级的需要，等等。每种需要都是激励动机的力量。人的需要是无止境的，旧的需要得到满足，新的需要就会随之而生。如此周而复始，循环不息，使得人不断地处于行动之中。

① 《马克思恩格斯全集》第 21 卷，343 页。

人的动机的形成，除受需要所激励外，还受情境和人格的制约和决定。在行为者的需要一定的情况下，动机的形成取决于情境和人格。情境是行为者身外的对行为者产生直接作用的客观条件，即直接环境。人格，亦称"个性"，是一个人稳定的、深层的心理特征的总和，是人适应环境并作用于环境的心理机制。人格因素包括信仰、态度、兴趣、情绪、利益观、价值观等。人格居于情境和行为（行为动机）之间。

（二）目的

目的作为行为的构成要素和行为过程的重要环节，是指行为者主观上预想达到并力求实现的某种目标和结果。对行为者来说，他所做的任何事情都出于一定的目的，而"不是没有自觉的意图，没有预期的目的的"。①

目的与动机既有联系又有区别。其联系表现为：第一，目的和动机都是人们进行活动的精神力量，并且是行为过程紧密相连的两个环节。第二，目的与动机通常是作为内容与形式共存的。正是因为这种关系，人们往往用目的来定义动机，如成就动机，交往动机，权力动机，财富动机等。第三，目的和动机是互相转化、互相促成的：一方面，目的要实现，就必须转化为行为动机；另一方面，达到目的是一种强有力的刺励，人们只有在明确了目标，并预期其行为有助于达到目标的情况下，才会被充分激励起来，采取行动达到这一预期的目标。它们的区别为：第一，目的侧重于活动的结果，动机侧重于活动的起因。如犯罪目的指犯罪人希望通过实施犯罪行为达到的结果，而犯罪动机则是犯罪人实施犯罪行为的内心起因。第二，虽然目的和动机的形成都依靠需要因素的激励，但是，目的的形成离不开行为者的认识、态度、价值观念等自觉认识，往往是有意识选择的结果。而动机的形成则可以是观念、兴趣、情绪、倾向等任何一种心理因素起作用的结果，有意识并非是必要的条件。也就是说，目的肯定是自觉的，而动机则可能是自发的、不确定的。

在法律行为的结构中，目的构成行为的灵魂，并给予行为以规定性。"我的目的构成规定着我的行为的内容。"② 目的还规定着行为的方向和路线。由于目的对行为的这种定性和导向作用，研判行为的目的性就具有十分重要的意义。在刑法中，正是根据行为有无犯罪目的而区分为罪与非罪、故意与过失、此罪与他罪。在民法中，目的与民事行为的内容是等值概念，构成民法行为的要素。民事行为的内容（目的）与法律的禁止性规定、社会共同利益和社会公德一致与否，是否确定和可能，直接影响或决定着民事行为的法律效力及其范围和程度。

（三）认知能力

从目的概念直接引申出人的认知能力和水平。行为目的的形成不是基于自发的冲动，而是依赖于一定的认知能力和水平。不以认知为基础的行为不具有目的性，也没有主观上的法律意义，并影响其客观的法律效力。在行为过程中，认知的作用在于判断和选择。分析判断主要包括分析判断行为的意义、行为成功的概率、行为的收益与代价、行为的法律意义与道德后果等。分析判断为行为选择提供了前提和基础，选择则是对各种需要、利益、动机、目的的权衡和择取，特别是在各种互相冲突或重迭的价值、权利、义务之间作出抉择。

人的认知能力和水平之高低直接影响行为的法律意义。严格地说，人们只能以我所

① 《马克思恩格斯全集》第21卷，341页。
② 黑格尔：《法哲学原理》（中译本），124页，北京：商务印书馆，1979年。

知道的事况归责于我。如果一个人对自己的行为的社会意义、结果、有关的法律规定没有任何认识或只有极其模糊的认识,他的行为就没有法律效果。如精神病人在发病期间作出的毁物、伤人、杀人等行动,不能说是犯罪行为。再如无知幼儿、精神恍惚的老人与他人"订立"的合同不具有民事法律效力,此类行为属于无效民事行为。在法律实践中,行为人由于其认知能力的限制,对自己的行为在法律上应当如何评价和处理以及对有关行为的事实的判断发生重大误解,也在一定程度上影响其行为的法律意义。

二、法律行为的外在方面

法律行为的外在方面就是法律行为的客观表现。在法律行为结构中,外在方面具有决定意义。首先,人的内心状态只有外化为行动并对身外世界(自然界或社会关系)产生某种影响,才能成为行为的构成要素,具有客观性和价值性,才可能成为法律评价的对象和依据。"内在的意志不是一种社会行为,它因此就不可能在法律世界中有任何反响,不能转移到外部的一种意志行为,在法律的观点上就是不存在的。"① 其次,个人的真实思想和感觉只有通过一个标准才能判断,即通过个人的行动。人的外在行动表现了行为者对于社会现实,对于他人的、集体的或社会的利益的态度。正是通过对一个人的外部行动或其一系列连续行动的观察和分析,我们才能推定或推测出行为者的内在需要、目的、动机以及行为者的认知能力,并对它们进行检验和评价。复次,行为有无法律意义以及属于何种性质的法律行为,需由其外在方面来决定。如同样是侵权,但究属民事侵权行为,还是刑事犯罪行为,需要根据该行为对他人及社会的危害程度来决定。

法律行为的外在方面包括行动、手段和效果等要素。

(一)行动

行动是行为者通过其身体或某一部分的动作而影响、作用于外部世界的活动,或如有的学者所说,是"活动主体(人)出于一定的动机,通过自身的形态变化输出能量而引起对象(物体、他人、关系乃至整个社会)改变其存在方式的活动"。② 行动是行为的核心。不管行为包括多少因素,它必须包括有表现于外并对客体产生影响的动作。正是在核心意义上人们往往把行动与行为不加区别。行动还是主体与客体发生联系的中介。

行动的内涵十分丰富,躯体、四肢、五官的任何一个可以被人感知的举动都是行动。从法学认识和法律调整的角度,可以把丰富的行动分为两大类。一类是以自身的物质力量直接作用于外界事物、人和社会关系,从而引起法律关系产生、变更或消失的行动,如毁物、伤人、放火、支付货物等。另一类是通过传达信息而对他人施加影响,从而引起法律关系产生、变更或消失的行动。如口头或书面的承诺,通过电话、电传、传真作出的认购请求,以言论宣传推翻人民民主专政,诽谤,作伪证,发表声明,签署文件等。前者可称为物质行动或"以动行事"的行动,后者可称为信息行动或"以言行事"的行动。虽然物质行动是大量的,但随着信息时代的到来,信息行动的数量和重要性都在增加。在信息行动中,有些是直接的言语行动,有些是间接的。当然,物质行动与信息行动的区别并非总是清晰的。有些行动同时具有物质意义和信息意义。如某人殴打另一个人,就可能既是物质性伤害,又是一种恐吓或警告。再如,签署合同,一方面制造了一个物质的文件,另一方面传达了有关权利、义务和责任的信息。

① 约菲:《损害赔偿的债》(中译本),29页,北京:法律出版社,1958年。
② 姚新中:《道德活动论》,211页,北京:中国人民大学出版社,1990年。

(二)手段

所谓手段,是指行为人为达到某种目的而采取的具体方式和方法,既包括行动计划、措施、程式、技术,又包括行动所使用的物品、工具、器械等。

手段与目的有着密切的联系。首先,手段是实现目的所必须的。行为者为使自己的目的实现,必须在实际的对象性活动中采取相应的、合宜的手段。否则,目的就仍然停留在主观的状态。此外,目的的提出和设定,必须建立在现实所能提供的手段的基础上。正因为如此,可以说目的依赖于手段,受手段的制约。其次,手段是由目的所选择和决定的,有什么样的目的就有什么样的手段,手段的性质和价值决定于目的的性质和价值。正当的、合法的目的一般是通过合理的、合法的手段实现的,而卑劣的、非法的目的则往往配之以缺德的、违法的甚至是残忍的手段。当然,这不是一个绝对的规律。人们不能作出这样的定论:只要目的正当和合法,使用什么手段都是合理和合法的。因为"目的决定手段,并不是目的证明手段,目的决定手段,也不是目的代替或等同于手段"。在一定条件下,"手段的性质也可反作用于目的的性质,从而改变整个行为的进程或方向",[①] 甚至改变行为的性质。手段与目的的这种关系在正当防卫中得到了最充分的体现。

(三)结果

结果是行为的完成(结束)状态。任何一个已经着手实施或完成的行为都必然对身外世界产生一定的物质性或精神性影响,使客体(活动的对象)人为地保持不变或者发生某种变化。完整意义的行为是包括结果在内的。如黑格尔所说:"后果是行为特有的内在形态,是行为本性的表现,而且就是行为本身,所以行为既不能否认也不能轻视其后果。"[②] 世上不存在无结果的行为。不仅如此,与行动和手段相比,在法律行为的外在结构中结果具有更为重要的意义。这是因为:第一,每一个具体的法律行为和行为系列都以某种后果为终结,法律往往根据行为的结果或最终结果而区分既遂行为或未遂行为,确定行为者对其行为负责的范围。第二,结果不仅是行为发展的最后一个环节,而且是行为的整个过程的凝结和全部要素的体现。所以,行为的法律意义通常是根据其结果而界定的。

法律行为的结果是客观的,其客观性是通过三个条件为参照而显示出来的,即:(1)身外世界的原初状态(或黑格尔所说的事物的先前的"定在");(2)身外世界如果不受行为的干涉而保持被动将是怎样一种状态;(3)行动如果任凭行为者的主观目的的完全发展,将会造成怎样一种状态(逻辑状态)。

第三节　法律行为的基本分类

随着人类活动领域的扩展和社会生活的复杂化,法律调整的范围不断扩大,内容不断丰富,相应地,法律行为愈趋纷繁。为了进一步具体地认识法律行为,有必要对法律行为进行分类。从公民依照法律和法律工作者依法处理法律关系的角度,可作如下分类。

一、个人行为、集体行为、国家行为

这是根据法律行为的主体所作的分类。个人行为是由自然人个人的意识和意志所支配、并由自己直接作出的行为。集体行为是人们有组织的、基于某种共同意志或追求所作

① 姚新中:《道德活动论》,228～229页,北京:中国人民大学出版社,1990年。
② 黑格尔:《法哲学原理》(中译本),120页,北京:商务印书馆,1979年。

出的趋向一致的行为。国家行为是国家机关及其工作人员根据国家意志,即根据国家的政策、法律的授权或国家权力机关的直接委托而作出的行为。

二、角色行为与非角色行为

这是根据行为是否出自和符合特定法律角色而作出的分类。角色是个体在特定的社会或团体中所占居的一定地位或身份。行为者按照法律为本角色规定的权利与义务活动,就是角色行为。超过法律规定,作了与自己的身份无关的行为(如超出登记机关核准的法人的性质、类型,从事非法经营,越权代理)就是非角色行为。

三、单方法律行为与双方法律行为

单方法律行为指依一方当事人的意思表示或由一方当事人主动作为而成立的法律行为,如遗嘱、赠与、放弃继承权的声明、行政命令、行政处罚、标准合同等。双方法律行为指双方当事人的意思表示一致而成立的法律行为,如公民、法人之间的合同。

四、自为行为与代理行为

自为行为指特定权利主体在没有其他人参与的情况下独立作出的行为。代理行为指受特定权利与义务主体(被代理人)的委托,或者根据法律的直接规定或有关组织的指定,由行为者以被代理人的名义从事的具有法律意义的活动。

五、行使权利的行为与履行义务的行为

法律是通过规定权利和义务来调节社会行为的,因而行使权利、履行义务就成了法律行为的实质内容。行权行为是根据法律授予的权利(包括职权在内)进行的活动,如转让私人财产,请求他人履约,取得继承的财产,申请专利,投票选择,法庭抗辩等。履义行为是根据法律设定的义务(包括职责在内)进行的活动,如纳税人依法纳税,损害赔偿,出庭作证等。

六、积极行为与消极行为

这里的"积极"(pative)与"消极"(negative)不含正或负的价值意思,而仅指称"作为"或"不作为"两种行为方式。积极行为亦称"生产行为",是指行为人以积极的、直接对客体发生作用的方式进行的活动,表现为作出一定动作或动作系列。消极行为亦称"省略行为",是指行为人以消极的、间接对客体发生作为的方式所进行的活动,往往表现为不作出一定的动作或动作系列。在大多数情况下,积极行为与消极行为的区别在于,前者是引起客体变化,后者则是保持客体不变或容许、不阻止客体发生变化。

七、主行为与从行为

主行为与从行为的分类在两种意义上进行。一是以两种行为之前提与派生的关系进行的分类。在此意义上,主行为指无需其他法律行为的存在而独立发生法律效果的行为,从行为指以其他法律行为的存在为前提而具有法律意义上的行为,即依附于主行为之行为。例如,借贷为主行为,因借贷而设定担保之抵押权、质权或保证契约为从行为。二是就同一行为的两重法律意义的关系进行的分类。在此意义上,主行为指由法律优先管辖的行为,从行为则指依附于优先行为的行为。例如,同一行为既构成犯罪又构成民事侵权,两重法律意义比较,犯罪是主行为,侵权是从行为。程序法关于刑事附带民事诉讼的法律规定就是这种主从关系的法律定义。

八、抽象行为与具体行为

抽象行为是针对不特定对象而作出的、具有普遍法律效力的行为,具体行为是针对特

定对象而作出的、仅有一次性法律效力的行为。前者如国家立法机关制定法律规范的行为、行政机关制定规章的行为、司法机关解释法律的行为、法人根据法律和政令制作标准合同的行为等。后者如行政机关针对具体人和具体事项而作出的命令、法院对一个案件作出判决、法人交付货款、公民办理结婚登记手续等。行为的抽象性与具体性不在行为本身,而在于行为的效力对象、生效范围、生效期限。抽象行为与具体行为的划分不是绝对的,而是相对的,因为二者之间是可以互相转化的。

九、要式行为与非要式行为

这是以法律行为是否需要以一定形式或生效要件而作出的分类。要式行为是必须具备特定形式或必须遵循特定程序始能产生法律效果的行为。例如,我国继承法规定:"以录音形式成立的遗嘱,应当有两人以上见证人在场见证。"非要式行为则是指无需具备特定形式或程序就能产生法律效力的行为。如诺成行为中的买卖或赠与,均无需采用特定的形式。

十、意志行为与事实行为

意志行为是行为者基于自己的意志取向而作出的、客观效果与其意志取向一致的行为。事实行为是曲行为者作出的、引起法律事件的行为。事实行为的特点是,其法律效果是出于行为者的期望和预想之外的。意志行为与事实行为的区别不在于有无意志,而在于什么内容的意志。它们的区别也不在于有无法律后果或其后果合法与否,而在于该法律后果是不是行为者所期望或预料到的。

十一、合法行为与违法行为

这是根据行为与法律的要求是否一致而作的分类。合法行为指符合法律要求的行为,违法行为指违反法律要求的行为。

十二、有效行为与无效行为

这是根据行为的法律效力进行的分类。有效行为是受到国家认可、肯定、支持和保护的行为,无效行为则是国家否定、反对、甚至予以制裁的行为。

推荐阅读

1. 张文显:《法律行为的结构分析》,载《社会科学》,1992 年第 12 期。
2. 付子堂:《法律的行为激励功能论析》,载《法律科学》,1999 年第 6 期。
3. 王利明:《法律行为制度的若干问题探讨》,载《中国法学》,2003 年第 6 期。
4. 易军:《法律行为制度的伦理基础》,载《中国社会科学》,2004 年第 6 期。

思考题

1. 什么是法律行为? 其特征有哪些?
2. 法律行为的结构是怎样的? 其意义是什么?
3. 法律行为的分类有哪些? 其意义是什么?
4. 怎样确认法律行为? 标准是什么?

第十二章　法律责任

学习提示：法律责任属于法学和法理学的基本范畴之一，属于必须掌握的内容。本章首先概述法律责任的概念、特点和本质，为法律责任的其他内容铺垫条件；其次讨论引起法律责任的原因，重点分析引起法律责任之违法；再次分析法律责任具有怎样的功能及常见的法律责任分类；最后介绍法律责任的归结与承担。其中对法律责任的归责原则应透彻地理解和把握。同时，需要深刻领会法律责任对于法律实现的意义。

重点问题：

1. 法律责任的概念、特征
2. 法律责任的产生原因
3. 法律责任的构成要素
4. 法律责任的分类
5. 法律责任的实现方式
6. 法律责任的归责原则
7. 法律责任的减免条件

第一节　法律责任释义

一、责任的词义

法律责任是“法律”与“责任”的合成概念。为了解释、界定法律责任，有必要首先对“责任”进行语义分析。

在古代汉语中，“责任”同“责”，是一个语义丰富的概念。据《辞源》、《辞海》等权威辞书，“责”在六种意义上使用。其一，求，索取。如“宋多责贿于郑。”其二，要求，督促。“不教而责成功，虐也。”其三，谴责，诘问，责备。“文姜通于齐侯，桓公闻，责之姜。”“使先生自责，乃反白誉。”其四，处罚，责罚，加刑。“（刘）崇患太祖慵惰不作业，数加笞责。”“责小过以大恶，安能服人。”“苟可否多少在户部，则财伤害民，户部五所逃其责矣。”其五，同“则”，责任，负责。“若尔三王，是有丕子之则于天。”其六，债，所欠的钱财。“乃有意欲为收责于薛乎？”

在现代汉语中，“责任”一词有三个互相联系的基本词义。①份内应做的事。如“岗位责任”、“尽职尽责”等。这种责任实际上是一种角色义务。每个人在社会中都扮演一定角色，即有一定地位或职务，相应地，也就应当必须而且承担与其角色相应的义务。②特定

人对特定事项的发生、发展、变化及其成果负有积极的助长义务。如“担保责任”、“举证责任”。③因没有做好份内的事情(没有履行角色义务)或没有履行助长义务而应承担的不利后果或强制性义务,如“违约责任”、“侵权责任”、“赔付责任”。我们可以把前两种责任称为积极责任,而把后一种责任称为消极责任。在消极责任中,有违反政治义务的政治责任,违反道德准则的道德责任,不遵守或破坏纪律的违纪责任,也有违反法律规定的法律责任。

在英文中,与“责任”一词相对应的英文单词有:duty、obligation、liability、responsibility。其中 duty 的基本含义是“义务”,obligation 的基本含义源于民法法系的“债”。英语国家在提及责任、民事责任、行政责任时,一般使用 liability 或 responsibility,尤其是后者。

二、法律责任的定义

由于“责任”一词在不同语境中具有不同的含义,加之“责任”一词在法律文献中时常被按照不同的语义来使用,这就使法律责任的界说显得十分困难。中国法理学界通常把法律责任分成广义法律责任和狭义法律责任两类。按照这种区分,广义的法律责任就是一般意义上的法律义务的同义词,狭义的法律责任则是由违法行为所引起的不利法律后果。这种区分虽有一定的可取之处,但是,在法律概念的实际使用过程中却会不可避免地引起某种混乱。所以,越来越多的学者倾向于在狭义上使用法律责任这一概念。这样,一方面可以消除把法律责任与一般意义上的法律义务混为一谈的混乱;另一方面,也可以寻求一个涵盖性更强的法律责任的定义。因此,法律责任可定义为:因损害法律上的义务关系所产生的对于相关主体所应当承担的法定强制的不利后果。

在理解法律责任的概念时,有一点需要特别注意:在法律责任系统中,由违反义务(法定和约定义务)所引起的法律责任占居主导地位,而不以违法或违约为前提的其他法律责任则居于从属地位。这是因为前一种责任的存在范围更为广阔,其社会功能也更为重要,而后一种责任则带有对适用前一种责任所留下的有限空间予以补充的性质。就此而论,可以把违法责任和违约责任视为具有典型意义的法律责任,这些责任与义务(第一性义务)之间有着明确而严格的界限;其他法律责任均不具有此种典型意义,它们与义务之间的界限并不十分严格。

三、法律责任的特点

法律责任是社会责任的一种,它与其他社会责任(如政治责任、道义责任等)有密切联系,但是法律责任与其他社会责任有原则的区别。法律责任的特点在于:

第一,法律责任首先表示一种因违反法律上的义务关系而形成的责任关系。这种责任关系派生于法律上规定的义务关系,它是因为违反法律上的义务规定才导致责任关系的产生。法律责任是以法律义务的存在为前提的。比如民事损害赔偿法律责任中的责任关系,是以“不得侵权”的法律义务关系为前提的。

第二,法律责任还表示一种责任方式,即承担或追究否定性、不利性后果。法律责任方式是由法律规定的,它通常有两种,即补偿与制裁。比如民事责任方式中包括赔偿、修理、重作、返还等;行政责任方式中包括拘留、罚款、降级、降职等;刑事责任方式中包括有期徒刑、无期徒刑等。

第三,法律责任具有内在逻辑性,即存在前因与后果的逻辑关系。其中破坏责任关系是前因,追究责任或承受制裁是后果。由此可见在破坏责任关系的前提下派生出第二层

次的责任方式的后果问题。如果没有责任关系这一前因,也就不会有追究责任方式这一后果。

第四,法律责任的追究和执行是由国家强制力实施或者潜在保证的。所谓强制实施追究和执行,是指由有关国家机关依法定职权和程序采取直接强制手段予以实施。但这不等于说一切法律责任的实现均由国家强制力直接介入,比如民事责任可以由当事人自行协商和承担。如果责任人没有承担民事责任,才出现国家强制保证实施责任的追究和执行,所以说是"潜在保证"。

法律责任是法律整体的重要组成部分。在法律史的早期,立法是紧紧围绕着法律责任的依据、范围、承担者、认定和执行等问题展开的,司法更是以从法律责任的认定、归结和执行为其全部职能。[①] 在现代社会,法律责任制度与其他制度一样有了进一步的发展。有些法律或法规以规定法律责任为重要内容或主要内容,如"消费者权益保护法"、"产品责任法"、"国家赔偿法"等等。法律责任在惩罚和教育违法者、补偿受害者的损失、维护社会的秩序和安全等方面都具有重要作用。

四、法律责任的本质

法律责任的本质,是从更深层次回答法律责任是什么和为什么的问题。西方法学家在研究法律责任时,就法律责任的本质问题提出了不同的理论。其中,影响较大的有"三论",即道义责任论、社会责任论和规范责任论。

道义责任论是以哲学和伦理学上的非决定论亦即自由意志论为理论基础的,它假定人的意志是自由的,人有控制自己行为的能力,有自觉行为和行使自由选择的能力,由此推定,违法者应对自己出于自由意志作出的违法行为负责,应该受到道义上的责难。对违法者的道义责难就是法律责任的本质所在。

与道义责任论相反,社会责任论是以哲学和伦理学上的决定论为理论基础的。它假定一切事物(包括人的行为)都有其规律性、必然性和因果制约性。由此推断,违法行为的发生不是由行为者自由的意志,而是由客观条件决定的。因而只能根据行为人的行为环境和行为的社会危害性来确定法律责任的有无和重轻。确定和追究法律责任,一方面是为了维护社会秩序和社会存在,另一方面是为了使违法者适应社会生活和再社会化,这就是法律责任的本质。

规范责任论则认为,法体现了社会的价值观念,是指引和评价人的行为的规范。它对符合规范的行为持肯定(赞许)的态度,对违反规范的行为持否定(不赞许)的态度。否定的态度体现在法律责任的认定和归结中,这种责任就是法律规范和更根本的价值准则评价的结果。因此,行为的规范评价是法律责任的本质。

上述三种理论各有其合理性与局限性。道义责任论正确地揭示了行为的主观因素的作用,却忽视了社会环境对行为的方式的巨大影响;社会责任论正确揭示了行为发生受制于一定的客观条件,却忽视了行为人主观因素的重要作用。

从历史哲学和法律哲学的角度上看,前者所理解的个人,是一种脱离了特定社会关系和社会环境的孤立的个人;后者则完全否认了个人在社会整体面前的相对独立性和主观能动性。因而,这些理论的片面性都与其根本的理论出发点直接相联,仅仅靠增加理论的

① 张文显:《法学基本范畴研究》,183页,北京:中国政法大学出版社,1993年版。

弹性或对之进行有限的改良，都难以完全消除这种片面性。

相对而言，规范责任论更加全面地对法律责任的本质进行揭示。它强调了法律责任与体现一定价值标准的法律规范有直接联系。由于法律在评价行为时不能排除对行为的主观因素和社会环境的考虑，这样，规范责任论从研究法律责任的形式特征入手，有可能把法律评价、主观因素和社会环境三者较好地统一起来，然而，西方非马克思主义法学家所提出的规范责任论，既不能充分地理解社会生活中客观规律性与主观能动性的辩证关系，也不可能充分注意到阶级社会中阶级利益冲突和阶级斗争对法律评价标准的深刻影响。

基于以上分析，我们认为，法律责任的本质属性主要体现在以下三个方面：首先，法律责任是居于统治地位的阶级或社会集团运用法律标准对行为给予的否定性评价。这种评价的直接目的在于为法律制裁提供法律上的前提，其根本目的则在于消除或减少滥用权利和不履行义务的行为，从而使占统治地位的阶级或社会集团的利益和兴趣在秩序的状态下最大限度地得到实现。

其次，法律责任是自由意志支配下的行为所引起的合乎逻辑的不利法律后果。从法律范畴的逻辑联系上看，典型意义的法律责任（即违法责任和违约责任），总是与行为的内在方面和外在方面联结在一起的。根据"自由意味着责任"这样一条伦理学原则，那些在自由意志支配下的行为，如果其内在方面有过错，其外在方面以作为或不作为的方式对其他个人的和社会的正当利益造成了损害，那么，按照法律的逻辑，行为人就必须对此承担责任。在此意义上，法律责任就是直接由违法行为所引起的不利法律后果。

最后，法律责任也是社会为了维护自身的生存条件而强制性地分配给某些社会成员的一种负担。从系统论的观点看，社会虽然是由个人组成的，但它并不能完全还原为一个个孤立的个人因素。社会作为一个有机的整体，它使一切个人因素都或多或少地具有了某种社会意义。因此，当事人之间的许多关系都不是纯粹的个人私事，任何违法行为，无论是直接针对自然人和法人，还是针对社会或其正式代表——国家的，都是对统治阶级根本利益和国家确认、保护和发展的社会关系、社会秩序和社会发展目标的侵犯，是不能容许的。因此，法律责任的实质是国家对违反法定义务、超越法定权利界限或滥用权利的违法行为所作的法律上的否定性评价和谴责，是国家强制违法者作出一定行为或禁止其作出一定行为，从而补救受到侵害的合法权益，恢复被破坏的法律关系（社会关系）和法律秩序（社会秩序）的手段。在这种意义上，法律责任也是一种纠恶或纠错的机制。

第二节　法律责任的产生原因和构成要件

一、产生法律责任的原因

产生法律责任的原因有三类，即：违法行为、违约行为和法律规定。

（一）违法行为成为法律责任产生的原因

1．违法行为的含义。广义的违法行为，指所有违反法律的行为，包括犯罪行为和狭义的违法行为。狭义的违法行为，也可以称为一般侵权行为，包括民事侵权行为和行政侵权行为，指除犯罪外所有非法侵犯他人人身权、财产权、政治权利、精神权利或知识产权的行为。

2. 违法行为的构成要素。①违法行为以违反法律为前提。②违法行为必须是某种违反法律规定的行为。③违法行为必须是在不同程度上侵犯法律上所保护的社会关系的行为。④违法一般必须有行为人的故意或过失。⑤违法者必须具有法定责任能力或法定行为能力。

3. 违法行为与其他一些行为的区别:①违法行为与违反道德的行为及其他不合法但也并不违法的行为的区别。并非所有违法行为都是违反道德的行为。因为有些违法行为并不涉及道德评价的问题。同样,有些违反道德的行为并不构成违法行为。还有一些行为,虽不合法但也并不违法,处于法律调整的范围之外,也不能与违法行为相混同。②违法行为与法律上无效行为的区别。违法行为当然不能发生行为人实施违法行为时所希冀的为法律所肯定的有效结果。但是,不能认为法律上无效的行为都是违法行为。有些法律上无效的行为并不构成违法。

4. 违法行为成为法律责任产生的原因。虽然由于法律的规定才被认为是违法行为,主要是它在不同程度上侵犯了法律所保护的某种社会关系和社会利益,这才是违法行为之所以成立并被追究法律责任的关键。

(二)违约行为、法律规定作为法律责任的产生原因

1. 违约行为,即违反合同约定,没有履行一定法律关系中作为义务或不作为的义务。违约行为是产生民事法律责任的重要原因。

2. 法律规定成为产生法律责任的原因。是指从表面上看,责任人并没有从事任何违法行为,也没有违反任何契约义务,仅仅由于出现了法律所规定的法律事实,就要承担某种赔偿责任,它可以导致民事法律责任和行政法律责任的产生。

二、法律责任的构成要件

法律责任的构成是指认定法律责任时所必须考虑的条件和因素。由于法律责任会给责任主体带来法定的不利后果,表明了社会对责任主体的道德非难和法律处罚,因此,必须科学、合理地确定法律责任的构成,以保障行为人的行为自由,保护责任主体的利益,实现法律的功能,维持社会秩序,促进社会发展。

由于违法行为和违约行为是最主要、最基本的产生法律责任的原因和根据,是认定和归结法律责任的前提,因此,违法行为或违约行为的构成要件与法律责任的构成有着密切的关系。根据构成违法行为或违约行为的要素,我们将法律责任的构成概括为责任主体、违法行为或违约行为、损害结果、因果关系、主观过错等五方面。

(一)责任主体

责任主体是指因违反法律、违约或法律规定的事由而承担法律责任的人,包括自然人、法人和其他社会组织。责任主体是法律责任构成的必备条件。违法、违约首先是一种行为,没有行为就没有违法或违约,而行为是由人的意志支配的活动。实施违法或违约必须有行为人。但是,并非任何人都可以成为违法行为或违约行为的实施者,没有行为能力的人就不可能成为实施违法行为或违约行为的人。因此,责任主体对于法律责任的有无、种类、大小有着密切的关系。

(二)违法行为或违约行为

违法行为或违约行为在法律责任的构成中居于重要地位,是法律责任的核心构成要素。违法行为或违约行为包括作为和不作为两类。作为是指人的积极的身体活动。直接

做了法律所禁止或合同所不允许的事自然要导致法律责任。不作为是指人的消极的身体活动,行为人在能够履行自己应尽义务的情况下不履行该义务,例如不做法律规定应做的事或不做合同中约定的事,也要承担法律责任。区分作为与不作为,对于确定法律责任的范围、大小具有重要意义。

(三)损害结果

损害结果是指违法行为或违约行为侵犯他人或社会的权利和利益所造成的损失和伤害,包括实际损害、丧失所得利益及预期可得利益。损害结果可以是对人身的损害、财产的损害、精神的损害,也可以是其他方面的损害。损害结果表明法律所保护的合法权益遭受了侵害,因而具有侵害性。同时,损害结果具有确定性,它是违法行为或违约行为已经实际造成的侵害事实,而不是推测的、臆想的、虚构的、尚未发生的情况。损害结果的确定性,表明损害事实在客观上能够认定。认定损害结果时一般根据法律、社会普遍认识、公平观念并结合社会影响、环境等因素进行。

(四)因果关系

因果关系是违法行为或违约行为与损害结果之间的必然联系。因果关系是一种引起与被引起的关系,即一现象的出现是由于先前存在的另一现象而引起的,则这两现象之间就具有因果关系。因果关系是归责的基础和前提,是认定法律责任的基本依据。因果关系对于确定行为主体、认定责任主体、决定责任范围具有重要意义。法律责任上的因果关系是一种特殊的因果关系,它既具有一般因果关系的共性,又有其特殊性。因果关系是客观的,不以人的意志为转移,我们只能根据事物之间的客观联系来判断因果关系的有无。事实上的因果关系极为复杂,一个结果可能由多个原因造成,法律只考虑其中与法律责任认定有关的因素。因果关系是法律规定的因果关系,具有法定性。

(五)主观过错

主观过错是指行为人实施违法行为或违约行为时的主观心理状态。在人类社会的早期,按照客观原则进行归责,因而主观过错对法律责任的构成没有什么意义,仅仅对法律责任的大小有一定关系。现代社会将主观过错作为法律责任构成的要件之一,不同的主观心理状态对认定某一行为是否有责任及承担何种法律责任有着直接的联系。主观过错作为犯罪的主观方面的内容,是犯罪构成的要件之一,对于认定和衡量刑事责任具有重要作用。在民事责任方面,一般也要考虑主观过错,采用过错责任原则。

主观过错包括故意和过失两类。故意是指明知自己的行为会发生危害社会的结果,希望或者放任这种结果发生的心理状态。过失是指应当预见自己的行为可能发生损害他人、危害社会的结果,因为疏忽大意而没有预见,或者已经预见而轻信能够避免,以致发生这种结果的心理状态。

第三节　法律责任的分类

根据不同标准,法律责任有不同的分类。现就我国法学界常用的一些分类分别予以介绍。

一、公法责任和私法责任

根据违法行为所违反的法律的性质可以分为公法责任和私法责任。

私法责任主要是指民事责任,公法责任主要是指行政责任、刑事责任、诉讼责任、国家赔偿责任和违宪责任。

所谓民事责任是指公民或法人因违约、违反民商法律或者因法律规定的其他事由而依法承担的不利后果。所谓行政责任是指因违反行政法或因行政法规定的事由而应当承担的不利后果。它又包括行政机关及其工作人员的行政责任和行政相对人的行政责任。我国经济法上的法律责任既有民事责任性质,又有行政责任的性质。如违反《环境保护法》规定的排污行为的责任有损害赔偿(即向受害人支付赔偿金),也有征收排污费、罚款以及警告,即由行政主管机关向排污者实施行政处罚。前者属于民事责任,后者属于行政责任。所谓刑事责任是指因违反刑事法律而应当承担的不利后果。所谓诉讼责任是指诉讼关系主体在各类诉讼活动中违反诉讼法而引起的不利后果。如民事诉讼原告不提交证据被审判机关推定为撤诉,承担撤诉责任;被告无故不到庭,则承担缺席判决的不利后果。所谓国家赔偿责任是指在国家机关行使公权力时由于国家机关及其工作人员违法行使职权所引起的由国家作为承担主体的赔偿责任。所谓违宪责任是指有关国家机关制定的某种规范性法律文件或者国家机关作出的具体权力行为与宪法相抵触,从而应当承担的法律责任。

二、过错责任、无过错责任和公平责任

根据主观过错在法律责任中的地位,可以把法律责任分为过错责任、无过错责任和公平责任。

所谓过错责任,是指以存在主观过错为必要条件的法律责任,换言之,即承担责任以其行为有主观过错为前提的一种责任。它是根据"无过错即无责任"的原则认定的一种法律责任。过错责任是法律责任中最古老、最为普遍的责任形式。过错责任原则起源于古代罗马法,经近代法的继承,在近代各国民法中得到普遍确立并一直被沿用至今。近代法乃至现代法都普遍关心能够保障权利主体权利平等,由此引出在承担责任时必须以行为人有过错为前提条件。所以过错责任与权利平等有着密切的联系。

所谓无过错责任,是指不以主观过错的存在为必要条件而认定的责任,换言之,即承担这种责任不必考虑行为人是否存在主观过错。在现代社会,无过错的合法行为,照样可能造成损害,现代法律为了解决合法行为造成的损害而采取了无过错责任制度。在现代高度发达的工业社会中,如果要一一证明过错和损害事实的关系是非常困难的。所以于19世纪末20世纪初确立了无过错责任作为过错责任的补充。我国对于无过错责任的规定主要集中在民法和经济法的一些规定中,比如《民法通则》规定的危险责任和《环境保护法》规定的环境污染责任。一般来说,无过错责任不适用于刑法。

所谓公平责任是指法无明文规定适用无过错责任,但适用过错责任又显失公平,因而不以行为人有过错为前提并由当事人合理分担的一种特殊的责任。这是在19世纪后期出现的一种特殊的责任。它与无过错责任一样,不以行为人的主观过错为责任承担前提。但与过错责任不同的是,它的适用范围只限于:第一,法律无明确规定要适用无过错责任;第二,如果适用过错责任又显失公平或违背公平合理原则。公平责任反映了道德意识与法律意识、社会责任与法律责任的某种有机的统一趋势。我国法律特别是民事法律方面,也规定了公平责任,比如我国《民法通则》规定当事人对造成损害都没有过错的,可以根据实际情况,由当事人分担民事责任。

三、职务责任和个人责任

根据行为主体的名义,可以分为职务责任和个人责任。

所谓职务责任是指行为主体以职务的身份或名义从事活动时违法所引起的法律责任,它是由该行为主体所属的组织(机关、企业、事业或其他组织)来承担责任的。比如国家行政机关工作人员在履行公务中违法行政导致损害赔偿责任,应当认定为公务行为,承担职务责任。又如公司成员在履行职务中以公司名义与他人签订合同,当发生违约时,构成职务责任应当由其所属公司来承担违约责任。所谓个人责任是指行为主体以个人的身份或名义从事活动中违法所引起的法律责任,它是由该行为主体个人来承担责任的。比如行政工作人员在工作时间之外从事非职务行为时致人损害,则由其本人承担个人责任。

四、财产责任和非财产责任

根据责任承担的内容不同可分为财产责任和非财产责任。

所谓财产责任是指以财产为责任承担内容的法律责任,如民事法律中的赔偿损失、返还原物,行政法律中的罚款,刑事法律中的罚金、没收财产等。所谓非财产责任则是指不以财产为责任承担内容而是以人身、行为、人格等为责任承担内容的法律责任,如拘留、徒刑是以人身为责任承担内容的,修理、重作是以行为为责任承担内容的,训戒是以人格为责任承担内容的。

另外,根据责任的承担程度为标准可分为有限责任和无限责任。按照责任的严格程度不同,可分为严格责任、较严格责任和非严格责任。按照责任是否可以联系或转移,可分为单一责任和连带责任。根据责任主体共同行为之间的联系还有共同责任和混合责任之分。根据行为所违反的法律规范的不同性质,可分为民事责任、行政责任、违宪责任和刑事责任等。

第四节　法律责任的归结与免除

法律责任的归结,简称归责,它是指针对违法行为所引起的法律责任进行判断、确认、追究以及免除的活动。归责理论中涉及归责原则、归责要素和免责条件等问题。

一、归责原则

归责是一个复杂的责任判断过程,判断、确认、追究以及免除责任时必须依照一定的原则。归责原则体现了立法者的价值取向,是责任立法的指导方针,也是指导法律适用的基本准则。归责一般必须遵循以下法律原则:

第一,责任法定原则。其含义包括:①违法行为发生后应当按照法律事先规定的性质、范围、程度、期限、方式追究违法者的责任;作为一种否定性法律后果,它应当由法律规范预先规定,这是法律可预测性的必然要求。②排除无法律依据的责任,即责任擅断和“非法责罚”;国家的任何归责主体都无权向一个责任主体追究法律明文规定以外的责任,任何责任主体都有权拒绝承担法律明文规定以外的责任。刑事责任上还指“罪刑法定主义”、“法无明文不为罪”;③在一般情况下要排除对行为人有害的既往追溯。国家不能以今天的法律来要求人们昨天的行为。这主要表现为刑法上的不溯及既往原则。

第二,因果联系原则。其含义包括:①在认定行为人违法责任之前,应当首先确认行为与危害或损害结果之间的因果联系;比如伤害动作与被害人的伤势状况之间是否存在

因果联系是认定法律责任的重要事实依据。②在认定行为人违法责任之前,应当首先确认意志、思想等主观方面因素与外部行为之间的因果联系;有时,这也是区分有责任与无责任的重要因素,比如没有主观上的过错而致使他人对自己的财产失去控制,就不能认定为犯罪。③在认定行为人违法责任之前,应当区分这种因果联系是必然的还是偶然的,直接的还是间接的。有时还存在一因多果,或一果多因,这也影响到法律责任的归结和追究方式,所以在具体案件中还必须注意区分。

第三,责任相称原则。这是法律公正精神在法律责任归结上的具体表现。其含义包括:①法律责任的性质与违法行为性质相适应;比如在审理案件中要准确认定行为性质,只有在确认行为性质后才能确认责任性质。民事责任与刑事责任性质不同,不能用刑事责任方式来追究民事违法行为。又如合同责任与民事侵权责任不同,不能混同适用。②法律责任的轻重和种类应当与违法行为的危害或者损害相适应,与行为人主观恶性程度相适应;比如在刑法领域除了考虑犯罪构成外,还要考虑自首、未遂、中止、主犯和从犯等情节;在民法领域还要适当考虑当事人的经济收入、必要的经济支出等。③法律责任的轻重和种类还应当与行为人主观恶性相适应。这也就是所谓"罚当其罪"、"罪责均衡"、"赔偿不超额",否则,不仅不能起到恢复法律秩序和社会正义的目的,还容易产生新的不公正。在责任相称原则中还包含注重责任效益的含义,即在必要时得以立法和司法手段适当加重违法、侵权者的法律责任,提高其违法、侵权的成本,从而抑制违法、侵权和犯罪的发生。

第四,责任自负原则。其含义包括:①违法行为人应当对自己的违法行为负责;②不能让没有违法行为的人承担法律责任;即反对株连或变相株连;③要保证责任人受到法律追究,也要保证无责任者不受法律追究,即做到不枉不纵。在以"身份"联系为特征的古代社会,每个人都因其身份而与家庭、家族和社会密切相联,所以在认定和归结法律责任时盛行株连制,往往一人犯法,祸及家庭、家族,甚至朋友、邻居、同事、部下。责任自负原则是现代法的一般原则。当然在某些特殊的情况下,为了法律秩序特别是财产保护上的需要,也产生责任转承问题,比如监护人对被监护人承担替代责任,上级对下级承担替代责任,等等。

二、免责及其条件

免责条件是指对于行为人免除法律责任的条件。免责条件在不同的法律上有不同的规定。一般来说,私法责任与公法责任是有明显区别的。私法上的免责条件充分体现了功利性,这是由于权利主体方考虑问题更多地会注重利益和成本问题,即功利问题。当事人一方实际上可以把民事纠纷看成交换关系的组成部分,是交换关系的延续。如果当事人一方从功利角度认为没有必要起诉,那么也就不存在诉讼问题,甚至也就不存在责任问题。比如当事人从成本上考虑索赔所得尚不足以维持诉讼费用或者与其商业对手"打官司"将影响双方的正常贸易关系,这样一来他也就放弃补偿要求了。如果对方已经作了补偿(如修复、抢救等),或者与对方有了解决纠纷的协议(甚至交易,如权利方把免责作为今后贸易关系的一项条件),那么责任也就可免除或者成为一种新的合同义务了。私法的免责条件有两种,一是法定免责条件,一是意定免责条件。私法的法定免责条件主要是"不可抗力"。我国民法上的"不可抗力"是指不能预见、不能避免并不能克服的客观情况。正当防卫和紧急避险虽然表面看来像免责条件,实质上它们不属于免责范畴。因为它们从根本上说不构成法律责任。

私法的意定免责条件,即当事人自行决定的免责条件,包括:①权利主张超过时效,即权利方当事人不行使其追偿权利,经过一定期限,责任人则被免除了责任。②有效补救即责任人或者其他人在国家机关追究责任之前,对于行为引起的损害采取有效补救措施,受害人愿意放弃追究责任时,可以免责。③自愿协议,即基于双方当事人在法律允许范围内的协商同意,可以免责。

通常公法责任都由国家专门机关负责认定和追究,并且公法责任不允许在当事人之间进行和解,即所谓“私了”。其免责条件除了不可抗力、正当防卫和紧急避险等类似于私法免责的条件外,还包括:①超过时效,即违法者在其违法行为发生一定期限后,不再承担法律责任,比如我国刑法规定法定最高刑不满五年有期徒刑的,经过五年就不再追究行为人刑事责任。②自首或立功,即对于违法之后有立功或者自首表现的人,免除其全部或者部分责任。③当事人不起诉,公法案件中也存在权利方当事人不起诉不受理的情况,比如行政赔偿、涉及家庭关系等轻微刑事案件,法律责任的承担与否都取决于当事人的起诉行为。在大多数情况下公法责任免责条件的认定并不是像私法责任那样由当事人决定,而是由代表国家立场的规范性法律规定并由特定机关认定的。如对立功人员采取刑事免责是由法律规定并由法院以裁决方式认定。

第五节　法律责任的实现方式

一、法律责任实现方式的概念

所谓法律责任实现方式,简称责任方式,是指承担或追究法律责任的具体形式,如刑事处罚、行政罚款、赔偿损失等就是这种责任方式的具体化。通常我们知道,任何法律责任都具有国家强行的特性,因此法律责任方式也具有强行性,具体表现为:第一,法律责任由带有强制性的法律来规定;第二,法律责任一般是由有关国家机关来认定和追究,以国家强制力保证法律责任的认定和追究;第三,即使一些可以由当事人自行处理的法律责任,也是由潜在的国家强制力作保障的,即一旦权利人申请国家有关机关执行,该责任也就具有强行性了。

二、道义性与功利性两类责任方式

责任方式的强行性是法律责任的一般特性,但是如前所述,某些法律责任如民事责任,在具有强行性的同时也具有意愿成份,表现在责任承担与否以及承担的程度由权利人决定,这叫做法律责任的自行性。刑事责任只在极少数情况下带有自行性,比如刑事自诉案件中是否追究责任人的刑事责任基本上是由被害人的意志来决定的,也就是说刑事责任通常只具有强行性,但是绝大多数的私法责任具有强制性与自行性的双重性质,所以在司法实践中不能过多进行国家审判权力的干预,保证必要程度的私法自治。法律责任根据方式可以分为三种情况,一是制裁,二是补偿,三是强制。前两者是法律中常见也是基本的责任方式,在一些教材中又统称它们为“法律制裁”,分为“惩罚性制裁”和“恢复权利性制裁(保护性)”[1]。补偿的确具有对权利的恢复或保护的实际功效,但补偿显然不是一

① 孙国华主编,《法理学教材》,512 页,北京:中国人民大学出版社,1994 年。

种制裁，我们应当予以区别。

区分制裁与补偿两种责任方式具有重要意义。它揭示了公法和私法上的两种责任方式的差异，从而有助于我们深刻了解私法和公法各自的性质和功能，对于提高司法活动适用法律的准确性，实现私法自治，都具有实际的意义。我国司法实践中没有区分民事责任的补偿性和刑事责任的惩罚性，所以把民事司法混同于国家权力的运用，进而出现国家权力对于民事诉讼的过分干预，导致一种“超职权主义”的倾向。具体表现为民事责任的“惩罚化”和“超强制化”，当事人意志得不到充分体现。这与市场经济的商品交换关系是极不适应的。制裁责任与补偿责任具有以下区别：

第一，实现载体不同。补偿以财产为主，制裁以人身为主。补偿与制裁的载体有三种，一是财产，二是行为，三是精神。大量使用的补偿载体是财产。行为这一载体实际上也是以财产为条件的，没有财产作为法律关系客体也不会产生行为这种补偿方式。如重作、修理和停止侵害等，是以一定的财产介入为条件的。精神作为补偿载体比较少见，一般是在精神损害中使用，如对精神损失采取公开赔礼道歉、恢复名誉和平反等精神藉慰，但大量的精神藉慰是采取金钱赔偿，虽带有一定成份的惩罚性，但它实质上不属于制裁。制裁责任的载体主要是人身，它包括肉体、自由、名誉甚至生命，虽然也有财产形式的制裁，但主要还是人身制裁。以人身为载体的制裁一种有悠久历史的惩罚方式。从原始人的同态复仇到现代刑法的从限制人身自由到生命刑的制裁方式，无不带有人身惩罚性。这是因为基于道义的惩罚方式，通过财产制裁不足以达到道义上的目的。人身制裁比财产制裁从道义效果上看要有效得多。当然这不是绝对的，以财产方式制裁也在一定范围内存在，如罚款、没收、罚金等。

第二，与责任人精神的关系不同。补偿手段一般不是有意识地涉及责任人的精神，它主要通过赔偿、返还（交换）、恢复（修复）、抑止、精神藉慰等手段来实现。虽然客观上给责任人带来精神上的压力，但这不是补偿目的本身的内涵。而制裁必然有意识地涉及责任人的精神。所谓制裁是指国家使用强制手段对责任人的人身（本身涉及精神）、财产利益所施加的痛苦和损失（法律在主观上也有意识地要造成责任人精神上的痛苦）。这也正是制裁的报应与预防双重目的实现的基础。

第三，成立基础不同。补偿与制裁的成立虽然都是以客观行为为条件，但补偿成立的基础是以客观损害后果为主的，至于主观过错的恶性程度是次要的。所以民事法律对客观损失的关心程度要超过对主观过错的关心程度。而制裁的认定基础主要是主观过错，制裁虽然也考虑客观损害，但其考虑的目的是为了确定主观恶性程度。有时行为虽然不存在客观损害但可以根据行为的主观恶性来施加制裁。

第四，评价标准的道德因素差异。我们知道法律责任也是一种法律评价。补偿的评价标准以事实评价为主，道德因素较少介入或者道德因素只涉及补偿责任的外部。如大多数因损害他人财产引起的赔偿，在承担责任时基本上不考虑道德因素。制裁的评价标准带有明显的、浓厚的道德评价色彩，如果没有道德因素渗透于其中，“惩罚”这一法律现象也就会失去其赖以生存的基础。因此，法与道德的共性、渗透与交叉关系大体上可以从制裁与道义的相互关系中得以说明。“刑法中的恶性这个概念与道德义务有关，因此道德增强了法律的权威性”[①]。法律受公众支持(法律权威)的永恒基础或源泉也正是它与道德的这种密切联系。

三、制裁、补偿和强制

所谓制裁,是指以法律的道义性为基础通过国家强制力对责任主体实施的人身、精神以及财产方面的惩罚为内容的法律制裁。制裁(惩罚)主要包括:

第一,民事制裁。民事制裁是指依照民事法律规定对责任人所实施的惩罚性措施,通常是指支付违约金,即一方违约后,不管是否造成对方损害都应当支付给对方一定金额的违约金。它对于责任人即违约方具有惩罚性。

第二,行政制裁。行政制裁是指依照行政法律规定对责任人所实施的惩罚性措施,它主要包括行政处罚、行政处分。行政处罚是指对违反行政法的责任主体给予的警告、罚款、没收、行政拘留、劳动教养等惩罚性措施;行政处分是指对于违法失职的公务员或其他所属人员所实施的惩罚性措施,包括警告、记过、降级、留用察看等惩罚性措施。

第三,刑事制裁。刑事制裁是指依照刑事法律规定对犯罪人所实施的惩罚性措施,即刑罚制裁。在我国它包括自由刑、生命刑、资格刑和财产刑。具体分为管制、拘役、有期徒刑、无期徒刑、死刑以及若干附加刑。它是一种最严厉的法律制裁。

所谓补偿,是指以法律上的功利性为基础,通过当事人要求或者国家强制力保证要求责任主体以作为或不作为形式承担弥补或赔偿的责任方式。主要包括:

第一,民事补偿。民事补偿是指依照民事法律规定要求责任人承担的弥补、赔偿等责任方式。民事责任以补偿为主,它包括停止侵害、排除妨碍、消除危险、返还财产、恢复原状、赔偿损失、消除影响、恢复名誉、修理、重作、更换等等。

第二,行政补偿。行政补偿是指依照行政法律规定要求责任人承担的弥补、赔偿等责任方式,我国实践中通称为行政赔偿。它主要是指行政主体对行政相对人的补偿责任,如因违法行政行为造成相对人损害的行政赔偿、因合法行政行为(如征用土地)造成相对人损害的行政补救。

第三,司法补偿。司法补偿是指司法机关的具体司法行为错判、错捕等造成当事人损害所承担的赔偿责任方式,实践中又通称为司法赔偿。司法赔偿与行政赔偿合称为国家赔偿。

所谓强制,是指当责任主体不履行义务时,以法律上的强制性为基础通过国家强制力对责任主体实施强制措施,迫使义务主体履行义务的法律责任方式。强制包括对人身的强制,如强制治疗、强制戒毒、拘传;对财产的强制,如强制划拨、强制扣缴、强制拆除、强制拍卖。

推荐阅读

1. 孙笑侠:《公、私法责任分析:论功利性补偿与道义性惩罚》,载《法学研究》,1994年第6期。

① 丹宁·劳埃德(Dennis Lloyd):《法律的理念》(中译本),56页,台湾联经出版事业公司,1986年。

2. 刘作翔,龚向和:《法律责任的概念分析》,载《法学》,1997年第10期。

3. 张琪:《论当代中国法律责任的目的、功能与归责的基本原则》,载《中外法学》,1999年第6期。

思考题

1. 什么是法律责任？其性质和特点是什么？
2. 法律责任的产生原因有哪些？
3. 法律责任的构成要素有哪些？
4. 法律责任的分类有哪些？
5. 法律责任的实现方式有哪些？其各自的意义是什么？
6. 法律责任的归责原则有哪些？你如何理解每个归责原则？
7. 法律责任的减免条件有哪些？
8. 什么是法律制裁？法律制裁的种类有哪些？

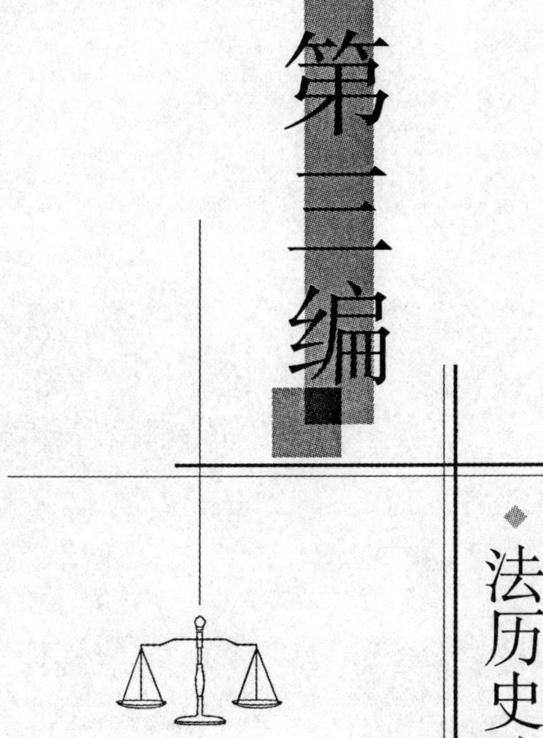

第三编

法历史论

第十三章　法的起源

学习提示：法是人类文明历史的产物，本章首先讨论了原始社会的社会调控，原始社会晚期导致法与国家起源的原因和标志，并总结了法起源的一般规律。重点问题是法起源的原因和标志，难点问题是法起源的一般规律。

重点问题：

1. 原始社会的社会调控
2. 法起源的原因和标志
3. 法起源的一般规律

第一节　原始社会的社会调控机制

一、原始的社会生产方式与社会组织

原始社会是人类发展史上的早期阶段，生产力水平非常低下，生产工具简陋，在绝大部分的时间段上使用石器。采集和渔猎是获得生活资料的最主要方式，只是到了原始社会晚期，人类才"学会靠人类的活动来增加天然产物"[①]，即学会经营畜牧业和农业。在原始条件下，一个人的劳动所得在用于消费后没有剩余，剥削他人劳动是不可能的。而且，个人的生产能力和生存能力不足以独立应付自然和外族的压力，只有依靠集体，才能谋求生存与发展。由此，共同占有、共同劳动、平均分配的原始共产制就成为唯一可能的经济形态。

与原始社会的生产方式相适应，原始社会没有阶级的划分，也没有与阶级划分相联系的各种政治、经济组织，唯一的社会组织就是原始公社。原始公社在经历了漫长的原始群和血缘家庭阶段后，在后期出现了氏族公社。氏族公社的产生虽然较晚，但它却是原始社会最典型的社会组织形式。氏族是原始人以血缘关系为纽带而形成的内部禁止通婚的亲属集团。作为一种社会组织，氏族具有下列特点：

第一，氏族完全按血缘亲属关系来划分和组织居民，在氏族社会中共同生活的人们同属于一个大家族。这与文明社会按地域来划分和管理居民完全不同。

第二，氏族组织内部实行原始的民主管理。全体氏族成员所组成的氏族大会讨论决定氏族社会的一切重大问题，氏族首领由选举产生，随时可以撤换，只负责处理内部日常事务和领导对外战争，没有任何特权，而且，要和其他氏族成员一样平等地参加劳动和分配。因此，氏族社会中没有专门从事管理的、凌驾于社会之上的特殊公共权力，"没有系统地采用暴力和强迫人们服从暴力的特殊机构"。[②]

---

① 《马克思恩格斯选集》第4卷，23页。
② 《列宁选集》第4卷，44页。

第三，在氏族社会存在的绝大部分历史时期内，氏族都是一个建立在原始共产制和群婚制之上的生产单位、消费单位和社会单位。

二、原始社会的社会规范

原始社会是一个无政府而有秩序的社会。氏族组织和氏族习惯构成了调整社会关系、建立社会秩序的两种基本力量。

氏族习惯是在氏族成员长期的共同生活中自发形成的，经过世代相袭，便成为全社会公认的神圣不可侵犯的传统。美国人类学家摩尔根曾长期在美洲易洛魁人的氏族中生活，他运用人类学特有的田野调查方法，对氏族习惯进行深入的研究，根据摩尔根《古代社会》一书的资料，易洛魁人的氏族习惯包含着十分广泛的内容。

(一)关于共同劳动、平均分配的习惯

在生产力水平低下的条件下，氏族成员把共同劳动、分工协作和平均分配食物看做极其自然的事情。每个有劳动能力的人都自觉地参加劳动，懒惰被视为非常可耻的行为。

(二)关于婚姻、家庭和亲属制度的习惯

在氏族中，内部成员禁止通婚。婚姻家庭形式从最初的群婚家庭发展到对偶婚家庭。在婚姻家庭制度的基础上，也形成了相应的亲属制度，对亲属关系的亲疏远近是通过不同的称谓来标明的。

(三)关于处理公共事务的习惯

氏族内部没有阶级和等级之分，重大事务由氏族成员的全体大会讨论表决，氏族首领选举产生，可随时被撤换，任何人都必须服从集体的决定。这一切在氏族社会全体成员看来，都是天经地义的。

(四)关于财产继承的习惯

氏族成员的个人财产一般仅限于个人制造和使用的工具及少量的生活用品。按易洛魁人的习惯，死者的财产必须由同氏族人继承，由于当时正处在母系氏族时期，男子均与外氏族女子结婚并生活在妻子的氏族，故夫妻不得彼此继承财产，子女也不能继承父亲的财产。

(五)关于解决纠纷的习惯

氏族内的纠纷绝大多数由当事人自行和解或由氏族首领出面调解。如果有人严重违反氏族习惯，最重的制裁是驱逐出本氏族，而这往往意味着死亡。如果在不同的氏族部落间发生冲突，则用战争来解决。当本氏族成员被外族人杀害时，全氏族成员都必须为其复仇，此即“血族复仇”的习惯。

(六)关于维护共同利益的习惯

维护氏族和部落的共同利益，是氏族社会最基本的道德原则，对此，每个氏族成员都自觉遵行。在他们心目中，“部落、氏族及其制度，都是神圣而不可侵犯的，都是自然所赋予的最高权力，个人在感情、思想和行动上始终是无条件服从的”。①

(七)关于宗教方面的习惯

原始的图腾崇拜、大量的禁忌和神秘的宗教仪式在氏族成员中具有极大的约束力，而且，这种宗教性质的习惯规范与其他方面的习惯又有着千丝万缕的联系，彼此交织在一

① 《马克思恩格斯选集》第4卷，94页。

起,从而大大地增强了氏族习惯的力量。

在父系氏族产生以前,氏族社会完全是以原始共产制和群婚制为基础而形成的家庭式社会。由于个人利益与集体利益高度地融合在一起,氏族社会内部没有普遍的利益差别和利益冲突,自发形成的氏族习惯代表着全社会成员的共同要求和共同利益。习惯规范的实施,依靠氏族首领的道德感召力和威望,依靠每个人的自觉,依靠社会共同的道德信念和宗教观念,依靠强有力的舆论力量。正如列宁指出的那样:“公共联系、社会本身、纪律以及劳动规则全靠习惯和传统的力量来维持,全靠族长或妇女享有的威信或尊敬(当时妇女不仅与男子处于平等地位,而且往往占有更高地位)来维持,没有专门从事管理的人的特殊等级。”① 恩格斯也曾对氏族社会的调控机制发出感叹:“这种十分单纯质朴的氏族制度是一种多么美好的制度啊!没有军队、宪兵和警察,没有贵族、国王、总督、地方官和法官,没有监狱,没有诉讼,而一切都是有条理的。一切争端和纠纷,都由当事人的全体即氏族或部落来解决,或者由各个氏族相互解决;……一切问题,都由当事人自己解决,在大多数情况下,历来的习俗就把一切调整好了。”② 但是,有一点应当注意,原始社会的这种调控机制是以当时的生产方式为基础而发挥作用的,随着生产力水平的提高,它必然被历史的发展所淘汰。

第二节　法的起源

一、法产生的社会背景

在法学发展史上,先后曾出现过许多回答法起源的理论,其中影响较大的有神意说、父权说、社会契约说、暴力论和心理说,等等。但是,只是在马克思主义产生以后,法起源的问题才得到了正确的解答。

(一)原始社会调控机制的崩溃

1. 原始社会末期三次社会大分工及其社会后果。在原始社会末期,由于生产力水平的提高,引起了三次社会大分工,每次大分工都大幅度地促进了生产力的发展,提高了劳动生产率,由此导致原始社会的秩序全面崩溃,并使人类进入文明社会,国家与法律也应运而生。

第一次大分工是畜牧业和农业的分工。大约在公元前5000年左右,金属工具开始出现,随之而来的是一些大河流域的冲积平原上出现了农业。由于犁耕技术和灌溉技术的使用,使农业产品丰富起来,形成了农业部落和畜牧业部落并存的格局。第一次大分工导致的社会变化,最主要的是:第一,出现了剩余产品和产品交换,在产品交换的过程中,动产的私有化开始在一定范围内出现;第二,劳动生产率达到一个人的劳动所得除了养活自己还略有剩余的程度,战俘不再被吃掉或杀掉,转而成为家庭奴隶。

第二次大分工是手工业和农业的分工。在生产力发展的过程中,制陶、制革、冶金、工具制作等技术达到专业化程度,手工业形成,从而使劳动生产率进一步大幅度提高,与此相适应,人口也大大增加。第二次大分工导致的社会变化,最主要的是:第一,奴隶劳动成为有利可图的事情,奴隶制开始形成;第二,为掠夺人口和财富,战争频繁,氏族军事首领

① 《列宁选集》第4卷,45页。
② 《马克思恩格斯选集》第4卷,92~93页。

的权力增加;第三,个体家庭开始出现并日渐代替氏族公社而成为基本经济单位,私有制正在形成。

第三次社会大分工是商业的出现。随着劳动生产率的提高和产品交换规模的扩大,以贸易为职业的商人阶级开始形成,金属货币、高利贷出现,部落间的贸易甚至海上贸易也成为社会经济生活的重要组成部分。第三次社会大分工使财富的集聚速度加快,贫富分化加剧,私有制、奴隶制和阶级分裂最终形成。

2. 氏族制度的解体。正如恩格斯指出的那样,质朴的氏族制度在没有职业化的管理人员和暴力机构,没有法律的情况下,靠氏族组织和氏族习惯来维持社会秩序。在三次社会大分工所造成的深刻变化面前,氏族制度的解体就成为必然。

首先,私有制的确立摧毁了氏族制度赖以存在的经济条件。氏族制度的经济基础是原始共产制,它所奉行的原则是在生产过程中对生产资料共同占有,在消费过程中对消费资料平均分配。而私有制的确立,使原有的经济关系及其原则受到彻底破坏,与私有制相伴而生的一夫一妻制家庭使氏族分裂为一个个独立的经济单位和利益主体。个人利益与集体利益高度融合的状态被彻底打破。

其次,氏族内部的阶级分裂代替了氏族制度中的平等关系。在第一次社会大分工刚刚开始时,奴隶的来源是从外族俘获的战俘,随着私有制的日渐成熟和贫富分化加剧,许多贫穷的氏族成员开始沦为债务奴隶,成为任人宰割的"会说话的财产"。原始的民主管理逐步被少数奴隶主阶级的统治所取代。

再次,分工和交换关系的发展消灭了氏族制度赖以存在的地理条件。分工和交换的发展,使氏族成员为谋生和职业的需要而分散居住在不同的地域。原有的同一氏族成员聚居一地的状态日益被普遍的杂居所取代。氏族成员间已经不可能像原来那样经常地举行宗教仪式和集会了。而宗教仪式恰恰是维系氏族生存,强化氏族成员归属感的最重要方式之一。

最后,普遍的利益差别和利益冲突破坏了氏族制度中共同的行为标准,使什么是共同利益、什么是正当的个人利益很难再有一个完全一致的答案。原有的氏族习惯靠社会的共同确信而维系,现在,原有的习惯哪些应予保留,哪些应予改变,哪些应予废弃,已经不可能形成共识。

由于上述因素的存在,只靠当事人自觉、舆论压力、酋长的威望和没有暴力手段的氏族大会来维持社会秩序的原始的调控机制,便不能不陷于瘫痪状态。用恩格斯的话来说:"氏族制度已经过时了。它被分工及其后果即社会分裂阶级所炸毁。它被国家代替了。"①

(二)国家的形成与法的产生

原始社会调控机制的崩溃与国家和法的出现,是同一个历史过程,也具有同样的社会根源,它们都是三次社会大分工及其社会后果在社会调控方式上引起的连锁反应。我们知道,秩序是任何社会得以存在的最基本需要,当氏族组织和氏族习惯无力实现维持秩序的需要时,国家组织和法律规范便成为唯一可能的替代物。

三次社会大分工的历史过程,构成了法律起源的宏观社会背景,而与法律相伴产生的

① 《马克思恩格斯选集》第4卷,165页。

国家及其机构,则构成了了解法律起源的重要参照系。法律作为由国家制定认可并以国家强制力保障实施的社会规范体系,与国家组织机构体系是相辅相成的、不可分离的,两者的有机结合,才能在原有社会调控机制全面崩溃的状态中实现秩序的重建。

国家与法律一样,是在氏族社会的后期逐渐形成的,具体地说,是在父系氏族公社中孕育,并最终在氏族制度的废墟上形成的。

氏族公社最初的、也是最典型的形态是母系氏族公社。母系氏族公社是以女性氏族成员间的血缘关系为纽带而形成的社会,其最突出的特点是实行群婚制和原始共产制。在这样一个社会中,国家机构与法律既是不必要的,也不可能存在。随着社会生产力的发展,在第一次社会大分工的过程中,父系氏族开始代替母系氏族(约公元前5000年左右)。父系氏族公社的产生意味着氏族制度开始走向解体,这是因为,父系氏族公社是以私有制和个体家庭为基础而建立起来的,包括奴隶在内的家长制家庭成为具有独立利益的社会经济基本单位。在父系公社中,为了掠夺奴隶和财富,军事民主制及其组织机构发展起来,氏族长老逐渐演变为氏族贵族,军事首领也从选举逐渐演变为世袭,常设武装即军队和法庭、监狱也次第出现。随着私有制和奴隶制日益成为社会结构中的主导因素,军事民主制机构最终演变为一种凌架于社会之上的、由职业官吏所组成的、以有组织的暴力为基础的特殊公共权力,这就是国家机构。

国家组织体系的形成过程,也是一个公共权力逐渐与社会相脱离、逐渐被少数人所垄断的过程,在这一过程中,那些处于形成过程之中的国家机构或已经完全形成的国家机构,以全社会代表的名义对原有氏族习惯加以取舍,认可那些与现行社会结构相一致的习惯规范,取消那些与现行社会结构不一致的习惯规范,并创制一些新的规范来调整新的社会关系,同时,用有组织的暴力保障这些社会规范得以实施,就这样,氏族社会中所没有的法律规范体系便逐渐成长起来。最终的结果是国家组织体系和法律规范体系完全取代了氏族组织和氏族习惯,成为建立和维持秩序的手段。

国家组织与法律规范所建立和维持的社会秩序,与原有的社会秩序有根本的差别。这是一种以保护私有制和阶级统治关系为宗旨的秩序,为了压抑和惩罚破坏秩序的行为,国家强制力便成为确保法律规范得到实施的重要力量。

二、法产生的基本过程

(一)法产生的基本标志及其与氏族习惯的区别

法的产生经历了一个很长的历史阶段,它的最终形成以下述现象为标志。

第一,国家的产生。在原始社会中,人们在长期的共同生活中自然地形成了各种习惯规范,这种习惯规范存在于传统之中,既不是由某个专门从事管理的机构制定或认可的,也不是靠有组织的暴力来保障实施的。而法律调控则意味着:①有一个专门机构以全社会代表的名义认可或制定权威性的行为规范;②有一批被组织起来的官吏负责执行这些规范;③为了保证这些规范不被蔑视,违反规范者会受到有组织暴力施加的制裁。而这些,正是国家机构所具有的特点,没有此种特殊公共权力的存在,法律既不可能被创制出来,也不可能被有效地实施。

第二,诉讼与审判的出现。在原始社会中,没有诉讼与审判。氏族内部的纠纷由当事人自行解决,部落(由氏族或胞族组成)之间的纠纷则往往诉诸武力,以战争来解决。而法律对社会关系和行为的调控,意味着当事人的“私力救济”被限制和“公力救济”的出现,否

则，任由当事人对侵犯权利的行为自行处置，便难以在利益冲突普遍化的状态下保持必要的秩序。这就要求由一个特定的机构来行使审判权，并通过一定的诉讼程序来处理纠纷。

第三，权利与义务的分离。氏族习惯是每一位社会成员都能自觉遵行的行为标准。依习惯而行事，在一般情况下无所谓是行使权利还是履行义务。正如恩格斯在《家庭、私有制和国家的起源》一书中所指出的那样：在氏族内部“权利和义务之间还没有任何差别；参加公共事务，实行血亲复仇或为此接受赎罪，究竟是权利还是义务这种问题，对印地安人来说是不存在的；在印地安人看来，这种问题正如吃饭、睡觉、打猎究竟是权利还是义务一样荒谬”。① 而法律对行为的调控，须以权利和义务的分离为条件，这意味着：①法律规范要对各种行为加以明确区分，规定出什么行为可以做，什么行为不得做和什么行为必须做；②在各种法律关系中把相应的权利义务分别明确地分配给不同的法律关系主体。如果没有这种区分，法律就不能实现对各种行为的调控职能。

当上述三个标志完全具备之时，法律起源的过程就完成了。此时，一种与国家组织体系相匹配的法律规范体系便告形成。这种新型的社会规范体系与原有的氏族习惯有着根本的不同。第一，两者体现的意志不同。氏族习惯反映氏族全体成员在利益高度融合基础上形成的共同意志，这种共同意志也就是完全意义上的社会意志。法则是以国家意志的形式体现出来的统治阶级意志，它只是在社会中占主导地位的意志，而不是社会共同意志。

第二，两者产生方式不同。氏族习惯以传统的方式自发地形成和演变，它像语言一样不是任何人、任何机构有意地创造和选择的结果。法则是由统治阶级及其政治代表在行使国家权力的过程中，有意识地创立和有意识地对原有习惯加以选择、确认而形成的。

第三，两者实施的方式不同。氏族习惯也就是每个氏族成员自幼养成的行为习惯，它依靠当事人的自觉、舆论和氏族首领的威望来保障实施。法的实施当然也要借助于当事人的守法意识和舆论的支持，但是，这显然是不够的，它还要以国家强制力为最后的保障，并以警察、法庭、监狱和各种强制机关作为后盾。

第四，两者适用的范围不同。氏族习惯只适用于具有血缘亲属关系的同一氏族或部落成员，法则适用于国家权力所辖地域内的所有居民。

第五，两者的根本目的不同。氏族习惯是维护共同利益，维系社会成员间平等互助关系的手段。法则以实现统治阶级利益为首要目的，并为此而建立和维护统治关系和社会秩序。

(二)法产生的一般规律

法律从无到有、从萌芽初现到最终形成为一种基本制度，在不同的民族和社会中经历了不同的具体过程。然而，在纷繁复杂、差别明显的表象背后，却可以发现一个一般的共同的规律。这种规律主要表现在以下几个方面。

第一，法律制度是在私有制和阶级逐渐形成的社会背景下孕育、萌芽，并与国家组织相伴发展和确立起来的。法律并不是与人类社会同步出现的现象，它的孕育、萌芽和最终形成需要特定的社会条件，只有在共同利益分化为众多的个体利益并导致普遍的利益冲突，仅靠道德、传统和舆论不足以有效维持社会存在与发展所必需的基本秩序时，法律的

① 《马克思恩格斯选集》第4卷，155页。

产生才成为必要和可能。而社会生产力发展所导致的私有制关系、阶级分裂和原始社会调控机制的崩溃，恰恰创造了法律形成的社会条件。同时，法律的形成过程也受到了国家形成过程的促进，反过来，它也确认和助长了国家组织对氏族组织的取代。

第二，法律制度形成过程是一个行为的调整方式从个别调整发展为一般调整的过程。法律萌芽之初，对行为的调整是针对个别行为采取的。例如，最初的产品交换只是偶然的个别现象，对这种关系的调整也表现为个别调整。个别调整方式和具体情况直接联系，针对性强，但带有较大的不确定性和不可预见性。我国古代文献上所说的"议事以制，不为刑辟"，就是这种情况。在法律调整的实践中，随着偶尔的个别行为演变成比较常见的行为，个别调整所临时确定的规则便逐渐发展成为经常的、反复适用的，不只是针对个别行为而是针对同一类行为的共同规则。共同规则的形成把对行为的调整类型化、制度化为一般调整，即规范调整。规范调整的出现是法律最终形成过程的关键性一环。这种规范调整形成了针对某一类行为和社会关系的稳定的调整机制，从而给处于该类行为领域和社会关系中的人们提供了明确的行为模式，这就使人们相对地摆脱了偶然性和任意性的左右，有利于社会秩序的形成和巩固。当然，由于受规范调整的具体情况是千差万别的，所以，在以规范调整为基础的前提下，个别调整仍然发挥着填补缝隙的作用。不过，法律制度的最终形成，主要是通过规范调整的普遍化而表现出来的。

第三，法律制度的形成经历了由习惯演变为习惯法再发展成为成文法的长期过程。最初的法律规范大都是由习惯演变而来的，在法律制度形成的过程中，统治阶级所控制的国家按照现行社会秩序的需要对原有习惯规范进行甄别取舍，继承一部分习惯规范，如关于宗教祭祀的习惯、关于婚姻制度的习惯，在可供选择的同类习惯中取缔某些习惯并保留另一些习惯，如有意识地禁止习惯所允许的血族复仇和同态复仇，而保留赎罪的习惯和根据当事人身份来确定赎罪金数额的习惯；严厉取缔那些与现行秩序直接冲突的习惯，如共同占有的习惯。在经过国家有选择的认可之后，习惯就演变成习惯法。在社会生活变化幅度较大，习惯法不足以调整社会关系时，由国家机构有针对性地制定新的规则就成为必要，成文法由此而生。这样，一个与现存社会生活条件相适应的法律制度便最终确立起来。

第四，法律、道德和宗教等社会规范从混沌一体逐渐分化为各自相对独立的规范系统。原始社会中的习惯，本身就是集各种社会规范于一体的，兼有风俗、道德和宗教规范等多重属性。在国家与法律萌芽之初，法律与道德和宗教等社会规范并无明显界限。随着社会管理经验的积累和文明的进化，对相近或不同行为影响社会的性质和程度有了区分的必要和可能，法律与道德规范和宗教规范及其调整的行为类型开始从混沌走向分化。这种分化在不同的社会所经历的过程不完全相同，但是，使法律调整与道德调整和宗教调整相对区分开来，却是一个共同的趋势。

推荐阅读

1. 高鸿钧：《法律成长的精神向度》，载《环球法律评论》，2003年冬季号。

2. 张永和：《血缘身份与契约身份》，载《思想战线》，2005年第1期。

3.[英]哈特:《法律的概念》,张文显等译,中国大百科全书出版社,1996年版。

思考题

1. 什么是社会调控？其形式和类型有哪些？
2. 原始社会的社会调控是怎样的？
3. 法产生的原因有哪些？
4. 法产生的标志和规律有哪些？
5. 法与氏族习惯的区别有哪些？

第十四章　法的历史类型

学习提示：本章从法的演进角度来探讨法的历史类型的问题，分别阐述了古代法律制度、近现代资本主义法律制度和我国社会主义法律制度，在此基础上论述法的历史传统——法系及其概念、划分，并对资本主义两大法系进行了比较。

重点问题：

1. 法的历史类型
2. 资本主义法律制度
3. 我国社会主义法律制度
4. 两大法系的比较

第一节　法的历史类型的概念

一、法的历史类型的概念

法的历史类型是与社会形态相联系的概念，是依据法所赖以存在的经济基础及所体现的国家意志的性质的不同而对各种社会的法律制度所作的分类。按照划分法的历史类型的标准，法律发展史上曾先后产生过四种历史类型的法律制度，即，奴隶制的、封建制的、资本主义的和社会主义的法律制度。

奴隶制、封建制和资本主义的法律制度，分别建立在不同的私有制经济关系之上，所体现的国家意志分别来自于奴隶主阶级、封建地主阶级和资产阶级，这三种法律制度都属于剥削阶级类型的法。社会主义法律制度建立在社会主义公有制经济关系之上，它所体现的国家意志来自于工人阶级及其领导下的广大人民，因而与体现少数剥削者意志和利益的法律制度有着根本的差别，是最高历史类型的法。

二、法的历史类型更替的原因和条件

在人类社会的文明史中，法的历史类型呈现出一个从低级到高级的更替趋势。法的历史类型的更替是由于何种原因并以何种方式实现的？对这一问题的解答，就涉及到法的历史类型更替的一般规律。这种规律表现在两个方面。

首先，从法的历史类型发生更替的根本原因上看，任何一个历史类型的法之所以出现或消失，都是社会基本矛盾运动的结果。在社会基本矛盾运动的过程中，生产关系必须适应生产力的水平和性质，这是历史的客观规律。“社会物质生产力发展到一定阶段，便同它们一直在其中活动的现存生产关系或财产关系（这只是生产关系的法律用语）发生矛盾。于是这些生产关系便由生产力的发展形式变成生产力的桎梏。那时社会革命的时代

就到来了。随着经济基础的变更,全部庞大的上层建筑也或慢或快地发生变革。"① 因此,当生产关系被生产力的发展所否定时,原有历史类型法的消失和新历史类型法的产生就不可避免。

其次,从法律历史类型发生更替的方式上看,新历史类型的法取代旧历史类型的法都是在社会革命的过程中实现的。先进的生产关系取代落后的生产关系以及与之相伴随的先进的法律制度取代落后的法律制度,都不可能自发地和毫无阻力地实现,而必须借助于社会革命。社会革命的典型形式是自下而上的大规模暴力革命,在近代史上,法国大革命、俄国十月革命就是最著名的实例,作为革命的直接结果,就是旧的法律制度被废除,新的法律制度得以确立。此外,某些社会由于受当时具体历史条件的影响,也可能以渐进式的社会革命达到社会转型的目的,这种渐进式的革命以英国资产阶级革命和日本明治维新为代表,它较多地采取了自上而下的和平方式。

第二节 古代法律制度

奴隶制法和封建制法都是古代的法律制度。一方面,两者各自赖以存在的经济基础和所体现的国家意志的性质有深刻区别,另一方面,多数国家的奴隶制法和封建制法又都是建立在自然经济和专制政治基础之上的,因而,在许多方面也有重要的共同之处。换言之,两者所确认的生产关系不同,所反映的国家意志的阶级属性不同,但是,在体现自然经济关系和专制政治关系的一般规律方面,却是相同的。

一、奴隶制的法律制度

奴隶制的法律制度是人类历史上最早出现的剥削阶级类型的法,是随着私有制、阶级和国家的出现,在氏族制度的废墟上建立起来的。奴隶制的法律制度具有如下重要特征。

第一,否认奴隶劳动者的法律人格,公开确认对奴隶的人身占有。

由奴隶主对奴隶的人身加以占有,是奴隶制生产方式最突出的特征。在发展到极端的奴隶制中,奴隶在法律上是没有人格的,即,法律完全不承认奴隶是人,而将他们视为纯粹的财产。由于奴隶在任何意义上都被法律归入财产,他们也就不能享有任何权利,而只能成为权利客体,可以像其他财产一样,由主人任意处置,包括出卖或处死。在相对温和一点的奴隶制法中,法律可能要在绝大部分的社会关系中否认奴隶的人格,而在一个有限的范围内承认奴隶有不完全的法律人格,即,在某些事项上被法律当做人来对待,可以享有一定的权利,在其他事项上仍然被视为非人即财产,仍然只是权利的客体。例如,古希腊某一时期曾有过这样的法律规定:一个奴隶如果受到主人极端虐待,可以要求主人把他卖给另一个人;因负债而成为奴隶的人,可以用赎金赎回自由;无正当理由杀死奴隶的人,要被施以惩罚。这些规定,在人身权关系的某些特定事项上,承认了奴隶享有某些有限的人身权。当然,即使在这种情况下,奴隶主对奴隶的人身占有仍然是受法律保护的。无论如何,以直接占有人身的方式来实现剥削和压迫,这确实是阶级统治最野蛮的形式。

第二,惩罚方式极其残酷,带有任意性。

奴隶制社会是刚刚脱离了蒙昧状态的最初的文明社会,这就决定了奴隶制法必然带

① 《马克思恩格斯选集》第2卷,82页。

有野蛮、残酷的特点。例如，在古雅典奴隶制国家最终形成之前，处于正在成长过程之中的法律制度曾规定（德拉古立法）偷窃水果和蔬菜的一律处死，甚至连"懒惰"也要处死。在奴隶制国家和法律最终形成之后，为了维持有利于奴隶主阶级的社会秩序，更是习惯性地倾向于使用较多的暴力。在中国的夏代，刑罚的种类最多时不下三十余种，而且包含大量以侮辱人格、增加肉体痛苦和精神恐怖为特点的刑罚方法，诸如断足、割鼻、炮烙、镬烹、剖腑和醢（剁为肉泥）等等。到了西周时期，被后人尊为"圣人"的周公倡导"德治"，西周的刑罚种类降至五种，即墨、劓、刵、宫、大辟五刑，仍然未尽脱野蛮色彩，而且，按周公所发布的《酒诰》规定，周人"群饮"酗酒者也要处以死刑。类似这种刑罚惨烈、轻罪重罚的现象，在各民族早期的法律中相当普遍。

第三，在自由民内部实行等级划分。

奴隶制法不仅通过否认奴隶的法律人格来确认奴隶主与奴隶之间不平等的地位，而且，在自由民之间也实行等级划分。自由民是除奴隶之外的所有具有人身自由的人（在古罗马法中自由民专指被释放的奴隶），既包括无业贫民和个体劳动者，也包括大小奴隶主。自由民之间的法律地位完全不同，等级越高特权越多而义务越少，等级越低则权利越少而义务越多。例如，古印度的《摩奴法典》确立了种姓制度，婆罗门（僧侣贵族）为最高等级，刹帝利（武士贵族）次之，吠舍（农民、手工业者和商人）再次，首陀罗（奴隶和杂工）为最低种姓，属于"不可接触的"贱民。所有特权都归属于前两个种姓，第三个种姓是没任何特权的平民百姓，第四个种姓则是倍受歧视的社会最底层。为了维护等级间的森严界限，不同种族间严禁通婚，与低种姓通婚者便丧失其原有的等级身份。

第四，明显带有原始习惯的某些残余。

奴隶制社会从原始社会脱胎而来，便不可能不带有原始社会的某些痕迹。正如恩格斯指出的那样："在社会发展的某个很早的阶段，产生了这样的一种需要，把每天重复着的生产、分配和交换产品的行为用一个共同规则概括起来，设法使个人服从生产和交换的一般条件。这个规则首先表现为习惯，后来便成了法律。"[①] 因此，文明社会初期的法律大都是由习惯转化而来的。即使在奴隶制法比较成熟之后，也保留了较多的习惯因素。例如，在土地所有制方面，土地归国家所有或村社所有的习惯曾在法律中保留了很长的时期，这在东方几个文明古国的法律中尤为突出；在法律责任和制裁方面，由集体共同承担责任的习惯，用"同态复仇"的方式追究责任的习惯，以及允许私人自行对侵权者予以制裁的习惯，也或长或短地出现在奴隶制法之中。

二、封建制的法律制度

大多数封建制法是在奴隶制崩溃之后建立起来的。由于受特定历史条件影响，也有一些封建制法是由处于氏族社会末期的民族在征服了实行奴隶制的地区之后，为适应所统治地域的社会生活条件而建立起来的。

由于不同社会中的封建制法在形成之初的历史背景有较大差异，它们发展的条件和道路也有较大差异，因此，它们所具有的重要特点也不完全相同，这一点，在东西方的封建制法之间特别明显。在不完全精确的意义上，可以概括出封建制法如下四个重要特征：肯定人身依附关系、封建等级森严、维护专制王权和刑罚严酷、野蛮擅断。其中，第一、二个

① 《马克思恩格斯选集》第2卷，538～539页。

特征在西欧封建制法中比较典型,第三个特征在东方封建制法中比较典型,第四个特征是一切封建制法的共同特征,不过,其表现的形式也略有不同。

(一)肯定人身依附关系

这一特征最突出地存在于西欧封建制法之中。在典型的意义上,西欧封建制经济是按庄园制和农奴制组织起来的。庄园制通过土地分封制而形成,土地属于国有,各级封建领主占有土地建立庄园,但对土地没有转让处分的权利。在庄园中劳动的农民大多具有农奴身份,除在经济上受领主剥削之外,其人身也由领主不完全占有,没有独立的法律地位和完全的法律人格。农奴在法律上享有有限的权利,不能像奴隶那样被任意体罚或杀害,但仍属于领主的财产,在人身上没有自由,须受领主支配,也可被当做财产转让、出卖。农奴的法律地位优于奴隶,但低于自由人。

中国封建制经济是按个体家庭组织起来的。在社会正常发展时期,自耕农占农民的相当比例,他们耕种自己私有的土地或国家分配的土地,少地农民则租用地主的土地耕种。在法律上,农民并非地主的财产,具有独立的法律人格和人身自由。正因如此,中国的农业文明具有很强的活力,曾达到世界领先水平。在中国历史的个别阶段上,也有过农奴化的趋势(如汉末的部曲、宋代的庄客),但并未深入发展即告中断;也曾有过人身被部分占有的官奴、私奴,但占人口比例甚小。

(二)封建等级森严

任何封建社会都是一个等级社会,然而,等级化的普遍程度和严格程度在不同的社会也不完全相同,这一点,在各国封建制法中也有表现。

以西欧和中国为例,前者的等级制更为发达完备。封建制法在设立等级制度时,与奴隶制一样,也按如下方式来分配权利和义务:等级越高特权越多而义务越少,等级越低则权利越少而义务越多。西欧的封建等级制表现为一种普遍化的、界限森严的身份体系,不仅统治阶级中区分出国王、公爵、伯爵、子爵、男爵和骑士,被统治阶级中也区分出许多身份,如英国中世纪的法律就把农民分成自由佃农、维兰、边农、小屋农和农奴几种不同的身份。不同的身份意味着不同的权利和义务,而且,各种身份几乎完全是封闭式的,法律禁止从低身份向高身份流动。与此相适应,官吏集团只向少数具有高级身份的人开放。

中国封建社会也有等级身份的划分,但是,自战国时期的秦国首先废除“世卿世禄”制度以后,等级制受到了严重打击,一直没有达到西欧等级制那样完备森严的程度。虽然在平民中也有良与贱的身份之分,但等级特权主要是按“官本位”原则,而不是按身份(出身)来分配的。这与西欧完全按身份(出身)来划分等级大异其趣。中国封建社会的官吏集团也对平民开放,故有“朝为田舍郎,暮登天子堂”之说。西欧传统中的“身份崇拜”与中国传统中的“权力崇拜”均由此而来。

(三)维护专制王权

这一特征在东方封建制法中最为典型,西欧封建制法则相对次之。

前文言及,西欧封建社会的等级制远比东方封建社会发达,正是由于等级制发达,王权便受到强有力的限制。在西欧的等级制中,法律分配权利和义务的依据是每个人与生俱来的身份,而不是国王的态度和意志,由此,就形成了一个国王所不能完全控制的强大的贵族阶层。国王与贵族之间的关系根据分封土地时的契约来确定,尽管在原则上国王有权支配贵族,但是,两者间并非主奴关系。王权一方面受到等级特权和教会权力的强有力制约,一方面也在一定程度上受法律限制,即所谓"国王站在一切人之上,但须站在上帝和法律之下"。因此,西欧封建法直到封建社会后期才确认了专制王权的绝对至上性。

中国的封建制法则不同,它一直确认并全力维护专制王权的绝对至上性。这与等级制不发达,不存在一个强有力的贵族阶层有直接关系。在中国封建社会的结构中占居重要地位的不是世袭贵族阶层,而是庞大的官吏集团,但是,官吏的进退荣辱乃至身家性命完全由王权控制,他们与皇帝是奴与主的关系。皇帝借助于官吏集团统治全国,握有绝对至上的权力,且不受法律限制。法律对王权的唯一作用是确认并强化这种专制的政治关系。

(四)刑罚严酷、野蛮擅断

从总体上说,封建制法在刑罚方面的严酷程度只是稍次于奴隶制法。侮辱刑、肉体刑和恐怖痛苦的死刑执行方法在各个封建制法律制度中普遍存在。例如,德国16世纪的《加洛林法典》就设置了割耳、割鼻、割舌、挖眼、断指、断手、斩首、绞首、火焚和五马分尸等许多的残忍刑罚。中国封建制法还规定了族刑和连坐的制度,一人犯罪,满门抄斩,甚至祸及亲朋邻里。在东方文明古国早已禁止私人间暴力行为的近千年之后,西欧中世纪还长期存在司法决斗的习惯法,即诉讼双方在法官面前生死相拼,胜者即为胜诉,其野蛮性由此可见一斑。至于出入人罪、轻过重罚和司法专横的现象,在各国封建制法中都不少见。

第三节　近现代资本主义法律制度

一、资本主义法律制度

资本主义法是在封建时代的后期孕育、萌发,通过资产阶级革命而最终确立的。资本主义法律制度以资本主义私有制关系为基础,它所体现的国家意志来自于占社会少数的资本家阶级,因此,它与古代两种历史类型的法一样,也属于剥削者类型的法。不过,由于资本主义法律制度是在资本主义的市场经济和民主政治条件下存在和运行的,所以,它又是近、现代法律文明的一种形态,其奉行的许多原则也就明显不同于古代法律制度。

二、资本主义法律制度的特征

资本主义法律制度的一个总体特征就是按资本主义市场经济和民主政治的本质要求,建立了资本主义的法治国家,这一特征集中体现在下述原则之中。

(一)私有财产神圣不可侵犯原则

在法律史上,这一原则首次出现在1789年法国《人权宣言》上:"财产是神圣不可侵犯的权利,除非当合法认定的公共需要所显然必需时,且在公平而预先赔偿的条件下,任何人的财产不得受到剥夺。"后来,各国资本主义法都确认了这条原则。

这一条原则是资本主义法首要的原则,因为它准确地反映了"自由地利用资本来剥削劳动"这一资本主义生产方式最本质的要求。在前资本主义社会中,并不存在这样的法律原则,那时,私有财产虽然受法律保护,但并未达到神圣不可侵犯的程度,因为,在国家和专制王权面前没有什么神圣不可侵犯的私人权利,国家和专制王权不受法律约束,它们对私人财产的侵犯不会引起任何法律上的责任。

这一原则为交易安全提供了有力的保障,对资本主义市场经济的发展具有巨大意义。

当然，在任何人的财产权利都神圣不可侵犯这一行法律文字的背后，存在着一种明显的事实状态，即，主要的社会财富垄断在少数资本家手中，他们才是这一原则的真正受益者。

私有财产神圣不可侵犯的原则，在近代资本主义法中具体表现为一种绝对的所有权，它允许所有权人几乎可以完全任意地使用和处分自己的财产，对此，任何人(包括政府)均不得干涉。这种绝对的所有权在后来引发了一系列严重的社会矛盾。到了20世纪初，所有权的滥用开始受到限制，这是资本主义法制发展史上现代法制区别于近代法制的重要标志。

(二)契约自由原则

资本主义法律制度首次把契约自由上升为调整社会经济关系的基本原则。它意味着承认一切人都具有独立的法律人格，具有平等的法律地位，可以在法律所界定的广阔领域中自主地处分自己的利益和权利，并在社会交往双方达成合意的条件下建立或改变彼此间的权利、义务关系。

这一原则是市场经济关系本质要求在法律上的体现。市场经济与自然经济最关键的区别就在于，自然经济条件下的生产是为满足本人消费、交纳地租和赋税而进行的生产，市场经济条件下的生产是为交换而进行的生产。因此，市场经济也就是自由交换的经济，它在法律上就表现为一个契约的订立和履行的过程。古代法律制度中的人身占有、人身依附、等级特权和专制王权都是与市场经济的内在规律不相容的，也是与契约自由原则不相容的。可以说，契约自由原则不仅为重新安排和调整经济生活提供了新的准则，也由此而对整个社会生活的重新安排和调整提供了参照，从而，现代文明、现代法制的第一种形态——资本主义文明和法制才能得以确立。

在资本主义条件下，契约自由原则在形式上看给一切人都提供了自由选择的机会。但是，对于不占有生产资料的普通劳动者来说，它只意味着决定把劳动力出卖给什么人的自由，然而，在为了生存必须出卖劳动力、必须接受剥削这一点上是没有自由选择余地的，因此，契约自由对于资本家阶级才具有完全的意义，对于普通工人则只有部分意义，它是以契约自由形式而实现的经济强制。

近代资本主义法中的契约自由原则是以绝对的、极端的形式表现出来的，国家和法律对契约关系的形成持放任的态度，由此引发的许多社会矛盾和反道德行为使原有的启蒙理想受到全面破坏。自20世纪初开始，契约自由也与私有财产一样受到法律的限制，从绝对的契约自由到相对的契约自由是近代资本主义法制与现代资本主义法制的重要区别。

(三)法律面前人人平等原则

体现法国大革命之理想的《人权宣言》在第1条和第6条规定："人们在自由上而且在权利上，生来是平等的。""法律对于所有的人，无论保护或处罚都是一律的。在法律面前，所有的公民都是平等的。"这一原则同前述两条原则一样，也是由资本主义法制首先确立下来的。

法律面前人人平等原则包括丰富的内容，其中最基本的精神有三点。第一，所有自然人的法律人格(权利能力)一律平等。这种权利能力生而具有，不以任何特定事实为条件，它实际上就是人权，即，任何人都享有的作人的权利和资格。第二，自然人中的所有公民都具有平等的基本法律地位。公民是一种法律地位，它与基本权利和义务相联系，只要具有公民资格，就享有与其他公民平等的基本权利和平等的基本义务。第三，法律平等地对待同样的行为。法律在对行为施加保护和惩罚时，只关注行为的性质和后果，而不关注行为人的身份。这一精神的形象化表现，就是司法女神的眼睛是蒙起来的。

法律面前人人平等原则的确立，是人类社会从古代法律制度进入现代法律制度最主要的标志，是等级社会和专制国家的死亡宣告，因而具有划时代的意义。但是，也应看到，在资本主义的经济和政治结构中，这一原则的法律意义和社会意义是不同的。尽管所有公民在法律上享有平等的基本权利，但法律规范中的权利只是一种可能性，权利的实现离不开必要的条件，在经济资源、政治资源和信息资源不平等占有的情况下，许多平等的权利对许多普通的劳动者来说，很少具有实际意义。确实，在法律上，一个汽车装配线上的工人也与他人一样有投资办厂的权利，也与他人一样有竞选总统和议员的权利，然而，这些平等的权利丝毫也不能改变资源不平等占有的阶级差别。

在近代资本主义法制中，法律面前人人平等原则并没有全面实施。其突出的表现是：第一，对选举权和被选举权这一最重要的政治权利加以财产资格限制，从而使许多普通劳动者的权利被不平等地剥夺。第二，对工人的结社权加以限制，工会和工人阶级政党长期被宣布为非法。第三，法律公开允许种族歧视，在某些国家甚至使奴隶制合法化。第四，性别歧视也得到法律的承认，妇女与男性在基本权利的享有上是不平等的。

上述不平等待遇直到20世纪上半叶，还普遍地存在于各资本主义国家的法律制度之中。从20世纪中期开始，由于以工人阶级为主体的各界民主力量的努力奋斗，在强大的社会压力下，资产阶级国家机构不得不对原有的法律规定加以废止或修改，这实际上是少数资本家阶级不得不作出的被迫让步。至20世纪后期，各主要资本主义国家的法律中，上述不平等规定已基本被人民斗争的力量所取消。

除了上述讨论的三项原则之外，资本主义法律制度还有人民主权、法律至上（或宪法至上）、有限政府、分权制衡、普选代议等许多重要原则，不过，相对而言，这些原则都是为了保障私有财产不受侵犯，为了保障商品生产的交换在契约形式下正常进行，为了保障权利、义务的平等分配而被确立下来的。在这些原则的指导下，资产阶级以不同于古代社会的方式实施自己的统治，其共同利益在“法治国家”的稳定状态下得到了最大化的实现。

第四节　当代中国社会主义法律制度

一、当代中国法律制度的产生与发展

中国社会主义法律制度是在中国人民反对帝国主义、封建主义和官僚资本主义反动统治的革命斗争中孕育，在社会主义国家建立之后正式确立，并在社会主义建设的过程中发展起来的。它的产生与发展，大致可以分为四个阶段。

（一）孕育阶段

在新民主主义革命阶段，中国共产党领导下的革命根据地政权曾先后颁布过《中华苏维埃共和国宪法大纲》、《陕甘宁边区施政纲领》和《中国土地法大纲》等法律文件。它们是获得局部解放的中国人民意志的体现，为后来的法制建设积累了经验，是中国社会主义法律制度的前身。

（二）确立阶段

在中华人民共和国成立前夕制定的《中国人民政治协商会议共同纲领》,预示着一个新的国家政权和法律制度即将形成。中华人民共和国成立后,中国共产党开始领导各族人民有步骤地实现从新民主主义到社会主义的转变,至1956年,我国对农业、手工业和资本主义工商业的社会主义改造基本完成,社会主义制度正式确立起来。在这一期间,以宪法、婚姻法和其他一些单行法为基本内容的社会主义法律制度也相应得以确立,但数量有限,内容也比较简略。

(三)初期发展阶段

这一阶段从社会主义制度正式确立到"文革"结束,经历了21年的时间。在头十年中,我国制定了一批单行条例、行政法规和地方法规,进一步加强了司法机构,法制建设步伐虽然较慢,但尚未出现大的起伏,但是,也存在着以党的政策代替法律和轻视法律的倾向。"文革"发生后,刚具简要框架的社会主义法制便受到了严重的破坏,政策和领导人的意志取代了法律而成为调整社会关系的主要力量,使整个国家处于一种不稳定的状态,社会主义建设事业和人民群众的切身利益受到严重损失,为法制建设提供了反面的沉痛教训。

(四)新时期发展阶段

党的十一届三中全会纠正了"文革"的错误,恢复了"实事求是"的马克思主义思想路线,从而迎来了中国法制迅速发展的新时期。在党的"一个中心,两个基本点"的基本路线指引下,人民代表大会制度逐步健全和完善,司法组织和司法体制得到重建和充实,至1995年底,全国人大及其常委会共制定了280部法律,国务院制定了700多部行政性法规,地方权力机关制定了4000多部地方性法规,立法速度倍增式加快,一个以宪法为基础的、具有中国特色的、相对比较完备的社会主义法律体系基本形成,有力地促进了经济建设和改革开放。1996年,党中央和全国人大确立了"依法治国,建设社会主义法制国家"的法制建设战略方针,这是中国社会主义法制建设新的里程碑,对我国法制的进一步发展和完善必将起到意义深远的巨大推动和指导作用。

二、当代中国法律制度的本质

当代中国法律制度属于社会主义历史类型,因此,它具有与其他法律制度根本不同的本质规定性。这种本质规定主要体现在以下几个层面:

第一,从阶级属性的层面上看,当代中国法律制度最重要的本质规定性在于它是工人阶级及其领导下的广大人民意志的体现。在广大人民群众之中,工人阶级作为新的生产方式的代表,在政治上居于领导阶级的地位,因此,当代中国法律制度首先是工人阶级意志的体现。同时,以工农政治联盟为基础,农民阶级同样是国家的主人,是人民的重要组成部分,因此,当代中国法律制度也必然要体现农民群众的基本要求。此外,由于中国新民主主义革命和社会主义革命与建设的特定历史背景,在我国还存在着广泛的爱国统一战线,工人阶级和农民阶级之外的拥护祖国统一的爱国者,也是人民的一部分,他们的合理要求和愿望,也应在法律上加以肯定和确认。

第二,从产生方式和存在方式的层面上看,当代中国法律制度最重要的本质规定性在于它是民主立法程序中形成并存在于各种法律渊源之中的国家意志。

按法治的原则,人民的意志并不能天然地具有法律效力,而且,来自于人民群众的各种要求和愿望也不能不加区别地全都成为法律的一部分。人民的意志上升为法律的过程,也就是在民主立法的程序中寻求共识,最后形成集中的意志即统一的国家意志的过程。在这一过程中,少数必须服从多数,多数也必须尊重少数,任何人都只能按民主立法的程序和原则来行事。如果搞“文革”期间所谓“大民主”那一套,只要是多数就可以为所欲为,那么,不仅法制会荡然无存,也不可能有真正的、稳定的民主。

还应看到的是,国家意志也不全都以法律的形态而存在。国家意志存在于国家的一切活动中,只有存在于各种法律渊源之中的、以行为规范的形式表现出来的国家意志才是法。也就是说,我国的法律制度是国家意志的规范化、制度化存在形态,因此,任何国家机构及其负责人和工作人员,都不能以言代法和因言废法。只有如此,才能把我国建设成为社会主义的法治国家。

第三,从生产方式的层面上看,当代中国社会主义法律制度最重要的本质规定性在于它的根本使命是为解放生产力和发展生产力服务,为最终消灭剥削、消除两极分化和实现共同富裕服务。

目前,我国还处于社会主义的初级阶段,生产力水平与发达国家相比有较大差距,人口压力沉重,国民科学文化素质不高,人均资源有限,综合国力亟待增强,人民物质文化生活水平必须进一步提高。所有这一切,决定了我国法律制度的根本使命是为解放生产力和发展生产力服务,为最终消灭剥削、消除两级分化,实现共同富裕服务。而且,这一点也正是当代中国法律制度最重要的本质属性。

第四,从社会作用的层面上看,当代中国法律制度最重要的本质规定性在于它是引导和保障我国社会主义建设各项事业顺利发展的权威性行为准则。

首先,我国法律制度是引导和保障社会主义市场经济建设顺利发展的权威性准则。市场经济关系主要靠法律来调整,经济体制改革的成果要用法律来确认,现代企业制度要用法律来建立,商品生产与交换的秩序要用法律来维持,宏观调控机制和社会保障机制要采取法律的形式,对各种正当的经济利益和要求要用法律来保障。社会主义市场经济也就是社会主义法制经济,没有法律的引导和保障作用,市场经济就难以存在和发展。

其次,我国法律制度是引导和保障社会主义民主政治建设顺利发展的权威性准则。民主是社会主义的题中应有之义,没有民主就没有社会主义,在缺乏民主传统的半封建、半殖民地条件下实行社会主义革命,这种特定的历史背景决定了法制对民主化进程具有特别重要的意义。如果不能有效地用法制来引导和保障民主化进程,人治主义和无政府主义就难以避免,在这一问题上,历史已经提供了沉痛的教训。

再次,我国法律制度是引导和保障社会主义精神文明建设的权威性准则。没有社会主义精神文明,就不会有社会主义的市场经济和民主政治。在精神文明建设过程中,确立国家的根本指导思想、强化社会公共道德的约束力、打击各种反道德的丑恶现象、促进精神财富和精神产品创造水平的提高,都离不开法制的引导和保障。

最后,我国法律制度还是引导和保障对外开放、维护和促进世界和平与发展的权威性准则。对外开放是我国的基本国策,世界和平与发展是保障国内经济建设所不可缺少的国际环境。在对外开放、国际交流与合作、解决涉外经贸争端和处理国家间关系等方面,我国的社会主义法律制度也发挥着不可忽视的重要作用。

三、当代中国法律制度的特征

当代中国的法律制度与奴隶制、封建制和资本主义法律制度分别属于不同历史类型,

同时,它还是具有中国特色的社会主义法律制度,这就决定了它具有许多方面的特征,这些特征最主要的表现是以下几点:

第一,阶级性与人民性的统一。我国的社会主义法律制度在本质上仍然具有阶级性,它是取得政权的工人阶级及其领导下的农民阶级和其他人民群众意志和利益的体现。在具有阶级性这一点上,我国法律制度与其他历史类型的法律制度是一致的,然而,阶级性的内容及其与人民性的关系却已经发生了质的变化。其他历史类型的法律制度的本质属性只是阶级性,在本质属性的意义上,人民性是受排斥的,充其量也只是在局部范围或形式上具有某些程度有限的人民性。我国法律制度则不同,它的阶级性和人民性不是对立关系,而是一致关系,它的阶级性正是通过对全体人民的共同意志和利益加以确认而表现出来的。

第二,国家意志与客观规律的统一。任何历史类型的法律都是国家意志的表现形式,但是,它能否始终反映社会历史发展的客观规律,则不能一概而论。剥削阶级类型的法律制度只是在该阶级处于上升时期才能与客观规律在实质上相一致,此后,受少数人狭隘利益所局限,法律制度便日渐与历史发展的根本趋势相背离。我国社会主义法律制度反映的不是少数人狭隘的特殊利益,而是全体人民的共同利益,而这种共同利益的具体内容随着社会的发展变化也在相应地发展变化,它与历史发展的基本方向和基本规律是一致的。因此,国家意志和客观规律就能够始终在社会发展过程中保持一种实质的动态性统一。

第三,权利确认与权利保障的统一。在古代法律制度中,广大人民在法律上不能享有与少数统治阶级成员平等的权利。在现代资本主义法律制度中,这种情况得到了改变,在法律上所有公民的基本权利都得到平等的确认,但是,保障权利得以实现的各种资源仍然被按严重的不平等方式加以分配和占有。对于普通劳动者而言,法律上的平等权利往往因得不到平等的实现条件而失去实际意义。我国的法律制度是建立在社会主义经济基础之上的,因此,它一方面能够确认每个公民的平等权利,另一方面也能够为实现这种平等权利提供大体平等的保障条件。当然,由于我国目前还处于社会主义初级阶段,在为平等权利提供平等实现条件时尚受到种种因素的制约,不过,在社会不断进步的过程中,这些问题都可以逐步得到解决。

第四,强制实施与自觉遵守的统一。任何社会的法律,都必以国家强制力作为实施的最后保障,但是,在剥削者类型的法律制度中,尤其是在阶级矛盾比较尖锐的状态下,国家强制力即有组织暴力的运用就显得相对突出。我国法律制度则不同,由于它体现了人民群众的共同意志和利益,因而,在一般情况下多数人民群众都能自觉遵守法律,只是针对少数人的违法行为国家强制力才会出现。虽然在社会治安状况和经济秩序问题较多的特定时期,社会主义法律制度对国家强制力的运用频率较高,但是,这同剥削阶级法律制度每隔一定时期便出现大规模反抗、暴动和起义,因而大面积地使用暴力手段的现象是不可同日而语的。

第五,一国与两制的统一。自 1997 年 7 月 1 日香港回归祖国之日起,在一个中国的前提下,两种历史类型的法律制度并存,这是当代中国法律制度的最具独特性的重要特征。澳门回归之后,这一特征更加突出。届时,以一个社会主义的中华人民共和国政权为统一前提,以大陆社会主义法律制度为主体,将形成在香港实行具有英美法系传统的资本主义法律制度,在澳门实行具有大陆法系传统的资本主义法律制度的格局。在一个统一

的国家主权之下,两种历史类型的法律制度和平共处,这是世界各国法律史上前所未有的状况,它既对中国法律制度的发展与完善提出了挑战,同时,也提供了互相借鉴、取长补短的巨大机遇。

第六,国情与公理的统一。在当代世界政治、经济格局中,中国是一个社会主义国家、一个发展中国家,是一个人口大国、是一个具有悠久文明历史的东方古国,这就是中国的特殊国情。任何能够有效运转的法律制度都必须以适合该社会的现实条件和实际状况为前提。因此,当代中国的法律制度必须反映并适合中国的国情,所谓法律要符合客观规律,首先就体现在这一点上,否则,设计得再完美的法律制度也不能真正发挥作用。同时,中国又是在社会主义制度下实行市场经济和民主政治的国家,而市场经济和民主政治都具有内在的一般规律,例如,任何社会的市场经济都要求依法保障交易安全,任何社会的民主政治都要求政府依法行政,等等。这就决定了当代中国法律制度在发展和完善的过程中必须把反映国情和反映现代法制公理统一起来。

除了上述基本特征之外,当代中国法律制度还有一些比较重要的特征,例如,以具有中国特色的方式体现了自由与秩序的统一、公平与效率的统一、个人利益与社会利益的统一、竞争与合作的统一,等等。不过,这些特征都可以被看做前述基本特征在某一方面的具体表现。

第五节　法系

一、法系的概念与划分

法系一词是19世纪末20世纪初形成起来的,它是西方国家主要是比较法学家借鉴生物分类法对法律进行分类研究以及进行比较法研究的产物。

法系在英文中写做Legal genealogy或legal family等形式,亦可译做"法族",它是依据法律的历史渊源和传统以及由此形成的不同存在样式和运行方式,而对现存的和历史上存在过的各种法律制度所作的分类。凡是具有相同的历史渊源和传统,具有相同或相近的存在样式和运行方式的法律制度,便被视为属于同一个法律家族,即法系。

对于法系,国内外法学家对其作了不同的界定.国内比较典型的看法是:①"法系是指具有某种共性或共同传统的、一些国家或地区法律的总称"。这种共性或共同传统,有时指宗教,有时指法律发展史的某些特征,有时又指法律渊源方面的某些特征。②"法系是以亲缘关系为标准对各种法律制度所作的一种分类"。"也就是说,把具有共同来源的法律制度划分为一个法系数"。[①] 国外法学家对"法系"的界定则比较复杂和多样化。如英国法学家沃克认为,法系是比较法学家"根据法律渊源、形式方法和立法技术的一般传统,并根据历史起源和互相借鉴"而对世界上的各种法律制度进行的归结或划分。[②] 德国的比较法学家说:

法学是根据:①一个法律秩序在历史上的来源与发展;②法律方面占统治地位的特别的法学思想方法;③特别具有特征性的法律制度;④法源的种类及其解释;⑤思想意识因

① 吴大英主编:《比较法学》,39～43页,北京:中国文化书院,1987年。
② [英]戴维·M·沃克:《牛津法律大辞典》,北京社会科技发展研究所组织翻译,328页,北京:光明日报出版社,1988年。

素诸要素对各国或地区的法律体系所作的一种分类。[①] 此外,美国有的法学家认为"法系"与法律文化相关联[②]。

根据各主要法系的历史发展和主要特征,界定"法系"这一概念,必须考虑三个方面的问题:

1.历史渊源关系。在通常情况下,一个国家或地区法律的历史渊源不同,就会导致这些法律被归结到特定的法系之中。如法国法和德国法,是以古罗马法为其历史渊源,所以,它们都归属于大陆法系。

2.继受关系,即固有法与继受法的关系。固有法是指一个国家土生土长的法律,如英国的普通法,中国封建社会的法律。继受法是指一个国家所采用的外来的法律,如殖民地国采用的宗主国的法律。由于在固有法与继受法之间存在着继受关系或仿效关系,因此,这些法律一般也属于同一个法系。

3.法律制度的某些相似性和不变性。这种相似性和不变性,不仅指某种文化或传统,而且指法的形式、结构特征和操作程序。这对于理解"法系"来说,也是至关重要的。因为,"尽管任何两个国家的法律都不会是完全相似的,但是在某些主要的方面,一些国家法律制度的相似性都足以将它们归入几个主要的法系之中"。

综归上述三个方面,法系即是指:根据历史渊源、继受关系和法律制度的某些相似性、不变性对各个国家与地区的法律所进行的分类。凡是具有相同的历史渊源关系、继受关系以及具有某些相似性、不变性的法律制度或法律体系,都属于同一个法系。

按照法学界的通说,资本主义国家的法律制度可以分为大陆法系和英美法系。在本书中,我们主要介绍大陆法系、英美法系。

二、大陆法系

(一)大陆法系的概念及其分布范围

1.大陆法系的概念。大陆法系是指以罗马法为历史渊源,以《法国民法典》和《德国民法典》为主要标志或与其有继受关系并因之具有某些相似性、不变性的各国家和各地区法律的总称。大陆法系又因在罗马法基础上发展而来被称之为罗马法系,因以民法为主要标志被称之为民法法系;因具有法典化特征被称之为法典法系;因融合了日耳曼法的内容被称之为罗马——日耳曼法系(罗马——德意志法系)。

2.大陆法系的分布范围。欧洲大陆是大陆法系的发祥地,也是大陆法系的中心地区。它们是法国、比利时、意大利、西班牙、荷兰、卢森堡、葡萄牙、德国、奥地利、瑞士和希腊。东欧诸国(俄罗斯、匈牙利、捷克斯洛伐克等),也属于大陆法系;在美洲,前西属、法属、葡属和荷属殖民地,一般都接受了大陆法系的法律观念和法律体系。

亚洲的土耳其,近代以来的日本法律和泰国法律,也可划归大陆法系。中华民国时期的中国法,同样属于大陆法系。叙利亚、伊拉克、约旦、印度尼西亚和斯里兰卡等国家是大陆法系和伊斯兰法系的混合。菲律宾的法律则兼备大陆法系和英美法系的特色。

---

① 参见[德]K·茨威格特、H·克茨:《比较法总论》,潘汉典等译,129~139页,贵州人民出版社,1992年。

② 梅利曼指出:"法系这一术语,并不是指一系列关于合同、公司或者犯罪的法律规范,……准确地说,法系是指关于法的性质,法在社会和政治生活中的地位,法律制度的实施及其相应的机构,法律的制定、适用、研究、修改和教育的方法等等的态度。这种态度根深蒂固并为历史条件所制约。法律制度是文化的一种表现形式,法系把法律制度同它所表现的文化联系起来,把法律制度放在文化中去考察。"([美]J·H·梅利曼:《大陆法系》,2页,美国斯坦福大学出版社,1985年。

在非洲，前法属殖民地——扎伊尔、卢旺达、布隆迪和索马里，以及前西属与葡属领地，毛里求斯与塞舌尔，属于大陆法系。北非各国，包括阿尔及利亚、突尼斯、摩洛哥等，一方面接受了法国或意大利的法律，另一方面又深受伊斯兰法的影响。在南部非洲，南非、津巴布韦、博茨瓦纳、莱索托等国，则是大陆法系和英美法系的混合物。

（二）大陆法系的基本特点

大陆法系的基本特点，在比较法学中通常是与英美法系的基本特点相对而言的。而且，不同的比较法学文献往往对其有不同的归纳。我们认为，大陆法系的基本特点主要有五个方面：

1. 法典化的法律渊源。大陆法系是成文法国家，所以人们往往认为制定法是大陆法系的主要法律渊源。但随着英美法系制定法的不断增多甚至渐趋占居主导地位，已经很难把制定法的地位视为两大法系的差别了。事实上，在法律渊源上，大陆法系最大的特点是法典化。“不管是这种或那种形式，法典编纂运动在19世纪与20世纪推广到罗马日耳曼法系的所有国家。这些国家之间法的亲密关系不仅表现在全部采取了编纂法典的方法，也表现在把法律规范分成若干法典的归类方式。法国颁布五部拿破仑法典，提供范例。在罗马日耳曼法系各国，可以看到同样五部基础法典”。①

2. 判例不创立“法律规范”。与法典化相联系的是判例的地位和作用问题。在古代罗马法中曾确立了一项原则：审判员首先应注意的是只能根据法律、宪令和惯例进行判决。到了中世纪，“审判不依照判例，而依照法律”，也成为一项法律原则。近代大陆法系国家的法律也承认这些原则，如《法国民法典》第5条规定：“审判员对于其审理的案件不得用确立一般规则的方式进行判决”。在大陆法系所有各国法中都有与之相当的条文。当然，在大陆法系的法源体系中，也承认判例的重要性。但是，法官不是立法者，判例也不是“法律规范”的来源。在这种情况下，判例法是不可能出现的。

3. 公法与私法的划分。公法与私法的划分，起源于古代罗马法，但罗马法中只有发达的私法，而无发达的公法。一直到18～19世纪，大陆法系国家的公法体系才正式建立起来，公、私法的划分真正成为大陆法系划分法律的基本模式。进入20世纪以后，公、私法的界限逐渐模糊不清，公、私法的划分面临许多问题。但这并未影响公、私法的划分在大陆法系国家的法学研究和法学教育中的重要性。

4.“实体中心主义”。在实体法和程序法的关系上，大陆法系一直主张实体法是主体，程序法是从法，实体法优于程序法。实体法概括各种行为规则，确认各种权利和义务，是人类正义和理性的结晶，所以是法律的核心。程序法则主要是为了实现实体法中的权利和义务而设定的，因而从属于实体法。这就是大陆法系的“实体中心主义”传统。

5.“法学家的法”。从大陆法系的历史发展过程中，我们可以看到，法学家及其法律学说起着主导作用。如罗马法的复兴。法典化运动，都离不开法学家的贡献和法律学说的推动。“长期以来学说曾经是罗马日耳曼法系的基本法源：因为法的原则主要是从13世纪至19世纪在各大学定出来的……”因此，大陆法系的法按照传统就是“法学家的法”(Jaristenrecht)。②

① ［法］勒内·达维德：《当代主要法律体系》，漆竹生译，105页，上海译文出版社，1984年。
② ［法］勒内·达维德：《当代主要法律体系》，漆竹生译，99、138页，上海译文出版社，1984年。

三、英美法系

(一)英美法系的概念及其分布范围

1. 英美法系的概念。英美法系通常是指以英国中世纪以来的普通法为基础、以判例法为主要标志并与其存在继受关系因之具有某些相似性、不变性的各国家和各地区的法律的总称。这里的“英美”,代表这一法系的两个主要国家,即“英国”和“美国”。

英美法系又因以英国的普通法为基础被称之为英国法系或普通法法系;因以判例法为主要的法律渊源被称之为判例法法系;因主要分布于一些濒临各海洋的国家被称之为海洋法系。

2. 英美法系的分布范围。英美法系的分布范围主要是:欧洲的英国本土(苏格兰除外)、爱尔兰,北美的美国(路易斯安那州除外)、加拿大(魁北克省除外),大洋洲的澳大利亚、新西兰,亚洲的印度、新加坡、缅甸和中国的香港特别行政区等。此外,本章第二节已讲到,亚洲的菲律宾和南部非洲诸国的法律,事实上也都包含着英美法系的许多因素,具有英美法系的若干特色。

(二)英美法系的基本特点

与大陆法系相比较,英美法系的基本特点也有5个方面。

1. 非法典化的法律渊源。同大陆法系法典化的法律渊源不同,英美法系从未全面实现法典化。尽管在历史上也曾有过法典化的设想,但最终并未实现。英国人宁愿用特别的制定法而不是概括性和系统性的法典来处理问题。在美国,全面编纂法典的设想也受到了强有力的抵制。一个“更重要的原因是,编纂法典的思想受到了来自法律职业者们的强烈反对”,律师们不愿意看到他们所熟悉的探究法律的技术被法典弄得一文不值。① 所以,不论在英国,还是在美国,乃至在整个英美法系,法律渊源都没有实现全面的法典化。

2. 判例法是主要法律渊源。“判例法”又称为“法官创造的法律”(“法官法”),它是指某一法院在一个判决中所含有的法律原则或规则,对本院或其他法院以后的审判来说,具有约束力或说服力。也就是说,判例法是法官通过判决形成的法律规范。

在英美法系的历史上,判例法是在普通法和衡平法发展的过程中形成起来的。如普通法是由皇家法院创立的,因此,法院判决所确定的规范应得到遵守,否则,普通法本身的生存就会受到威胁。普通法是判例法中的典型。同样,衡平法也是以判例法的形式发展起来的。判例法涉及整个英国法。因此,判例法是英美法系最具特色的一种制度。判例法的基础和核心,是遵循前例的原则(或先例规则、先例主义和“判例拘束力”原理)。这一原则到19世纪才严格确立下来。

3. 普通法与衡平法的划分。普通法与衡平法的区别,主要在于:①普通法属于严格的法律规则,而衡平法在尊重法律的同时,要考虑良心的需要和道德戒律的要求,以便对普通法进行补充。②在1873~1875年《司法条例》之前,普通法由普通法法院实施,衡平法由衡平法院实施。1875年以后,普通法和衡平法则由统一的法院施行。但实际上,衡平法通常只由大法官施行。③普通法诉讼程序比衡平法诉讼程序严格和复杂。如在衡平法诉讼程序中,主要实行书面审理,并且不实行陪审制度。④普通法的法律救济手段一般是损害赔偿。而衡平法则可以向被告发出命令或禁令,被告若违反这种禁令,则将被监

① [德]K·茨威格特、H·克茨:《比较法总论》,潘汉典等译,433页,贵州人民出版社,1992年。

禁,或将被扣押财产。⑤衡平法的补救办法比普通法的救济办法更多地或更大程度上来自法官的自由裁量权。通常,普通法包括刑法、契约法和民事侵权行为法(民事责任法),衡平法包括不动产法、信托财产法、合伙法(商业公司法)、破产法和遗嘱解释与遗产清理问题。

4."程序中心主义"。英美法系是一种以诉讼为中心的法系。在英国的普通法当中,核心问题是当事人怎样通过一定程序获得法院的救济。因此,"被告应该享有在诉讼程序中的公正待遇的思想,只能遵守正规的诉讼程序进行判决的思想,是英国法的中心思想,英国法主要是从诉讼方面设想,有时似乎考虑审判多于考虑公平本身"。① 直到 19 世纪,"程序先于审判"的原则成为英国法的普遍原则。从某种意义上讲,普通法是各种程序的堆积。而确立每个人的权利与义务的实体法则是"在程序的缝隙中渗透出来的"。因此,即使 19 世纪以来在英美法系中出现了突出实体法的重要性的倾向,"程序中心主义"也仍然是英美法系的特殊精神。

5."法律家的法"。如果说大陆法系比较重视大学的法学教育和法律学说,那么在英美法系则是法律家占居主导地位。在英国法的历史上,法律更多受到律师和法官们的影响,而不是大学教授们的影响,英国确有一些"权威著作",但它们是法官而不是法学教授的著作。法律学说在英国曾长期为人们所轻视。律师和法官也基于职业修养和维护传统等方面的考虑,总是阻止通过立法和法学将法律系统化、合理化。因此,"英国法既不是大学传授的法律,也不是钻研原理的法律,而是熟悉诉讼程序者和开业律师的法律。"② 19～20 世纪以来的变化,并未消除这种历史上形成起来的特性。

推荐阅读

1. 沈宗灵:《比较法研究》,北京大学出版社 1998 年版。

2. [日]穗积陈重:《法律进化论》,黄尊三、萨孟武等译,中国政法大学出版社 1997 年版。

思考题

1. 什么是法的历史类型?法的历史类型更替的原因和条件是什么?
2. 古代法的共同特征是什么?
3. 试述资本主义法的特征。
4. 当代中国法律制度的本质和特征是什么?
5. 试述两大法系的区别与联系。

① [法]勒内·达维德:《当代主要法律体系》,漆竹生译,337 页,上海译文出版社,1984 年。
② [法]勒内·达维德:《当代主要法律体系》,漆竹生译,334 页,上海译文出版社,1984 年。

第十五章　法的发展

学习提示：本章从法律演进发展的角度探讨法的演进的形式和规律，主要探讨法的继承、法的移植的概念和意义。

重点问题：

1. 法律发展的内涵和模式
2. 法的移植的概念和意义
4. 法的继承的概念和意义

第一节　法律发展概述

一、法律发展研究的历史

"法律发展"这一概念起源于第二次世界大战之后、特别是20世纪60年代西方国家的法律与发展研究(studies in Law and Development, The Law and Development Movement)。

当时，以美国为首的西方发达国家的政府及其所支持的国际组织机构和基金会，为了推行西方国家的价值观念、经济模式和政治模式，保持和加强对在二战后获得独立的第三世界不发达国家的影响和控制，支持和资助学术机构、学术团体和学者开展关于发展问题的研究，着重研究经济发展和政治发展在这些国家如何建立市场经济和宪政等。关于发展问题的研究不可避免地涉及到系列法律问题(包括法律上的困惑)，于是"法律与发展"作为整个发展时单纯集研究的内容被提了出来。从20世纪60年代开始，一大批法学家参与到了发展研究之中，开展了法律与发展研究项目。法律与发展研究的重要课题之一是法律自身的发展。不过，法律与发展研究很快就因为陷于误区而导致失败，因为研究者试图把西方国家"先进的"法律制度原封不动地移植到发展中国家，而脱离了发展中国家自身的经济、文化和政治状况，企图用体现西方价值观念和行为方式的所谓现代化的法律制度取代发展中国家根深蒂固的民族法。

这样，所谓现代化的法律因其与发展中国家人民的生活习惯和价值观念冲突，而不能得到民众的广泛认同；因其与发展中国家固定化的社会生产方式和生活方式冲突，而不能有效地调整社会稳定与社会发展的关系，致使发展与稳定出现失衡，造成社会的无序与震荡；因其不是在尊重发展中国家历史上沿袭下来的习惯法，以使习惯法与外来法律融合，而是用外来法律完全取代习惯法，从而导致这些发展中国家整个法律生活的突然中断。

二、法律发展的内涵

"发展"是一个内涵极其丰富的概念，大体来讲，它指的是整个社会(包括人、观念、制度等)的各个领域和各个方面从落后到先进、从贫困到富裕、从封闭到开放、从专制到民

主、从人治到法治、从奴役到自由、从野蛮到文明的社会整体的进步过程与趋势。与“发展”的一般意义相对应，“法律发展”也是一个整体性概念，它指的是与社会经济、政治和文化等的全面发展相适应、相协调的，包括了法律制度的变迁、法律精神的转换、法律体系的重构等在内的法律进步过程与趋势。用“法律进步”来指称“法律发展”，揭示了法律发展的核心和实质，也揭示了法律发展研究的价值。

实际上，“法律发展”的理论与实践始终是与“发展”的理论与实践密切相关和彼此印证的。

第一，在法律发展模式上，对应于社会发展问题上的进化论和建构论两种基本的理论模式，“法律发展”也有进化论和建构论之分：“进化论”强调法律的进步依赖社会自身的自发的自治力量实现法律制度演化，认为经济和社会生活的客观需要、人民群众的呼唤和参与，是法律发展的真正动力，也是避免法治文明出现逆转的根本保证；“建构论”则更重视通过人为的理性建构实现法律制度的变迁与进步，特别赞赏在法律制度变革中政府的主导作用。

第二，在法律发展道路上，对应于以进化论和建构论为核心的社会发展的本土化和国际化道路，“法律发展”也有本土化和国际化两种道路选择：“本土化”强调一国的法律发展是本国人民在本国的历史条件下所进行的，有其特殊的历史运动轨迹，具有独特的道路，因此，应当立足于本国既有的法律文化遗产和本土资源，在自己的生活中发现和培育法律进步的基因，很显然，这是一种历时性思维；“国际化”则认为，当今的世界，经济、科技、文化和政治领域的许多方面都明显地呈现出一体化的趋势，为了适应多元一体化的大趋势，满足经济改革和科技进步的急需，任何国家都必须借助于其他国家健全的法制和丰富的法治经验，在较短的时间内改变本国法制落后的状况，完成各种社会体制的法制化和社会生活法治化的进程。

第三，在法律发展的动力来源上，对应于社会发展的内源型发展和外源型发展之分，“法律发展”也有内源型和外源型之别：内源型的法律发展的特点在于，法律发展的基本动力是内在的，即来自国家和社会内部的需要，并由自己的人民和政府的长期努力而实现，这种发展对于本国和本社会而言处于主动状态：外源型的法律发展的特点在于，法律发展的基本动力是外在的，即依靠外来力量（往往是外部压力）的推动，这种发展对于本国和本社会而言处于被动状态。

当代中国的法律发展，既有内源性因素，又有外源性因素；既有自然的社会进化因素，又有人为的理性建构因素；既有本土资源成分，又有国际化因素。在我们的法治资源尤其是制度资源相对较为有限的现实背景之下，我国的法律发展应当在开发有限的本土资源的同时，加大借鉴、吸收和移植各国成功的反映现代市场经济共同规律的法律概念、规则、原则、技术和制度以及比较好的立法经验、判例、学说的力度，坚定地以政府为主导在法律制度建设和法治建设中走理性建构之路。同时，在法律发展的具体途径方面，以法律继承、法律移植和法制改革为重点渐进展开。

第二节　法律移植

一、法律移植的概念

"法律继承"指新法对旧法的借鉴和吸收,体现两种法律制度之间在时间上的先后顺序,在内容上的"影响——承受"关系,它不能完全表征一个国家对同时代其他国家的法律或国际法律的引进、吸收和摄取,因此需要创造或借用别的术语来概括。"法律移植"即是现成的可用来表征国家间相互引进和吸收法律这种实践的术语。然而,对"法律移植"这个术语的内涵及其适当性,法学界和法律界尚未形成共识。这就有必要首先对该术语进行语义和意义分析。

据《辞海》和《现代汉语词典》解释,"移植"意谓将有机体的一部分组织或器官补在或移入同一机体或另一机体的缺陷部分,使它逐渐长好。对此种语义和意义,我国有的学者进一步解释说,"移植"从语源上来自植物学和医学。通常,"从植物学术语的角度,移植意味着整株植物的移地栽培,因而有整体移入的意思。但是,从医学术语的角度看,器官的移植显然是指部分的移入而非整体的移入,而且器官移植还可使人想到人体的排他性等一系列复杂的生理活动的过程。"① 法律上的"移植"显然是医学意义上的移植,而非植物学意义上的移植。这种移植是以被移植的国外法律(供体)和接受移植的本国法律(受体)之间存在着某种共同性,即受同一规律的支配、互不排斥、可互相吸纳为前提的。这就不发生简单照搬的可能。把"移植"这个术语引入法学领域,使之与"法律"构成一个合成概念——"法律移植",是个了不起的学术发明和思想解放。它所表达的基本意思是:在鉴别、认同、调适、整合的基础上,引进、吸收、采纳、摄取、同化外国的法律(包括法律概念、技术、规范、原则、制度和法律观念等),使之成为本国法律体系的有机组成部分,为本国所用。法律移植的范围,一是外国的法律,二是国际法律和惯例,通称国外法。

二、法律移植的必然性和必要性

第一,社会发展和法律发展的不平衡性决定了移植的必然性。同一时期不同国家的发展是不平衡的,它们或者处于不同的社会形态,或者处于同一社会形态的不同发展阶段。在这种情况下,比较落后的或后发达国家为了赶上先进国家,有必要移植先进国家的某些法律,以保障和促进社会发展。世界法律的发展史已经表明这是落后国家加速发展的必由之路。早在古罗马国家的形成初期,土利乌斯在改革中就采纳过雅典城邦的立法经验。在中世纪,日本曾全面引进中国盛唐时期的法律制度,建立了贯穿于日本封建社会始终的"法令制度",从而使日本的法律制度和经济文化向前迈进了几个世纪,史称"大化革新"。特别是近代以来,各国之间的法律移植更是一种普遍现象。欧洲大陆各国一度视法国民法典为楷模而竞相仿效。土尔其凯末尔(基马尔)当政时期大量采用欧洲法律,特别是瑞士民法、意大利刑法和德国诉讼法,使它在阿拉伯国家率先实现了法制现代化,较早地进入了现代社会。日本在明治时代,出于争取与西洋诸国的平等主权和促进社会近代化的需要,全面引进了德国法和法国法,以此为基础制定了六法全书,使日本在不长的时间里建立起比较发达的资本主义法律制度。第二次世界大战后日本又大量引进了美国

① 王晨光:《不同国家法律间的相互借鉴与吸收——比较法研究中的一项重要课题》,《中国法学》1992 年第 4 期,42 页。

法,加速了日本法律制度的民主化改造和法制现代化进程。

第二,市场经济的客观规律和根本特征决定了法律移植的必要性。当今世界是市场机制统合世界经济的最主要的机制。尽管在不同的社会制度下市场经济会有一些不同的特点,但它运行的基本规律,如价值规律、供求规律、优胜劣汰的规律是相同的,资源配置的效率原则、公正原则、诚信原则等也是相同的。这就决定了一个国家在建构自己的市场经济法律体系和制定市场经济法律的过程中必须而且有可能吸收和采纳市场经济发达国家的立法经验。市场经济本质上是外向型和开放型经济。这就要求在制定市场经济法律时必须与国际上的有关法律和国际惯例相衔接,即法律国际化。市场经济既是社会分工和生产专业化基础上的合作经济,也是自由而公平的竞争经济。合作和竞争都需要法律的引导和规制,而这种法律必须是统一的和协调的。法律上的抵触和冲突,必然加剧经济上的摩擦和损失,增加交易成本。法律移植正有助于减少不同国家之间的法律抵触和冲突,降低法律适用上的成本,为长期、稳定、高效的经济技术合作创造良好的法律环境。

第三,法律移植是对外开放的应有内容。在当代,任何一个国家要发展自己,都必须对外开放。对外开放反映了世界经济、政治和文化发展的客观规律。世界本来就是一个开放的世界,任何一个国家的发展都离不开世界。特别是像我们这样经济和文化都比较落后的发展中国家,更有必要实行对外开放。我们所讲的对外开放,是全方位的,即对世界所有地区开放,对所有类型的国家开放;不仅经济上和技术上要开放,而且文化上和政治上也要对外开放。全方位的对外开放不仅使经济国际化,而且其他的社会和国家事务,诸如资源开发、环境保护、人权保护、惩治犯罪、维和行动、婚姻关系、财产继承等,越来越带有跨国性质,从而使一个国家的国内法越来越具有涉外性和外向性,法律在处理涉外问题和跨国问题的过程中,必然逐步与国际社会通行的法律和惯例接轨。

第四,法律移植是法制现代化的必然需要。在当今世界,法律制度之间的差异,不只是方法和技术上的差异,也是法的时代精神和价值理念的差异。正是依据时代精神和价值理念的差异,各种法律制度中间有传统与现代、先进与落后的区分。对于其法律制度仍处于传统型和落后状态的国家来说,要加速法制现代化进程,必须适量移植发达国家的法律,尤其是对于发达国家法律制度中反映市场经济和社会发展共同的客观规律和时代精神的法律概念和法律原则,要大胆吸纳。切莫把自己封闭起来,对发达国家几百年乃至上千年积累的法制文明置之不理,一切从头做起,或者故意另起炉灶,那只能在发达国家的后面爬行,只能拉大与发达国家的差距,延缓本国法制现代化的进程,以致丧失法制现代化的机会。

三、法律移植主要形式

第一类,经济、文化和政治处于相同或基本相同发展阶段和发展水平的国家相互吸收对方的法律,以至融合和趋同。如20世纪以来,以判例法和习惯法为主的英美法系各国大量采纳以成文法为传统的大陆法系各国的立法技术、法律概念,制定成文法典和法规,大陆法系各国则越来越倾向于把判例作为法律的渊源之一或必要的补充,从而引进英美法系的技术,对典型判决进行整理、编纂和规则或原则的抽象。

第二类,落后国家或后发展国家直接采纳先进国家或发达国家的法律,如日本古代对盛唐法律制度的全盘吸收,近代对西方法律制度的引进和采用,战后许多发展中国家大量引进、接受西方国家的法律。

第三类，是法律移植的最高形式，也就是区域性法律统一运动和世界性法律统一运动。如欧洲共同体法律体系就是在比较、采纳和整合欧洲共同体各国法律制度和国际法、国际惯例的基础上形成的，可以说是一种合成。再如，在联合国国际法委员会、贸易与发展会议以及世界知识产权组织、罗马统一私法国际协会等国际组织的主持下，经各成员国的共同努力而形成或制定的各种国际公约或协定。有些学者把这种类型的相互移植和合成称做“法律趋同”。①

世界法律发展的历史表明，移植是法律发展的重要途径。我国改革开放以来法制建设的实践也证明了这一点。例如，在改革开放以前，我国的知识产权法基本是空白。适应科学技术进步、文化事业繁荣、国际贸易发展以及国际经济技术合作的内在需要，从20世纪80年代初，我国认真研究、比较各发达国家和某些发展中国家有关知识产权的国内立法和国际知识产权保护制度的成熟技术和先进经验，并大胆引进，在此基础上制定和不断完善了专利法、商标法和著作权法及其配套法规和实施细则，使我国的知识产权法律体系在较短的时间内跨入世界先进行列。

四、法律移植必须注意的问题

为了促进法律健康发展，在法律移植的过程中首先要注意国外法(供体)与本国法(受体)之间的同构性和兼容性，要对受体进行必要的机理调适，以防止移植之后出现被移植的“组织”或“器官”变异。其次要注意外来法律的本土化，即用本国法去同化和整合国外法。“必须记住法律是特定民族的历史、文化、社会的价值与一般意识形态与观念的集中体现。任何两个国家的法律制度都不可能完全一样。法律是一种文化的表现形式，如果不经过某种本土化的过程，它便不可能轻易地从一种文化移植到另一种文化。”② 再次要注意法律移植的优选性。法律移植如同引进技术和设备，必须采用“优选法”。世界上有许多国家的法律可资借鉴，这就有一个选择移植对象的问题，只有优中选优，移植过来的法律才可能是最成熟、最先进、最实用的法律。最后要注意法律移植的超前性，即移植国外法，无论是某一国家的，还是国际法和国际惯例，都要面向未来，面向现代化，前瞻世界法律发展的趋势。移植的时候，要对外来法进行必要的改进，这样才能保持本国法的稳定性和进步性。要做到以上诸方面，前提是对外国法和国际法开展比较研究，对被移植的法律有充分了解和深刻理解，有科学的鉴别和真实的评价，有在此基础上的能动设定和理性选择。

进行法律移植，必须破除两种观念。一是破除那种姓“资”姓“社”思想顾虑的束缚。一个国家的法律虽然是统治阶级意志的体现，但同时也有很多内容是客观规律的反映，在反映客观规律的意义上，它们是人类文明的共同成果，特别是那些调整市场经济关系、人与环境的关系、共同打击犯罪的法律规范更是如此。二是突破“中体西用”的陈腐信条。“中体西用”这种信条不是以科学、理性和发展为标准去评价和取舍外来文化，而是以自己的传统为参照系、以维护传统为宗旨来对待外来文化，是狭隘的民族优越感滋生出来的盲目排外心态的理论表现，是自己经济上和政治上脆弱无能的表现。在改革开放的今天，我们必须铲除这种心态，以吸收人类一切优秀文明成果、发展壮大自己的气魄、胸襟和责任，按照邓小平提出的“三个有利于”的标准大胆借鉴和引进，不必人为地区分“体”或“用”，更

① 参见李双元、张茂、杜剑：《中国法律趋同化问题之研究》，载《武汉大学学报》(哲社版)，1994年第3期。
② 格林顿、戈登、奥萨魁：《比较法律传统》(中译本)，6～7页，北京：中国政法大学出版社1993年。

不要局限于“中体西用”的旧框框之中。我们强调从自己的国情出发,从我们的实际出发,绝不是要维护落后的东西,绝不是闭关锁国。总之,“属于一般市场规则的先进法律制度,我们应当坚决移植过来,以使我国社会主义市场经济的基本法律制度极为先进、有效”。①

第三节　法的继承性

一、法的继承的概念

法的历史类型的更替是法的发展中的剧变和革命,法的继承、移植和法制改革则是法的发展中的具体形式和途径。

历史上,除奴隶制法(它是在原始社会民族习惯的基础上演化出来的),每一种新的法律制度都是以先前的法律制度为起点和阶梯的,这就决定了法律继承必然是法的发展的基本形式和途径。所谓法律继承性就是指不同历史类型的法之间的延续、相继、继受,一般表现为旧法(原有法)对新法(现行法)的影响和新法对旧法的承接和继受。

法律继承不同于民法中的财产继承、国际法中的国家继承。财产继承或国家继承只是被继承对象的主体的更替,而被继承对象本身的属性和特征原封不动。而法律继承则是新事物对旧事物的扬弃。“扬弃”这个源自德国古典哲学的词语含有否定和肯定的双重意义,在否定的意义上指取消或舍弃,在肯定的意义上指保持或保存。恩格斯在借用这一概念时,明确地把它解说为“既被克服又被保存”。用扬弃来解释法律发展过程中的继承性,可以生动而具体地揭示出法律继承的特点:在法律发展过程中,每一种新法对于旧法来说都是一种否定,但又不是一种单纯的否定或完全抛弃,而是否定中包含着肯定,从而使法律发展过程呈现出对旧法既有抛弃又有保存的性质。这是从法律发展的客观过程讲的。如果从处理法律继承问题的主体的角度,法律继承实际是一种批判的、即有选择的继承,即在否定旧法固有阶级本质和整体效力的前提下,经过反思、选择、改造、吸收旧法中某些依然可用的因素,赋予它新的阶级内容和社会功能,使之成为新法体系的有机组成部分。如此理解的法律继承有两个对立面,一是不加分析、抄袭或复制旧法的拿来主义,一是否定新法与旧法之间存在历史联系和继承关系的虚无主义。

二、法的继承的根据和理由

新法之所以可以而且必然批判地继承旧法中的某些因素,主要的根据和理由在于:

(一)社会生活条件的历史延续性决定了法律继承性

从根本上说,法律继承性的依据在于社会生活条件的延续性及继承性。马克思明确指出:“人们自己创造自己的历史,但是他们并不是随心所欲地创造,并不是在他们自己选定的条件下创造,而是直接碰到的、既定的、从过去继承下来的条件下创造。”② 又指出:“历史每一阶段都遇到有一定的物质结果、一定数量的生产力总和、人和自然以及人与人之间在历史上形成的关系,都遇到有前一代传给后一代的大量生产力、资金和环境,尽管一方面这些生产力、资金和环境为新一代所改变,但另一方面,它们也预先规定新的一代的生活条件,使它得到一定的发展和具有特殊的性质。”③ 这些论述说明,人类社会每一

---

① 任建新主编:《社会主义法制建设基本知识》,108～109页,法律出版社,1996年。
② 《马克思恩格斯选集》第1卷,603页。
③ 《马克思恩格斯全集》第3卷,43页。

个新的历史阶段开始时,它不可避免地要从过去的历史阶段中继承下来许多既定的成份,生活于现实社会的一代人只能在历史留给他们的既定条件所允许的范围内重新塑造社会的形象和书写他们的历史。法是社会生活的反映,尽管这种反映是通过人类的意识作出的,尽管立法者在表现社会生活条件时有一定范围的选择自由,但是,只要那些延续下来的生活条件在现实的社会中具有普遍意义,那么,反映这些生活条件的既有规则就会或多或少地被继承下来并被纳入新的法律体系之中。

(二)法律的相对独立性决定了法律发展过程的延续性和继承性

法作为社会意识或社会上层建筑的组成部分,它的产生和发展决定于社会存在或经济基础。在这个前提下,又必须承认法律的相对独立性。法律相对独立性是社会意识相对独立性的体现。所谓社会意识的相对独立性,是指社会意识在反映社会存在的同时,还具有自身的能动性和独特的发展规律。这种独特的发展规律就是每一历史时期的社会意识及其诸形式都同它以前的成果有着继承关系。每一个社会的特定的意识形态,无论就其内容或形式来说,都有两个来源:内容上,主要是反映现实的社会存在、社会经济形态,同时也保留着历史上形成的对过去的社会存在的某些意识和材料;形式上,主要是从过去继承下来的方式、方法和手段,同时又根据新的内容和条件对它们加以改造、补充和发展,并增添某些新的具体形式。没有这两个来源,任何社会意识的发展都无从谈起。正是由于这种历史的继承性,社会意识及其诸形式的发展才能持续而不中断,才有其可追溯的历史线索。同时由于历史继承性在不同条件下的表现,才形成了各具特色的民族传统和民族风格。

(三)法作为人类文明成果的共同性决定了法律继承的必要性

法作为社会调整或控制的技术,是人类对自身社会的性质、经济、政治、文化以及其他社会关系及其客观规律的科学认识的结晶。例如,有关资源配置、生产管理、市场调节、环境保护、社会保障等经济社会性法律规范是人类对自然、经济规律认识的反映;有关代表会议、权力制衡、行权程序、反贪倡廉等政治性法律规范则是对政治关系、政治权力运行规律的科学认识。这些认识成果不管形成于何种社会,具有什么特定的时代性、阶级性和社会性,都是人类认识的成果和人类文明的标识,具有超越时空的长久而普遍的科学性、真理性和实践价值。正是在这一意义上,毛泽东同志强调指出:"我们决不可拒绝继承和借鉴古人和外国人,哪怕是封建阶级和资产阶级的东西。"① 文明本来就是借鉴、积累和升华的产物。任何后继的法律制度绝不可能是在世界法律文明发展的大道之外产生的,而是人类以往法律思想、法律技术和法治经验的继续和发展。

(四)法律发展的历史事实验证了法律继承性

法律继承不只是一个理论上可以说明的问题,也是一个实践上可以验证的问题。古代封建社会的法大量继承奴隶制社会的法暂且不论,近代以来,英国资产阶级持续沿用英国封建时代的法律,法国资产阶级以奴隶制时代的罗马法为基础制定《法国民法典》,日本资产阶级承袭日本封建时代的法等等事实足以表明剥削阶级类型的法律之间的继承性。苏联十月革命之后,列宁沿用旧俄国的民法典,1922 年制定民法典时大量采用旧民法典的条款。我国新中国成立前夕明确宣布废除国民党六法全书,尽管如此,现行社会主义法

① 《毛泽东选集》第 3 卷,817 页。

律体系中仍不能不包含旧法中诸多原则、规则、技术、概念、术语。这些事实更进一步地表明，不仅私有制即剥削阶级类型的法之间可以继承，社会主义法也可以而且必然要批判地借鉴前社会主义社会的法。

三、法的继承的内容

法律继承的内容是十分广泛的。就社会主义法对资本主义法的继承来说，一切能够与科学、理性、民主、自由、公平、人权、法治、和平、秩序、效率为内容的时代精神融为一体的那些富有生命力或再生能力的积极因素都在继承之列。具体言之，可归纳为以下几个主要方面：

（一）法律技术、概念

法律技术是指制定、执行、解释、适用法律规范的各种方法，例如立法程序、法典编纂、法律汇编、法律规范的构成及其分类、法律的解释方法、法律机构的设置、法律体系的结构、形式多样的诉讼程序等。法律概念是指对各种法律事实进行概括，抽象出它们的共同特征而形成的权威性范畴。社会主义国家在建立自己的法律制度时，不可避免地要直接选择、利用这些现成的法律技术和概念。否则，就无法建构自己的法律体系。

（二）反映商品——市场经济规律的法律原则和规范

商品——市场经济既是资本主义的经济形式，也是社会主义的经济形式，尽管它们之间存在着这样或那样的差别，但都必须和必然是与劳动分工和社会分工相联系的、为交换而进行生产的经济关系，是自由、公平地进行竞争的经济关系。所以，资本主义国家反映商品——市场经济一般规律的法律原则和规范，如有关市场主体、市场要素、市场行为、市场调控、国内市场与国际市场的联系等法律规定，经过社会主义国家的选择、改造和加工之后，可以纳入社会主义法律体系之中。

（三）反映民主政治的法律原则和规范

社会主义国家和资本主义国家从政体上都是民主政治。资产阶级民主先于社会主义民主。资产阶级在长期的民主政治建设中积累了大量以公民权利制约国家权力、权力制约权力以及保障权力运行秩序和效率的经验。诸如代议制、选举制、权力划分、权力制衡、立法机构的组织和立法权力的行使程序、行政程序、公民各种政治权利规定、国家赔偿制度等。这些制度和规定中有许多是民主政治的必然要求，反映了政治权力运行的一般规律。社会主义国家在实行民主政治的过程中理所当然地要批判地借鉴和采纳。

（四）有关社会公共事务的法律规定

任何国家都执行两种职能，一是政治统治或阶级统治职能，另一是公共事务或社会职能，因而在法律体系中包括两类法律规范，一类是有关政治统治的规范，另一类是有关公共事务的规范。在公共事务规范中有许多属于技术性规范或者是反映社会整体利益的规范。例如，有关交通、环保、资源、水利、城建、人口、卫生的法律规定即是。这些“执行由一切社会的性质产生的各种公共事务”职能的法律显然可以为社会主义国家所继承。

推荐阅读

1. 王晨光：《不同国家法律间的相互借鉴与吸收——比较法研究中的一项重要课

题》,载《中国法学》,1992 年第 4 期。

2. 沈宗灵:《论法律移植和比较法学》,载《外国法学译评》,1995 年第 1 期。

3. 李双元等:《中国法律趋同化问题之研究》,载《武汉大学学报》(哲社版),1994 年第 3 期。

思考题

1. 法律发展的内涵是什么?
2. 法律发展的模式有哪些?
3. 什么是法的移植? 法律移植有何必然性和必要性,应注意哪些问题?
4. 什么是法的继承? 为什么要继承? 继承哪些?

第十六章　法制现代化

学习提示:本章主要讨论法制现代化的含义和特征和目标,并着重探讨了中国法制现代化的历史道路。

重点问题:

1. 法制现代化的含义
2. 法制现代化的模式
3. 中国法制现代化的特点

第一节　法制现代化释义

一、法制现代化概念

“现代化”作为一个理论概念,对它的系统研究起始于 20 世纪 60 年代。1960 年在日本箱根举行的“现代日本”国际学术会议,是国际上第一次认真而又系统地讨论现代化问题。① 自此之后,现代化成为一个国际性的课题,成为世界各国学者研究的热点。

国内外学者关于现代化的概念有许多阐释,这些阐释有的侧重于从经济发展的角度,有的侧重于政治结构的角度,有的侧重于历史的角度,有的侧重于文化的角度,等等,不一而足。但不论哪种解释和阐发,都包含着以下几个要素:其一,现代化是一种历史性的变化过程;其二,现代化是一种不断的发展过程;其三,现代化是一种由传统社会向现代化社会转变的历史过程。因此,从以上几个要素,我们可以对“现代化”这一概念作以下界定:现代化是指在由传统社会向现代社会转变和过渡中,社会的经济、政治、文化以及诸要素的承担者——人在内的,适合一国国情、民族特点及世界趋势的社会整体性发展变化的历史过程。参照人们对现代化的一般理解,并根据法制的基本内容,可将法制现代化理解为:法制现代化是指一个国家和社会伴随着社会的转型而相应地由传统型法制向现代型法制转化的历史过程。在这一过程中,该国家和社会的法律制度以及法制运转机制都将发生重大的质的变化,其标志是法制更加适应发展着的和变化了的各种社会实践需要,并且能够充分体现现代社会的各种价值目标和价值需求。

二、法制现代化的特征

从以上关于法制现代化含义的理解和解释,可以看出法制现代化具有如下一些特征:

第一,法制现代化是一个从传统法制向现代法制转变的历史过程。在这种历史性的转变过程中,将使一个社会的法律整体面貌发生巨大的变化,它既包括那些静态的法律制度体系,也包括那些动态的法律制度运转体系和渗透在其中的法律价值体系以及人们的

① 钱乘旦、陈新意:《走向现代国家之路》,3～6 页,四川人民出版社,1987 年。

法律观念体系。这种历史性的变革内在地包含了法律的整体创新。

第二,法制现代化既是一个世界性的历史进程,又是一个国度型的历史进程。从人类法制发展历史看,法制现代化是一个世界性的历史进程,世界各国的法制发展或迟或早要走向这条道路,因而它具有普遍性的世界意义。但现代世界又是一个主权鲜明的世界,各国之间都有不同的社会发展历史和法制发展历史,因此,法制现代化又具体地表现为每个主权国家和社会的法制现代化历史进程。

第三,法制现代化是一个从理想目标转化为现实目标的历史过程。尽管关于法制现代化有无一个固定的统一的标准的问题尚未取得共识,但作为一个具体国家和社会的法制现代化,总有一些实现现代化的目标体系,这些目标体系在一定程度上反映了该社会对法制发展的理想,而如何实现这些理想目标,将这些理想目标变为社会现实,就是法制现代化所要完成的历史使命和任务。

第二节　法制现代化的目标

一、法制现代化的静态目标

法制现代化的静态目标,主要是指法律制度的现代化。但法律制度本身是一个系统化的结构体系。在这个结构体系中,与法律制度密不可分的还有法律规范、法律组织机构和法律设施等等,因此,研究法制现代化的静态目标,就应该包括法律制度的现代化,法律规范的现代化,法律组织机构的现代化和法律设施的现代化。

第一,法律制度的现代化,意味着一个社会的法律制度能够适应现代化社会的社会需求,能够对现代社会的各种纷繁复杂的社会关系给予法律调整,使其呈现出一种有序状态。它既包含着法律对社会生活调整的广泛性和深入性,同时也包含了法律对社会生活调整的有效性和有用性;它不但能够对一个国家社会内部的政治、经济、文化生活给予指导,也能在国际间的经济、政治、文化交往方面发挥作用。法律制度的现代化,还意味着法律制度本身的体系化、配套化、完整化。法律制度体系必须是相互统一的、合理的、有层次的、互相适应、互不矛盾的。从内容上讲,法律制度的现代化,还意味着它是现代文明的所有成果和因素的集中表现,剔除了人类法律史上那些野蛮、愚昧、落后的旧制度残余。更重要的是,法律制度的现代化,意味着它是代表人类历史前进趋势的现代社会先进阶级的意志和愿望的体现和表现。法律制度现代化是法制现代化的核心内容和主要标志。

第二,法律规范的现代化,是指法律规范作为法律的主要表现形式,它必须集中体现现时代人类社会文化发展的最新和最高成果。不论在形式上或内容上,都应力求反映具有时代进步特征和现代特征的所有要求。必须使法律规范建立在明确化、周密化、严谨化的基础上,使法律规范呈现一个门类齐全、结构严密、层次分明、前后照应、互相连贯、和谐一致的严密体系;此外,法律规范也应力求适应现代化大生产的需求,使现代化建设进程中的重大政治、经济、文化生活领域能够得到法律的调整和指导,使其规范化、制度化、有序化,使其有法可依,有章可循,避免主观随意性和盲目性。法律的一个重要功能就是对现实社会生活进行指导,而法律规范恰好是行使法律这一功能的重要形式和手段。

第三,法律组织机构的现代化,是指法律组织机构按照现代化社会分工的要求,能够充分行使法律创制、法律操作和法律实现的职能,它是法律能够得到运转和执行的重要保

证，是法律制度和法律规范能够在社会生活中得到实现，字面上的法律能够变为现实的社会关系的重要保证。它包括法律组织机构的精细化、专门化，履行法律职能的有效化，工作程序的规范化、制度化；与此相关联，它还意味着法律组织机构的主体——法律职业者素质的现代化。一大批经过专门法律教育和职业训练、具有现代文化知识和修养的职业法律工作者活跃于法律组织结构之中，是法律组织机构现代化的重要条件。

第四，法律设施的现代化，是指从法制现代化的物质条件方面，能够将最先进的科学技术成果和设施运用于法律创制、法律执行等法律运行的实践活动之中。现代化科学技术成果和设施在法律活动中的运用，对于完善法律创制的机制，提高立法的质量，提高法律操作水平，提高法律运转的质量和效益，都会有很大帮助。

二、法制现代化的动态目标

按照我们对法制现代化概念的界定，法制现代化的动态目标主要是指法律运转机制或法制运转体系的现代化，即立法、司法、执法、守法、法律监督等的现代化。要实现法律运转机制的现代化，首先体现为一系列现代法制原则在整个法制运转机制中的实现和现代法律价值观对法律运转机制的渗透。因此，我们对法制现代化动态目标的设计，首先表现为一系列现代化法制原则在法制运转机制中的实现，然后是在全社会确立一种与现代法制相适应的法律心理、法律观念以及法律思想体系，并将这些现代法律观念渗透于整个法律运转机制之中。

第一，法制现代化的一个最基本的要求，是在整个社会生活中严格贯彻法治原则。法治原则，有其广泛的社会政治含义，比如，法治与民主相联系，现代社会的法治是民主政治的产物；法治与宪政相联系，没有宪政就没有法治；法治与人治、专横专制相对立；等等。但西方学者在解释法治原则时，认为“法治”最初的、最基本的含义就是实现“法律的统治”。当然，这种形式主义的解释并没有涉及法治作为一种独立的文化价值体系的内容，由“法治——法律的统治”这种形式主义的解释引导出法治的两层含义：首先，法治意味着人民应当服从法律，接受法律的统治；其次，法治也意味着政府也必须由法律来统治，即政府的全部行为必须有法律依据，必须有法律授权，无法律授权的行为不得视为政府行为，这种行为无法律效力，且常常是违法的。①

按照我们的理解，在整个社会生活中严格贯彻法治原则，其最基本的精神就是用法律来治理国家，管理国家，从法治本身的含义看，首先是指以法律和制度来组织、管理、协调国家的一切事务，即国家治理步入法律和制度的轨道；其次，法治还意味着用以宪法为核心的国家最高规范和与此相配套的法律和制度体系治理国家而呈现的一种有效的和有序的社会秩序状态。实现了法治，即意味着实现了这种状态。我国在法制建设中提出的“十六字方针”，即：有法可依，有法必依，执法必严，违法必究，这四者的完整结合，既是“法制”的理论概括，也构成了法治的最基本内容。

因此，要实现法治，就必须具备以下条件：①必须有以宪法为核心的较为完备、协调配套的法律制度体系，使国家治理有法可依；②法律一旦颁布并生效，就具有不容置疑的法律效力和权威性，国家的一切活动（包括政府行为和公民个人行为）必须依法办事；③执法机关在执行法律过程中，必须严格执法，对于违反法律的现象和行为，必须依法追究；④国

① 约瑟夫·拉兹：《论法治原则》，载《法学译丛》，1990年第5期，7页。

家机关工作人员和普通公民都必须自觉遵守法律,将法律作为其行为规范和守则,并运用法律来行使正当的合法的权利和维护自己的合法权益。上述四点是实现法治的最基本条件,也是国家实现法治的主要标志。

第二,法制现代化还意味着在社会生活中确立一系列与现代法制和法治原则相吻合的现代法律价值观和行为方式。比如,法律至上的观念和地位,法律统一的法制状况,法律独立的特定地位,法律制度的严格实施,法律规范的严格遵守等等,所有这些,实际上是法治原则在整个社会生活中的全部展开。

法律至上,是法治原则的最重要体现。法律至上既是一种观念,同时,也标志着法律在法治国家和社会生活中的最高地位。实行法律至上原则,意味着在法治国家中,法律具有高于一切的决定性作用。既然法律是人民意志和利益的体现和反映,那么,法律至上,也就意味着人民的意志和利益至上。实行法律至上原则,实质上为一切国家的职能工作确定了严格的法律界限,并确保尊重广大人民的尊严和维护广大公民的不可分割的权利。

法律统一原则,也是法治原则的基本要求。这一原则首先要求一个国家法律制度、法律规范的统一。以宪法制度和规范为核心,所有的法律制度和法律规范都应以此为基准。各种部门法律和地方法律,都要服从于宪法,统一于宪法,不得与宪法相冲突,相抵触。法律制度之间,法律规范之间,也应相互统一,相互照应,不能前后矛盾,相互冲突。其次,法律统一还意味着法律制度、规范体系与法律观念体系的统一。高度现代化的法制,意味着整个法律结构的高度整合。那种处于发展中社会的二元法制结构状况,要伴随着现代化的进程逐步得到消除,经过文化整合,逐步转化为相互统一,相互协调的一元法制结构,否则,二元法制结构的长期存在,对法律秩序会带来较大的冲击和影响,进而也影响着法制的现代化程度。此外,法律统一原则体现在法制方面,还包括司法统一和行政执法统一,这就要求反对司法上的地方割据和"地方保护主义",维护法律统一原则在实际生活中的贯彻执行。

法律独立原则,也是法治原则的一个基本体现。其中最重要的是司法独立。代表人民意志的法律在创制之后,要使它在社会生活中得到实现,就需要有一系列法律保障机制,司法独立是一个重要环节。要实现司法独立,首先要从制度上确保司法机关和其他法律执行机关独立地依法履行自己的职权,不受任何外来因素的干扰和影响。司法机关对法律负责,也就是对人民负责。其次,司法机关要严格执行法律程序,依法办事,严格贯彻以事实为依据,以法律为准绳的法制原则。与此相关,就要形成一支经过严格职业培训和教育的,具有较高法律素养和职业道德的法律职业队伍,提高司法水平。

法律制度的严格实施,意味着要在社会生活中确立法律制度的权威地位和权威意识。要将法律制度看做是社会进入有序状态的基本保证。社会政治生活的民主化,经济生活的秩序化,精神文明建设的健康化以及文化生活的丰富和繁荣,都要以法律的制度化、规范化作前提。制度一经确立,就应严格实施,发挥其应有的社会政治功能。

法律规范的严格遵守,是实现法治的重要保证。一般地讲,法律规范是在总结人类实践经验的基础上,对现实社会生活进行科学分析之后,将解决同类性质问题的具体方法进行抽象而形成的共同行为准则,它在特定历史时期具有一定的科学性。这是人类文明的结晶和体现。因此,法律规范一经制定并生效,就应严格遵守,将其作为社会生活和个人行为的规范和准则。法律秩序的内容之一,就是对法律规范的严格遵守,它也是法律权威

性的体现和标志之一。

第三,法制现代化的动态目标还包括社会成员的法律心理、法律观念和该社会的主流法律思想体系的现代化。

法律心理的现代化,是指在一个社会中,法律能够得到大多数社会成员的基本认同,成为公民心理文化的重要构成内容,强化法律在公民心理中的地位,使那些与法律相悖的心理因素逐渐趋于弱化,形成社会公民对法律的信任心理、依赖心理和崇敬心理,逐渐消除公民心理文化中的耻法、畏法、厌法、远法等心理成份,使公民有一个健康的法律文化心理积淀。

法律观念的现代化,是指在一个社会的公职人员和公民意识中,应该确立以现代法制为内容的法律意识和观念,培养出尊重法律、遵守法律、执行法律、运用法律、有法必依、执法必严的良好意识,逐渐剔除与现代法制不相吻合的旧的法律意识和法律价值观。树立法律是重要的、是现代社会生活不可缺少的政治意识和法律价值观。将法律视作社会生活的重要内容,视作是促进社会进步与发展的不可缺少的社会文化机制,形成依法办事的良好社会习惯和工作习惯,确立法律在现代社会生活中应有的重要地位。法律意识的现代化还意味着法律得到全社会性的普及。

法律思想体系的现代化,是指那些领社会之先的法学家、思想家,应当在对人类历史及现代社会的深刻总结反思及解剖分析的基础上,提出能够对当今社会进步和发展起推动作用的法律思想、主张和观点,使之逐渐获得社会认同,并通过不断的实践,使之上升为立法,进入法律调整领域,对社会生活给予科学的指导,为社会进步服务。法律思想体系的现代化,还意味着法学家应该探索人类社会发展的规律性,总结出一套科学的、系统的、完整的法律学说,使法学真正成为建立在科学基础上的社会科学,成为指导法律实践乃至社会生活的理论指导体系,为社会实践服务。

第三节　中国法制现代化的历史道路

一、中国法制现代化的历史进程

对于中国法制现代化的历史进程起始于何时,学术界有不同的看法。有的学者将1840年的鸦片战争作为中国法制现代化的历史起点,有的学者将20世纪初清王朝末年所进行的制宪修律活动称为“中国法制走向现代化的开端”,等等。如果按照中国社会的历史性转型和中国法制的历史性转型作为分界点,我们则认为1911年孙中山先生领导的辛亥革命以及所产生的资产阶级法制,应作为中国法制现代化的历史起点。而此前的清末制宪修律等法制变革活动,虽对于法制的转型起到了很大的萌动作用,但由于其仍然依附于封建的专制法制体制,且未产生实质性的作用,其主体仍然是前现代形态的法制。

如果将1911年孙中山先生领导的辛亥革命作为中国法制现代化的历史起点,那么,我们可以大致将中国法制现代化的历史进程分为以下几个历史时期:1911年辛亥革命后资产阶级法制建立时期和新民主主义法制创建时期;1949—1979年中国法制现代化曲折发展时期;1979年之后中国法制现代化重新起步和全面发展时期。下面将对这几个历史时期的特点作以分述:

(一)1911年辛亥革命后资产阶级法制建立时期和新民主主义法制创建时期

1911年孙中山先生领导的辛亥革命,推翻了中国的封建帝制,建立了具有资产阶级性质的中华民国政府,也建立了与该社会转型和政权性质相适应的资产阶级法制。1911年12月3日颁布了《中华民国临时政府组织大纲》,1912年3月11日颁行了《中华民国临时约法》。《临时约法》的颁行,标志着中国资产阶级法制的正式确立。《临时约法》规定中华民国是资产阶级共和国,根据资产阶级三权分立的原则,规定了以责任内阁制为特点的中华民国政治制度,确立了以司法独立、辩论、公开审判等为主要内容的资产阶级司法体制,并颁发了一系列单行诉讼法规、刑事法规、民事法令等等。这些法令的颁布,初步确立了资产阶级的宪法、行政法、民事法、刑事法及司法体制。

辛亥革命后建立的资产阶级法制,在中国法制现代化的历史进程中具有非常重要的历史意义。首先,它意味着一种旧的法制传统和类型——封建法制的结束,和一个新的法制类型——现代法制的开始。这种法制形态的转型是伴随着社会的转型而到来的,因此,它开创了一个新的时代;其次,辛亥革命后所建立的资产阶级法制,不仅在法制形式上以现代法制为蓝本,更重要的是在其法制的内容上,注入了现代法制所应具有的价值观念,如平等、自由、人权,等等,这些现代法制价值观念的渗入,使中国法制的内核发生了质的变化,并一直影响到其后的中国法制现代化的历史进程。因此,我们称辛亥革命开创了中国法制现代化的历史先河。

辛亥革命后的法制发展,还经历了北洋政府时期和国民党政府统治两个发展时期。总体上来讲,这两个时期在法制的形式方面进一步补充和完善了资产阶级法制体系,形成了较为完备的资产阶级法律体系,但在其法制内容和价值理念上,却继承和保留了一些中国封建法制文化的衣钵和成份,尤其是在公法、政治法、司法制度、刑讯制度等方面,更是吸收了一些法西斯主义的法律制度,司法操作过程更是采用和表现出了一些野蛮、残酷、非人道的封建主义司法手段,使中国法制现代化的历史进程倒退了一大步,这是北洋政府和国民党政权在政治上的反民主所带来的必然结果。

与此同时,在中国还有一种不同于资产阶级法制的新型类型的法制在生长和发展,这就是中国共产党领导的新民主主义法制。它是同马克思主义在中国的传播和中国共产党的成立同步而行的。其间经历了第一次国内革命战争时期、第二次国内革命战争时期、抗日战争时期和第三次国内革命战争时期等几个发展阶段,其中最主要的是苏维埃革命根据地时期和陕甘宁革命根据地时期两个发展阶段。经过近30年的发展,初步构建了一套新民主主义法制的模式,为新中国成立后的社会主义法制的建立奠定了一个良好的法制基础。

新民主主义法制的建立是一个具有里程碑意义的重大事件,它在中国法制现代化的历史进程中同样具有非常重要的意义。首先它以一种先进的思想即马克思主义作为立法和司法的根本指导思想,是有别于资产阶级法制的一种新型类型的法制建构运动,对此后中国法制现代化进程中的法制性质、目标、模式及价值内容等具有深刻的历史影响力;其次,新民主主义法制的建立和发展过程,是同中国共产党领导的新民主主义革命实践紧密相联系、相伴随的同步发展过程,因而它反映和显示了革命过程中的重大成果和记载;再次,由以上特点所决定,新民主主义法制在形式上,表现了一些革命中的特点,如法律体系的简约性、法律程序的局限性、法律效力的地方性和局部性,等等,但在法制的价值目标和内在精神上,则体现了现代法制的一些价值要求,如法制的真正平等性、广泛的民主性和充分保护人权等特点。这些标志着它是一种代表着中国法制现代化发展方向的新型法制。

(二)1949—1979 年中国法制现代化曲折发展时期

1949 年,中国共产党领导的新民主主义革命取得了胜利,使中国社会发生了历史性的巨大变化。社会主义制度的建立,从经济上和政治上为中国法制的现代化奠定了坚实的社会基础,开创了中国法制现代化的新纪元。新中国成立初期,总体上讲,中国的法制还是沿着一条较为顺利的道路发展。其主要表现为,制定和颁布了《土地改革法》、《惩治反革命条例》、《婚姻法》、《工会法》等等,继之又通过了《中华人民共和国宪法》,通过了《全国人民代表大会组织法》、《国务院组织法》、《人民法院组织法》、《人民检察院组织法》、《地方各级人民代表大会和地方各级人民委员会组织法》等一批基本法律,还相继制定和颁发了一些重要法律、法令。据统计,从 1949 年 9 月—1957 年间,共制定法律、法规和法规性文件 126 件①。这些法律、法规的制定和颁发,标志着新中国社会主义法制的确立。革命胜利后的中国,如果能够始终坚持正确的思想路线和指导方针,坚持以经济建设为中心,发展商品经济,加强民主政治建设,定会加速中国法制现代化的历史进程和步伐。但是,社会的发展并不取决于人们的良好愿望,而是受各种主客观因素的制约和影响。在此后的二十多年间,由于指导思想上的严重失误,在忽视经济建设和民主政治建设的同时,也严重忽视和轻视了法制建设,使中国法制的进步和发展受到严重影响。尤其是"文化大革命",使本来发展较慢的现代法制遭到了较为严重的破坏。"文化大革命"的十年中,中国法制现代化的历史进程不但停滞不前,而且后退了一大步,这同建国后三十年间的中国经济形态和政治结构不无关系。概括地讲,这期间的中国经济形态是高度集中的计划经济体制,而政治结构则是与高度集中的计划经济体制相适应相配套的高度集权的政治体制。与此相适应,这期间的中国法制发展,自然是与这种政治和经济结构相配套的计划经济法制体系和形态。这种政治结构、经济结构、法制体制在某种程度上制约和影响了中国社会的进步和发展。因此,这 30 年间,中国法制现代化基本上是一个曲折发展时期。

(三)1979 年之后中国法制现代化重新起步和全面发展时期

20 世纪 70 年代末 80 年代初,中国社会又经历了一个重大的历史转折时期。"文化大革命"的结束,标志着一个新的历史阶段的开始。党和国家的工作重点转移到以经济建设为中心,中国社会主义现代化建设全面展开,中国法制现代化的历史进程重新步入正确轨道,进入了一个新的历史发展阶段。中国共产党提出的发展社会主义商品经济和社会主义民主政治建设的指导方针,为中国法制现代化提供了强大的历史动力。十多年来中国法制的进步和发展是极其显著的历史事实。有许多学者将改革开放十多年来中国法制的发展称之为中国历史上法制发展最为辉煌的时期,是历史上任何一个时期都无法比拟的新的历史阶段,这一评价,从中国历史的纵向面上看,是毫不夸张的评价。

1992 年 10 月,中共十四大果断地提出建立社会主义市场经济新体制,并将此作为经济体制改革的目标;而政治体制改革的目标则是建设有中国特色的社会主义民主政治。历史又一次将与市场经济和民主政治有着天然联系的法制推向了社会的重要地位。中国法制面临着一次挑战,一次全方位的、体制性的"革命",即由传统的高度集中的计划经济

① 参见蓝全普:《三十年来我国法规改革概况》,4~10 页,北京:群众出版社,1980 年。

法律体制向社会主义市场经济法律体制的过渡和转变。中国法制现代化又面临着一个新的历史契机和转折点。社会主义市场经济和民主政治为中国法制现代化提供了强大的历史动力,将加快其历史进程和步伐。反过来,中国法制现代化又会推动当代中国社会主义市场经济体制和民主政治体制的确立和完善,促进中国社会的全面进步和发展,加快中国社会的现代化进程。

1996年2月,以江泽民同志为核心的党中央又进一步提出了"依法治国,建设社会主义法制(治)国家"的治国方略,并将此写入了"九五"规划纲要和2010年远景发展目标纲要,经过全国人民代表大会代表的投票通过,成为代表全国人民意志的法律性文件和行动纲领。这标志着我们党对法治的重要价值的认识的又一次飞跃,标志着我们应抓住这一难得的历史机遇,促动中国法制现代化完成其历史使命。

二、中国法制现代化的历史动力

如果我们对20世纪从辛亥革命到迄今为止的八十多年间的中国法制现代化的历史道路和发展进程作一概要的宏观审视和总结,就会看到,八十多年间,中国法制的进步和发展最为显著最为辉煌的是这后十多年。诚然,历史是不能割断的,后十多年取得的进步与前七十年的曲折历史和文化积累是不能分割的。但是,如果我们从阶段论出发,以探求其中的历史经验和教训,这种历史分期方法还是有意义的。这后十多年中国法制发展如此之快,进步如此之大,不能不涉及到中国法制现代化的历史动力。

所谓中国法制现代化的历史动力,即指那些能够推动中国法制由传统形态向现代形态转变的各种现实的力量和因素。那么,究竟哪些因素和力量成为中国法制现代化的历史动力?根据历史唯物主义的法制发展观,我们将中国法制现代化的历史动力界定为以下三个基本要素:商品经济(市场经济)、民主政治和民众的法治需求。

从中国法制现代化近百年来的历史进程看,商品经济和民主政治是中国法制走向现代化的强大历史动力。因为,由传统社会向现代社会的转变,其在经济上的特征就是由自然经济半自然经济向商品经济、市场经济的转变;其在政治上的特征就是由集权政治向民主政治的演变。自然经济与商品经济,集权政治与民主政治,是两个不同的价值体系,它们成为区分传统社会和现代社会的经济结构和政治结构的标志。发展市场经济,建设民主政治,既是中国社会主义现代化建设的政治和经济目标,也成为中国法制现代化的历史动力。从20世纪70年代末至今中国法制现代化的迅速发展可以看出,社会主义商品经济和社会主义民主政治的建设和发展为法制的进步和发展提供了强大的社会历史动力和现实依据。这既是一个理论命题,又是一个经过实践检验的实证性历史结论。只有高度重视经济建设,重视商品经济(市场经济)和民主政治建设,才能推动法制现代化的历史进程。反之,则只能使中国法制现代化的历史步伐减缓,甚至倒退。

将中国法制现代化的历史动力归结为社会主义商品经济(市场经济)和社会主义民主政治建设,其深层的哲学意义还在于,它从法制的角度揭示了社会经济关系、政治关系与法制之间的内在关系。法制作为一种上层建筑,是从属于社会经济基础的,服务于社会政治的需求。法制是社会经济关系、政治关系的一种反映,它只能从现实的各种社会关系中寻找自己的价值对象。正如同马克思当年曾揭示的"权利永远不能超出社会经济结构以及由经济结构所制约的社会文化发展"一样,法制也不能超越特定的现实的社会经济关系和政治关系。当然,我们不是机械唯物论者,而是辩证唯物论者。在坚持法制的发展受经济结构、经济关系和政治关系制约的前提下，也应充分重视法制对经济关系和政治关系的能动的反作用力。因为法制在某种意义上也是政治关系的组成内容。

与社会主义市场经济和民主政治相呼应，中国法制现代化的历史动力还有一个很重要的内容，即广大人民群众渴望实现法治的心理需求。也可将此谓之法制现代化的文化心理动力。法治，是法制现代化的重要价值内涵。法治原则的充分实现，也是法制现代化的重要目标和参数。中国人民在经历了几十年的曲折历程之后，逐步认识到了法治对社会进步与发展的重要性。另一方面，社会主义市场经济客观上要求实现商品生产者之间的平等、互利、互惠的交换关系，而社会主义民主政治则要求真正实现人民群众当家作主的根本的民主政治权利和社会主义制度下人与人之间的民主的、平等的人际关系。这一切，都需要有严格的法制，通过对法治原则的贯彻才能真正实现。人民群众渴望法治的这种心理需求，是促使法制现代化的重要文化动力。如果说，社会主义法律是代表广大人民群众利益和愿望的法律，那么，人民群众对法治渴望的这种心理需求便是社会主义法制从创立到实现的广泛的社会基础。

研究法制现代化历史动力的意义在于从根本上为法制的现代化寻找一个坚实可靠的立足点和社会基础，探求法制进步和发展的规律性，以便从巩固、完善和发展这种社会基础出发，来推动法制现代化的历史进程。如果说“社会主义市场经济和社会主义民主政治是中国法制现代化的历史动力”是一个科学的理论命题和实践结论，那么，我们便可以进一步得出这样一个结论：社会主义市场经济和社会主义民主政治越发达、越健全，中国法制现代化的历史进程便会越快，中国法制现代化的价值目标便会越早实现。

三、中国法制现代化的历史意义

中国法制现代化是中国现代化进程和目标中一个非常重要的组成部分。实现中国法制现代化，具有非常重要的历史意义。

第一，中国法制现代化将直接为中国现代化的实现注入坚实的法制基础和法制保证。不论是市场经济目标的实现，还是政治民主的健全和发展，以及社会精神文明水平和程度的提高，都离不开法制在其中的运作。离开法制，中国现代化的目标将难以实现。

第二，中国法制现代化将会使中国法制建设完成一种历史性转型。这种历史性转型的完成会使中国步入现代法制（法治）国家和法治社会。它意味着中国在经历了近百年的法制发展之后，将同世界法制发展趋向相统一。这意味着一种新的法律文明的诞生。在此过程中，创新与守旧，传统与现代，前进与倒退等等将成为中国法制发展中难以避免的基本矛盾，由此而导演出法制生活中的种种画面。但历史的发展趋势及人类文明的发展规律决定了新的法律文明终将会取代旧的法律文明，从而最终实现法制现代化的历史转型。

第三，中国是一个有着悠久历史文化的东方大国，又是一个发展中的国家，这两点决定了在中国实现法制现代化，有着不同于西方式法制现代化的特殊意义。在中国法制现代化进程中，既要注重吸收西方法制中先进的、优秀的成份，又要注重保持具有东方文化、中国民族特点的优秀法律文化传统，因此，中国法制现代化将会给世界法制现代化带来一种新的发展道路和发展模式，这种新的发展道路和发展模式在某种意义上可能对世界上发展中国家提供可资借鉴的经验和参照。

推荐阅读

1. [美]吉尔伯特·罗兹曼:《中国的现代化》,江苏人民出版社,1988年版。
2. 葛洪义:《法律与理性》,法律出版社,2001年版。

思考题

1. 什么是现代化?如何理解现代化?
2. 法制现代化的概念和特征是什么?
3. 如何正确看待各种模式的法制现代化?
4. 中国法制现代化的历史起点是怎样的?
5. 中国法制现代化的动力和历史意义是什么?

第十七章　法治理论

学习提示：本章主要论述法治国家的主要理论和原理，并讨论建设社会主义法治国家的现实目标和主要问题。

重点问题：

1. 法治国家的含义
2. 法治思想的发展过程
3. 法治国家的基本构造和社会条件
4. 建设有中国特色的社会主义法治国家的途径

第一节　法治国家

一、法治释义

自古希腊和古代中国先秦哲人提出“法治”并阐述其思想以来，历代思想家前赴后继地探索着这一亘古的命题。由于法治思想的博大精深，许多论著都没有直接、简单地对“法治”进行定义。法治在当代法学中仍是一个非常受重视的问题，法学家们从不同的层面和角度对它进行阐析。纵观法的历史，我们认为法治至少具有以下五层含义：

第一，法治是一种宏观的治国方略。汉语“法治”一词从被使用时开始，就与“以法治国”、“依法治国”等词相提并论，主要是被作为一种治国方略来理解的。“以法治国”一词在中国古籍中首先见于《管子》一书，其后的商鞅、韩非子等人又对此进行了发展并付诸实践。在古代中国思想体系中，法治总是与“礼治”、“德治”、“人治”等治国方略相并列、相对称、相对立。西方思想体系中，“法治”也首先是被作为与人治相对立的治国方略，即“法律的统治”。治国方略有多种多样，法律的治理是其中的一种。“人治”与“法治”的争论都在于对治国方略或手段进行权衡与选择。法治作为一种治国方略，它是指一个国家在多种社会控制手段面前选择以法律为主的手段进行控制，而不是选择其他作为主要控制手段，即我们今天重新提倡的“依法治国”。

第二，法治是一种理性的办事原则。法治一词又经常被理解为“依法办事”，其基本含义是：在制定法律之后，任何人和组织的社会性活动均受既定法律规则的约束。所谓“既定法律规则”强调的是法律已经制定、人们在法律面前该怎么做的问题。只要法律已经规定，任何人和组织不得以任何正当或不正当的目的（理由）去违背法律规则，而只能遵照执行。无论发生什么具体情况，甚至是法律本身发生不正当的情况，也要依法办事。在既定的法律面前，严格遵循才是正当的。据此，我们可以把法治理解为人和组织进行社会性活动的形式。正当原则之所以说法治是理性的，是因为法律是人们事先设定的规则，具有稳定性、连续性、普遍性和一致性，它不受事发当时的人的情感和意志所左右。在法律面前

只有先承认形式的合理才能承认实质的合理,这是法治建立的基本要求。

第三,法治是一种民主的法制模式,又常常被理解为“以民主为基础和前提的法制”。法律历来具有多样性,通常可以划分为专制的法制和民主的法制两大模式。法治就是后一种法制模式。其基本含义是:法制必须以民主为社会条件和制度基础。法制并不必然是民主的,法制可以与专制结合,成为专制的工具。如中国历代法家所主张的“法治”。真正意义上的法治是以民主为社会条件和制度基础的法制模式。近代资产阶级在追求经济自由、渴望政治民主、反抗封建专制的过程中逐步建立法治这种民主的法制模式。

第四,法治是一种文明的法律精神。法治还经常被作为一种法的精神,与理念、原则、观念等词连用,如“法治理念”、“法治原则”、“法治观念”等等。离开法治精神的法律就会像一种失去控制的工具。这种精神导源于文明的社会条件和制度基础,是文明在法律上的转化形式,与人类精神文明一脉相承。法治的这些精神表现为一整套关于法律、权利和权力问题的原则、观念、价值体系,它体现了人对法律的价值需要,成为人们设计制度的价值标准和执行法律的指导思想。考察和分析近代以来的法治思想与实践,我们可以对法治所蕴含的法律精神作这样的归纳:法律至上、善法之治、平等适用、制约权力、权利本位、正当程序。

第五,法治是一种理想的社会状态。法治还可以被理解为一种社会关系或社会秩序。正是在这种意义上,我们会常常使用“法治社会”这样的提法。这种社会关系和社会秩序是这样被安排的:法律与国家、政府之间,运用法律约束国家、政府的权力;法律与人民之间,运用法律合理地分配利益;法律与社会之间,运用法律确保社会公共利益的不受权力和权利的侵犯。因此有人认为“法治”是“在法律规束住了国家权力和政府后而使权利在人与人之间得到合理配置的社会状态”,法治所追求的目标就是这样一种理想的社会结构和社会秩序。既然法治是一种社会的理想状态,那么,它必然不是一个一成不变的确定状态,而是一个不断探索和不断实践的运动过程,具有由低到高发展的阶段性。

二、法治思想的历程

(一)人的自由与法的权威——古代法治的实践

雅典奴隶制城邦民主政治的法治实践,是古代希腊以亚里士多德为代表的古典法治国学说产生的基础。公元前594年梭伦进行的革命性立法改革,形成了带有自由和民主色彩的法治国雏形。古代罗马法治有自己的特色,它“倾向于对权威和安全的强烈兴趣”。[①] 查士丁尼时期及后来完成的罗马法典编纂工作,是罗马人尊重法律权威的典型例证。

(二)服从良法传统——古典法治思想的核心

法治国理论的萌芽最早出自柏拉图的名篇《法律篇》,“服从法律的统治”是他法治观的核心。后来柏拉图的学生亚里士多德发展了这一思想,他在《政治学》中提出了法治的两层含义,即法治的两个条件或标准“已成立的法律获得普遍的服从,而大家所服从的法律又应该本身是制定得良好的法律”。[②] “普遍服从良法”的观念成为法治的一个基本原则。后来西塞罗进一步阐明这一原则,他提出了“权力从属于法律”的论点。

(三)权力分立与制衡——近代革命时期法治思想的核心

① 参见黄稻主编:《社会主义法治意识》,81~82页,北京:人民出版社,1995年。
② 亚里士多德:《政治学》(中译本),199页,北京:商务印书馆,1983年。

近代法治理论的首创者是英国法哲学家詹姆士·哈林顿,他在《大洋国》中提出了以法律为绝对统治体制的法治共和国模式,认为要实现这个目的,必须实行权力制衡。应当做到:(1)元老院讨论和提议案;(2)人民决议;(3)行政官员执行;官职由人民投票选举,平衡地"轮流执政"。①。继哈林顿之后,洛克以自然法为其法治理论的基础,认为对个人自由权利的最大危害是政治权力的滥用,因此政治权力必须受到法律的约束。孟德斯鸠将近代法治理论作了制度化的设计,形成了立法权、司法权和行政权的分权理论。另外,卢梭依其社会契约论阐述了他的法治思想。在他的著作中阐述法治国思想可归纳为:人民拥有立法权,法治与共和政体相结合,法治意味着平等。

(四)人民自由和权利的保障——自由主义时期法治思想

19世纪末英国著名法学家戴西归纳他的法治原则的三个要素,他指出:①绝对的或超越的法治,反对政府有专断的、自由裁量的无限制的特权,英国人可以因破坏法律而受处罚,但不会因为其他任何事情而受处罚;②法律面前一律平等,英国人不分阶级受治于同一法律体系,为同一法院所管辖;③对于英国人来说,宪法不是一切法律规范的渊源,而是个人权利与自由的结果,而英国人的权利和自由是由宪法根据习惯法予以保障的。任何人的权利受到他人的侵害,都有权通过法定的救济办法获得补救。② 他的法治思想反映了自由资本主义时期的时代需要。在这个时期,人们一般认为政府不享有自由裁量权,只能消极地行使法律规定的权力。这个时期的法治实际上表现为:只要政府权力得以控制,公民自由和权利也就得以保障。

(五)福利国家与法治改革——当代法治思想

当代社会要求国家经济职能的扩大,即国家对于社会经济活动的规划和调控职能的普遍增加。与此同时,当代社会在公民权利方面也有较大的扩展,表现为自由权本位向福利权本位的发展。这种变化显然是对传统法治观念的挑战。当代法学家关于法治的理论问题主要涉及:第一,法治与政府自由裁量权的关系。在现代社会,政府不可避免地要运用自由裁量权。有人怀疑政府自由裁量行为是对法治的否定,是法治的危机。实行法治反对人治不是排除行政机关具有自由裁量权力,只是反对人治中的专横、任性、自私自利因素。问题的关键是要建立防范政府滥用自由裁量权的有效制度,规定一些肯定的标准作为权力对私人权利干预范围的界限,政府活动的扩展必须伴之以取消政府责任豁免权,等等。第二,法治与平等的关系。出于社会经济的考虑,立法必须把各种人区分开来,使雇主与受雇者等各式各类的人受不同法律管辖,法律平等的传统观念会使法律归于无效。第三,法治和允许批评法律。批评法律的目的是促使法律的修改,但不能由于批评法律的缘故而拒绝服从法律。合法成立的法律未经修改以前,任何人都有服从的义务。国家对于受批评的法律可以放弃执行,或者改进执行的态度。

法治理论本身是一个开放型的体系,在不断变化的现代社会中,该理论体系也在不断调整自身内部的结构。1959年在印度召开"国际法学家会议"通过的《德里宣言》中,法治理论已被发展为以下三项原则:①根据"法治"原则,立法机关的职能就在于创设和维护得以使每个人保持"人类尊严"的各种条件;②法治原则不仅要对制止行政权的滥用提供法律保障,而且要使政府能有效地维护法律秩序,借以保证人们具有充分的社会和经济生活

① 哈林顿:《大洋国》(中译本),37页,商务印书馆,1987年。
② 戴西:《英宪精义》,英文版第10版,202~203页。

条件;③司法独立和律师自由是实施法治原则必不可少的条件。这三项原则可以被看做是当代世界大部分法学家对法治问题的一个较有代表性的看法。

第二节　法治国家原理

一、"法治国家"释义

"法治国家"或"法治国",最初是相对于"警察国家"(Polizeisteat)一种关于国家形式和治国方式的统称。"警察国家"的特点是,只有君主才是主权者,他是不受任何制约的公权力的承担者,臣民对君主没有任何权利。早期"法治国"是指中世纪欧洲的某种国家形式,尤其是德意志帝国,当时被认为是"和平与法律秩序的守卫者"。国家权力的限度基本上由法律所规定,并具有权利平等和个人自由等民主特征。现代意义上的"法治国家",亦称"自由主义"法治国(德文 Rlechts staat),它是德国资产阶级宪政运动的产物。在德国18世纪末期开始的宪政运动中,康德的国家学说发展成为"法治国"理论,其意思是国家权力,特别是行政权力必须依法行使,所以也称"法治行政"或"法治政府"(government by law)。

不同国家的法治模式从根本特征上看是相似的,国外有人把"法治国家"的基本要素概括为:①公布一部宪法确立权力分立以限制国家权力的集中;②赋予保证公民免受他人侵犯或国家非法干预的基本权利;③行政机关依法办事;④对个人因征用、为公献身和政府滥用职权而造成之损失的国家赔偿义务;⑤法院为防止国家权力侵犯公民权利而提供法律保护;⑥司法独立审判制度和禁止刑法的追溯力。

我们今天所讲的"法治国家",简单地说,就是指主要依靠正义之法来治理国政与管理社会从而使权力和权利得以合理配置的社会状态。这样理解"法治国家"的优点是:第一,它吸收并突出了"善法之治"这一法治的基本前提问题。第二,它从"治国方略"到"社会状态",说明了建设法治国家的过程性,表述了手段与目的、形式与实质的关系。第三,它能够说明法治国家中的核心问题,也是实质问题——权力与权利的合理配置关系。

二、法治国家的基本构造与社会条件

实现法治国家不是无条件的,光靠领导人的宣布是不可能实现法治目标的。法治国家的目标首先是针对国家制度的基本构造而提出的。从国家制度的基本构造来看:

第一,其政治统治模式应该是民主政体形式。政治统治模式实际上主要是政治体制的问题。法治国家在这方面的基本要求是实行民主政体。从古希腊亚里士多德、古罗马波里比安到近代孟德斯鸠,都对欧洲古代三种主要的不同政体(君主、贵族、共和)的性质和价值作了分析,他们都倾向于第三种政体。从世界各国来看,民主政体是法治国家的根本的政治基础。因此真正建立法治国家的也是在近代革命以后的各民主国家。民主政体的特征在于:遵循预定程序,服从多数决策,容许少数意见。社会主义国家的现行体制属于民主共和政体,这为社会主义国家实现法治国家提供了坚实的政治基础和条件。当然,法治是否名符其实,还取决于国家内部权力结构的实质内容、具体制度及其完善程度。

第二,其国家权力结构应该是分工制约的关系。法治国家在这方面的核心要求是国家权力的合理分工与有效制约。一个国家由谁来掌握统治权,政权机构如何组织,权力如何分配和制约,按照什么原则和规则来运转和行使,社会各种力量通过什么方式和途径来

参与政治等等问题是法治国家权力结构的基本问题。国家权力结构与法治国家关系十分密切。能否实现法治国家,也取决于其权力结构中是否实行分工和制约。

第三,其社会控制原则应该是服从法律治理。国家对社会进行控制的手段是多种多样的。执政党的政策、社会道德、宗教、传播或宣传思想、领导人个人权威、当政者的强制权力、政府的行政命令、物质利诱等等都可能产生较大的影响,甚至各自都有某些特别的作用和优点。但是,无论哪种手段都不能与法律相比,法律的手段具有更明显的优势。法律的优势在于它的理性。具体表现为:它是明确的、可事先预见的、普遍的、稳定的强制性规范,这为社会秩序的稳定提供了保障;它以权利和义务双重、双向的利导机制指引和评价人们的行为,给人们以日益丰富和扩大的选择机会和自由行动;它通过规范、原则、技术等因素,使法律不仅具有对行为和社会的灵活的调节功能,还具有效率化的组织功能。这是自觉而有计划的社会发展所不可或缺的。法治国家的目标要求必须主要通过法律实行社会控制,其他手段都服从法律,社会整合主要通过法律实施和实现。在人治国家里,法律作为社会控制的手段,其地位是附属的,其作用是微弱的。

法治国家的社会条件也是多方面的,它主要包括经济与文化两方面。市场经济机制是法治国家的经济条件,理性文化基础是法治国家的文化条件。

第四,其经济条件应该是市场经济机制。法治是以商品经济即市场经济为基础的。纵观法治历史,法治总是与商品经济相关,而与自给自足的自然经济和以国家垄断为内容的产品经济无缘。对于任何一种经济形态来说,规则都是必要的共同要素。不过,市场经济与自然经济、产品经济这三种不同的经济状态或体制所需要的规则,在量与质两方面都存在显著的差别。量的差别反映出社会生活规则化、法律化的程度,质的方面则使法治与专制泾渭分明。在量的方面,市场经济形态比自然经济形态和产品经济形态更需要法律规则。在质的方面,市场经济形态所需要的法律规则与自然经济形态和产品经济形态所需要的法律规则有着根本的区别。商品生产与交换中形成的契约关系和契约观念是法治生成的最重要的决定因素。因为商品经济、契约观念、权利自由平等三方面之间有着天然的联系。就拿竞争来说,当市场主体不平等、没有自主权时,就不可能有真正的竞争。商品交换的特性决定了交换主体对“意志自由”和对权利平等的要求,市场对自由、平等和权利总是积极要求的。市场机制也有缺陷,市场经济也存在固有的弱点,它无法克服经济周期性波动、社会总体运行失衡、垄断、经济活动的“外部性”问题、分配不公平等等,所以国家以主要通过法律形式对市场进行干预或宏观控制。所以商品经济或市场经济是法治生成、存在和发展的肥沃土壤。正是因为这样,我们才说“市场经济是法治经济,法治的实现程度取决于市场经济的必要程度”。

第五,其文化条件应该是理性文化基础。法治需要特定类型的文化为其文化基础(或“文化生态环境”)。这特定类型的文化就是理性文化。理性文化既不同于跟着感觉走的非理性文化,也不同于空想浪漫的超理性文化。就厉行法治的文化需要来说,科学精神、人权思想、公民意识、权利义务观念等等理性文化要素有着特别重要的作用。只有当这些文化要素成为根深叶茂的社会意识时,法治国家的理想才会变成现实。人治需要愚昧、无知、迷信和愚钝等非理性因素来支持,法治则需要科学精神来支持。科学精神要求正视事实,实事求是地看待人性固有的弱点、社会固有的矛盾以及由此派生的法律的局限性。有了科学精神,就不会盲目相信领导人个人的智慧与德性;就不会把一个民族命运寄托在一

两个人身上;就不会在抽象、稳定的法律与具体、运动的社会之间束手无策;就不会出现把法律当做医治社会百病的良方;就不会出现不想付出代价就实现法治的浪漫主义、幻想;就不会把法律当做专政工具因而出现宁枉勿纵的极“左”思想。人权思想成为当代社会的普遍意识,尊重人权成为政治生活、经济生活和社会生活的基本准则。社会成员能够明确认识到自己是摆脱了人身占有和人身依附的社会主人,是一个公民,而不是一个臣民,是社会政治生活和公共事务中的主体,而不是无足轻重的客体。他们是作为一个有独立意识、独立地位、独立人格的政治权利主体加入社会政治关系和政治程序之中的。社会成员具有正确的、强烈的权利义务观念也是实行法治国家的重要条件。因为从根本上说,法治国家要靠社会成员行使权利和履行义务来实现。公民的权利义务观念应当包括:知晓自己权利及其正当性、合法性、可行性和界限;在法定范围内主动追求和行使自己的权利,勇敢地捍卫自己的权利,但不可无视社会所能提供的物质和精神条件以及社会承受能力而盲目主张自己的权利,滥用自己的权利;对他人一切合法的权利给予同等的尊重;认同并履行自己依法对他人、社会和国家负有的义务。

三、法治国家的共同标志与个性差异

符合怎样的条件才是法治国家?这是法治理论中的一个非常重要的问题。它涉及法治国家的共性问题。我们根据不同时期法治的原理和各国法治的实践,可以把不同法治国家的共性化的标志分为形式标志与实体标志。亚里士多德把法阐述为两层含义对我们理解这个问题具有启发性意义,他所谓“已成立的法律获得普遍的服从”实际上是指法治的形式问题,“大家所服从的法律又应该是本身制定得良好的法律”实际上是从法治的角度出发的。

所谓法治国家的形式标志是指法治国家的外在表现方式以及实现法治国家的技术条件。它主要包括完备统一的法律体系、普遍有效的法律规则、严格的执法制度、公正的司法制度、专门化的法律职业等等。任何法治国家都具备这些共性的标志。所谓法治国家实质标志是指依据法治的精神而形成的涉及重大关系的理性化制度的确立和运行。具体来说它涉及法律与政治、公共权力与国家责任、权力与权利、权利与义务等方面的关系。区分法律善与恶,也主要是从这些方面来确立标准。所谓善法,“也就是指涉及这些重大关系的理性化法律制度。它们也都在不同程度上表明法治国家的共性”。

法治国家的形式标志由实质标志决定,实质标志则由国家的基本构造和社会条件决定的。形式标志反映并影响实质标志,实质标志需要通过形式标志来体现。仅有理想的实质标志而缺乏形式标志,法治国家是不完整的。

不同国家进行法治建设有不同的国情条件和本土资源,因此法治国家也势必存在差异。任何国家依靠政府运用强制力推进法治建设的同时,还应当注意到法律对于社会经济、民族文化和历史传统的依赖关系。我们要寻找并利用本民族的法治建设的资源,必须从社会生活中的各种习惯、道德、非正式制度中去发现对于中国现代法治有用的东西。

第三节 建设社会主义法治国家

一、社会主义与法治国家

社会主义法治国家是对资产阶级法治国家的批判与继承。社会主义国家同样需要建

设法治国家,同时社会主义的本质决定了这种“法治”之“法”在根本上属于“善法”。这种“善法”在根本上能够反映社会发展规律和时代潮流,体现人民的意志和利益;它能够兼顾国家、社会、群体和个人的利益;处理好权利保障与权力制约的关系;处理好权利与义务的关系。

法治对于社会主义而言,其重要性和必要性主要表现在:第一,社会主义民主建设从根本上要求我们实行法治,建设社会主义法治国家。没有民主就没有社会主义,而法治是社会主义民主的根本保障。社会主义法治是社会主义政治制度趋于完善的重要标志。第二,社会主义市场经济从客观上要求我们实行法治。社会主义的主要任务是发展生产力,这就要求我们把市场经济引入社会主义制度,不实行法治就难以保证社会主义市场经济的建立和运行。所以社会主义法治国家是社会主义市场经济的内在要求。第三,社会主义精神文明本身就包括着对法治思想的内在要求,是繁荣科学文化事业的重要保证,同时法治还能促进社会全面、协调、持续地发展。第四,社会主义国家的稳定、人民生活的幸福安宁,也要求实行法治,建设法治国家。第五,社会主义对外交往事业日益发展,对外开放向我们提出了法治的要求。第六,社会主义的终极目标要求各种制度(包括法律制度)充分体现对人的关怀,只有实行法治,才能保障人权,体现对人的尊严的尊重和爱护。

二、法治国家在中国的进程

我国社会主义法治的进程,从某种意义上说是开始于建国初期。20 世纪 50 年代初,我们制定了宪法、组织法、选举法等涉及国家政治经济制度和国家权力分配的重要法律。但由于“左”的思潮泛滥,法律虚无主义盛行,以及“文化大革命”对法制的肆意践踏和破坏,曾使我们的法治建设受到严重挫折,这项伟大的工程在相当一段时期内停顿下来。从 1978 年起,邓小平同志提出了“发展社会主义民主,加强社会主义法制”、“一手抓建设,一手抓法制”等一系列关于民主与法制建设的基本方针,为社会主义法治建设指出了方向。邓小平关于实行法治的主张集中体现为:“为了保障人民民主,必须加强法制。必须使民主制度化、法律化,使这个制度和法律不因领导人的改变而改变,不因领导人的看法和注意力的改变而改变”①。在短短十几年内,我们取得了社会主义法治建设的空前成就。这主要体现为这样一系列已经完成和正在完成的转变:①从无法可依到有法可依再到社会主义市场经济法律体系的初步建立。②从民主制度的不完善到完善,再向民主制度的真正落实转变。③从行政权力缺乏制约到行政执法制度的初步建成,再到行政法治的实现。④从司法制度不健全到初步建成,再走向健全而公正的司法制度。⑤从执法人员数量缺乏到建成一支基本适应社会需要的执法队伍,再到高素养执法队伍的建成。⑥从公民法律意识淡薄到全民普及法律知识,再走向全民法治观念的树立。

三、社会主义法治国家的现实目标

1996 年,中央明确提出,要依法治国,建设社会主义法治国家。当代中国依法治国的方略已经选定,法治国家的目标已经明确,推行法治的条件也日臻成熟。在进行法治国家建设的同时,我们应当坚持走有中国特色的社会主义道路,把法治建设与中国国情、本土资源结合起来。

就形式标志而言,我们建设社会主义法治国家,应当首先从以下四个方面进行努力:

① 《邓小平文选》第 2 卷,146 页。

第一,完备统一的法律制度体系。这里的"完备统一"是指:①避免法律之间矛盾、法律与地方立法矛盾、法律与解释之间矛盾。②法律体系是一个完整、科学、严谨的规范系统。法律体系中各部门法应当分工配套、功能协调,法律规范具有易知、明确、肯定、具体和可操作性。③立法机关能够积极地根据社会发展需要创制法律,必要情况下可以进行超前的有预见性的立法,而不是消极被动地等待立法时机。④立法存在层级和时差,因而要对立法活动进行及时审查和监督,对法律、法规、规章等法律文件进行整理、编纂及清理。

第二,普遍有效的法律规则。所谓"普遍有效"是指:①法律对社会生活的概括性表述与一般性调整。法律规范设定人的行为的两种模式,把允许、肯定和鼓励的行为概括为权利,把禁止、命令和否定的行为概括为义务,所有具体与个别的行为尽收其中,不承认例外。②法律适用中"一致性",即"类似情况类似处理"、"类似情况反复适用",排除执法过程中的随意性、偶然性和差别对待。③法律普遍被遵守和服从。同类主体享受相同权利,履行相同义务,特权被彻底消除。④法律在实施中发生实效,而不是把效力限于纸面上。

第三,严格公正的执法制度。这里包括行政执法制度与司法制度两方面。"严格公正"是指:①"政府要守法"。在法治国家里,行政权力是法律赋予的,在通常情况下,行政主体必须遵循"无法定依据即无权力"的原则。这与公民的"法无规定即自由"原则有区别。②在现代社会,法律允许行政机关在有限范围内的自由裁量行为,但必须受"合法性"和"合理性"双重原则的约束和检验。③司法权是终极性的权力,它是定纷止争的最后一道屏障。所以司法机关应当独立行使司法权,任何行政机关、社会团体和个人都不得进行干涉,只接受监督不接受命令,保持中立追求公正。④司法活动有公正的程序制度。程序不仅具有消极限制权力的功能,还具有积极引导和促进权力行为合乎正义的作用。程序能保证法律面前人人平等;程序还意味着有严明的冤案、错案责任追究制度。

第四,专门化的法律职业。法律职业主要包括法官、检察官和律师。法律是靠人来执行的,司法的权力如果经过无知和盲从的非职业者之手,那么再神圣纯洁的法律也都会变质。法治国家要求法律职业具有强烈的职业素质和专业特征。这包括:①法律职业者应当熟谙法律原理(而不是通常所谓通晓法律规定或知识)及其运用技巧,即具备法学修养和运用法律的艺术。②法律职业具有严格的职业资格和考试录用制度。③具有专职性和稳定性,法官不得在行政机关、权力机关中兼任其他职务,从而保持司法的中立性。如果法官担任其他有报酬的职务,经营商业或其他以营利为目的的活动,那么法官所代表的法律的尊严也将丧失殆尽。应当通过职务稳定、薪俸丰厚的制度来保证法律职业的稳定性和崇高感。④法律职业内部的差别,不影响他们对正义的共同追求。律师权利切实受到保障。在全社会都尊重法律职业的同时,法官、检察官、律师之间也都相互尊重。这种尊重程度也标志着法治国家建设的水平。

从实质标志的要求看,我们建设社会主义法治国家应当着重以下制度的建设:

第一,法律与政治关系的理性化制度,包括:①大部分政治行为被纳入法律调整范围,非理性的权力习惯被立法修正为理性的政治经验,政治活动实现程序化。②国家权力受控制,包括受法律的控制、受权力的制衡、受权利的约束。③政策或政治主张可以指导立法但不能取代立法,可以作为适用法律的参照以补充法律遗漏,但不能直接作为审判依据。④实行"依法治国"必须具备付出政治性代价的心理准备。为政者或当权者要牺牲和放弃某些希望取得并可能取得的正当目标和要求，比如行政手段、政策手段使用范围受限制，法外的地方利益、部门利益被取消，权力在质与量上的缩减，为了形式正义而在一定范围内牺牲某种个别的实质正义，部分社会危害性的行为不受法律调整，办事效率下降的可能，等等。⑤法律确认和保障民主的体制、民主的权利、民主的完善与发展。

第二，权力与责任关系的理性化制度，包括：①权力与责任相统一，国家责任无可回避。②无论哪种权力主体，不管是具体权力行为还是抽象权力行为，也不管是自己执行或是受托代行，只要启动了权力，就应预设其责任。③与权力相对应的责任除了由侵权和怠权所导致的消极责任外，还包括现代社会满足公民请示的积极责任和由管理而带来的保证责任。④立法应当持续、及时地发现和补充被遗漏的国家责任，避免权力侵害发生后却找不到归责依据的现象。

第三，权力与权利关系的理性化制度，包括：①权力的取得合法化。对于公权力而言，无授权即无权力，一般情况下只能在授权范围内行使权力。所以权力的授予实际上意味着权力的限制。②对于公权利而言，国家承认“法不禁止即自由”，自由不局限于法律，承认在法律不禁止的地方存在大量的自由，并同样予以尊重不加干涉。③权力受权利的制约。私权利的授予意味着对公权力的限制或者意味着公权力主体义务和责任的增加。④当对公权力规定必要的自由裁量幅度时，必须充分考虑到并尽量避免对私权利的侵害可能；当公权力实施自由裁量时，并不意味着可以任意对待私权利。

第四，权利与义务关系的理性化制度，包括：①权利受到平等的保障。不根据主体的身份，而是根据主体的行为平等地被授予权利课以义务。在权利发生矛盾时，既要保护多数人的权利，又要保护少数人的权利，既保护基本权利，又保护一般权利。②义务的法律化与合理化。义务的设定必须通过立法机关与正当程序来进行，义务必须避免模糊措词，并充分论证义务设定之理由。③与义务的相对化。没有无权利的义务。④权利与义务相统一原则被公民、立法者和执法者加以正确的理解和执行。权利是基本的，应占主导地位，在立法、执法和司法的各个环节均应关怀和尊重人权。

总之，“实行和坚持依法治国，就是在党的领导下努力实现国家各项工作的法制化、规范化，保证人民群众依照法律规定，通过各种途径和形式，参与管理国家事务，管理经济和文化事业，管理社会事务，真正做到有法可依、有法必依、执法必严、违法必究，保证各项事业在社会主义法制的轨道上顺利发展”。①

推荐阅读

1. 徐显明，谢晖：《法治之法与法治之治》，载《法学》，1998 年第 10 期。

2. 夏勇：《法治是什么？——渊源、规诫与价值》，载《中国社会科学》，1999 年第 4 期。

3. 孙莉：《德治与法治正当性分析——兼及中国与东亚法文化传统之检省》，载《中国社会科学》，2002 年第 6 期。

4. 马长山：《东亚法治秩序的局限与超越纬度》，载《中国法学》，2003 年第 3 期。

① 江泽民：《各级领导干部要努力学习法律知识》，任建新主编：《社会主义法制建设基本知识》，序言 1～2 页，北京：法律出版社，1996 年。

思考题

1. 如何理解法治和法治国家？
2. 简述法治思想的发展过程。
3. 法治国家的基本构造和社会条件是什么？
4. 中国依法治国的优越性、局限性和前景各是什么？
5. 何为依法治国？建设有中国特色的社会主义法治国家的途径是什么？

第四编

法的价值论

第十八章　法的作用

学习提示：法的作用是在法与人的关系中研究法律现象的概念，主要指法对人的行为和社会关系所产生的实际影响，依此区分于法的功能。并且其作用的范围、程度随着人类社会的发展而不断拓展。在法的作用方面，一般可以概括为规范作用和社会作用两类。必须注意的是，法虽然是人类社会生存所必须的行为规则体系，但由于法自身的性质及法的制定、执行以及其所赖以存在的环境等方面因素的影响，因而法的局限性也难以避免。

重点问题：

1. 法的作用的定位及其分类
2. 法的作用的历史演进
3. 法的规范作用与社会作用
4. 法的局限性及其表现

第一节　法的作用释义

一、法的作用概说

"作用"从现代汉语的角度而言，主要是指①对事物产生影响；②对事物产生某种影响的活动；③对事物产生的影响。① 由此可见，"作用"既能用来指称某一事物对其他事物产生的影响及其效果，也可以用来表示产生影响的具体过程。法是人类社会所创造的、用以规制人的行为和社会生活的规范，因而，所谓法的作用，也就是法作为一种行为规范，对人们行为及社会生活产生的影响及其效果。这种作用的过程与实效，表明法律是如何影响社会的，又是如何通过其作用的显现而表明其在社会生活中的地位的。

有关法的作用的研究与论述，在法学文献中比比皆是。实际上，当思想家、法学家对法作正面论述时，就已经蕴涵着法对社会产生积极影响的内容。就法律的层面而言，法的作用往往与立法目的结合在一起。立法者制定法律，本身就是为了实现对人的行为和社会的调控，而立法目的的安排，则大体上确定了法发生作用的内容与范围。同时，法的作用也是法的价值得以实现的基本条件，正是通过法所产生的积极影响，才能使正义、秩序等法的价值得以实现。

在已有的学术著作中，与"法的作用"并用的另一个概念是"法的功能"。在国内法学教材中，有的学者认为法的作用即等同于法的功能，两者之间并无区别的必要；另外一种意见则认为，法的作用与法的功能是两个不同的概念。按照他们的理解，法的作用与功能的区别主要表现在：第一，功能是一定结构决定的事物产生一定作用的能力，而作用则是

① 《现代汉语词典》(修订本)，1686页，北京：商务印书馆，1996年。

一种实际影响。具体而言,法的功能是产生法的作用的前提,法的作用则是法的功能的外在表现。[①] 第二,法的功能内存于法本身之中,而法的作用则是外在的,它的状况取决于社会对它的实施状况与情形。第三,法的功能是应然的,其立足点在于法本身应当如何,而不及于法在实际中怎样,而法的作用是立足于社会来认识社会中的法的实施状况而成立的,具有实然性。第四,法的功能是一种"恒量",受制于法的本质和属性,而法的作用则是一个变量,受制于各种内在与外在的因素。[②] 的确,法的作用与法的功能在提出的角度及所及的范围上都有着差异,但本书并不刻意追求理清这种差异。我们所说的法的作用涵盖法作用于社会关系和社会生活的本身和它的效用。

法的作用与法的价值也是两个语义接近的概念,以至有的学术著作将二者混为一谈,但仔细分析就会清楚,法的作用概念着重表征法的客观影响力和效用,而法的价值概念则着重表征法的意义的主观评价。关于法的价值本书将作专门论述。

二、法的作用的演进

法的作用是马克思主义法学理论中具有重要意思的问题,自从人类社会出现了法律之后,就有了法的作用的问题。然而,法的作用并不是一成不变的,随着社会的进化与法律文明程度的提高,法的作用的样态也在发生着变化。具体包括:

1.从作用的对象而言,由调整个人的行为发展到调整团体、社会乃至国家的行为。初期的法律主要是对个人行为进行调整,试图为人的行为划定一个禁止为非的"藩篱",以确保人们能在国家整齐划一的标准之下行为。然而,随着社会的发展,法律不只是用来规制个人的行为,同时,像法人、组织、单位等人的集合体的行为也逐步纳入法律调整的轨道。不仅如此,就连国家这样一个法律的实体也在国内法以及国际法的场合中成为受规制的对象。前者如行政诉讼、国家赔偿等制度的形成,将国家作为受控告的对象;后者则如《联合国宪章》、《世界人权宣言》等,将成员国的权利义务纳入由国际社会监控的范围。

2.从作用的内容而言,由维持社会秩序逐步向体现社会正义过渡。"秩序"是法的一种初始价值,统治者之所以要制定法律,首先就在于要为社会确立一个基本的秩序形态,以求得社会的稳定、安全与和平。然而必须注意的是,"秩序"虽然是人们可欲的目标,然而秩序则有可能是以牺牲人们的自由与权利来获得的。例如在专制社会,通过对人们的行为、思想等方面的野蛮控制,虽然也造就了一种相对的社会和平,但使社会失去了活力,人也变得如同机器。因而,从启蒙时代以来,法律上不再以"秩序"作为最高的价值目标,而是试图为"秩序"加以"正义"的限制。这一观念不仅为法律如何限制人的行为提供了基本的标准,而且更为主要的,是为国家设定了行为的框架。

3.从作用的范围而言,由主权所及范围的国家逐步过渡到国际社会。近代以前的法律制度,都是以一国主权所及的疆域为界限的,也就是说,法的调整范围、效力范围等,都是以地域性作为标志。随着国家与国家之间经济、政治、文化事务上的联系日益增多,法律也逐步由国内发展到国际社会。正是由于法律作用的范围扩大,和平、安全不再成为一国的专利,而在国际社会中也同样能够实现。

4.从作用的目的而言,由重在禁止违法犯罪而发展到保障人权。无论中西法律,其最初的源头都在于"禁人为非",然而,就现代社会而言,虽然法的惩罚功能必不可少,然而它

① 《现代汉语词典》(修订本),1686页,北京:商务印书馆,1996年。
② 葛洪义主编:《法理学》,112~113页,北京:中国政法大学出版社,1999年。

只是局限于特定的范围，就法律所要实现的目标而言，业已向保障人们的权利、自由、平等转化。正如马克思、恩格斯所言："国家是一个庞大的机构，在这里，必须实现法律的、伦理的、政治的自由，同时，个别公民服从国家的法律也就是服从他自己的理性即人类理性的自然规律。"[①] 在这样一种国度里，自由成为人们基本的特质，人权是法律的基本内容。我们也可以说，法律的进步与发展，本身就是与人权意识的高涨以及人权规定的落实分不开的。

三、法的作用的分类

为了具体、深入地了解法的作用，有必要对法的作用进行分类或解析，从不同的角度对法的作用可以进行不同的分类和解析。例如，按照一般与特殊的逻辑关系，可以将法的作用分为一般作用与具体作用两类；按照法对社会关系和社会生活所发生的作用的途径不同，可以将法的作用分为直接作用与间接作用两类；按照法的系统与法的子系统或要素各自的作用范围不同，可以将法的作用分为整体作用与局部作用两类；按照法的社会意义的不同，可以将法的作用分为积极作用与消极作用两类；按照人们的法律期待与法律的实际效果之间的区别或差别，可以将法的作用分为预期作用与实际作用两类。[②] 当然，最常见的分类则是将法的作用分为规范作用与社会作用两类。这是从法的作用的对象上来进行的分类：规范作用意指通过法律的规定，从而提供给人们一种行为的标准；社会作用则是指法律通过对人们行为的调整，而对社会结构、社会秩序所产生的效果。

由此可见，法的规范作用是一种直接功能，即对人的行为发生影响；而法的社会作用则是一种间接功能，也就是法通过调整人们的行为而对社会产生影响。

规范作用与社会作用的并存，表明了法作为一种行为规范，不仅可以用来规制个人的行为，同时也可以对社会事务进行调整。然而，我们对规范作用与社会作用的认识，也不能仅从调整对象上来加以定位，实际上在这种分类的背后，隐含的是个人与社会的关系问题。

正如庞德引证阿伦斯的观点所指出的，法律一方面要促成个人的自我完善，另一方面则要实现社会的文明："在个人自我完善的过程中，法律将其与他人隔开，以使他达到这一目的。个人是人类社会的机体，人类社会随着个人的自我完善而得到完善。"这就意味着，规范作用的存在，主要是引导、教育人们来按照社会的共同准则安排自己的行为。但是，法律的作用（功能）并不是就此为止，因为"人类并不是各自设法自我完善的乌合之众。……整个民族、整个人类都在致力于最大限度地发挥自己的能力，以提高自己的地位。这不单单是我们在人们各自用符合社会要求的方法或是反社会的方法寻求至善至美时保持和平的问题。而这是法律功能的概念"。[③] 简而言之，通过个人行为的集合来分析、评价社会利益，关注社会利益的正当性与合理性，因而使法的规范作用与社会作用有机地结合起来。

---

① 马克思：《马克思恩格斯全集》，第1卷，228页，北京：人民出版社，1995年。
② 李步云主编：《法理学》，91～92页，北京：经济科学出版社，2000年。
③ 罗斯科·庞德：《法律史解释》，曹玉堂、杨知译，141页，北京：华夏出版社，1989年。

第二节　法的规范作用

法作为一种由国家制定的社会规范，具有指引、评价、预测、教育和强制等规范作用。这方面的作用可以说是法本身的作用或是法的专门作用。

一、指引作用

法的指引作用是指法能够为人们的行为提供一个既定的模式，从而引导人们在法所允许的范围内从事社会活动的功用和效能。指引作用是法的作用中最重要的部分，人们之所以需要法律的指引，就在于找寻到法对特定行为的肯认与禁止的态度，从而决定行为的取舍。更为重要的是，法的目的并不在于制裁违法，关键是引导人们正确地行为和从事社会活动，保证社会秩序的正常运转。

指引作用主要是对行为者本人的行为进行指引。其指引方式可分个别指引和一般指引两类。凡是对特定的社会活动主体的行为所进行的指引，称为个别指引；凡是对一般或普遍的社会活动主体的行为进行的指引，为一般指引。实际上，在规范意义上所讲的法律指引，多是一般指引；而在具体适用法律意义上所言的法律指引，则为个别指引。

法的指引作用的具体形式，又可以分为确定性指引与选择性指引两类。前者是指法对某一行为模式进行了明确的界定，行为人如不遵从则可能要承担不利的后果，例如刑法上有关罪名的确定就是禁止行为人从事此类行为，这种指引功能相对而言，行为人并无选择的自由；后者则是法律上规定的行为模式是可以选择的，行为人可从有利于自己的角度，在法律规定的范围内择取一种最为可行的行为模式。例如行政诉讼法规定，对于不服侵犯人身自由的行政强制措施，受害人既可以在原告所在地法院起诉，也可以在被告所在地法院起诉。

由法的指引作用出发，法可区别为授权性规范与义务性规范两类。前者通过一种选择性的指引模式，引导人们从事对社会和其本人有利的行为；后者则通过一种确定性的指引，要求人们必须从事一定的行为或者不得进行某些行为。

二、评价作用

法的评价作用是指法律作为一种规范，能够衡量、评价人的行为是否合法或有效的功用和效用。法律的制定，严格来说就是将社会上公认的价值准则纳入法律的内容之中，因而人们可以据此对他人的行为进行评价。由此可见，评价的客体是法律上的人(包括自然人、法人及国家)所进行的行为。在法治社会中，任何人的行为都必须接受法律的约束，因此，任何人所进行的具有法律意义的行为都应当是法律评价的对象。

在评价标准上，主要有合法与违法之分。当一个行为合乎法律规定时，我们就称之为“合法行为”；反之，当一个行为违反了法律规定时，我们就称之为“违法行为”。在特定的场合，如果人们没有按照法律进行应当作出的行为，也视为“违法”而给予负面的评价，例如行政机关不按法律规定发给人们许可证和执照。当然，这一评价标准能否完全实现，又取决于法律规定的完善程度。有时，为了弥补合法性评价的不足，法律的评价还可以通过“合理性”来进行。与合法性评价的基础不同，合理性评价主要是指对行为的正当性进行分析。例如司法机关所作出的有罪判决，虽然在法律规定的幅度范围内进行，但是，涉及处罚的轻重，就必须使用合理性评价标准。

在现实生活中,作为行为的评价标准除了法律以外,还有道德、纪律等其他社会规范。在一定情况下,它们与法律可以同时使用,例如民法上规定的"诚实信用"、"善良风俗"等,即可以视为是法律评价,也可以视为是道德评价。但应当注意的是,不能将它们互换使用,即不能用法律评价来取代道德评价等社会规定的评价,也不能用道德评价等来代替法律评价,否则就会混淆法与其他社会规范的区别。

三、预测作用

预测作用是指由于法律的存在,且对人们某种行为作出肯定或否定的评价以及由此而必然导致的法律后果,人们可以预先估计到自己行为的结果或他人将如何安排自己的行为,从而决定自己行为的取舍和方向的一种功用和效能。预测作用对于法的遵守具有极其重要的意义。根据法律规定,人们可以预先知道法律对待自己已经作出和即将作出的行为的态度以及所必然导致的法律后果,这样,人们就可以自觉、自主地调整自己的行为,从而获得满意的法律后果。通过法的预测作用,人们还可以判断他人的行为,对他人合法的行为可以予以道义上的支持、帮助,对他人的违法行为自觉予以抵制、抗争,从而提高全社会的法律意识水平。在法律行为的场合,预测作用即形成合理的"行为期待"。也就是说,由于法的存在,人们可以根据"法律规则"与他人"法律行为"的相对不变性,采取相应的行为方式。正是这种合理的行为期待,使得人们在建立法律关系时,可以凭借法律的相关规定,通过协商的方式来追求预期的利益。

预测作用对于法律的适用也具有重要的意义。司法官员或执法官员可以根据自己的预测,对相应的案件采取必要的、分别的法律措施。法律适用中的预测作用既是工作的需要,也是法律本身的要求。同样,预测作用在法律服务中也有极其重要的作用。作为法律服务者经常要为当事人提供法律上的预测服务,对法律关系的发展变化作出明智的判断,正确处理问题,解决纠纷,及时、合法、有效地维护当事人的权益。这正如人们常言道的,一个高明的律师也就是一个能合理预测法官将作出何种判决的律师。

严格说来,法律预测作用的发挥,也是法律本身信息功能的一种体现。法律作为一种既定的规则体系,使得人们可以通过法律的相关规定来安排自己的行为并期待他人行为的回应。由此可见,法的预测作用的成立,就是由于法律业已确定了较为固定的行为模式,使得人们可以不再就规则本身进行讨论、分析而直接进行相关行为。

四、教育作用

法的教育作用是指通过法律的规定和实施,影响人们的思想,培养和提高人们的法律意识,引导人们积极依法行为的功用和效能。从这个意义上说,法律实施的过程,也就是法律发挥教育作用的过程;这种教育不仅影响到行为人本身,同时也对其他的社会成员产生相应的示范作用。

法的教育作用的实现主要有三种形式:一是通过人们对法律的学习和了解,发挥法的教育作用;二是通过对各种违法犯罪行为的制裁,使违法犯罪者和其他社会成员受到教育,在自己以后的行为中自觉服从法律,依法办事;三是通过对各种先进人物、模范行为的嘉奖与鼓励,为人们树立良好的法律上的行为楷模。当然,法的教育作用必须通过影响人们的思想而得以实现。也就是说,法从调整对象上而言,是以人们的行为作为基础的,而教育作用的发挥,则在于通过立法、执法活动,使法所倡导的主流价值能够深入人心,从而引导人们积极向善。

一部法律能否真正起到教育作用或这种作用的程度,并不是源于国家的强制力所产生的威慑的效应,关键的是取决于法律本身的规定能否真正属于"良法"的范畴。当法律规定本身就是违反人性的时候,它不仅不会产生相应的教育作用,更有可能成为人们反抗暴政的导火线。这正如恩格斯所指出的,守法绝不是不惜任何代价的守法,"如果有人企图借助新的非常法,或者借助非法判决和帝国法院的非法行为,借助警察的专横或者行政当局的任何其他的非法侵犯而重新把我们的党实际上置于普通法之外,那么这就使德国社会民主党不得不重新走上它还能走得通的唯一的一条道路,不合法的道路。即使是在英国人这个酷爱法律的民族那里,人民遵守法律的首要条件也是其他权力因素同样不越出法律的范围;否则,按照英国的法律观点,起义就成为公民的首要义务"。①

五、强制作用

法的强制作用是指法律能运用国家强制力保障自己得以充分实现的功用和效能。法律强制的实施主体是国家,实施的对象是违法者的行为。

正如我们前面所言,法律的实施在很大程度上依赖于人们的自觉遵守,并且可以合理地设想,如果法律体现了广大人民的意志,那么法律也是可以为人民所自愿服从的。但是问题在于,社会上总有一部分人不会自觉地依照法律的规定办事,因而,法律就必须保留有强制作用,对违法犯罪者施予惩戒,以使被破坏的社会秩序得以恢复。因此,法的强制作用是法律不可缺少的重要作用,也是法的其他作用的保障。没有强制作用,指引作用就会降低,评价作用就会在很大程度上失去意义,预测作用就会被怀疑,教育作用的效力也会受到严重的影响。

法律的强制手段是国家强制力的运用,这包括责令行为人进行某种行为或者对其施以法律上的惩罚。法律强制的内容在于保障法律权利的充分享有和法律义务的正确履行。法律强制的目的在于实现法律权利与法律义务,确保法律应有的权威,维护社会正义和良好的社会秩序。还必须注意的是,法律的强制作用不仅在于制裁违法犯罪行为,还在于预防违法犯罪行为,从而增进社会成员的安全感。

第三节 法的社会作用

与法的规范作用相比,法的社会作用是一个更为复杂的问题。因为规范作用是从法作为一种社会规范的外部影响力出发来分析的,这种外部显现的东西相对来说是比较容易认识的现象。法的社会作用则是从法的比较隐蔽的本质和目的出发来分析的,加之不同类型的法的社会作用显然是不同的,这就增加了认识的难度。但是,相对于法的规范作用,法的社会作用问题更为重要。在很多场合,人们讲到法的作用实际指的就是法的社会作用,所以应当着重进行考察、分析和评论。

一、阶级对立社会中法的社会作用

在阶级对立社会中,法的社会作用大体上可以归纳为以下两个方面:维护阶级统治和执行社会公共职能。

(一)维护阶级统治

① 恩格斯:《马克思恩格斯选集》,第4卷,403页,北京:人民出版社,1995年。

在阶级对立社会中,基本的社会关系是对立阶级之间的关系,社会的基本矛盾是对立阶级之间的冲突和斗争。这种冲突和斗争是对统治阶级和整个社会最严重的威胁。因此,必须把阶级冲突和斗争控制在“秩序”的范围内。对阶级冲突和阶级斗争的控制是通过国家力量来进行的。国家是一种表面上凌驾于社会之上,实质上掌握在经济上最强大的阶级、从而也是政治上最强大的阶级手中的力量。所以,国家通过自己的权力系统和法律规则体系建立的秩序,是把一个阶级对另一个阶级的压迫合法化、制度化,把阶级冲突和阶级斗争保持在统治阶级的根本利益和社会存在所允许的范围之内,即建立起有利于统治阶级的社会秩序和社会关系。

以法作为工具,将阶级关系纳入法律秩序的范围内,使阶级冲突和阶级斗争得到缓和,这是统治阶级长期统治经验积累的结果,它比直接的暴力镇压高明得多。因为这种限制、禁止和控制在外观上对于一切社会成员往往都是无例外的。同时,法是统治阶级主观意志客观化(外化)的产物。作为客观的标准,能够促使人们按照已知的标准指导和约束自己的行为,影响、监督和评判别人的行为,从而减少推行统治阶级意志的阻力;可以使国家暴力备而不用或者在特殊情况下使用,就能够达到建立和维护阶级统治秩序的预期目的。

(二)执行社会公共事务

所谓社会公共事务,是指由一切社会的性质所决定的具有普遍社会意义的事务。法的社会公共事务作用,是法律基于其社会性或共同性,而对社会公共事务所具有的管理能力。正如恩格斯所指出的,“政治统治到处都是以执行某种社会职能为基础,而且政治统治只有在它执行了它的这种社会职能时才能持续下去”。[①] 由此可见,要维持一个稳定的国家和社会,必须充分发挥法律在调整公务事务方面的作用。

法律执行社会公共事务的功能主要表现在以下几个方面:(1)维护人类社会基本生活条件、保证社会劳动力的生息繁衍,如制定有关人口控制、自然资源、环境保护、交通通讯、人权保障法规以及其他基本社会秩序的法律;(2)维护生产和交换条件以及有关生产力和科学技术,如确定生产管理的基本形式,规定基本劳动条件等;(3)确定使用设备、执行工艺的技术规程,规定产品、服务质量和标准,对易燃、易爆、高空、高压进行严格管理,保障生产和生活安全,防止事故,保护消费者利益;(4)促进教育、科学和文化的发展,如制定专利法、商标法、科技进步法、教育法、教师法、义务教育法等;(5)预防社会冲突,解决社会问题,保全社会结构;(6)对不测事件的受难者予以救济和各种形式的社会保险。如,对地震、水灾等自然灾害的受难者以及贫困者、失业者予以救济和各种形式的保险。

随着社会生产的发展和社会制度的变革,特别是知识经济时代的到来,法的执行社会公共事务的作用将会日益增加。科技社会导致了法律公共功能的广泛性、新颖性和全球性。首先,随着科学技术的进步,人类的生存空间不断扩大,法律调整的空间也随之膨胀。高技术成果已使人类生存空间脱离地球表面进入茫茫的宇宙。法律的新部门不断涌现,目前已有的空间技术法就包括了外层空间法、航天法、太空法、宇宙法等方面的内容。这些新法律问题关乎人类共同的利益,无不体现着人类社会公共事务和法律公共功能的发挥。其次,科技革命使许多传统法律部门受到冲击,并产生了某些新的法律部门。与此同

① 公丕祥主编:《法理学》,71页,上海,复旦大学出版社,2002年。

时，现代科技的发展使得许多社会问题成为全球性的问题，使得一个国家内的社会公共事务超出了国界而成为人类的共同事务。因此，法的作用直接地表现为全球保护功能，体现了法律公共功能的公益性。

二、当代中国法的社会作用

社会主义法是建立在社会主义经济基础之上的上层建筑。由于各个国家走上社会主义道路的起点和途径不同，社会生产力的发展阶段和水平不同，它们的经济基础会存在某些差异，有时甚至是明显的差异。但有些方面是共同的，即都是以生产资料公有制为主体，以按劳分配为主导的，都消灭了剥削阶级，阶级对立的情况已经不复存在。与这种经济基础和社会结构相适应，社会主义法必然是工人阶级及其领导下的广大人民普遍意志和根本利益的体现。这是社会主义法与阶级对立社会的法的本质区别。与这一本质区别相适应，社会主义法的社会作用也根本不同于阶级对立社会的法的社会作用。

就我国当代社会而言，法的作用范围是相当广泛的，作用的力度也是十分强大的。对我国社会主义法的作用曾经有过各种不同的概括和表述。例如：法在处理人民内部矛盾方面的作用，法在处理敌我矛盾方面的作用；法的对内作用，法的对外作用；法在经济生活中的作用，法在政治生活中的作用，法在社会生活中的作用；法在物质文明建设中的作用，法在精神文明建设中的作用等等。这些概括和表述曾经在一定时期、某些方面帮助人们认识了法的作用。但是，由于这些方式未能比较全面地反映当代中国社会对法的实际需要和法应有的社会作用，因此，需要采用一些新的方式来阐述我国法的作用。这些新的方式必须是以邓小平建设有中国特色社会主义的理论为指导，必须贴近我国改革开放的伟大实践，必须突破在阶级斗争为纲的年代和计划经济体制下形成的某些传统观念的束缚与限制。基于以上认识，我们认为，在我国现阶段即改革开放的新时期，法的总体作用就是为建设有中国特色的社会主义服务。有中国特色的社会主义的基本特征可以概括为：经济上实行社会主义市场经济，政治上实行社会主义民主政治，社会生活中实现社会主义精神文明，对外关系上实行开放、和平和合作。与此相适应，我国法的基本作用或主要作用就是：保障、引导和推进社会主义市场经济；保障、引导和推进社会主义民主政治；保障、引导和推进社会主义精神；保障、引导和推进对外开放、维护国际和平和发展。

第四节　法的局限性

一、“法律无用论”与“法律万能论”的谬误

法虽然是与人类社会相伴而生的行为规范体系，然而，对于法的认识，人们既无法在短时期内穷尽一切本质的问题，同时也无法形成统一的观念。长期以来，在法的作用的问题上，认为“法律无用论”者大有人在，这种观念无视法的作用和法律正向功能：它要么完全否认法的作用，甚至认为法律是限制人们主观能动性的障碍，因而主张人治，反对法治；要么是对法律采取实用主义态度，将法律视为一种“招之即来，挥之即去”的东西。当法律对其有利时，则作为其工具或手段加以运用；当法律对其不利时，则无视法律的存在。其行为不是由法律来指引，而是以利益为核心，根据自己的需要而随意取舍，甚至违反法律也在所不惜。然而在法的作用的认识上，法律无用论固不足取，同样要注意的是，无限夸大法律作用的“法律万能论”也是错误的。这种观念强调法律无所不能，无所不在，似乎只

要有了法律,就可以解决人类社会所面对的一切问题。

庞德曾就"有效法律行动的局限性"进行了详尽的反思,在他看来,法在保障人类需求的实现、维护秩序和促进文明方面并非万能,而是受着"各种实际限制"。首先,法律的执行离不开事实的查证,然而在确定事实的过程中往往存在着失误和偏差,从而导致错判;其次,有些义务在道德上虽然非常重要,然而在法律上却难以执行,例如强调无私这种崇高的德行;再次,某些侵犯了重大利益的行为由于方式上比较微妙,因而法律非但无计制裁,反而为之提供了有效保障;第四,有一些限制产生于对人类行为的许多方面、许多重要的关系以及某些严重的不良行为不能适用规则和补救等法律手段,例如夫妇的同居义务就是典型的例子;同时,惩罚、预防、特定救济和代替救济这样一些措施只能够对一定的事件实施一定的补救,而非全面适用。例如,法律对财产关系和契约关系的保护比对人身、人格关系的保护更具有适用性;第五,是个人求助法律帮助的主动精神并不十分充分。由此出发,庞德得出结论说:"那些相信万能国家的人,一定不会假设柏拉图的哲人君主,他们必须假设有一个在超人之下的超人治理者,或一个超人占多数并以权力委诸超人行使而组织起来的社会。在我们生活的地上世界里,如果法律在今天是社会控制的主要手段,那么它就需要宗教、道德和教育的支持;而如果它不能再得到有组织的宗教和家庭的支持的话,那么它就更加需要这些方面的支持了。"① 简言之,法律的局限是无法避免的,如果指望用法律作为单一的规范来治理社会,那就永远不可能指望会有理想的结果。

二、法的主要局限

如上所述,法虽然是调控社会的主要手段,然而,这种手段也存在着诸多不足。综合起来,法的主要局限大致表现在以下几个方面:

第一,在社会的调控模式中,法律只是调整社会关系的一种手段。法律是用以调整社会关系的重要手段,但并不是唯一的方法。在调整社会关系的手段中,除法律外,还有经济、政治、行政、思想道德、文化、教育、习惯、传统、舆论等。所以,在处理社会关系时要综合运用各种手段,以取得最大的社会利益。

第二,法律调整范围不是无限的,而是有限的。法律仅调整一定范围内的社会关系,在有些社会生活领域中,对有些社会关系或社会问题,法律是不适宜介入的。如,有关人们的一般私生活问题,在其不触犯法律的情况下,法律是不应当对其进行调整的。如果强制地使用外在的力量去解决内在的问题,不仅无效,反而会产生副作用。正因如此,对于某些行为,虽然本身具有社会危害性,但考虑亲情、感情、隐私等因素,法律仍然不予干预。例如刑法中就虐待、遗弃等行为规定的"告诉乃处理"即是。

第三,法律自身所具有的局限性。法律具有主观意志性,法律本身并不等于客观规律。法律是由人制定的,由于人的认识能力的限制,法律在编定出来时总会存在某种不合理的地方。同时,法律是对人们行为的一种抽象的概括,而现实生活中的问题却是具体的、多变的,法律不可能适应整个社会实践。同时,法律必须具有稳定性,不能朝令夕改、频繁改变,但矛盾在于,社会生活是不停发展的,将相对稳定的法律适用于发展着的社会实践时,就有可能出现法律落后于实践的地方。因此,法律本身存在缺陷,或者说,法律存在漏洞、空隙是难以避免的。

① 罗斯科·庞德:《通过法律的社会控制·法律的任务》,沈宗灵、董世忠译,29～33页,北京:商务印书馆,1984年。

第四,法律的实施要受到人与物质条件的制约。"徒善不足以为政,徒法不足以自行",不管法律制定的质量水平如何,法律对人和物都有依赖性。首先。无论何种法律,即使是制定得很好的法律,也需要有具有相当法律素养的人正确地去执行和适用。如果执法者不具备相应的专业知识和思想道德水平,法律是很难有效地实施的。其次,法律的实施还需要社会上绝大多数人的支持,这就要求他们具备一定的法律意识,尊重并相信法律。如果他们缺乏一定的法律意识,缺乏遵守法律的思想道德风尚和习惯,法律就不可能有效地实施。再次,实施法律还必须要有相应的社会、经济、政治、文化条件的配合,需要有一定的物质装备、基础设施等物质条件。最后,正如庞德所提到的,法律的运作还必须有赖于行为人的推动。也正因如此,德国著名法学家耶林号召"为权利而斗争",只有人们能有强烈的权利意识并愿意诉诸于法律来维护自己的权利,法律的功效才能够真正得以实现。

总之,我们只有正确认识到法本身所存在的局限,并采取相应的措施,才能充分发挥法的作用。在这方面,必须克服盲目崇拜法律的心理,正确适用法律机制和法律手段。

推荐阅读

[美]庞德:《通过法律的社会控制·法律的任务》,商务印书馆,1984 年版。

思考题

1. 结合自己的体会,谈谈法的作用与法的功能两种概念有无区别的必要。
2. 法的作用在法律发展史上有何变化?
3. 法的规范作用与社会作用有哪些?如何认识两种作用之间的关系?
4. 法的作用有哪些局限性?
5. 结合中国实际,谈谈对"法律无用论"与"法律万能论"的认识。

第十九章　法的价值理论

学习提示：法的价值是法理学中重要的范畴之一。就法的本身而言，由于它可以满足人们多方面的需求，同时人们对其又有很多的期望和追求，也不断地反映和体现在法律中，因而具有不同的价值表现形式，是一个价值的系统。法的价值体系是由法的若干价值所构成的价值系统或价值整体，从法的价值体系的结构方面考察，具体包括法的目的价值体系、法的评价标准系统和法的形式价值系统三个部分。本章的重点是讨论价值和法的价值的概念，以及法的价值系统和法的价值研究的意义。

重点问题：

1. 法的价值的内涵及概念。
2. 法的价值体系的概念。
3. 法的价值体系内容。

第一节　法的价值释义

价值与法的价值是有着密切联系的一对范畴，价值是一般，法的价值是特殊，要给法的价值下定义，首先必须确定价值的含义。

一、价值的一般含义

马克思曾在批判德国庸俗资产阶级政治经济学家瓦格纳时指出："价值"这个普遍的概念是从人们对待满足他们需要的外界物质的关系中产生的。[①] 这句话讲的是价值的产生，但也为我们理解什么是价值指明了方向。价值是一个主客体之间需要与满足的关系范畴。一方面是主体的需要，另一方面是客体对主体需要的满足。客体之所以能够满足主体的某种需要，是由于它具有一定的属性和功能。法律之所以具有某种价值，是由于它能满足主体的某种需要，它之所以能够满足主体的需要，是由于它具有一定的属性和功能。然而，问题并不如此简单。这里有两个问题：第一，价值的构成要素问题。如果说价值是一个主客体之间的需要与满足的关系范畴，那么，主体的需要或客体的属性和功能，都不能单独构成价值。只有某物的属性和功能同主体的需要之间形成一种特定的关系，即需要与满足之间的关系时，才会有价值的存在。价值的构成要素应该是：主体、客体和将二者统一起来的实践，或者说是主客体的相互作用。第二，作为价值要素的主体需要和客体功能的性质和结合方式问题。因为我们如果从价值是主客体之间的需要与满足这一观点出发，进一步加以思考时就会发现：主体的需要或客体的属性与功能，不仅是多样的、纷繁复杂的、多层次的，而且往往是相互矛盾的。比如，一种发明，对于一些人来说，可以

① 《马克思恩格斯全集》中文第1版，第19卷，406页，北京：人民出版社，1974年。

为之带来极大的利益;对于另一些人来说,很可能是一种莫大的灾祸。一种法律,对于统治阶级说来,可以满足其统治被统治阶级的需要,并为之带来利益和自由;对于被统治阶级说来,则很可能是一个极大的压迫、祸害和不自由,如此等等。这样就产生了这样一个难题:是否凡是能够满足主体需要的东西都具有价值? 如果回答说是,那么价值就是没有客观标准的,或者说它的标准就是满足任何人的任何需要,如实用主义者说的"有用即真理"一样;如果回答说否,那么,究竟什么是价值,如何定义价值,价值的标准又是什么?

对于价值问题的思考,可以有几种不同的思路。一种侧重于主体,着重从主体的地位和作用方面理解价值的本质和特征,以为价值主要因主体而产生,是主体赋予客体以价值,是人的需要选择了客体的某种属性,即价值是客体的人化,因而认为价值具有主观性。另外一种观点是从客体的角度思考价值,认为客体是价值的载体,客体的属性和功能是产生价值的主要依据,认为价值就是客体主体化后的功能或属性,也就是已经纳入人类认识和实践范围内的客体的那些能够满足作为主体的多数人的一般需要的功能或属性。还有一种观点从主客体的关系中理解价值,认为价值是一个关系范畴,只有将主客体统一起来,才能正确地理解价值。因为事实上,价值是从人们对待满足他们需要的外界物的关系中产生的,只有主体的需要或只有客体的属性和功能,都不能形成价值。我们应当从主体的需要和客体属性的关系中去分析价值。

比较上述三种观点,它们尽管在文字上的表述不同,强调的重点不一样,但是,我们可以将其归纳为一个相同点,两种不同的方式。所谓一个相同点,即三种观点都以肯定价值是主客体之间的统一为前提。所谓两种方式,即面向主体为主的方式和面向客体为主的方式。面向主体为主的方式,就是把考察价值特性的根据、解决价值问题的出路,更多地放在对价值关系中主体的研究方面。例如,要说明物对人的价值,就是在把握对象属性的前提下,着重分析主体的结构、需要和能力等等,以此来说明物对人的价值是怎样产生和变化的。这种研究方式就是确认"价值",就像交通规则中的"左右"一样,"右侧通行"和"左侧通行"中的左和右,实质上不是马路固有的方位,而是依行进者(主体)自身特征区分的方位。因此,要说明价值(判断交通规则指定的方位),重点不在说明客体(马路),而在于说明主体(行进者)。面向客体为主的方式,就是把考察价值特性的根据、解决价值问题的出路,更多地放在对价值关系中客体的研究方面。这种说法往往表现在直接把价值客体叫做价值,如"某物是一种使用价值"。我们认为,把握价值的内涵,应该注意如下几个问题:

第一,价值是主客体之间的一种统一。单有主体的需要,或者单有客体的属性,都不能形成价值。

第二,作为"价值"的这种统一,是主体统一于客体,还是客体统一于主体? 面向客体为主的方式在理论上的一个必然前提,是对价值主体作了整体化的、一般的、稳定形态的解释或设定,即按照"主体不变,价值取决于客体"这种思路进行研究。面向主体为主的方式,则是首先强调价值主体——人的具体历史性和个性多样化,而把客体放在基本稳定的形态下加以考察,其基本思路是"不管客体变不变,具体的价值以主体的需要和结构、尺度为灵魂"。比较两种方式,各有其合理因素,但面向主体为主的方式,在理论上更深刻、更全面,在实践上更复杂、更深入。

无论如何,在理解价值的内涵与意义时,我们都必须将价值关系的主体置于核心地位,不能将客体的客观属性与主体等量齐观。因为,在主体的实践—认识活动中,客体的存在、属性和合乎规律的变化,客观上就具有与主体的生存和发展相一致、符合或接近与否的性质,而这种性质,又恰是主体内在尺度作用的结果。它的肯定表现即正价值,即客体不断主体化和主体需要不断得到满足。与之相反的结果,就是负价值。这样,在主客体相互关系中,客体是否按照主体的尺度满足主体需要,是否对主体的发展具有肯定的作用,这种作用或关系的表现就成为价值。所以,"价值"实际上就是对主客体相互关系的一种主体性描述,它代表着客体主体化过程的性质和程度。

第三,主客体统一的方式是实践。价值的形成是人们在改造自然和改造社会的过程中发展起来的,离开了实践,人们就无所谓需要,也就无所谓价值。

把上述三点结合起来考察,我们可以这样说,价值的性质和程度如何,主要地取决于价值关系主体的情况,而不是由客体所决定的。价值不是对物、客体及其属性的描述,而是对它们与人和主体活动的概括。物为人的需要"服务","物为人而存在",都不是物本身所固有的属性,而只能在人实践地占有或利用物及其属性的意义上来理解。可见,就客体来说,客体与价值的关系不是实体与属性的关系,而是实体及其属性同主体活动的关系。所以说价值主要因主体而产生,是主体的需要选择了客体的属性。从这一立场出发,我们可以这样说:价值是指客体的存在、作用以及它们的变化对于一定主体需要及其发展的某种适合、接近或一致。

二、法的价值的概念

从学术用语的角度来考察,法的价值或法律价值并非中国法律传统固有的概念,而是自西方法学移植而来的一个概念。

价值是现代西方政治学理论和法学理论中经常使用的一个概念,它既被用来指称各种有价值的事物,如幸福、财富、安全、荣誉、技能等等,也被用来指称人们用以评价各种事物的价值标准和价值观。在西方的政治学和法学工具书中,通常按下述方式解释"价值"一词的含义和用法:

价值(value)是"值得希求的或美好的事物的概念,或是值得希求的或美好的事物本身。……价值反映的是每个人所需求的东西:目标、爱好、希求的最终地位,或者反映的是人们心中关于美好的和正确事物的观念,以及人们'应该做什么而不是想要做什么'的观念。价值是内在的主观的概念,它所提出的是道德的、伦理的、美学的和个人喜好的标准"。

价值观(values)是"可能对立法、政策适用和司法判决等行为产生影响的超法律因素。它们是一些观念或普遍原则,体现对事物之价值、可追求的理想性等进行的判断。在存在争议的情况下,它们可能以这种或那种方式有力地影响人们的判断。这些价值因素包括:国家安全,公民的自由,共同的或公共的利益,财产权的坚持,法律面前的平等、公平,道德标准的维持等。另外还有一些较次要的价值,如便利、统一、实用性等"。

人们对于法律问题的认识与审视,大致可以包括两个基本的方面:一是对法律问题进行符合其本来面目的反映和描述,这种认识也可以称为事实性认识;二是人们必须从自身的需要出发,来衡量法律的存在与人的关系以及对人的价值和意义,这就是价值性认识。由此可见,将价值问题引入法学领域,不仅是人们对法律认识的深化,更为主要的,则是以人作为价值的主体,来对法律制度进行批判性的认识,从而有利于提高法律与人们生存、

需要的关联度。这正如庞德所言,价值问题虽然是一个困难的问题,但它是法律科学所不能回避的。“即使是最粗糙的、最草率的或最反复无常的关系调整或行为安排,在其背后总有对各种互相冲突和互相重叠的利益进行评价的某种准则”,因而,“在法律史的各个经典时期,无论在古代和近代世界里,对价值准则的论证、批判或合乎逻辑的适用,都曾是法学家们的主要活动”。①

在法学研究中,“法的价值”这一术语的含义可以因如下三种不同的使用方式而有所不同。

第一种使用方式是用“法的价值”来指称法律在发挥其社会作用的过程中能够保护和增加哪些价值。例如,人身安全、财产安全、公民的自由、社会的公共福利、经济的可持续发展、善良风俗的维持、环境的保护与改善等等,都是美好的和值得珍视的,都是有价值的。其中,人权、秩序、自由、正义和效率,在现代社会,更是倍受重视的基本价值。法律发挥社会作用的目的也就在于对这些有价值的事物予以保护并促进其增加,这些价值构成了法律所追求的理想和目的,因此,可以称之为法的“目的价值”。

第二种使用方式是用“法的价值”来指称法律所包含的价值评价标准。正如美国法学家庞德曾指出的那样:“在法律史的各个经典时期,无论在古代或近代世界里,对价值准则的论证、批判或合乎逻辑的适用,都曾是法学家的主要活动”。在许多法学著作中,法的价值问题也就是法律评价的标准问题。例如,美国学者博登海默把从评价标准的角度研究法律问题的法学理论称为“价值取向法哲学”,就是在价值评价标准意义上使用“法的价值”的概念。

第三种使用方式是用“法的价值”来指称法律自身所应当具有的值得追求的品质和属性。此种意义上的法的价值可称之为法的“形式价值”,它与法的目的价值不同,并不是指法律所追求的社会目的和社会理想,而仅仅是指法律在形式上应当具备哪些值得肯定的或“好”的品质或属性。比如,法律应该逻辑严谨,而不应当自相矛盾;应当简明扼要,而不应当含混繁琐;应当明确易懂,而不应当神秘莫测等等,法律的这些品质与属性就是法的形式价值。但必须明确的是,从最根本的哲学意义上来看,所谓“价值评价标准”意义上的“法的价值”、所谓“形式价值”意义上的“法的价值”,都是而且也不能不是以“目的价值”意义上的“法的价值”为基础和原点的。换一句话说,假如离开了“法的目的价值”,无论是“法的价值评价标准”还是“法的形式价值”都不可能具有独立存在的意义,因为它们都变成“中性”的东西了,根本就没有了“价值”的意味。只有在法的“目的价值”这一基础和原点上,法的“目的价值”、“评价标准”和“形式价值”才得到了统一和协调。

第二节 法的价值体系

一、法的价值体系的概念

价值体系也称价值系统。有的学者把价值系统界定为“一个人所持的或一个团体所赞同的一组相关价值”。法的价值体系也可以称为法的价值系统,是由法的若干价值所构成的价值系统或价值整体。它具有以下三个基本特征。

① [美]罗科斯·庞德:《通过法律的社会控制·法律的任务》,沈宗灵、董世忠译,55页,北京:商务印书馆,1984年。

首先，从价值属性上看，法的价值体系是由一组与法的创制和实施相关的价值所组成的系统。换言之，法的价值体系所包含的各种价值是与法律直接相关的价值，而不是所有的价值。法的价值体系是由法作为客体而产生的价值所组成的价值系统。不同的客体有不同的价值，只有法作为客体所产生的价值才能被称之为法的价值，只有法的价值才能构成法的价值体系。在人类价值视野领域中，价值是多样的，一切美好而有意义的准则和观念都可能是价值的体现。例如，爱情、友谊、虔敬以及谦逊的美德和高雅的审美情趣都是美好的事物，也都是价值的存在形态，但是，它们并不具有(至少在通常情况下并不具有)法律上的意义，因此，它们可能是道德意义上的或美学意义上的价值体系的组成部分，而不是法律意义上的价值体系的组成部分。相反，不重婚、不欺诈、不侮辱他人人格是好的和有价值的，生命安全、人身自由和财产的占有也是好的和有价值的，这些价值在法律上有意义，可以转化为法律上的义务或权利，因此，它们便构成了法的价值体系的一部分。法的价值体系是由法作为客体而产生的价值所构成的，与法无关的价值，不属于法的价值体系的内容。

其次，从价值主体上看，法的价值体系是由占统治地位的社会集团所持有的一组价值所组成的系统。法的价值体系是群体现象，而不是个体现象。个人可以有自己独特的价值目标或价值观念，但是，法的价值体系并不是社会中每个人所持有的价值简单相加的总和，而是占统治地位的价值目标和价值观念的权威表达，即，通过国家立法权的行使而建立起来，并通过国家执法和司法权的行使而获得国家强制力保障的权威性价值系统。因此，在阶级社会中，法的价值体系不可避免地带有阶级性，而不论那些支持或论证这一价值体系的人们在主观上是否意识到这一点。当然，在阶级矛盾比较缓和、革命危机尚未到来的条件下，这种权威性的价值系统也不能不反映社会的公共利益和下层群众在现存秩序之内的某些合理要求，并因此而具有一定程度的社会性。不过，只要社会中存在着一个有效控制了立法权、执法权和司法权的统治集团，那么，它的根本利益和期待就必然在法的价值体系中占居主导的地位。

最后，从价值体系的结构上看，法的价值体系是由法的目的价值、评价标准和形式价值三种成分所组成的价值系统。由于法的价值这一概念具有三种基本的含义和使用方式，因此，法的价值体系又包含着目的价值系统、评价标准系统和形式价值系统三个子系统。

其中，目的价值系统在整个法的价值体系中占居突出的基础地位，它是法社会作用所要达到的目的，反映着法律制度所追求的社会理想；评价标准系统是用来证成目的价值的准则，也是用以评价形式价值的尺度；形式价值系统则是保障目的价值能够有效实现的必要条件，离开了形式价值的辅佐，目的价值能否实现就要完全由偶然性的因素来摆布。以法的目的价值为基础，法的目的价值、评价标准和形式价值之间是相互依存、不可分离的关系，失去任何一方，都会导致法的价值体系的瘫痪和死亡。

二、法的目的价值系统

法的目的价值构成了法律制度所追求的社会目的，反映着法律创制和实施的宗旨，它是关于社会关系的理想状态是什么的权威性蓝图，也是关于权利义务的分配格局应当怎样的权威性宣告。无疑法的目的价值是整个法的价值体系的基础，但它通常又与法的评价标准和形式价值之间并没有绝对的界限，三者间有时是以难以区分彼此的方式交织在

一起的。不过,相对而言,法的目的价值总是居于主导地位,评价标准与形式价值都是为一定的目的价值服务的,目的价值最集中地体现着法律制度的本质规定性和基本使命。任何法律制度的目的价值都具有以下两方面的重要属性。

第一,法的目的价值的多元性。凡是可以借助于法律上的权利、义务来加以保护和促进的美好事物,都可以被视为法的目的价值,因而很难用简单枚举的方式把法的各种目的价值一一列举出来,即使用归类的方法把它们概括成若干基本的类型,也仍然可能有所遗漏。法的目的价值的多元性,是与人的需求的多样性和法所调整的社会关系的多样性直接联系在一起的。由于现代社会在此种多样性方面大大超过了古代社会,因而,法的目的价值的多元性在现代法律制度中也就更显突出。法理学对于法的目的价值的研究重点不在于对其详尽无遗的罗列,而是特别选取其中比较重要的目的价值加以分析考察。

第二,法的目的价值的有序性。如果法的目的价值仅仅具有多元性,那么,相互独立的各种目的价值就如同一盘散沙无法形成一个有机的系统,因此,任何法律制度的目的价值系统都不能不具有某种内在的统一性,这种统一性就集中地体现在目的价值的有序性上,即,法所追求的诸多目的价值是按照一定的位阶顺序排列组合在一起的,当那些低位阶的价值与高位阶的价值发生冲突并不可得兼时,高位阶的价值就会受到优先考虑。尽管这种位阶顺序具有一定的弹性,而且必须联系具体的条件和事实才能最后确定,然而,若没有这种价值位阶的排序,诸多法的目的价值之间就会经常发生无法控制的对立和冲突,从而可能引起法律规范和法律制度的极大混乱。

三、法的评价标准系统

法的评价标准也就是在法律上对各种事物进行价值判断时所遵循的准则。它主要是用来解决两类问题:第一类问题是价值确认问题,即按一定的标准来确定什么样的要求、期待、行为或利益是正当的,是值得肯定和保护的,并根据每种价值的大小来确定其在价值体系中的位阶;第二类问题是价值平衡问题,即按一定的标准来寻求各种价值得以共存的条件,并在两种价值发生冲突不可得兼时确定如何取舍。

根据马克思主义的基本原理和邓小平建设有中国特色的社会主义理论,在我国的法治建设中,应当坚持下述评价标准或原则。

第一,生产力标准。我们在对法律现象进行价值评价时,必须首先坚持生产力标准。也就是说,一种行为是应予保护还是应予废止,一项具体的法律措施是应予肯定还是应予否定,首先要根据其是否有利于我国的社会生产力的进步,是否有利于我国的综合国力的提高,是否有利于我国人民生活条件的改善而定。在一般情况下,生产力标准是通过法的目的价值来体现的,比如,中国共产党第十六次全国代表大会就我国社会的分配政策提出的初次分配注重效率、二次分配注重公平,实际上就是生产力标准的体现。

第二,人道主义标准。这一标准的核心含义是:一切政治、法律措施,一切社会活动,只有当它有助于实现人类解放和人的自由与能力的全面发展时,才是有价值的。以任何借口去粗暴践踏人权的行为,都是对人类尊严的亵渎,都是不能为社会主义法制所允许的。我国法律除了规定对于所有社会活动主体的人格与尊严予以平等保护之外,还对刑事被告人的权利、残疾人的权利以及其他社会弱势群体的权利予以特别保护,体现了人道主义的内涵。在当代中国,社会主义的人道原则是中国共产党所代表的先进文化在法律价值领域的生动体现和必然要求。

第三,现实主义原则。对法律现象进行价值评价必须从社会实际出发,而不能从脱离现实的"美妙理想"出发,法律的价值评价标准的具体内容也必须根据现实需要的变化而加以充实和调整。

第四,历史主义原则。对历史上出现过的各种法律现象进行价值评价时,必须持一种历史主义的态度,即要站在历史发生的"当时"用历史的眼光来看历史,而不是站在"现在"用现在的眼光来看历史。某些在现在看来是无价值甚至是反动的东西,但它们在历史上可能不一定如此,相反却可能是非常进步和有价值的。在研究中华民族法律文明史的时候,尤其应注意这一点,否则,必然导致历史虚无主义,它既可能引起"左"的错误,也可能引起"右"的错误。

上述四条原则或标准只是马克思主义法学在进行价值评价时必须遵循的主要原则,而不是全部原则。前两条原则是实质性原则,后两条原则是程序性原则。它们之间的逻辑联系并非像几何定理那样简单,只有通过深入的社会实践才能学会准确而灵活地运用它们进行价值评价。如果以教条主义的或经验主义的态度来运用它们,就难以得出正确的结论。

四、法的形式价值系统

法的形式价值是指法律制度在形式上所具有的优良品质,尽管这些品质并不直接反映法的社会理想和目的,但是,却构成了"良法"或"善法"在形式上所必须具备的特殊品质。这品质被认为是值得珍视和追求的,是合乎期望和理想的,因而,也是有价值的;而与之相反的那些品质则是"不好"的和应当避免的,因而,是无价值或负价值的。

法的形式价值也包含着许多具体的内容。例如:法律应当具有公开性,而不应诡秘难知;应当具有稳定性,而不应朝令夕改;应当具有连续性,而不应陡然巨变;应当具有严谨性,而不应破绽百出;应当具有灵活性,而不应过于僵化;应当具有实用性,而不应华而不实;应当具有明确性,而不应含混不清;应当具有简练性,而不应冗长繁琐,等等。在法律的上述各种形式特点或品质中,前者往往被认为是有价值的,后者则不是,甚至还被普遍视做一种应予拒斥的"恶"。对于实现法的目的价值而言,形式价值的确具有无以复加的重要性。如果一个法律制度不具备形式上的优良品质,它就不是"良法",即使它追求良好的社会目的,这些目的也必然会归于虚幻。

对于一个正在走向法治的社会而言,法的诸种形式价值中,有四种价值显得特别重要,这就是法的权威性、普遍性、统一性和完备性:权威性指的是任何个人或团体都必须无条件服从法律的支配,法律的尊严神圣不可侵犯;普遍性指的是不因人设法,用一般性的规则来调控所有人的同类行为;统一性指的是保持法律制度本身的和谐一致,消除矛盾和混乱;完备性指的是实现有法可依,在应由法律加以调整的行为领域消除法律空白和法律漏洞。

推荐阅读

卓泽渊:《法的价值论》,北京:法律出版社,1999 年。

思考题

1. 如何理解法的价值这一概念？
2. 如何理解法的价值系统的内容及其之间的关系？

第二十章　法与利益

学习提示：利益是法的重要价值之一。如何对各种利益进行适当的调节和取舍，不仅是法学研究的课题，也是法律实践中需要值得关注的问题。本章在阐述有关利益的属性、利益观的发展的基础上，着重介绍了法对利益的调整作用，并结合中国的实践，分析了我国在平衡利益方面所要遵循的原则。

重点问题：

1. 利益的含义及属性
2. 历史上形成的各种利益观
3. 法的利益调整机制
4. 我国在平衡利益关系中的原则

第一节　利益释义

一、利益的概念及属性

利益(interest)，本意为"利息"，原被用来表示债权人对利息要求的正当性。后来，利益作为个人与社会的一种关系体现，日益得到广泛的应用。"这个概念，在关于自我与社会的关系方面，促成了一场革命，这种新的认识，是法国大革命的思想基础。"① 利益意识的觉醒，利益观念的形成，无疑是人类思想史上的一个伟大进步。

不少人把利益界定为"需要"，其实，从本质上讲，利益是社会主体的需要在一定条件下的具体转化形式，它表现了社会主体对客体的一种主动关系，构成了人们行为的内在动力。通常将利益的属性界定为以下几个方面：

1. 需要是利益的基础和始因。人的需要是人类生命活动的表现和必然要求。需要是主观与客观的辩证的统一。正是因为人们的需要使人们结成一定的社会关系和利益关系，而客观的现实条件使需要转变为利益，但是这些条件的出现要通过主体的努力。

2. 利益是主体对客体的一种主动关系。利益是社会成员对他所需要的客观对象的一种目的明确的态度，反映了主体对周围客观世界一定对象的需要。人们通过有目的的活动，生产、占有、使用他们利益所需要的特定对象。利益除需要的满足外，还包括满足需要的措施或手段。

3. 利益是人们行为的内在动力。人的活动是一种有意识的自觉活动，推动人们活动的直接动力是需要和利益。马克思曾指出："人们奋斗所争取的一切，都同他们的利益有关。"利益也意味着社会主体对一定的客观需要的人士在此基础上所进行的具有一定意

① ［美］科尔曼：《社会理论的基础》(上)，邓方译，28页，北京：社会科学文献出版社，1990年。

志、追求一定目的的活动。正因为如此,经济学家会从利益的角度把人类行为理解为追求利益最大化的行为,或者称为“最大化行为”。

4.利益是个客观范畴。在利益的属性问题上历来存在严重的分歧。马克思主义认为利益的认识和实现过程要通过人,但这并不意味着利益是主观和客观的统一体,任何社会活动以及反映它们的范畴都有人的意识参与,但它们并不因此而失去其客观性。利益可以形成意识,但它是意识以外的客观存在。

二、利益观的演变

早在古希腊和古罗马时期,思想家和法学家们就已注意到法与利益的关系。亚里士多德认为,法是最优良的统治者,法的任务是为自由公民的共同利益服务。罗马法学家们认为,法用以确定权利,保护权利,权利乃法所确定保护的利益。乌尔比安所提出的著名的公、私法划分理论,也是以利益为标准的。他把涉及国家利益,以保护公共利益为目的的行为规则叫做公法;而将涉及个人利益,以保护个人利益为目的的行为规则称为私法。

到17世纪初的古典自然法学创立阶段,荷兰的格老秀斯于1622到1624年间完成的巨著《战争与和平法》中,又从利益角度定义国际法。他指出:“一国的法,目的在于谋取一国的利益,所以国与国之间,也必然有其法,其所谋取的非任何国家的利益,而是各国共同的利益。这种法,我们称之为国际法。”① 在他看来,国家是在法上有效力的、独立的自由民的集合体,以享有法的利益和共同的利益为目的的联合。

在18世纪,利益被有些人视为社会生活的中心概念。法国哲学家爱尔维修较早地系统论述了利益规律问题。他说:如同物质世界为运动规律所支配,精神世界为利益规律所统治,人们不会逆着利益的浪头走。爱尔维修从其利益规律理论出发,论述了以法治国问题,要求对掌握权力的人以法约束,使之从对“权力之爱”转变为“大多数人的幸福”和为公众服务;对民众也要用法加以约束和制导,使之“把私人利益与公共利益很紧密地联系起来”。他断言:无论在道德上或认识问题上,都只是利益主宰着我们的一切判断,利益能赋予人们快乐或消除人的痛苦。他提出一种“合理的利己主义”,即正确理解个人利益,如果法律完善,利己心也不一定导致罪恶。总之,一切错综复杂的社会现象,包括法律现象,都可以从利益那里得到解释。作为社会生活的基础,利益是社会生活中唯一、普遍起作用的社会发展动力和社会矛盾根源。

生活于18世纪后半期和19世纪前半期的英国功利主义法学家边沁提出,法一般的和最终的目的,不过是整个社会的最大利益而已。边沁不仅主张善即是一般幸福,而且主张每个人总是追求他所认为的幸福。所以,立法者的职责是在公共利益和私人利益之间造成调和。他提倡个人利益第一,虽然个人利益应与公共利益统一,但真实存在的还是个人利益。社会公共利益是许多私人利益的相加,增进私人利益,就增进了整个社会的利益。

德国法学家耶林继承了边沁的功利主义传统。他和边沁一样,把权利作为法的目的和法的根本标志,而权利就是法上保护的利益。他同边沁的区别在于,不着重强调个人利益,而强调社会利益或社会利益与个人利益的结合,力求平衡个人原则与功利原则,因而被称为新功利主义法学派的创始人和早期社会法学派的代表。耶林的学说对19世纪末

① 《西方法律思想史资料选编》,139页,北京:北京大学出版社,1983年。

德国统一后的立法有相当大的影响,推动了资本主义法由个人本位向社会本位的发展和转变。他的"社会利益"说则直接构成了利益法学的思想渊源。

与耶林同时代的马克思,最早于1842年10月在刚刚跨出校门后的《关于林木盗窃法的辩论》中,"第一次遇到要对所谓物质利益发表意见的难事"。① 他这时就初步认识到,现实中到处存在着相互对立的公平观和权利观,因而,仅仅用抽象的理性法观念已不能很好地认识现实中的国家和法。他看到了林木占有者的经济利益对国家和法的决定作用以及对立法者的支配作用。利益关系渗透进了制定法及审判过程中。"既然法律是自私自利的,那么大公无私的判决还有什么用处呢?……省议会对下述问题进行了表决:应该为了保护林木的利益而牺牲法的原则呢,还是应该为了法的原则而牺牲保护林木的利益——结果利益所得票数超过了法的票数。……凡是在法为私人利益制定了法律的地方,它都让私人利益为法制定法律"。② 马克思恩格斯正是在这些思想萌芽的基础上逐步形成了完整的历史唯物主义法律观。他们认为,人们奋斗所争取的一切都同他们的利益有关。每一个社会的经济关系首先是作为利益表现出来。马克思在转向唯物主义和共产主义的过程中,是以物质利益问题为转变契机的。正是通过对现实利益问题的研究,他才逐步确立了生产关系和生产力、经济基础和上层建筑的范畴,从而正确地解决了利益的本质和历史作用问题。他还认为从某一阶级的共同利益中产生的要求,只有通过下述办法才能完成,即由这一阶级夺取政权,并用法的形式赋予这些要求以普遍的效力。这样,就把利益和法紧密地联系了起来。西方有的学者因而把马克思列为19世纪世界上最有影响的法社会学家之一。

19世纪后半期到20世纪前半期的另一位跨世纪的德国法学家赫克提出,法不仅是一个逻辑结构,而且是各种利益的平衡。他在对概念主义法学抨击的同时接受了耶林的思想,并形成独立的新学派——利益法理学。他在1914年出版的《法律解释和利益法学》一书中写道:"法律是所有法的共同社会中物质的、国民的、宗教的和伦理的各种利益相互对立、谋求承认而斗争的成果。在这样一种认识之中,存在着利益法学的核心。"利益是法的原因,法主要规范着利益斗争,法的最高任务是平衡利益。在立法问题上,利益法学派主张,法规范中包含的原理是立法者为解决种种利益冲突而制定的,法是冲突的人类利益合成和融合的产物。法只表明某一社会集团的利益胜过另一集团的利益,或双方的利益都应服从第三个集团或整个社会的利益。"立法者决不是幽灵,他的使命是概括地表述作为原因的利益的记号。"立法者必须保护利益,他要去平衡互相竞争的生活利益。在司法活动中,法官要作出公正的判决,决不应像一台按照逻辑机械法则运行的法自动售货机,也不应只是根据正义感进行判决,而必须弄清立法者通过某条特定的法规则所要保护的利益,并找出优先的利益从而使各种利益得到合理的平衡。"法官应给予被承认为在法律中占支配地位的利益以优先权。"③ 由于每一个法律秩序都是有缺陷和空白的,因而需要法官善于发现规则的目的,通过创造性的、合理的解释去平衡互相冲突的利益。

在20世纪80年代以前,西方法学三足鼎立,其中社会法学派专门对利益问题进行了特别研究。庞德认为,法的功能在于调节、调和与调解各种错杂和冲突的利益,……以便

---

① 《马克思恩格斯选集》第2卷,31页,北京:人民出版社,1995年。
② 《马克思恩格斯全集》第1卷,287~288页,北京:人民出版社,1956年。
③ 何勤华:《西方法学史》,225页,北京:中国政法大学出版社,1996年。

使各种利益中大部分或我们文化中最重要的利益得到满足,而使其他的利益最少地牺牲。他曾经对利益作了门捷列夫元素周期表式的详细分类,有人甚至称这是庞德对法哲学最为卓越的贡献,是本世纪最富教益的思想理念之一。庞德把利益分为三大类:个人利益、公共利益和社会利益。所谓个人利益,指直接包含在个人生活中并以这种生活的名义而提出的各种要求、需要或愿望,包括人格利益、家庭关系利益和物质利益。公共利益指国家作为法人的人格利益与物质利益以及国家作为社会利益捍卫者的利益。社会利益则是指包含在文明社会中并基于这种生活的地位而提出的各种要求、需要或愿望。其中既有关于保障家庭、宗教、政治和经济各种社会制度的利益,又有一般道德方面的利益,使用和保存社会资源方面的利益,以及个人生活中的社会利益,"即以文明社会中社会生活的名义提出的使每个人的自由都能获得保障的主张或要求"。①

中国自春秋战国以来长期存在着义、利之争,直接关涉到对道德与法功能的不同看法。今天,在社会主义条件下,我们应当提倡义、利并举,以义取利。在人治社会里,人际关系决定着利益关系:在法治社会中,法对利益加以适当地调控,必须正确处理好各种利益关系。

第二节 法对利益的调整作用

一、法的利益调整机制

法律对社会的控制离不开对利益的调整,而法律对利益的调整机制主要又是通过将利益要求转化为一定权利(权利主张、自由、特权、权力),并把它们及相对的义务归诸法律主体,同时还要有维护权利和强制义务的补救办法——惩罚、赔偿和制止等来实现的。换言之,法律通过对权利和义务的设定,既有效记录下得到承认和保护的利益,又忠实记录下遭受拒绝和排斥的利益,以及某种利益所获承认的限度。"我们主要是通过把我们所称的法律权利赋予主张各种利益的人来保障这些利益的。"② 法律对利益的调整机制具体表现为三种情况:表达利益要求、平衡利益冲突和重整利益格局。

(一)表达利益要求

"天下熙熙,皆为利来;天下攘攘,皆为利往。"法恰是适应利益调节的需要而产生的,法的变化和发展根源于利益关系的变化和发展,归根到底根源于人们利益要求的变化和发展。在这个意义上.利益规律是法的基础,法律制度实质上是一种利益制度。正如邓小平所说民主与集中的关系,权利和义务的关系,归根结底,就是……各种利益的相互关系在政治上和法律上的表现。社会上占统治地位的那部分人的利益,总是要把现状作为法律加以神圣化。法并不创造或发明利益,而只是对于社会中的利益关系加以选择,对特定的利益予以承认,或者拒绝承认特定的利益应受法律保护。这种选择表现在两个方面:利益主体与利益内容。在任何法律社会中,都不能产生为社会所有成员一致同意的法律规范。把法视为"公意"的体现,这只是一种对应然状态的理想追求。社会是由人构成的,人们相互之间构成各色各类的利益主体。"抽象的利益并不构成法。构成法的是要求,即真

① 庞德著:《通过法律的社会控制·法律的任务》沈宗灵、董世忠译,41页,北京:商务印书馆,1984年。
② 庞德著:《通过法律的社会控制·法律的任务》沈宗灵、董世忠译,42页,北京:商务印书馆,1984年。

正施加的社会力量。"[①] 法只对部分利益主体予以保护,或者主要表达部分利益主体的利益。"他们个人的权力的基础就是他们的生活条件,这些条件是作为对许多个人共同的条件而发展起来的,为了维护这些条件,他们作为统治者,与其他的个人相对立,而同时却主张这些条件对所有的人都有效。由他们的共同利益所决定的这种意志的表现,就是法。"[②] 利益从不同角度可作不同的分类,利益主体也因利益内容的不同而各有其归属。某一特定的人可能在政治利益上归属此一利益主体(群体),而在经济利益上又归属另一利益主体(群体)。法对利益要求的表达并非绝对地只遵从某一个标准。我们甚至可以这样说,一个特定的主体可能在经济上是统治阶级的一分子,但在其他领域如思想上却是被统治阶级的成员。每个人都不是单向度的。法不可能对某一具体利益主体的所有利益都加以反映或都不加以反映。法通过对权利和义务的规定既要记录下有效地得到承认和保护的利益,又要忠实记录下遭受拒绝的利益,以及某种利益所获承认的限度。法表达利益的过程,同时即是对利益选择的过程。称职的立法者应当坚持利大于害的选择,追求容小害图大利,消除有利无害、一本万利的幻想性选择。在表达利益要求时,决不可回避利益冲突。

(二)平衡利益冲突

诉讼的前提,乃是存在着利益要求相对立的各方。社会并不是均衡化的。利益来源于对资源的控制,利益的大小取决于对资源控制的多少。然而,社会中的现有资源总是处于匮乏的状态。作为社会成员的每个人基本上都在追逐其自身的利益,人对资源控制的不同导致了利益差别,利益差别构成了利益冲突的基本原因。按照爱尔维修的说法,社会不同集团、不同阶层具有不同的利益,他们之间的冲突,说穿了是一个利益冲突。所谓利益冲突,就是利益主体基于利益差别和利益矛盾而产生的利益纠纷和利益争夺。冲突并不完全是破坏性的,它也具有建设性的社会功能,正因为有社会利益冲突,社会存在与社会变迁才有其可能。

法律的利益平衡功能表现为,对各种利益重要性作出估价或衡量,以及为协调利益冲突提供标准。法律无法选择确认每一主体的每一项利益,便必须对各种利益冲突加以平衡,从而不致使人类社会在无谓的利益纷争中毁灭,失去继续发展的可能。20世纪以来西方"法律的社会化"倾向,其实就是法律对个人利益与社会利益的关系的一种平衡。

如果利益冲突发生在个体利益和公共利益之间,一般比较容易判断孰轻孰重。本文第二部分将分别对私人与公共利益、眼前与长远利益、物质与精神利益、整体与局部利益的关系问题作专门探讨。这里着重说明个体利益之间冲突的协调问题。应当强调,个体利益不能冒充集体利益或公共利益。即使当私人利益与公共利益果真发生冲突时,也不应无条件地牺牲前者而维护后者。任何出于公共利益或长远利益的保护而对私人利益或短期利益的侵夺,都必须提供充分的理由,根据合理的标准,经过适当的程序和在必要的情况下给予相应的补偿。

法律对利益关系的协调,对利益冲突的平衡,一般是通过某些基本原则规定和制度设计体现的。比如,民法中的诚信原则,就能够维持民事活动当事双方及社会三者利益的平衡。对于公益性强而利润较低的行业如公交企业即使在市场经济条件下亦应国有国营,

① [美]弗里德曼著:《法律制度》,李琼英、林欣译,359页,北京:中国政法大学出社社,1994年。
② 《马克思恩格斯全集》第3卷,378页,北京:人民出版社,1960年。

从而通过国家平衡利益关系。在改革中,许多法律措施都可以说是各个利益集团相互冲突、相互制约和相互妥协的结果。总之,市场经济条件下的利益冲突通常需要靠法律来制衡。

(三)重整利益格局

卢梭曾经论证过人类不平等的起源和发展阶段。私有制的出现把人们分为穷人和富人,这是人类社会不平等的第一阶段;第二阶段乃是国家和法律的出现。"社会和法律就是这样或者应当是这样起源的。它们给弱者以新的桎梏,给富者以新的力量;它们永远消灭了天赋的自由,使自由再也不能恢复;它们把保障私有财产和承认不平等的法律永远确定下来,把巧取豪夺变成不可取消的权利;从此以后,便为少数野心家的利益,驱使整个人类承受劳苦、奴役和贫困。"① 这种利益格局显然是不合理的。暴政的出现是人类社会发展不平等的顶点,也是不平等的第三阶段。这时,就会物极必反,不平等要重新变为平等。"要寻找出一种结合的形式,使它能以全部共同的力量来维护和保障每个结合者的人身和财富,并且由于这一结合而使每一个与全体相联合的个人又只不过是在服从自己本人,并且仍然像以往一样地自由。""这就是社会契约所要解决的根本问题。"② 可见,卢梭所赋予新的、合理的法律——社会契约的功能,乃是把不平等的格局加以重整,使每个人的利益得到实现。

在人类历史上,革命或改良其实都是对利益格局的调整或重新安排。所谓"变法"无不是改变既存利益格局,法律正是在利益格局的不断被打破和重整过程中逐步地向前发展的。在政治领域,法律要对国家权力结构加以固定化,当权力结构发生变动时,往往相伴着宪法的修改或更新。其实,任何一种权力也都是受利益支配的,并且是为实现一定的利益而服务的。权力斗争实质上就是利益斗争,权力集团实质上代表了一定的利益集团。权力斗争的结果导致利益格局的重整,此时,法律便担当着利益格局的重整功能。国家政权正是政治的核心。在经济领域,每一个社会的经济关系首先是作为利益表现出来的。体制转轨要求社会利益的重新整合,市场经济体制的建立过程伴随着新的利益群体的不断涌现。利益主体的多元化是市场经济的一个重要特征。1999 年 3 月 15 日通过的宪法修正案第 16 条规定:"国家保护个体经济、私营经济的合法的权利和利益。"在新的历史时期,私营经济是随着我国经济的发展和经济体制改革的深入而出现的一种新的经济形式,私营企业主就是改革中产生的新的利益主体。

二、当代中国法与正义、利益关系的理论与实践

当代中国社会中利益关系的特殊而又复杂。任何一个法律或政策,也不可能使所有主体都获得或丧失同样的利益,而只能使部分人获得或丧失某种利益,较早或较晚,较多或较少获得或丧失。因此,不同主体之间必然会发生矛盾。当代中国法律所调节的利益关系却是特别复杂的。这种特别复杂性归根结底是由以下三个方面的国情决定的。

首先,中国是一个拥有近十三亿人口的大国,但它的生态环境和自然资源却并不优越,它的底子是薄的,经济、文化发展很不平衡。

其次,中国是一个处于社会主义初级阶段的国家。这里讲的社会主义初级阶段并不是泛指任何国家进入社会主义都要经历的起始阶段,而是特指我国在生产力落后、商品经

① 卢梭著:《论人类不平等的起源和基础》,李常山译,128～129 页,北京:商务印书馆,1962 年。
② 卢梭著:《社会契约论》,何兆武译,23 页,北京:商务印书馆,1996 年。

济不发达条件下建设社会主义必然要经历的特定阶段。这是由于我国的社会主义社会脱胎于半殖民地半封建社会，生产力水平远远落后于发达的资本主义国家，所以我们必须经历一个很长的初级阶段去实现别的许多国家在资本主义条件下实现的工业化和生产的商品化、社会化和现代化。

第三，当代中国社会的现实生活也充分表明了利益关系的特殊复杂性。由于实行以公有制为主体，个体经济、私营经济和外资经济为补充的所有制格局，社会上出现了许多新的利益群体。各种利益群体之间的矛盾，从性质上讲，大量的是在人们根本利益一致的前提下发生的人民内部的矛盾，大多不具阶级斗争性质。但利益关系的矛盾不仅大量存在，而且还继续发展。在分配形式方面，由于实行按劳分配为主体、其他分配形式为补充的模式，人们的收入普遍提高，但差距却逐步拉大；各个地区的经济都有发展，但发展却很不平衡；东西部地区经济发展差距扩大。目前正在或即将进行的企业改革、转换经营机制、机构改革，政府职能的转换等等，也都涉及到无数人的利益关系的调整。

这些复杂的利益关系的矛盾必须及时地、有效地加以调整，如果任其发展，就可能导致矛盾激化，破坏社会安定，阻碍社会主义现代化建设事业。

法的价值的含义之一是指它的评价准则，即在不同类价值之间或同类价值之间发生矛盾时，法根据什么标准来对它们进行评价。当代中国的国情决定了它的各种利益关系的矛盾是特别复杂的。

这种利益关系的矛盾有的是不同类型利益的矛盾，例如国家与集体或个人三种利益之间的矛盾或者是同类利益之间的矛盾，例如这一地区的利益与那一地区的利益，这一部分人利益与那一部分人利益之间的矛盾。这些不同的主体都可以以正义、公平或合理等名义来主张自己的利益。所以法律在调节各种利益关系的矛盾时，也就意味着调节和缓解利益与正义之间的矛盾。

当然，形成利益与正义的矛盾的原因可能是多方面的，不限于主体一方的利益受到损害而产生的矛盾。例如在发生某个利益矛盾的场合下，第三者“仗义执言”，为了主持正义而讲公道话，从而出现利益与正义之间的矛盾。

法律在调整各种利益关系的矛盾或利益与正义之间矛盾时当然需要一些用以指引调节矛盾的标准或准则。在当代中国，这些标准或准则都应以国家的根本任务为基础：即根据建设有中国特色的社会主义的理论，集中力量进行社会主义建设。

三、我国法律在调节利益关系中的原则

（一）兼顾国家、集体、个人三者利益

人必须生活在社会中，人是社会的人，但社会本身又是人的社会，无数个人组成了社会。所以个人和社会是内在地统一的。当代中国是社会主义社会，是人民民主专政的国家，所以作为人民的个人与社会或国家更是内在地统一的。但个人与社会或国家之间的这种内在统一关系并不否认国家、集体和个人三种利益的存在，并不意味三种利益可以相互代替。这三种利益代表不同利益主体，都有各自的需要，无论缺少哪一种，整个社会利益体系就会受到破坏。所以法律在调节这三种利益关系时，首先应考虑兼顾，在兼顾的基础上来考虑如果发生矛盾，如何使个人和集体的利益服从社会或国家的利益。还应考虑到各种不同的具体情况。例如国家利益在战时就比平时更为突出。

在处理这些利益关系矛盾时，应注意到这一现象：一个具体的利益可以从不同角度来

确定它是哪种利益。例如某人盗窃另一个人的财物,从被盗者来说,是他的个人利益受到侵犯,但从社会或国家来说,某人的盗窃行为危害社会秩序和社会治安,也即侵犯了社会或国家的利益。也应注意到,一种利益可能会转化为另一种利益。例如,某个工厂宣告破产,企业职工失去职业,个人利益当然受到损害。但如果多数人长期不能重新就业就会造成社会不安定,演变成对社会利益的损害问题。

在考虑个人利益、集体利益和国家利益的关系时,还应注意,决不能将个人利益与拜金主义、利己主义混为一谈。

(二)兼顾多数利益与少数利益,长远利益与眼前利益,整体利益与局部利益

这里讲的多数与少数利益可以指不同利益主体,如个人、企业、地区的多数或少数;长远与眼前也适用于不同利益主体。整体利益或全局的利益一般指国家或社会利益,局部利益一般指个别地区个别群体的利益。像国家、集体、个人三者利益关系一样,在处理多数与少数、长远与眼前、整体与局部这三方面利益的关系上,同样也是首先考虑兼顾,在这一基础上,如果发生矛盾,法律上就应考虑使少数利益服从多数利益,眼前利益服从长远利益,局部利益服从整体利益。这样的考虑也就可以归结为一点:立足于最大多数人的最大利益。当然,"立足"是指从最大多数人的最大利益出发,首先兼顾各种利益关系,然后来确定何者为优先。

(三)兼顾效率与公平

通常所说的兼顾效率与公平,实际上也就是指兼顾利益与正义,调节或缓解两者的矛盾。这种矛盾一般指经济领域中的分配问题。在分配制度上,以按劳分配为主体,其他分配方式为补充,兼顾效率与公平。经济效率的含义一般指所消耗的劳动量与劳动成果的比率。这也就是说,如某甲的劳动量与劳动成果的比率是1:3;乙的比率是1:1,这就表示甲的劳动效率高于乙的2倍。按照按劳分配原则,那么甲的收入就应高于乙的收入的2倍。但这是对经济效率的很简单的说明。事实上现在讲的兼顾的效率意味着有利于经济发展的因素。因此兼顾效率与公平是指国家在对经济实行宏观调控时不仅要考虑有利于经济发展的因素,而且也要考虑是否公平的道德因素。如果仅顾公平而不顾效率,就会阻碍经济发展。反过来如果仅顾效率而不顾公平,社会成员之间就会出现收入差距过大,分配不公以至形成贫富悬殊的现象,而这种现象必然会触犯人们的正义感,引起社会上大多数人的不满,造成效率与公平之间的矛盾。

社会经济的发展要求高效率,市场经济能促进高效率。市场竞争事实上是追求利益的竞争。但市场本身不能解决收入分配不公问题,这也说明了在实行社会主义市场经济条件下国家对经济的宏观调控是必不可少的,兼顾效率与公平,兼顾正义与利益的矛盾,正是宏观调控的一个重要方面。效率与公平是社会发展中的一对矛盾。公平倾向社会成员利益平等化,但却容易忽视社会经济发展的高效。效率强调社会经济的迅速发展,但却容易忽视利益差别的扩大。在实行改革开放以前,人们把公平错误地理解为平均主义,将公平与效率对立起来。实践证明,平均主义只能导致共同贫困。自十一届三中全会以来,实行以按劳分配为主的多种分配形式,允许一部分人通过诚实劳动和合法经营先富起来,以达到共同富裕的目标。但在实行这一政策的同时必须防止或消除社会不公平、贫富悬殊等现象,并坚决制裁以违法手段牟取暴利的行为。

(四)善于选择最佳方案

以上讲的法律在调节各种利益关系矛盾时的一些准则，都使用了"兼顾"一词。单从字面上讲，兼顾是指不要有片面性，几个矛盾的方面都考虑在内。但在兼顾各个方面矛盾，企图从中找到解决矛盾的方案时，还应注意避免绝对化、简单化。实际上，社会上的利益关系是极端复杂的，缓解矛盾的方案一般也不会是独一无二的，总会存在多个可供选择的方案。因此，就需要在多种方案之中，权衡利弊，通过民主化、科学化的决策，从中选择一个或几个最佳方案，也就是所付代价或所作牺牲最少而收获最大的方案。

法在调节利益关系，也即在缓解利益与正义的矛盾中，具有极为重要的作用，是处理这种矛盾的一个重要手段。经济体制改革实质上是经济利益的再分配，市场经济是谋取利益的竞争。无论是改革或市场行为都需要由一定法律规范来加以调节。否则社会就可能陷入无序状态或误入歧途。

立法与调节利益关系之密切可以说是不言而喻的。从宪法、法律到每一个法规、规章，从民刑法到程序法，都离不开对各种利益关系的调节，包括个人利益、集体利益与社会利益或国家利益，或者是多数与少数利益、长远与眼前利益、整体与局部利益在内，都离不开对这些错综复杂关系的矛盾以至冲突的解决。

执法与司法对调节利益的关系，当然不同于立法，但同样存在密切的关系。一般地说，法律应规定有关各方面利益的界限，但将这些抽象的界限应用于具体案件中却是另一个问题。更不必说，如果法律中并没有规定这些界限，或者这些界限根本不适合执法、司法人员所处理的具体案件，问题就更复杂了。

法调节各种利益关系的形式是多种多样的，从积极方面讲，包括对有关利益加以确认、鼓励或保护；对实现利益提供机会或优越条件；协调不同利益间矛盾；预防利益矛盾的产生和激化等等。从消极方面讲，包括对有关利益的限制、禁止；对利益纠纷加以裁决；对受损害一方提供补救，对损害他人利益一方实施制裁，等等。

法在调节各种利益关系，缓解正义与利益的矛盾中具有极为重要的作用，但正像法的一般作用一样，法在调节利益关系中的作用也是有限制的。"在决定法律秩序可以保障什么利益以及如何保障这些利益时，我们必须记住，法律作为一种社会控制工具存在着三种重要的限制。这些限制是从以下三个方面衍生出来的：(1)从实际上说，法律所能处理的只是行为，只是人与事物的外部，而不能及于其内部；(2)法律制裁所固有的限制－－即以强力对人类意志施加强制的限制；(3)法律必须依靠某种外部手段来使其机器运转，因为法律规则是不会自动执行的。"① 这三方面的限制都可以归结到一点：利益关系是复杂的，社会或国家用以调节利益的手段是多种多样的。法律是一个重要手段，但也只是其中之一。除法律外，还有经济、政治或政策、行政管理、思想道德和除法律以外的其他各种社会规范，如习惯、社团规章等。有的利益关系，可以仅由或主要由法律加以调节（如商事行为中的合同纠纷），有的需要法律配合其他手段加以调节（如离婚），有的根本不适合使用法律手段（如仅有作恶的思想而并无作恶的行为）。

① 庞德：《通过法律的社会控制——法律的任务》（中译本），55页，北京：商务印书馆，1984年。

推荐阅读

1. 付子堂:《对利益问题的法律解释》,载《法学家》,2001 年第 2 期。

2. 梁上上:《利益的层次结构与利益衡量的展开——兼评加藤一郎的利益衡量论》,载《法学研究》,2002 年第 1 期。

思考题

1. 利益的含义和利益的属性是什么?

2. 法的利益调整机制和基本原则是什么?

第二十一章　法与秩序

秩序是法的主要价值之一,是人类从事各种活动的前提,也是人类长期追求的价值目标。法律是秩序的象征,又是建立和维护秩序的手段。本章的重点是讨论什么是秩序,以及法对秩序维护的作用。

重点问题:

1. 秩序的含义
2. 四种秩序观
3. 法对秩序的维护作用

第一节　秩序释义

一、秩序的概念

秩序,按照中国的传统解释,秩即常,秩序即常度,指人或事物所在的位置,含有整齐守规则之意。从最广泛的意义上,秩序是指自然界和人类社会发展和变化的规律性现象。美国法理学家博登海默说,秩序"意指在自然进程和社会进程中都存在着某种程度的一致性、连续性和确定性。"① 因此,某种程度的一致性、连续性和稳定性是秩序的具体特征。在这种意义上,秩序根植于自然界和人类社会的内部结构之中,自然界和人类社会的内在规律是秩序的本质。

秩序多用于社会领域,即所谓"社会秩序"。抽象地说,社会秩序表示在社会中存在着某种程度的关系的稳定性、进程的连续性、行为的规则性、以及财产和心理的安全性。正如英国社会学家科恩总结的那样,秩序有以下五种规定性:一是"秩序"与社会生活中存在一定限制、禁止、控制有关;二是它表明在社会生活中存在着一种相互性:每个人的行为不是偶然的和杂乱的,而是相互回答或补充他人的行为的;三是它在社会生活中捕捉预言的因素和重复的因素:人们只有在他们知道彼此期待的情况下,才能在社会上进行活动;四是它能够表示社会生活各组成部分的某种一致性和不矛盾性;五是它表示社会生活的某种稳定性,即在某种程度上长期保持它的形式。因此,一定社会秩序的存在是人类活动的必要前提。除了极少数心怀叵测试图从混乱中谋利的人,绝大多数人,无论生活背景、所属阶层及社会角色有何不同,在期望着某种秩序存在这一点上是相同的。因此我们说,秩序乃是构成人类理想的要素,同时也是人类社会活动的基本目标,而法律也在建立和维护秩序的过程中成为秩序的象征。

二、秩序观

由于时代和阶级背景的差异,不同的人对秩序有着不同的界说。以历史阶段为线索,

① [美]博登海默:《法理学:法律哲学与法律方法》,219页,北京:中国政法大学出版社,1999年。

大体可归纳出以下四种秩序观。

第一，等级结构秩序观。古希腊思想家柏拉图和亚里士多德等人认为由于并非所有的人都具备发展其美德的能力，正如人有不同的体质，所以人天生就应分为不同的等级。这个等级结构的标准因才定分、各得其所、和谐一致，各等级之间不得互相僭越。西方中世纪最权威的经院哲学家托马斯·阿奎那把封建等级制度看成是不可侵犯的秩序，认为整个世界就是一个以上帝为最高主宰的严格的不可逾越的等级结构；教会是上帝在人间的代表，具有最高的统治权；直接管理社会的世俗君主政府则必须服从教会的命令；而所有的社会成员都受到理性、神法和政治权威三种秩序的支配；任何人都不得破坏这种秩序，否则便是违背上帝的旨意，要受到上帝的惩罚。中国古代思想家韩非宣称："臣事君，子事父，妻事夫：三者顺则天下治，三者逆则天下乱，此天下之常道也。"这一思想为历代统治者所采纳，并且为官方思想家所继承。自西汉大儒董仲舒向汉武帝建议"罢黜百家，独尊儒术"以来，"三纲五常"被明确宣布为封建社会秩序的基本内容。上述观点都曾为奴隶主和封建主阶级所极力推崇并加以采纳而成为官方权威。对其历史背景加以分析可以发现，等级结构秩序观的主要目的在于维护贵族的特权地位，控制社会流动(上层向下层流动或下层向上层流动)，或把社会流动限定在统治阶级利益允许的范围内，其核心内容是维护剥削阶级对劳动人民的统治，从而最大地实现统治阶级的根本利益。

第二，自由、平等的秩序观。资产阶级上升时期，资产阶级的思想家和活动家所追求和强调的是一种使自由而平等的竞争和人道主义生活成为可能的秩序。法国资产阶级革命家罗伯斯庇尔曾对这种秩序作了如下的描述："我们希望有这样的秩序，在这种秩序下，一切卑鄙的和残酷的私欲被抑制下去，而一切良好的和高尚的热情会受到法律的鼓励；在这种秩序下，功名心就是要获得荣誉和为祖国服务；在这种秩序下，差别只从平等本身中产生；在这种秩序下，公民服从公职人员，公职人员服从人民，而人民服从正义；在这种秩序下，祖国保证每一个人的幸福，而每一个人自豪地为祖国的繁荣和光荣而高兴；在这种秩序下，一切人都因经常充满共和感情和希望得到伟大人民的尊重而成为高尚的人；在这种秩序下，艺术成了使他们高尚的自由的装饰品，商业成了社会财富的源泉，而不仅是几个家族的惊人富裕。"① 那么，这种美好的秩序应当如何建成呢？按照卢梭等人的设想，理想的社会秩序应以社会契约的形式来建立。即通过人民之间的自由协议，每个人都将自然权利让渡给集体而组成国家。在此过程中，人们的"自然平等"、"自然自由"转化成了社会自由及生命、财产的安全和社会契约的平等及法律上的平等。人们虽须服从国家，但因为这是服从公意，因而也就是服从了自己的意志，而国家则必须为实现公意而进行统治，一旦偏离了公意，并严重损害了人民的自由平等，人民就有权解除契约，夺回其失去的权利。自由、平等的秩序观是从个人权利的角度出发对社会基本秩序提出要求并加以设计的，它集中地反映了当时的资产阶级保护自由平等的竞争、反对政府干预、消除封建专制势力的愿望，对于发展资本主义的经济、政治和文化起了巨大的推动作用。

第三，"社会本位"秩序观。资本主义进入垄断阶段以来，由于阶级冲突和各种社会矛盾的加剧，自由、平等的秩序观的破绽越来越大，于是资产阶级学者对秩序的思考开始从个人的角度转向了社会的角度。法国公法学家狄骥认为，社会全体成员由于需要相同的

① [法]罗伯斯庇尔著:《革命法制和审判》，赵涵舆译，170页，商务印书馆，1965年。

劳动分工而产生的相互依存关系即社会连带关系乃是社会的基本秩序。而基于社会连带关系的性质所生出的社会最高准则即客观法,乃是维系社会连带关系的不可缺少的条件,它高于并先于国家和政府而存在,对社会中所有成员普遍适用。庞德认为秩序的标志就是在人的“合作本能”与“利己本能”之间建立并保持均衡的状态。而要维持这种秩序则必须要以“社会化的法律”取代过分强调个人权利、自由的法律。“社会本位”的秩序观强调“社会统治”、“社会连带”及“个人与社会的和谐”,并把它们作为资本主义社会应有秩序的内容。资产阶级试图通过此种秩序的建立和维护,来调整各种相互冲突的利益,减少人们之间的相互摩擦和无谓的牺牲,以使社会成员在最少阻碍和浪费的情况下享用各种资源,从而保障资产阶级的统治地位。

第四,历史唯物主义秩序观。等级结构秩序观是与古代社会的生活条件相适应的,在现代文明中它已经完全过时。自由、平等秩序观和“社会本位”秩序观是现代文明的产物,其中分别包含着一定的合理因素。然而,它们都是以历史唯心主义为基础建立起来的理论,并不能深刻地揭示出秩序的深刻本质,这一任务只能由历史唯物主义来完成。历史唯物主义秩序观主要有以下几点主要内容。

首先,秩序的特殊性质取决于生产方式的历史个性。不同的社会有着不同的秩序,任何社会的秩序都是该社会生产方式的内在本质的展开。从最根本的意义上说,秩序是社会生产方式摆脱了偶然性和任意性而表现出来的形式,生产方式的历史个性决定着社会生活的基本面貌,也决定着秩序的社会性质。例如,在资本主义工业社会中,全部社会秩序都是围绕生产装配线和工业资源的占有这个核心而建立起来的;个体的生存方式和行为方式,社会组织和国家机构的种类、数量、职能及其相互关系,法律制度的原则和基本内容等形成社会秩序的一切最基本的因素,都首先要立足于此才能得到合理的解释。如果忽视了这一点,就不能准确而深刻地说明,不同社会之间的秩序何以会有如此巨大的差别。

其次,秩序的力量最终来源于生产关系的历史合理性。从直接的意义上说,一个社会的现行秩序能否在利益冲突的压力下免于崩溃,首先取决于国家机构体系和法律规范体系能否正常地发挥作用。但是,从终极意义上说,现行秩序能否维持以及国家机构体系和法律规范体系能否有效工作,要以现行生产关系是否仍然具有历史合理性为决定性条件。在历史发展的每个阶段上,如果生产关系尚能适应生产力的水平,它就是不可取代的,它所需要的社会秩序也因此而同样是不可取代的。此时,任何破坏秩序的力量同秩序所具有的生命力相比都是微不足道的,无论这种破坏力量是来自于孤立的犯罪还是群众性的反抗,生产关系的历史合理性总是能够赋予秩序以力量,使它能够在动乱之后获得再生。反之,如果因生产力的发展而导致生产关系的历史合理性日渐丧失,则国家和法律的强制便难以压制对秩序的颠覆,此时,旧秩序的崩溃和新秩序的形成便同样不可避免。

再次,阶级社会中的秩序首先是阶级统治的秩序,真正意义上的自由、平等的秩序,只有在消灭了私有制、剥削和阶级之后,才能建立起来。在阶级分裂的条件下,生产方式所需要的秩序,就是由统治阶级积极建立起来,由被统治阶级消极地接受下来的秩序。这种秩序的存在,意味着统治阶级在经济和政治上的优势地位得到确认,意味着他们的根本利益得到了优先的保护。即使这种秩序是以民主的方式和平等的自由权利表现出来的,其背后的资源不平等占有及统治阶级和被统治阶级关系依然存在。只有在私有制、剥削和

阶级分裂被消灭以后,才有可能出现一个"每个人的自由发展是一切人的自由发展的条件"的社会。在这样的社会中,自由和平等的秩序才会具有完全真实的意义。

与秩序相对的是无序。当无序状态出现时,关系的稳定性消灭了、结构的有序性混淆不清了、行为的规则性和进程的连续性被打破了,偶然的和不可预测的因素不断地干扰人们的社会生活,从而使人们之间信任减少、不安全感增加,为了保护正常的社会秩序,人类必须采取措施消除无序状态或预防其发生。在文明的社会中,法律是消除无序状态或预防无序状态的首要的、经常起作用的手段。

秩序在法的价值目标体系中具有工具性价值的性质,它为其他价值目标的实现提供了现实的条件,没有秩序的存在,很难有法的其他价值。

第二节　法对秩序的维护作用

一、维护阶级统治秩序

冲突是危害秩序的根源。在阶级社会中,最根本的冲突是阶级冲突。此种冲突在本质上是不可调和的,如果缺乏有力的控制手段,必然导致相互冲突的阶级以至整个社会在无谓的斗争中同归于尽。为避免这种结果的发生,必须把阶级冲突控制在秩序的范围内。而由于社会自身无力解决这种对立的冲突,因此,国家就被作为一种"凌驾于社会之上的力量"来缓和与控制各阶级之间的矛盾与冲突。国家表面上超脱于各阶级,实际上是掌握在经济上最强大从而也是政治上最强大的阶级即统治阶级手中的工具。

法作为与国家相互联系的一种重要统治手段,对于建立和维护阶级统治秩序起着不可替代的作用。它把一个阶级对另一个阶级的控制合法化、制度化、具体化。一方面将统治的触角延伸到社会各个层面,使统治阶级的根本利益得到最大化的实现;另一方面又把阶级冲突控制在统治秩序和社会存在所允许的范围内,从而保证阶级统治能够有条不紊地进行。法所确认和维护的阶级统治秩序当中,并不排除被统治阶级成员的某些利益也会受到保护,也不排除统治阶级与被统治阶级之间存在少量的社会流动现象。这是否说明阶级统治的性质正在发生改变呢?答案是否定的。因为通过进一步分析,我们可以发现,统治阶级在对被统治阶级作出一定让步的同时,其统治的阻力也大大减少了;而统治阶级淘汰少数不合格的本阶级的成员和吸收一些被统治阶级中的精英分子,则会增强统治阶级的力量,延长其政权的寿命。也就是说,只要政权不变,社会经济结构不变,统治阶级与被统治阶级的根本地位是不会变的,社会秩序代表的阶级控制和压迫关系是不会改变的。

把法律作为统治的权威手段,将阶级关系纳入秩序的范围,使阶级冲突和阶级斗争得到缓和,这是统治阶级长期统治经验积累的结果。法律权威的理想状态被称为法治,迄今为止,各发达国家在治理方式上经历了从人治向法治的转变。一般来讲,法治优于人治,对于维持阶级统治秩序而言,其优越性主要体现为:法律的限制、禁止和控制在外观上对于一切社会成员是无例外的。任何人,无论是统治阶级还是被统治阶级成员,只要侵犯了他人的合法权利或者超出本身权利的界限而滥用权利,不履行自己的法定义务或要求他人履行无法律根据的义务,都将被取缔。同时,法是统治阶级根本利益和共同意志客观化的产物。作为客观的准则,法明确指示哪些行为受到保护、哪些行为受到限制或禁止,人

们也可以根据法对自己的行为作出准确预测或对别人的行为加以监督批评。法的一致性和客观性易于为社会成员所接受,也便于一体遵行,从而减少了推行统治阶级意志的阻力,使国家暴力仅仅在个别案件上使用或只作为威慑的力量,而阶级统治秩序却得到了很好的维护。

二、维护权力运行秩序

权力指个人、集团或国家不管他人同意与否而贯彻自己的意志或政策以及控制、操纵或影响他人行为的能力,它的运行既可能给社会带来利益,也可能给社会造成危害。一般来讲,无秩序无规则的权力运行对他人和社会造成的危害非常之大,而且极有可能损害统治阶级的根本利益。这已被历史所反复证明。因此,建立和维护权力运行秩序不可忽视。法律在此过程中可起到重要作用,而且从历史的趋势看,这种重要性不断增强。

在专制社会中,从现象上看,专制者的权力不受任何既定规范的限制,包括不受法律的限制。他可以根据自己自由的、不受限制的意志和偶然的怪想或一时的情绪,发布命令或禁律,无人能准确地预测他如何行使权力。在他的统治下,社会没有安全感,因为即使在他身边服侍的高官显贵也时常面临着被革职甚至被处死的危险。然而,从阶级分析的角度进行考察,就会发现,事情并非如表面那么简单,历史上更常见的现象是:一个极其暴虐甚至连本阶级根本利益都不顾的自私君主,其下场不是被人民推翻,就是被本阶级替换掉。由此可见,专制君主并非是孤家寡人在进行专制统治,而是作为一个阶级的代表在进行专制统治。也就是说,在社会关系的形式上专制权表现为专制君主对一切人的权力,而在实质上它是以专制君主为代表的统治阶级对被统治阶级的权力。君主运用专制权力,其实还是有条件的,即不能损害统治阶级的根本利益和不能超出社会所能容忍的限度。而为了满足上述条件,统治阶级逐步认识到以法律手段建立权力运行秩序的重要性。这样,规范权力运行的法律逐步建立并完善起来,比如规定官僚录用、官僚等级与职责、官僚系统内部监控等涉及权力运行环节的行政组织法律规范和制度在专制社会里就曾达到很高的水平,对建立和维护专制权力运行秩序所起的作用是非常巨大的。

在现代民主政治中,各国法律几乎一致规定,一切权力属于人民。人民是主权者,但权力的实际运行只能由统治阶级中的少数人来完成。这有可能带来两种弊端,一是专制主义,这种权力异化现象可能会出现。比如,长期行使权力的领导人身上出现的权力人格化。二是自由裁量权的滥用。在任何社会,由于生活的纷繁复杂,使得一定程度的自由裁量权之存在成为必要。但是要看到,自由裁量实际是以临时创制的新规则溯及既往地适用于过去发生的行为,这使权力的行使往往处于不确定的状态和服从于偶然性因素,所以极容易被滥用。法律是消灭专制主义、限制自由裁量、建立权力运行秩序的重要手段,其发挥作用主要体现为以下两个方面。第一,明确公民的各项政治权利和自由,并加以有力的保障,确保国家政权的民主性质。第二,法律要对国家权力系统的结构作出科学的安排。主要包括:规定各权力主体(各国家机关)之间的权限划分以及相互之间的合作、协调与制约关系,各权力主体内部的职权分配以及权力运行的程序机制等等。

三、维护经济秩序

恩格斯曾说过:“在社会发展某个很早的阶段,产生了这样一种需要:把每天重复着的产品生产、分配和交换用一个共同规则约束起来,借以使个人服从生产和交换的共同条件。这个规则首先表现为习惯,不久便成了法律。”这里的“生产和交换的共同条件”就是

经济秩序。这段话既说明了法产生的经济根源，也说明了法对经济秩序的维护功能。法对经济秩序的维护即体现为使经济活动摆脱偶然性和任意性而获得稳定性及连续性。

在自然经济条件下，自给自足的农业经济居主导地位，而交换的规模很小，所以法也主要集中在对农业生产方面的关系进行调整。在进入商品经济阶段之后，社会生产力飞速发展，交换则成为商品实现价值的必经途径，经济形态日趋复杂，经济秩序对法的依赖性前所未有地增强了。这方面的立法越来越细致，逐渐形成完备的体系，主要包括以下四个方面：

第一，法律保护财产所有权。只有明确了谁是财产的合法所有人这一问题，商品生产才能有足够的动力，商品交换才能有合法的起点。舍此，则商品经济秩序的建立就失去了最根本的前提和保障。

第二，对经济主体资格加以必要限制。对经济主体若不加限制，则必然会产生经济主体的无限多样性，加之不合格主体的大量存在，又会危及到交易安全，造成经济秩序的混乱。所以法律必须对经济主体规定资格的限制及相应的管理办法，首先要明确各类经济主体的最低成立条件。比如法人至少要具备依法成立、一定数量的财产、自己的名称及经营范围和活动场所、能独立承担民事责任四个条件。其次要对各类主体的权利能力加以必要的限制，明确各类主体可以从事的活动范围，以便监督、控制。

第三，调控经济活动。商品经济条件下，各类经济主体被赋予很大的自由活动空间，但这种自由绝不能危及秩序的存在，法律在这里是通过调控经济活动来维护秩序的。首先以禁止性法律严禁经济中的偏离正常秩序的行为。比如，对于以欺诈、胁迫等有违诚实信用、意思自治原则的手段签订的合同，应认定无效；对于双方恶意串通损害国家及第三人利益的经济行为，除认定无效外，还要视情节给予一定处罚；对于各种不正当竞争行为依法取缔；对于产品质量，法律从保护消费者权益的目的出发，规定具体的监督措施；对于经济活动中的违约及侵权行为，法律针对各种情况规定责任条款与免责条款。其次，将计划、税收等宏观调控手段纳入法律体系，对全社会的生产、分配和交换加以更有效的调节，防止或缓和各经济部门的比例失调，消除生产经营中的盲目性。

第四，保障劳动者的生存条件。劳动是经济运行的起点，为了经济正常运行必须要确保劳动者能够维持正常的生存。在近代法制中，随着商品经济的发展，在劳动关系中，企业处于越来越有利的地位，于是他们就凭借这种优势，以标准合同、附合合同等形式迫使工人接受他们的苛刻条件。对此现代立法规定了最低工资标准、基本劳动条件等工人的劳动权益，禁止企业以任何形式加以剥夺。此外，现代社会立法一般确立了失业、养老保险及医疗保险制度，以更好地保护劳动者的生存权。

四、维护正常的社会生活秩序

如果没有一个安全的环境能让人们放心地享受其合法利益的话，人类的一切活动就都失去了最起码的条件。所以，任何社会都必须要建立一个正常的社会生活秩序。法对此主要在以下三个方面起着重要作用。

第一，确定权利义务界限，避免纠纷。荀况说过："人生而有欲，欲而不得，则不能不求，求而无度量分界，则不能不争。争则乱，乱则穷。先王恶其乱也。故制礼义以分之。"也就是说，人类生存所依赖的资源之有限性与人类欲望的无限性之间的矛盾是纠纷冲突的重要原因，而法律则通过确定权利义务的界限，将有限的资源按规范的标准在社会成员之中分配，以定分止争。法律一般以三种形式划定权利义务的界限。一是由法律直接设定权利义务，并赋之以明确的内容。此类权利义务有许多具有不可让渡、不可放弃的性质，比如宪法上规定的反映公民基本法律地位的权利和义务。这种法律规范塑造了社会生活秩序的基本框架结构。二是法律只提供依据或规定某些标准，由当事人自行设定权利义务并确定具体内容。这类权利和义务在意思自治的基础上可以设立、变更、解除，比如契约上的权利义务。这种法律规范使权利义务界限更加清楚，使生活秩序更加精密。三是法律设立了权威解释制度。针对一些权利义务模糊之处，依据一定的法律原则进行解释或加以推定，弥补社会生活秩序出现和可能出现的破绽。

第二，以文明的手段解决纠纷。立法，无论其水平多高，都只能是建立社会生活秩序的一个前提条件。因为法律实施和秩序的建立还至少需要两个条件，即人们承认法律的权威性和人们对法律有正确的理解，而这些条件在任何社会都不是充足的，因而纠纷是难以避免的。鉴于此，社会秩序的建立还必须辅之以解决纠纷的手段。而法则是文明社会里解决纠纷的最重要手段。

在原始社会里，部落与氏族之间的争端，如边界争执、人身伤害争执，一般都要通过暴力即血族复仇战争加以解决。漫无边际的暴力常使一个氏族或部落灭绝。在从蒙昧走向文明的原始社会末期，无节制的暴力和战争依次被血亲复仇、同态复仇和赎罪所代替。国家产生以后，为了避免在相互循环的暴力冲突中造成人身与财产的无谓毁损和社会秩序的动荡，法律逐步以公力救济手段取代上述私力救济手段，来解决私人纠纷。公力救济主要指司法救济。伴随着文明的进步.司法制度逐步完善起来。在现代国家里，私人可以通过一定的司法程序，与对方平等辩论，澄清事实，得到依法作出的裁判，使冲突和纠纷得到缓和或解决。

第三，对社会基本安全加以特殊维护。人身安全、财产安全、公共安全和国家安全等属于社会基本安全，它们是人类社会生活正常进行的最起码条件。此种条件若不能维持，则社会关系的稳定性将被打破，社会将陷于一片混乱，一切秩序都将不复存在了。所以任何国家的法律都对社会基本安全加以特殊的维护。这种法律中最典型的部分即刑法，它把严重侵犯社会基本安全的行为，都视为对整个社会的侵犯，定义为犯罪。对于犯罪行为，规定了最严厉的惩罚手段，即刑罚。并且，国家追究犯罪人的责任，一般不以告诉为要件，刑法是法律体系中国家强制力体现得最直接、最充分的一种法律，其惩罚之严厉、社会威慑力之巨大，是其他法律所无法比拟的，这对于社会基本安全的保障是十分必要的。

除上述秩序外，法还具有建立和维护政治意识形态秩序、国际经济和国际政治秩序的价值。

推荐阅读

1. 刘作翔:《转型时期中国社会秩序结构及其模式选择》，载《法学评论》，1998 年第 5 期。

2. 龙文懋:《自由与秩序的法律价值冲突辨析》，载《北京大学学报》(哲社版)，2000 年第 4 期。

思考题

1. 什么是秩序？人类的秩序观有哪几类？
2. 简述历史唯物主义秩序观。
3. 对秩序的作用有哪些？

第二十二章　法与自由

学习提示：自由作为人类始终追求的一个目标，也是法的价值之一。自由的内容和形式与法律有着紧密的联系，法律是规定和保护自由的一种形式，没有法律，自由就无法得到具体规定，也无法得到保证。反过来，法律在一定程度上压制被统治者的自由、限制着统治阶级成员的部分自由，法律与自由的这种辩证关系在人类社会发展的一定历史时期里是客观存在的。本章主要考察自由的含义、特征，分析法与自由的关系，并探讨法对自由的作用。

重点问题：

1. 自由的含义
2. 法对自由的保障作用

第一节　自由释义

一、自由的释义

"自由"(freedom, liberty)这一概念源自西方文化。是一个表征主体意志独立自主程度的概念。它有广义和狭义之分。广义的自由概念是指客观事物自为的状态。狭义的自由概念则仅仅指人按照自己的意志支配客观事物的状态。法理学在后一意义上讨论自由问题。在拉丁语中，"自由"意味着从束缚中解放出来。在罗马法中，自由(权)的定义是："凡得以实现其意志之权力而不为法律所禁止者是为自由。"近代以来，这一自由观逐渐被分化为两个方面：其一，自由就是不受他人的干预和限制，即所谓"免于……的自由"(be free from…)；其二，自由就是"自己依赖自己，自己决定自己"，即所谓"从事……的自由"(be free to do…)。某些西方学者把前一种意义的自由称做"消极自由"(negative liberty)，把后一种自由称做"积极自由"(positive liberty)。

在人类思想史上，思想家们对自由的概念被广泛运用在哲学领域、政治(社会)领域和法律领域。为了准确地把握自由的含义，进而科学地阐述法与自由的关系以及法对自由的保障作用，有必要分别从哲学上、政治学和社会学上、法学(法律)上揭示自由的内涵和意义。

自由在哲学上是指人类对客观世界认识和改造所达到的一种状态。它与必然概念联系在一起。中国古代哲学家庄周曾将自由分为"有待"的自由和"无待"的自由。他以虚无主义的态度论述了自由的条件性，认为大鹏飞行须借助于大风和长翼，人行千里须携带三月之粮，此乃"有待"的自由而非真正的自由。人要摆脱这种不自由状态，而获得"无待"的绝对自由，就必须"坐忘"，即堕肢体、黜聪明，离形去知，同于大通。人只有在这种与天地万物浑然一体的精神境界中才能实现真正的自由。这种不受任何束缚即为自由的思想在

近代西方思想家那里有相似的表述。如,霍布斯认为,“自由一词就其本意来说,指的是没有阻碍的状况。”① 斯宾诺莎认为:“凡是仅仅由自身本性的必然性而存在、其行为仅仅由它自身决定的东西叫做自由。”自由与那种其“存在及其行为均按一定的方式为他物所决定”的情况必然相反。② 黑格尔进一步指出,必然只有在它没有被了解时才是盲目的,而自由正是对必然的认识。自由的哲学含义是主体意志与客观规律的统一。这里的统一,包含双重意义:其一,自由是对客观规律的认识和对必然的驾驭。客观规律是不依人的意志而存在的客观必然性,它既不能被创造,也不能被消灭。在它未被认识的时候,是以一种“盲目”的力量在起作用,人们为这种异己的力量所束缚、压抑,因而人是不自由的。但是,人们在实践中能够运用规律,在规律起作用的范围内进行选择,以实现自己的目的,依据客观规律以及各种规律的相互作用达到对客体的驾驭和控制,从而获得行动的自由。其二,自由是对客观规律的认同。认识规律,掌握控制和运用规律的能力,只是实现意志自由的前提,而不是自由本身。主体要想实现自由,还应顺应客观规律,克服各种偏见与短视。把自由理解为建立在认识必然性和自愿选择基础上的行动自由。遵循规律,自觉自愿地按照规律办事,主体才会觉得自己的行动完全是自己意志的外化,对行为的限制才是不存在的。

自由的政治学和社会学含义是指人们从被束缚或被奴役中解脱出来的状态或享有参与国家的权利实现自己意志的限度。它与民主概念相联系。在古希腊、古罗马时期,“自由”与“解放”“享有民主权利”同义。那时,一个男子达到成年,便从父亲的管束下解放出来,具有独立的人格,享受公民的权利和义务,拥有妻室、财产和奴隶,并管理着它们.这就叫自由。在古罗马,以各种方式获得解放的奴隶,也称为“自由人”。由此看来,在西方,最初意义上的自由,主要指自主和自立,它意味着人身依附关系的解除和人格的独立。以后,随着社会的发展,自由的主要含义不再是奴隶的解放,而是指参与国家的权利。西方不少思想家对此作了阐述。孟德斯鸠认为,政治自由只存在于政治宽容并且权力不被滥用的政府中,它需要通过三权分立的方式来建立,民主政治和贵族政治的国家在性质上都不是自由的国家。卢梭认为,在服从或被服从、奴役或被奴役的状态中,自由是不存在的,自由不仅在于实现自己的意志,同时更在于不使他人的意志屈服于自己的意志。摩莱里也认为,人的真正的政治自由,是毫无阻碍地、无畏无惧地享用一切能够满足他们的自然愿望,从而也是他们的合法愿望的东西。中国资产阶级改良派代表严复在宣传西方的自由思想时指出,自由源于人的天赋,自由为体,民主为用,自由是民主的实质,民主是自由的必然产物。

在法学(法律)上自由指公民或社会团体在国家权力所允许的范围内活动的能力或状态,它与权利概念联系在一起。西方最早从法律意义上明确地提出并研究了自由概念的是亚里士多德。他将自由视为一种在法律所许可的范围内行为的状态。指出,自由并不意味着不受拘束地放纵自己,随心所欲地生活,而是指在法律所许可的范围内追求善的生活。法律是人们所订立的生活规则。“法律不应该被看做(和自由相对立的)奴役,法律毋宁是拯救。”③ 继亚里士多德以后,西方政治家和思想家对法律上的自由概念作了研究。

① 霍布斯:《利维坦》,162页,北京:商务印书馆,1985年。
② 斯宾诺莎:《伦理学》,4页,北京:商务印书馆,1983年。
③ 亚里士多德:《政治学》,276页,北京:商务印书馆,1981年。

孟德斯鸠认为,自由,特别是政治自由,只有与法律联系在一起才能存在。在民主制的国家里,自由之所以存在,正是因为有法律。有了法律,才有了秩序,才能避免一片混乱的无政府状态,才能防止别人对我的自由的无理干涉和侵犯,才能保持个人的真正独立,随心所欲地做我应该做的事情。他说:"在民主国家里,人民仿佛愿意做什么就做什么,这是真的;然而,政治自由并不是愿意做什么就做什么。在一个国家里,也就是法,在一个有法律的社会里,自由仅仅是:一个人能够做他应该做的事情,而不被强迫去做他不应该做的事情。我们应该记住什么是'独立',什么是'自由'。自由是做法律所许可的一切事情的权利,如果一个公民能够做法律所禁止的事情,他就不再有自由了,因为其他人也同样会有这个权利。"① 黑格尔也从法律的角度谈到自由的含义,他认为自由就是法律的本质,并给法下了"法就是作为理念的自由"的定义。他说:"法律是自由的具体表现,是自我意识的实现,是精神的实在的一面和实在的形式。国家是法律的客观实现。法律是精神之自在的和自为的存在,是有其确定的存在,是能动的。法律是自己实现其自身的自由。"②马克思在《论犹太人问题》中明确指出自由无疑是人权的组成部分。

应当指出,无论是作为哲学的概念,还是作为政治学、社会学的概念,它们与法学和法律上的自由概念是一致的。这种一致性的表现之一就是,法律上的自由权利是哲学含义的自由和政治含义的自由在法律上的表现。法律都在某种程度上反映着立法者及其所代表的社会集团对客观规律和社会秩序的认识和理解,并总是依据这种认识和理解来评价各种行为,进而把其中的某些行为确认为自由权利。不过,在法律上,自由权利有时是以特权的形式存在的,有时是以普遍权利的形式存在的。

二、自由的特征

自由表现为人的具体行为时,具有以下的特点:

第一,自由的社会性。人是一切社会关系的总和。个人只有在集体中才能获得全面发展其才能的手段,因此个人的自由首先是社会性的。个人自由与群体自由、社会自由紧密地联系在一起。每个人只有在充分尊重他人享有同等自由的前提下,他的自由才有可能受到类似的尊重。个人自由的享受与社会资源的分配方式相联系,在特定时期内社会资源的总量是不变的,各群体自由的程度取决于它们在社会中的政治、经济地位。它们所享受的自由程度关系到它们所获资源的多少,而后者又直接影响着群体为实现个人自由所能提供的条件。在社会资源分配缺乏公平的情况下,一部分自由范围的扩张常常以另一部分人自由范围的缩小为其前提。因此个人自由实现的程度反映出群体或社会自由的实际状况。一般地说,群体或社会为个人自由所提供的条件越佳,个人自由的实现便越为充分。

第二,自由的历史性。自由的发展与人类文明同步。当刚刚从动物界分离出来时,他在一切本质方面与动物一样是不自由的。随着生产力的发展,文化上的每一个进步,都促使人向自由迈进一步。人对自然力的支配能力的逐渐增强,使他越来越远离动物界。当每个人都能充分发挥自己的才能时,便是社会生产力迅速发展之时。社会的进步建立在每个人的才能充分实现的基础上。这种状况只有在阶级消亡,物质财富极大丰富的共产主义社会才能出现。此时,每个人的自由发展是一切人的自由发展的条件,也只有在这种

① 孟德斯鸠:《论法的精神》(上册),154页,北京:商务印书馆,1982年。
② 黑格尔:《法哲学原理》,4页,北京:商务印书馆,1979年。

制度下,才有真正的自由。

第三,自由的条件性。自由既是绝对的又是相对的。自由的绝对性表现为,在一定的范围内主体的自由不受他物的限制。就认识活动的某一阶段而言,主体对客体事物规律的认识及其实践的完成都使主体获得了绝对的自由;自由的相对性表现为,主体自由的每一次实现都被限制在客观规律所允许的范围内,并都以一定的条件为其存在的前提,即便是在认识活动的具体阶段上,主体对客观事物规律的认识及其实践的完成也只是暂时的,客观事物的不断变化和发展使得主体对它的每一次成功都受到挑战并很快地成为历史。自由的条件性表现在四个方面:①阶级利益的限制。在阶级社会中,自由的性质、内容和范围常常受到居于统治地位的阶级或集团的控制。②规范的限制。自由与任性相对立。自由的享有和实施总是受到群体或社会道德、法律、宗教等规范不同程度的限制。它与权利和义务联系在一起,当法律承认了某人行为的合理性时也就规定了其他人有不去干涉他行为的义务。法律上的自由是多种权利和义务的复杂集合,它反映出国家对个体和群体行为的宽容所能达到的限度。③认识水平的限制。自由是对必然的认识。自由不是在幻想中摆脱客观规律的独立,而在于认识客观规律,以有计划地使它们为一定的目的服务。人对一定问题的判断愈是自由,这个判断的内容所具有的必然性就愈大。由于人们认识的发展是渐进的,在每一阶段,其认识水平都是有限的,因此,当人们犹豫不决地面临选择时,就表明他们对事物不了解,证明了他们的判断不自由。④手段的限制。每一种自由的实现都需要借助于一定的手段。社会资源的有限及其分配方式的受限制,以及科学技术转为现实的生产力所需要的时间,使得社会中现有的可供选择的手段常常难以满足人们的迫切需要。必要手段的缺乏,限制了自由实现的程度。

第二节　法对自由的保障作用

自由对于人类,有如此之大的价值。所以,追求自由必然是人类固有的本性。人类的历史就是不断实现自由的过程。自由在社会中的实现过程始终离不开规则,无规则则无自由。在法是社会主要规则的时代,自由需要通过法和在法律的范围内来实现。“法律按其真正的含义而言,与其说是限制还不如说是指导一个自由而有智慧的人去追求他的正当利益,……法律的目的不是废除或限制自由,而是保护和扩大自由。”① 法对自由的实现起着多方面、多环节的作用。

一、法律以自由为目的

自由是法律的目的之一,早已为法学家们所认同。古罗马的西塞罗就有一句名言:为了得到自由,我们才是法律的臣仆。洛克明确指出不管会引起人们怎样的误解,法律的目的不是废除或限制自由,而是保护和扩大自由。这是因为在一切能够接受法律支配的人类的状态中,哪里没有法律,哪里就没有自由。这是因为自由意味着不受他人的束缚和强暴,而哪里没有法律,哪里就不能有这种自由。洛克指出法律以自由为目的旨在保护和扩大自由。罗伯斯庇尔作出了与洛克一致的论述,较全面地揭示了法律对自由的意义。在法律的制定上,他说法律的制定是为了保证每一个人自由发挥自己的才能,而不是为了束

① [英]洛克:《政府论》(下篇),叶启芳、瞿菊农译,35~36页,北京:商务印书馆,1964年。

缚他的才能。法律的力量仅限于禁止每一个人损害别人的权利,而不是禁止他行使自己的权利。在一切自由的国家里,法律应当特别保护社会自由和个人自由,使之不受当权者滥用权力的侵犯。在法律的内容上,他说,任何宪法的第一项任务应该是保护社会和个人的自由,使其不受政府本身的侵害。司法权划分的规则是为了自由而规定的,它要服从于保证维护自由的手段的必要性。而军事法律的目的也在于更可靠地战胜外部敌人和保护本国的自由免受内部敌人的蹂躏。他总结性指出,总而言之,我们制定法律,不是为了一时之需,而是为了百年大计;不是为了我们,而是为了世界:我们要表现出不愧为奠定自由基础的人,我们要始终不渝地遵循这个伟大的原则,即如果自由在那些被人民赋予权力的人们的行为中受到限制,它就不能存在。

马克思也认为法律应以自由为目的之一,并作出了极其深刻、明晰的论述。他认为法律在人的生活即自由的生活面前是退缩的,法律不是压制自由的手段,法律不能与自由相抵触,法律应以自由为目的。即使是法律的强制问题也是如此,法律的强制也只能以自由为目的。只是当人的实际行为表明人不再服从自由的自然规律时,这种表现为国家法律的自由的自然规律才强制人成为自由的人。

法律以自由为目的,具体地说:

第一,法律规范系为确认和保障自由而设立。法律规范包括授权性规范、禁止性规范和命令性规范。法律上的授权本身就是对自由的确认,法律上的禁止和义务也是为确保自由而设立。法律禁止人们对他人自由的侵犯,为了保证人们法律自由的实现,往往都通过立法的方式,要求人们为他人或者社会自由的实现而作出某种作为的行为或不作为的行为。离开了自由的法律授权、法律禁止和法律命令,法律本身就失去了灵魂。

第二,法律权利和法律义务系为实现自由而设定。从法律权利和法律义务来看,法律权利是为自由而设定的,法律义务也是为自由而设定的。如果法律权利的设定与自由相抵触,就必然会违反法律的初衷;如果法律义务的设定与自由相抵触,法律权利就成为乌有,自由也就没有法律的根据和保障。法律权利和法律义务为自由的实现提供了具体的法律途径。

第三,法律的制定和实施应以自由为出发点和归宿,以自由为核心;法律的实施必须以自由为宗旨,法律的保护或打击、奖励或制裁都应以自由为依归。

二、自由需要法律的保障

首先,用法律保障自由是保证自由免受侵犯的需要。在社会中,人是以个体以及由个体集合而成的群体存在的。个体与个体之间、群体与群体之间、个体与群体之间,各有独立的利益和独立的意志,他们各自谋求自己的需要或利益,各自谋求自身的自由。各主体的需要、利益、自由之间就难免会发生冲突,乃至相互侵犯。要保证自由不被侵犯,就必须对自由的侵犯者及其侵犯自由的行为予以严厉的惩罚。人类惩罚罪恶的最严厉的外在手段莫过于法律,法律是对侵犯自由者予以惩办的有力措施。法律通过制裁侵犯自由的违法犯罪,保障自由免受侵犯。

其次,用法律保障自由是保证自由不被滥用的需要。自由存在着被侵犯的可能性,也存在着被滥用的可能性。自由的滥用是由自由享有者任意扩展其自由的范围和内容所致,它同样会导致其他个体或群体的自由的受损害或被剥夺。前面所讲的对自由的侵犯,是从自由主体的外力作用看的;这里所讲的对自由的滥用,是从自由主体的内在能动看

的。二者实质上是一个问题的两个方面。对自由的侵犯可能是由自由的滥用形成,而自由的滥用必然导致对自由的侵犯。法律必须在防止自由被侵犯的同时,防止自由被滥用。全面保障自由的存在、实现,以及向更高的自由发展。

再次,法律保障自由是宪法的使命,是其他法律、法规的重要追求。宪法作为国家的根本大法,必须担负起确认自由并保障自由的重任。保障自由也是其他法律法规的重要追求。其他法律、法规也应当为保障自由作出努力。自由仅有宪法的原则规定,很难转化为社会的客观现实,它还需要社会整个法律体系予以足够的保障。保障自由,并不仅是刑法的任务,行政法、民法、婚姻法、诉讼法、劳动法等,都应从自身特定的法律方面为自由提供保证,使自由在法律的保障下获得应有的社会意义。

法律保障自由的重要机制,是把自由法律化为权利,使之成为从事一切对别人没有害处的活动的权利,把自由转化为法律权利(自由权)意义重大。因为如果意志仅仅是主体的意志,那么它能否克服人为的障碍或束缚就完全取决于主体的力量与外在的障碍或阻力之间的对比,而通常情况下外在障碍或阻力总是处于优势。可是,当主体的自由意志得到了社会正式代表——国家的承认时,它就具有了合法性,从而表现为“普遍的权利”。以自由权利形式表现出来的意志已经不再仅仅是主体的意志,它同时也是国家的意志。因此,任何对它的侵犯也都是对国家权威的侵犯,要受到国家强制力的回击。法律在把自由确认为权利的同时,也就确定了各种自由权利的范围,使之有可能在自由的法律通则之下互相协调。如果自由权利意味着为所欲为,那么自由就不复存在了,因为这将是对自由的互相否定。因此各种自由权利都必须有一个明确的边际,在这个边际所指明的范围之内或私人活动的空间中,权利的主体可以从事他想干的一切事情,别人的干涉是违法的。可是如果他超出这个范围,他的自由就失去了权利的性质,他的行为同样是违法的,因为这时候他必然会对其他人的合法利益造成损害。

三、法律确定自由的范围

尽管自由是一种社会价值,但自由不是无限的。无论什么事情都可以做的自由,必然是无用的甚至是有害的,因为每个人行使这种自由时总是与其他人的自由相冲突。因此,如果自由没有限制的话,就会出现这样一种状态:所有人都可以无限制地干预别人。基于这种认识,洛克指出:自由并非人人爱怎样就可怎样的那种自由,而是在他所受约束的法律许可范围内如意行动。

自由是法律许可的范围内的自由,并不是任何人的任性。在现代社会,作为权利之自由,它的范围是由法律确定的,并以法律准则作为准绳。自由就是从事一切对别人没有害处的活动的权利。每个人所能进行的对别人没有害处的活动的界限是由法律规定的,正像地界是由界标确定的一样。

法律确定自由的范围是建立在自由需要法律予以表现的前提下的。为什么自由要借助法律的形式,由法律确定其范围呢？马克思指出:“因为法律只是在自由的无意识的自然规律变成有意识的国家法律时才起真正法律的作用。哪里的法律成为真正的法律,即实现了自由,哪里的法律就真正地实现了人的自由。”① 这意味着,人的自由权利除了法律规定的界限外,不受任何特权或权力的干预和束缚。

① 《马克思恩格斯全集》第1卷,72页,北京:人民出版社,1956年。

法律确定自由范围的方式包括：

(一)确定基本自由

人们的自由是广泛的。法律总是对人们最基本的自由予以法律确定,对一般的自由则通过法律不予禁止的方式赋予。通观世界各国的宪法和法律都把公民的基本自由规定在自己的宪法性法律文件之中,并将其宣布为不可侵犯者。各部门法律也总是以宪法性法律文件的类似规定作为自己的立法根据,以具体地规定对各种自由予以相同或不同方式的保护。当各种自由遭到侵犯时,法律会对侵犯自由的违法犯罪给予适当的法律制裁,给自由以强制性保障。

(二)确定自由的量度

自由并不是无限的,尤其是普遍的自由,一个公民应当享有,其他公民也同样应当享有。共同享有同一自由的情况是普遍而经常的。自由的资源并不都是无限的,因此,人们就可能在自由资源的分配与利用上产生矛盾和冲突。于是法律在确认人们基本自由的同时,又对一些基本的自由予以量度规定,使各行为主体都能在不侵犯他人自由的同时拥有和实现自己的自由。法律对人们自由的量度规定,有利于人们适当地享有自己的自由,并不会对他人的自由形成威胁或者侵犯。

(三)法律确定自由的边际

自由与自由之间会有一定的交叉,甚至冲突,这已经是不争的事实。法律规定的自由会有交叉乃至冲突,人们在享有这些自由的时候也难免会发生矛盾。为了避免冲突或矛盾的发生,法律就在事前对某些自由作出边际规定,使各种自由在各自的范围内行使或发挥作用,而不至于彼此冲突或矛盾。法律对自由边际的确定,有利于人们准确地把握自由和享有自由。一旦因此而发生法律上的纷争,也便于依法解决。

四、法律保证自由的实现

(一)为解决自由与其他价值的张力和冲突提供法律准则

自由不是社会唯一的价值。其他的社会价值还有秩序、安全、平等、正义等。它们构成了一个社会的价值体系,许多价值本身就是法律直接追求的目标。自由与其他各种价值之间难免存在张力或冲突。为此,法律平衡这些价值准则之间的关系,以解决它们之间的冲突。法律为不同的价值准则设定不同的法律地位,甚至不同的实现方式和过程,使各种价值准则各得其所。这样就可以在一定意义上减少部分价值冲突,使众多价值中的自由价值能与其他价值并存,事先为冲突的解决设定制度模式,为冲突的解决提供法律准则。

(二)法律解决自由之间的冲突,确保自由的共同实现

自由中的此种自由与彼种自由之间也可能因彼此冲突而难以实现。如公民的游行示威自由与公民的正常生活自由之间就会产生冲突。游行示威就必然会占用一定的公共场所,它们被游行示威占用了,其他公民要利用来休闲娱乐就成为了不可能。游行示威如果是利用交通道路进行的,那还会影响其他公民的利用公共交通的自由。于是法律就要规制游行示威自由,使其与公民正常生活的自由之间得以协调。自由与自由之间可能因彼此之间的相互冲突而难以实现,法律为自由间的冲突的解决提供解决机制。

(三)法律为自由的享有者提供实现自由的法律方式、方法

比如游行示威法,它不仅要规定公民的游行示威自由,而且要具体规定游行示威的具

体方式方法，包括如何申请、如何进行等。再如结社的自由，法律对各种社团的组建、活动、宗旨、范围都有一定的规定，尤其是规定了它的申办、审批与监督管理等程序。凡是法律没有规定实现方式、方法的自由，只要行使中不违反法律的禁止性规定即可。凡是法律规定了实现方式、方法的自由，其行使就得依照法律规定的方式、方法进行。

(四)法律以防止自由被滥用的方式来保障自由的存在和实现

自由被滥用的情形是客观存在的。自由一旦被某个或某些主体滥用，其他主体的自由就会受到伤害。任何自由都是以无害于他人，无害于其他自由为前提条件的。它要求个人在行使自由权利时要对他人负责，对社会负责。法国《人权和公民权宣言》规定：自由就是有权做一切"无害于他人"的行为，各人自由权利的行使只"以保证社会上其他成员能享有同样的权利"为限制。我国宪法规定：公民在行使自由和权利的时候，"不得损害国家的、社会的、集体的利益和其他公民的合法的自由和权利"。自由主体应当、而且必须对自己的出于自由意志和自由选择、妨害他人的自由的违法行为承担法律责任。这种责任的设定否定了破坏自由的自由，对于保障每个人的平等自由，是绝对必要的。因为"没有责任，自由就会成为无政府状态，而人的权利就会成为无限制的任性"。法律将责任与自由联结起来，以防止自由的滥用。

(五)法律防止对于自由的破坏和妨碍，以保障自由

对于自由的破坏和妨碍的最大力量是不当运行的权力。法律首先就应当是约束权力的，尤其是法治之中的法律，约束权力、防止权力的滥用——包括防止权力对于自由的破坏和妨碍，是法律的一个极为重要的使命。对于自由的破坏和妨碍的一个极为多见的原因是其他社会成员对于另一些社会成员自由的妨碍或破坏，法律为此设定了一系列具体的制度和规范。法律保障自由的一个重要的表现即为法律对于各种破坏和妨碍自由的违法犯罪的制裁。

推荐阅读

1. 刘星：《对〈法不禁止便自由〉的重新审视》，载《法律科学》，1995年第5期。
2. 付子堂：《关于自由的法哲学探讨》，载《中国法学》，2002年第2期。
3. 廖申白：《〈正义论〉对古典自由主义的修正》，载《中国社会科学》，2003年第5期。

思考题

1. 什么是自由？你怎样理解自由？
2. 法律对自由的保障作用有哪些？
3. 为什么自由需要法律保障？

第二十三章　法与效率

学习提示：效率也是法的基本价值之一。本章主要讨论效率的概念和含义、效率与法的相互关系。重点探讨法对效率的促进作用。

重点问题：

1. 效率的含义
2. 法对效率的促进作用

第一节　效率释义

一、效率的概念

在我国社会主义法律价值体系中，效率日益受到重视。如何理解效率，如何认识和处理效率与公平的关系，如何运用法律机制促进效率的实现，是法学理论面对的重大现实问题。

"效率"一词可以在多种意义上使用，例如，可以说"办事效率高"、"有效率观念"、"富有效率"、"经济效率"等。综合"效率"一词的多种使用方式，我们可以归结出"效率"的基本意义：效率，也称"效益"，作为经济学上的概念，表达的是投入与产出、成本与收益的关系，就是以最少的资源消耗取得最多的效果。

按照传统的解释，效益是经济学的主题，而法学的主题是正义，经济学要考虑的是如何最大可能地增加社会财富，而法学要考虑的应该是如何公平地分配社会财富。然而，随着法律对社会经济生活影响日益加深，效益观念也逐渐导入法学的领域中，促成效益观念导入法律应归功于经济分析法学的兴起。经济分析法学是本世纪60年代开始在美国兴起的一个法学流派，该流派致力于将经济学与法学相结合，用经济学的分析方法特别是微观经济学的方法分析法律问题，把经济学的效益观念引入了法学领域。

二、效率理论

经济分析法学派的奠基人罗纳德·哈里·科斯于1960年在芝加哥大学《法律与经济学杂志》上发表的《社会成本问题》论文中运用交易成本理论分析了法律制度对资源配置的影响，从中得出了法律的内在经济逻辑的结论。这一结论后来被人们称为"科斯定理"。科斯定理所表达的效益观是经济分析法学的理论基础和基本框架。科斯定理的第一律是："在零交易成本的条件下，法律规定无关紧要，因为人们可以在没有交易成本的条件下如何取得划分和组合各种权利进行谈判，其结果总是能够使产值增加。"① 这就是说，当交易是没有成本时，法律权利的任何分配都能达到有效益的结果。但是。在现实生活中，

① ［美］罗纳德·哈里·科斯：《企业·市场与法律》，14～15页，上海，上海三联出版社，1990年。

上述假定的情况并不存在,因为现实生活中的交易都是有成本的。那么,在存在交易成本的情况下,何种权利分配才能产生最有效益的结果？科斯提出了解决这一问题的途径,这就是科斯定理第二律:如果存在实在的交易成本,有效益的结果就不可能在每个法律规则下发生,在这些情况下,合意的法律规则是使交易成本的效应减至最低的规则。这些效应包括交易成本的实际发生和避免这种交易成本的愿望诱使的无效益的选择。简单地说,选择适当的法律规则,可以减少不必要的交易成本,从而达到资源最优化配置的最有效益的结果。

科斯关于交易费用与社会成本理论,一方面修正了新古典经济学对于市场运行环境的假定,揭示了市场运行中实际摩擦的必然性以及由此形成的交易费用对经济行为的影响;另一方面,吸收了福利经济学有关经济行为外在性的思想,并进一步从资源优化配置或最优化地解决外在性问题的角度,提出了处置外在性问题的原则和方法。科斯理论运用到法律分析中,则形成了以效益为基点的一些基本命题:(1)在未经法律界定、权利界区不明的情况下,交易无法进行,相关行为的效益最差。虽然在私有制社会中,财产的所有权关系是十分清晰的,但在某些经济区域内,往往出现权利不相容使用的情况,由此而导致了权利的使用冲突。如火车排放火花的权利与铁路旁庄稼不受火花侵害的权利;工厂生产产生噪音的权利与工厂周围医院保持宁静的权利;工厂排放烟尘的权利与附近居民保持空气洁净的权利。随着资源利用方式的拓展,不相容使用的情况将越来越趋于普遍。由于这些不相容使用关系的存在,使得本来清晰的权利界区变得模糊起来,如果不从法律上对权利作重新安排,则会使资源的使用出现浪费,从而降低资源的使用效益。(2)在不相容使用的关系中,权利的安排或分配应以效益最大化为依据。解决不相容使用可以有多种权利安排或分配模式。在前例中,可以确认火车排放火花的权利而否认农民使庄稼免遭火灾的权利,其结果将导致农民放弃铁路旁的种植或改种不易造成火灾的植物;也可以作相反的安排,其结果是铁路改道、停止通行或采取消除火花的措施。由于不同的权利安排或分配模式会产生不同的效益,因此效益最大化原则成为各种模式选择的依据。立法或法院判决必须符合效益最大化原则。(3)解决外在性问题,既可以用市场手段,也可以用国家手段,法律应能够促使人们作有利于效益优化的选择。更直接地说,亦即促使人们通过市场交易手段解决外部性问题。因为国家强制手段往往需要较大的管理成本,因而不符合效益极大化原则。相比之下,市场交易手段更能降低成本。科斯理论中这些命题的实质,集中到一点即是:法律制度的基本取向在于效益。

经济分析法学家认为,科斯定理提供了根据效益原理理解法律制度的一把钥匙,也为朝着实现最大效益的方向改革法律制度提供了理论依据。经济分析法学的集大成者波斯纳在其经典之作《法律的经济分析》一书中直接地阐明了法律经济分析的效益宗旨是法律的经济分析的一个重要问题是:是否及在哪种情况下,非自愿的交易,可能会提高效益。同科斯一样,波斯纳亦主张将是否有利于增进人类对资源的优化利用,减少资源浪费,提高经济效益作为判断实存法律制度和确定法律未来发展的根本依据。但是,波斯纳独特之处在于,他把这一思想全面贯彻到普通法和社会性立法的各主要制度之中,为传统法律主要制度的合理性作出了新解或者为某些具体制度提出了新的否定根据。用波斯纳语言说,效益原理,为法律制度提供了特定的"批判、改良和理解的依据"。

作为经济自由主义维护者的布坎南,他对法律制度或其他公共政策的分析都是为了证明经济自由主义的正确而诋毁国家干预的。他完全否定某种超出市场主体主观意愿、独立于个人选择之外的资源配置准则，甚至反对对资源优化配置的倡导。他认为这有可能导致更多的社会强制出现，从而损伤市场的自然性。但是，即使如此，布坎南的分析仍然未脱出效益本位。他把立宪的任务限定于通过建立一种共同接受的规则，使具有不同利益的个人和团体能够追求极为不同的目标，不至于出现公开冲突。布坎南这些主张的基础在于：法律制度必须能够保证个人和团体追求利益行为的自由，保证资源使用的效益。

总而言之，经济分析法学的核心思想是：效益——以价值得以极大化的方式分配和使用资源，是法的宗旨。所有的法律活动和全部法律制度，说到底，都是以有效地利用自然资源、最大限度地增加社会财富为目的。显然，在经济分析法学派看来，效益是法律的基本价值，甚至某些经济分析法学家还将效益目标极端化，将其视为法律的最高价值。

第二节　法对效率的促进作用

我国当前正处于发展经济的关键时期，优化资源配置、提高经济效益已经成为社会所追求的重要目标，在这种背景下，将效益确认为我国法律的基本价值之一，并在立法和法律实施的实践中贯彻和实现效益的价值目标，已经成为全社会的共识。既然效率是社会发展的基本价值目标，那么，法律对人们的重要意义之一，应当是以其特有的权威性的分配权利和义务的方式，实现效率的极大化，这是法与效益关系的一方面。这里仅从以下几个方面说明法律怎样和应当怎样促进效率。

一、法对效率的促进作用

(一)通过确认和维护人权，调动生产者的积极性，促进生产力的进步

在基本意义上，效率就是生产力的进步。而生产力的进步不能没有人权的保障与推动。生产力的基本因素有三个，即劳动者(人)、劳动资料(物)和劳动技能(智)。只有这三个要素得到保护，并且能够得到自由的结合，生产力才能发展。这三个要素是分别由人权、物权、“智权”(如知识产权)来加以保护的。在社会主义条件下，只有充分尊重和保护这些权利，使人民群众清楚地认识到自己在国家和社会中的主人和主体地位，切实感受到自己是人，有做人的权利，才能满腔热情、扎扎实实地去学习和工作，创造出人类前所未有的物质文明。

(二)承认并保障人们的物质利益

“利益”是一个非常重要和实用的社会概念。每一个社会的经济关系首先是作为利益表现出来，人们奋斗所争取的一切，都同他们的利益有关，利益，就是人们企求满足的一种要求，愿望或期待。依历史唯物论和社会心理学的观点，满足既被当做人们需要的实现，进一步又是新的需要的起点和契机，因而追求利益是人类最一般、最基础的心理特征和行为规律，是一切创造性活动的源泉和动力。利益推动着民族的生活。然而，在中国传统社会中，由于儒家学说所谓的“重义轻利”义利价值观的影响，人类关于利益的普遍心理特征、行为规律和创造性动力被忽略了。在二十世纪后半期的中国，由于实行高度集权的计划经济体制，加上极“左”思潮的不断冲击，人们追求正当利益的心理特征和行为模式依然受到压抑和扭曲，利益对社会发展的推动作用没有受到应有的注意和重视。甚至正常的

利益观也受到了不正常的批判和否定。

既然利益的不断实现和追求是提高生产力,促进经济增长的决定性动机,是社会发展的动力,那么,承认和保护人们的利益,使之成为一种权利,从而激励人们在法的范围内尽其所能地实现物质利益,就成为人类之所以需要法律的一个重要理由。我国自1978年以来进行的经济体制改革和经济方面的法制建设,其中一个总的趋势就是刺激人们关心物质利益,把物质利益同个人的学习、工作、生产活动挂钩,确认人们追求物质利益并为之奋斗的正当权利,以使各种资源得以最有效率的配置与利用。

人类在追逐物质利益的过程中必然会产生对立和摩擦。这种对立和摩擦会造成资源的浪费甚至是巨大的浪费。因此,法在承认和保护人们的物质利益的同时,还要权衡和调节各种利益冲突,以便把对立和摩擦减少到最低限度。法的整个运行过程实际上就是对各种利益进行平衡、选择、取舍,并通过权利和义务对这些不同利益进行权威性、规范性调整的过程。

(三)确认和保护产权关系,鼓励人们为着效益的目的占有、使用或转让(交换)财产

财产权利的承认(产权关系的明确)是有效地利用自然资源的前提。只有人们获得了对资源的占有权和使用权,物有其主,并有权排除他人对自己财产的侵犯或夺取,财产所有者才有信心和动机投入资源,发展财富。任何一个国家的法律都是以财产权为核心的。法在确认财产权的同时,还要创造财产权有效利用的机制,其中最主要的是为财产权的转移提供保障和便利。如果说财产权的法律确认和保障是有效利用资源的必备条件,那么,财产权的可转移性(即从一主体向另一主体转移)就是有效利用资源的充分条件。试想,如果财产权是固定不移的,资源就不能从低效益利用流向高效益利用。假如一个农民拥有一定数量的土地,但他不是一个善于耕种和经营的人,他的土地在别人手中可以生产出更多的农牧产品。在这种情况下,资源的有效利用需要一个机制,用以推动这个农民通过交换把土地的使用权转移给更有效地利用它的人。法定的财产转让权就是这样一个机制。土地是这样,其他资源也是这样。这一机制已开始引进我国的宪法和其他法律、法规之中。生产资料租让、企业兼并就是这一机制发挥作用的表现。

(四)确认、保护、创造最有效率的经济运行模式,使之更有效地推动社会生产力的快速发展在不同的社会背景之下,不同社会和国家也许有不同的经济运行模式。但就当代社会而言,最佳模式是市场经济模式。市场把生产者和经营者置于自由竞争、优胜劣汰的境地,为人们施展才能创造了广阔的场所,同时也使资源能够从低效益利用向高效益利用流转:市场经济中的宏观调控使市场中的竞争摆脱盲目状态,减少生产和经营中的偶然性、任意性、风险性及其他浪费资源的现象。在建设中国特色社会主义理论的指导下,经过十多年的锐意改革,我国原有的国家集中过多、统得过死,扼制商品经济、忽视价值规律和市场作用等严重束缚生产力发展的经济运行模式已经发生重大变革,但经济发展中的深层问题远未根本解决,因而要进一步解放思想,推进改革开放,使社会主义市场经济体制和运行模式在我国全国范围内形成,以进一步解放和发展我国的社会生产力。

(五)承认和保护知识产权,解放和发展科学技术

科学技术是第一生产力。解放和发展生产力,首先是解放和发展科学技术。这在即将到来的知识经济时代尤为突出。法在这方面的作用主要是:第一,把科学技术活动及其成果宣布为权利,使"智慧的火焰加上利益的燃料",推动人们进行创造性活动,创造新思

想、新知识、新技术。美国法学家博登海默说得好:“人往往有创造性和惰性两种倾向,法律是刺激人们奋发向上的一个有力手段。法律不可能直接下命令使某人成为一个发明家或创造出优秀的音乐作品,但它却可以为人们发挥创造才能提供必要的条件。”① 近代以来各国的经验表明,凡是法律承认知识的价值,保护知识产权的地方,科学技术日新月异,社会生产力蒸蒸日上;反之,社会生产力则徘徊不前。第二,组织和协调科学技术的发展,明确科学技术发展在国家经济和社会发展中的战略地位,制定科技发展规划和计划。改革科技管理体制,完善科技奖励制度,细化科技活动主体之间的权利和义务,以推动科技成果转化为现实的生产力,实现科技——经济一体化。

(六)实施制度创新,减少交易费用

交易费用这个概念是现代经济学中内容最丰富的概念之一。经济学家和经济分析家把“交易”与“生产”概念相对应,认为“生产”活动是人与自然的关系,“交易”活动是人与人的关系。交易费用指生产以外的所有费用,包括信息费用(发现交易对象、产品质量、交易价格、市场行情等的费用),测量、界定和保护产权的费用(即提供交易条件或交易前提的费用),时间费用(包括讨价还价、订立合同的费用),执行合约的费用,监督违约行为并对之实行制裁、以维护交易秩序的费用,以及风险的费用。新制度经济学家指出,交易费用是经济制度的运行费用,它类似于物理学中的摩擦力。减少交易费用的关键是产权制度、企业组织形式的创新以及市场机制的完善或补足。在制度创新中,法律制度的创新是非常重要的。法律,特别是经济法、民商法和民事诉讼法,通过以效率为中心的制度改革和建构,为经济主体设定最有效率的交易模式和诉讼程序,保证人们以最可靠、最安全、最简便的手续,最少的时间、精力和物质耗费,达到预期的经济目标。这也是对于效率的推动与促进。

二、效率对法产生的影响

(一)对法律调整范围的影响

法律的调整对象是一定社会中的社会关系,但并非所有的社会关系都由法来调整。法调整哪些社会关系是由在社会中占统治地位的阶级的需要来决定的,将效益作为法的价值追求,意味着统治阶级不仅需要法被动地执行确认和维护现存经济关系的职能,而且还需要法主动地担负起发展社会生产力,提高经济效益,优化资源的配置和使用的使命。这样,法对经济关系的调整范围便得到了扩大。在当代社会,法的经济职能日益得到加强,法对有关资源的配置和使用方面的规定日趋增多。效益价值对法律调整范围的影响至少可以从下面两点反映出来:第一,当代各国法律普遍地直接干预自然资源的使用问题,因而相继制定了自然资源保护的法规,如矿产资源法、水资源保护法、森林法等。第二,对降低交易成本给予了重视。如以前的合同法只注意合同的公正性,而当代的合同法还具体地规定合同的基本条款,使合同当事人不必在订立合同前对每一条款进行耗费大量人力、财力的谈判,这无疑大大降低了交易成本,从而促进效益的提高。

(二)对法律调整方法的影响

效益价值的引入对法律的调整方法也产生一定的影响,它使法律调整的方法更具有灵活性。这主要表现在法律对权利的保护方法方面。法律对权利的保护方法主要有财产

① [美]博登海默著:《法理学:法律哲学与法律方法》,邓正来译,392～293页,北京:中国政法大学出版社,1999年。

规则、责任规则和不可剥夺规则。财产规则以使权利所有者能够禁止他人侵扰的方法来保护权利,除非权利所有人愿以相互可以接受的代价放弃权利。责任规则则以损害赔偿的方式保护权利所有人的权利。责任规则允许无权利人不经权利人的许可而占有和使用权利所有人的权利,但必须对因此给权利所有人造成的损失给予补偿。在通常情况下,权利受到这两种保护方法的同时保护,这也是传统的法律保护方法。但将效益引入法律后,有时候就有必要放弃财产规则而单独使用责任规则,这往往发生在交易成本特别高的时候。当无权利人欲占有和使用权利所有人的权利而与权利所有人的谈判的成本过高时,权利可以不经所有人的同意而由无权利人占有和使用,同时由该无权利人对权利人的损失给予赔偿。这种不尽合乎正义却合乎效益要求的权利保护方法已在当代法律中得到规定。

(三)对权利义务分配的影响

将效益价值作为法的基本价值之一,意味着法不仅按正义的要求分配权利义务,而且要以效益作为分配权利义务的标准。特别是当社会经济的发展成为统治阶级的主导性需要时,在分配经济方面的权利义务时就有必要暂时牺牲平等的要求而更多地关注效益的要求。

(四)对法律程序的影响

效益价值还通过降低法律程序的成本对法律程序产生影响。尽快地解决纠纷,可以降低法律程序的成本,为此,当代各国普遍采取各种措施来提高解决纠纷的法律程序的效益。如证据保全、诉讼保全、先予执行、判决与调解相结合等,这些措施为降低法律程序的成本,提高法律程序的效率,从而增加社会的总效益产生了一定的作用。

法与效益的关系是相辅相成的,法将效益作为其基本的价值目标,促进效益的实现;反过来,效益又对法产生了影响,促使法律在调整范围、调整方式、调整程序等方面发生变化。

推荐阅读

1. 张文显:《二十世纪西方法哲学思潮研究》,法律出版社,1996年版。

2. 卓泽渊:《法理学》,法律出版社,2004年版。

思考题

1. 如何理解效率的含义?
2. 怎样理解效率与公平的关系?
3. 法对效力的促进作用有哪些?
4. 效率对法有哪些影响?

第二十四章　法与正义

学习提示:正义是法的最高价值。本章探讨正义的内涵、分类,古今中外的各种正义观或正义学说以及法对实现正义的作用和途径。本章的重点问题是理解法与正义的关系和法对于正义实现的意义。

重点问题:

1. 正义的概念
2. 关于正义学说的演变
3. 法对正义的实现作用

第一节　正义释义

一、正义的概念

正义是一个古老而又常新的概念。在中文里,正义即公正、公平、公道。西文中的正义一词源自荷马史诗中的 dike 和 themis。dike 从词根 deiknumi 推导而来,意为"我表明"、"我指出",由此转意为判官对争论作出的判断,或争论一方提出的主张。themis 一词由词根 tithemi 推导而来,意为"我提出"、"我制定",作为名词,themis 意为"正义女神"。拉丁文中的 justus 兼有正义、合法、合法性等含义。现代英文里的 justice,法文的 droit,德文的 recht,意大利文的 diritto,均含有类似的语义。在经验上人们可能很容易体会到什么是公正,什么是不公正。特别是当一个人受到歧视性对待时,当一个农民工拿不到工资时,当人们为他讨回公道时,什么是公道、公平、正义,自然是不言而喻。但是,就像我们天天在时间中生活却难以给时间下定义一样,我们虽能在经验上说出正义不正义、公道不公道,却难以给正义(公道、公正)下一个大家都能接受的定义。因此,在中外学术著作中,正义才有那么多的定义。

"正义"既是人们所不懈追求的价值评判目标,但同时也是一个变幻不定、歧义丛生的哲学、法学概念,正如博登海默所言:"正义有着一张普洛透斯似的脸,变幻无常,随时可呈不同形状并具有极不相同的面貌"。[1] 当然必须注意的是,"正义"本身是个关系范畴,它存在于人与人之间的相互交往之中,可以说:没有人与人之间的关系存在,就不会有正义问题的产生。换言之,所谓"不正义"绝对不会存在于孤立的个人之上,公正只是一种在涉及利害关系的场合,要求平等地对待他人的观念形态。正因如此,阿奎那在《神学大全》中将正义问题作为一种外部效果来论述,"因为正义或者我们根据正义而使用的东西都与其

① [美]博登海默:《法理学:法律哲学与法律方法》,邓正来译,252 页,北京:中国政法大学出版社,1999 年。

他通过正义使我们与之相连的人成比例。而每个人自己都是按照比例相等应归于他的”。① 这一原则,也就是我们通常所言的“把各人应得的东西归予各人”。从实质内容上而言,正义又体现为平等、公正等具体形态。恩格斯指出,“平等是正义的表现,是完善的政治制度或社会制度的原则”。这就是说,公正不仅是人类的一种“理想”,同时还表现在使这种理想与现实社会条件的结合。同时,“平等”本身就有一个“不平等”的他者存在,没有平等自然无所谓不平等,同样,没有不平等也无所谓平等。表面上看,这似乎是一种毫无意义的循环论证,但的确说明了平等本身作为正义内容的观念形式。马克思、恩格斯合著的《神圣家族》中,认为平等是人在实践领域中对自身的意识,也就是人意识到别人是和自己平等的人,人把别人当做和自己平等的人来对待。平等是法国的用语,它表明人的本质的统一、人的类意识和类行为、人和人的实际同一,也就是说,它表明人对人的社会关系或人的关系。

二、正义的种类

在法律思想的发展史上,法律与正义的关联一直是人们所探讨的问题。古希腊时期的柏拉图就已研究了法律与正义的关系,他将正义分为道德正义与法律正义两类。前者是个人和国家的最高美德,社会行为的普遍道德标准:“正义是智慧与善,不正义是愚昧和恶。”② 法律正义则是诉讼正义,它体现为通过法律机器的正常运转而获得的后果或判决。在柏拉图看来,一个人品性中,都具有“较善”和“较恶”两部分。如果较善的那部分占优势,就控制住“较恶”的那部分,他就成为自己的主人;如果他接受不良的教育,或者受坏人的熏染,他便成为“自己的奴隶”。当恶性膨胀时,就只好服从外在的权威,这个外在权威就是法律。因而,法律是一种社会行为准则,它是公道与正义的标志。其后古希腊思想大师亚里士多德将正义分为分配正义和校正正义。分配正义涉及财富、荣誉、权利等有价值的东西的分配。在这个领域,对不同的人给予不同的对待,对相同的人给予相同的对待,就是正义。校正正义涉及对被侵害的财富、荣誉和权利的恢复和补偿。在这个领域,不管谁是伤害者,也不管谁是受害者,伤害者补偿受害者,受害者从伤害者那里得到补偿,就是正义。亚里士多德对正义的这种划分对后世影响非常深远。

在当代,关于正义的划分可以说是各种各样。例如,第一,从主体的角度,把正义划分为个人正义与社会正义,个人正义适用于个人及其在特殊环境中的行动,指个人在处理与他人的关系中应公平地对待他人的那种道德态度和行为准则;社会正义适用于社会及其基本的经济制度、政治制度和法律制度,指一个社会基本制度及其所含规则和原则的合理性和公正性。第二,从正义发生和实现的领域的角度,把正义划分为道德正义、经济正义、政治正义、法律正义等。道德正义是一种个人的美德或是对人类的需要的一种合理、公平的满足;经济正义和政治正义是一种与社会理想符合,足以保证人们的利益和愿望的制度;法律正义是一种通过创制和执行法律来调整人与人之间的关系及其行为而形成的理想关系。第三,从正义与主体利益的关系,可分为实体正义与形式正义。实体正义是关于制定什么样的原则和规则(包括道德原则和规则、法律原则和规则等)来公正地分配社会资源的问题,形式正义则是怎样实施这些原则和规则以及当这些原则和规则被违反的时

① 转引自[美]莫蒂斯艾德勒、查尔斯范多伦著:《西方思想宝库》,编委会译,945页,长春:吉林人民出版社,1988年。

② 柏拉图:《理想国》,郭斌和、张竹明译,36页,北京:商务印书馆,1986年。

候如何加以处置的问题。在法律范围内,实质正义可以说是法律创制中的正义,形式正义则是法律执行和适用中的正义。由于实质正义和形式正义的划分正好对应了法的创制与法的执行和适用,所以法学论著广泛采用了这一分类。

第二节　法与正义学说的演变

一、西方的正义学说

(一)西方正义学说的演变

西方法的正义价值理论,源远流长,我们可以从以下几个方面进行认识。

1.客观正义论。客观正义论认为,正义的价值标准是客观存在的。凡是符合这些标准的就是正义。这一正义的标准是人类在生活的共同体中,相互影响,一致认同所形成的。人们应该生活在共同体中,为了共同体存在的需要,严格意义上讲,也是为了共同体中每一个个体的存在所形成的一种共同需要。这种需要是物质的也是精神的,只是这种共同的需要,产生了大家都认同的评价标准,这个评价标准就是正义。衡量正义的标准必须是客观存在的,是人类共同需要的标准。代表人物是古希腊的哲学家毕达哥拉斯。

2.主观正义论。主观正义论认为,正义要由主观价值观来判断,主观的价值则完全是由个人的意志来进行评价的。一个人对一定的事物的正义评价,都只能由个人凭自己的感情主观认定。一定团体也许有他们共同的正义标准,然而谁也不能说某一个团体的正义标准就是正确的。因为作为多个人构成的团体,还有可能出现多数人的错觉。所以,主观正义论者就得出结论,正义的标准完全产生于人们各自的生活欲望和生活要求。其代表人物是古希腊的赫拉克里特。

3.理性正义论。理性正义论是由古希腊斯多葛学派的创始人芝诺提出的。他认为人类所制定的法律应符合当时代表理性、统治世界的永恒不变的自然法。由于这种法律统治万物,代表理性,因而是制定正义的标准之所在,人类在社会中寻求到理性的正义。

4.神学正义论。神学正义论盛行于中世纪。在中世纪,以奥古斯丁为代表的神学正义论认为,人的国家之上有一个神的国家存在,并且统治着人的国家。人的国家的法律来自神的国家的指示。神国的指示又由其代表教会来传达,来自神国的指示就是人们的正义标准。

5.法规正义论。法规正义论主张法律规范是正义的体现,法律规范就是正义,服从法律就是服从正义。分析法学派的代表人奥斯丁的法规正义论学说是其代表。他认为,宇宙中有两种法则:一是自然界的自然规律,诸如季节变化、植物生长、地心引力、动物生死等等;二是人为的法则,即规则。而法律一词或所谓严格意义上的法律,应当是统治者之命令。法律如果不是命令,那就不成其为法律,或不能算做严格意义上的法律。奥斯丁基于对自然法学说的极力反对,也同样否定自然法学说者们的主张的理性正义论。他认为,严格意义上的法律只能是实在法。尽管他主张"恶法亦法",但是也明确肯定,法律的正义就存在于统治者的命令之中,也就是存在于实在法之中。

(二)西方现代法律正义论

1.相对正义论。相对正义论的代表人物是凯尔森。他认为,法律的问题作为一个科学的问题来看,是社会技术的问题,而不是一个道德的问题。当我们说某个社会秩序具有

法律的性质，我们仅仅意指这个社会具有法律的秩序。但是我们并没有对此作任何道德意义上的判断，暗示该秩序是善良的或公正的。凯尔森认为，正义的观念是与人们的宗教的、哲学的或政治的观点相连的。不同的集团有不同的宗教、哲学或政治观点，因而产生不同的，甚至矛盾的正义原则要求。根据这种正义观，法律的正义也是无法确定的。立法机关没有科学的办法确定社会的正义原则，它所选择并转化为法定权利、义务的原则，也不过是立法者的偏见而已。

凯尔森并非否认法律正义的存在，只是认为立法的正义无法确定，而适用法律中的正义，相对地讲还是客观存在的。有人将凯尔森的正义学说归为主观正义论。与主观正义论相比，凯尔森更多的是强调正义的相对性。

2.社会正义论。现代西方法律社会正义论的代表是约翰·罗尔斯。其代表作是《正义论》。罗尔斯认为，正义是至高无上的。任何理论、法律、制度，不管如何有用和巧妙，只要是不正义的，就一定要被遗弃。每个人都有基于正义的不可侵犯性，即使是为了全社会的利益也不能加以侵犯。在一个正义的社会里，正义所保障的各种权利，都不受任何政治交易或社会利益所左右。正义的社会作用就是规定社会利益及负担等的适当分配。他说，社会是人们或多或少根据这些规则来行为。这些规则详细规定了一种合作体系，目的在于促进参加这一体系的人的利益。社会虽然是一个为了实现相互利益而合作的事业，存在着利益的一致方面，但是由于人们都希望自己能多分得一些通过合作而产生的利益，所以也存在着利益的冲突方面。这就必须要有确定利益分配的原则。这些原则就是正义的原则：它们一方面规定了在社会基本制度中划分权利和义务的方式，另一方面又规定了在社会合作的利益和负担的适当分配。他还认为，这一原则是构成良好社会的主要因素。一个良好社会的条件有两个：一是在这个社会中，每个人都接受同样的正义原则，并且知道他人也接受同样的正义原则；二是各种基本社会制度普遍地符合这些原则。

罗尔斯认为，社会正义是首要的正义，社会正义的对象首先就是社会基本结构，即各种主要的社会制度、政治制度、法律制度、经济制度。这些社会基本结构对个人的生活前途有着最密切、最持久的和自始至终的影响，是个人和团体希望的环境条件。如果忽视了社会基本结构，正义就会成为当事人之间的协议，然而评价协议公平与否，也必须依赖当事人的社会地位和经济地位，最终也得依据社会的基本结构。所以，正义虽然可以形容不同的对象，有多种含义，但是社会基本结构的正义可能是最基本的。例如对法官判决的正义评价，标准通常都是现行法律制度的规定。

3.形式正义论。形式正义论学说的代表是佩雷尔曼。他认为，现今关于正义的概念无非有六种：①对每个人同样对待；②对每个人根据优点对待；③对每个人根据工作对待；④对每个人根据需要对待；⑤对每个人根据身份对待；⑥对每个人根据法律权利对待。通过对这六个概念的分析，佩雷尔曼得出结论，正义的概念是多样而复杂的，我们应从中抽象出它们的共同思想，设定一个能适用于不同正义概念的共同公式。这个共同思想和共同公式就构成形式正义的定义。因此，他所谓的形式正义就是要求以同一方式对待人，就是同一基本范畴的人都应受到同等待遇的活动原则。形式正义是与具体正义相对应的抽象正义，也能被人们普遍接受。他还认为，正义的概念之所以非常混乱，原因在于人们在谈论正义时被迫去为具体的正义下定义，并要去确定基本范畴。

罗尔斯也对形式正义有许多精辟的论述，但他的形式正义是与法治密切相连，甚至是

相互等同的。他说，形式正义的概念，也即公共规则的正规的和公正的执行，在适用于法律制度时就成为法治。形式正义要求执行法律和制度时应当平等适用于属于它们所规定的各种各样的人。

4.程序正义论。这种学说认为，程序正义是法律所固有的、检验司法活动公正与否的标准，它支配着审判的全过程。严格说来，这种学说可以归入形式正义论的范畴。但是较之形式正义论它又更加强调司法过程的正义问题，并且它基本上是与实体正义论相对应的，而不是与具体正义论相对应的。因此，程序正义论也还有一定的独立地位，代表人物是戈尔丁。

二、中国正义学说的演变

从本源上讲，中国传统法的正义价值与西方传统的法的正义的价值并无两样。它都是由人类社会发展到一定时期的产物。只是由于社会发展过程中的种种差异，使得中国传统法的正义的价值理论与西方法的正义的价值理论具有了很大的分野。

中国传统法的正义价值可以古体"法"字进行分析。有一点是可以肯定的，造字初期，我们的祖先尚处在神明裁判的阶段。人们对是非曲直需要得到一个公正的评判，但是人并不相信人自己。人可能有私心，有偏见，怎么办？人们请来神兽，神兽是不偏不倚的，神兽通过其固有的公正，对事理进行最公正的判决，这就是正义。所以，中国传统法的价值体现在正义之中。

这仅仅是我们初民的一种理想的法的正义状态，而这种正义的状态将法的正义的本质、内容以及法的实践都全部囊括在其中。一句话，法是正义的体现。

我们的祖先没有一直处于原始的神明裁判阶段，随着社会的发展，人类最终需要以自己的认识来判明事理的公正与否。什么是公正，就是法所不得不回答的问题。

春秋时期，百家争鸣，代表新兴阶级的法家学派，对法的概念、特征、任务、作用等等进行了大量的探讨。慎子说：法者，所以齐天下之动，至公大定之制也。故智者不得越法而肆谋，辩者不得越法而肆议，士不得背法而有名，臣不得背法而有功，我喜可抑，我忿可窒，我法不可离也。骨肉可刑，亲戚可灭，至法不可阙也。这就是法的公平、正义。

法家在解释法的作用时，也常以度量衡为比喻，以示法之公平正义。管子说：尺寸也、绳墨也、规矩也、衡石也、斗斛也、角量也，谓之法。慎子说：有权衡者，不可欺以轻重，有尺寸者，不可差以长短，有法度者，不可巧以诈伪。由于度量衡具有公正性、客观性和准确性，因此以度量衡比喻法律，其意在说明法律也如度量衡之计量长短轻重一样公平地客观地准确地对待事理。商鞅视法为"国之权衡"。①以法来判断国人行为的是非、曲直。

无论法家是如何地强调法的作用，强调法律的公平正义，而且还提出"法治"，但是，以血缘为枢纽的宗法制社会里，血缘是人的等级标识，由部落、氏族演变而来的国家一定存在着明显的血缘等级。如前面部分我们所看到的，不同的西方思想家、法学家对法律正义有各种各样的不同解释。

长期以来我国占主导地位的观点认为：①在阶级社会里，正义是有阶级性的，统治阶级和被统治阶级虽有某些共同的关于人的行为的正义尺度，但在社会制度的正义观上，是根本对立的。奴隶主和封建主认为把人分为不同阶层和等级，并根据阶层和等级占有社

① 《商君书·修权》

会资源和财富是公正的,而资产阶级则要打破阶层和等级的划分,实现正义面前人人平等。②正义总是具体的,正义的具体性集中表现为正义是受一定社会的物质生活条件决定的。正如恩格斯在批判蒲鲁东的抽象的"永恒公平"时所指出的:"这个公平则始终只是现存经济关系的或者反映其保守方面、或者反映其革命方面的观念化的神圣化的表现。"

正义是古今中外的思想家们争论的热门话题。按照马克思主义的辩证统一的原理,正义是主观与客观的统一,正义也是流变性与不变性的统一。正义在不同的时空中会改变其内容,但是正义也有其不变的内容,即正义有一个底线,这个底线是文明的人类社会所共同具有的,不遵守这些底线的社会不是文明的社会。否则就无法解释为什么所有文明的社会都会对杀人、盗窃、强奸等行为作出否定性评价。在现代社会,人类对正义的共识性程度大大提高。现代社会中对人的尊严的尊重构成正义的底线。我们可能对什么是正义较难达成共识,但是在什么是不正义的这个问题上较容易达成一致。正义的内容就像一个边缘模糊的球。离开球心越远的地方,在认识上与实践中它是否存在就越模糊;越是接近球心的地方,它为人们所共识并在实践中被践行的程度就越高。虽然我们目前对这个球心仍然有不同的认识,这个争论还会继续下去。但是,这并不能证明这个球心不存在。正是在这个争论中,人类在不断地前进。

第三节　法对正义的实现作用

一、法对正义的实现作用的体现

"正义只有通过良好的法律才能实现","法是善良和正义的艺术"。这些古老的法学格言和法的定义表明法与正义是不可分的:法是实现正义的手段,法的价值之一在于实现正义。法律对正义的实现作用,总体上体现为:

第一,分配权利以确立正义。这是法在实现分配正义方面的作用。包括把指导分配的正义的原则法律化、制度化、并具体化为权利、权力、义务和责任,实现对资源、社会合作的利益和负担进行权威性的、公正的分配。在这种权利义务的分配中,基本权利和义务的分配是带有根本性的、决定性的。在一个民主政体的国家中,关于基本权利的分配即分配正义原则的执行通常是由人民选举的立法机关进行的,因为基本权利和义务涉及到人民的财产、人身自由和人格与国家权力的关系。所以,国家权力在何种情况下才能剥夺人民的基本权利、课以何种义务和责任的问题,成为分配正义中的核心问题。当分配正义原则被一个社会成员违反的时候,校正的或诉讼的正义就开始起作用。这就引起后面关于惩罚与补偿的问题。

第二,惩罚罪恶以伸张正义。这是法律实现正义的一个方面。以刑罚为代表的法律上的惩罚之基本目的不外乎报应与预防两方面。报应,也就是通过惩罚罪恶表达正义观念、恢复社会心理秩序。犯罪,一般来说不仅是违反法律危害国家和人民利益的行为,而且也是违反正义观念的邪恶行为。因此,出于正义的要求,对于恶行应该作出否定评价,对于善行应该给予褒扬。这是基于道义要求所产生的正义观念的应有内涵。在关于惩罚的理论中,包含着三个基本问题,即惩罚的理由、惩罚的对象以及什么是适当的惩罚。曾经存在过八种惩罚理论,它们分别从不同角度回答了惩罚理论的三个基本问题,无论怎样理解惩罚的性质,我们都不能否认惩罚具有伸张正义的作用。

第三，补偿损失以恢复正义。如果说惩罚罪恶是基于道义的正义要求，那么补偿损失则是基于功利的正义要求。法律在平均正义方面除了对罪恶予以惩罚外，还在合同、侵权方面表现为试图补偿受害者蒙受的损失。这种补偿通常只以损失大小为标准，而不考虑或不过多考虑侵害者有无过错、其错误程度与赔偿额有无必然联系、赔偿费是否由其本人支付（可能是保险公司支付）。以赔偿为主的补偿性责任主要是为了恢复分配正义。

二、法对正义作用的两个基本方面

与社会正义所包括的两个基本方面（分配正义和诉讼正义）相适应，法一要促进和保障分配的正义；二要促进和保障诉讼的正义。

（一）促进和保障分配的正义

人类社会是这样一个社会，在其中既存在着利益的一致，也存在着利益的冲突。之所以存在着利益的一致，是因为合作可以使所有的人比他们孤立活动生活得更好；之所以存在着利益的冲突，是因为人们有相同的需求，而社会的资源总量是有限的，在分配时一方之所得即他方之所失；也因为每个人都对自己占有社会合作成果的份额非常敏感，有相当多的人甚至期望自己能得到不合理的份额。因此，每个社会都需要有一套原则指导社会适当地分配利益和负担，这套原则就是正义原则。

人类社会迄今实行过五种均曾被人们视为“公正的”分配原则。它们分别是无差别分配原则，按照优点分配原则，按照劳动分配原则，按照需要分配原则和按照身份分配原则。“无差别分配”是对每个人同样对待。根据这一分配原则，参加分配的人必须受到同样对待，而不管他们的年龄、富裕程度、社会地位、道德品性、工作能力、性别等方面的差别。“按照优点分配”是对每个人根据其天资或德行进行分配。这里的“优点”或“天资”具体表现为某一方面的能力。“按照劳动分配”是对每个人根据其劳动时间或对社会（集体）的贡献、工作表现和劳动成果进行分配。“按照需要分配”是根据每个人及其家庭必须得到的最低限度或一定限度的需要进行分配。由于不同的人有不同的需要，根据需要分配是一种差异分配。“按照身份分配”是根据每个人在社会中所处的地位，其种族、民族、宗教状况，其家庭出身、政治面貌、财产状况进行分配。

上述五种分配原则在各种社会中都不同程度地存在过或存在着，在不同的社会中其所占居的重要性程度不同。社会主义国家实行的是一种以按劳分配原则为主体的混合分配制度，即上述五种分配原则在不同程度上、不同分配领域分别被采用了。例如，在实行承包制的农村中耕地使用权的分配，城市居民副食品补贴的分配，贯彻的是无差别分配原则。在这些方面，不考虑接受分配者的年龄、性别、社会地位等的差别。高等学校录取、特种工作职务的分配等，贯彻的是按照优点分配的原则，即在高等学校设施有限的情况下，把接受高等教育的权利优先分配给那些有天资并已发挥其天资的人。大部分消费品的分配实行的是按劳分配原则，或者说消费品的分配基本上是按照劳动的数量和质量进行的。在全民所有制企业、事业单位实行的医疗补贴等基本是按照需要分配的。而对于具体特殊身份的人实行的特殊待遇，则是按照身份进行的分配。在这些分配原则中，占主导的是按劳分配的原则。法在实现分配正义方面的作用，主要表现为把指导分配的正义原则法律化、制度化，并具体化为权利和义务，实现对资源、社会合作的利益和负担进行权威性地、公正地分配。当然，由于正义（公正）是一个具体的、历史的范畴，公正概念从一个阶级到另一个阶级，从一个民族到另一个民族，从一个时代到另一个时代有时是剧烈变动的，以致它们可能是直接互相矛盾

的。在一个阶级、一部分人看来是公正的分配,在另一个阶级、另一部分人看来可能是不公正的分配;在一个时代被视为天经地义的分配,在另一个时代可能被看做是荒谬的。法所促成实现的"分配正义",并非对一切人都是公正的。但是分配作为正义也不是绝对没有一致的、共同的内容。正义对分配的底线是任何分配都不能是完全任意的,而是要依据一定的可识别的标准进行的。在现代社会,对这种分配的标准也是有基本的底线的。例如,按照政治观念的分配标准就是小正义的,应当受到谴责的。

(二)促进和保障诉讼的正义

在社会生活中,人与人之间发生利益冲突是不可避免的,权利和义务的分配关系不可能受到所有人的尊重,由此引起法律纠纷也就在所难免。这些冲突和纠纷不仅应当和平地、即不使用单方武力得到解决,而且应当公正地得到解决。法一方面可以为和平地解决冲突提供规则和程序,另一方面也可以为公正地解决冲突提供规则和程序。

公正地解决冲突,其主要标志是无偏见地适用公开的规则;类似案件类似处理,同样的情况同样对待,也就是法律面前一律平等。

在现代社会,为了保障冲突和纠纷的公正解决,法律所提供的规则和程序主要有:①司法独立,即司法机关和法官个人在行使司法职能时有不受组织和任何长官干涉的自由(如果没有这种独立和自由,就不可能有公正的司法);法官在其任期内行使权力时,不应有不利于他的调动。②回避制度,即任何人不应审理与自己有利害关系的案件。换言之,法律纠纷应由超然于当事人的第三方来审理。③审判公开,即案件的审理必须公开,接受社会的监督和法律监督,但不受舆论所左右。审判公开隐含"不仅要主持正义,而且应当昭示天下"的格言。为了让人们信赖法律,司法机关必须公开执法并让所有当事人看到法律机构是如何工作的。如果秘密审判,就难以保证当事人的基本权利得到尊重。当然,为了当事人的利益并由法律规定的可以不公开审理的案件除外。④当事人权利平等,即当事人享有平等的诉权。冲突和纠纷双方均应得到有关程序的公平通告,并有公平的机会去出示证据,进行抗辩。⑤判决的内容应当有事实根据和法律依据,并为公认的正义观所支持。⑥案件的审理应当及时高效,不得迟误。⑦应有上诉和申诉制度,容许对初审判决不服的当事人把初审法院的法官置于"被告"的地位,由上级法院审查下级法院判决的公正性和合法性。⑧律师自由,律师能够没有顾虑地为当事人提供必要的法律帮助(咨询、代理、辩护等)。

推荐阅读

1. 江山:《再说正义》,载《中国社会科学》,2001 年第 4 期。
2. 张恒山:《论争议和法律正义》,载《法制与社会发展》,2002 年第 1 期。

思考题

1. 如何理解正义的含义?
2. 对历史上出现过的正义观进行述评。
3. 法对正义的实现作用是什么?

第二十五章　法与人权

学习提示：人权是法的价值之一，法律意义上的人权指的就是宪法制度保障的基本权利。本章主要探讨人权的概念和含义、人权的价值以及人权的法律化问题。难点问题是人权与法两者之间的关系问题。

重要问题：

1. 人权的概念
2. 人权的价值
3. 人权的法律化

第一节　人权释义

人权是现代法最基本的价值之一。尊重和保障人权既是人类文明的标志，也是一切进步的法的基本特征。是现代法区别于传统法的基本标志。马克思主义只是否定人权标签之下的资产阶级特权，而从未否定人权本身，而且是真正的人权的旗手。马克思在他起草的第一国际《协会临时章程》中明确提出："一个人有责任不仅为自己本人，而且为每一个履行自己义务的人要求人权和公民权。"①

一、人权的概念

从一般意义上说，人权是人的价值的社会承认，是人区别于动物的观念上的、道德上的、政治上的、法律上的标准。它包含着"是人的权利"、"是人作为人的权利"、"是使人成其为人的权利"和"是使人成为有尊严的人的权利"等多个层次。人权中的"人"，可以解释为"自然人"、"人民"、"市民"、"公民"、"国民"、"民族"、"种族"、"集体"甚至法人，它回答的是主体问题。第一次世界大战结束之后，人权主体理论已由传统的"生命主体论"过渡为"人格主体论"。人权中的"权"，可以解释为"自然的权利"、"市民的权利"、"国民的权利"、"人民的权利"、"公民权"、"基本权"、"宪法权"、"公民的基本权利"等，它回答的是人权在所有权利中的地位问题。并不是所有被人享有的权利都是人权，也不是尚未被人享有的权利就不是人权。

我国法理学界近年来所共同认可的人权的三种划分——应有的人权、法定的人权、实有的人权，说明的就是这个道理。一国人权的实际状况，其实就是三种形态间的比值关系。应有的人权如果全部上升为法定人权，而法定人权又全部变为实有人权，这种三者相比最后比值为"1"的状况就是理想的人权现实：相反，如果三者间的比值悬殊，则说明该国人权状况不甚理想。判断一国人权的实际，不能以三种形态中的一种形态为准，如果把法

① 《马克思恩格斯全集》第16卷，16页，北京：人民出版社，1964年。

定的人权当做实有的人权。那么人权保障就会仅停留在立法上，而这种认识和判断标准是无益于人权实践的。

人权的历史可分为观念的时期和制度的时期两个阶段。作为观念或要求的人权，早在产生“奴役人、束缚人、压迫人、禁锢人、使人不成其为人”的公权力那天起便产生了。此前的人权，如果由远及近追寻它的轨迹，只能称其为人权的萌芽、人权的要求、人权的思想和到18世纪中期后才形成的人权理论：作为制度意义上的人权，是资产阶级国家建立之后才有的事情。但资产阶级国家形成之后，人权随着进入法律领域而被分解为两部分，一部分被认为先于国家和高于国家，这部分仍被直呼为人权；另一部分被认为后于国家和基于国家，认为它们是与政治共同体紧密相联的权利，这部分被称为公民权。在西方人权理论中被广泛接受的人权两形态的解释，其定义为：“要求维护或者有时要求阐明那些应在法律上受到承认和保护的权利，以便使每个人在个性、精神、道德和其他方面的独立获得最充分与最自由的发展。作为权利，它们被认为是生来就有的个人理性、自由意志的产物，而不是由实在法授予的，也不能被实在法所剥夺或取消。”① 尽管资产阶级学者对人权的定义有上百种，其中仅美国的教科书中就有20余种，但他们对两形态的划分却是大致相同的。但是在人格不独立的社会是无人权可言的。人权制度的发展迄今已经历了自由本位时期和生存权本位时期。我国的人权制度，以人民的生存权为首要人权。

法律意义上的人权，在我国自“五四宪法”开始即以“公民的基本权利”在宪法上予以表现。所谓基本权利，不过是指那些关于人的先天既存的和后天能够实现的价值在法律上的一般承认。它与人们自己设定法律关系时明确权利义务的个别承认有着本质的不同。基本权利所直接否定的对立物是特权制度和奴役制度。在人格不独立、机会不平等、表达不自由、起点实行差别的社会便没有基本权利。基本权利中的“基本”有如下六方面含义：

第一，基本权利对人的不可缺乏性。人所以成其为人，原因就在于人是把生命与权利溶为一体的动物。离开了后者，人可能连动物也不如。马克思在《〈黑格尔法哲学批判〉导言》中曾把人和人的关系概括为“人就是人的世界，就是国家，社会”。只要是人，就有相同的要求，这就是“获得独立的人格并保证展现人格”。摆脱了他人奴役与束缚的自立了的人才称得上真正社会化了的人，只有这样的人才对国家和社会有迫切的需要。受制于人的人还只是被人作为工具的非人，这样的人对国家和社会不是感到需要而是产生排拒。基本权利正是这样一些表明一个人不依附另一个人而与人人具有同等人格与尊严的、使人得以自立的权利。它是人被获准掌握的而被社会由制度保障普遍认可的区别于动物的标准。它的法定化对任何人都是不可缺乏的。没有基本权利，人将不成其为人。

第二，基本权利的不可取代性。被视为基本权利的权利，每一项都代表着人参与社会生活深度和广度的一个方面，将人从任何一类社会关系中隔离出去，都预示着人的不完整。人参与某类社会关系时被承认的主体价值不能替代参与另一类社会关系时的主体价值。基本权利中的每个单项，都不能用另一个单项来替换。基本权利是构筑一人所享全部权利的基石，抽掉了它，整个权利的大厦都将倾倒。基本权利不像物权可以转换为债权那样具有可更换性，用一项基本权利取代另一项基本权利，等于宣告人在被替代权利所联

① ［英］沃克主编：《牛津法律大辞典》，北京社会与科技发展研究所编译，426页，北京：光明日报出版社，1988年。

系着的社会关系领域内的主体地位被取消。

第三,基本权利的不可转让性。基本权利的不可替代性是对国家而言的,它要求国家不得随意更改公民所享基本权利的种类。基本权利的不可转让性是对公民个人而言的,它要求公民在基本权利面前约束自己的任性,通过自律以珍惜基本权利。公民既不能放弃基本权利,也不能把基本权利转借于他人。人进入社会不是自己选择的结果,集中表现人的社会性的基本权利也就难以成为个人处理的对象。让渡基本权利,无异于自己把自己复归为兽类。基本权利是按人格分配的,即使一人的基本权利转让于另一人,另一人也无法获得法律承认的双份基本权,这不像财产权易主那样表明获得财产权的人财富增加了。一个人的人格权转让于他人,接受者并不因之而成为两个人或拥有两份权利。选举权可以代为行使,但却不能说代人投票的人享有两个选举权。在基本权利面前,契约与人的合意变得毫无意义。

第四,基本权利的稳定性。基本权利的绝大多数种类是按时间效力划分出来的永久权和不直接对应义务的绝对权。它与人的人身相始终,在人生命的整个旅程中是稳定不变的。初生幼儿与耄耋老人的生命权具有同等价值,不知尊严为何物的儿童与把尊严视为生命的成人在尊严权上受到同等保护。人从出生至死亡,一些基本权中的一般基本权如平等权、人格权、尊严权、表现权、信仰权等终生不被剥夺。法律可以剥夺人的生命,却不能剥夺人的尊严与健康。对他人尊严或健康造成危害的人,也不因自己行为的犯罪性而丧失尊严或健康。基本权利的这种稳定性是其他权利所不具有的。基本权利的稳定性还有第二方面表现,即对于国家立法来说,一旦认定某些权利是人的基本权利,法的修改和废除一般不再对基本权利有效,政府的变易、国家制度的改革、政策方针的调整,基本权利不随之而被取消。基本权利是限制宪法修改而为立法权划定界限的尺度,宪法的刚性主要是靠基本权利的稳定性来体现的。

第五,基本权利的母体性。基本权利具有繁衍其他权利的功能,它在整个权利的大系统内起着中轴的作用,权利内容的充实和丰富都以基本权利的轴心为起始。在以宪法展现权利的方式为标准对权利分类的时候,基本权利可以分为宣言的权利和包含的权利两类,包含的权利就是从宣言权利的母体中滋生出来的权利。如根据尊严权,可以推导出维护人的尊严的私生活权;根据信仰自由,可以推导出良心自由;根据政治权,可以推导出参政所需起码条件的知情权;根据环境权,可以推导出良好生存环境所必须的净水权、净气权、稳静权等;根据财产权,可以推导出追求幸福的自由。基本权利的稳定性并不影响它的内容的丰富和发展,相反,以宣言的方式明示的基本权利越多,越说明基本权利家族的繁荣与稳定。基本权利与其他权利的关系如同宪法与其他法之间的关系,在把宪法当做母法的时候,基本权利就是母权利。

第六,基本权利在当代文明各国具有共似性。能够以保障人权最低限度实现为文明标准的现代各国,尽管社会制度不同,文化背景和传统有很大的差异,但在人权内容的肯定上却有共同性或相似性。这一点说明的正是恩格斯所指出的人权具有超越个别国界的性质。不管国家制度有多大的本质不同,社会是由人构成的这一点是相同的,共同的人的社会总能找到如何对待人的共同标准,法律文化所产生的继承性和互融性以及它的世界性,观念上的原因在于人所共同需要的对人的价值一视同仁的标准。任何国家都不能以本国的传统或文化的特殊性为理由而把对待动物的方式说成是对待人的标准。人权的共

性或普遍性标准在人类共同经历了反对专制统治、反对民族压迫、反对法西斯灭绝种族的暴行三个人权史阶段的血与火的洗炼之后,已化为现代扎根于世界所有民族意识中的共同精神。一国基本权利的肯定和实现程度不再是按该国封闭的标准所能判断到底的事,基本权利的世界性标准开始在国与国的交往中发挥作用。

综上六点,所谓基本权利,就是那些对于人和公民不可缺乏的、不可取代的、不可转让的、稳定的、具有母体性的共同权利。法律意义上的人权指的就是宪法制度保障的基本权利。

二、人权的价值

人权是人须臾不可离之的东西,是人区别于动物的根本参照点。人权对于人的价值,已为世界人民所共同认识。没有人权的社会,人的价值也就无从体现。肯定人的价值的一般方法是肯定人的人权,抹煞人的价值的常用方法是否定、剥夺、压制或践踏人的人权。国家对人权的态度直接表达着国家的性质。人权对人的价值表现为:

第一,人权是人的利益的度量分界。人权的本质属性首先表现为利益,无论利益的表现形态是物质的还是精神的。正是从这一意义上讲,人权总是以利己的、自私的方式存在着。它是人实现利益的手段,并且是最可靠最有效的手段。人权对于人的利益价值并不必然产生人对私利无限膨胀的结果,人权所体现的利益有着两方面的道德要求,即既是利己的,又是无害于人的。人权所以具有普遍性,原因就在于人权所要求的利益符合道德的一般标准,所以人权对于人的利益价值在于它使利益关系道德化,人权的无害性是所有利益都必须遵循的度量分界。一种利益如果是有害于人的,那么它不表现为人权,而表现为特权。特权不具有普遍性的要求,人权却是人对于利益的普遍性要求。

第二,人权是人关于公共权力评价的道德标准。人权的"无害于人"的道德要求,可以换言为"善待于人"的道德要求,善待者的主体首先是公共权力。公共权力能否善待于人是人权有无的道德标准。公共权力如果为人权而设,为人权而运作,性质受人权所判断,便可避免恶政。人权的主流精神始终是防止和抵抗公权力走向恶政。在公民和国家的关系中,人权对于人的价值表现为以人权制约国家以善待它的公民。

第三,人权是人和人和谐相处的共同尺度。创造和谐而不是冲突是人权的内在要求。和谐的社会状态以安全和平为显著标志。安全对应着秩序,和平排拒暴力,人权有着建立秩序和消除暴力的功能。人权的政治表现为民主,它的法律表现是法治,法治即是社会关系的秩序化。在有序的社会中才有安全与和平可言,无序的和失序的社会带给人的只是恐怖和暴力。和谐社会不可缺少的首要条件是平等待人,诚如恩格斯所言:"一切人,或至少是一个国家的一切公民,或一个社会的一切成员,都应当有平等的政治地位和社会地位。要从这种相对平等的原始观念中得出国家和社会中的平等权利的结论,要使这个结论甚至能够成为某种自然而然的、不言而喻的东西。"① 通过平等原则所要铲除的是观念上和制度上对人实行差别或歧视的土壤,这是社会和谐的基本条件。和谐社会所需要的另一重要条件是对个性的充分尊重,即对个人自由的崇尚和鼓励。没有个人自由就没有社会和谐,当每个人的自由都成为社会其他人自由的充分条件的时候,社会就能达到高度和谐。人和人相处,如果不想在冲突中失掉自己的价值,就应当使用人权的共用尺度,这

① 《马克思恩格斯选集》第3卷,444页,北京:人民出版社,1995年。

个尺度要求既以人权的标准待己，又以人权的标准待人。

利益、道德、和谐是人权对于人的普遍价值，它们分别指向自己、国家和社会。在关系中概括人权的性质，可以看出，人权具有利己性、批判性和求同性。

三、中国社会主义的人权纲领

社会主义，无论是作为一种思想体系，作为无产阶级的革命实践，还是作为一种社会制度，都内在地包括着人权纲领。社会主义人权纲领，即无产阶级的人权要求，是由无产阶级的阶级地位所决定的，是随着无产阶级的阶级意识的增强而不断明确的，也是随着社会经济、政治、文化的发展不断丰富的。从总体上，无产阶级的社会主义人权纲领与资产阶级的资本主义人权纲领有六个明显不同的特征：

第一，人权主体的普遍性。“工人阶级的解放不是要争取阶级特权和垄断权，而是要争取平等的权利和义务，并消灭一切阶级统治。”在无产阶级革命胜利之后，就以法律或具有法律效力的政治纲领（宣言）把人权主体的资格普及于全体社会成员，即使对于人民的敌人也只限于剥夺他们的政治权利，而保留了其他人权。

第二，人权内容的广泛性。资产阶级的人权纲领是狭窄的、残缺不全的，一般限定在个人的人身自由、私有财产神圣不可侵犯以及公民的政治权利范围。而无产阶级的社会主义人权纲领除了人身自由、生存权利、政治权利外，还包括范围广泛的经济、文化、社会权利和生态权利。

第三，公平性。无产阶级主张人权属于无差别的个人，即全体社会成员，不分民族、种族、性别、职业、家庭出身、宗教信仰、教育程度、居住年限、财产状况，平等地享有人权。无产阶级的人权纲领还十分重视给妇女、儿童、老人、残疾人、失业、待业者等社会弱势群体提供特别的人权保护，以使他们实际上享有与其他人同样的人权。无产阶级人权纲领的公平性还表现在每个人的权利和义务是等值的、一致的、相互制约的。

第四，理想与现实的统一性。对人民群众来说，资产阶级所宣布的人权是可望而不可及的理想。而无产阶级的人权纲领是从无产阶级的阶级地位、社会整体利益和解放全人类的伟大目标出发，依据马克思主义人权观而设定的。无产阶级人权纲领既包括限制工时、增加工资这类质朴的、有眼前实惠的内容，也包括阶级解放、个人和全体人民充分自由发展这类崇高理想。

第五，人权标准的原则性与宽容性的统一。无产阶级的人权标准既是原则的，又是宽容的，即在基本人权上是非清楚，旗帜鲜明；同时容许各国人民依据各自社会经济、政治、文化发展水平、民族传统和特定人权目标，选择和设定具体的人权标准。而资产阶级在人权标准上时而玩弄弹性标准或多重标准的作法——对同一人权事实给予不同甚至截然相反的评价；公开宣传一套标准，实际奉行另一套标准；对本国及其伙伴国家实行一套标准，对其他国家实行另一套标准；时而推行自我中心的绝对标准，把本国的人权标准奉为绝对合理合法的标准强加于其他国家以至国际社会。

第六，国际性。从马克思和恩格斯号召全世界无产者联合起来之日到当代社会主义国家积极参与国际人权立法和人权保护，国际主义一直是无产阶级人权纲领的基本原则，无产阶级是国际人权的忠实捍卫者。无产阶级不仅尊重和保护本国人民的人权，而且承认和保护非本国公民、无国籍人、难民的人权。无产阶级一向坚决反对种族主义、殖民主义、帝国主义、霸权主义，反对任何形式的侵略，反对旨在掠夺他国资源、扩张领土、灭绝种

族的不正义战争,维护国家主权、民族自决和世界和平。中国无产阶级的人权纲领除具有上述共同特征外,,还有自己的某些特色。例如,在相当长时期包括有资产阶级革命性质的人权要求;争取国家独立和主权完整的人权斗争;生存权始终是中国人权体系的首要内容;发展权具有前提性或基础性,等等。

第二节　人权的法律化

一、人权法律化的条件

法律人权仅仅是将道德人权中的一部分内容用法律的形式给予认可,形成法律上的人权,从法律上进行保护。将道德的人权转化为法律的人权并不是一种任意。也不是将道德人权的全部内容统统转化为法律人权。将道德的人权转化为法律的人权应该具备一定的条件,具有一定的意义和价值。从普遍意义上,人权法律化有以下基本条件:

1.法律化的人权应为社会物质生活条件所允许,具有法律化的社会物质可能性;

2.法律化的人权应为社会精神生活条件,尤其是思想文化的发展所允许,具有法律化的社会文化可能性;

3.法律化的人权应为人们普遍具有,是一般主体的权利而非个别主体的权利,具有法律化的主体普遍性;

4.法律化的人权应需要法律保障,没有法律保障就难以成立,具有法律化的现实必要性;

5.法律化的人权应在立法上可以表现为法律权利,在实施上可以依法实现,具有法律化的可操作性。

二、人权法律化的方式

法律的内容更多的是关于人的权利和义务。将人权法律化,就是对人们的权利进行有效规范。人权是通过什么样的方式被法律化,这是在制定法律时的技术问题。一般说来,对人权进行法律化可以有以下的方式:

(一)对人的权利的直接规定

在法律中,对人权的直接规定是最常见的方式之一。将人的权利用法律的条文明确规定,让人们直接从法律的条文中了解到自己的法律权利,如:“公民的个人财产,包括公民的合法收入、房屋、储蓄、生活用品、文物、图书资料、林木、牲畜和法律允许公民所有的生产资料以及其他合法财产。”“财产所有权是指所有人依法对自己的财产享有占有、使用、收益和处分的权利。”

(二)对他人进行义务的规定以确立人的权利

法律以权利和义务为内容。在法律规范中,不是对人的权利进行规定就是对人的义务进行规定。前面的第一条的情况是对人的权利的直接规定。在上述所提及的全部内容都是法律所规定的公民的权利。也有这种情况,就是在法律中不是对公民的权利进行规定,而是对公民的义务进行规定。从条文上讲,其内容是义务的。但这种对义务的普遍的规定却又是从其反面对人权利的规定。我们常说,权利和义务是对等的,对一部分人的权利的规定就是对另一部分人的义务的规定。反之亦然。如:“赔偿义务机关应当自收到申请之日起两个月之内依照本法第四章的规定给予赔偿。”本法条中只是规定了“赔偿义务

机关"的义务,虽然在法律条文中没有指出权利的享有方,但权利的被损害方就是享受赔偿方。它通过对赔偿义务的规定,赋予了相应主体获得赔偿的权利。

三、人权对法的要求

人权首先是一个道德的概念。作为道德的概念,人权的内涵丰富、外延广博。对于人的权利的认识,人们也并没有仅仅停留在道德的范畴之内。由于道德是一种自律的规范,对人的权利的保护仅仅停留在道德强制的层面上。有一点是非常明确的,在任何一个时期的规范的出现都是由于需要对人的权利的规范。如果仅仅是将人的权利以自律的形式加以规范,人的权利不可能得到有效的保障,人权就只能存在于人的观念之中。人们对权利的不断的认识,就必然寻求一种能够使人的权利得到切实保障的法律规范,在这个意义上,人权对法律提出要求也就成为必然。

人权对法律提出需要首先是将人的权利内容表现为法律的规范。虽然我们可以看到人的权利在没有法律化时,也并不就完全地被无视,有一些规范的外在强制力是法律所不及的,有时这种强制是以一种暴力的手段表现出来,而有时却又是以非暴力的手段表现出来。如驱除出原来所依附的共同体,在感情上对其不予接受,对其暗示将有不可名状的灾难降临使其难逃厄运等。有时候,在一个区域内,一个较大的区域内,法律的强制手段同其他的非暴力的强制手段相比"往往自惭形秽"。[①] 但是,法律仍然以其稳定性、普遍性、确定性、可操作性为人们所认同,成为对人的权利保护的忠实保护神。

四、法对人权的保护

当人类开始运用法律,将原有的规范进行制度化、系统化,创建一种崭新的制度,形成制度文明时,人类社会向前迈进的步伐就越发稳健、越发迅猛。在新的制度文明社会中,人们对其权利的认识也不断扩展。反过来,法律对人的权利的保护就越发体现出价值。法律对人权的保护体现在这么几个方面:

(一)设立人权的法律制度

设立人权的法律制度,是法律对人权保护的首要前提。法律要对人权进行保护,就要将各种权利具体化,使其变为明白无误的法律规范,成为规则,成为原则,使人们对自己的权利有明确的了解。

(二)创建人权秩序

法律规范的运用,就是要使人的权利在社会中形成一个有效的、合理的、平等的秩序,使人的权利得到有效的、合理的、平等的享受。规范每一个权利的界线,明确标明任何人的权利都是不能无故受到损害的。无论是谁,一旦对他人的权利造成损害,他将对等地对造成的损害予以赔偿,或受到惩罚。权利和义务是对等的,享受权利就一定要承担义务,不承担义务也就是对他人权利的损害,将受到应有的惩罚或予以相应的赔偿。

(三)解决人权纠纷

法律对人的权利的保护还在于为权利的纠纷提供一个解决的机制和场所。一旦有人的权利受到损害,法律的基本职能就显现出来,相应的法律机关应即介入,运用法律的手段以期对权利所造成的损害进行补救。一般的权利损害则由当事人双方在法律所提供的场所,利用法律所提供的机制予以解决。

---

① [德]马克斯韦伯:《经济与社会》(上),林荣远译,351页,北京:商务印书馆,1997年。

推荐阅读

1. 李步云:《论人权的三种不同存在形态》,载《法学研究》,1991 年第 3 期。

2. 刘作翔:《反恐与个人权利保护——以‘9·11’后美国反恐法案和措施为例》,载《法学》,2004 年第 3 期。

3. 郭道晖:《世纪之初中国宪法的修改和发展:人权观念与人权入宪》,载《法学》,2004 年第 4 期。

思考题

1. 如何理解人权释义?

2. 人权的价值及基本内容包括哪些内容?

3. 如何理解人权的法律化?

第二十六章　法的价值冲突

学习提示：法的价值冲突研究是法的价值研究的主要内容之一。法的价值冲突的解决是法的价值研究的重要目的。为了寻找法的价值冲突的最佳解决方案，从法的价值冲突的表现、原因上探索法的价值冲突的解决原则和方式是本章的主要问题。

重点问题：

1. 法的价值冲突的表现
2. 法的价值冲突的原因
3. 法的价值冲突的解决方式
4. 法的价值冲突的解决原则

第一节　法的价值冲突的表现与原因

一、法的价值冲突的表现

法的价值是一个多元、多维、多层次的庞大体系。其中包含着各种准则。不同的法体现着不同的价值准则和价值观念。不同的时代、国家、阶级、群体、个人在法律实践和法律理论上可能具有不同的法的价值观念。不同法的价值准则和法的价值观念各自内部和相互之间的矛盾，就是法的价值冲突。这种冲突不仅表现在不同法的价值准则、观念之间，而且也表现在法的价值准则、观念的不同性质或形式上。

(一)法的价值准则的冲突

法的不同价值准则具有不同的价值目标。它们之间难免会有相互的矛盾。从法的价值的准则来看，法的价值冲突表现为：自由与平等的冲突，自由与秩序的冲突，秩序与正义的冲突，平等与正义的冲突，秩序与人权的冲突，等等。在此我们仅着重论述以下几个方面。

1. 自由与平等的冲突。自由与平等是极其重要的法的价值，总的说来，二者并不矛盾。但在一些特定的情况下，自由与平等却可能出现冲突，或可能因自由而损失平等，或因平等而损失自由，自由与平等不可皆得。自由与平等的冲突不是今天才出现的，他们自始皆然，而且早已引起了社会学家、伦理学家和法学家等的极大关注。

自由与平等的冲突是以它们在人性上的差异性质作为根据的。自由以人的个体性为首要的基础，而平等则以人的社会性为基础。个人与社会之间的矛盾长期存在，自由与平等之间的冲突也可能随时发生。自由与平等的侧重点不同也决定了二者之间会有冲突产生。自由侧重于个人意志的自由、行为的不受约束，以及自身的发展，而平等则侧重于人与人之间关系的对等。自由立足于主体自身，平等立足于人与人之间的关系。

法的自由价值和平等价值的冲突，首先表现在立法上。是把自由摆在第一位或是把

平等摆在第一位，往往使立法者颇费心力。一般说来，社会政治权利、经济权利、文化权利方面的立法，首要的价值会是自由，而社会保障的立法，包括对老年、儿童、妇女、残疾人、贫困者进行救助的立法，首要的价值则会是平等。具体到特定的法律规定，情况会更为复杂，"意思自治"的保障侧重于自由，"显失公平"的补救侧重于平等。立法者的选择不同，在具体的立法结果上也会呈现出极大的差异。其次，也表现在执法上。执法者在自由与平等相冲突时是选择自由还是选择平等，当然要受法律规范所体现的价值选择的影响。然而在许多场合和许多方面，执法者的执法活动仍存在着对自由和平等作出选择的空间。执法中的自由与平等的取舍既要受制于法律规范的价值倾向，也要受制于执法机关及其工作人员的价值倾向。对自由与平等的取舍往往导致执法后果的迥然不同，使案件的处理结果处于或"公正"，或"不公正"的境地。最后，法的自由与平等的冲突也表现在法的理解、遵守、监督和评价上。人们对自由与平等的不同选择会导致人们对法的不同理解和不同评价，也会影响民众遵守法律规定的状况和监督法的实施的情形。

2. 自由与秩序的冲突。自由强调的是主体个性的发挥，而秩序强调的是有序状态的建立与维持。自由难免有打破既有平衡——秩序的趋势，秩序有在一定程度上制约自由，维持平衡的规定性。因此，二者之间的冲突就在所难免。

在法上强调自由高于秩序的主张包括三种情形：一是认为，法及其确保的秩序在立法上就必须对自由退让，它只能是自由的确认者、分配者、保护者而不是自由的否定者、妨碍者。自由绝对地高于法及其秩序，法及其秩序绝对地服从自由。立法者不得以秩序为由制定否定或限制自由的法。二是认为，在既定的法之下，在法的实施中，当自由与秩序发生冲突时，应强调自由而不惜牺牲秩序。三是认为，自由全面地高于法和秩序，以秩序损害自由的法本身都不是良好的法。为了自由，不仅可以不要秩序也可以不要法。在法上强调秩序高于自由的主张也包括三种情形：一是认为，法是秩序的化身，法和秩序的存在本身就是对自由的束缚和规制，因而自由必须以秩序为依归，以法律为准绳。秩序是立法追求的目的，自由是立法制约的对象。二是认为，在法确定了自由和秩序的位置之后，二者发生冲突，自由应无条件地服从秩序。执法者可以为秩序而忽视自由或剥夺、限制某些自由。三是认为，秩序全面地高于自由。在立法上要以秩序为目标，自由服从秩序。在执法上，如果自由与秩序发生冲突，人们甚至应当不顾法的规定以牺牲自由为代价来谋取秩序。

自由与秩序的关系，是辩证的对立统一关系。在立法上，不同的法会在自由与秩序之间有不同的价值取向。一般地说，民商法倾向于自由，刑法则倾向于秩序。在具体的法律规定上，则要视具体的情形而确定其价值取向关系。在具体的法律问题上，情况更为复杂。二者在实际的法律操作上的对立，往往令法律家和法学家们难取难舍，甚至无所适从。

3. 秩序与正义的冲突。秩序与正义，作为法的价值来说一般是可以协调地并存的。但是，为了秩序，人们有时不得不放弃正义，为了正义，人们有时也不得不在一定程度上牺牲秩序。为此，二者之间也难免会相互冲突。

从抽象的意义上讲，秩序与正义各有其利。一般地说，秩序有利于统治，有利于创造安定的社会环境，有利于社会的持续发展和稳步前进。然而没有正义作为基础的秩序，必然是难以长期维持的秩序。正义有利于满足人的精神需求和心理平衡，有利于创设和维

护良好的秩序。然而在特定情况下,秩序也会与正义悖离,为了正义而不得不牺牲一定的秩序,或为了秩序而不得不牺牲一定的正义。其中最典型的法律事例是民法和国际法上的关于"时效"的法律规定。

法的价值,在秩序与正义之间,谋求的正义理应是有秩序的正义,谋求的秩序理应是正义的秩序。然而在正义与秩序的实际运作中又往往形成了一个又一个重大的理论和实践难题。

(二)法的价值观念的冲突

从法的价值的观念来看,法的价值冲突表现为主体自身的法的价值观冲突和主体相互的法的价值观冲突。

1.主体自身的法的价值观冲突。主体自身的法的价值观冲突是由主体多重属性、多重联系的相互矛盾所导致的。同一主体,包括同一个体、同一群体除了自身的复杂性之外,都处于复杂的社会背景之下和复杂的社会环境之中,从不同的角度出发,就可能产生不同的法的价值认识和法的价值期求。多项法的价值不可协调或不可统一,就必然会出现法的价值观冲突。主体一旦出现这种冲突,就表现为自己思想或行为上的犹豫、彷徨或迷惑。执法官员经常遇到的坚持法制与追求正义之间的冲突,就可能是自身的冲突。

2.主体相互的法的价值观冲突。主体相互的法的价值观冲突又可以分为个体与个体之间、个体与群体之间、群体与群体之间的法的价值观冲突。

个体与个体的法的价值观冲突。在现实社会中,由于每个个体的生活条件、自身状况的差异,他们就可能具有不同的法的价值观。不同法的价值观,就立法者来说,会影响其立法行为和立法结果;就执法者来说,会影响其对法的理解和执行;就守法者来说,会影响其守法热情和守法状况。总之,个体与个体在法的价值问题上的分歧,必然会影响立法、执法、守法等各个法制环节,体现在法制和法治的全过程中。

个体与群体间的法的价值观冲突。群体是个体结合而成的组织,是基于共同的生活方式、行为方式、理想追求,乃至共同的历史传统、财产状况、生活区域等,在社会生活中组合而成的共同体。个体是群体的基础,群体是个体的集合。一般地说,一定群体中的个体与群体的法的价值观是一致的,个体法的价值观是群体法的价值观的个别,群体法的价值观是个体法的价值观的一般。一般寓于个别之中,一般不等于个别,个别也不能取代一般,因而个别与一般,个体与群体法的价值观上的差别与歧视就不可避免。至于群体外部的个体与群体的法的价值观冲突就更为普遍。在法的价值观上,个体与群体间的相互左右或相互出入,就形成了个体与群体间的法的价值观冲突。

群体与群体的法的价值观冲突。社会群体当然有自己的群体利益。群体利益的差别就决定了群体间法的价值观上的冲突。群体间的利益差别是群体间法的价值观冲突的客观基础。在历史和现实中,民族冲突、种族冲突、阶级冲突、政党冲突、社团冲突等往往都包含着法的价值观念的冲突在内。而特定阶级、政党间的敌对状态和敌对斗争无不体现在法的价值观的冲突上。群体间法的价值观的冲突是法的价值冲突的重要表现形式。

二、法的价值冲突的原因

法的价值冲突的原因是多样的,至少可以从法的价值的主体原因和社会原因的两个方面来加以分析。

(一)法的价值冲突的主体原因

法的价值主体相当广泛，远不是单一的。从社会主体的角度看，人、国家、国家机关、企业单位、事业组织、社会团体、公民、非公民的其他人都是法的价值主体。而国家机关中又包括着立法机关、司法机关、行政机关，社会团体中又包含着政治党派、群众组织等。从法制主体的角度看，法的价值主体包括着法的制定主体、法的适用主体和法的遵守主体。在法的制定主体中，又包括着中央法的制定主体和地方法的制定主体，而中央法的制定主体和地方法的制定主体又可以根据其立法权限的划分被分为若干层次或等级。至于法的适用主体，则包括着司法机关和行政执法机关。司法机关中有审判机关、检察机关；行政执法机关中有司法行政机关、警察机关，乃至工商机关、税务机关等。法的价值主体的多元性必然导致多元的价值观念并存，法的价值冲突的产生就在所难免。

(二)法的价值冲突的社会原因

法的价值冲突的形成也是由社会需要的多元性与多层次性、社会生活的广泛性与复杂性和社会条件的多重性与变化性所决定的。

1.社会需要的多元性与多层次性。社会是由人组成的整体。这些人包括着单个的人(个体)和多个的人的结合(群体)。不同的个人、不同的群体在社会生活中会产生不同的需要。同一个人、同一个群体在不同的时间、不同的地点，以及不同的境况下也会有不同的需要。而且一个人、一个群体也还可能在同一时间，同一景况下存在多种需要。人的需要的多元、多层次状况决定了受人的需要制约和影响的法的价值观念必然是多元多层次的。多元多层次的法的价值观念体现在立法、执法、守法、法的监督的各个环节上，就必然表现为法的价值之间的各种冲突。

2.社会生活的广泛性与复杂性。社会生活是丰富多彩的，十分广泛复杂。从不同的角度考察社会生活都可以得到这一结论。从社会生活的主体看，有个人生活、集体生活或群体生活。从社会生活的内容看，有政治生活、经济生活、文化生活或物质生活和精神生活，等等。社会生活随着社会的发展，人际交往的频繁而逐步发展，愈来愈广泛复杂。社会生活的广泛复杂构成了法的价值冲突的先决条件。在社会生活中扮演着各种社会角色的形形色色的人们，对法的价值的认识、理解、愿望、要求、希冀就必然会形形色色，甚至迥然相异。人们在法上的价值冲突就势必产生。

3.社会条件的多重性与变化性。社会条件从静态来看是多重的。有作为社会基础的物质条件，也有建立在一定物质条件基础之上的精神条件。人正是在各种物质条件之上精神条件之下生存并发展的。人们的物质条件和精神条件，就一个国家来说，在平面上由不同情形的众多板块构成，在截面上由不同情形的众多层次构成。社会条件的变化，首先是由社会物质生产、精神生产的发展所导致的，其次也可能由社会主体的迁徙、游动所导致。社会条件的变化是一刻不停地进行的。社会条件的多重属性和变化属性，以及发展变化的不平衡都可能导致人们在法的价值上的矛盾和对立。

(三)法的价值冲突的其他原因

法的价值冲突产生的原因是很多的，除了上面所论及的主体原因和社会原因之外，还有历史、文化、道德、宗教、习俗、法律观念、社会意识等的原因。法的价值冲突可能因此而得以产生。不同的国家、种族、民族，乃至不同区域的人们都可能因此不同而对同一法律现象产生不同的价值认识，从而出现价值冲突。

第二节　法的价值冲突的解决原则和方式

一、法的价值冲突的解决方式

（一）主体认同方式和外在统一方式

从法的价值主体相互之间在解决冲突中的心理状态来考察价值冲突的解决方式，就可以概括为主体认同方式和外在统一方式。法的价值冲突的解决，首先可能通过主体认同方式解决。法的价值主体对冲突着的法的价值产生了共同的认识，并在此共识的基础上又产生了共同的价值决策，法的价值主体因此共识、共同决策而使法的价值冲突得以解决的方式，即是法的价值冲突的主体认同的解决方式。这种解决方式是最为有效的解决方式。各个价值主体在其中的意愿是不受强迫的，是自主的。法的价值主体要实现认同，其途径是多样的。可能是主体自觉意识的结果，即因主体之自觉而实现的认同。可能是被其他主体的说服而达成的认同，也即是被说服的认同。这两种认同方式都是相关主体运用自己理性思维的结果。也有一种认同，我们可以称之为盲从的认同。这种认同不具有意识的自觉性和主动性，而是相关主体因别人（多数人、权威人物或偶像人物）认同，而表现出的认同态度。虽然不同形式的认同其理性程度具有较大的差异，但是，它们都能解决价值冲突。

法的有的价值冲突并不能因主体认同而获得解决，于是法的价值冲突的外在统一就成了解决法的价值冲突的重要方式。所谓外在统一，是相对于主体认同而言的。它是法的价值主体面对法的价值冲突不能通过主体认同获得解决而不得已才为之的解决方式，因而也是解决法的价值冲突的主要方式。在法的价值冲突出现以后，无法通过主体认同加以解决时，可以通过少数服从多数的方式解决冲突，也可以通过下级服从上级的方式解决冲突，还可以通过强权控制的方式解决冲突。虽然它们都是外在统一的冲突解决方式，但是其层次差别是颇大的。少数服从多数可以认为是民主的方式，下级服从上级也是特定情况下的一种必要的解决方式，而强权控制的方式则有专制或者专横的嫌疑。

（二）民主方式与专制方式

在法的价值冲突的解决中，由于主体与主体之间的地位、关系，及其解决冲突的途径不同，法的价值冲突的解决方式有民主的方式和专制的方式之分。

以民主方式解决法的价值冲突，系指以民主作为解决价值冲突的过程和手段的冲突解决方式。民主的解决方式是一种良好的解决方式。虽然作为结果，它不是各个主体对于冲突的共知共识，它的解决内容也并不为所有的主体所认同，但是，从应然的意义上，它的实体内容是多数人所认可的，它的解决程序是所有人都认可的。解决价值冲突的民主方式，并不是在任何社会都存在的。只有在民主的国家、民主的统治者那里，民主的解决方式才可能出现并真正地发挥解决法的价值冲突的应有作用。

以专制方式解决法的价值冲突，系指以专制作为解决价值冲突的出发点、过程、手段和归宿。这种解决方式无需民主，并以民主作为解决法的价值冲突的障碍。专制方式是专制统治解决法的价值冲突的根本方法，与民主方式根本对立，也是对真正的法的价值的反动。任何真正的民主统治都必须随时反对专制、警惕专制。因为用专制的方式解决法的价值冲突，从急功近利的角度看远比用民主的方式解决更加简便快捷，更能为统治者所

随心所欲,更有利于统治者的专横。

(三)不违法方式与违法方式

如果从法的价值冲突的解决方式与法律之间的关系来看,法的价值冲突有不违法的解决方式和违法的解决方式。

法的价值冲突的不违法解决方式,是指冲突着的法的价值主体采取不违反法律规定的方式来达成冲突价值及其认识的统一,从而解决价值冲突的方式。反之,如果冲突着的法的价值主体采取违法的方式,使冲突着的价值和价值认识统一起来。这种解决价值冲突的方式就是违法的价值冲突解决方式,是采用不违法的解决方式或是采用违法的解决方式,是与相关主体的法律意识和法治意识紧密联系在一起的。

法的价值冲突的不违法解决方式,是法的价值冲突的正常解决途径。在民主和法治的国家里,不论是立法还是法的实施上的价值冲突,都应当,也都可以通过不违法的方式解决。任何违法的解决方式都是不允许的。这都是从应然的意义上说的,在实际中,就是民主与法治的国家,也同样可能出现违法的冲突解决方式。实际上,这时的民主和法治就已经被专横或非法所代替了。一个国家从专制走向民主、人治走向法治的过程,也是其法的价值冲突从任性或违法走向不违法的过程。社会的法治化,必然包括法的价值冲突解决方式的法治化。

二、法的价值冲突的传统解决原则

中外历代法学家们曾提出了关于法的价值冲突的许许多多解决原则。其中最著名的莫过于利害原则、苦乐原则、法的价值等级体系论、法的价值中心论等。

(一)利害原则

法的价值冲突上的利害原则,即是"两利相较取其大,两害相较取其轻"。这一原则几乎是一个古今中外公认的基本原则。在历史和现实中,这一原则主要有三层含义,一是在利与利相比较时取其大的利;二是在害与害相比较时取其小的害;三是利与害相比较时,当然是取利而弃害。这一原则有其一定的合理成分。利害是人所必须考虑的。趋利避害是人所共有的心理与行为取向。它既是个人对待社会和人生际遇的行为准则,也是人类社会得以发展进步的重要原因和经验总结。这一原则的确可以在一定程度上解决法的价值冲突。但是这一原则的弊端也十分明显。一是这种利害相较显得比较机械简单,而实际的价值冲突中,要对多种方案的利害进行机械比较往往是十分困难的;二是这种利害相较显得片面局限,似乎法的价值仅限于利害而已,而实际上,法的价值并不都是可以用利害来简单化的;三是这种利害相较过于强调实在的功利,难免会导致对实在功利之外的其他因素的忽视,因为法的每一个价值其内涵中都包含着十分丰富的内容;四是利害相较的目的在于价值的取舍,利害原则对于解决二元价值冲突尚可,对于多元价值冲突的解决就较难适用;对于排他冲突尚可,对于位列冲突也难以适用。

(二)苦乐原则

在法的价值冲突的解决上,还有一个相当著名的原则——苦乐原则,也即避苦求乐的功利主义原则。避苦求乐原则是边沁作为其功利原则的核心内容创立的。边沁在从事律师工作转而从事法的理论研究,尤其是立法理论研究之后,"他曾自问,有没有一个普遍的标准可以用来衡量每种法律的价值。读了休谟的论文以后,他找到了这个标准,就是功利

主义”。[①] 他说,“大自然将人类置于两位国王,即痛苦和快乐的统治之下。只有他们能指挥我们应该作什么以及决定我们要做什么。是非标准为一方,因果链锁为另一方,这二者都系在他们的宝座上。凡我们所做的、所说的、所想的,都受他们的管辖;我们能够做的想摆脱对他们屈服的一切努力只能说明并肯定这种屈从关系”。[②] 边沁提出了避苦求乐的原则,对快乐和痛苦作出了较为详尽的分类,提出了快乐和痛苦的计算方法。边沁的避苦求乐原则主要是用于指导立法的,实际上也被当做了一个解决法的价值冲突的基本原则。避苦求乐与趋利避害一样,也是人类的心理和行为取向。苦乐,对于人类来说具有最直观的感受,将其作为价值冲突的解决方式显然有其独特的价值。尽管有的人不怕苦,但不怕苦绝不是为了苦,而是为了乐,为了他人之乐,为了自己之乐,为了人类之乐。只有为了乐的苦,才是有意义的苦,否则,就是人的心理和行为的误区。使用苦乐原则来解决价值冲突当然是有意义的。然而,运用这一原则来解决法的价值冲突,也并不比利害原则优越多少。它把法的价值评价建立在苦乐之上,一是同样具有机械简单的缺点;二是同样具有片面局限的缺点,而且其片面局限的缺点较之利害原则似乎有过之而无不及;三是同样显得过于强调实在功利,忽视了实在功利之外的其他因素;四是同样难以适用于多元冲突和位列冲突。

(三)法的价值等级体系论

为了解决法的价值冲突,许多学者都希求建立起某种固定的、可以高度量化、精确化的法的价值等级体系。在法的价值冲突发生时,可以依据法的价值等级体系的价值等级决定价值选择,从而解决法的价值冲突。这种想法是很美好的。如果真能建立起这样的体系,那是人类求之不得的至宝。因为,它将比其他任何解决方式都更加简便。只要将冲突的价值按图索骥般地在等级体系中查找与比对,一下就解决问题了。但是,价值体系的构建并不是那么简单。因而,时至今日,也还未见有一个完善的法的价值等级体系在理论上确立起来。有的学者提出过类似的价值等级体系,但是,由于其未能予以足够精确的量化,实际上成为了无法付诸操作的价值等级体系。要建立一个固定的、精确量化的法的价值等级体系是不可能的。因为,法的价值中的每一个价值都是人们所需要的。要抽象地确定各种价值的某种量度,判别各种价值的等级,建立一个机械的以等级来结构的法的价值体系,根本不可能。在“熊掌”与“鱼”之间,不从具体出发地决定究竟是选择“熊掌”或是选择“鱼”,而是要将“熊掌”与“鱼”的价值量化后,根据度量来确定,显然是不切实际的幻想。

(四)法的价值中心论

许多学者也许看到以上解决原则和方法的不易,甚至不可能,所以转而寻求其他的解决方法。他们提出了“价值中心论”。如果价值中心论能够被确立,那么对于解决价值冲突无疑是一个成功的尝试。然而,价值中心论是不切实际的:

首先,价值中心论难免会导致价值认识上的偏颇,使被视为中心的价值失去中庸而公允的性质。有的认为法的价值应以自由为中心,有的认为应以平等为中心,有的认为应以秩序为中心,有的认为应以效益为中心……这些“中心”学说各有所得是十分明显的,但各有所失也相当清楚。自由中心论,当然有利于人的发展、人的解放,但是也可能因此而忽

① 张宏生:《西方法律思想史》,348页,北京:北京大学出版社,1983年。
② 《西方法律思想史资料选编》,484页,北京:北京大学出版社,1983年。

视平等、忽视秩序等;平等中心说,当然有利于心理的平衡、社会的稳定,但是也可能因此而忽视自由、忽视效益等;秩序中心论,当然有利于社会的稳定、人们的安全,但是也可能因此而忽视人的自由、社会的文明等;效益中心论,当然有利于社会的发展、经济的繁荣,但是也可能因此而忽视人们的自由、人权的保护等。以任何一个价值准则作为中心,都有无法克服的弊端。

其次,价值是多元的,价值冲突必然是多元的,没有一个绝对的中心可以被适用于所有的价值冲突。即使以自由为中心,可以解决一切与自由有关的价值冲突。但它无法解决与自由无关的其他价值冲突,诸如正义与秩序的冲突,平等与效益的冲突等。也就是说,价值是多元的,任何一个被视为中心的价值都无法解决所有的价值冲突。价值的多元性是价值中心论的又一障碍。

再次,与某一价值相联系的价值冲突中,也不能机械地坚持某一价值为中心。价值冲突的解决总是以具体的价值状况作为现实基础的,机械地坚持某种固定的中心,难免会误入歧途。因为在甲环境中,坚持自由中心是对的,但在乙环境中也许只有坚持平等中心才是对的。也就是说,面对价值中心的相对性,价值中心论就会受到严重的挑战,甚至被否定。

三、法的价值冲突解决的原则

(一)法定价值优先原则法治原则,包括法律至上原则,是法的价值冲突解决中必须坚持的原则。在法律设定有价值准则的时候,遵守既定的价值准则是最为必要的。有法律作为根据的,必须遵守法律的规定。

在法定价值准则明确存在的情况下,实际上是不存在真正的价值冲突的,存在的仅仅是虚假的价值冲突。往往是有关主体自身的价值认识与法定价值产生了矛盾。如果按照自己的价值认识去行为,会违反法的价值要求,如果不按自己的价值认识去行为,自己又无法说服自己而产生的冲突——自身价值认识与法定价值准则的冲突。或者是由有关价值主体自身对法的价值认识的错误与法的价值准则之间的冲突而产生的冲突——对法定价值准则的错误认识与法定价值准则的冲突。实际上,在这里,这些冲突的根源在于相关主体自身的价值观念。只要相关主体具有坚决服从法律的品格,能够克服自己与法的价值不相一致的认识,价值冲突也就很容易予以解决。因为这两种冲突,从严格的意义上讲,都是有关主体的误解所致,是由主体的认识错误而导致的虚假的价值冲突。

在一般意义上,根据法定价值准则来解决价值冲突,是解决价值冲突的首要措施。面对任何价值冲突,我们都有必要考虑是否是有关主体自己的价值观念与法的价值准则的冲突,或者是否是有关主体对法定价值准则的错误认识与法定价值准则之间的冲突。如果是,有关主体就应当遵循法治原则,按照法定价值准则解决相关的价值冲突。

需要我们努力解决的更难的法的价值冲突,是那些根据法律的既有规定无法进行价值抉择,而进行何种价值抉择都不违反法律的情况下的价值冲突。它包括,一是法律上缺乏规定,而又必须在法律上予以解决的价值冲突;二是法律上有规定,但进行何种解决都不违反法定价值准则的价值冲突。第一种情形主要出现在立法和民事商事法律适用方面,以及一般的社会生活之中。第二种情形则出现在立法、执法、守法等各个法律环节。对于这两种情形的法的价值冲突的解决,得考虑采取以下的价值冲突解决原则。

(二)适当成本原则

这是解决法的价值冲突的首要原则。因为一般地，一定效益的产生或获得总是以一定成本的支出作为前提和代价的。没有成本的投入就没有效益的产出，法的价值追求也同理依然。在法的价值之间发生冲突时，最有必要的首要之举在于对各种方案进行成本测算。其目的在于解决法的价值冲突：确定取舍，确定位列，实现最佳的价值取舍或最有效益的价值位列组合，达到最佳的价值效益。这是因为，第一，主体所能承受的成本支付量并不是无限的。任何美好的价值追求，其成本都不应超出主体的实际支付能力，否则就只能是好大喜功、劳民伤财。第二，效益的好坏与多少，并不是与成本的投入量绝对成正比的。少的成本使用得好，可能获得好的、多的效益；多的成本使用不好，可能获得差的、少的效益。基于以上分析，如果成本过大，一是会超过主体的承受能力，二是可能导致成本的浪费；如果成本过低，又达不到理想的效益水平。准确地测算成本并根据成本测算作出价值选择对于解决价值冲突就显得特别重要。在法的价值追求的成本测算中应注意以下几个主要的数量。

1. 各种冲突的价值元素、解决方案在具体情况下的分别效益量；

2. 各种冲突的价值元素、解决方案各自具体效益量所需的成本量；

3. 主体所能承受的成本量。

在确定了以上数量并根据各种情况评估了以上数量的基础上，还应再考虑其他的解决法的价值冲突的原则。

(三)最佳效益原则

最佳效益是人类行为的重要原则，也是解决法的价值冲突的重要目标。在法的价值冲突中以最佳效益原则来解决冲突，无疑是相当重要的。可供选择的若干个价值方案中，所选择的价值方案必须是在可供选择的范围中效益最佳的。如果在所选价值或方案的效益之上发现了另外的价值或方案具有更高的效益，就应选择效益更好的。

最佳效益是以最佳结构、最佳运行为保障的。为了谋求最佳效益，必须首先进行最佳结构的选择。最佳结构的选择必须考虑系统方法，尤其是系统方法中的整体原则、整体优化原则。最佳运行中包含着运行的正常和运行的高效。运行的正常至少是指运行中无(或极少)内在障碍和外在阻碍，并且无(或极少有)对外界的负面影响。运行的高效强调的是运行的速度。如果没有运行的正常和高效也就不可能有最佳的运行，当然也就没有最佳的效益。

最佳效益原则是解决价值冲突的核心原则。

(四)补偿有余原则

在法的价值冲突的解决上，如能有得无失，为无成本或零成本，无代价或零代价，何乐而不为呢？当然谈不到补偿的问题。然而，在解决法的价值冲突时，或许不得不因追求某种价值而耗费一定成本，而在一定程度上损害另一种价值，形成一定数量的“失”。这时就必须坚持补偿有余的原则，争取得大于失。在“得”补偿了“失”之后尚有余裕，就可以说，能“得”的方案从得失上讲是可行的。否则，如果得失相当，就徒劳无益；如果得小于失，就无益有害。补偿有余，是解决法的价值冲突时必须坚持的起码原则。有了这一原则作保障，法以及法律调整的社会才能避免价值的错误决策导致的损失，才能获得真正的效益，得到发展。

补偿有余中的补偿有可能是真实的补偿，得失同类，“得”确实能补偿“失”。也有可能

是虚拟补偿,得失异类,“得”无法具体补偿“失”,只能由主体进行非数量的,观念上的补偿。在得失异类,得失无法互补,得归得、失归失的时候,就应当进行全面测评,以寻求最佳的选择方案和途径,以尽可能小的“失”获得尽可能多的“得”。

补偿有余仅是一个最基本的原则。在法的价值冲突中还应在补偿有余的基础上尽最大可能地争取最大的“得”。

以上原则是在借鉴传统法的价值冲突解决原则和现代经济学帕累托最优原理、经济分析法学库斯定律的基础上,根据法的价值冲突的实际提出的。必须坚持法的基本价值,在法定价值优先的原则之下,综合运用其后的三大原则。它们若能在解决法的价值冲突时起到一定的参考或辅助作用,对法的价值的实现必定会有所裨益,对法的价值的研究也许会有所推进。

以上的几个原则,不论怎样,其运用都还得依赖主体主观能动性的发挥。以上所提及的数量,都不是具体的数量,都需要主体来确定,都存在着对主体认识的依赖。

推荐阅读

1. 徐国栋:《法律的诸价值及其冲突》,载《法律科学》,1992 年第 1 期。

2. 陈东升:《冲突与权衡:法律价值选择的方法论思考》,载《法制与社会发展》,2003 年第 1 期。

思考题

1. 法的价值冲突的表现有哪些?
2. 产生法的价值冲突的原因是什么?
3. 解决法的价值冲突的原则有哪些?
4. 解决法的价值冲突的方式有哪些?

第五编

法的运行论

第二十七章　立法

学习提示：徒法不能自行，法律的价值只有在其运行中才能得到充分完整的体现。法律的运行是一个从创制到实施的过程，研究法律的运行，是我们学习法理学的一项重要内容。立法是法律运行的起点，它是法律生成的关键阶段，也是法律进行社会调控的前提与基础。本章阐述了立法的一些基本理论，如概念、指导思想与基本准则、立法体制、立法程序、立法技术等，同时也简单介绍了我国的立法状况。

重点问题：

1. 立法的概念、特点及其形式
2. 立法应遵守的指导思想与基本准则
3. 立法体制
4. 立法程序
5. 立法技术

第一节　立法的概念

一、立法的含义

"立法"一词在我国古代典籍中早已有之。战国时代的《商君书·更法》中记载："伏羲、神农教而不诛，黄帝、尧、舜诛而不怒，及至文、武，各当时而立法，因事而制礼。"西汉司马迁所著《史记·律书》上说："王者制事立法。"东汉班固所撰《汉书·刑法志》也有"圣人制礼作教，立法设刑"之说。但古籍中所说的"立法"，主要是指制法设刑，显然与现代意义上的立法含义不同。

西方国家的学者对立法的概念有不同解释，但基本上大同小异。英国《牛津法律大辞典》解释立法是"指通过具有特别法律制度赋予的有效地公布法律的权力和权威的人或机构的意志制定或修改法律的过程。"《美国大百科全书》认为，"立法是指国家机关为了规范社会行为，而制定法律规范的活动。通常用于表明代议机关制定法律和立法程序的活动"。在我国当代法学中，"立法"一词通常有广义和狭义两种理解。狭义的立法，是专指国家的最高权力机关及其常设机关依照法定职权和程序，制定法律这种特定的规范性文件的活动。这相当于我国现行宪法中所称的"国家立法权"意义上的立法，即仅指全国人民代表大会及其常务委员会制定法律的活动。广义的立法，是指有关国家机关依照法定职权和程序，立法各种具有不同法律效力的规范性文件的活动。它既包括国家最高权力机关和它的常设机关依法制定法律这种特定的规范性文件的活动，也包括由中央国家行政机关和地方有关国家机关依据法定权限和程序制定行政法规、地方性法规、自治条例及其他性决定、决议等活动。

本章所说的立法,是后一种意义上的立法,即广义的立法。即立法是享有立法权的国家机关依据法定的程序进行的一种专门活动。

二、立法的特征

(一)从活动的性质上说,立法是国家的专有活动。它与国家权力相联系,是国家权力的运用,更是国家机关进行活动的法律形式之一。立法是由国家机关进行,其他任何组织、团体和个人,非经国家机关授权都不得进行这项活动。立法不是任何国家机关都可以进行的,是享有立法权限的国家机关的专有活动。立法不是国家机关的唯一活动方式,国家机关还有许多其他活动,如行政活动、司法活动和法律监督活动等,但这些活动通常都不能直接产生法律规范。

(二)从活动方式上说,立法是一定国家机关依照法定职权和法定程序所进行的活动。立法活动必须遵循一定的程序。不同国家立法程序有所不同,但通常都是根据宪法和有关专门的法律所确定的,即立法活动本身也必须法律化、程序化、制度化。另外,立法是运用国家权力的活动,它只能由具有该项权能的国家机关进行,无立法职权(或授权)的国家机关或社会组织、个人皆不得进行立法活动。

(三)从活动内容上说,立法是国家机关制定、修改、废止或认可法律规范的活动。立法活动的直接目的是产生具有普遍约束力的法律规范,要么是制定法律规范,要么是对已有的行为规范(判例、习惯、政策、道德等)从法律上加以认可,要么是修改或者废止现行法律规范,活动的结果一般都形成规范性的法律文件。

(四)从法律形成的全过程来说,立法是法律形成的结尾阶段。法律形成是新规范纳入法律体系的过程,这是一个长期而复杂的过程。法律的形成开始于社会的需要,最后通过国家机关立法的活动,社会(统治阶级)的立法要求以规范性法律文件的形式得到了表现。国家机关制定出法律规范,使社会生活中的客观法律需求在国家主观意志的形式中得到了表现,由此完成了法律形成的过程。所以从法律形成的全过程来说,立法是法律形成的关键性阶段。

三、立法的形式和分类

(一)按照立法的主体即立法机关的不同,可以分为:

1. 根据政体的不同,可以区分为君主立法或者专制立法和议会立法或者民主立法。在奴隶制社会和封建制社会中,君主专制政体之下是君主立法;资本主义社会、社会主义社会是民主的立法。

2. 根据立法机关的组成不同,可以分为一院制立法和两院制立法。在实行议会立法的国家中,议会的组成一般是两院制,立法议案通常要两个议院通过。

3. 根据立法机关的性质不同,可以分为国家立法机关立法、国家行政机关立法和授权立法。国家立法机关立法是宪法规定的具有国家立法权的机关立法,如议会立法和我国人民代表大会及其常委会的立法;国家行政机关立法,是指宪法规定的由国家行政机关制定规范性法律文件的活动,如我国宪法规定国务院可以制定行政法规;授权立法,是指具有立法权的国家机关把自己制定某项或者某类法律的权力授予行政机关或者其他机关行使,行政机关和其他机关根据授权法所进行的立法活动就是授权立法。

4. 根据立法机关的地位不同,可以分为中央立法和地方立法。在联邦制国家,中央立法是指联邦议会的立法,地方立法是指作为联邦成员的各个共和国或者州的立法。

(二) 根据立法主体行为的特征不同,可以分为创制、认可、修改和废止。

1. 创制。是具有立法权的机关依照宪法和法律规定的权限和程序,制作和规定规范性法律文件的活动。

2. 认可。是指国家立法机关对于社会上存在的某些习惯承认和许可其具有法律效力的活动。

3. 修改。又叫修正、修订,是国家立法机关对于原先国家机关颁布生效的法律予以部分的变更,包括删除原有内容和补充新的内容。

4. 废止。又叫废除,是指国家立法机关终止正在生效的某些法律的活动。废止的形式有:明示废止和默示废止。

第二节 立法的指导思想与基本原则

一、我国现阶段立法的指导思想

我国是社会主义国家,现在正处在社会主义初级阶段。经过多年的实践经验,深切认识到立法的指导思想的重要性,就是立法必须为国家在一定时期的根本任务服务,为国家的中心工作服务,促进国家的经济发展和社会稳定。国家的立法活动是国家的一项极其重要的职能活动,必须为国家的根本任务和工作重心服务。社会主义初级阶段,国家的根本任务是根据建设有中国特色的社会主义理论,集中力量进行社会主义现代化建设,这也就是中国共产党在社会主义初级阶段的基本路线:以经济建设为中心,坚持四项基本原则,坚持改革开放,为把我国建设成为富强、民主、文明的社会主义国家的客观要求,也是社会主义法制的客观要求。社会主义立法要为社会主义经济建设服务,为改革开放服务。通过立法,借鉴或移植国外先进的法律制度和技术,为改革开放指明方向,提供法律依据,巩固和推广改革开放成果,特别是为社会主义市场经济与国际市场接轨,建立良好的国际市场环境和法律环境,以促进社会主义经济建设的更好发展。

为社会主义现代化强国而奋斗,即一个中心,两个基本点。我国现阶段立法的指导思想就是党在社会主义初级阶段的基本路线,而不能以其他的思想为指导思想,不能离开社会主义解放生产力,发展生产力这个根本任务。这就要求我国现阶段的立法工作,首先要围绕经济建设这个中心,各项立法都要体现为经济建设服务的宗旨,调整各种经济关系,规范各种经济行为,建立良好的经济秩序,保护和促进经济建设的发展。十一届三中全会以后我国的立法大多是有关经济方面的立法,这反映了立法工作指导思想在立法工作中的贯彻与落实。

其次,坚持四项基本原则,表明我国立法的性质和方向。四项基本原则是我国的立国之本,也是我国的立法之本;社会主义道路是我国立法的方向,维护社会主义制度是我国立法的首要政治任务;人民民主专政是我国立法的主要内容,社会主义立法要保证人民当家作主的权利切实可行;中国共产党的领导是我国立法的“灵魂”,社会主义国家以立法的形式反映党在国家生活中的领导地位,各项立法的工作也坚持党的领导,这就保证了立法不脱离社会主义轨道;马列主义、毛泽东思想和邓小平理论是我国立法的指南,在立法工作中坚持运用马列主义、毛泽东思想来分析问题、解决问题,并在实践中不断地丰富和发展,才能保证社会主义法的性质。

第三,坚持改革开放是立法的基本方略。改革开放既是社会主义经济建设的客观要求,也是社会主义法制的客观要求。社会主义立法要为社会主义经济建设服务,为改革开放服务。通过立法,借鉴或移植国外先进的法律制度和技术,为改革开放指明方向,提供法律依据,巩固和推广改革开放成果,特别是为社会主义市场经济与国际市场接轨,建立良好的国际市场环境和法律环境,以促进社会主义经济建设的更好发展。

二、立法原则概述

立法原则,亦称立法基本原则,是指在立法活动中所要遵循的主要准则。它和立法指导思想既有联系,又有区别。立法指导思想是立法原则确立的依据;立法原则是立法指导思想的具体体现。立法的指导思想解决的是立法的性质和方向问题,比如,是要立社会主义性质的法,还是要立资本主义性质的法;是以经济建设为中心立法,还是以阶级斗争为纲来立法等。而立法原则是立法行为操作准则,既具有一定的概括性、标准性,又具有一定的操作性。由于立法指导思想是由本国的国情,特别是国家的根本任务来确定的,因此,不同国家、不同类型、不同时期的法律也有不同的立法原则。奴隶制、封建制和资本主义法律具有各自不同的立法原则。新中国成立以来的不同时期,其立法原则也有变化。立法原则还可以分为一般立法原则和具体立法原则。一般立法原则是指对于一切立法工作具有普遍指导意义的原则。具体立法原则是指各类具体立法所必须遵循的原则,比如宪法立法原则、行政立法原则、地方立法原则、民事立法原则、经济立法原则、刑事立法原则、涉外法律立法原则等等。我们这里所说的立法基本原则即是一般的立法原则。

三、当代中国立法的基本原则

立法基本原则是立法指导思想在立法过程中的具体化、实践化。现阶段,我国立法的指导思想是以建设有中国特色的社会主义理论和党的基本路线为指导,为实现社会主义现代化建设服务。因此,我国立法的基本原则就是要将这一指导思想具体地落实到立法过程中去。为此,我们认为,当代中国在立法中必须坚持和贯彻以下几项基本原则:

(一)民主性原则

立法中的民主性原则应该包括两个方面:一是立法内容的民主性;二是立法程序的民主性。立法内容的民主性是由我国社会主义的性质决定的。社会主义的法律是人民意志的反映,人民民主是社会主义法律的要义。但由于中国封建社会的历史较长,封建专制的影响很深,民主传统比较少,公民权利意识也较差,因而在法律中就要特别强调反映民主,反对专制特权,不允许任何个人、组织和国家机关侵犯人民的合法利益,保障人民当家做主的权利。我国宪法规定的公民基本权利体现了民主立法的原则,但要使立法的内容更充分地体现民主原则,还要用其他法律将宪法规定的公民权利具体化。立法程序的民主性,首先要求立法主体的组成要民主。我国立法主体从机关性质看有两类:一类是权力机关,行使着主要的立权;另一类是享有立法权的行政机关,它也是我国不可缺少的立法主体。我国权力机关的组成,反映了社会主义民主。人民依法选举人民代表,组成权力机关,行使立法权。它反映了人民的意志,符合立法主体组成的民主化,具有一定的优越性。虽不能说我国立法机关组成中的民主程度是最高的,但在现阶段还是最适宜的。我国享有立法权的行政机关也是不可缺少的立法主体,这类立法主体组成的民主化程度相对低一些。它是一种较为间接的人民意志的反映。人民选出人民代表,组成人民代表大会,再由人民代表大会决定行政机关首脑,然后通过任命组成行政机关,行使法律规定的部分立

法权。这是由行政机关的性质和我国的具体情况决定的。其次是立法主体的活动要民主。立法主体活动的民主化,就是在立法程序的各个阶段中,在法律案的提出、审改、通过和公布活动中都体现民主思想。就权力机关而言,实现立法主体活动民主化就应该在立法案的提出中扩大人民代表的权限;在法律案的审议中展开充分辩论,没有辩论就不可能有立法的真正民主;在法律案的通过阶段要创造条件让代表们毫无思想顾虑地表达真实意愿,并使立法案的分布实现规范化、制度化。就享有立法权的行政机关而言,实现立法主体活动的民主化,就是要建立一个严格、全面、系统的立法程序。把行政机关的立法活动纳入到法制轨道。最后是立法过程要公开。立法过程的公开化是民主立法的重要组成部分,没有公开化就没有民主。立法过程公开化包括:公布法律草案,公布审改的各种观点,及时报道法律草案的辩论活动,让人民了解情况,以便人民发表意见。立法过程公开化可以吸引立法主体以外的其他机关、单位、组织、社会团体和广大人民群众参与立法活动,体现我党走群众路线的方针。从目前来看,权力机关的立法过程公开化已经积累了不少经验,而行政机关的立法活动公开化却重视得不够。民主立法原则要求任何立法活动包括行政机关的立法活动都要公开化。因此,行政机关立法活动也必须尽快走上公开化的道路。

(二)以宪法为依据,遵循法制统一原则

以宪法为依据,又可以称为合宪性原则。我国现行《宪法》第五条第二款规定:一切法律、行政法规和地方性法规都不得同宪法相抵触。就是指一切立法都必须以宪法为根据,而且各种法律、法规和规章之间要和谐统一,不能相互矛盾和冲突,这是立法的一项重要原则。我们知道,宪法是国家的根本大法,是治国的总章程,在国家生活中具有重要的作用。宪法规定了根本制度和根本任务,是维护国家统一、民族团结、社会稳定的基础,是党和国家的总路线、总政策的法律化,代表国家和人民的根本利益,是全党、全国各族人民和一切国家机关社会组织活动的基本准则,具有最高的法律效力。一切法律、法规和其他规范性的法律文件都不得与宪法相抵触,任何组织或个人都不得有超越宪法的特权,一切违犯宪法的行为都必须追究。立法作为国家的一项专门活动,必须遵守宪法的规定,立法机关必须严格按照宪法规定的职权和程序来进行立法活动,制定法律、行政法规以及其他规范性法律文件必须以宪法为依据,不得与宪法相抵触。民族自治地方的自治条例和单行条例,虽然在某些具体规定上根据民族自治地方的具体情况进行变通,这本身是宪法的授权,但不得违背宪法的基本精神和原则,不得违背宪法关于民族自治地方的有关规定。为保障宪法的实施,我国实行一元二级多层次的立法体制,国务院及其各部委、地方的行政法规或规章、地方性法规、自治条例等都有明确的备案、审批制度,其目的仍在于我国各种形式的立法活动和立法内容都不得与宪法相冲突。在司法实践中,世界各国大都有对违宪行为的司法审查,现在很多学者呼吁要求我国成立宪法法院,其目的也是为维护宪法的尊严和实施,对违宪行为通过司法权进行制裁。由于宪法是国家的根本大法,它规定的是国家事务的大政方针,必须统帅国家所有的法律、法规和规章,因而它只能作原则性、概括性的规定,不能规定得过于详细、具体,只有通过其他法律、法规或规章才能进一步具体化,将一般的原则变成具体的可操作法律,因此,各种具体的立法活动,都必须依宪法规定的职权和程序,根据宪法的有关条文进行各项立法活动,使我国法律部门之间和法律自身内部相互和谐,维护法的严肃性、科学性。

(三)实事求是原则

实事求是,从实际出发,又称为立法的适时性原则,是关于立法路线的原则,是辩证唯物主义的思想路线在立法工作中的体现。法与客观实际的关系问题是法理学的一个根本问题。马克思主义法学认为,法律作为上层建筑的重要组成部分,是一定社会意识形态的体现,是对客观的社会存在的一种反映。法律不是立法者的主观创造,也不是从本身出发,从概念出发,或者简单地照搬照抄别国的法律,而是社会的主导意识的法律表达,它必须反映社会现实和客观规律及其要求。因此,认真贯彻实事求是、从实际出发的立法路线和原则,是我国社会主义立法工作的根本出发点。只有坚持这项原则,我们的立法工作才能更好地反映社会现实和客观规律,制定的法律才能更好地在社会生活中运行。在立法中贯彻实事求是、从实际出发的原则,应该注意以下几个问题:

1.立法必须尊重客观实际,从社会的政治、经济和文化发展的现状和实际需要出发,正确反映其规律和需求。具体地说就是要从我国社会主义初级阶段社会生产力和生产关系的实际状况和水平出发,而且要以大多数人的共同意志和利益为根本内容,立足全局,统筹兼顾。特别要处理好个人、集体和国家三者的利益关系。不能因为充分发扬民主而损害了集体和国家的利益,也不能因过分强调国家利益而出现国家权力干涉社会权利的立法偏见。法律作为现代社会调整的主要形式,要处理好国家权力和公民权利的关系。其次,立法本身就是社会主体的共同需求上升为国家意志而表现为法律的过程。它不可能是社会主体的全部需求或者个体需求,而只能是社会主体的共同需求,只能以最大多数人的最大利益为出发点,进行利益协调、关系平衡和行为调整,这种选择、调整和平衡的目的就是处理好国家、集体和个人三者的关系。再次,充分发扬民主、立足全局、统筹兼顾的立法原则还要求我们立法工作要克服地方保护主义、部门或行业保护主义以及个人主义的狭隘的意识。这种狭隘的意识不仅不利于我国法律充分地发扬民主、立足全局、统筹兼顾,充分地反映广大人民群众的最大利益,而且还会破坏社会主义民主的实现和法制的统一。

2.要注意原则性和灵活性相结合,立法的原则性是指在立法工作中必须坚决坚持的关于社会主义法的性质、方向、根本任务、价值目标的一系列原则。立法的灵活性是指在坚持立法的原则性的前提下,在特定情况和条件下,允许在一定的范围和程度上作灵活的规定,留有一定的余地的情况。我国地域辽阔,民族众多,情况复杂,各地区发展又不平衡,法律的制定考虑到各种具体情况比较困难,法律要在全国施行,会碰到各种不同的复杂情况,为保证法律的权威性,就要求立法时,要坚持建设有中国特色的社会主义,维护人民的根本利益,解放和发展生产力等一系列立法的根本原则不能动摇,同时又要考虑法的运行中的各种情况,不能规定得过细过死,要留有一定的余地和弹性,缺乏灵活性的原则在实际中是行不通的。

(四)科学性原则

科学是人类实践经验的理性总结,是人类对相对真理结论的高度概括。法律作为一种社会规范和行为规则,它要为国家、社会及普通公民确立一种合理的组织结构、规范的行为模式、正确的价值选择。因此,法律必须建立在科学原则的基础之上。如果用非科学的立法,到头来只会破坏和扭曲上述法律目标。

立法的科学性原则包括以下三种含义:

1.立法必须尊重客观实际,根据社会经济、政治和文化发展的客观需要,正确反映客观规律的要求。马克思说过:“立法者应该把自己当做自然科学家。他不是在创造法律,不是在发明法律,而仅仅是在表述法律,他把精神关系的内在规律表现在有意识的现行法律之中。”即是说,立法者最根本的是要研究规律,认识规律,尊重规律,并且善于利用规律,而不能把主观愿望和想象作为立法的根据。法律脱离了实际,只能是一纸空文。这里所讲“实际”,不是简单地指现实存在,而是既包括现实实际,也包括历史实际以及对事物发展未来的科学预测。制定法律,就必须从客观事物的发展中,把握住带实质性的、普遍的、全局的问题,从事物的矛盾运动中寻找事物发展的客观规律,从而创制出既反映现实,又具有指导现实发展、促进社会变革的法律。

2.立法还应合理地吸收、借鉴历史的和外国的经验。任何国家的法律都是一定历史发展的产物。法律是人类共同创造的文明成果。在当今,法律还存在着与其他国家互相制约、互相依存的关系。不管是历史的还是现代的法律,其存在和发展都有其合理的一面,都反映出了一个国家对各种社会关系的合理界定。合理化从某种程度上即体现着科学性。社会主义国家的立法要吸收和借鉴历史上和国际上一切对人民有用的、合理的经验和规定,这无论从理论上还是实践上都应该是肯定的。过去,由于受“左”的思想影响,往往只看到或更多地看到法律阶级性的一面,而很少看到可以相互吸收、借鉴的一面,这是不科学的。现代科学表明,所有的法律尽管在不同社会制度下有一些不同的特点,阶级本质不同,但它运行的基本规律,如价值规律、供求规律是相同的,竞争机制、资源配置原则也是相同的。因此,在立法时完全可以合理地吸收和借鉴资本主义国家反映市场经济一般规律的成功经验和做法,注意与国际上有关法律和国际惯例相衔接,这才是科学的立法态度。只有这样,才能加快我国立法的步伐,才能有利于我国经济参与国际竞争,促进我国市场经济的发展和现代法制的完备。

3.科技法律的大量增加要求立法必须增强科学性。立法的科学性原则对于制定诸如环境保护法、科技合同法、知识产权法等与科技有直接联系的法规具有特别重要意义。科技法规是调整科技领域中社会关系的法律规范的总和。它是保护和促进科技发展的规范,其内容具有一定的科技专业性。因而在制定这些法规时,科学的立法方法显得尤为重要。如果在科技立法中不以科学方法为立法的准则,只用传统的立法原则和方法去指导立法,只强调政治因素,那只能使科技法规违背科学,阻碍科学的发展。

(五)法律的稳定性、连续性与及时的立、改、废相结合原则

法律的稳定性是指法律一经制定和公布实施,必须保持其严肃性和权威性,不能朝令夕改,任意废除和更改。法律的稳定性是法律权威性、严肃性的内在要求。法律作为人们的行为规范,作为一般调整的社会规范,明确告知社会主体哪些是可以做的,哪些是禁止的。如果频繁修改法律,不仅使人们的行为无所适从,而且法律本身也就无效力可言了。法律的连续性和稳定性紧密相联,包含两层含义:一是指法律效力的连续性,即法律颁布生效后,不能任意中断、失效和停止,不因领导人的改变而改变,也不因领导人偏见、态度或注意力的改变而改变。二是新颁布的法律与原有的同类法律之间有某种承继衔接关系。

法的稳定性和连续性是社会的生产、生活正常进行的重要条件,是法律服务于社会的客观要求。但是,随着社会生产力的不断发展变化,社会的政治、经济、文化的发展,人类

法治经验的丰富，思想认识的深化，法的稳定性、连续性不是绝对的、不变的，应随着社会的发展不断完善和深化，不断地进行法律的立、改、废活动和法律解释活动，才能适应社会日益发展变化的趋势，发挥法在社会生活调整中的规范作用和社会作用。

保持法律的稳定性、连续性与法的及时的立、改、废是相统一的，不能因强调法的稳定性、连续性而忽视法律及时的立、改、废，而使法滞后于社会现实，从而无法实现调整社会职能，也不能因强调法律的立、改、废，而破坏法的稳定性，对法律朝令夕改而使人无所适从，破坏法的严肃性、权威性。在我国社会主义初级阶段，法律既要保证为社会主义经济制度和政治制度服务性质的稳定性，保持社会主义建设各个不同时期基本路线、方针、政策，基本法律的连续性，同时又要及时反映社会主义经济建设和改革开放不断发展的客观要求，及时地制定新的内容，而且要以大多数人的共同意志和利益为根本内容，立足全局，统筹兼顾。特别要处理好个人、集体和国家三者的利益关系。不能因为充分发扬民主而损害了集体和国家的利益，也不能因过分强调国家利益而出现国家权力干涉社会权利的立法偏见。法律作为现代社会调整的主要形式，要处理好国家权力和公民权利的关系。其次，立法本身就是社会主体的共同需求上升为国家意志而表现为法律的过程。它不可能是社会主体的全部需求或者个体需求，而只能是社会主体的共同需求，只能以最大多数人的最大利益为出发点，进行利益协调、关系平衡和行为调整，这种选择、调整和平衡的目的就是处理好国家、集体和个人三者的关系。再次，充分发扬民主、立足全局、统筹兼顾的立法原则还要求我们立法工作要克服地方保护主义、部门或行业保护主义以及个人主义的狭隘的意识。这种狭隘的意识不仅不利于我国法律充分地发扬民主、立足全局、统筹兼顾，充分地反映广大人民群众的最大利益，而且还会破坏社会主义民主的实现和法制的统一。

第三节　立法体制

一、立法体制概念

所谓立法体制，是指按照宪法和法律的规定对国家机关立法权限划分的制度。一个国家立法体制的形成，主要是由该国的国体、政体以及文化传统所决定的。一般来说，国家的政体对于立法体制的形成、影响是非常明显和直接的。比如，在单一制政体中，立法体制是一元的。从中央到地方，有着一个统一的宪法和以宪法为核心的上下层级关系清楚、效力等级关系明确的法律体系；而在联邦制的国家中，立法体制是多元的，不仅有联邦宪法和联邦法律，各邦国或州还有一整套属于自己的相应法律。当然，一个国家的立法体制归根到底还是要受到该国经济状况的制约。由于立法体制是国家政治法律制度的重要组成部分，各国通常都在宪法中对立法体制加以规定。我们研究立法体制，目的在于了解立法机关的设置及其权限划分，了解法律法规的效力层级，同时也有助于我们比较各国立法体制，以进一步总结我国的立法体制经验，促进国家立法体制的结构与功能优化。立法体制依不同标准可作如下分类：

按立法机构设置和运行机制民主与否分，可分为民主立法体制和专制立法体制；按立法权行使是否为同一类别机关分，可分为单一的立法体制和联邦制的法律创制体制；按中央和地方立法权划分，可以分为一级立法体制和两级立法体制；按立法机关是否受到其他机关制约分，可分为独立的立法体制和制衡的立法体制。

二、我国立法体制

我国的立法体制，从建国以来，随着国家政治经济的发展，大致经历了三个不同的阶段：

第一阶段是从1949年中华人民共和国成立到1954年我国的第一部宪法颁布。这个阶段国家的立法权由中国人民政治协商会议和中央人民政府委员会共同行使，同时，地方各级政府也有一定的立法权。

第二阶段是从1954年宪法颁布实施到1979年五届人大二次会议的召开。这个阶段立法体制总的特点是：将立法权集中于中央。1954年宪法规定，全国人民代表大会是行使国家立法权的唯一机关，其常委会只有解释法律和制定法令的权限。后来，经过授权法，使全国人大常委会在全国人大闭会期间有权对现行法律中的不合时宜的条文进行修改。

第三阶段是从1979年五届人大二次会议召开至今，这一时期我国的立法体制逐步成熟、完备，形成了“一元两级多层次”的立法体制。中央一级立法包括最高国家权力机关及其常设机关、最高国家行政机关等立法层次。地方立法包括省级、省人民政府所在地的市，国务院批准的较大的市，民族自治区、州、县和特别行政区等各层次类别的立法。我国现行各级各类国家机关的法律创制权限如下：

1. 最高国家权力机关及其常设机关的权限是：全国人民代表大会修改宪法，制定和修改刑事、民事和其他的基本法律。全国人大常委会制定和修改除应当由全国人大制定的法律以外的其他法律；在全国人大闭会期间，对全国人大制定的法律进行部分修改，但不得同该法律的基本原则相抵触。

2. 最高国家行政机关及其所属机关的权限是：国务院根据宪法和法律，规定行政措施，制定行政法规，发布决定和命令。国务院各部、委根据法律和国务院的行政法规、决定、命令，在本部门权限内发布命令、指示和规章。

3. 地方各级国家权力机关及其常设机关的权限是：地方各级人民代表大会在本行政区域内，有权依照法律规定的权限通过和发布决议。省、自治区、直辖市的人大及其常委会，在不同宪法、法律、行政法规相抵触的前提下，可以制定地方性法规，报全国人大常委会备案。省、自治区人民政府所在地的市和经国务院批准的较大的市的人民代表大会在特定条件下也可以创制地方性法规，并报全国人大常委会备案。民族自治地方的人民代表大会有权依照当地民族的政治、经济和文化的特点，制定自治条例和单行条例，并报全国人大常委会备案。

4. 地方各级国家行政机关及其所属机关的权限是：地方省级人民政府在本行政区域内，有权依照法律规定的权限发布决定和命令。省、自治区、直辖市以及省、自治区人民政府所在地的市和经国务院批准的较大的市的人民政府，可以根据法律和行政法规，制定规章。县级以上人民政府的下属部门可以发布命令和指示。上述决议、决定、命令和指示，凡是具有规范性内容者，就是规范性法律文件，对其通过和发布的权限的划分，也属于法律创制体制问题。

5. 中央军事委员会有权根据宪法和法律制定军事法规并在军内实施；中央军委各总部、军兵种、军区，有权根据法律和中央军委军事法规、决定、命令，在武装力量内部制定和

实施军事规章。军事法规、规章的创制应遵照《中华人民共和国立法法》规定的法律法规创制原则来进行。从我国现行的法律创制体制可以看出,我国宪法具有最高法律效力,其次是法律,再是行政法规,再是地方性法规,最后才是行政规章,法律效力层次依次递减。地方性法规的效力高于本级和下级地方政府规章;省、自治区人民政府制定的规章的效力高于本行政区域内较大的市的人民政府制定的规章。国务院各部门规章之间、部门规章与地方政府规章之间具有同等效力,在各自的权限范围内施行。为维护法制统一,行政法规、地方性法规、自治条例和单行条例、规章应当在公布后30天内向有权接受备案的国家机关报送备案。

第四节　立法程序

一、立法程序的概念、特点和意义

立法程序,通常是指一定的国家机关制定、修改和废除法律和其他规范性法律文件的法定的步骤和方式。根据这一概念我们可以看出,立法程序具有三个明显的特征:第一,立法程序是通过法律形式确定的程序,即立法程序是由法律规定的。只有以法律形式确定的程序才对立法活动具有约束力。第二,立法程序的主要内容是法律规定的立法的方式和步骤,有关立法的方式和步骤以外的其他活动程序不能成为立法程序的内容。第三,立法程序是立法活动必须采取的方式和步骤,是法定的,立法活动必须按照这个法定的方式和步骤进行,否则,就是违法的行为,其立出的法律和规范性文件在法律上应属于无效。

在现代世界各国,立法程序一般都在宪法或其他法律中予以明确规定。有些国家虽然没有明确规定立法程序,它们的立法程序是以习惯法的形式存在的。在我国,根据多年的立法实践经验,基本上形成了适合中国国情的立法程序,特别是近几年来,立法程序已逐步走向制度化、法律化的轨道。1987年11月24日六届全国人大常委会第23次会议通过《全国人民代表大会议事规则》,其中明确规定了法律草案的拟定、提出、审议、讨论、表决和公布的具体程序和原则等。现在,全国人大及其常委会已经在制定立法法并颁布实施。国务院和地方人大也应根据立法法的有关规定制定行政法规和地方性法规的程序规则。

完善立法程序,使立法程序制度化、法律化具有重要的意义,是建设社会主义法治国家的必然要求,也是一个国家文明、民主和法制建设发展水平的标志之一。首先,它表明一个国家决策的民主化、科学化和法律化程度。其次,它对立法的民主化、科学化、法律化具有重要的保障作用,能有效地避免立法的随意性。第三,立法程序对于保证法律的连续性、稳定性和权威性,对于法的质量的提高和法的实际效用的发挥都有重要的作用。

由于我国立法工作起步较晚,虽然有了立法法,但是,我国立法程序的规定还不够完善,特别是国务院制定行政法规的程序,国务院各部委和地方人民政府制定行政规章的程序,还有待于进一步完善。因此,应该充分重视立法程序的研究,努力完善我国的立法程序,使之进一步地科学化、规范化和法律化。

二、我国现行的立法程序

由于各国国情不同,立法程序也有许多不同之处。在我国,存在着两种类型的立法程序,即权力机关的立法程序和行政机关的立法程序。这里我们着重介绍全国人大及其常

委会创制法律的程序,因为这一程序在我国各国家机关创制法律规范的程序中是最为严格的,也最具代表性。立法一般包括以下三个阶段:

(一)立法的准备阶段。其中包括国家立法机关接受立法的建议和意见,进行立法的预测、规划,选择立法参与人,形成和拟订立法议案,拟订和论证法律草案,等等。在立法工作中,这是一个打基础的阶段,直接关系到立法的质量。

(二)法的确立或法的形成阶段。其中包括法律议案的提出和审议、法律草案的审议、法律草案的通过以及法律的公布。法律议案的提出和审议是指享有国家立法权的机关对于具有立法提案权的国家机关或个人提出的法律议案进行的审查和讨论。法律议案是议案的一种。议案是指提交会议而被列入议程的建议和意见。法律议案不同于一般的立法建议,它是由法定的机关或个人提出并被列入会议议程的关于立法的建议或者意见。非法定的机关或人员提出的立法建议或倡议,只有被有立法提案权的机关或个人采纳并被他们提出之后,才能成为立法议案。在提出立法议案之后,享有立法权的会议要根据议程的安排进行审查和讨论。被讨论通过的立法议案不是具体法律的通过,只是要制定某项法律的建议或意见的通过。至于法律草案,就是要制定的法律的具体内容和形式,具体的法律条款和体例安排,多数情况下已经拟订完毕,但也可能尚未拟订。根据我国宪法、立法法的规定,有权向全国人大提出属于全国人大职权范围内的法律议案的机关或个人有:全国人大主席团,全国人大常委会,全国人大各专门委员会,一个代表团或 30 名以上全国人大代表,国务院、中央军委、最高人民法院、最高人民检察院。有权向全国人大常委会提出属于全国人大常委会职权范围内的法律议案的机关或个人有:委员长会议,全国人大各专门委员会,全国人大常委会组成人员 10 人以上,国务院,中央军委,最高人民法院,最高人民检察院。有权向全国人大提出宪法修正案的机关或个人有:全国人大常委会,五分之一以上的全国人大代表。

法律草案的审议。即立法机关对于根据已被通过的法律议案而拟订的法律草案,按照会议的安排进行审查和讨论等的活动。就我国立法实践来看,一般法律草案的审议要经过三道程序。一是由主席团或委员长会议决定是否将法律草案列入会议议程,二是听取有关法律草案的创制理由、起草经过、指导意见等主要问题的说明,三是全体会议对法律草案的审议和讨论。我国自 1998 年来,全国人大常委会的法律草案审议工作有了新的进展,审议法律草案一般实行三审制,即初审、再审、三审,立法工作日趋审慎、民主、科学。不过,有关法律问题的决定的议案和修改法律的议案,有的一审就可以通过。对一些内容比较单一、分歧又不大的法律草案,也可以二审通过,并不强求机械一致。

法律草案的通过。即立法机关对于法律草案作出同意的决定,这是立法的关键性环节。关于法律草案获得通过的法定票数,我国宪法第 64 条规定:宪法的修改,由全国人大常委会或 1/5 以上全国人大代表提议并由全国人大以全体代表 2/3 以上的多数通过;法律和其他议案由全国人大以全体代表的过半数通过。我国全国人大组织法第 31 条规定:常务委员会审议的法律案和其他议案,由常委会全体组成人员的过半数通过。关于法律草案通过的方式,我国全国人大组织法第 18 条规定:全国人大会议进行选举和通过议案,由主席团决定采用无记名投票方式或者举手表决方式或者其他方式。目前我国在全国人大会议和全国人大常委会会议中,经常采用电子计算机的表决方式,不仅提高了效率,也增加了准确性。

公布法律。即立法机关或者国家元首就已经通过的法律,为使民众知晓和遵守,而予以公布。这是法律确立的最后环节。获得通过的法律未经公布环节,不能发生法律效力。公布法律的目的在于使一切国家机关和武装力量、各政党和社会团体、各企事业组织以及全体人民知道该项法律,以便遵守和适用。我国由国家主席根据全国人大会议的决定和全国人大常委会的决定签发主席令来公布法律。公布法律的法定书面形式是在全国人大常委会公报上全文公布,同时其他新闻媒体也可以转载。已经发布的法律自法律明确规定的日期产生法律效力,若没有规定何时生效,一般推定该法律自公布之日起生效。

推荐阅读

周旺生:《立法学》,法律出版社,1998 年版。

思考题

1. 什么是立法？立法的特征有哪些？
2. 试比较我国的人大及其常委会与国务院的立法程序的异同。
3. 试述立法体制的类型和我国的立法体制。
4. 什么是立法程序？立法的基本程序有哪些？
5. 立法的基本原则有哪些？各有什么意义？

第二十八章　法的实施

学习提示：法律实施是继立法之后法律运行的第二大环节，也是法律对社会生活发生影响的关键，因而也是法理学中非常重要的内容。从对法律的动态考察来讲，本章内容前继立法，下启法律的遵守与监督，处在一种承上启下的枢纽地位。

重点问题：

1 法律实施的内涵、外延

2. 法律实施的评价与形式

第一节　法律实施释义

一、法律实施的含义与意义

法律实施是指法律在社会实际生活中的具体运用和实现。它既指国家行政机关、司法机关及其公职人员严格地将普遍有效的法律规范适用于具体的人和事，保证法律的实现；又指仲裁机构和人民调解组织等准司法机构运用法律规范解决具体的商事和民事纠纷；还包括社会主体对法律的接受。也就是说，法律实施包括执法、司法、调解、仲裁和接受等多方面的含义。长期以来，法学界除了完全忽视法律接受在法律实施中的重要地位以外，还有一种极为流行的观点认为，法律实施还包括一切国家机关、社会组织和个人都要守法与护法（即法律监督）。我们认为，守法和护法贯穿于整个法律运行过程，而不只限于法律实施过程。

法律实施在现实生活中是极为重要的。列宁曾讲过："法律重要的不在于写在纸上，而在于由谁来执行。"中国古代的徐干在《中论》中也强调："赏罚者不在于必重，而在于必行。必行，则虽不重而民肃。不行，则虽重而民怠。"具体说来，法律实施的作用主要表现在如下两个方面。

首先，法律实施是实现法律功能的唯一途径。这是因为"徒法不能以自行"。任何法律都需要行政机关、司法机关及其工作人员等通过一系列具体的、甚至创造性的活动，才能将体现于法律中的权利和义务转化为实际生活中的权利和义务，从而使法律的目的和所蕴含的功能得以在现实生活中实现。否则，法律功能便仅仅是一纸空文。其次，法律实施是维护人们合法权益、保持社会和谐与稳定的重要手段。人们在现实生活中相互交往，难免会发生利益上的矛盾和冲突，产生权利义务纠纷。通过作为"公力救济"手段的司法来判明纠纷双方的责任，确定损害者应承担的赔偿或惩罚责任，是解决和抑制社会冲突、维护受害者的合法权益、保持社会和谐与稳定的重要手段之一。

二、法律实施与相关概念的区别

理解法律实效的概念与特征，还须把法律实施与相关概念加以区分。

（一）法律实效与法律实施。二者的联系是：法律实施是法律实效的前提，没有法律实施就不可能产生法律实效。法律实施越彻底，法律实效就越突出。但二者又有明显的区别：①法律实施是使法律规范的要求在社会生活中获得实现的活动和过程，它侧重于法律被人们实际施行的活动和过程；而法律实效则侧重于状态，即法律被人们实际施行的状态和程度。②法律实施是法制建设的重要环节，它包括执法、司法与守法；而法律实效不是法制建设的一个独立环节，它是法律是否已发生国家强制作用力的标示。

（二）法律实施、法律实效与法律效益。法律效益，是法律对现实生活作用结果中符合目的的有效部分与法律投入之比。一方面，法律通过实施产生政治、经济、文化等方面的社会效果；另一方面，立法、执法、司法、守法、法律监督等法律运行的每一个环节，都需要投入人力、设备、金钱等社会资源，甚至还要付出政治、文化、道德、心理等方面的代价。我们把这些合称法律成本。通过把法律效果或称法律产出与法律成本进行比较，即可得出法律效益。法律效益是法律的经济效益、政治效益、伦理效益和其他社会效益的统一。法律实效与法律效益都注重结果，都是对法律实施结果的反映，但二者的差异在于：

1. 角度不同。法律实效是从法律效力的角度对法律实施所作的评价；法律效益是从法律效果的角度对法律实施所作的考量。

2. 意义不同。法律实效旨在从更广泛的空间和时间去观察法律，进而更充分地发挥法律的社会功能；法律效益则意在通过成本收益的分析，追求法律效益的最大化，避免社会资源的浪费。

第二节　法律实施的评价与形式

一、法律实施的评价

法律实施的评价，是运用各种科学方法，对法律实施的有无、大小进行的分析和判断。它基本上属于事实判断。通过法律实施的评价，可以揭示法律效力发挥的实际程度，发现立法以及法律实施的缺陷，进而有根据地采取措施完善立法和法律实现机制。

二、法律实施的评价标准

对法律实效作出正确评价，关键在于把握评价的标准、方法和指标体系。

（一）法律实施的评价标准，是法律规范中预设的行为标准（模式）。法律实施是指法律规范在现实生活中被实际地遵守和执行，因而评判法律实施的有无和好坏，就只能以法律规范中规定的行为标准为尺度，检查人们的实际行为是否与法定的行为模式相吻合。法律实施的评价标准不同于法律效果与法律效益的评价标准，后者的标准是法律的目的和价值，具有鲜明的伦理特点。

（二）法律实施的评价方法，主要是定量分析法。在操作时，要注意建立科学的法律实施定量分析的数学模型，合理地确定自变量及其权数。否则，定量分析就会流于形式。

（三）法律实效评价的指标体系，是将法律实效转化为操作性定义，并据此确立的可度量的指标系统。科学地测定这些指标的数量值，对于说明法律实施具有重大意义。这些指标主要包括：

1. 法律实施率。指在一定情况下，合法行为的实际数量与法律要求应有的合法行为数量之比，也就是法律规范的要求（应然）与实际转化为现实（实然）的一种比例。它从整

体上揭示法律的实施状况。

2. 刑事案件的发案率、案件种类、破案率及犯罪分子的制裁情况。

3. 各类合同的履约率，各种民事纠纷的发案率及结案率，行政案件的立案数及审结情况。

4. 公民的法律意识、法治观念、用法能力的提高程度。

5. 与其他国家或地区的法律实效进行对比性研究的结果。

三、法的实施的形式

法的实施的形式，是指法律规范的要求通过什么方式转化为社会生活现实。法的实施的形式是多样的，这是由法律规范调整的特点、社会关系的内容和行为主体等因素的多样决定的。因此，对法的实施形式按不同标准可以作不同的划分：

(一)以法的实施是否在具体主体间建立法律关系，可分为不通过具体法律关系和通过具体法律关系的法的实施形式：

1. 不一定通过具体的法律关系，就能直接实施法律上的权利和义务。这种方式主要是指法律规范中关于禁止性的法律规范和关于规定所有权的法律范围等，不一定需要通过与特定的人形成具体的法律关系，比如所有权、人身权、姓名权等，只要法律规范得到普遍遵守，就自然实施了。这种权利具有绝对性、普遍性，不一定需要(不等于不存在)通过法律关系就能得到实施。例如，从商店购买的收录机、电视机、电冰箱等，谁购买就属于谁，购买者没有必要到政法机关申报请求予以保护。因为权利主体是确定的，而义务主体则是不确定的，谁要不守法并做出行窃或侵害权利主体的电视机等，谁就必须承担法律责任，政法机关并不能因为权利主体事先没有声明而置之不理。

属于绝对权的另一种情况是禁止性法律规范，权利的义务人是以被动的、消极的方式实施的，不作法律所禁止的行为。禁止性法律规范用否定的形式，给人们明示了禁止的行为，不许杀人、不许纵火等。人们自觉地遵守这些规定，权利人的权利就能得以实施，义务人也不存在被追究法律责任的问题。显然，只要人们遵守法律规范，不作法律所禁止的行为，禁止性规范就得到了实施。因此，不能把禁止性规范的实施都看做是通过法律制裁的行为，禁止性规范的实施只有出现违法行为的情况下，才形成法律关系，进行法律制裁。

不通过具体法律关系的法的实施的特点是：一方权利或义务的实施，不需要他方或几方作出积极行为，不需要事先请求国家机关做出保护措施，权利或义务就能实施。权利人与义务人之间没有具体的联系，权利人享有自己的权利不需要义务人做出某种具体的行为。只要不做出有碍于权利人的行为，权利人的权利就实施了；在具体法律关系之外，人们享用权利和承担义务，不需要其中一方的请求，也不需要用法律文书记载，在自觉守法的状态下就能实施法律上的权利义务。

2. 通过法律关系，才能实施法律的权利和义务。这种形式主要指的是相对权的法律规范，就是说，凡是涉及的权利和义务，彼此都是互相依赖的，仅有一方不能实施，一方权利的实施要依赖于另一方做出相应的行为，比如，涉及债权债务、合同等。涉及相对权与绝对权的法律规范有一个明显的区别，就是义务主体一方是确定的。权利主体要依赖义务主体的积极作为或不作为才能保证实现，因此必须建立并通过法律关系，才能保证权利和义务的实施。比如，签订合同是双方的法律行为。一旦正式签订生效合同，即产生了具体的法律关系，甲方和乙方都必须严格履行合同，一方违反合同，另一方的权利就必然受

到侵害。

与不通过具体法律关系的法的实施形式相比,通过具体法律关系的法的实施更具有法律调整的典型特征。因为在具体的法律关系中,义务主体要承担做出积极行为的义务,以满足权利主体的权利。因此,这种形式的法的实施具有更大的确切性和保证性。

(二)以法的实施是否需要国家权力干预为标准,可分为法的遵守和法的适用的法的实施形式。法的遵守,是国家机关及其工作人员、社会组织和公民,自觉遵守法律规范,把法的要求变为自己的行为,形成法律所要求的法的实施状态。不经过国家专门机关适用法律,更不需要借助国家强制力的干预,法对社会关系就进行了调整,得到了实施。

法的适用则是经过专门机关,进行适用法律的专门活动,方可使法律规范的要求得到实施。法的适用与法的遵守显然不同,它并不完全是以自觉为前提的,而是运用国家权力、借助国家强制力的实施,法对具体的社会关系才进行调整。否则,就会出现权利不能享有、义务不被履行的现象。也就是说,权利不能享有、义务不被履行恰恰是法的适用的根据,是运用国家权力必要性之所在。

(三)以法律规范的逻辑结构因素为标准,可分为处理的实施和制裁的实施。处理的实施,转化为调整性法律关系,形成正常的社会秩序;制裁的实施,转化为保护性法律关系,实现了对违法者的制裁。

推荐阅读

葛洪义主编:《法理学》(修订版),北京:中国政法大学出版社,2002 年版。

思考题

1. 什么是法的实施?它与法的实效、法的效益、法的效果之间的异同是什么?

2. 法的实施的评价标准有哪些?

第二十九章　守法

学习提示:守法是法律运行过程中的一个重要环节,也是检验法治水平最为重要的形式要件,离开守法,法律就无法运行,法律也不过是写在纸上的空文而已。因而,守法历来是法制和法治建设的一项重要内容,也是法理学体系当中不可或缺的组成部分。学好本章知识。对了解和掌握法治建设具有基础性的作用。

重点问题:

1. 守法的含义和作用
2. 守法的根据和理由
3. 守法的根据和理由及普法教育

第一节　守法的概念

一、守法的概念

守法,又称法的遵守,是指各国家机关、社会组织和公民依照法律的规定去行使权利和履行义务的活动。守法是法的实施的基本要求,也是法的实施的最基本最普遍的形式。立法者制定法律的目的,就是要运用法律来进行对社会的调整,维护一定的社会关系和社会秩序,因此,任何法律一经制定,就必须付诸实施。如果一个国家制定了大量的法律,却不能在社会生活中得到遵守和实施,那么就失去了立法的目的和意义,也就失去了法律的权威和尊严。

因此,守法便意味着一个国家和社会的各个社会主体严格依照法律办事的活动和状态。依法办事是守法的基本表现,它包含两层含义:第一,依法享有权利并行使权利;第二,依法承担义务并履行义务。由此,我们不能简单地将守法只理解为承担义务、履行义务,它还包括着享有权利和行使权利,这一点在理解守法这一概念时应该加以充分重视,尤其是现代法治条件下,更不能忽视这一重要内容。

守法是法律实施的基本要求,但是在不同性质的国家,其内涵是不同的。在奴隶制、封建制国家,守法被认为是被统治者应承担和履行的义务,而统治者可以不受法律约束,在社会生活的很多方面,法律上的权利和义务是分离的,统治者享有权利,行使权利,被统治者承担义务并履行义务。资产阶级首先提出"法律面前人人平等"的口号,强调社会主体都必须守法,这是人类历史上的进步,也是现代法治的应有之义和重要的法律原则。当代我国法的遵守是指一切国家机关、社会组织和公民都必须自觉遵守国家现行的法律,严格地依法办事。我国宪法也将遵守宪法和法律作为公民的一项法定义务。

对于守法概念,可以从三个方面去认识,即守法的主体、守法的范围和守法的内容。

(一)守法的主体

守法的主体是全方位的、广泛的。首先,它包括一切国家机关、武装力量、政党、社会团体、企事业组织。其中首要的是共产党和国家机关必须守法。共产党是执政党,在国家生活中居于领导地位,党的组织和党的工作人员、特别是党的各级领导人必须模范地遵守法律,在宪法和法律范围内活动,为其他各社会组织和全体公民的守法树立榜样。国家机关代表人民行使国家权力,执行国家职能,对社会的政治、经济、文化、军事和外交等活动进行全面管理。国家机关的性质及其在国家生活中所占的重要地位,要求国家机关及其工作人员必须时时处处自觉维护法制的尊严和权威,带头遵守和执行法律,严格依法办事。

其次,它包括全体公民。这是守法主体中最广泛、最普遍的主体。公民守法,是现代法治社会的普遍要求,也是建立法治国家的基本要求。我国社会主义法的本质决定了公民必须守法。在社会主义国家,人民是国家的主人,也是法律的主人。社会主义法是人民通过自己的国家政权制定的,集中体现了人民的意志和利益,是人民自己的法律。因此,守法对于人民来说,实际上维护他们自己的意志和利益。在我国,公民是组成人民这一政治集合体的基本元素,绝大多数公民都是人民的范畴。这也就决定了全体公民应当以主人翁的态度和责任感自觉地遵守法律。

再次,它还包括在我国领域内的外国组织、外国人和无国籍人。他们应在我国法律允许的范围内活动,这是维护我国主权和利益的体现。

(二)守法的范围

守法的范围是遵守特定国家机关制定的所有规范性法律文件和非规范性法律文件。在我国,守法的范围包括宪法、法律、行政法规、地方性法规、民族区域自治地区法规、特别行政区的法律,以及我国参加或同外国缔结的国际条约和我国承认的国际惯例,等等。此外,执法、司法机关所制定的非规范性法律文件,如人民法院的判决书等,对有关组织和个人也具有法律效力,遵守这类法律文件也可视为守法。

(三)守法的内容守法的内容简而言之就是依照法律办事。其包含两层含义:一是依照法律享有权利并行使权利;二是依照法律承担义务并履行义务。因此,我们不能将守法理解为只是承担义务和履行义务,它也包含着享有权利并行使权利,二者是相互统一、不可偏废的。

二、守法的意义

(一) 认真遵守法律,是建设社会主义法治国家的必要条件

中国共产党第十五次全国代表大会将“依法治国,建设社会主义法治国家”作为党领导人民治理国家的基本方略,为了实现这个基本方略,不仅普通公民要守法,党的各级领导干部和国家公职人员更要严格守法,依法办事。这是因为,一方面,他们手中握有一定的公共权力,另一方面,他们的行为在人民群众的心目中具有一种示范或榜样的作用。

(二)守法是组成并维系人类社会的基本保障

在现有条件下,没有守法,人类将陷入极度的混乱、无序和自相残杀的状态之中,维系人类生存的起码的基本生活秩序和正义秩序就不能具备,人类的生存将受到严重威胁,“社会”这种组织形式将不复存在,更谈不上谋求发展了。因此也可以说守法是人类进一步发展的基石之一。

(三)守法是全体人民统一意志、协调行动的重要方式

在国家的现代化建设中,只有统一了全体人民的意志和行动,才可能集中精力创造和巩固安定团结的政治局面,促进经济建设的顺利发展。我国社会主义法是全体人民共同意志的体现,反过来又指引和协调着全体人民在社会生活中的行为。只有全体人民自觉守法,社会主义法所体现的共同意志才能转化为全体人民的统一行动。

(四)守法是减少和解决社会矛盾的积极措施

在人民群众中难免会存在这样或那样的矛盾,对这些矛盾如果没有正确的解决办法,就可能使其恶化,给人民和国家造成损失。人民群众自觉守法,把法律作为自己的行为准则,许多矛盾就不会产生,起到减少矛盾的作用。有的矛盾一旦产生,自觉守法的人民群众也能运用法律手段予以解决。

(五)守法是制约权力滥用、防止腐败的有效手段

全体社会成员积极守法,自觉依法办事,包括国家机关严格按照法律规定行使权力、履行职责,就能保障权力始终在法律的轨道上运行,有效地制约或临督权力滥用,防止权力异化。

第二节 守法的根据

由于社会成员各自所处的环境、自身素质等因素的差异,决定了他们守法的动机、守法的根据不完全相同。在不同情况下,社会成员守法的根据也会不一样,有时往往是多种因素混合在一起。概括起来,守法的根据有以下几个方面:

一、法律的权威性

法律是由国家制定或认可的,由国家强制力保障实施,具有至上权威。国家法律一经颁布生效,不管社会成员的主观愿望如何,人人必须遵守,否则将招致国家的干预,受到相应的法律制裁。因此,法律的这种至上权威性,迫使人们在选择自己的行为方式时,不得不选择符合法律规定的行为模式。当然,某种非法行为所导致的结果的诱惑足以使行为人无视国家强制力的存在时,属于这种情况的例外。

如果社会上绝大多数人守法纯粹是由于法律的强制力所使然,那至少可以表明这个国家的法律与社会成员的利益要求是脱节的,或者表明这个国家阶级矛盾十分尖锐,利益矛盾十分突出。从广大社会成员的角度说,这样的法是"恶法"。同时,这种状态下的守法是暂时的、消极的、靠不住的。

二、良好的法律意识

法律制定出来后要在社会实践中得到社会成员的自觉遵守和服从,很大程度上取决于社会成员的法律意识状况。在法律意识中,占核心地位的是法律价值观。法律价值观是人们对法律及其法律现象的价值所形成的态度、认识、信仰、评价。法律价值观决定和支配着人们的行为趋向和行为选择。良好的法律意识即是对法律所形成的积极的价值观,建立在知法、知悉法律和崇尚法律的基础之上;良好的法律意识至少就要求社会成员知晓法律权利和法律义务,懂得什么是法律所允许的,什么是法律所禁止的,以及相应的法律后果;良好的法律意识使社会成员能够充分认识到现代社会中法律的重要功能和作用。社会成员如果不具备良好的法律意识,也就不可能真正辨明是否该遵守和服从法律,

也就不可能做到自觉地遵守法律。很难想象,在一个法律意识薄弱的国家里,社会成员会很好地积极地守法。

在现代社会,社会成员良好的法律意识首先应是“守法意识”,即尊重法律、遵守法律、严格依法办事的意识;其次是要培养和树立与现代法精神相适应的一系列现代法意识,即权利义务相统一的意识,法律公平正义意识,法律面前人人平等意识,民主自由人权意识,法治意识,契约意识,等等。

三、守法者的伦理道德观念

伦理道德观念是指守法主体关于家庭、婚姻、社会风尚、生活方式等方面的是与非、善与恶、荣与辱、正义与非正义、公平与邪恶等标准的总称。大多数的守法主体,其伦理道德观念受守法者所处的国家的传统伦理道德观念、社会及家庭伦理道德教育的影响,不同的伦理道德观念会形成不同的是非、善恶、荣辱等标准,从而直接或间接地影响到守法者对现行法律规范的认识与理解程度。通常,守法者的伦理道德观念与该国统治阶级的伦理道德观念一致,一般都会自觉自愿地遵守和维护该法律所保护的各种伦理道德规范。

四、守法者的个性心理素质

个性是指守法主体所具有的带有自身一定倾向性的心理特征的总和。它主要包括人的需要、动机、兴趣、理想、信念、世界观、能力、气质、性格等。人们在其内在生理素质的基础上和一定社会生活条件下总会形成自身特有的个性。个性一般可分为个性倾向性与个性心理特征两大方面。其中个性心理特征主要包括能力、气质、性格等。人的个性心理特征具有明显的个体差异,它对人们的思维方式及解决问题、处理问题的方式等具有重要影响。通常,当一个人具有较强的能力、良好的性格和气质,其对社会和他人的态度也会表现为积极向上、乐观豁达、心胸开阔,并且在对待和处理问题时往往采取乐观而理智的方式,做到自觉遵守法律。

五、良好社会的政治状况

一国的社会政治状况主要包括该国的社会制度、政治制度、各阶层在国家中的地位与力量对比、统治阶级管理国家采取的方式和手段等。不同社会制度下的国家会有不同性质的法律,从而决定人们的法律意识与政治意识程度,并进一步影响人们的守法程度。一般而言,一国的法律所反映的若是大多数人的意志和利益,具有普遍认同的公平与正义的精神实质,则大多都会得到社会上大多数人的拥护与自觉遵守和维护,反之则会受到大多数人的反对、抵触,直至公然违背。

六、良好社会的经济状况

一国的社会经济状况和经济管理体制对该国法律规范的内容有着决定性的影响。不同的经济发展状况必然会导致与之相适应的法律规范的出现。同时社会经济状况与人们的生活水平是息息相关的。当人们用合法的方式就能够满足自己合理的生活需要时,人们往往就会自觉地守法。此外,一国的经济管理体制是否科学、严谨,也会对人们的守法状况有重要的影响。如果经济管理体制不科学、不严密,就会被一些人趁机利用,进行各种经济违法犯罪活动,也会导致一些管理人员执法不严或腐败等现象的发生。因此,良好的社会经济状况是人们守法的物质保障,而人们的自觉守法又会给社会经济的发展创造良好的社会环境和经济秩序。此二者只有良性循环才会使国家呈现国泰民安的社会状况。

第三节 法律后果与违法

一、法律后果的概念和意义

(一)法律后果的概念

法律后果,是指法律关系的主体实施了合乎或违反法律规定的行为所导致的相应的法律上肯定或否定的后果。

法律后果是一种法定后果。法律后果与法律规范是紧密地联系在一起的。法律后果作为法律规范逻辑结构的不可缺少的组成部分,一方面以法律规范的行为模式为前提,另一方面以法律规定为其存在的形式。作为法律规范要调整社会关系和社会生活,不仅应该明确规定人们的行为模式,还应该规定与行为模式相适应的法律后果。如果没有行为模式,法律后果就失去了前提和基础;如果仅有行为模式,而没有法律后果,行为模式的内容的实施就没有保障。人们通常所讲的"法定主义"已不仅指刑法上的"罪刑法定主义",而是包括其他领域的整个行为模式及其法律后果的"法定主义"。

法律后果是由一定法律行为引起的后果。任何法律后果都是因为法律主体实施了一定的法律行为而产生的。同时,法律后果的种类、性质、方式和程度也是与法律行为的性质和情况相适应的。法律主体不论是按照法律规定的行为模式办事,还是违反法律规定的行为模式办事,都会带来相应的法律后果。符合法律规定的行为模式要求的行为,法律后果是肯定的;违反法律规定的行为模式要求的行为,法律后果是否定的。而且,由于具体的法律行为不同,肯定或否定的方式和程度也各不相同。有关国家机关、社会组织和社会团体,必须依照法定职权和程序对合法的行为主体确定并施予肯定性法律后果。对违法行为主体确定并施予否定性法律后果。如要追究犯罪分子的法律责任,给予必要的法律制裁,就必须由司法机关承担此项任务,其他任何机关、团体和个人都无权对犯罪者实施刑事制裁。司法机关在行使职权过程中,必须遵循程序法的有关规定。

(二)法律后果的意义

法律规范作为人们的行为规范,当然要规定人们的行为模式,明确、具体地告诉人们在法律调整的社会关系领域里应该如何行为,可以做出什么行为,必须做出什么行为,禁止做出什么行为。但在法律规范中仅有模式是不完善的,还必须规定与行为模式相适应的法律后果,对遵守法律的行为给予保护、奖励,对违反法律的行为给予否定、制裁。只有这样,法律规范才能成为衡量和评价人们的行为是合法行为还是违法行为,以及接受和承担相应的法律后果的统一尺度和标准;确立法律的权威,指导、调整和约束人们的行为,教育、激励和诱导人们做出合法行为,自觉守法;保证法律的实现,建立起符合统治阶级所代表的根本利益的法律秩序;实现法律的各种价值目标,等等。

(三)肯定性法律后果

肯定性法律后果是指法律主体因其合法行为所应承担或接受的法律上的后果。这种后果具体表现为对合法行为的合法性和有效性的肯定,对合法行为的保护和奖励。

法律给予合法行为的肯定、保护和奖励是由合法行为本身的社会有益性决定的,即法律主体实施符合法定行为模式的行为对国家、社会和集体所作出的贡献和有利于他人合法权益以及自身合法权益的实现。如果说社会危害性是违法行为的本质特征,那么社会

有益性就是合法行为的本质特征。因此,社会有益性决定了法律对合法行为施予肯定性法律后果的必然性,同时,社会有益性的程度决定了肯定性法律后果的表现形式和程度。

法律根据不同合法行为的社会有益性程度来确定不同的肯定性法律后果。对一般的合法行为,法律予以确认和保护;对社会有益性较高或很高的行为,法律除予以确认和保护外,还进行各种奖励。肯定性法律后果的具体形式是多种多样的,概括起来主要有以下几种:

1. 对行为的合法性予以确认。一般来讲,合法行为的合法性和有效性是由法律直接加以规定的,而不需要通过一定程序和方式特别认可。但是,当一种合法行为的合法性和有效性遇到非议或有争议时,就需要一定国家机关依法定程序进行判别和确认。

2. 对合法行为予以保护。对合法行为提供有效的保护,对于保障法定行为模式的实现和维护法律权威来说,是十分必要的。当合法行为和由这种合法行为所获取的合法利益受到不法侵害时,国家就运用法律手段对合法行为给予必要的保护。而这种保护主要是通过对违法行为宣布无效、撤销、给予惩罚和制裁来实现的。如《民法通则》保护公民、法人的民事合法行为及其所获权益,就是通过民事违法行为人承担民事责任的方式来实现的,包括停止侵害、排除妨碍、消除危险、返还财产和赔偿损失等。

3. 对合法行为予以奖励。在法学中,作为对肯定性法律后果的"奖励",是指法律对法律主体的合法行为及其成果所给予的积极肯定和奖赏。法律对社会有益性特别突出的合法行为,不仅要给予确认和保护,还要给予奖励。依法奖励是肯定性法律后果的重要方式和内容,它对于发挥法的教育、指引作用,调动全社会的守法积极性是必不可少的。在我国,奖励的形式是多种多样的,既有物质奖励,如奖金、奖品、加薪等;也有精神奖励,如表扬、记功、授勋等。这些奖励形式,既可单独使用,也可以合并使用。

(四)否定性法律后果

否定性法律后果是指法律主体因其违法行为所应接受和承担的法律上的后果。这种后果具体表现为对违法行为的否定、撤销和制裁。否定性法律后果是由违法行为的社会危害性所决定的。这就是说,社会危害性决定了违法行为主体必须承担否定性法律后果;社会危害性程度的大小,决定了否定性法律后果的方式及其程度。

否定性法律后果的具体形式是多种多样的,概括起来可以分为以下三个方面:

1. 对违法行为宣布无效。违法行为无效,一般无需法律具体规定。但某些具体的违法行为则需要法律明确宣布其无效,不受法律保护。如我国《合同法》第 52 条就规定"一方以欺诈、胁迫的手段订立合同,损害国家利益"等的几种合同无效。

2. 对违法行为予以撤销。撤销违法行为,在我国主要有两种情况,一是撤销抽象违法行为,如全国人民代表大会常务委员会有权撤销国务院制定的同宪法、法律相抵触的行政法规、决定和命令的行为;有权撤销省、自治区、直辖市权力机关制定的同宪法、法律、行政法规相抵触的地方性法规和决议的行为。二是撤销具体违法行为,如根据《民法通则》第 59 条的规定,应一方当事人的要求,人民法院或仲裁机关有权撤销行为人对行为内容有重大误解和显失公平的民事行为,都是撤销具体违法行为。

3. 追究违法行为人的法律责任,制裁违法行为。追究违法主体的法律责任,予以必要的法律制裁,是否定性法律后果的主要形式。

二、违法的概念与类型

(一)违法的概念和构成

违法就是指违反现行法律,给社会造成某种危害的、有过错的行为。违法概念有广义和狭义之分。广义的违法是指一切违反现行法律规定的行为,包括一般违法行为和犯罪。狭义的违法,则是指严重地违反法律,但未构成犯罪的行为。我们在这里是从广义上对违法进行论述的。

要正确理解和确认违法,还必须研究违法构成。违法构成是指法律规定的构成违法行为的各种要件的总和。在一般情况下,构成违法必须具备以下要件:

1. 违法的主体。违法的主体必须是自然人、法人或其他社会组织。动物、机器人等不能成为违法的主体。自然人从其出生时起就能成为违法的主体,法人和其他社会组织从其成立时起就能成为违法的主体。

2. 违法的客体。指为法律所保护而为违法行为所侵犯的社会关系。这些社会关系可能是物质性的,如财产所有权关系;也可能是非物质性的,如公民的人身权关系。违法客体是构成违法必须具备的要件之一。任何一种违法行为,不论其表现形式如何,都要侵害一定的客体。如果某种行为没有或者不可能侵犯任何客体,就不能认为是违法。

3. 违法的客观方面。它是指行为人违反法律规定的行为和由这种行为所引起的后果。首先,违法必须是行为,而不是一种思想。任何思想都不能构成违法。马克思讲:"只是由于我表现自己,只是由于踏入现实的领域,我才进入受立法者支配的范围。对于法律来说,除了我的行为以外,我是根本不存在的,我根本不是法律的对象。我的行为就是我同法律打交道的唯一领域,因为行为就是我为之要求生存权利、要求现实权利的唯一东西,而且因此我才受到现行法的支配。"其次,作为违法行为还必须有一定的危害社会的后果。违法行为的后果有两种情况:一种是违法行为实际造成了一定的损害结果;一种是违法行为虽未实际造成但有造成某种损害后果的现实可能性。

4. 违法的主观方面。它是指违法主体对其实施的违法行为及其危害后果所具有的过失或者故意的心理状态。违法必须是行为人在主观上有过错的行为。故意和过失是主观过错的两种形式。故意违法,是指违法主体明知自己的行为会发生危害社会的后果,并且希望或者放任这种结果发生的违法;过失违法,是指违法主体应当预见到自己的行为可能发生危害社会的结果,但由于疏忽大意或轻信能够避免,而使危害结果发生的违法。如果某种行为在客观上造成危害社会的结果,但行为主体在主观上没有故意或过失的心理状态,就不能认为是违法。如不可抗力和意外事件等。

上述四个方面是违法的一般构成要件,既包括客观要件,也包括主观要件。违法行为是主观要件和客观要件的统一。

(二)违法的种类

违法有不同的种类,按照不同的分类标准可将违法划分为不同的种类。依据各种违法行为所违反的法律规范的类别,可以把违法行为分为:刑事违法、民事违法、行政违法、违宪行为。

1. 刑事违法。刑事违法又称犯罪,是指危害社会、触犯刑事法规,依法应受刑罚处罚的行为。刑事违法是严重违法,与其他违法的主要区别在于,它具有更为严重的社会危害性。它对法律所保护的社会关系和社会秩序具有极大的破坏作用。

2. 民事违法。民事违法是指违反民事法规,应当追究民事法律责任的行为。民事违法主要有两种形式:一种是违约行为,即当事人在订立合同以后,违反合同的约定,不履行民事义务,就是违约行为;另一种是侵权行为,即非法侵犯他人的财产权利、人身权利,而使他人的财产、人身遭受损害的行为。

3. 行政违法。行政违法即违反行政法规,依法应当追究行政责任的行为。行政违法包括两种情况:一是国家工作人员在执行公务中违反行政管理法规的轻微违法行为;一是公民和法人违反行政管理法规的行为。

4. 违宪行为。上述四种违法无疑是违反宪法的,但是它们并不是这里所讲的特定意义上的违宪行为。违宪行为是一种特殊的违法行为。它主要是指两种行为:一是指国家机关制定的法律、法规、决定、命令、决议,以及采取的措施与宪法的原则和内容相抵触;一是指重要的国家机关领导人在行使职权过程中的行为与宪法的原则和内容相抵触。违宪行为通常危害全局,后果严重。

第四节　普法教育

一、普法教育是法治建设的一项重要的基础性工程

衡量一个国家是否实行了法治,一个重要标志就是公民的法律意识。在一个法治国家中公民都有较高的法律意识,人们知法、守法,甚至把法律作为一种生活的需要和信仰。因此,提高公民的法律意识,是实现法治的重要条件。如果人们的法律意识淡薄,再好的法律和制度也会因为得不到遵守和执行而起不到作用甚至形同虚设。而公民法律意识中的知法守法观念、法律情感、法律信仰及法治信念是可以通过教化而实现的。在公民中深入开展普法教育是法治的一项重要的基础性工程。

我国自 1986 年全国人大常委会通过《关于在公民中基本普及法律常识的决议》以来,一直把开展普法教育、提高全民法律意识作为社会主义法治建设的一项重要的基础性工程来建设。经过“一五”、“二五”、“三五”15 年的普法教育,人们的法律意识有了一定程度的提高。这不仅对于促进政治稳定、经济发展、社会进步起到积极的作用,而且对加快民主法制建设奠定了良好的思想基础。但是,我们应清醒地看到,普法教育在广度和深度上还不够,人们的法律意识还比较淡薄,轻法、厌法的心理仍然不同程度地存在,自觉守法和护法的社会风气远未形成,有法不依、执法不严、违法不究的现象仍然相当严重。为改变这种状况,一方面我们要对普法的方式方法进行改进,特别是改掉那些形式主义的东西;另一方面我们还应当从思想上对普法教育的长期性和艰巨性有一个充分的认识,把这项工作坚持不懈地做好,为依法治国,建设社会主义法治国家创造良好的基础。

二、普法教育的终极目标是使受教育者养成守法的品质

邓小平曾指出:“加强法制重要的是要进行教育,根本问题是教育人。法制教育要从娃娃抓起。”普法教育的最终目的是使受教育者养成守法的品质。守法品质主要包括法律知识、法治观念和守法行为方式等方面。法律知识是对法律内容及其意义的认识。法律知识的多少直接影响一个人的法律行为。一个人只有掌握了相应的法律知识,他才知道什么是可以做的,什么是不可以做的,什么是禁止做的,才知道从事这些行为的意义和法律后果,才有可能依法作出相应的行为,才有可能养成依法办事的习惯。法律知识是守法

的物质基础,是养成守法品质的前提。因此,普法教育应首先注意普及法律知识。普及法律知识的内容,应以宪法为主,包括刑法、民法、国家机构组织法、诉讼法等基本法律方面的内容,以及其他与人们有密切关系的法律知识。普及法律知识的重点对象应当是各级党政领导干部、执法人员和青少年。领导干部处在执法掌权的重要位置上,是经济建设和改革开放的决策者和带头人,他们法律意识的强弱,法律知识的多少,法律素质的高低,能否依法办事,直接影响到法律的实施,因此,应把领导干部作为普法的重点对象。执法人员是法律的具体执行者,他们执法水平的高低,直接关系到执法的质量和效果,关系到人民的切身利益。因此,执法人员法律素质的提高是非常重要的。而把青少年作为普法的重点对象,一是因为青少年犯罪仍然是一个值得重视的社会问题。青少年犯罪的原因很多,不知法、不懂法,缺乏最起码的法律知识是一个重要的原因;二是青少年是国家的希望和未来,因此,必须重点地对他们进行普法,使他们从小就知法、懂法、守法,初步树立起法律意识和法制观念。

有了法律知识还不够,还必须树立正确的法治观念,对法律抱有正确的态度,守法才具有正确的思想基础。法治观念是守法的思想基础和精神条件,是守法品质的核心。由于我国有几千年封建社会的历史,缺乏民主和法制传统,缺少执法和守法的传统。解放后,高度集中的计划经济体制和与之相适应的高度集权以及主要靠政策、行政命令、长官意志办事的方式,根深蒂固,致使人们的法治观念十分淡薄。观念是行为的先导,要适应我国依法治国的要求,首先必须转变旧观念,树立新的观念——要转变权力至上观念,树立法律至上观念;转变人治观念,树立法治观念;转变重刑轻民观念,树立刑民并重观念;转变义务本位观念,树立以权利为本,实现权利义务统一的观念等。对法律的信仰是守法坚实的思想基础。美国法学家伯尔曼说过"没有信仰的法律将退化成为僵死的教条","法律必须被信仰,否则它形同虚设"。宗教之所以受到教徒的无限膜拜,根本的一条是它在教徒的心目中是一种信仰。法律能否实施得好,关键也在于是否被人们所信仰。因此,通过长期有效的法制教育,树立全社会对法律的信仰具有十分重要的意义。

大量的实证研究表明,公民的法律认知要达到非常发达的程度几乎是不可能的,至少在现今任何一个国家中也没有表现出这种可能性。这主要是因为在分工不断发展,生活节奏加快的现代社会中,普通公众忙于生计,无暇深入研讨法律文献和考察法制的运转,而且,他们之中的多数人也未必有这方面的兴趣,加之现代法制的庞杂和法律服务机构的完备,也使很多公民宁愿以交换的方式换取法律服务而不愿增加时间(在现代社会时间已成为一种昂贵的资源)、投资去亲自从事全面深入的法律认知。到目前为止,不但发展中国家普通群众的法律知识是很有限的,即使发达国家也不能做到"人人知法"。因此,"在为建立现代法律秩序而进行的普法宣传中,传播新的权利义务观念和法律的基本原理和精神,似乎比向公众灌输大量的法律条文更容易收到预期的效果"。因此,在普法教育中,一方面应注重公民法律知识的普及教育,另一方面,更应该突出法治观念与法治精神的教化和培养。否则,法治建设的大厦将失去支撑其存在的"骨架"。

此外,我们还必须清楚,任何一种行为都是由内在方面和外在方面两部分构成,前者是引发外部行为的心理活动过程,后者是由这一心理活动所支配的外部的一连串动作。守法必须以一定行为表现出来,仅有法律知识或法律观念,没有行为,也就无所谓守法。作为守法品质的守法行为必须是法律知识和法治观念的外化,即必须是实现了法的"自我

内化"后的外在表现。其具体表现为一种积极的守法方式。

三、普法教育的路径选择

人们的法律意识和良好守法品质是不会自发形成的,它必须通过包括普法教育在内的多种手段和措施有意识地加以培养才能形成。特别是在我们这样一个全民法律意识淡薄,许多人不懂法、不知法的泱泱大国,法律意识的培养和良好守法品质的养成是相当艰巨的,要经过一个长期的过程,为使普法教育这一项长期而艰巨工程有效地进行,普法教育途经的选择是至关重要的。普法教育的有效途径一般说来主要有:法学教育、法学研究、大众传播媒介和司法实践等。

法学教育是培养法律人才的主要途径,而法律人才又是普法的骨干力量。法学教育发达,法律人才辈出,宣传和传播法律的人也就越多,人们的法律意识也就会日益提高和发达。法学研究主要是研究法学的理论问题和法律实践意义的成果,通过各种途径的传播,对提高人们的法律意识也有相当大的作用,因此,法学研究在普法教育这个系统工程中的地位也是非常重要的。因此,在依法治国,建设社会主义法治国家的今天,大力加强法学教育和法学研究,对于培养和提高人们的法律素质具有极其重要的战略意义。

利用大众传播媒介进行普法教育是一种涉及面很广,影响力很大的途径。它与其他途径相比,具有广泛性、普遍性、统一性、时效性、生动性等优点,它能够产生迅速而广泛的影响,同时很容易在社会上形成一种舆论和气氛,使法制观念潜移默化,深入人心。随着社会的进步和人民生活水平的提高,大众传播工具普及率的大大提高,利用大众传播媒介进行普法教育将会涉及面更广,影响力更大。我们应当充分地使用大众传播媒介,把它作为普法教育的重要手段。

现实的教育是最生动实际、最有效的教育,对人们的思想有着最深切的影响。司法机关适用法律、审理案件的过程,就是对当事人和广大公民最好的教育。我国法律规定的公开审判制度、调解制度、辩护制度、法律服务(援助)制度等,不仅能够使人们通过直观的、现实的途径获得对法律的感性认识,而且还能够对人们的心理产生强烈的影响。司法实践是普法教育的最直接、最现实的途径。不过这种途径的有效性是建立在严格、公正的司法上。如果司法机关对某一案件的处理是公正的、合理合法的,那么,它产生的效果就是积极的,人们会因此对法律产生肯定的评价和情感,并使原本消极的法律心理状态向积极的法律心理状态转化。反之,则容易使人们对法律产生否定的评价和情感,使积极心理向消极心理转化,甚至可能会对整个法律丧失信心,进而对法持一种蔑视的态度。因此,要保证这条途径的积极有效,建立公正的司法制度,推动司法公正、公开、公平是非常重要的。

推荐阅读

1. 胡旭晟:《守法论纲——法理学与伦理学的考察》,载《比较法研究》,1994 年第 1 期。

2. 郝铁川:《社会变革与成文法的局限性:再谈良性违宪兼答童之伟同志》,载《法学研究》,1996 年第 6 期。

思考题

1. 什么是守法？守法的构成要素有哪些？

2. 守法的根据和理由是什么？

3. 守法的主客观条件有哪些？

4. 普法教育的途径有哪些？

第三十章　执法

学习提示：执法是法律运行中非常重要的形式之一，也是我们日常生活中最常见的法律运行形式。执法水平直接影响到我国法治建设的成败，因而学习执法一章对我们而言有着重要的现实意义。在本章的学习中应密切联系我国的实际，发现我国执法活动中所存在的问题。

重点问题：

1. 执法的概念、特点、种类
2. 执法的依据
3. 执法的主要原则

第一节　执法

一、执法的含义和地位

执法是法律执行的简称。一般的法理学教科书中往往把执法定义为国家行政机关及其公职人员依法贯彻、执行法律的活动。其实，执法的主体并不限于国家行政机关，还有社会组织。因此，执法应该是指有权的国家机关、社会组织及其公职人员依照法定职权和程序，拟定具体办法，提供服务与设备，支付经费，促使有关社会公众遵循法律的活动和行为过程。

执法有广义和狭义两种含义。广义的执法是指一切执行法律的活动，包括国家行政机关、司法机关及其公职人员，依照法定职权和程序，贯彻执行法律的活动。这种意义上的执法，既包括国家行政机关的执法活动，也包括国家司法机关的司法活动。通常全国人大以及地方人大每年搞的"执法大检查"，即是在广义上理解和运用执法概念的；狭义的执法，仅指国家行政机关及其公职人员依照法定职权和程序，贯彻执行法律的活动，称为"行政执法"。本章所讲的执法即为后一种意义上的执法。

二、执法的主体

一般地说，依据法律规定或有效授权，有资格成为行政执法权的行使者的机关和人员就是行政执法的主体。

在我国，行政执法主体的产生主要有两种渠道：一是根据法律规定依法产生和获得，即要成为享有执法权的执法主体，必须要有法律根据。法律根据一般分两种：一种是由宪法来确认，如我国宪法规定和确认了各级行政机关的法定地位、作用和任务；另一种是由具体法律、法规确认。其中又可分为由有关组织法确认的执法主体和由有关行政法确认的主体。二是根据法定的授权产生和获得，即在特殊情况下，一些不具有执法主体资格的机关，可以根据宪法和法律的有关规定，经由享有授予权的国家行政机关授予该机关行使执法权。如我国《行政处罚法》第 17 条规定:"法律、法规授权的具有管理公共事务职能的组织可以在法定授权范围内实施行政处罚。"第 18 条规定:"行政机关依照法律、法规或规章的规定,可以在其法定权限内委托符合本法第 19 条规定条件的组织实施行政处罚,行政机关不得委托其他组织或者个人实施行政处罚。"《行政处罚法》第 19 条规定的条件是:依法成立的管理公共事务的事业组织;具有熟悉有关法律、法规、规章和业务的工作人员;对需要进行技术监督或技术鉴定的违法行为有条件组织进行相应的技术监督或技术鉴定。这就是说,一些管理公共事务的事业组织在经过法定授权后即可拥有执法资格,成为执法主体,行使执法权力。

根据宪法和法律的有关规定,我国的行政执法主体主要有以下三类:

第一类是中央和地方各级政府,包括国务院和地方各级人民政府。我国宪法规定,国务院既是国家最高权力机关的执行机关,又是最高国家行政机关。凡涉及全国性行政管理的一切重大问题,国务院均有权全权决定。地方政府由四级构成,即省、自治区、直辖市人民政府,自治州和设区的市人民政府,县人民政府和乡、镇人民政府。它们是中央政府领导下的国家行政机关,是地方各级国家权力机关的执行机关,负有执行国家宪法、法律、行政法规及地方性法规的重要职能。其执法权限和职能都由法律作出规定。

第二类执法主体是各级人民政府中享有执法权的下属机构——行政部门。根据我国有关法律规定和有关行政立法的法制实践,可以成为行政执法主体的行政部门主要有:工商、税务、物价、金融、公安、海关、交通、外汇管理、城建、土地管理、技术监督、烟草专管、商标、专利等等。这是一个范围非常广泛的执法主体,它们在各自的领域内,按照法定的职权范围行使着自己的执法权力。

第三类执法主体是那些因法律、法规授权而具有管理社会公共事务职能的组织和按照法律、法规规定,由国家行政机关委托授权的依法成立的管理公共事务的事业组织。如中国人民银行被授权行使中央银行的权力,对各专业银行的活动有权实行行政监督,对违法行为有权进行行政处罚;各级仲裁委员会有权对各种争议进行仲裁;各级劳动教养委员会有权对违法人员作出实行劳动教养的处罚决定等。与前两类不同的是,它们的主体资格不是法定的,而是经法律或国家机关依法授予的。在授予这类主体的执法权时,必须坚持两条原则:其一,授权必须有法律依据,无法律依据不能授予;其二,授权必须严格依照法定条件,不能随意扩大授权。

三、执法的特点

(一)执法主体的特征

执法的主体是行政机关及其工作人员,以及依法律规定被授权的组织。其他任何机关、组织和个人都不能成为行政执法的主体。司法机关适用法律的行为是司法行为,其他组织或公民个人遵守法律的行为是守法行为。

(二)执法行为的主动性和单方面性

我国宪法规定,国家行政机关是国家权力机关的执行机关,其基本使命和任务就是执行国家权力机关制定的法律、决定、命令和指示,并贯彻、实施执政党的路线、方针和政策。这意味着,执法既是国家行政机关对社会依法进行全面组织和管理的一项权力,又是国家行政机关所应当承担的一种职责。因此,大量的执法行为不需要相对人的请求和同意,仅以行政机关单方面的决定而成立,否则就是执法主体的失职。如国家行政机关依法命令

某些单位或个人纳税，命令司机或行人遵守交通规则等。

(三)实务性

与制定普遍性行为规则的立法不同，执法是一种实施性质的活动，其实质在于解决各种具体问题。也就是说，执法主要针对具体的事件或特定的人，它将直接产生法律效果。执行过程中的决策、组织、沟通、协调、控制、监督等一系列前后密切衔接的环节，都有具体任务和相应的计划、措施、要求和程序，都涉及到人力、物力、财力和信息的调配和落实。执法的这种实务性，要求执法者忠于职守，踏踏实实，反对夸夸其谈和相互推诿。

(四)重复性

法律是一种普遍性、一般性规范，因而法律的执行都不是一蹴而就的，而是多次的反复，这也是执法不同于立法的地方。

(五)执法的权威性

法的执行是以国家的名义对社会进行全面管理，具有国家权威性。这是因为，首先在现代社会，为了避免混乱，大量法律的内容是有关各方面社会生活的组织与管理。其次根据法治原则，为了防止行政专横，专司社会管理的行政机关的活动必须严格依照立法机关根据民意和理性事先制定的法律来进行。

(六)执法的主体的法定性

执法主体是国家行政机关、法律授权、委托的组织及其公职人员。目前在我国，执法主体可以分为两类：

第一类，是中央和地方各级政府，包括国务院和地方各级人民政府。

第二类，是各级政府中的行政职能部门，如公安行政部门，工商行政部门，教育行政部门等等。

第三类，是法律授权或委托的组织和人员。

(七)执法具有程序性和效率性

执法的程序设计必须要以效力为首要的价值，其次才是追求公开、公正、公平的“三公原则”，并以程序保障公正。

第二节　执法的种类

执法的范围很广泛。按照不同的标准，可以对执法作不同的分类：根据执法行为的性质、内容不同执法可以分为：

一、行政监督

行政监督是指国家行政机关的内部监督。我国宪法和法律赋予上级行政机关对下级行政机关行使权力的监督权。宪法规定，国务院统一领导各部和各委员会的工作，有权改变或者撤销各部、各委员会发布的不适当的命令、指示和规章，有权改变或者撤销地方各级国家行政机关的不适当的决定和命令，有权考核和奖惩行政人员。《中华人民共和国地方各级人民代表大会和地方各级人民政府组织法》规定，县级以上的地方各级人民政府领导所属各工作部门和下级人民政府的工作，有权改变或者撤销所属各工作部门的不适当命令、指示和下级人民政府的不适当的决议、命令。行政机关内部设置职能部门、专门机关或主管部门实施各类监督，如审计监督，财务监督，人事监督以及对所属企、事业单位的

监督等。上述监督,都具有强制力,能直接产生法律效果。还有行政首长对下级人员实行领导关系的监督。下级机关或工作人员也可对上级机关或领导实行监督。监督的形式有多种多样,主要有工作报告、执行检查、审查、专案调查等。

无论是从行政管理功能的角度,还是从民主与法制的角度,或者从现实的情况来看,行政监督都有着十分重要的意义。现代国家的行政管理是纵横交织、瞬息万变的动态管理。行政决策、执行、咨询、信息和监督等许多功能和环节组成一个互为依存的、有机的管理系统。行政监督是这个系统的不可缺少的重要组成总值。在行政管理过程中,它可以保障行政决策的正确运用,防止和纠正执行过程中偏离决策目标的行为。它通过信息系统可以及时将执行决策的运行和结果反馈回决策中心,使决策中心根据情况决定是保持原有决策,还是进行决策修正。可见,没有行政监督,行政管理的功能就不完善,行政环节就要中断,不会有整体的效应,从而,也就不能保持行政管理的社会主义方向。

在社会主义国家里,人民是国家的主人,人民理所当然地要参加管理国家。人民群众参加了国家管理,就可以促使国家行政管理的高效率。同时,人民群众参与监督,就能更好地保证他们的民主权,使他们在各种法定的场合对政府机关的工作提出批评建议。而国家行政机关及其工作人员只有置于这种监督之下,才能有效地克服官僚主义,不断地改进工作,更好地为人民服务。

二、行政处理

行政处理是行政主体为实现相应法律、法规、规章确定的行政管理目标、任务,而依法处理涉及行政相对人某种权益的事项的行政执法行为。行政处理包括行政许可、行政征收、行政给付。

1. 行政许可。行政许可是行政主体应行政相对人申请,通过颁发许可证、执照等形式,依法赋予行政相对人从事某种活动的法律资格或实施某种行为的法律权利的行政执法行为。行政许可是一种采用颁发许可照、执照等形式的要式行政行为。行政许可因是赋予行政相对人一定的法律资格或法律权利,且此种法律资格、法律权利是在一定时期内有效的,具有此种法律资格、法律权利的人凭此资格、权利可进行其他个人、组织不能进行的某种活动,实施其他个人、组织不能实施的某种行为,故该行政行为必须有特定的形式要件,主要是许可证、执照。

2. 行政征收。行政征收是指行政主体根据国家和社会公共利益的需要,依法向行政相对人征收税款、征集兵役、征用财产等行政执法行为。行政征收的目的是保障国家和社会公共利益的需要。如收税是为了保障国家财政的需要;征兵是为了保障国防的需要,征用财产是为了保障国家建设或应付各种特殊紧急情况需要。行政征收行为是根据宪法关于公民基本义务的规定。宪法第 54 条规定了公民维护祖国安全、荣誉和利益的义务,第 55 条规定了公民服兵役的义务,第 56 条规定了公民纳税的义务。宪法关于公民的这些基本义务的规定正是行政主体实施行政征收行为的基础,行政主体实施行政征收行为也正是公民实现其基本义务的途径。

三、行政强制

在目前中国行政法学中,行政强制是一个比较具有争议性的概念。根据《行政强制法》(征求意见稿)的立法框架,一般认为:所谓行政强制,是指行政主体为维护公共秩序和公共利益以及实现行政目的而直接或申请法院对行政相对人采取强制性措施的行为。比

如在2003年SARS时期，为控制"非典"疫情扩散，政府对部分居民实行强制隔离措施。中国行将制定的"行政强制法"将行政强制总体上分为行政即时强制（简称即时强制，下同）和行政强制执行两大类。即时强制与行政强制执行都以基础决定为前提，以是否能够期待相对人自动履行义务（从时间上的允许性和义务类型的可能性两方面考察）为人权关怀，都是执行性活动。两者最大区别是即时强制的基础决定与强制执行直接相连，两者间无相对人自动履行的可能；行政强制执行的基础决定与强制执行之间存在一个时间上的空隙，其间行政主体可以从容为催告程序敦促相对人自动履行，或因催告程序无意义而从容为直接强制执行。

四、行政复议

行政复议，是指当事人对行政机关的行政处理决定有意见，向行政机关提出要求重新处理的一种制度。是公民法人或其他组织通过行政救济途径解决行政争议的一种方法。提出行政复议的人，必须是认为行政机关行使职权的行为侵犯其合法权益的法人和其他组织。当事人提出行政复议，必须是在行政机关已经作出行政决定之后，如果行政机关尚没作出决定，则不存在复议问题。复议的任务是解决行政争议，而不是解决民事或其他争议。当事人对行政机关的行政决定不服，只能按法律规定，向有行政复议权的行政机关申请复议。行政复议，以书面审查为主，以不调解为原则。行政复议的结论作出后，即具有法律效力。只要法律未规定复议决定为终局裁决的，当事人对复议决定不服的，仍可以按行政诉讼法的规定，向人民法院提请诉讼。

五、行政裁决

行政裁决是指行政机关根据法律授权，主持解决当事人之间发生的与行政管理事项密切相关的特定的民事纠纷的活动。行政裁决是行政机关行使行政职权的活动，属行政行为的性质，不同于国家司法机关或社会团体解决纠纷所作出的司法裁判、民间仲裁等。但行政裁决是行政机关作为中间人，裁断平等主体之间的民事纠纷，具有一定的限制性，只有当民事纠纷与行政管理事项密切相关时，行政机关才能依法裁决处理。行政裁决民事纠纷有助于行政目标的实现，也有利于纠纷的及时解决。行政裁决的程序是一种准司法程序，表现在行为的方式，更主要还体现在其行为的程序上，必须按法律明确规定的程序，客观公正地审查证据，调查事实，依法作出公正的裁决。

六、行政调解

调解，是指发生纠纷的双方当事人，在第三者的主持下，通过第三者依照法律和政策的规定，对双方当事人的思想进行排解疏导，说服教育，促使发生纠纷的双方当事人，互相协商，互谅互让，依法自愿达成协议，由此而解决纠纷的一种活动。按照我国法律规定，行政调解，是国家行政机关依照法律规定，在其行使行政管理的职权范围内，对特定的民事纠纷及轻微刑事案件进行的调解。调解的范围包括民事纠纷、经济纠纷和轻微的刑事纠纷。

行政调解与法院调解相比，同人民调解一样，属于诉讼外调解，所达成的协议均不具有法律上的强制执行的效力，但对当事人均应具有约束力。因为，行政调解和人民调解一样，均是在自愿的基础上所进行的调解活动，按照现有法律规定，当事人对所达成的协议，都应当自觉履行。因此，可以说行政调解所达成的协议，仍应与人民调解所达成的协议一样，对当事人具有约束力。

第三节 法的执行主要原则

一、依法行政原则

依法行政原则是法治原则在行政执法活动中的具体体现,是现代法治国家对行政活动提出的最基本也是最重要的一个原则。在国家的三大职能中,行政职能占居着非常重要的地位。首先,现代国家中行政管理的范围十分广泛,行政事务非常繁杂,行政承担着比立法、司法更加普遍、更加日常性的事务。行政活动的每一领域,每一方面都事关国计民生和社会经济、政治、文化等的发展。因此,在行政活动中坚持依法办事,贯彻依法行政原则,是建立国家正常法制秩序、维护国家机器正常运转的重要保证。其次,现代国家行政权力呈逐渐扩张趋势,行政权能越来越大。如果不要求行政执法活动依法行政,就有可能出现行政权力的极度扩大和滥用,行政越权、行政腐败等现象就有可能发生,使人民的权益受到损害,政权的性质受到威胁。因此,必须对行政执法主体进行有效的制约和监督。法律一方面保障国家行政机关能够充分行使自己的行政权力,使行政活动具有应有的权威性,另一方面又必须限制行政权力的滥用,以保障行政机关能正确行使法律所赋予的各种职权。

依法行政原则的另一层含义,就是越权无效。即执法主体不能在职权范围以外行事,否则无效。这是对"执法守法"的反证。因为行政机关在国家生活中占有特殊重要的地位。行政机关是国家的公共管理机关,其活动涉及国家和社会的一切方面,关系到人民群众的切身利益。同时为防止行政机关滥用权力。行政权是国家权力中的一项极为重要的权力,法律一方面规定了通过法律手段对社会生活及国家事务进行管理的方式、方法,为行政机关的管理活动提供了法律依据;另一方面又对行政权的行使规定了限度、限制和程序,从而在实体上和程序上防止滥用行政权。

二、公正性原则

法律执行必须公平正义。这意味着:(1)在法律面前,所有的接受者都是平等的,执法者不得根据一己好恶和情感亲疏而区别对待;(2)立法者、执法者和接受者也是平等的,在法律面前,既应同等受益,也应履行同等义务,而不允许以权谋私和逍遥法外。应该说,公正原则不仅是一个法治原则,也是一个基本的社会原则,是现代法治社会对所有国家活动和社会活动的总体要求。而对行政执法活动来说,坚持公正原则又有其特殊的意义。由于行政执法活动的广泛、细密和多样性,法律、法规对所有的行政事项不能、也不可能预先都规定得绝对周密和具体。这就要求行政执法者的执法行为必须公正。对行政相对人的处理应一律平等,严禁打击报复或谋取私利,以维护行政执法的权威和尊严。

三、合理性原则

执法主体在执行法律时,必须客观、适度,符合理性的要求。这是因为法律不见得都是尽善尽美的,合法的未必合理。这涉及到执法过程中自由裁量权的运用。执法活动中的自由裁量,是指执法主体在法律条文中无明确、具体的规定的情况下,可以自行确定适当范围,或选择适当的方式和手段来执行法律。一般说来,凡是在法定范围内行使自由裁量权都是合法的,即使行使不当,也不构成违法。然而,不正当地行使自由裁量权,也会对社会公众合法权益造成损害。这就要求执法行为不仅要合法,而且要合理。其主要内容

和要求是：

（一）行使自由裁量权的动机必须符合立法原意，而不能与之背离或抵触。如对抗拒纳税者加重处罚，只能是为了维护税法尊严，巩固国家税收，而不能出于公报私仇或以权谋私。

（二）行使自由裁量权必须裁量适度，合情合理。如我国1995年颁布的《食品卫生法》第39条规定，违反该法有关规定，情节较重，没有违法所得的，处以1000元以上5万元以下罚款。很显然，这个自由裁量幅度是比较大的，需要执法人员合理作出。

（三）行使自由裁量权应参照以往惯例，尽量避免对性质相同、情节相近的违法案件作出大相径庭的处理。

（四）行使自由裁量权必须考虑相关因素，排斥非相关因素，而不能相反。如对不履行法定义务者的处理，应考虑其情节、后果和有关法律的规定，而不能考虑其有无特殊背景等。

四、效率性原则

执法的效能是指在保证合法、公正、合理的前提下，国家行政机关及其他执法主体能以"低成本、低投入"，达到"高产出、高收益"地执行法律，有效地发挥其功能以取得最好的行政执法效果。也就是说，要使执法活动既能迅速、准确、高效，又能合法、合理、公正。行政工作涉及面广，影响力大，对国家的整体发展起着举足轻重的作用。如果不注重执法效能，将会对国家的发展带来极为不利的影响。我国目前的任务是，以经济建设为中心，大力发展社会主义市场经济。行政工作也必须围绕这个中心来进行。行政执法者在处理有关行政事务时，应抓紧时间，快捷反应，不能久拖不决。只有这样才能使国家的经济、政治、文化等各项工作不因行政执法的低效而受到阻滞，才能取得比较好的经济效益和社会效益，提高国家的管理效能。

推荐阅读

1. 何勤华：《法国行政法学的形成、发展及其特点》，载《比较法研究》，1995年第2期。
2. 姜明安：《论行政执法》，载《行政法学研究》，2003年第4期。
3. 徐昕：《法律的私人执行》，载《法学研究》，2004年第1期。

思考题

1. 执法的概念和特征是什么？
2. 执法的种类有哪些？
3. 我国的执法体系是怎样的？
4. 执法的原则有哪些？

第三十一章 司法

学习提示：司法是国家司法机关根据法定职权和法定程序，具体应用法律处理案件的专门活动。在法律运行中司法活动居于中心地位，在司法活动中最能集中体现以法律这种手段来调整社会关系的特点。司法这一章是连接法理学与诉讼法学的重要环节，因此在这章的学习中应当以司法权的运行为线索来学习。

重点问题：

1. 司法的概念、特征
2. 我国现行的司法体制

第一节 司法的概念和特征

一、司法的含义

司法，亦称法的适用，是指国家司法机关依据法定职权和法定程序，具体应用法律处理案件的专门活动。它与行政执法一样，是法的实施的重要方式之一。

司法作为国家的一种职能，是随着国家的产生而出现的，并随着社会和国家的发展而发展。在不同的制度下和不同的历史时期，司法主体、司法权的具体范围、司法活动的原则等方面的内容也不一样。

司法主体即行使司法权的司法机关，在实行三权分立的西方国家里，司法权由法院来行使，法院便是司法机关，亦即司法的主体。在我国，按照现行法律体制和司法体制，司法权一般包括审判权和检察权，审判权由人民法院行使，检察权由人民检察院行使。因此，人民法院和人民检察院便是我国的司法机关，亦即司法的主体。除此之外，其他国家机关、社会组织和个人都不是司法的主体，都无权行使司法权。公安机关、国家安全机关和司法行政机关的执法活动，虽与审判机关和检察机关的司法活动联系密切，但不属于司法机关司法范围，而是属于行政执法的范围。

司法机关在其职权范围内，依法处理各种案件，包括刑事案件、民事案件、行政案件、经济案件和违宪案件等。司法机关正是通过处理各种案件，解决法律纠纷，惩罚违法犯罪，保障公民和社会组织的合法权益，维护社会秩序，实现国家的司法功能。司法是司法机关按照职权依法处理案件的活动，因此，司法机关不在其职权范围内的法律活动，或虽在其职权范围内但不是审理案件的活动，都不属于司法活动。

二、司法的特征

司法，作为国家职能机关的一项专门活动，也具有不同于其他国家机关活动的特征：

(一)司法主体的职权是法定的

首先，司法是司法机关行使司法权的活动。司法机关代表国家适用法律，审理案件，

以保障公民权利,处罚各类犯罪,维护社会秩序,体现国家的司法功能。这项职权的取得是由国家法律规定的,只能由享有司法权的国家司法机关及其公职人员行使,某些经法律授权的非行政机关的社会组织也可以成为执法主体;司法活动只能由司法机关进行。除此之外,其他任何机关、组织和个人都不能成为法的适用的主体。其他任何国家机关、社会组织和个人都不能行使此项权力。因此,它具有很强的专门性。

其次,行政机关所享有的执法权限根据该机关的性质和级别不同而不同,中央政府和地方政府、上级政府和下级政府的执法权限不同,政府各职能部门的执法权的内容也不一样;司法权包括审判权和检察权,它们各自也划分为不同的级别,每个级别所包含的内容也不一样。这些权力的界限和具体的内容都不以某机关或某个人的意愿而改变,它们均是由相关的法律予以明确规定的。

(二)司法活动是有严格程序规定的

司法是以处理解纷、伸张正义为内容的。一般说来,不存在纠纷的法律关系是不进入司法程序的。只有发生了诉讼,有具体诉求的公诉和自诉案件,才是司法的工作对象。司法的根本目的,是通过审理诉讼、解决纠纷,维护社会的基本正义,使社会保持正常的法律秩序,进而推动社会文明的进一步发展。因此,严格的程序性是司法的最重要、最显著的特征之一。在我国,司法活动的程序相对集中,目前根据法律关系的不同性质,把司法内容分为3类,即刑事司法、民事经济司法和行政司法,同时也规定有与之相适应的三个程序法。司法机关在处理具体案件时,必须根据案件的不同性质适用相应的法定程序。这是保证司法公正的必要手段。离开了这些法定程序,诉讼当事人的合法权益就很难保障,国家法律的正确适用也很可能成为一句空话。

(三)裁决权威性

司法是国家专门机关进行的专门活动,它们以国家强制力为后盾。因此,这些机关在司法过程中所作出的裁判或决定具有极大的权威性,非经法定程序,任何单位和个人都不能随意更改、废除。这些裁决一经生效,对有关当事人就具有法律效力,必须切实执行,若拒不执行生效的裁决,由有关机关依法强制执行。

三、司法体制

(一)司法体制概述

司法体制是指国家宪法所规定的享有国家司法权能、依法处理案件的专门组织机构所构成的体系。是由国家的政治体制决定的。在我国有审判制度、检察制度、侦查制度、公证制度、调解制度、劳改劳教制度等等。有的学者认为,它是司法制度的外在的具体表现的实施形式。现阶段,我国司法体制的整体机构设置,有公安、检察、法院、司法行政各部门。各有各的分工、权限,相互间有配合、制约关系。中国共产党的政法委员会,对各司法部门实行组织上的领导和业务上的指导。我国司法体制在打击犯罪,维护经济秩序,保障公民的合法权益,进行法制宣传教育,培训政法人才,调解民间纠纷,改造罪犯等各个方面,做了大量的工作,确保了国家的安定、人民的幸福,成就是巨大的。

(二)司法体制的类型

1. 检察机关是否是司法机关,各国规定不同。有些国家把检察机关作为行政机关的一部分,有些国家则把司法机关作为司法机关。

2. 民事法院和刑事法院。

3. 初审法院、上诉法院和终审法院。

4. 普通法院和专门法院。

5. 联邦法院和州法院。

第二节 司法的基本要求和原则

一、司法的基本要求

当公民、法人或其他社会组织在一定的法律关系中,依靠自己的能力无法实现依法确立的权利和义务时,需要司法机关适用法律予以解决,以维护当事人的合法权益。而进行司法活动需要满足以下条件。

(一)公正性

首先,法的正义价值在司法中的直接体现就是公正要求。公正是司法工作的灵魂、生命和永恒主题,是保障公民权利、维护社会正义的最后一道屏障和安全网,也是建设法治国家的一项必备条件,神圣职责,代表着社会的公平和正义。在我国,随着市场经济的建立,体制转换过程中所产生的矛盾也必然要求通过法律手段来解决,这就对司法公正提出了更高的要求。当前,为了做到司法公正,提高办案质量,必须坚决杜绝执法不严,警惕和防止司法腐败。所谓司法腐败,就是指某些掌握国家司法权力以及可以影响司法权力行使的工作人员在司法过程中,利用手中的权力,进行以权谋私、权钱交易的活动,以致影响司法公正的一种社会现象。历史事实说明,司法腐败影响恶劣,危害极大,是滋生和助长其他腐败的重要原因。司法腐败的最终结果,只能是否定司法自身。如果这个问题不解决好,改革开放和现代化建设就没有坚强的政治保证,甚至有导致亡国之危险。为了达到司法公正的目的,为了解决司法腐败问题,需要改革我国现有的司法体制,改革审判方式。

其次,是指司法机关对案件事实的认定要正确。这就要求司法机关在审理案件过程中必须深入调查研究,掌握确凿证据,了解事实真相,以确定案件的客观真实性。这是正确处理案件的基础。

最后,是对案件的定性要正确。确定案件的性质,是正确适用法律的前提,一个定性不准的案件,是不能指望得到正确的审理的。所以司法机关在处理案件时,先要分清案件是刑事的、民事的、经济的,还是行政的案件,然后再根据其不同性质,确定方式。行政、刑事案件是围绕违法犯罪事件查清事实,追究法律责任;经济、民事案件是围绕纠纷的焦点,查清对解决纠纷有意义的事实,分清责任。如果不能正确定性,要分清罪与非罪、此罪与彼罪的界限将是非常困难的。再次,司法机关的处理结果要正确。在正确认定了事实和准确定性之后,还要正确地选择适用的法律,做到裁决公正,不枉不纵,使罪刑相当,宽严轻重适度,违法行为与处罚结果相适宜。

(二)救济的及时性

司法活动是对权利的救济,这有两方面的含义:一是指司法活动的各个环节和步骤都要遵守法定期限,及时处理。我国民事诉讼法、刑事诉讼法和行政诉讼法根据各自不同的要求,在许多阶段都规定有办案的时间要求。违犯这些规定和要求,超越时限办案,不仅给当事人带来痛苦,给社会带来负担,也是司法人员职务上的违法,应该承担相应责任。二是及时还意味着讲求办案效率。司法工作的效率因素包括案件审理成本、诉讼成本和

法律适用的社会价值。审理成本和诉讼成本是必须消耗的,但如果能缩短办案时间,提高办案效率,就能降低两者的消耗,较好地实现法律的社会价值,从而提高社会效益。因此,就要求司法机关在保证办案质量的前提下,加快办案速度,尽快审结案件。

(三)高效性

所谓"高效",要求对案件的处理讲究效率,不能久拖不决。高效,首先要求司法机关以高度的责任感,对国家和人民负责,不断地改进工作,提高效率,及时结案。目前,在我国司法实践中,案件超审限和久拖不决的现象令人们视诉讼为畏途,已成为影响司法公正的突出问题。其次,高效还包括严格遵守司法程序的具体环节上的期限要求。如我国《民事诉讼法》规定,法院在接到起诉状后,应在7日内决定是否立案,立案即表受理;受理后5日内向被告送达起诉状副本,当庭宣判后在10日内送达判决书。法院适用普通程序审理的案件,应当在立案之日起6个月内审结;适用简易程序审理的案件,应当在立案之日起3个月内审结。《刑事诉讼法》规定,对于犯罪嫌疑人逮捕后的羁押期限一般不得超过2个月;检察院在接到公安机关移送的案件后,一般应在1个月内作出决定;法院审理公诉案件应当在受理后1个月内宣判,至迟不得超过一个半月,如此等等。为了提高司法效率,现代社会创制了发达的速决、简易程序。实质上,所谓的控辩对抗式诉讼是很不经济的诉讼。即使是在美国,对抗制审判也仅仅适用于少数案件,绝大多数案件都以简易方式不经庭审快速解决。我国现行《民事诉讼法》专章规定了简易程序,修改后的《刑事诉讼法》专节增加了简易程序的规定。

二、司法的基本原则

司法的基本原则是指在司法过程中必须遵循的基本准则。根据司法的基本要求,司法的基本原则有以下几项:

(一)以事实为根据,以法律为准绳

以事实为根据,以法律为准绳是司法首先必须遵循的原则,其实质是坚持实事求是的辩证唯物主义思想路线,严格依法办事,保证办案质量。以事实为根据,指的是法律适用机关审理案件、处理问题,只能以法律事实作为唯一依据,而决不能以主观想象、主观分析和主观判断作为依据。任何案件事实都是客观存在的,是不以人们的意志为转移的。办案人员的首要任务就是查明案件事实。只有查清了案件事实,才能正确适用法律,对案件作出正确处理。否则就谈不上公正处理问题,即使有了最好的法律,也不可能作出公正的裁决。坚持以事实为根据,必须强调调查研究,重证据,不轻信口供,严禁刑讯逼供和偏听偏信。依照法定程序和方法全面收集证据,认真分析证据,作出符合案件事实的结论。

以法律为准绳,是指在适用法律时,要严格按照法律规定办事,把法律作为处理案件的唯一标准和尺度,切实做到有法必依、执法必严、违法必究。无论是在查明案件事实的过程中,还是在对案件作出处理的过程中,有关机关都必须以法律为标准,按照法定的权限和程序,进行查证工作,在查清事实的基础上进行审判。

(二)司法独立原则

从国家权力的配置这一角度来说,司法独立是司法机关监督立法和行政机关的宪法依据;从司法权的价值实现来看,司法独立可以避免司法机关和法官受到外部因素的干扰而背离公正原则。所以,为保障司法独立而设置的制度是司法公正不可或缺的,尽管各个国家对国家权力的配置有所不同,但在实现司法公正这一价值目标上则是相同的。

我国十分重视司法公正,早在民主主义革命时期就初步确立了司法独立原则,如1946年《陕甘宁边区宪法原则》规定:"各级司法机关独立行使职权,除服从法律外,不受任何干涉。"现行宪法对我国的司法权和司法独立原则进行了全面的规定,但我国是社会主义国家,司法机关的设置和原则同西方国家相比有不同的特点,不能用西方的司法独立来解释中国宪法规定的司法独立原则。

根据宪法的规定,我国的司法权包括审判权和检察权两个部分,分别由人民法院和人民检察院来行使,各级法院和检察院由同级国家权力机关产生,向它负责、受它监督。所以我国的司法机关是指人民法院和人民检察院,公安机关和司法行政机关虽然与人民法院和检察院有密切的工作联系,但它们属于行政机关的范围,它们的工作性质、组织机构和原则都与司法机关有明显的区别,因此它们行使的职权属于行政权的一部分。

为了保障司法机关能够客观公正地处理案件,我国宪法规定的司法独立原则是:

1. 独立不是司法权独立于行政权和立法权之外,也不是司法权与行政权和立法权相互制衡,因为我国国家机关的组织与活动原则不是三权分立原则而是国家机关之间实行分工与合作,权力机关在国家政治生活中居于核心的地位,其他国家机关都由它产生、向它负责、受它监督。司法机关和行政机关的宪法地位均低于国家权力机关,各级司法机关必须遵守权力机关制定的法律,接受权力机关的监督。

2. 司法独立主要是指司法机关职能独立,宪法第一百二十六条和第一百三十一条分别规定人民法院和人民检察院依照法律规定独立行使审判权,不受行政机关、社会团体和个人干涉的原则,可见,宪法规定的司法独立是指宪法和法律赋予司法机关的权力,其他国家机关不能行使,司法机关行使宪法和法律规定的权力不受其他机关的意志的支配,只服从法律。

3. 我国的司法权不是中央的排它性权力,而是在统一服从国家法律的前提下,设置地方司法机关,根据宪法和有关组织法的规定,地方司法机关由地方国家权力机关产生,向它负责、受它监督,最高人民法院与地方各级人民法院、上级人民法院与下级人民法院的关系是监督与被监督的关系,最高人民检察院与地方各级人民检察院、上级人民检察院与下级人民检察院的关系虽然是领导与被领导的关系,但是地方各级人民检察院在服从最高人民检察院的同时还要接受同级国家权力机关的领导。所以地方司法机关的经费主要来源于地方财政,司法机关的人事也主要由地方管理。

(三)司法责任原则

即司法机关和司法人员在行使司法权的过程中,如果侵犯了公民、法人和其他社会组织的合法权益并造成严重后果的,应承担法律责任。这是根据权力与责任相统一的法治原则而提出的一个权力约束机制。它具体表现为国家赔偿制度和冤案、错案责任追究制度两个方面。

最高人民法院在1992年2月召开的全国法院纪检监察工作座谈会上提出,要实行错案责任追究制度。即对错判的案件,不仅要依法改判,还要追究案件承办人的办案责任。这一制度不久即在全国法院推行。1997年9月,中共十五大报告中也把"建立冤案、错案责任追究制度"作为我国司法改革的一项重要内容。

(四)公民在适用法律上一律平等

公民在适用法律上一律平等原则,是公民在法律面前一律平等的宪法原则在法的适

用工作中的体现,也是以事实为根据,以法律为准绳原则的必然延伸。

公民在适用法律上一律平等的基本含义是:其一,任何公民都必须平等地遵守国家法律,一律平等地享有法定权利和承担法定义务,不允许任何人有超越于法律之上的特权;其二,任何公民的合法权益,都平等地受到法律的保护,他人不得侵犯;其三,任何公民的违法犯罪行为,都平等地依法受到追究和制裁,决不允许其逍遥法外。根据公民在适用法律上一律平等原则,有关机关在行使职权时,对于任何公民,不论其民族、种族、性别、职业、宗教信仰、教育程度、财产状况、居住期限有何差别,也不论其出生成分、政治历史、社会地位和政治地位有何不同,在适用法律上一律平等,决不能对一部分人给予特权,对另一部分人实行歧视。公民在适用法律上一律平等原则不仅适用于公民,也适用于法人和其他社会组织。任何法人和其他社会组织都没有超越法律的特权。

公民在适用法律上一律平等原则,是反特权的思想武器。特权思想是与法律平等水火不相容的。凡是特权思想严重的地方,往往无视法律,甚至践踏法律。我国经历了长期的封建、半封建半殖民地的发展历史,封建特权思想在我国根深蒂固,这是我国法制建设中坚持平等原则的一大障碍,也是我国目前腐败猖獗的一大根源。根治特权现象的措施之一就是要切实贯彻公民在适用法律上一律平等原则,而不是仅仅将这一原则停留在口头上。同时,应根除滋生特权现象的政治体制、经济体制,对搞特权者一律平等地予以坚决惩治。

(五)依法行政、司法独立原则

依法行政原则是现代法治国家公认的一项行政管理原则,它反映了行政管理的一般规律。依法行政有三项内容和含义。首先,执法主体的设立及其职权的设定必须要有法律依据。如有关工商行政管理方面的执法事项,只能由工商行政管理部门负责,有关社会治安方面的执法事项,只能由公安部门负责,其他如军事、外交、教育、卫生、民政等方面的执法事项,只能由相应的国家行政机关负责。各行政机关不能超出法定职权执法,也不能自行设定职权,只能在其职权范围内,独立依法行使职权。其次,行政机关执法的内容必须合法。执法机关的一切能产生特定行政法律效力和法律后果的行为都是执法的内容。执法内容必须是确定的、可能的、有法律依据的。没有宪法和法律的授权,行政机关不得限制、剥夺公民的权利,不得增加公民的义务,也不得为某些人设定特定的权利或免除特定的义务。再次,行政执法的程序必须符合法律要求。由于执法内容的不同,具体的执法程序也多种多样。这就要求行政执法机关在执法过程中,必须按照各自不同的执法内容来适用不同的法定程序,而不能随心所欲地加以改变、省略或简化。

司法独立原则是指司法机关在适用法律过程中依法独立行使职权。司法独立的基本含义包括:其一,国家的司法权只能由国家的司法机关统一行使,其他任何组织和个人都无权行使此项权力;其二,司法机关行使司法权,只服从法律,不受其他行政机关、社会团体和个人的干涉;其三,司法机关行使职权时,必须严格依照法律规定办事,准确适用法律。司法独立的目的是在于一切服从法律,严格依法办事。

司法独立原则对于正确适用法律具有重要意义。司法权直接关系到法律的权威和国家的安危,关系到公民的人身自由和其他权利是否有保障。国家和人民把这个权力赋予司法机关独立行使,可以保障法律得到统一和正确的实施,维护法制的尊严;可以使司法机关充分行使司法职能,发挥司法机关的作用;也可以有效地防止特权和不正之风对司法

法律监督通常有广义与狭义两种含义。狭义的法律监督，是指由特定国家机关依照法定权限和法定程序，对立法、司法和执法活动的合法性所进行的监督。广义的法律监督，是指由所有国家机关、社会组织和公民对各种法律活动的合法性所进行的监督。广义的法律监督包括狭义的法律监督。二者都以法律实施及人们行为的合法性为监督的基本内容。

二、法律监督的历史

(一)欧洲历史上的法律监督

在西方，在古罗马共和国时期，两名经过选举产生的执政官代替了王政时期的“王”，掌握政权，一般不得连任。两位执政官是国家最高官吏，有平等的权力，可以相互牵制。

(二)国外近现代的法律监督

在现代社会，法律监督的主体、方式和种类都有了进一步的发展。

1. 是议会进行的监督。现代社会多实行议会民主制，议会对行政机关和司法机关拥有监察权。在议会内阁制下，议会监察行政或司法机关的方法有：质询权；查究权；受理请愿权；建议权；弹劾权；不信任权及设立常设委员会等权。

2. 是司法机关进行的监督，通常也叫司法审查，指由司法机关通过司法程序审查和裁决立法机关及行政机关的行为是否违宪的一种制度。

3. 是由新闻工作者运用报纸、广播、电视等大众传播媒介进行的舆论监督，这种监督由于反应速度快、传播范围广泛，具有非常大的道义影响和震撼力。

三、法律监督的构成

法律监督反映的是一种法律上的社会关系。任何一种监督关系都是由特定的要素构成的。法律监督的构成要素，一般包括五个方面，即法律监督的主体、法律监督的客体、法律监督的内容、法律监督的权力与义务、法律监督的规则。通俗地说，法律监督的五个要素就是指由谁来监督、监督谁、监督什么以及采取什么方式进行监督。这五个要素共同组成法律监督的完整形态。缺少其中任何一个要素，都不能成其为法律监督。

(一)法律监督的主体

法律监督的主体是指在法律监督活动中行使法律监督的行为人。一般来说，我同的法律监督主体可以概述为四类：

1. 国家机关。一般是指国家权力机关、行政机关和司法机关。国家机关的法律监督权威性和权限范围在宪法和有关法律中都有明确的规定。这类监督，都是依照一定的法定程序以国家名义进行的。因而具有很大的法律强制力，被监督者必须接受监督，并相应做出某种行为。这种监督在一国法律监督体系中，属于核心地位。

2. 社会组织。一般是指政党、政治团体和群众组织等。这种监督与国家机关的法律监督不同，它不具有法律上的效力，不是以国家名义所进行的监督，但它在整个法律监督体系中具有重要的作用，具有广泛的代表性和基础性。特别是执政党的监督在各种形式的法律监督中具有特别重要的地位，起着关键的作用。

3. 人民群众。人民群众作为法律监督的主体，在社会主义制度下，人民群众作为法律监督的真实主体，是由国家和法律本质所决定，并且由法律所保障的。

4. 大众传播媒体。包括电视、报刊、广播等，它们作为社会新闻传播工具，同时也肩负着重要的法律监督职能，特别是在我国现阶段，大众传播媒体的监督有着特殊重要的作

用。

(二)法律监督的客体

法律监督的客体是指在法律监督活动中被监督的行为人的各种法律活动。对于法律监督的客体,目前我国有两种不同的观点:一种观点认为,法律监督的客体包括从事各种法律活动的国家机关、社会组织和公民,它既包括各种国家机关如国家权力机关、行政机关、审判机关、检察机关等,又包括对社会组织、公民个人实施法律的活动以及违法犯罪所进行的监督;另一种观点认为,法律监督的客体是立法、司法和执法机关及其公职人员进行的公务活动,通过法律监督,促使被监督的国家机关及其工作人员,严格依法办事,正确行使权力。

上述两种观点虽有不同,但都认为法律监督的重点应是国家机关及其工作人员的各种公务活动。之所以认为法律监督的重点应是国家机关及其工作人员的各种公务活动,是因为国家的各种活动主要是依靠各种国家机关,如权力机关、执法机关、司法机关及其工作人员来具体实现,它们的活动代表国家,并都具有国家强制性和法律效力。实践表明,维护法律的统一和尊严,是国家机关及其工作人员的法律职责。国家机关及其工作人员,尤其是国家领导机关和领导干部的行为,是维护法律统一和尊严的关键,因此,理所当然,他们应是法律监督的重点对象。

(三)法律监督的内容

总的说来,凡是法律监督对象行为的合法性,都是法律监督的内容,都包括在法律监督的范围之列。目前,法学界对法律监督的内容的范围有不同的见解。一种观点认为,法律监督的内容是对有权的国家机关及其工作人员的立法、司法和执法活动进行督察。具体说来,对国家机关法律监督的内容主要包括两个方面:一是对其制定的规范性文件的合法性予以监督;二是对司法和执法的合法性予以监督。另一种观点认为,法律监督的内容,既包括对国家行政机关和司法机关的执法、司法活动的合法性进行监督,又包括对社会组织和公民活动的合法性进行监督。也可以说,前者是狭义的理解,后者是广义的理解。

(四)法律监督的权力与权利

1. 法律监督的权力与权利,是指监督主体监视、察看、约束、制约、控制、检查和督促客体的权力与权利。

2. 法律监督的权力与权利之所以是法律监督的构成要素,主要有三个原因:①法律监督内容的重点,是有关国家机关行使权力的行为,监督的目的是保证监督客体正确行使权力,严格依法办事,维护法律的统一、尊严和有效实施;②历史表明,只有对国家权力进行合理划分,以权力制约权力,才有可能使监督成为真实、有效的监督;③法律的基本特征之一就是国家强制性,以国家强制力为后盾,追究违反或背离法律的行为并施与制裁,是建立、维护法律秩序的题中应有之义。

(五)法律监督的规则

1. 法律监督的规则包括法律监督的实体规则与程序规则两部分。法律监督的实体规则,是指规定所有监督主体的监督权力与权利以及监督客体相应的责任与义务的法律规则。法律监督的程序规则是指规定主体从事监督行为的顺序、方式和手续的规则。

2. 法律监督的程序规则在法律监督机制中同样具有非常重要的作用。一方面,一定的程序规则是实体规则得以实现的前提;一定的程序规则本身还具有制约权力、防止权力滥用的功能。

3. 法律监督的规则对于保证监督活动顺利、有效地进行,充分发挥法律监督的效果,具有十分重要的作用。

四、法律监督的特征

法律监督一般说来,具有以下特点:

(一)法律监督具有法定性和权威性。任何一种法律保障制度,任何一项法律监督活动,都必须有法律上的依据。在法律监督中,法律监督权是极其重要的法律权力。它的分配、运行、操作应该在法律的统一规范和引导之下进行,即是说,它必须具有法定性。这种法定性,不仅包括行使监督权的条件合法,还包括监督方式、监督手段等监督程序以及监督主体资格的合法。虽然在现代民主国家,内部监督权的主体范围十分广泛,这并不意味任何组织和个人可以不分条件地成为一切监督活动的主体。社会的一个主体是否具有监督权,这只能而且也必须取决于法律的规定。我国宪法和法律规定:一切国家机关、社会组织、武装力量、政党,都必须遵守宪法和法律,都必须以宪法为根本的活动准则。这一原则,对于法律监督无疑也是适用的。法律监督的法定性决定了法律监督的权威性。

(二)法律监督具有预防性和救济性。法律监督的目的就在于预防和消除被监督者出现不合法行为,从而保障法律运行的合法性。因而.它往往在违法越轨行为发生之前就已经在起作用。与此同时,对于已经发生的不合法现象,通过行使法律监督权,也可以起到纠正失误,恢复被侵害的法律秩序的作用。比如审判监督制度就具有纠正审判工作失误,恢复合法权利的作用。

(三)法律监督具有系统性和对应性。按照现代法治的基本要求,一切权力行为都必须处于严密而系统的监督之下,不存在任何一项不受监督或不受充分监督的权力。在一个国家,只要存在任何一项不受监督或不受充分监督的权力和权利,那么这种制度就不完整,就不能发挥出应有的作用。同时,法律监督的系统性还要求,权力的大小与接受监督的程度成正比,权力越大,其监督程度越高。另外,法律监督的对象和内容还应该与法定的各种权力和权利形成一一对应关系,法律每创设一种权力或权利形态,那么就应该同时产生出它的监督权形态。即是说法律监督的系统性必然演绎和派生出法律监督的对应性。

五、法律监督的分类

法律监督的分类,是指按照不同的标准,从不同的角度对法律监督的方法或体制所作的划分。

(一)根据监督主体和监督权的性质不同可以将法律监督划分为国家性的监督和非国家性的监督。

1. 国家性的监督主体是国家机关,包括国家权力机关、国家司法机关和国家行政机关。国家性监督主体依法行使监督权的行为是具有国家强制性的行为。

2. 非国家性监督也称社会监督,监督的主体是各种社会力量,其行使监督权的行为不具有国家强制性。但任何对这种监督行为的阻挠和破坏都构成严重的侵权行为,要承担相应的法律责任。

(二)根据系统论的理论,按照监督的主体和客体是否同属一个组织系统将法律监督

划分为内部监督和外部监督。

1. 内部监督的监督主体与监督客体同属于一个组织系统。所谓内部监督,一般是在系统内部,设有一个或几个专司监督的子系统,对其他子系统进行监督。

2. 外部监督的监督主体与监督客体分别属于不同的系统,甚至监督主体同时是监督客体,监督客体同时是监督主体。

3. 从内部监督与外部监督的特点看,行政机关适合于内部监督,全国范围的法律监督应以外部监督为基本形式。

(三)根据法律监督主体之间的关系和各监督要素相互作用的方式,可将法律监督分为集权式监督、制衡式监督和复合式监督三类。

1. 集权式监督。集权式监督是指监督主体和对象多属于同一机关序列或有隶属关系的监督。此类监督的特征有三:其一,决策权、行政权、监督权三权统一;其二,监督关系具有特定性,也就是说监督主体与监督对象地位不能互换;其三,在该监督系统中最高监督者不接受监督。

集权式监督的优点是能够确保监督主体意志的实现和监督效率的提高。行政机关的内部监督是典型的集权式监督。集权式监督的最大缺点是对领导决策者缺乏监督,最高监督主体一般不接受监督,这就容易使监督异化为专制。封建社会实行的监督制度就是典型的全方位的集权式监督。

2. 制衡式监督。制衡式监督是指以分属不同机关序列的各监督主体和监督对象交叉监督为主要方式的监督。此类型的监督具有如下特征:其一,侧重于无隶属关系的不同权力系统之间的横向制约;其二,监督关系不具有特定化,法律监督关系的主体同时必定是另一法律监督关系的监督对象;其三,在整个监督体系中没有不受监督的最高监督主体。

制衡式监督的优点是否定了不受监督的最高监督主体的存在,这就从根本上防止了权力的无限集中,有效地保证了制度的民主化。此类型监督虽然容易导致政体运作效率的低下,但仍为现代各国所普遍采用。

3. 复合式监督。复合式监督是既包括集权式监督,又包括了制衡式监督在内的综合监督形式。通过前面的分析,可以看出无论是集权式监督还是制衡式监督都各有利弊。一个国家权力体系错综复杂,采用单一的集权式或制衡式监督形式,均不可能保证制度的民主化。复合式监督就是力图克服二者的缺点、吸收二者的优点,根据不同的权力关系采用相应的监督形式。其原则是:不同权力序列的机关之间一般采用制衡式监督;同一权力序列的上下级之间一般采用集权式监督;同一权力序列的同级之间则采用制衡式监督。

六、当代中国法律监督的意义

(一) 法律监督是社会主义民主政治的保障和重要组成部分

社会主义民主政治,从国家制度上说主要是指代议制民主,即由公民选举自己的代表和政府领导人来代表自己的利益,并使他们按自己的意志来行使国家权力。真正的民主制度,需要具备两个方面的条件:一方面需要具备完备的,能真正地实现民主的选举制度;另一方面还必须使通过民意选举出来的人在行使权力的时候能够真正按照民意办事,并不得滥用人民赋予的权力和侵犯公民的合法权益。要实现后一方面,就需要监督制度。世界各国政治制度发展的历史表明,监督制度和现代民主制度的完善和发展休戚相关,在

民主制度中,它的地位越来越重要。因为,在代议制下,不可能每一个公民都直接参加国家每项事务的管理,多数事务只能靠选举产生的代表去管理,监督则保证少数管理者始终按照大多数不能直接参加管理的人的意志行事,从而保证社会的民主性质。法律监督被用于国家政治权力领域,是为了保证国家权力在其担负的职责的正常范围内和轨道上运行。一个国家对政治权力运用过程实行监督的完善程度,在形式上表现为该国的发展状况,在内容上表现为该国的民主程度。因此,法律监督制度建立的依据应该是政治民主化的要求,其意义在于保证社会政治生活的民主化。

(二)法律监督是依法治国,建设社会主义法治国家的保证

法律监督是法治建设的重要内容,与立法、守法、司法等活动相伴而生。法律监督在整个法律活动中都有重要的意义和作用,它贯穿于法的创制、法的实施和法的实现各法律活动的阶段中。法律监督在法律调整的整个过程中都起着保证依法办事的作用。如果说法治在法律调整机制中是把法律规范、法律关系和实现权利与义务的活动等法的现象聚合起来的重要手段,那么,法律监督则是使法治在法律调整各个阶段得到有力保证的重要措施和良好机制。一个国家如果没有严格、有力的法律监督,也就没有真正的法治。

1. 法律监督在法律的创制阶段,起着维护国家法治统一协调的作用。在立法上保证法律的内外和谐一致,这是保证国家法律的统一性的基础。立法是法治运动的开端,规范是执法和守法的依据。每一个国家的各种规范性法律文件都是由不同的国家机关创制的。这些由不同国家机关制定的规范性法律文件具有不同的法律地位和效力。如何实现这些不同等级、不同种类的法律规范与宪法的统一和协调,以及它们之间的相互统一协调,是不能仅靠立法本身来解决的,还必须有专门的机制来维护国家法律的统一与协调,比如赋予全国人大及其常委会专门的职权,监督宪法的实施,以保证宪法的根本大法的权威,使宪法在整个规范性法律文件体系中居于最高地位,其他任何法律、行政法规和地方性法规都不得与宪法相抵触。

2. 法律监督保证法律准确有效地实施,使各种法律关系的建立、各种法律问题的处理,都符合法律规范的要求。特别是对国家机关及其工作人员适用法律的活动,法律监督具有特殊的作用。通过法律监督,可以保证运用国家权力的活动在法律规定的范围内进行,使国家机关及其工作人员针对具体人、具体情况作出的个别性调整从属于规范性调整,使适用法律的文件符合规范性法律文件;还可以保证国家机关及其工作人员适用法律活动的合法性,及时排除各种复杂因素对法律实现的干扰和阻挠,保证做到有法必依、执法必严、违法必究。

3. 法律监督保证各法律关系主体的权利和义务能够得到实现。通过法律监督,可以使某些在正常情况和形式下遇到阻碍而未能实现的法律关系得以实现。如,审计监督对国家财政制度的保障作用。同时,通过法律监督,可以检验和评价法律实施的社会效果。法律通过实施便会产生一定的社会效果,法律效果是法治内部系统和外部系统在社会环境中综合运行的结果,是立法者的理想目标与社会现实相结合的产物。它能够及时地验证法律是否符合客观实际,各项法律规范是否得当以及是否在一定的时空内达到了预期目标。这样,就便于针对法律现实中的不足之处,针对效果和目标之间的偏差的大小和性质,采取补救措施,或者及时纠正,使之符合或更接近理想目标;或者找出失误的原因,以防止重蹈覆辙,使法律能在预定的轨道内对社会关系进行最佳调整。

4.法律监督有利于实现法律信息的反馈。反馈,作为一种控制方法,其特点是根据过去的运动状况来调整未来的行为。法律信息反馈,不论对于制定法律、还是实施法律,都是极为重要的。从法律制定上说,立法机关可以根据反馈来的信息,决定下一步的行动。法律监督在法治运行的过程中,能够及时发现需要由立法部门作出反馈调整的环节。把法律监督中反馈来的信息,进行去伪存真、去粗取精处理,及时地输送回立法机关,对于科学地制定或修改法律,准确地实现有法可依,进一步健全和完善法治,有重要的意义。

第二节 法律监督的体系

一、国家机关的监督

国家机关的监督是一种法定监督,即国家机关以国家名义进行的,由国家强制力保证其实施的,具有法律效力的监督:国家机关监督在整个法律监督体系中占有特殊的地位,具有权威性和特殊的作用。国家机关作为法律监督的主体,一般指国家的权力机关、行政机关和司法机关对法律活动的监督。包括各级人民代表大会及其常务委员会、各级人民政府及其所属的行政主管部门,各级军事机关、审判机关和检察机关等。国家机关的法律监督的权限、监督范围、程序和效力由宪法和法律、法规作出明确规定。这种监督构成我国法律监督体系的核心。

(一)国家权力机关的监督

1.国家权力机关监督的重要意义。在现代西方社会,监督权都是代议制机关的一项重要权力。它对维护法治,捍卫民主,防止专横,抑制腐败,具有非常重要的作用。而在我国实行人民代表大会制,国家权力机关及其监督权在国家政治生活中的地位和作用更为重要。国家权力机关的监督是国家权力机关依法履行其职能的重要组成部分,是人民行使国家权力的重要方面。

2.国家权力机关的监督主体与监督客体。国家权力机关的监督,是指各级人民代表大会及其常务委员会为全面保证法律的有效实施,通过法定程序,对由它产生的国家机关实施法律的监督。这种监督的主体是各级人民代表大会及其常务委员会,其中,全国人民代表大会及其常务委员会在整个法律监督体系中居于主导地位。国家权力机关监督的客体,由国家权力机关及其常设机关产生并向它们负责的国家机关及其组成人员;有关国家权力机关及其组成人员;国家武装力量、各政党、各社会团体、各企事业组织和公民个人。

3.国家权力机关监督的内容和方式。法律上的监督和工作监督。法律上的监督,是指全国人大以及地方人大及其常委会对法律实施的监督;工作监督主要是指对政府、检察机关和审判机关工作的监督。它的方式主要是:听取和审议这些机关的工作报告,向有关机关提出质询案,对重大问题组织调查委员会进行调查处理等,通称为对“一府两院”的工作监督。

以监督客体为基本标准,以监督内容的性质为辅助标准,可以大体上将国家权力机关法律监督的内容分为五种:

(1)立法监督,是指由国家权力机关对立法行为和立法活动及其结果的合法性所进行的监督。立法监督通常是由有较高立法权的机关对较低一级有立法权的机关制定的规范性法律文件是否违反法律、法规,是否相互矛盾和不协调,进行审查,并作出裁决和处理。

立法监督的目的是消除法律、法规之间的抵触和不协调现象,维护国家法制的统一;

(2)行政监督,是指对各级政府的行政行为的合法性进行监督,包括各种具体行政行为以及其他制定行政法规以外的抽象行政行为的监督;

(3)司法监督,是指由国家权力机关对各级司法机关适用法律的活动进行的监督;

(4)人事监督,即对有关国家公职人员任职资格的监督,这种监督的重点是公职人员的腐败行为;

(5)宪法监督,是指监督各种法律、法规和其他规范性法律文件的合宪性,社会组织和公民个人的行为的合宪性,并解决宪法规定的国家机关权限之间的争执。

(二)国家行政机关的监督

依法行政,是建立法治国家的重要问题,也是现代行政管理的必然趋势。行政机关监督是国家监督体系的一个重要组成部分,必须纳入法治轨道。

行政监督是监督主体对国家行政机关及其公职人员行使行政权力的活动实施监察和督促。一般有广义和狭义之分。广义的行政监督指的是行政机关系统内的自循环监督或者行政机关与非行政机关的交互监督,以及行政机关对公民和法人的专业性行政监督。狭义上的行政监督,仅指行政机关的内循环监督。包括上级行政机关对下级行政机关执行公务的监督和专门的行政监察机关对行政机关及其公职人员的监督。这是因为,行政机关除制定法规、下达命令、通过决议、颁布指示外,还必须保证政令的统一贯彻执行。要实现这一目标,其自身就需要有监督机关和监督职能。

我们这里指的行政监督,主要是从狭义上来理解的,即主要是指行政机关系统内部上级对下级、专职监察部门对其他所有行政部门的监督。我国宪法规定了国务院对各部委、地方各级政府的监督权,同时,监察部作为国务院的专门监察机构,对中央和地方各级行政机构的行政活动及官员个人是否守法进行监督,地方各级监察部门也有相应的职能。此外,地方各级政府有权对下级政府及本级政府所属各部门行政行为进行审查和监督。其监督性质不完全等同于行政监察。

行政监察是通过专门的行政监察机构的活动来实现的一种特殊的行政监督。行政监察机构本身是行政机构中的一个职能部门。行政监察部门通过专门的行政监督活动,保证其他行政机关的依法行政。行政监察是在单一的组织系统内,运用国家权力,实行自上而下的、事后的、被动的检查、视察。监察者与被监察者之间具有隶属关系,行政监察的主体是单一的,方式比较固定、划一。行政监察对国家行政系统的监督,具有全面性和综合性。在整个行政监督中具有最高的法律地位。行政监察主要是通过把法律适用于具体事件、通过奖惩的方式实现监督,具有准司法性。

行政监察权是由国家的宪法和法律确定的,是一种国家权力。我国的行政监察机关主要具有检查权、调查权、建议权和一定的行政处分或行政处罚权。此外,还具有监视权、控告受理权、咨询权、行政公诉权和调解权等。

(三)国家司法机关的监督

1. 检察机关的监督。检察机关的监督,是一种专门监督,即对有关国家机关执法、司法活动的合法性以及国家工作人员利用职务的犯罪和其他犯罪行为所进行的监督。我国宪法和法律明文规定:人民检察院是国家法律监督机关,其主要职能就是法律监督。它通过行使检察权,对适用法律的行为进行监督。检察机关对法律适用活动的监督是最广泛

的监督形式之一，主要包括：

在刑事诉讼中，检察机关对审判活动的监督表现为，出庭的检察人员如果发现审判活动有违法情况，有权向法庭提出纠正意见；检察机关认为法院的裁判有错误时，可以向上级人民法院提出抗诉，而上级人民检察院对下级人民法院已经发生法律效力的判决，如发现确有错误，有权按照审判监督程序提出抗诉；可以派员到死刑执行现场临场监督，还可以对其他任何刑事判决裁定的执行实行监督。如发现有违法情况，有权通知执行机关纠正。

在民事诉讼中，检察机关有权对民事审判活动实行法律监督，有权对下级人民法院已经生效的裁判按照审判监督程序予以抗诉，各级人民检察院对本级人民法院的裁判可以提请上级检察院提出抗诉。

在行政诉讼中，检察机关有权对行政诉讼实行法律监督，有权依审判监督程序提出抗诉。

2. 审判机关的监督。审判机关的监督，也叫人民法院的监督。人民法院的监督分为三种：

(1)人民法院系统内的监督。表现为上级人民法院对下级人民法院依审判监督程序进行监督，人民法院院长对本院审判活动的监督。加强审判监督，是纠正裁判不公、确保司法公正的重要措施。

(2)人民法院对检察机关的监督。人民法院对检察机关的监督是在办理刑事案件的过程中，通过行使审判职权来实现的。人民法院对人民检察院的监督是在分工负责、互相配合、互相制约的框架内进行的，因而监督主体与监督客体之间形成双向的监督关系。

(3)人民法院对行政机关的监督。人民法院对行政机关的监督是通过依法审理与行政机关及其工作人员有关的刑事案件、行政案件、经济案件等，以判决、裁定的形式处理行政机关及其工作人员的违法行为和犯罪行为来实现的。旨在维护和监督行政机关依法行政，保护人民的合法权利。我国普通审判机关通过审判程序对行政机关的执法行为有监督权。

二、社会监督

社会监督，即非国家机关的监督，指由各政党、各社会组织和人民群众依照宪法和有关法律，对各种法律活动的合法性所进行的监督。其目的在于保证法律实施的合法性。其特点是不直接运用国家权力，不必遵照一定的法律程序和形式。但社会法律监督乃是国家法律监督的基础。

(一)中国共产党的监督

中国共产党的监督，是我国一种具有关键性的法律监督形式。中国共产党的监督的重要作用可以从两方面说明。

1. 中国共产党作为全国的领导核心，运用对人民群众的领导机制，领导与动员人民群众和各种社会组织去依法对所有监督客体，特别是执政的党组织和党员干部，进行广泛的监督。

2. 按照“党要管党”的原则，运用党内民主监督与制约机制，加强对从政的党员特别是领导干部的严格监督。通过扩大党内民主，保障党员权利，以充分发挥全体党员与党组织在党内的监督作用。建立、健全有关党内监督的规章制度，充分发挥党内监督机制的功

能。

3. 为了充分发挥党的监督作用,需要在制度上解决这样几个问题:首先通过政治体制改革,避免权力过分集中;其次党应依据法律实施监督。

(二)社会组织的监督

社会组织是一个通称,范围较广。一般包括各参政党、各政治团体、社会团体、群众组织、企业事业单位。社会组织的监督与国家机关的法律监督不同,它不具有法律上的直接效力,不是以国家名义所进行的监督,不具有国家强制性。但是,社会组织的监督也是整个法律监督体系中的重要力量,具有广泛的代表性和权威性。社会组织的监督可以通过法定渠道传输到国家的法律监督中去,再通过国家机关的法律监督来产生直接的法律效力和法律强制力。主要包括民主党派、人民政协和社会团体的监督。

1. 我国的各民主党派是各自所联系的一部分社会主义的劳动者和一部分拥护社会主义的爱国者的政治联盟,是接受中国共产党领导的,同中共通力合作,共同致力于社会主义事业的亲密友党,是参政党。他们通过多种形式、多种途径积极地开展法律监督的工作,是法律监督的一支重要的社会力量。

2. 中国人民政治协商会议是中国人民爱国统一战线的组织,是中国共产党领导的多党合作和政治协商的重要机构,是我国政治生活中发扬社会主义民主的重要形式。政协委员以视察、调查研究等方式进行的法律监督,在实践中发挥了积极、有效的作用。现在应当总结经验,完善政党立法,实现政治协商、民主监督的法律化、制度化。

3. 社会团体的法律监督,主要是指由工会、青年团、妇女联合会以及城市居民委员会、农村村民委员会、消费者保护协会等社会组织所进行的法律监督。这类监督作为一种集体监督,可以在某些特定的领域发挥重要的监督作用。

(三)人民群众的监督

人民群众的监督,是指由人民群众直接进行的法律监督。这种监督的主体是公民个人;客体是所有国家机关及其工作人员、政党、社会团体、社会组织、大众传媒。群众可以通过行使民主权利,显示自己的力量,表达自己的意志和愿望,督促国家机关依法办事。群众监督具有广泛的群众性,是法律监督中的重要的、普遍的力量。群众监督作为一种社会监督,不具有法律效力,但它也可以通过法定渠道,传输到国家机关的法律监督中去,并通过后者产生法律效力。国家机关和社会组织设立的人民来访接待站、信访组、监督电话等,也是人民群众行使监督权的形式。

(四)法律职业的监督

在当代中国,法律职业者主要包括律师和法学家。律师在向当事人提供法律服务、代理当事人参与诉讼、为当事人出庭辩护和办理其他法律事务的过程中,可以监督和制约司法机关、行政机关的司法、执法工作。法学家以研究和教授法学为职业。法学家的监督,在西方国家中通常被认为是最为公正的监督,因而得到普遍的推崇。法学家可以在法律监督中发挥特殊作用的原因有三点:首先与一般公众相比,他们有更为强烈的追求法治和社会公正的意识。其次法学家的职业特点和特殊的知识结构,使得法学家具有较强的法律监督能力;最后法学家的监督具有因其超脱地位而带来的客观性和说服力。

(五)新闻舆论的监督

新闻舆论的法律监督,是由新闻媒介进行的法律监督。它既是宪法规定的公民享有

言论、出版自由在法律监督领域的具体应用，也是人民群众的监督在新闻、出版领域中的体现。新闻舆论监督因其反应速度快、传播范围广泛，而具有相当大的道义影响和震撼力。同时，新闻舆论监督可以在法律监督方面起到防微杜渐、防患于未然的作用，因而舆论监督在法律监督体系中具有特别重要的意义，应得到充分的法律保护。

但新闻舆论的监督也有不足之处。有些新闻报道由于个别从业人员受私利驱使不能做到客观、公正，在开展舆论监督中出现干扰司法机关依法独立行使职权、误导群众的情况，以及侵犯公民的隐私权的情况。

推荐阅读

1. 胡锦光：《从宪法事例看我国宪法救济制度的完善》，载《法学家》，2003 年第 3 期。

2. 张智辉：《法律监督三辨析》，载《中国法学》，2003 年第 5 期。

3. 陈云生：《宪法监督司法化中的司法理性与司法谦抑》，载《公法评论》，2003 年第 9 期。

思考题

1. 什么是法律监督？法律监督的构成要素有哪些？

2. 试论法律监督的功能、体系和原则。

3. 舆论监督在法律监督体制中的地位与作用。

4. 分权制衡理论与法律监督。

5. 法治与法律监督的关系。

第三十三章　法律解释和法律推理

学习提示：西方有一句著名的法谚“像律师一样思考”。本章就是从法律思维的角度来深入探讨法律人所特有的法律解释与法律推理。探讨法律解释与法律推理不仅有助于我们全面了解法律工作者在以怎样的专业思维影响一个社会的法律运行，而且有助于法学院的学生更加清晰地明了自身的目标和责任。

重点问题：

1. 法律解释的含义和特点
2. 法律解释的分类
3. 法律推理的含义和特征

第一节　法律解释的概念

一、法律解释的含义

法律解释是指一定的人或组织对法律规定含义的说明。法律解释既是人们日常法律实践的重要组成部分，又是法律实施的一个重要前提。

法的制定之初，不可能对所有的社会关系规定得详尽无遗，并且社会关系在不断发展、变化，而法律要保持其相对的稳定性，这就使得立法总是相对滞后于社会关系的发展。另外，法律实施的具体条件千差万别，包括时间、空间、事件和情况各不相同，加之人们对法律的认识、理解不一，因而就有必要对法律进行解释。法律解释是一个国家健全和完善法制建设不可缺少的重要环节，它直接关系到法律、法令的统一正确实施，也关系到法律的创造和发展。

法律解释工作，是一个国家健全和完善法制建设不可缺少的重要环节。它直接关系到法律、法令的统一正确实施。古今中外不同时期、不同性质的国家无不重视和加强这项工作。如我国自周代就有了对故意与过失犯罪、一贯与非一贯犯罪进行区别的法律解释，唐代的《唐律疏议》是我国古代法律解释发展的最高阶段。以后历代王朝也都重视对其制定的法律的解释。当今世界各国也都十分重视法律解释工作。如在英美法系社会普遍接受法官或法院对法律进行创造性解释的现实。其中高级法院通过解释法律所创造的新的法律原则或规则对其他法院还具有约束力，从而形成“判例”。在西方法学著作中，判例法也往往被称为“法官创造的法律”或简称“法官法”。甚至在英国存在这样的观念，没有经过解释的法律常常被认为缺乏经过司法确认后所具有的那种权威。

我国自建国以来就十分重视法律解释工作,从1949年的《中央人民政府组织法》、1954年的《中华人民共和国宪法》,直到1981年全国人大常委会颁布的《关于加强法律解释工作的决议》和1982年的《中华人民共和国宪法》,都对法律解释问题作过专门性的规定。这些规定都说明了建国以来我国的法律解释在制度上是逐步发展和完备的。它是我国的一项重要法律制度,是正确实施法律、完备法制所必需的。

二、法律解释的特点

与一般解释相比,法律解释具有以下三个特点:

(一)法律解释与具体案件密切相关

首先,法律解释往往由待处理的案件所引起。其次,法律解释需要将条文与案件事实结合起来进行。法律解释的主要任务,就是要确定某一法律规定对某一特定的法律事实是否有意义,也就是对待裁判或处理的事实的法律规定加以解释。

(二)法律解释具有一定的价值取向性

这是指法律解释的过程是一个价值判断、价值选择的过程。法律解释是一项评判活动,具有强烈的目的性,并反映一定的价值观。因为法律总是在一定的社会环境中发挥作用,人们也总希望在社会认为合情合理的范围内承担法律责任。法律作为按一定阶级的意志去规范人们行为的工具,就具有强烈的目的性。因此,从法律自身内在协调的要求来看,法律解释必须在特定的目的和价值观中去审视法律规定与社会现实之间应有的联系,以体现我们对法律的社会效果的权衡,表明我们对法律的理想期望。

对法律进行解释的时候,要求解释者在对立法的背景了解的前提下,体现出立法者的目的、理由和初衷。同时,还要考虑执法或司法活动的具体情况。立法的目的是为了在执法或司法活动中将之体现出来,没有执法或司法活动的立法是无意义的。立法意图与司法目的是统一的,但不能排除它们之间有时互不协调的情况。在此种情况下,应当将两者统一于法律解释的价值取向之下。

(三)法律解释受解释学循环的制约

解释学循环是解释学中的一个中心问题,它是指整体只有通过理解它的部分才能得到理解,而对部分的理解又只能通过对整体的理解,指出法律解释存在解释循环,可以帮助人们防止孤立地、断章取义地曲解法律。

三、法律解释的必要性

法律解释的必要性主要体现在以下方面:首先,法律虽然是明确的、具体的,但它作为一种普遍规范,只能规定一般的通则,不能详尽无遗,法律具有概括性、抽象性的特点,适用法律的各种具体条件则是千差万别的,因此需要法律解释化抽象为具体,变概括为特定。其次,由于人们的认识能力、认识水平上的差别,也由于人们利益与动机的差别,因此会对同一法律规定有不同的理解,特别是对法律规定中的一些专门术语有不同的理解。这就需要法律解释说明法律规定的含义。最后,法律虽然是根据现实要求制定的,但也不能不考虑到一定时期内的社会发展需要。因而法律既要适应客观发展的需要,又不能朝令夕改,失去其相对的稳定性。法律必须保持原则性和灵活性相统一的原则。因此,在一定时间内和一定情况下,如何具体实施法律,其本身往往规定了解释之余地。随着社会政治、经济情况的发展,原有法律中的某些规范可能不再适应现实的需要,但又往往来不及作出必要的修改或废除,致使在现实生活中出现了合理不合法的情况。这也需对这些法律规范作出必要的解释以适应新的情况。

四、法律解释的种类

(一)正式解释与非正式解释

法律解释由于解释主体和解释的效力不同可以分为正式解释与非正式解释两种。

1. 正式解释:通常也叫法定解释,是指由特定的国家机关、官员或其他有解释权的人对法律作出的具有法律上约束力的解释。正式解释有时也称有权解释。根据解释的国家机关的不同,法定解释又可以分为立法、司法和行政三种解释。

(1)立法解释。立法解释,是指由立法机关及其授权的国家机关在其职权范围内所作出的解释。立法解释是立法工作的延伸。立法解释有广义和狭义之分。广义上的立法解释是指依法有权制定规范性文件的国家机关对法律规范所作的解释,在我国,包括最高权力机关的常设机关和有权的地方国家权力机关的常设机关以及法定的立法机关对各自制定的法律规范的解释。全国人民代表大会常务委员会行使对宪法和法律的解释权,凡关于法律条文本身需要进一步明确界限或作补充规定的,由全国人民代表大会常务委员会进行解释或加以规定。凡属于地方性法规条文本身需要进一步明确界限或作补充规定的,由制定法规的地方人民代表大会常务委员会进行解释或作出规定。狭义上的立法解释是专指国家最高立法机关对法律所作出的解释,即我国的全国人大及其常务委员会对宪法和法律所作出的解释。

(2)司法解释。司法解释,是指由国家最高司法机关在适用法律过程中,对具体应用法律问题所作的解释。这种解释对于指导具体司法工作、保障执法活动的统一起到了关键的作用。根据全国人大常委会《关于加强法律解释工作的决议》第 2 条规定:最高人民法院和最高人民检察院是司法解释机关。司法解释由此分为审判解释、检察解释、审判检察共同解释三类。此外,我国最高人民法院、最高人民检察院、公安部、司法部对如何适用法律所作出的联合解释,也是具有法律效力的解释。司法解释的目的是为了正确地适用法律,因而,司法解释不能改变法律的规定,不得与宪法和法律相抵触。审判解释和检察解释也应协调一致,彼此之间不能发生矛盾和冲突,如果两院的解释有原则上的分歧,应报请全国人民代表大会常务委员会解释或决定。

(3)行政解释。行政解释,是指国家行政机关对它本身制定的行政法规或行政规章所作出的解释,它包括国务院及其主管部门对自己所制定颁布的法规和规章所作出的解释;省、自治区、直辖市人民政府以及其他有权的人民政府对自己所制定颁布的行政规章所作出的解释。

2. 非正式解释:一般是指由学者或其他个人及组织对法律规定所作出的学术性和常识性的解释。这种解释虽然不具有法律效力,不能作为执法的依据,但它对于执法机关正确适用法律,加强和完善法制,增强人们的法律意识,推动法学研究具有重要的作用。古今中外的各个国家都十分重视法律的非正式解释。历史也告诉我们,重视法律的非正式解释,国家的法制建设就能健康发展,法律制度就会给社会起到良好的规范作用。反之,法律制度将会给社会带来不良的后果。历史上。无论是中国还是外国,还曾经有过将非正式解释赋予法律效力的例子。古罗马著名的五大法学家的著作及解答被承认具有法律效力。我国西晋的张斐和杜预的解释,在经皇帝认可以后也具有法律效力,并有“张、杜律”之称。非正式解释通常包括学理解释和任意解释两种。

(1)学理解释。学理解释是由教学机构、学术团体、法学家和法学工作者在学术研究、法学教学和法制宣传教育中对法律进行的解释。

(2)任意解释。任意解释是指在司法活动中的当事人及其代理人、律师对于法律的解释和公民在日常生活中对法律的解释。

(二)字面解释、限制解释与扩充解释

根据解释尺度不同,法律解释可分为:限制解释、扩充解释与字面解释三种。

1. 限制解释:这是指在法律条文的字面含义显然比立法原意为广时,作出比字面含义为窄的解释。

2. 扩充解释:这是指法律条文的字面含义显然比立法原意为窄时,作出比字面含义为广义的解释。

3. 字面解释:这是指严格按照法律条文字面的通常含义解释法律,既不缩小,也不扩大。

五、法律解释的历史发展

(一)古罗马时期的法律解释

随着古罗马社会和法律的发展,出现了职业法学家。各家一些有名望、有才华的法学家对法律的解释被君主批准具有法律约束力。如,东罗马帝国皇帝狄奥多西二世和西罗马帝国皇帝瓦伦迪亚努斯颁布敕令,宣布前一时期著名的五大法学家伯比尼安、盖尤斯、乌尔比安、保罗和默德斯蒂努斯的著作,以及他们所引用过的其他法学家的著作,均具有法律效力。

(二)罗马法复兴时期

罗马法复兴时注释法学家和后注释法学家对罗马法的解释、注释活动促进了法律解释学的发展。11 世纪末 12 世纪初,《罗马法大全》在意大利波伦亚被作为学问再发现,即所谓罗马法学的复活,法学家们对其开始重新研读并力求解释阐明之。由于年代太远,古罗马法许多内容已不合时宜,为使其在当代大放异彩,法学家们运用了大量注释工作,解释技术与具体解释内容,成为近代法制史上的重要篇章。注释的方法论基础是经院哲学,注释技巧以中世纪的三大学科,即文法学、修辞学、辩证法为基础。注释法学派解释的对象是《罗马法大全》。

(三)法典化时期

17—18 世纪时,欧洲大陆兴起了编纂法典的活动,法律解释也因此进入了一个新的阶段。这一时期的法律解释主要以德国的概念法学为主,对于法律解释,他们着重于形式逻辑的操作,即强调条文解释和体系解释方法,排除解释者对具体案件的利益衡量及目的考量。

(四)自由法运动时期

与 19 世纪形成鲜明对照,20 世纪是一个急剧变化剧烈动荡的世纪,势必要求打破概念法学的禁锢,要求弹性地解释法律,要求法律解释的变革与发展,由耶林的目的法学、法国的科学学派、德意志的自由法学和利益法学,形成了 20 世纪批判概念法学的自由法运动。“诸学说认为,概念法学以概念数学的方法,将法律解释限于形式逻辑的演绎操作,甚至认为社会上可能发生的一切问题,只需将各种法律概念如数学公式一般进行演算,即可得出正确答案。不需用目的考量的利益衡量,概念法学的此种思考方法不合现代法学的要求，于解释法律时，不应仅限于逻辑推演，必须对现实社会生活中各种各样互相冲突的利益，根据法律目的予以衡量"法律逻辑，不过是达到目的的手段，而非目的的本身。

第二节　法律解释的目标与方法

一、法律解释的目标

法律解释的目标，就是指解释者通过法律解释所要探求和阐明的法律意旨。法律解释的目标在法律解释学上有主观学说与客观学说的对立。

(一)主观说

主观说认为法律解释的目标在于探求历史上立法者事实上的意思，亦即立法者的看法、企图与价值观，其理由在于：其一，立法行为是立法企图，借助法律实现所追求的社会目的，所以在进行法律解释时应展现其目的；其二，立法者的意思是一种可以借助立法文献加以探知的历史事实，执法机关可以借助被探知的意思去审判或作出决定，从而实现法的安定性与确定性；其三，主观说认为法律只能由立法机关制定，执法机关应当依据法律裁判或决定，立法者的意思在法律适用中应起决定性的作用。

(二)客观说

客观说认为，法律从颁布时起，便有了它自己的意旨，法律解释的目标就是探求这个内在于法律的意旨，即法律的理性目的，而不是探求历史上的立法者之意思。客观说认为，首先，法律自颁布时起，即与立法者脱离关系，从而便有了自己的法律理性，成为一种客观存在。立法者于立法当时赋予法律的意义、观念及期待并不具有拘束力，有拘束力的只是内在于法律的合理要求与目的。法律解释者的任务是在法律条文的若干可能语意中选择最合理的解释；其次，法律与立法者的意思并不是一回事，这是因为，作为审理案件依据的法律规范并非是立法条文的简单照抄照搬，而是法官等职业群体依据个案事实，针对具体案件所生成的审判规范。而这种审判规范的生成需要法官运用法律方法去具体创设。法官面对规范时会遇到三种情况，即法律明晰、模糊、空缺。对明晰的法律，法官只需直接适用。对模糊的法律，需要法官阐释。法律存在空缺时，需要法官找法来弥补漏洞。从审判规范生成的过程来看，它是法官、律师、检察官、当事人、证人共同参与下形成的个别规范，虽然这种个别规范的形成也离不开立法者的意旨，但已不完全等同于立法者的意旨；其三，法律是以文字形式表达的语言，而语言经过历时性流变与共时性流变后，会演化出自身含义；其四，坚持客观说可以提高法的安定性，因为客观说立足现实，通过文意等解释方法实现法律解释的补充或创造法律的功能，从而提高法律的确定性。

二、法律解释方法的种类

(一)字面解释

字面解释，也称语法解释、文法解释、字面解释。这是指从法律条文的字面意义来说明法律规定的含义。字面解释，亦即文字解释或字义解释，是依照法律条文的整个文义或个别字义所作的解释。法律解释必须以法律条文为依据，这是法制的必然要求，实践中经常采用这种解释方法。实践证明，字面解释方法对正确统一理解和适用法律具有重要意义。但采用字面解释方法时，应注意以下几个问题：

1. 专门用语应按其特定内涵作出解释。法律条文中专门术语，应以专业、行业中的专

门意义解释，不能按通常含义来理解。如法律中常用的“善意”“恶意”是指知情与不知情而言，不是通常道德上所说的善恶。

2.法律用语应以一般含义来理解。所谓一般含义，就是指公认的约定俗成的含义。法律解释除专门用语按特定含义解释外，其他则应按一般含义来理解。同时，解释所用的文字应该明确、具体，切忌晦涩难懂。

3.应注意法律用语的上下联贯性。法律文字特别是概括性文字，不能孤立去理解，它们的色彩和内容导源于上下文。因此，解释法律用语时必须彼此照应，不能断章取义。另外，相同法律用语在整个法律文件中应作同一理解，不能因出现在不同条款中而作不同解释，除非有充分理由证实其另有含义。

(二)历史解释

历史解释，是指通过研究有关立法的历史资料或从新旧法律的对比中了解法律的含义。有关立法的历史资料包括：关于制定法律的提案说明，关于审议法律草案的说明，关于讨论、通过法律草案的记录和其他有关文献等。

(三)体系解释

体系解释，也称逻辑解释、系统解释。这是指将被解释的法律条文放在整部法律中乃至整个法律体系中，联系此法条与其他法条的相互关系来解释法律。首先，应综合考虑条文之间的相互关系。其次，应当考虑法律条文在情事上的同类性或一致性。再次，应当运用法条竞合规则解决可能出现的法条之间的矛盾。

(四)目的解释

目的解释，是指从制定某一法律的目的来解释法律。这里的目的不仅是指原先制定该法律时的目的，也可以指探求该法律在当前条件下的需要；既可以指整部法律的目的，也可以指个别法条、个别制度的目的。许多规范性法律文件的第一条往往写明了该法的立法目的，这是一种明示的法律目的；有些法律目的以宪法原则或基本法律的原则的形式表现出来，这是一种体系化的法律目的或法律价值。为了确定法律的目的或者为了发展法律的目的，解释者需要考虑比法律条文本身更广泛的因素。相对于其他几种解释方法，目的解释赋予解释者更大的自由解释空间。

上述几种解释方法，有时是单独使用，有时是综合使用的。但在一些有争议的法律问题上，解释者往往同时使用多种方法。

第三节 当代中国的法律解释体制

法律解释体制，是指正式解释的权限划分。在我国，法律解释体制不是单一的解释体制，而是各国家机关在其职能基础上，依法分别行使一定的法律解释权，并相互配合的体制。这种分工配合是指中央国家机关与地方国家机关之间的分工配合，国家权力机关的常设机关的立法解释与司法、行政解释的分工配合，以及“进一步明确界限”与“具体应用”两种法律解释的分工配合。在我国，法律解释权是由不同领域的职能主管部门统一行使的，如审判领域由最高法院统一行使；检察领域由最高检察院统一行使；行政领域由国务院或者分别由各行政主管部门统一行使。在部门领域内实行法律解释权垄断，目的在于保证法律的统一实施，维护国家法制的统一。这对于一个行政区域广大、管理层次众多的单一制国家来说,无疑有重大意义。总之,我国以全国人大常委会为主导的法律解释体制,是由我国人民代表大会制度的政权组织形式、人民民主的政治制度和民主集中制原则决定的。它适合我国国情,并基本适应我国法制建设的需要。

一、全国人大常委会所进行的解释

(一)全国人大常委会所进行的解释也叫立法解释。它包括对宪法的解释和对法律的解释两部分。这里所说的法律指狭义的法律,即由全国人民代表大会制定的基本法律和由全国人大常委会制定的非基本法律。凡关于法律条文本身需要进一步明确界限或补充规定的,由全国人大常委会进行解释或用法律加以补充规定。

(二)在我国,立法解释的主要任务有:

1. 阐明法律实施中产生的疑义。即对法律规定本身不十分清楚、明确的条文进行说明,或者规定本身虽然清楚、明确,但实施法律的人不了解立法者的立法精神,因此需要立法解释的。

2. 解决法条冲突以及司法解释之间的冲突。一方面,当出现法条冲突,而不能用法条竞合的一般规则来解释时,需要全国人大常委会进行立法解释;另一方面,根据我国现行的法律解释体制,司法解释发生冲突时应当由全国人大常委会作出最终解释。

(三)由全国人大常委会负责解释我国整个法律制度的核心部分,即宪法和法律,表明它在我国法律解释体制中应当占有主体地位。如全国人大常委会 2001 年 8 月 31 日对刑法有关规定中"违反土地管理法规"是指"违反土地管理法、森林法、草原法等法律以及有关行政法规中关于土地管理的规定"的解释。立法解释的方式主要是通过决定、决议进行有针对性的解释。全国人大常委会法制工作委员会和常委会办公厅对各地、各部门提出的一系列法律问题所作的答复,虽然不是正式的法定解释,但对正确理解和执行法律具有积极的作用。

二、国家最高司法机关所作的解释

(一)司法解释体制

所谓司法解释体制,是指司法解释权的授权范围及行使司法解释权主体的解释权限及各解释主体间的相互关系。1981 年 6 月 10 日第五届全国人民代表大会常务委员会第十九次会议通过的《关于加强法律解释工作的决议》规定:"凡属于法院审判工作中具体应用法律、法令问题,由最高人民法院解释;凡属于检察院检察工作中具体应用法律、法令问题,由最高人民检察院进行解释。"因此,当前我国的司法解释体制是以最高人民法院和最高人民检察院作为法定解释主体,以审判权和检察权为限划分司法解释权限,以审判、检察工作中具体应用法律、法令问题为解释内容的"二元一级司法解释体制"。司法解释又可分为两种,一种是审判解释,另一种是检察解释。审判解释是由最高人民法院对人民法院在审判过程中具体应用法律问题所作的解释。我国的审判解释权由最高人民法院统一行使。检察解释是指由最高人民检察院对人民检察机关在检察工作中具体应用法律问题所进行的解释。如果审判解释与检察解释有原则性分歧,则应报请全国人民代表大会常务委员会解释或决定。

(二)司法解释的基本作用

司法解释的基本作用是为司法机关适用法律审理案件提供说明。这种作用具体包括以下几个方面:

首先,对法律规定不够具体而使理解和执行有困难的问题进行解释,赋予比较概括、原则的规定以具体的内容。通过法律解释使法律适应变化了的新的社会情况。法律调整应当与社会现实相协调,应当随社会的发展而赋予某类行为以相应的法律意义,作出适合社会发展的法律评价。

其次,对适用法律中的疑问进行统一解释。其中包括几种情况:第一,在适用法律过程中对具体法律条文理解不一致,通过解释,统一认识,正确司法。第二,为统一审理标准,针对某一类案件、某一种案件、某一问题或某一具体个案,就如何理解和执行法律规定而作出的统一解释。

再次,对各级各类法院之间应如何依据法律规定相互配合审理案件、确定管辖以及有关操作规范问题进行解释。

为了充分发挥司法解释在国家法制建设中的作用,应当进一步改革和完善司法解释工作。

如规范制定和发布程序,统一形式、名称和格式,明确效力,全面公开司法解释,建立有关司法解释的监督和制约机制,等等。

三、国家最高行政机关的解释

国家最高行政机关的解释也叫行政解释,是指由国务院及其主管部门对有关法律和法规的解释。行政机关对制定法的解释,即对法律、法规、规章的解释,大致可分为两种情形:一种是行政机关对上级国家机关制定的法律、法规、规章如何具体应用所作的解释,这种解释是在行政执行过程中的解释,属于执行解释;另一种是行政机关对自己制定的行政法规、规章的含义和如何适用所作的解释,这种解释是制定机关的解释,可称为制定解释。前一种是如何具体适用的解释,即具体解释;而后一种则主要是抽象解释。从解释主体来看,制定解释的主体是那些法律特别规定享有行政立法权的行政机关,它们在依法取得行政法规、规章制定权的同时,当然享有对自己制定法的解释权,这种行政解释依附于制定权。而执行解释的主体必须是法律授权的行政机关,授权形式包括一般授权规定和专门授权规定,如全国人大常委会《关于加强法律解释工作的决议》就属一般授权规定;而某一单行法律、法规中对特定行政机关的授权解释规定则属专门授权规定。被授予解释权的行政机关可能是依法具有行政法规、规章制定权的行政机关,也可能是不具有规章制定权的行政机关,如地方政府工作部门对所在政府制定的规章或对本级人大制定的地方法规的解释就属这种情况。由此可见,我国行政解释的主体主要是那些具有行政法规、规章制定权的行政机关,同时还辅有规章制定权的地方政府的工作部门。有权进行行政解释的机关包括:制定行政法规的国务院以及制定行政规章的各部委。国家最高行政机关的解释在国家的法制建设中具有重要的意义。国家最高行政机关的法律解释是建立统一、协调的行政法规体系的重要条件。国务院作为国家最高权力机关的执行机关,国家最高行政机关,它所作出的或由它授权作出的法律解释具有法律约束力。但是这种解释不能与宪法和法律相抵触。

四、地方政权机关的解释

(一)国家地方政权机关所进行的法律解释有两种情况:一是对属于地方性法规条文本身需要进一步明确界限或作补充规定的,由制定法规的地方国家权力机关的常设机关进行解释或作出规定。二是属于地方性法规如何具体应用的问题,由地方国家行政机关

所进行的解释。

(二) 地方政权机关的法律解释的特点。

1. 只有法定的地方国家政权机关,即有权制定地方性法规的地方国家权力机关及其执行机关才有此项职权;

2. 解释只能在本地区所辖范围内发生效力;

3. 解释必须符合国家的宪法、法律、行政法规和其他国家政策,否则无效;

4. 地方国家政权机关无权解释宪法、法律和行政法规。

第四节　法律推理

一、法律推理的含义及其特点

推理通常是指人们逻辑思维的一种活动,即从一个或几个已知的判断(前提)得出一个未知的判断(结论)。这种思维活动在法律领域中的运用就泛称为法律推理,它大体上是对法律命题运用一般逻辑推理的过程。法律推理,是法律适用中的一种思维活动。法律适用不仅是一种外部行为活动,而且是一种思维活动。这就是表现为法律推理的思维活动。它涉及对抽象的法律规范的理解、选择,更重要的是它还将这种抽象规范运用到具体的案件之中。它可能是一系列法律推理和论证活动的总和,这种逻辑思维具有复杂性。总之,法律推理在法律适用过程中是一个不可缺少的组成部分。没有法律推理,就没有法律适用。

法律推理的特点:

1. 法律推理要受现行法律的约束。现行法律是法律推理的前提和制约法律推理的条件。在缺乏明确的法律规定的情况下,法律原则、政策、法理、都会成为法律推理的前提。

2. 法律推理是一种寻求正当性证明的推理。而在法学领域,因为法律的内容为对人的行为的要求、禁止与允许,所以法律推理主要是为规范人的行为是否正确或妥当提供正当理由。

3. 法律推理的前提是法律和事实这两个已知判断。事实和法律就是法律推理的两个已知的判断。法官必须根据这两个已知的判断(前提),才能推论出判决或裁定(适用结果)。因此,同样的前提应该有同样的结果,这就是法律推理的基本公式。为了正确地适用法律,必须先确定案件的事实,即对有关案件真实情况的一切证据要查证属实,同时又必须确定适用于该案件事实的有关法律规定,最后再从已查证属实的事实和已确定的法律规定出发推理论证出判决或裁定(适用结果)。

二、形式推理

形式逻辑的推理指不是对思维实质内容而仅对思维形式的推理。在有的法学著作中,这种形式推理又称为分析推理、先例逻辑或形式逻辑。形式推理一般有三种形式:演绎推理、归纳推理和类比推理。

(一)演绎推理

演绎推理是根据一般性的知识,推出关于特殊性的知识。这要求前提真实,推理形式正确,结论就是必然真实的。与实行判例法制度的国家不同,中国是以制定法为主要法律

渊源的国家,因此,在适用法律的过程中应用的形式推理主要是指通常讲的三段论的推理方式。逻辑三段论结构是以法律规范为大前提,法庭认定的案件事实为小前提推理的,结论就是判决或裁定。如甲类情况受乙规则支配,某一案件的情况属于甲类,因此这种情况要受乙规则支配。在法律演绎推理中,如何决定被定义或被划分的案件的类型或种类,如何判定被阐明的乙规则,如何判断某一案件是属于甲类还是属于另一类(即查明、评价事实)是困难的。就是说,有可能存在几个对抗性的主要前提。主要前提可以从下列方面中获得:法定命题;先例性案件中的判决依据;从几个先例性案件的判决依据中归纳出的一个一般性命题;权威著作的陈述。

(二)归纳推理

归纳推理:是从特殊到一般的推理。在法律适用过程中运用归纳推理的典型是判例法制度。在这种制度下,法官受理案件,要将本案事实与以前类似案件的事实加以比较(区别),从这些事实中归纳出一个比较抽象的法律原则或法律规则。

(三)类比推理

形式推理在法律适用中的再一种形式是类比推理(有时也称为类推适用)。类比推理在法律适用过程中的公式大体上是,一个规则适用于甲案件,乙案件在实质上与甲案件类似,因此,这个规则也可以适用于乙案件。然而类比推理有时也存在对抗性类比,并且常出现这样的问题,即一个案件是否十分相似于一个被类比的案件,能否适当地运用适用于该类比的案件的规则。类比推理在任何类型国家中都不可避免,因为社会经济、政治、文化的不断发展,社会关系的纷繁复杂,任何国家的法律都不可能对各种案件的处理包罗无遗,总会遇到法律没有明文的规定或没有相应的规定的情况。类比推理实际上是对现行法所采取的一种弥补的措施,具有补充法律的意义,或者说是基于法律意识而作的一种法律解释。其目的就是为了更好地利用法律手段,调整社会关系,解决有关的问题。

三、实质推理

实质推理即并不是指推理形式是否正确,而是关系到这种推理的实质内容如何确定的问题。亚里士多德将这种推理方式称为辩证推理和辩证逻辑,也有人称为非分析逻辑、结果逻辑。实质推理是对法律规定和案件事实的实质内容进行价值评价的推理。在我国法律实践中,法律适用过程中的实质推理形式主要是司法机关对法律的精神进行解释,以及根据国家的政策和法律的一般原则来作出判断。

一般地说,在疑难案件的情况下,就需要进行实质推理。这里所讲的疑难案件主要是指有关法律规定的疑难案件或法律规定与案件事实结合在一起的疑难案件。有以下几种情况:

(一)法律规定本身的意义模糊。这种模糊不是文字上的模糊,而是实质内容的模糊。例如,对法律规定中所讲的"公平责任"、"正当防卫"、"公共利益"、"合理竞争"等等,虽然文字字面上是清楚的,但是其实质内容和意义却很难适用,对它们的解释都涉及了法的目的或价值观的解释。这实际上就是实质推理的过程。

(二)在法律中对有关主题没有直接的明文规定,也就是出现了法学著作中通常所讲的"法律空隙"或叫"法律漏洞"的情况。

(三)法律规定之间有抵触或者法律中出现两种以上需要选择适用的条款。因此,法官必须就两个或两个以上相互矛盾的法律命题进行选择,特别是当这些可供选择的命题都存在必要的理由或合理性时，如何确定哪一个命题更合理，这就要求实质推理进入到更高一层次的合理性选择。

（四）出现通常所说的“合法”与“合理”的矛盾。即某一行为或关系，在法律上讲是“不合法”的，但从经济、政治、伦理的角度讲，即是“合理”的；或者反过来，从法律上讲是“合法”的，但从其他角度讲却是“不合理”的。

推荐阅读

1. 张志铭：《关于中国法律解释体制的思考》，载《中国社会科学》，1997年第2期。

2. 季卫东：《法律解释的真谛——探索实用法学的第三条道路》，载《中外法学》，1998年第5、6期。

3. 陈金钊：《法律解释学的转向》，载《文史哲》，2003年第4期。

思考题

1. 法律解释与违宪审查制度的关系。

2. 司法解释的“立法化”问题。

3. 目的解释的应用问题。

4. 什么是法律推理？法律推理的主要形式有哪些？

5. 为什么要进行实质推理？在哪些情况下才能进行实质推理？

第三十四章　法律程序

学习提示：程序正义是实体正义的前提与保障，也是法治社会的重要特征，是由人治迈向法治的重要标志。因而，法律程序在法理学体系中占居着重要地位。随着法学理论的逐步成熟，对于法律程序的研究将进入到新的高度。学习本章应当从程序法与实体法之间的关系入手学习。

重点问题：

1. 法律程序的概念
2. 法律程序与实体法律之间的关系
3. 法律程序的分类

第一节　法律程序概述

一、法律程序的概念

法律程序起源于宗教，原始社会只存在宗教仪式，且仅限于宗教用，而私力救济也是这一时期解决纠纷的主要办法。随着纠纷的不断增加以及迫切需要得到解决，私力救济在以血缘关系建立的氏族单位中遭到禁止，加之宗教在这一时期人类发展进程中获得了正统性地位，为了使纠纷的解决结果正当化，宗教仪式便责无旁贷地承担起了这一重任，以至于这套仪式被兼用成为纠纷的解决办法。至此，宗教仪式走上了另一发展路径，成为程序进化的源泉，而纠纷则有了另一名称——实体，以此出发，我们不能也无必要彻底溯清宗教仪式与实体纠纷孰先产生。在宗教仪式兼用成为解决纠纷的程序之后，程序即以宗教仪式为雏形，以解决纠纷为契机，开始了法律化进程。但这一进程决不是朝夕实现的，在人类社会的早期阶段，仅有宗教仪式，而无一定之实体规范，亦无一定之程序规范共同体的代表依靠这些宗教仪式诉诸于某种超自然的力量来解决纠纷，而此时的宗教仪式都是围绕着如何诉诸超自然力量的。随着时间的向前推进，人的主体性以及自我意识的加强影响了人类对于超自然力量的信赖，法律与宗教走向分离。虽然宗教逐渐淡出法律领域的历史舞台，但是这些仪式却并未随之而去，相反却借助传统力量的支撑获得延续，进而得以强化，使得法律在与宗教分离之后仍能保持其权威及普遍性。

什么是法律程序？日本学者谷口安平认为法律程序可以分为实体中心主义的和形式中心主义的两种。前者是站在实体正义的立场上，强调法律程序不过是用以实现法律实体规定的手段。因此，法律程序自身并不具有实体性价值，它只是实现法律实体规定的辅助性手段。马克思关于实体和程序的主张认为实体是树干，而程序是树皮；实体是动物，而程序是动物的皮毛等，就是这种程序观的体现。孟德斯鸠将司法程序当做无所不包的实体法律的自动售货机看待的那种程序，也是该种程序观的典型表现。后者则强调，程序本身记载、表达和反映着实体。因为程序作为人们公共交往行为的准则，它预设了人们公共交往的前提、阶段、过程、环节乃至目的。所以，法律程序绝不仅仅是象征着时间过程的步骤，而且其间还有更为重要的因素，这就是任何实体性的追求，只有在过程或程序中才真正具有可能。从这层意义上讲，在法律的世界，只存在着某种程序中的实体，而没有游离于程序之外的实体。本书认为法律程序是指人们进行法律行为所必须遵循或履行的法定的实践与空间上的步骤和形式，是实现实体权利和义务的合法方式和必要条件。

人们经常有如下的说法："程序是法律的生命"；"程序优越于权利"。在法律世界内部，毫无疑问，既有实体性规范，也有程序性规范。但任何实体的目标定位都需要借助程序的技巧以安排和落实，也就是说，法律上实体性的目标追求只有被装置于程序性的逻辑框架中时，才能真正体现出其实践意义。法律作为"实践理性"，其原因不外乎法律上所设定的一切价值目标，都应有切实可行的技术措施和程序保障，即都应当能够被贯彻到人们的实践活动中去。只有可被纳入程序体系中的实体内容，才具有法律意义。

二、法律程序的特征

(一)法律程序的法定性

在国家正式法中，正如实体性的规定一样，法律程序也是人们(立法者)有意识地对人际间公共交往关系的安排。因此，法律程序的每一个环节、步骤，人们按法律交往行为的每一个前提，主体根据法律交涉的每一个过程，都有法律上的明确规定。这不但在那些恪守法典式成文法的国家是如此，即使在那些强调判例法的国家也是如此，甚至在判例法国家，由于法官享有较之成文法国家更大的自由裁量权，所以，如何通过程序来控制司法权，就显得更为关键。这正是在英美法系国家法律程序更为严格的原因所在。尽管在这些国家，以司法程序为代表的法律程序的发展和完善几乎可以说是司法者在司法实践中完成的。在这个意义上，正是司法者自身通过程序的作茧自缚，进一步推动了以程序为中心的英美法系的发展。

(二)法律程序的技术性

法律作为实践理性，需要能通过一定特殊的技巧和方法贯穿在人们交往行动的过程中，从此意义上讲，在所有的社会规范中，法律是最要求、也最具有实践操作性的规范。道德规范强调教化和主体的自操作(自律)，但是，这种主要靠内心自觉的规则本身缺乏必行的操作保障。尽管在古典社会中，曾存在过像西方中世纪那样的以宗教裁判所为代表的将宗教所倡导的道义强制地推行到人们生活和思想中去的情形，也存在过中国古代缘心论罪式的"春秋决狱"的实践，但它们终究没有使纯粹的道德规范变成可操作的具有更强实践性的法律理性，相反，法治的兴起，无情地将其抛除于法律技术之外。

纪律规范作为某个社团组织内部的规则，也强调技术性。但我们知道，任何社团，不论是乡村公社，还是现代企业，亦不论是政党组织，还是学术团体，都明显地具有熟人社会的特质。尽管现代市场经济把人们普遍地带入到了一个陌生人的社会，但同时它也创造了一个熟人社会存在的可能。这就是每个人被社会分工理所当然地归属成为"单位人"。因此，在一个熟人社团(社区)中，纪律规范主要靠人们之间难以割舍的情感来维系，靠对

共同利益的关注来支持。因此，维持和保障纪律规范得以落实的主要力量宁可说是人们对纪律的内心信念，靠对共同利益和价值追求的自觉。所以，尽管纪律规范不排斥技术性因素的作用，但和法律相比较，它对专门运行技巧的依赖却要弱得多。

习俗规范以及与此紧密相关的习惯法(民间法)，也需要与该习俗相关的人们娴熟地借助一定的手段、技巧运用之于交往行为的实践，但它所尊崇的方式、技巧主要是人们在交往实践中逐渐积累而成的。因此，任何一个生活在该习惯控制秩序下的人们都有可能熟练地利用相关技巧。这不像国家法所重视的技巧，尽管对于和日常行为相关的部分规范，人们大体上根据经验和常识也能够掌握，但对于更多的技术性规定，则只有经过法学和法律训练的人们才有可能运用自如地付之于实践。另外，可以肯定地说，一个地区的习俗，就是该地区内人们生活方式的内在构成，因此，习俗规范的践行主要靠人们自觉的地区向心。但法律规范，在现代社会尽管也是人们生活所必需的构成内容，不过，因其调整的范围、内容等是任何地区内的习俗规范都无法望其项背的。因此，除非相关法律的专门工作者，普通人难以熟练地运用法律程序。

宗教规范主要是以人们对某种神灵或神圣存在的信仰为出发点而形成的。因此，在很大程度上讲，信仰本身就构成了宗教规范通行于世的最重要的技巧。虽然在不少宗教仪轨中也有专门的技巧，甚至现代法律的不少技巧就借鉴自宗教仪轨中的技巧，但对教民来说，这些仪轨并不具有实践价值，它们只需要信仰的心理和行动，就可直入宗教的实践领域。信仰的缺失，即意味着对普通教民而言宗教规范的失效。就法律程序而言，虽然人们有无法律信仰，构成了法律能否事半功倍地作用于人们交往行为之实践中的重要内容，但仅仅法律信仰还不能必然使具有复杂技巧性的法律程序贯彻于实践。因此，即使一个法律意识再高的人，如果不具体掌握法律程序之技巧，也可能随时面临着违法以及因此被惩罚的尴尬。另外，法律程序不仅是被法律家所运用的，而且在人们日常的法律生活中随时能够遇见(如签订合同行为及其程序)，这就使得法律程序的技巧性和其实践性的紧密关系更显其彰。没有法律程序技巧，就没有法律之实践。不掌握法律程序技巧，就无法在法律的世界自如地交往。

(三)法律程序的逻辑性

法律程序乃是一套以文字而构建起来的逻辑规范体系。它的目的在于为交往行动中的人们提供方便地、有秩序地进行交往行为的条件。所以，法律程序的逻辑性，所表达的其实是人们交往行为的合逻辑性。不论法律程序所设定的人们在程序中交涉的前提、程序不同阶段的时限、程序必须经过的步骤、程序应当关注的环节、程序运作的基本条件还是程序运作的后果，都只能依据人们行动的逻辑而加工、制定。倘若法律程序自身不讲逻辑，不深入贯彻应有的逻辑原则，那么，法律程序所提供给人们的不仅不是安定，反而是混乱、模糊和不安。法律自身的不安定无关紧要，一旦当我们将法律的不安定和在该法律调整下人们生活和交往秩序的不安定联系在一起的时候，便会明显发现法律不安定对人们生活和交往的妨害。从此意义上讲，讲究逻辑与否似乎只是法律在形式上完美与否，但这一形式上的完美与否实在地决定着在法律程序调整下的主体交往秩序完美与否——只要法律程序能够运行于实践。因此，在学理上对于法律程序逻辑性的特征不可不重视。

(四)法律程序的时限性

人们的交往行为，既是在空间中进行的，同时也是在时间中从事的。空间保障着交往

行为的内容,而时间保障着交往行为的效率。无限度的时间拖延,不可能对人们的交往行为真正产生什么效率。法律程序的时限性,就是要通过程序运作中不同阶段的时间分配和全部程序的时间安排,为人们依据法律的交往行为设计既有效力、又能达致公平的规则机制。在一定意义上讲,没有时限的规定,就没有法律程序。尽管在法律程序中,不可避免地会装置一些必要的体现空间内容的规定,但在本质上讲,法律程序所体现的主要是时间性。只有在流动的时间体系中,法律程序的形式理性特征才能更好地得以体现。所以,时限不明的法律程序,既实现不了法律程序目的所指向的实质理性,同时也无法保障法律具有效率地落实,从而使人们的交往行为失却了基本的期待。

(五)法律程序的过程性

法律程序的时限性,同时决定着任何法律程序都是一个时间的流程,是一个过程。在现代社会分工体系中,一方面,将人分工到不同的行业体系中,另一方面,任何人只是法律流程中不同阶段中某个空间点上的操作者,也就是说,任何人都被装置于法律程序过程中。以工业生产为例,在该种生产中,自内容看来,是商品(物质)的产出过程,但就形式而言,却是一个按照法定的质量要求而将其程序化的过程。每个生产者都无可例外地被按照保障产品质量所要求的必经阶段而分配到生产流程的某一个时段上。整个生产流程的完成,既是合乎质量的商品之产出,同时也是法律规定的保障产品质量的程序之完成。之所以如此,在于社会分工导致生产者生产的直接目的,不是为了自己的消费,而是通过交换而满足他人的消费,因此,严谨、严格、严明的法律程序要求及其必经的过程就是更进一步保障每个交易者利益,并最终实现社会正义之必需。

(六)法律程序的自主性

昔日在学理上总认为法律程序和法律实体相比较,后者是主要的,决定性的,而前者是次要的,从属性的。这样,法律程序在法律内部只能处于一种附属地位。这正是长期以来我们不太关注法律程序建设的原因之一。尽管从整体的视角分析,法律总是从属于社会的。因此,马克思称,法律和宗教一样,没有自己的历史。同时这也是后现代主义者诟病法律的原因之一(法律不具有自主性)。但法律对社会关系的自主性调整已经是一种不争的事实,至于其是否完善则是另一码事。而法律的自主性在很大程度上就是程序的自主性。实体规范虽然具有其确定性的内容,但作为动态调整过程中的法律,只有当程序具有自主性时,实体的自主性才能在动态过程中被实践化——从"纸上的法律"演变为"行动中的法律"。所以,如果在整体上,法律具有自主性的话,那么,在法律内部,法律程序也具有自主性。法律实体和法律程序两者各自的自主性,共同地维系着法律的自主性。

三、法律程序的分类

法律程序可以从不同的角度、依据不同的标准划分为不同的种类。

(一)国家机关主体生活的法律程序与非国家机关主体活动的法律程序

依据法律程序活动主体性质的不同,可以把法律程序划分为国家机关主体活动的法律程序与非国家机关主体活动的法律程序。国家机关主体活动的法律程序是以国家机关为程序的主体。这里需要注意的是,并非在这种法律程序下,没有其他法律主体的参与,这里的主体主要是指程序的主持者、操纵者,而不是一般的参与者。国家机关主体活动的法律程序依据其主体性质的不同,又可划分为立法程序、司法程序和行政程序三种,这是通常的分类方法。立法程序是国家立法机关在立法活动中所必须遵循或履行的法定的时

间和空间上的步骤和形式。也就是说,国家立法机关(广义上的)的立法活动,除依据《立法法》所规定的权限划分,在其权限范围内立法外,还必须依据《立法法》所规定的程序进行,这是法治建设的前提和基础,也是保证所立之法为善法的程序保障。因为,在立法过程中,只有依照既定程序充分地听取各方的意见,才能切实贯彻落实立法的民主性、公开性的原则,也才有可能使所立之法符合实际,反映客观规律,才能在实践中为广大人民所遵守。司法程序是国家司法机关在司法活动中所必须遵循或履行的法定的时间和空间上的步骤和形式。在我国,严格意义上的司法机关仅指人民法院和人民检察院。根据司法机关处理案件的性质不同,司法程序又可以划分为刑事司法程序、民事经济司法程序和行政司法程序。诉讼程序是司法程序、乃至法律程序中最典型、最复杂的一种,但决不等同于司法程序、法律程序。诉讼程序又可以划分为刑事诉讼程序、民事诉讼程序、行政诉讼程序三种。本书后面有详细的论述,这里不再赘述。

非国家机关主体的法律程序是指非国家机关主体依据法律的规定进行一定的法律行为必须遵循或履行的法定的时间和空间上的步骤和形式。这种分类历来被我国漠视,研究较少。最近几年,伴随着解决纠纷机制的多元化,对非诉讼纠纷解决机制(ADR)的研究引起重视。在这种分类中,依据其法律行为的内容不同,又可以划分为解决纠纷的法律程序和非解决纠纷的法律程序。解决纠纷的法律程序(非国家机关主体主持下)主要有仲裁程序(仲裁委员会)、人民调解程序(人民调解委员会)、劳动争议处理程序(劳动仲裁委员会)、消费者纠纷解决程序(消费者协会),随着我国加入 WTO,各种协会、行会解决纠纷的功能将会大大增强。当然,非诉讼解决纠纷机制与诉讼解决纠纷机制在其强制性、权威性和灵活性上有很大的区别,甚至有人以为无法律程序可言。对此,我们不能苟同。非诉讼解决纠纷机制应该有其法律程序,当然,还需要我们对法律有一个再认识的问题。非解决纠纷的法律程序是指非由国家机关主持的有关机构依照法定程序进行的一定的法律活动。这类活动随着我国市场经济的发展日益繁多,如招标投标、拍卖、证券交易等等。所有这些活动都应该纳入法律程序之列,是我国法制的重要组成部分。

(二)实体性法律程序与程序性法律程序

依据法律程序所涉及的内容不同,可以将法律程序划分为实体性法律程序和程序性法律程序。这一划分方法打破了传统上将法律分为实体法与程序法的藩篱。事实上,在现代法律中,实体法与程序法的划分并不是绝对的,二者之间有一定的交叉:实体法中包含若干程序性的程序,程序法中亦有一些实体性的内容。

实体性的法律程序是以设立、变更、转让和消灭实体性权利义务关系为目的的行为过程。通常由实体法规定,如行政法中的行政立法程序、行政调查程序,合同法中的合同订立程序、合同撤销程序等。实体性的法律程序又可以划分为公法性质的实体性法律程序和私法性质的实体性法律程序。公法性质的实体性法律程序在行政法中表现尤为突出,实体性法律程序也首先是由行政法倡导引发的,并且形成行政程序法的浪潮。这一浪潮"在国际行政法治环境的影响和国内依法行政口号的感召下,现代行政程序逐步引入我国行政管理领域。行政程序规范和制度的研究在我国方兴未艾"。行政法是实体法规范和程序法规范相同一的法律体系,行政法治是实体公正和程序公正相统一的法治模式得到了普遍认可。"实体性行政法律规范和程序性行政法律规范一般交织在一起,共存于一个法律文件中"。公法性质的实体法律程序在经济法中表现也非常明显,甚至早在 20 世纪

80年代就有不少学者在论述经济法的特征时即明确地指出“经济法带有实体法与程序法相结合的特点”。

私法性质的实体法律程序的研究长期以来受冷落，鲜有学者论及这个问题。不过，近两年来已有民法学者认识到实体性民事法律程序的重要性。事实上，在我国的民商事实体法中大量地存在有程序法律规范，如《民法通则》、《婚姻法》、《继承法》、《合同法》、《公司法》、《招标投标法》、《拍卖法》等等，其作用不可低估。它横跨民事实体法和民事程序法两大领域，需要民法学者和民事诉讼法学者抛弃学科之间的严格界限，进行交叉研究，以使研究成果更周全、更深透。在立法上也要注意采取适当渗透的立法技术，摈弃轻视程序规范民法的旧习，增强民法的程序机能。

第二节 法律程序的作用与价值

一、法律程序的作用方式

法律程序是指人们进行法律行为所必须遵循或履行的法定的时间与空间上的步骤和形式，是实现实体权利和义务的合法方式和必要条件。法律程序是针对特定的行为即法律行为的要求，其中包括立法行为、司法行为、行政行为、诉讼行为以及其他法律行为等等。它们都受到法律程序的约束，因而相应也就存在了立法程序、司法程序、行政程序、诉讼程序、监督程序和其他法律行为程序。

法律程序由时间要素和空间要素构成，是一种法定的形式。程序具有明显的形式性。程序法是实体法的形式，法律的实体内容通过法律程序得以实现；实体法制约程序法，实体内容决定程序形式。

法律程序通过对法律行为的作用，实现对人们的实体权利与义务的分配，影响人们的权利义务的实际享有和承担。一般而言，法律程序对法律行为的作用方式包括以下五个方面：

(一)抑制

通过程序的时间、空间要素来克服和防止法律行为的随意性和随机性。比如严格的审级限制。

(二)分工

法律程序通过时空要素实现程序角色分配。如在诉讼程序中，审判者与陪审人员、辩护人、公诉人等各司其职，分工配合。

(三)间隔

通过程序形成了一个解决复杂纠纷的相对的空间，使当事人之间的复杂社会关系从进入程序的那一刻开始就与社会隔离开来。既排斥了当事人之间原有的社会角色，又排斥了其他非程序的因素以及其他处置方式。

(四)导向

通过程序的时空要素来指引人们的法律行为按照一定的指向和标准在时间上得以延续，在空间上得以进行。程序为人们的个别而具体的行为提供了统一化、标准化模式，克服行为的个别化和非规范化。程序的导向机制还能指示人们的行为在时间与空间上有秩序地连贯和衔接，避免法律行为的中断。

(五)缓解

通过法律程序的时空来促进意见疏通,来缓解人们原先的行为与心理冲突,消除紧张气氛,为解决纠纷提供了有条不紊的秩序条件。发生纠纷的当事人既然选择了诉讼程序,也就是选择了文明和有序,抛弃了野蛮和无序。程序使当事人不可能发生激烈的外部对抗和冲突。

(六)感染

法律程序能使行为主体对程序所造成的某种心理状态产生无意识的服从。尽管没有强制的压力,但程序能够使人的情绪、情感自然地受到影响,并不知不觉地遵循相应的行为模式。如公正严明的程序促使当事人或证人作出诚实的供述或证明;回避的程序无形中使当事人对判决结果产生信心等等。

二、法律程序的一般价值

“法的价值”作为一个学术用语是从西方移植而来的概念。在西方,价值是政治学理论和法学理论中经常使用的概念,它既被用来指称各种有价值的事物,又被用来指称人们用以评价各种事物的价值标准和价值观。法的价值或称法律价值一般是指法律对社会所发挥的作用,有时法的价值还指法律所包含的价值评价标准以及法律自身所具有的价值因素。

法律程序的价值是指法律程序对社会所发挥的作用,它包括公平价值、秩序价值、自由价值和效率价值。法律程序的这些普遍价值在不同的程序中具有不同的内容,也有不同的侧重。

(一)公平价值

程序的公平价值一般是指同类的人应当受到相同的对待,它是程序的首要价值。在司法程序中,公平是首要的价值标准。它包括无偏袒地中立、听取对方意见两方面的标准。无偏袒地中立是指程序的主持者在程序活动中不仅始终保持中立态度,不偏袒任何一方,而且与自身利益无关。也就是说,程序应该以公平的方式运行,任何一方当事人都应该受到公平的待遇。听取对方意见是指在程序活动中应该给予当事人各方充分的机会陈述自己的意见和理由。当事人有权知道程序的进程以及自身在程序中的地位和权利,程序的主持者必须将有关当事人的权利、有关信息、程序的进程告知当事人。

(二)秩序价值

程序的秩序价值主要是指通过可预测的、理性的决定过程来维持某种关系的稳定性、结构的一致性、行为的规范性、进程的连续性、事件的可预测性。秩序是与无序相对的。程序的秩序价值要求达到两项标准:公开进行的方式和文明、科学解决的手段。公开进行的方式是指程序活动过程对当事人、利害关系人及社会公开进行,告知并保障参加机会。除涉及个人隐私、商业秘密或国家机密外,一般情况下均采用公开程序。科学解决的手段是指程序中的各种活动与程序的目的之间必须有内在的必然的联系,包括程序要有科学、准确的时间要求和空间要求,以及理性选择决定结论等。

(三)自由价值

程序的自由价值主要是指程序中的每一个人都可以自由选择其行为的活动余地,从而保证个人在意志、人身和人格上受到尊重,不受奴役。程序为人们提供选择的机会,增加自由选择的效能。现实中很难施行理想的以理服人的模式,正是程序可以把自由分解为程序性权利,进而排除对自由的不正当的障碍。程序在保障自由的同时,也限制着自由。程序可以提供一种特殊的自由讨论、沟通的场合和方式。可以说,“自由的历史基本上是奉行程序保障的历史”。

(四)效益价值

程序的效益价值是指程序的成本与解决的效果之间的关系,即从一个给定的投入量中获得最大的产出,最少的资源消耗取得同样多的效果。这里需要注意的是,程序的成本和效益既有经济效益,如诉讼费用、行政的人力与物力的投入等,也有社会效益。有些是可以用货币衡量的,有些则是无法用货币衡量的。如“一元钱官司”的程序运作远远不止一元钱,之所以能够引起社会的强烈反响,乃在于其社会效益。任何一种程序的运作都是需要耗费一定的人力、物力和财力的,而无论是国家,还是当事人用于程序的人力、物力、财产都是有限的,因此,程序的效益价值要求必须作出程序的经济性选择,尽可能缩减程序的成本。如在解决债务纠纷时,能够采用督促程序,就不能采用普通诉讼程序。当然,程序的效益价值并不是单纯追求程序成本的最低化和效益的最大化,相反,程序的效率是在公正、民主的前提下要求提高解决问题的实效,程序效益首先服从公正性。

三、法律程序的道德价值

程序的道德价值是指程序在道德层面满足人们需要的程度。程序的道德价值主要表现在正义性和正当性上。

(一)正义性

正义是一个古老而又常新的概念,具有公平、公正、公道的含义。“正义是一张普洛透斯似的脸,变化无常、随时可以呈现正义下不同形态,并具有极不相同的面貌”。从不同的角度,可以对正义下不同的定义。从马克思主义正义观出发,正义包含以下三层含义:第一,在阶段社会里,正义是有阶级性的,统治阶级和被统治阶级虽有某些共同的关于人的行为的正义的尺度,但在社会制度的正义观上,是根本对立的;第二,正义总是具体的,是由一定社会物质生活条件决定的;第三,正义是历史的产物,并随着历史的下断发展而不断改变。社会基本结构的正义包括两个方面:一是社会各种资源、利益以及负担之分配上的正义,为“实体正义”;二是社会利益冲突之解决上的正义,为“形式正义”或“程序正义”。

程序正义起源于古老的“自然公正”原则,通常表示处理纠纷的一般原则是最起码的公平标准。一般来说,程序正义包含两项最基本的原则:一是任何人不能审理自己或与自己有利害关系的案件,即“自己不做自己的法官”;二是任何一方的诉词都要被听取。在法律上,无论何种角度的形式正义,都可能存在一个代价或牺牲的问题。程序正义也不例外,也具有局限性,表现在:首先,程序正义可能因其抽象性和一般性特点,从而导致个案中的实质不正义;其次,形式主义是一种高成本的正义,它往往以国库和当事人负担高额费用为前提条件。最后,程序正义在一些飞速下会表现出冗长、呆板和繁琐,出现诉讼迟延或积案,从而降低效率。

尽管如此,程序正义对于人权的保护、法制原则的贯彻、实现法律的理念具有重要的意义。

(二)正当性

程序的正当性与程序的正义性是紧密相连的。正当程序是在近代以后被作为一项原则确立下来。程序正当是权利的重要保障,是权利平等的前提;程序正当又是权力的必要

限制，其实质是权力制衡的机制，通过抑制、分工、间隔等功能对权力进行制约。同时，程序正当还能弥补实体规则的不足。在现代社会的立法、行政及审判中，迅速的扩张适用无固定内容的标准和一般性条款，法官(程序主持者)的自由裁量权愈益扩大，程序已经不是单纯地实现权利义务的一种方式和手段，而且也是决定选择的一种机制和过程。正当程序是法律创制、法律执行、法律实效和法律权威的保障。缺乏程序的法律或制度无异于道德或政策。

第三节 诉讼程序

一、诉讼程序的概念

诉讼程序属于程序性法律程序中的公力救济型程序。一般而言，诉讼程序可以解释为司法机关和案件当事人在其他诉讼参与人的配合下为解决案件而分阶段又相连贯地顺次进行的全部活动以及由此产生的诉讼关系的总和。它包含两方面的规定性：一方面是程序活动的阶段和过程，一方面是一种关系安排，体现了程序主体之间的关系结构。诉讼程序有广义和狭义之分。在广义上，由于诉讼活动既包括审判行为、侦查行为、执行行为，又包括当事人的诉讼行为，因而诉讼程序也相应地有审判程序、侦查程序、执行程序以及当事人诉讼行为的程序之分。在狭义上，诉讼程序仅指审判权和诉讼权行使的程序。诉讼，必然涉及国家司法权力，尤其是审判权力，故有不少学者习惯上将诉讼程序简称为审判程序，将居中裁判的法官摆在了主导地位。但由此造成的后果恰恰是否认或抹煞了权利主体的诉讼地位，以审判权力为本位考察诉讼过程，从而造成诉讼程序结构的失衡。可见，不能用审判程序代替诉讼程序这一概念。

以诉讼程序形式调整社会关系，是统治者维护其政治稳定和经济秩序，解决社会矛盾和冲突的需要。诉讼程序适用的范围，在很大程度上取决于社会矛盾和冲突对统治秩序的危害大小，危害越大，就越有必要采用诉讼程序来调整。诉讼程序以国家的司法权为依托，是解决社会矛盾和冲突的最有力的和最终的救济方式。按解决冲突的内容可以把诉讼程序细分为刑事诉讼程序、行政诉讼程序、民事诉讼程序三类。刑事诉讼程序是指国家司法机关在当事人和其他诉讼参与人的参加下，解决犯罪嫌疑人或被告人是否犯罪和应否受刑事惩罚的活动以及由此发生的关系。由于刑事诉讼以实行国家刑罚权为目的，虽然刑事诉讼在实行国家刑罚权之中，也寓有保障人权之意，但此非刑事诉讼之主要目的。因此刑事诉讼程序多表现为权力行使的程序，一项完整的刑事诉讼程序通常包括立案、侦查、公诉、审判、执行等程序阶段。行政诉讼程序系行政相对人对于行政机构的违法行政行为，侵害其权利时，请求国家司法机构予以撤销(救济)的法律程序。行政诉讼有双重目的：一是保护行政相对人的权利，一是判断行政行为的合法性。其中，前一目的与民事诉讼相同。民事诉讼程序是指为解决自然人、法人、其他组织之间及其相互之间因私法关系所生纷争，由国家司法机构予以裁判的法定程序。民事诉讼的目的具有多重性：保护私权、解决纠纷、维护私法秩序等，这一点决定了民事诉讼程序的原理、规则具有最广泛的适用性。换言之，在三大诉讼程序中，民事诉讼程序居于更为基本的地位。以行政诉讼程序为例。行政诉讼与民事诉讼存在很大的相通性，民事诉讼程序中关于回避、证据、期间、送达、第一审程序、第二审程序、审判监督程序以及执行程序的某些规定，行政诉讼程序可以

参照适用。

二、诉讼程序的主要特征

(一)规范性

诉讼程序是由一套科学的程序规则组成的,而程序规则的制定总结了长期诉讼实践的经验,凝结着人类法律思想的精华,反映了诉讼程序自身的规律,对于共同性的程序行为和主体关系具有普遍的适用性。

(二)互动性

诉讼程序不仅有静态的规范性,也有动态的互动性。所谓"互动性",是指诉讼程序主体之间的信息交流和沟通。主体之间的互动从两个方向展开:一是当事人之间的横向互动(即辩驳),一是法院与当事人之间的纵向互动(即讨论)。为了保证互动的合理性,诉讼程序在设计上应维持当事人之间地位的平等性和竞争性,以及法院与当事人之间的对立性和统一性。当事人通过辩驳来说服法官作出有利于自己的裁判,法官则在此基础上通过判决理由说服当事人各方、上级法院和社会大众。

(三)程序结果的确定性

无论采用何种审级制度,诉讼程序最终指向一定的程序结果,此即法院的裁判。裁判一经作出或送达,即发生拘束力、确定力、既判力。非依法定程序,不得任意变更或撤销。

三、诉讼程序的分类

(一)私法诉讼程序和公法诉讼程序

根据诉讼所涉及的不同内容,可以将诉讼程序分为私法诉讼程序和公法诉讼程序两类。私法诉讼包括民事诉讼、商事诉讼、海事诉讼等;公法诉讼包括刑事诉讼、行政诉讼、宪法诉讼、国家赔偿诉讼。

(二)审判前程序、审判程序、审判后程序

根据在整个诉讼过程中是否以国家的审判权为标志,可以把诉讼程序划分为审判前程序、审判程序和审判后程序三种。审判前程序,又称为审判前置程序,即在审判之前先期进行的程序。一般是在国家有关专门机关主持之下为解决争议纠纷或冲突而进行的程序。

审判程序是狭义上的诉讼程序。它是人民法院在诉讼当事人的参加下,解决争议与冲突的活动。审判程序在整个诉讼程序中处于核心地位,体现诉讼的本质。由于审判内容广、程序多样,按照不同的标准,也可以将审判程序划分为不同的种类。如按审级的不同,可以将审判程序划分为第一审程序和复审程序,复审程序中又包括第二审程序和审判监督程序;按程序的繁简程度不同,可以将程序划分为普通程序、简易程序,等等。

审判后程序,主要是指执行程序。执行程序是司法机关及其他国家机关将人民法院已经发生法律效力的判决和裁定付诸实施的过程中所应遵守的步骤和采取的方法。执行程序是整个诉讼活动的最后阶段,也是最终实现诉讼目的的关键环节,因此在整个诉讼程序中有着重要的意义。

(三)刑事诉讼程序、民事诉讼程序和行政诉讼程序

根据诉讼性质的不同,可以将诉讼程序分为刑事诉讼程序、民事诉讼程序和行政诉讼程序,即三大诉讼程序。三大诉讼程序基本上涵盖了我国目前解放所有性质的案件的诉讼程序。因此,我国诉讼制度中也主要是按此标准来对诉讼程序进行分类的。

1. 刑事诉讼程序。刑事诉讼程序是指司法机关解决刑事案件所适用的程序。我国刑事诉讼法规定的刑事诉讼程序包括普通程序和特殊程序两种。普通程序包括立案程序、侦查程序、起诉程序、审判程序、执行程序；特殊程序包括死刑复核程序、审判监督程序。

2. 民事诉讼程序。民事诉讼程序是指由人民法院主持、诉讼当事人参加下，为了解决民事权益或争议而适用的程序。广义上的民事诉讼程序"应当能够涵盖司法机关即法院对现实生活中客观存在着的性质各异、冲突程序不尽一致的民事案件解决的各种方法和程序，……从外延上看，在民事诉讼程序的体系结构中，民间调解、仲裁等替代性诉讼的解决方法排除在外，而仅包括诉讼程序与特别程序"。我国现行民事诉讼法就是采用这一广义概念的。狭义的民事诉讼程序仅指解决民事争议的诉讼程序，不包括人民法院解决非讼案件所适用的程序。在广义的民事诉讼程序概念之下，民事诉讼程序可以划分为第一审程序与复审程序。第一审程序又可以划分为普通程序、简易程序、特别程序。这里需要注意的是，普通程序、简易程序适用于解决民事争议案件的第一审程序，可能引起复审程序，即第二审程序和审判监督程序；而特别程序为终审裁决，没有复审。特别程序从广义上讲，包括民事诉讼法中以特别程序直接规定的案件审理所适用的程序，如：选民资格案件、宣告公民失踪案件、宣告公民死亡案件、认定公民无民事行为能力和限制民事行为能力案件、认定财产无主案件等所适用的程序，也包括监督程序、公示催告程序、企业法人破产还债程序。狭义上的特别程序仅指民事诉讼法中，以特别程序命名的案件所适用的程序。

3. 行政诉讼程序。一般来说，行政诉讼程序是指由人民法院主持，诉讼当事人参加下，为了解决行政争议所适用的程序。广义上的行政诉讼程序包括行政复议程序（诉前程序或审前程序）、审判程序和执行程序。狭义上的行政诉讼程序仅指审判程序。本书采用广义上的概念。行政诉讼程序也可以划分为第一审程序和复审程序。行政诉讼程序中没有简易程序，也没有特别程序。

推荐阅读

1. 季卫东：《法律程序的意义》，载《中国社会科学》，1993 年第 1 期。
2. 陈瑞华：《走向综合性程序价值理论》，载《中国社会科学》，1999 年第 6 期。
3. 陈瑞华：《程序正义论》，载《中外法学》，1997 年第 2 期。

思考题

1. 试述法律程序的概念和特点。
2. 论正当程序的作用。
3. 论程序与正义的关系。
4. 论法律程序的价值。
5. 什么是诉讼程序？
6. 论诉讼程序的结构。

第六编

法社会论

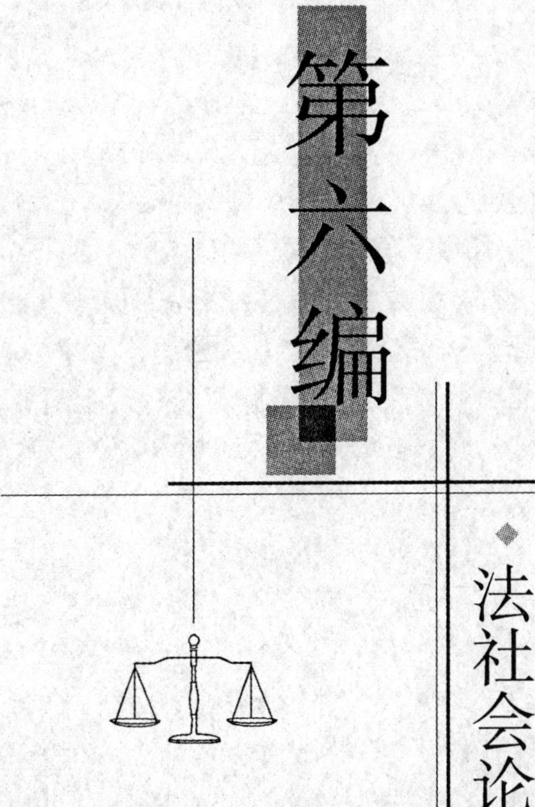

第三十五章　法与经济

学习提示：理解法与经济基础、生产力的相互关系；法与市场经济的关系，特别是法在建立和完善我国市场经济方面的作用，以及知识经济的内涵和法与知识经济的关系，从而对依法治国与社会主义市场经济领域的关系的基本理论与相关知识有一个全面的了解。

重点问题：

1. 法与经济的一般关系
2. 法对市场经济的作用
3. 法与知识经济

第一节　法与生产方式

一、法与生产关系

法与生产方式的关系首先涉及的是法与生产关系即经济基础的关系。生产关系是人与人之间的关系，包括三个方面的内容，即：生产资料的所有制形式，人们在生产过程中所处的地位和相互关系，以及人们之间的产品分配形式。这几个方面的内容在生产过程中又体现为生产、交换、分配和消费四个主要环节。在现实生活中，一种生产关系得以形成，表明人们在生产过程中所结成的相互关系的各个方面与主要环节无论是在人们的观念之中还是在物质性的体制安排当中，都制度化与规范化了，即保持了相对的稳定状态。这种与一定生产力相适应的生产关系，又被称为社会的经济基础，与上层建筑概念相对应。在这里，经济基础决定着上层建筑，而政治、法律、道德、宗教等上层建筑因素又对生产关系、生产力、经济体制等具有积极的或者消极的反作用。马克思主义法学关于法与经济基础关系的理论中全面地论证了法与经济基础的辩证关系，并在此基础上创立了马克思主义法学理论体系。

(一)法根源于一定的经济基础

经济基础与上层建筑的相互关系表明，法来源于、根源于经济基础，也只能而且必须反映一定的经济基础的要求并与之相适应。法的性质、本质、特征、内容、功能、作用、结构以及发生、发展都受经济基础的制约。具体地说经济基础对法的决定作用体现在：

首先，一定的经济基础产生和发展直接决定着相应的法的产生和发展。法不是从来就有的，也不是从天上掉下来的，更不是哪一个人任意设计出来的，而是根据一定的经济基础运行规律的要求，按照统治阶级的意志由国家机关制定或认可的。随着经济基础的

变更，全部庞大的上层建筑也或慢或快地发生变革，作为上层建筑的法，当然也要随着作为经济基础之内容的生产关系的更替与发展而相应地产生和发展。经济基础的变更也有一个从量变到质变的过程。即使是量变，如在同一个社会形态中，经济基础的某一个或几个环节发生了变化，同样也影响法的局部变更，否则，法的作用就无法实现。如果经济基础发生根本性的变更，那么，法也随之发生根本性变更。就是说，随着一种经济基础被另一种经济基础所代替，一种类型的法也必然被另一种类型的法所代替。

其次，一定的经济基础的性质直接决定着相应的法的性质。有什么样的经济基础，就有什么样的法。特别是生产关系中的生产资料所有制状况和产品分配原则，直接决定着相应的法的性质。这可以从法的历史类型更替和演进中得到证实，在人类文明社会的发展过程中有四种生产关系，从而相应地也产生四种类型的法。这是因为，在经济上、政治上占统治地位的阶级，必然会利用其掌握的国家政权，把它的阶级意志通过法律表现出来，从而达到使其统治地位合法化的目的。正因如此，我国社会主义法必然为社会主义经济建设服务。

再次，一定的经济基础的内容直接决定着相应的法的内容。法的内容只能而且必须反映一定的生产关系的内在需求，否则便会从根本上丧失其自身存在的根据和理由。我们决不能设想在奴隶制社会制定出反不正当竞争法，因为当时的经济条件还没有发展到这样的水平。正因为如此，在研究法律现象时，不能单纯从它本身去探索，而应从它赖以存在的特定的物质生活条件中去探索，从经济基础中去探求。不仅经济基础决定法的内容，而且与经济基础结合在一起的经济体制，对法的内容也产生重大影响。在同一经济基础的不同经济体制下，对法的需求和法的内容是不大一样的，如在我国计划经济和市场经济这两种不同经济体制下，法就有较大区别。在计划经济体制下，强调法的意志性，而忽视法的客观性，从而使法律的内容局限在狭小的范围内。现在实行市场经济，情况就大不相同。由于市场经济强调市场主体的平等地位，产权清晰、权责明确的现代企业制度，强调以间接管理为主的宏观调控，强调规范微观经济行为，从而使法的内容极为丰富，覆盖的社会领域越来越广。一定的经济基础既是一定法的出发点，也是法的归宿。因为法本身不是目的，归根到底是服务于一定的经济基础。所以说，法根源于一定的经济基础，既是必然的结果，也是自身发展的需要。

综上所述，法的产生与发展、法的性质、法的内容，都决定于经济基础。但这不是说其他因素对法没有影响，恰恰相反，一国的历史传统、国家形式、道德观念，甚至风俗习惯对法均有影响。我们在坚持法决定于经济基础的前提下，也应当承认上层建筑其他因素对法的相互影响和作用。

(二) 法反作用于经济基础

法对经济基础的反作用体现在两个方面，即法对经济基础的积极作用和消极作用。

1. 法对经济基础的积极作用。首先，法对于与之相矛盾的、旧的经济基础，加以改造或摧毁。当一种性质的社会形态代替另一种性质的社会形态时，由于旧的生产关系不可能完全自动退出历史舞台，虽然受到极大的削弱，也已不占统治地位，但往往被暂时保留下来。在这种情况下，作为维护新的掌握国家政权阶级利益的新法，必然要改造旧的经济基础或者予以摧毁。如新中国成立后，立即颁布了《土地改革法》，迅速消灭了在我国历史上延续了几千年的封建土地所有制。这就是社会主义法对旧的经济基础摧毁的例证。又如英国资产阶级革命胜利后,便是通过改造,使旧基础符合资产阶级的需要。我国在由新民主主义向社会主义过渡时期对生产资料私有制的社会主义改造,也是通过国家和法律改造旧经济关系的例证。

其次,法对其赖以存在与发展的经济基础起引导、促进和保障作用。新法在对旧的生产关系进行改造或者摧毁的同时,也对新的生产关系的建立起到了引导和促进的作用,并在新的生产关系建立之后积极地保障这种生产关系。引导,就是指法律规范提供制度和行为模式,引导经济关系和经济行为朝着有利于掌握政权的阶级所要求的方面发展。当然,这种引导是建立在对客观经济规律认识的基础上的,实际上也是该经济基础本身要求的反映。这里讲的促进既包括促进该经济关系的巩固,更包括促进该经济关系的发展,特别是在新的经济基础刚刚形成的时候,这种促进更为明显。如近代史上的《拿破仑民法典》,便对资本主义经济基础的形成和巩固起了重大的促进作用;又如我国 1954 年宪法和有关法律,对于我国公有制经济的形成与巩固起了不可磨灭的作用。至于法律对其经济基础的保障则更是一目了然,因为任何类型的法律,对于破坏它赖以存在与发展的经济基础的行为,都确定为犯罪并予以严厉的制裁。法的这种作用,也明显地反映在经济体制上。我国构建适应社会主义市场经济的法律体系,其目的就是在于引导、促进和保障社会主义市场经济体制的建立与发展。

2. 法对经济基础的消极作用。当法保护的基础是腐朽的生产关系时,当然就阻碍生产力的发展,阻碍社会的进步。这种消极意义也体现在当法极大地滞后于生产关系的发展或者过分超前于生产关系的发展时,法不仅不能对生产关系起到引导、促进和保障作用,相反还会妨碍甚至破坏生产关系,从而不利于社会的稳定与发展。

二、法与生产力

生产力是人类征服自然和改造自然的能力,其基本的构成要素是生产者(劳动力)、生产资料(劳动对象)和生产技术。其中,具有一定知识经验和劳动技能的生产者(劳动力)是首要因素,而生产技术手段则是至为关键的因素。在生产方式中,生产力始终是最活跃、最革命的要素。社会物质文明、精神文明和政治文明程度的高低,均与生产力有直接的联系。早在抗战时期,毛泽东就指出:“中国一切政党的政策及其实践在中国人民中所表现的作用好坏、大小,看它是束缚生产力的,还是解放生产力的。”① 因此,生产力标准是衡量一切工作的根本标准。邓小平把生产力标准进一步具体化为“三个有利于”,即有利于发展社会主义社会的生产力,有利于增强社会主义国家的综合国力,有利于提高人民的生活水平。

(一)生产力对法的最终的决定作用

生产关系对法的决定作用是最为直接的,但并不是法的最终的决定因素,因为生产关系本身还要受到生产力的决定和制约,于是,生产关系对法的直接决定作用也就具有了中介性质,它表征的正是生产力对法的决定作用。也只有生产力对法的决定作用才是最终的决定作用,但这种决定作用是间接的,需要借助于生产关系这个中介对法施加影响。

(二)法对生产力的反作用

1. 法保障和推动生产力的发展。首先,法通过把符合人的全面自由发展的一系列内

① 《毛泽东选集》第 3 卷,1079 页。

在需求规定为人所享有的广泛的权利甚至义务,使人合法地、充分地发展自己的潜能,从而提高劳动者的综合素质,以保障和推动生产力的发展。其次,法通过对自然资源和生态环境的保护、通过规定对自然资源与生态环境的合建开发利用,来保障和推动生产力的发展。再次,法通过保障和促进科学技术的发展,从而保障和推动生产力的发展。

2. 法束缚和破坏生产力的发展。当法滞后于生产力的发展,也就是说,当法的内容主要反映的是落后的生产力的要求,而没有或者很少反映当前的现实生产力状况和生产力发展趋势的要求时,法就会束缚甚至极大地破坏现实生产力,阻碍生产力的发展。

法律历来都是为一定生产力发展服务的。尽管因种种原因法律对生产力的作用有时是促进,有时却又是阻碍的,但在总体上,法律总是从不同角度促进生产力的发展的,否则人类就不可能有今天。正是从这个意义上讲,生产力的发展过程,同时也是法律、法学的发展过程。因此,社会主义法必须以促进生产力的发展为出发点和归宿。

第二节 法与市场经济

一、法与经济的历史发展

法的产生经历了漫长的过程,有着深刻的经济根源和阶级根源,而归根到底是社会生产力发展的产物。

(一)商品交换与法的产生

当原始社会发展到父系氏族阶段时,生产力发展引起了社会三次大分工,即畜牧业同农业、手工业同农业、商业同手工业相分离,带来了交换活动的经常性,出现了一般等价物,交换的主体也变为个人对个人,取代了以往由氏族首领负责交换的做法。商品交换活动的实践要求一定的规则,这种规则首先表现为习惯,经过反复实践,在漫长的岁月中形成法的最初形式。马克思曾经明确指出"先有交易,后来才由交易发展为法制"。①

法产生于商品交换,商品交换依靠法律调整,这就是商品交换与法的相互关系。法之所以是商品交换的必然产物,这是由商品交换的内在要求决定的。第一,商品交换需要法律确认主体之间平等的法律地位和自由交换的环境,使他们在平等的条件下进行商品交换。第二,商品交换需要法律确认商品交换前所有权的归属问题,否则会引来许多麻烦。第三,商品交换需要法律规定或认可一般的交换规则,即使最简单的交换,也只能在一定程序下进行,没有规则与程序,任何商品交换都是无法进行的。古日耳曼人在交换商品时,要弯曲手指宣誓,还要念一定的咒语;罗马人在交换商品时,要把一根木棍折断,双方各执一半。第四,商品交换需要法律确认与规定可能出现的各种纠纷的解决方法。商品交换的经常化,不可避免地出现一些纠纷,而对纠纷的解决必须依靠具有普遍性、规范性和强制性的法律。当然,在原始社会里,氏族的酋长在解决纠纷中起了很大的作用,开始主要是依靠个人威望,后来则越来越依靠规则。

(二)商品经济与法的发展

商品经济,是以交换为目的的经济形式,包括生产、分配、交换、消费等,可分为简单商品经济和发达商品经济。法产生于商品交换的过程之中,并随着商品经济的发展而不断

① 《马克思恩格斯全集》第9卷,423页,北京:人民出版社,1963年。

演进。它在经历漫长的由个别调整到一般调整,由习惯到习惯法的演变之后,成文法相继问世。

古罗马法的发达与繁荣,其根本原因在于它根基于古罗马商品经济的发达与繁荣。正因为如此,恩格斯才把罗马法称之为"商品生产者社会第一个世界性法律"。事实上,是罗马商品经济的发展,有力地促进罗马法的不断完善。古罗马法与同时期的其他国家的奴隶制法律相比,具有内容丰富、系统庞大、技术先进、规范性强的特点。它对商品经济的各种复杂关系以及民事流转的性质与方式,都作了详细具体的规定。它以作用于商品经济的巨大成效而闻名于世。

在封建社会,从反面证实了商品经济与法律的密切关系。无论是欧洲中世纪近千年的历史,还是中国古代两千多年,由于自给自足的自然经济占统治地位,窒息了法律的生机。

(三)市场经济与法律的兴旺

17—18 世纪欧洲资产阶级革命的成功,特别是 19 世纪西方资产阶级政权的普遍建立,为商品经济的发展开辟了广阔的道路,并使之发展到高级阶段——市场经济。在商品成为社会的细胞的资本主义社会,在这种巨大的以市场作为资源配置主要方式的经济体制和经济规模中,迫切需要大规模的新的立法来满足它的需要,于是举世闻名的 1804 年《法国民法典》诞生了,随之建立了近代市场经济的法律体系。

19 世纪末至 20 世纪初,近代市场经济逐渐被现代市场经济所取代。凯恩斯的《货币通论》代表了当时的经济思潮,"国家干预"代替了当时的"自由放任"。与此相适应,法律社会化成为西方法律的主流,"社会本位"取代了过去的"个人本位"。

二战后,现代市场经济遍及整个世界,生产力得到了巨大的发展。与此相适应,法律对社会的覆盖面越来越大,而成为人类调控社会最主要的手段,并发展为文明的支柱。

综上所述,我们可以看出:商品经济和市场经济是法律存在与发展的土壤;同时商品经济、市场经济需要法律的促进和保障,经济越发展,法律的体系就越完善,其作用就越来越广泛。市场经济之所以是法制的生长点,因为:第一,市场经济为法制观念的产生、发展提供了契机。第二,市场经济为法制的实现提供了现实基础,其中最为重要的基础是市民社会。第三,市场经济为法制提供了民主政治的基础。第四,市场经济为法制提供了理性化的制度基础。

二、市场经济概说

市场经济,是商品经济发展到一定阶段的产物,是以市场为资源配置形式的经济体制,市场经济是商品经济的高级形态,是商品经济的市场化、社会化和制度化。具体说,市场经济具有如下特性:

1. 市场经济是主体地位平等、意志自由的经济。承认个人和企业等市场主体的独立性,他们自主决策,自主经营,并独立承担经济风险。

2. 市场经济是权利经济,既要求法律确认权利,保障权利,又要求法律规定权利主体的资格和权利客体的范围;更要求法律规定人们行使权利的方法、原则和保障权利的程序。

3. 市场经济是契约(合同)经济。市场经济的关键在于市场,而市场的关键在于契约。从身份到契约的转换,是市场经济产生和发展的标志。市场经济就是在人们的契约

关系基础上形成、发展的。首先,人们的契约关系是一种自由的合意的关系,是一种平等的关系,而不是一种服从和被服从的关系;其次,契约关系是权利和义务的关系,是法律关系。服从契约,就是服从法律。最后,契约关系是经济关系的法律表现。契约的原则、技术、标准及其他因素都需要法律来设定、确定,也需要法律来保障。契约自由、权利平等、私有财产无限制原则,是私法领域的三大原则。

4. 市场经济是公平的竞争性经济。由市场形成价格,保障各种商品和生产要素自由流动,由市场对资源配置起基础性作用。有市场就有竞争,有竞争就需要维护公平、自由竞争的原则,必须规范各种交换、交易和竞争行为。没有竞争规则的市场,是混乱的无秩序的,无法保障交易的正常进行,无法保障人们的权利。同时,市场经济需要宏观调控机制,要求政府对市场运行实行一定价值和目标的导向和监督。

5. 市场经济是开放型经济。市场主体必须遵守国际经济交往中通行的规则与惯例。市场经济历经了近代市场经济与现代市场经济两个阶段。现代市场经济实质上是一种法治经济。无论是市场运行机制,还是国家的宏观调控,都达到了更高的层次,并有良好的公共权力体系予以间接干预;而间接干预的最佳形式就是具有普遍性、客观性、规范性和强制性的国家法律。当然,法律必须反映经济规律,必须以"看不见的手"为基础,才能发挥"看得见的手"的作用。

三、法在建立与完善社会主义市场经济中的作用

我国社会主义法在建立、健全社会主义市场经济中发挥着重要作用。我们可以从法对宏观、微观经济以及对外经济交往等方面加以了解。

(一)法在宏观调控中的作用

宏观调控不是任何个人的主观愿望,而是现代市场经济的客观要求。法作为宏观调控的主要工具,具有以下作用:

1. 引导作用。引导是宏观调控的重要形式,没有引导的宏观调控实际上是无效或收效甚微的调控。当然,国家对经济的引导可以有各种手段,如经济手段、行政手段等等,但法律是最佳手段,即使有时使用经济手段和行政手段,也要通过法律形式加以规定和保障。法能对市场经济进行引导是法的本质的生动体现,也是法律规范对行为的一种指引。更重要的是,法对市场经济的引导是市场经济运行规律决定的。市场经济有复杂的生产、分配、流通和消费过程,这实质上是人与人之间的社会互动过程。为了使密集的、复杂的且随意性很大的社会互动井然有序,为了制约市场经济的某些负面影响,就必须由政府实行宏观调控,必须依靠法律进行引导,只有正确引导才能向正确的方向发展,才能使之发挥最大效益。

2. 促进作用。现代市场经济从建立到完善的全过程,几乎每前进一步,每一环节的变化与发展,都离不开法律的促进。这里所讲的促进,既包括法律为市场经济的发展创造条件,提供机遇;又包括认识和利用市场经济规律,促进其发展与完善;还包括规定政府职能的转变,促其更好地为市场经济服务。法律对市场经济的促进作用表现在两大方面:一是直接促进,如民法、商法、经济法、知识产权法,它们直接调整市场经济的各种关系,其中有横向的,也有纵向的。我国在这方面的法律、法规还不多,应加强这方面的立法。二是间接促进,这主要是指那些以调整政治关系、管理关系、家庭关系为主的法律,如宪法、行政法、刑法、婚姻家庭法等,它们虽然不直接或多数不直接调整经济关系,但它们调整特殊

领域内的各种社会关系，维护社会的安宁，给市场经济的发展创造良好的社会环境与外部条件，或者激发人们积极投入经济体制改革的积极性，促进人们沿着社会主义方向，把市场经济引向深入。

3. 保障作用。这里讲的保障具有更广泛的含义，有三重意思：一是秩序保障，即通过打击各种刑事犯罪活动，特别是打击经济领域的犯罪活动，对违法犯罪分子予以制裁，保障社会秩序的安定。二是权利保障，即保障参与市场活动的主体的合法权利。市场经济的核心问题是权利问题，保障合法权利是发展市场经济的关键所在。我们绝不能想象：参与市场活动的经济主体的权利受到损害而得不到法律的保障时，市场经济能顺利发展。三是平等保障，即保障市场经济的参与者法律地位平等。商品经济是"天生的平等派"（马克思语），离开法律地位平等，便没有市场经济可言。

4. 制约作用。市场经济也具有两重性：一方面它具有竞争机制，重视效益，促进生产力的发展；同时作为市场经济的基本经济规律的价值规律具有自动调节的能力。另一方面，市场经济有自发性、盲目性等非有序化趋向和强调本位物质利益的消极因素。因此，国家需要通过法律、法规制约这些消极因素。如制定市场管理法，使市场活动有序化；颁布物价法，制止哄抬物价；实施竞争法，打击各种不正当竞争活动等。

5. 协调作用。这在社会主义国家更为明显。国家通过法律、法规调整产品结构、优化资源配置，也可以通过法律、法规协调各产业部门的关系，协调各利益集团的关系，调整它们之间的纠纷和矛盾，促进它们共同协调发展。

（二）法在规范微观经济行为中的作用

现代市场经济既强调宏观调控，也要求微观搞活。因此，发挥法在规范微观经济行为中的作用，具有直接现实意义。这些作用大致有：

1. 确认经济活动主体平等的法律地位。企业、公司是市场活动的主体。我国已颁布了《公司法》和规范"三资"企业方面的法律，在保障它们的平等法律地位和合法权益上已发挥了重大作用。但是还不够，应加强这方面的立法，对经济活动主体平等地位的确认，不仅肯定它们的合法存在，赋予其参与民事活动的权利能力与法律能力，而且强调主体之间的法律地位平等与权利义务一致。

2. 调整经济活动中的各种关系。市场经济最优化的奥秘在于交易。因此，法律必须规范生产要素的自由流动，规范自由交换与竞争行为。微观经济行为实质上是企业行为，法律对企业的内部与外部都要科学地予以调整，并促进企业强强联合，优化组合，组建新的产业集团。

3. 解决经济活动中的各种纠纷。市场经济是人类经济活动复杂化的产物，包含各种风险，并基于主观或客观原因，在经济活动中不可避免会出现一些纠纷，这就需要通过司法和仲裁来解决。这里不仅需要程序法，更需要这方面的实体法。

4. 维护正常的经济秩序。现代市场经济是有序的经济，也是竞争经济，因此，法律规则是极为重要的。只有通过法律调整，才能形成和维护正常的经济秩序，以保障市场经济健康运行。

（三）法在对外经济交往中的作用

当今世界是一个开放的世界，世界经济一体化、全球化的进程日益加快。我国经过20多年的实践，在对外经济交往方面已逐步形成了基本成熟的格局。我国加入世贸组

织,对外经济交往的稳步扩大,必须有完善的调整对外经济关系的法律体系来推进和保障。法律能够在对外经济交往工作中的各个环节、各个层面上发挥其积极作用,为我国对外经济交往创造良好的法律环境。法律对对外经济的促进和保障作用主要表现在:

1. 把对外开放的宏观战略和政策细化为具体的法律、法规,以保证其稳定性和可操作性。改革开放以来,我国中央政府和各地方政府都制定了一系列的鼓励、扩大对外开放的方针、政策、措施。为了鼓励投资者的信心,使政策更具连续性和稳定性,我国正逐步将各项重要政策措施纳入法律调整,使之具有法律的权威性。

2. 法律能促进对国际资本的吸引和利用,促进我国产业结构的调整。将利用国际资本与调整产业结构结合起来,则可以提高利用外资的质量和效益,使得我国能够更多更快地获得和利用国际先进的技术和管理方式。

3. 法律有助于促进我国全面参与国际贸易,与大型跨国公司建立长期合作关系,以求把国内资源与国外资源的利用相结合,把国内市场与国际市场相结合。

4. 法律有助于我国积极参与多边和地区经济贸易合作。国际经贸合作实际上都是在一定的国际经贸条约、规则的框架内展开的,没有完善法规的支持,大规模的国际经济合作不可能实现。中国应积极参与国际经贸合作,以便于我国在经济日益一体化的背景中通过参与国际合作途径壮大我国的经济实力和综合国力。

5. 法律有助于趋利避害,保障我国的经济安全与经济独立,抑制对外开放中的负效应。经济全球化于中国而言既是机遇又是挑战,中国经济可从中获得更多的发展机会,同时也更易于遭受国际经济波动的冲击。因此,我国应通过建立完备的法律体系和相关防范机制,使中国经济能够更大限度地免受经济全球化和一体化的消极影响,同时能创造一个足以应付各种风险的国内环境。另外,对外开放战略在实施中产生的负效应,如各地区发展不均衡、技术引进项目技术含量不高、外资的违法经营、对国内企业的冲击等,这些问题也需要借助法律手段来解决。

第三节　法与知识经济

一、知识经济的含义和基本特征

"知识经济"是20世纪90年代提出的新概念,是人们对21世纪经济发展的一种科学预测。但知识经济在发达国家已经来临,在我国也初见端倪。本来,"知识经济"按经济合作发展组织(OECD)1996年《技术、生产率和工作的创造》报告中的定义,是指建立在知识的生产、分配和使用上的经济,是与农业经济、工业经济相对应的一个概念,它是以知识、信息为基础的经济。这里所说的知识,包含极为广泛的内容,而科学技术、管理和行为科学是其主要部分。提出知识经济的背景是:发达国家现在比以往任何时候都更加依赖于知识的生产、扩散和应用,电脑、电子和航空等技术产业是所有产业中产出和就业增长最快的产业。据OECD估计,其主要成员国国内生产总值的50%以上是以知识为基础的。事实上,自20世纪80年代以来,信息和通信产业的兴起,信息处理价格的降低,通信和计算机技术的"数字趋同",国际网络化的进程,所有这一切已使知识的创造、储存、学习和使用方式产生了巨大的革命。

知识经济时代中最重要最关键的资源不是资本,而是知识、智力、人才。"知识经济"

是区别于以前的、以传统工业为产业支柱，以稀缺自然资源为主要依托经济的新型经济，它是以高技术产业为第一产业支柱，以智力资源为首要依托。因此，它是可持续发展的经济。知识经济将使传统经济发生根本变化，将使人的观念发生革命性的变革，将开创人类文明的新纪元。人类已进入信息时代，知识经济对于我们21世纪的发展至关重要。

知识经济的基本特征是：

1. 资产投入无形化。知识经济在资源配置上以智力资源、无形资产作为第一要素，并致力于通过智力资源开发新的自然资源来创造新财富，逐步代替工业经济所依赖的作为命脉的、已经短缺的自然资源。这就是说，在知识经济条件下，无形资产主宰着有形资产，知识垄断与竞争代替工业垄断与竞争。

2. 知识成果法律化。因为任何科学技术的发明与创造，只有通过取得专利权、著作权等知识产权，才能受到法律保护，并进而促进产业发展才能广泛地运用与传播。其实，知识成果——知识产权——知识产业，这就是知识经济的运行机制。在知识经济中，科学技术居于核心地位，“科学技术是第一生产力”。当然，这里直接涉及科技成果的转化问题，转化得越快，其效益越大。而科学技术的发展水平与速度又取决于教育的状况。因此，教育是知识经济的基础，知识经济的竞争，归根到底是教育的竞争、人才的竞争。知识经济时代使得未来的人才教育，应该以培养高技术产业化的人才群体为主体。创新成为知识经济的灵魂。

3. 经济发展可持续化

知识经济是促进人与自然协调、可持续发展的经济。

二、知识经济与法治文明

知识经济与法治文明是21世纪人类社会的两大支柱，是人类发展与社会进步的内在动力，它们犹如两个车轮，推动着时代前进。它们之间有着密不可分的联系；知识经济离开法治文明，如同法治文明离开知识经济一样，都是不可想象的。

(一)法治文明对知识经济的作用

1. 法治文明是知识经济发展的动力。知识是靠人来获取与运用的，而人的积极性、进取性及其各项素质，都与法治文明有直接联系。因为人是追求和向往正义与公正的，而正义与公正的最高体现就是法治文明。何况知识取得的效益，运用方式的程度及其是否正义，几乎都取决于该国法治文明的高低。法治文明本身就反映高含量的知识水平。

2. 法治文明是知识经济发展的保障。知识经济也是在一定的时间与空间中运行的，离不开有序的环境和良好的社会秩序。而这些环境与秩序的营造与保障，就是不可取代的法治文明。

(二)知识经济对法治文明的作用

1. 知识经济导致法律内容的扩大与更新。知识经济是新的经济形态，必然出现新的社会关系或改变原来某些社会关系，而法律是调整社会关系的，并因社会关系的不同而划分不同的法律部门。在新的社会关系面前，法律的调整范围必须扩大，内容必须更新。如因科学技术发展伴生的知识犯罪，如计算机犯罪的出现必然导致刑法内容的增加。知识产业的形成，必然要制定调整这一新型关系的法律。

2. 知识经济导致人们观念的变化和更新，其中当然包括法学观念的变化与更新，特别是法学基本概念的变化与更新。如果说，17—18世纪，资产阶级法学世界观刚刚产生的

时候，基于工业经济的影响，法学家们把法律看成人类理性的体现；20 世纪初随着第三次技术革命浪潮的兴起，社会法学派把法律作为社会控制的工具；那么在知识经济的新历史条件下，人们对法学的基本概念无疑要提出新的挑战。

3. 知识经济导致法学方法论的更新。知识经济对法学方法论必然要产生极大影响。如果说农业经济和近代工业经济使人们产生形而上学的方法论；现代工业经济的发展把人们引向了系统论、控制论、信息论的新方法论；那么在知识经济的新时代，必然引起人们思维方式与方法的变革，反映知识经济的新方法论必将出现，并运用于法学研究领域。

总之，知识经济对法治文明的影响是根本性的，全方位的，我们必须面对这种未来，把挑战与机遇结合起来，使法治文明在 21 世纪大放光彩！

推荐阅读

1. [德] H·科殷著：《法哲学》，华夏出版社，2002 年版。
2. 张文显主编：《法理学》，高等教育出版社，2003 年版。
3. 沈宗灵主编：《法理学》，北京大学出版社，2003 年版。
4. 简新华：《社会主义经济理论的十大发展》，载 1999 年 3 月 26 日《光明日报》。

思考题

1. 怎样理解法律与生产力之间的关系？
2. 怎样理解法律与生产关系之间的关系？
3. 法在市场经济宏观调控中有哪些作用？
4. 法在规范微观经济行为中有哪些作用？
5. 法在对外经济交往中的作用主要有哪些？

第三十六章　法与政治

学习提示：理解国家、政党、政策、民主政治、政治体制等重要概念及其与法的关系，掌握法与共产党政策的联系与区别及法对政治体制改革的作用，从而对法与政治有一个全面的了解和把握。

重点问题：

1. 法与国家的一般关系
2. 政策的概念
3. 法与共产党政策的联系与区别
4. 法对政治体制改革的作用

第一节　法与国家

一、国家的含义

作为最基本的政治权力主体，国家在人们的社会政治生活与法律生活中都居于非常重要而关键的地位。那么，什么是国家呢？地理意义上的国家又可以称为国度，如说中国、亚洲国家；政治意义上的国家即一个阶级对另一个阶级专政的工具，如说资本主义国家、社会主义国家。马克思主义考察了政治国家的含义，认为，其一，国家是历史的范畴，它是社会经济发展到一定历史阶段产生了私有制和阶级，在阶级矛盾不可调和的基础上产生的；其二，国家是一定阶级的专政；其三，国家是由一定本质和一定组织形成的统一体；其四，无产阶级专政是国家发展的最高阶段。

国家有四个构成要素：①有定居的居民（人）。②领土，按地域范围组织起来的，有一定领域范围，居民按地域来划分。③政治组织是政治实体，设有系统的国家机构体系，兼政治职能和社会职能两种职能。④主权是特殊的公共权力，具有主权性。定居的居民、领土、政治组织、主权，四个要素缺一不可。

由于人们所处的时代与环境的不同、所持的政治立场与政治信念不同，以及人们的参照系统与观察分析的角度的差异，对国家的界定也就出现了分歧，因而在不同的语境当中，国家的含义的差别也就相当明显。一般说来，"国家"一词至少被在五种意义上使用。

第一，国家是指国家政权以及行使国家政权的国家机构体系。列宁认为，国家就是以军队、警察、法庭、监狱和官僚集团所构成的、以行使来自于社会而又凌驾于社会之上的特殊公共权力、实行阶级压迫的暴力机器。

第二，国家指由政府、人民和领土及主权四要素构成的政治实体。如美国政治学家迦纳认为："国家是由很多人民组成的社会，永久占一块一定的领土，不受外来的统治；有一个为人民在习惯上所服从的有组织的政府。"这在讨论近、现代国际关系时最为常见。但如果不拥有主权，便不能被称为国家。

第三，国家即代表公共利益的具有独立法律人格的特殊权利主体。这是国内法上的概念。在此意义上，国家同自然人一样有独立的人格和意思，享有权利并承担义务和责任。我国民商事法律当中经常在这一意义上来使用国家概念。

第四，国家即社会。此种意义上的国家通常被称为"政治国家"，它是国家权力直接发生作用的所有政治社会关系的总和。这是某些学者在学术研究时使用的概念，与"市民社会"相对应。

第五，国家即政治社会，也就是政治国家，它所表征的乃是有组织的政治权力直接发生作用所形成的政治社会关系的总体。政治国家或政治社会一般与市民社会相对应。二者的区分最初是由黑格尔所清楚地表达的。所谓市民社会是一个以商品的生产和交换为前提而形成的生活共同体，是由众多追求自身特殊利益的私人以平等交往的方式结合而成的社会关系的总体。政治国家则是一个以政治权力支配为主要内容、以统治和服从关系为前提而形成的生活共同体及其产生的全部政治社会关系的总体。

二、法与国家的一般关系

法和国家是两种既有联系又有区别的社会现象。认识法与国家的关系对于深入理解法的本质、发挥法的作用、实现法的价值以及把国家权力运行纳入法治轨道，均具有十分重要的意义。按照列宁的观点，国家是一种暴力机器，实际上，国家还必须是一种合法的暴力。合法就是有根据，合法意味着统治者能够被被统治者所接受。在法治时代，合法的暴力的基础就是法律。法律是取得公众的同意的行为准则。所以，法律与国家存在密切关系，两者相互作用、相互支撑。

首先，从国家与法的起源上看，两者都是在社会发展过程中出现了私有制和分裂的阶级，从而引起日益尖锐复杂的社会矛盾与利益冲突时，为了缓和这些社会矛盾，协调各种利益冲突，使社会维持基本的秩序状态，国家和法作为不同于原始社会氏族组织和传统习俗的新的社会调控手段，就产生了。

其次，从国家与法在社会结构中的地位和功能上看，它们都是上层建筑最重要的组成部分，都由社会的经济基础决定并对经济基础发挥着最直接、最明显的反作用。国家和法用最高权威的强制手段来规范人们的行为，直接影响生产关系，从而对整个经济基础都发挥着重要的反作用功能。

再次，从国家和法的本质上看，它们都是随着阶级、阶级矛盾与阶级斗争的出现而产生的，是缓和阶级矛盾、进行阶级斗争的基本手段，因此，在阶级社会它们都是统治阶级借以实现阶级统治的有力工具。法作为一种行为规范体系，是统治阶级意志的客观化、定型化；国家作为一种权威性的政治组织体系，则是统治阶级用以推行其意志的工具。在社会主义社会它们都是人民主权的体现，都是为了人民利益的实现而运行。

最后，从国家和法的存在方式上看，它们是互为条件、相互依存的统一整体。国家离不开法，法也离不开国家。法作为国家意志，要由国家来确立和推行；国家作为实行统治的组织，要由法来协调其内部关系并为其活动指明方向，提供调整社会关系的各种规则。

对于国家和法律孰先孰后的问题,一直是法学界争论不休的问题,有学者喻为是一个鸡生蛋和蛋生鸡的问题。法律和国家不宜有高低、大小、主次的分别,它们相互依存,并行不悖。一个是政治实体,一个是治国方略。在现代国家,法律在国家权力的取得与行使方面开始发挥极其重要的作用,是一切国家政权的合法性与国家权力的权威性的衡量根据。因此,现代国家应该是法治国家。那些主张法律高于国家,或是国家高于法律的主张都是片面的。

(一)法对国家的依赖性:1. 法的制定、修改、废止和实施,依赖于国家;2. 法的性质、作用和特点,都与国家直接关联;3. 法的形式和法律制度直接受国家形式的影响,在法的形式方面,不同的政体往往有不同的法的表现形式。

(二)法对国家的作用:1. 法为确认国家政权的合法地位所必需;2. 法为组织国家机构、确立国家体制所必需;3. 法为实现国家职能所必需;4. 法为制约国家政权活动所必需;5. 法为巩固和完善国家制度所必需。

第二节　法与政党和政策

一、政党的概念

政党一般是指一定的阶级、阶层或社会集团为了取得或影响政治决策权力以实现共同利益而结成的政治组织。政党通常都由一批职业政治家来主持领导,通常都有自己的政治纲领并具有取得或影响政治决策权力的政治目标。

现代各国的政治几乎都具有政党政治的特点。在政党政治中,政治纲领的提出和政府的产生与更替都通过政党的活动来实现。当代资本主义国家主要是实行资产阶级政党轮流执政的两党制或多党制,也有一党制。而我国的政党制度是有中国特色的中国共产党领导下的多党合作制,在这种情况下,中国共产党是执政党,是领导国家事务、人民群众和社会主义事业的核心力量。因此,法治与政党的关系主要是法治与中国共产党的关系。党的十六大进一步提出要改革和完善党的领导方式和执政方式,提出党要坚持依法执政。

二、政策的概念

政策通常指一定阶级、政党、国家或其他社会组织为实现一定目的和历史任务而作出的政治决策及制定的活动准则。

就政策的分类而言,按照制定的主体,有国家政策和政党政策;也有执政党的政策和其他阶级的政策。按照规定问题的范围大小和层次,又有总政策、基本政策与具体政策之分,总政策有时也称基本纲领、路线,又称基本国策。按照规定问题的性质和内容,分为政治政策、经济政策、文化政策和其他政策。按照起作用的时间长短,分为长期政策、短期政策和临时政策。在各种政策中,掌握政权阶级、执政党和国家的总政策、基本政策,比之其他政策要重要得多。在当今世界,特别在社会主义国家,执政党的政策尤为重要。

西方学者所讨论的政策是指党的政策和国家政策的总称,并且对总称的类型不加区分地分析和研究总称与法律的关系问题。我国学者一般认为国家基本政策是国家的大政方针,它往往体现在宪法和基本法律之中,具有明显的法律效力,是宪法和法律的核心内容。也就是说,国家政策往往是法律的指导原则或法律本身。基于这一点,我国学者一般只讲党的政策与法律的关系。执政党的政策对法律的制定和实施能够产生重要的影响,

影响程度的高低直接取决于该社会的政治体制和政治形势。

三、我国法与共产党政策的联系与区别

正确理解我国法与共产党政策的关系,有必要弄清我国法与共产党政策的一致性和区别。弄清两者的一致性,有助于理解它们之间的密切联系;弄清两者的区别,有助于理解它们各自的不可替代性,既不应当以共产党政策代替法,又不应当以法去否定共产党政策。

(一)法与共产党政策的一致性

在我国,法和政策在经济基础、指导思想、根本任务等方面是高度一致的。

第一,两者的经济基础相同。我国法与共产党政策都是社会主义上层建筑的重要组成部分,都建立在社会主义经济基础之上,由这个基础决定并为这个基础服务。

第二,两者的指导思想相同。我国法与共产党政策都以马列主义毛泽东思想邓小平理论作为指导思想的理论基础。

第三,两者的根本任务相同。我国法与共产党政策都以解放生产力和发展生产力,促进和保障社会主义建设事业为己任。

(二)法与共产党政策的区别

第一,两者体现的意志不同。党的政策是党的意志的体现,表现为党的文件,这些文件可以是公开的,也可以是"内部"的;而法律则是国家意志的体现,表现为由立法机关依照法定职权和程序制定的规则,它们必须是公开的,面向社会公布的。

第二,两者的结构不同。政策可以主要由或完全由原则性的规定组成,可以只规定行动的方向而不规定行为的具体规则;法律则是以规则为主,不能仅限于原则性规定,否则,权利和义务界限不明,难以对各种利益关系和社会关系加以有效调整。

第三,两者实施方式不同。政策主要靠宣传教育和党纪保证实施,但党纪只能适用于党内;而法律则是以国家强制力保证实施的,法律可以对任何违反者实施制裁,具有普遍的适用性。

第四,两者的稳定性不同。政策具有较大的灵活性,虽然党的根本政策具有较高的稳定性,但大量的具体政策往往随着形势的变化而随时调整,否则便不能发挥及时的指导作用;而法律则具有较高的稳定性,法律一般是在较长时期内保持不变,如果变动周期过短,则受法律调整的社会关系便处于捉摸不定的状态,这样就不能建立起良好的法律秩序。

四、党的政策和法治的关系

政策和法律各有自己的优势,各有自己的调整方式和范围,一种社会关系,究竟是由政策来调整,还是由法律来调整,要以其性质和特点来决定。由于现实生活中某些不正常现象的存在,人们往往会对政策与法律的关系问题产生片面的认识,或者认为政策可以取代法律,或者否认政策的作用。其实,政策与法律即相联系又相互区别,它们不是绝然对立的,在国家社会生活中是谁也代替不了谁。按政策办事不一定就是人治,关键看政策制定的过程是否有严格的民主程序,其内容是否符合实际和符合"三个有利于"原则。当然,也不能因为重政策而轻法治,不能以政策取代法律在治国中的主要地位和至上权威。"当政策作为立法的指导时,政策是高于法律的,但是当政策作为司法、执法的指导时,它只能指在既定的法律范围内发挥指导作用,而不能超过法律、撇开法律进而代替法律。"

1. 政策对立法的指导作用。政策是立法行动的动力和先导性决策,往往成为立法的先行，起主导作用。在当今社会中，政策的精神大量渗透于法律的条文之中，比如，我国刑法第一条指出，刑法是依据惩罚和宽大相结合的政策制定的。这条政策是党和国家团结人民同各种违法犯罪作斗争的一项基本政策，它反映到刑法中就是对各种犯罪情况区别对待，即根据犯罪情节决定从重、从轻、减轻、免除处罚等。立法的要求是要有科学稳定的规范和严格的程序，一项法律出台，从起草到通过往往需要好几年的时间来完成，因而先制定政策不失为一种应急的选择。政策在经过一段时间的实践检验，积累了一些经验的基础上，在条件成熟时再上升为法律，这种条件下的法律才更加具有说服力和权威性。

政策对立法的指导作用还表现在，法律的内容的发展和变化往往是根据政策的发展和变化而不断地被赋予新的内容的。如我国、我党在确立建设有中国特色的社会主义政策的同时，党中央就向全国人大常委会提出了修宪的建议。并且，全国人大常委会最终根据这一建议，依照法定程序进行了修宪。

2. 在法律的实施中，政策的指导作用有一定的法律限度。在法律的实施中政策同样发挥着指导作用。良好的政策发挥着指导作用，是因为政策特别是具体政策有助于使法律的适用和执行与客观形势相适应，促进法律的实施合乎实际。从法律的制定到实施的转换，不是一个简单的过程，"徒法不足以自行"，法律并不能自动运用于现实生活，法律的实施必须与形势相符合的要求决定了法律的实施离不开政策的指导。良好的政策对全面地掌握法律的基本精神，进而更好地适用法律具有重大的作用。

从总体上说，政策与法律是高度统一的，在内容上不会有太大的矛盾，而且随着法制的日益健全，两者之间的不一致的现象也将越来越少。但是，旧法的新政策的矛盾现象总还存在，要绝对避免政策与法律的矛盾也是不可能的。比如我国土地使用权的转让问题，虽然在经济特区已有实践，也是合理的，但与当时的宪法是相违背的。这种现实虽然促进和加大了改革的步伐，但却可能造成对法律权威的践踏，因而新政策对法律的突破容易使人们产生"法律在一定时间和程度上是可以被忽视甚至是被突破的"心理。

3. 政策不能取代法律。法律是政策的具体化、条文化和规范化，在国家社会生活中发挥着至关重要的作用。从理论上讲，政策只能指导法律，不能取代法律。由于法律同政策相比较，具有自己的特性，它的作用是政策所绝对不能代替的。概括地说就是法律具有国家意志的特性，具有强制执行的特性，具有行为规范的特性，具有相对稳定的特性，这些特性把它与政策区分开来。而把法律和政策简单地等同起来，以为政策可以取代法律的思想，势必导致法律虚无主义；势必造成无法可依，不依法办事；势必造成把领导人的话当做法律，国家治理完全随领导人的看法的改变而改变的局面，使领导者的权威取代法律的权威，既不利于树立党的威信，更破坏了法律的权威。

第三节　法治与民主政治

一、民主政治

民主是一种国家制度、政治制度，在这种制度中，全体人员有权并且能够直接或间接地，积极或消极地参与公共事务的决策过程。作为一种制度，民主的最大特点在于，它以公民的意志作为其政治合法性的基础：政治决策以公民的意见为最终依据。真正的民主政治必然是法治政治，离开法治，就不存在民主政治。另一方面，民主又是法治的政治基

础,如果民主不复存在,法治必然荡然无存。

1.民主政治在运作上是代议民主或间接民主。民主政治的根本特征是国家的一切权力属于人民,人民当家作主。但是,除了古代个别城邦实行直接民主,公民都是权力机关的组成人员并直接立法、执法和司法外,在现代国家,特别是我们这样的大国,由于地域辽阔、人口众多、政治与经济相对分离、社会分工以及公共政治事务需要专门知识和专门才能等原因,人民群众不可能直接地经常地行使属于自己的权力,直接管理国家和社会公共事务,而只能实行间接民主制或代议民主制,即人民群众通过定期选举产生代表机关,再由代表机关组织政府和司法机关一道行使国家权力。这种体制意味着在政治权力的持有与政治权力的行使之间存在着某种程度的分离。这种分离可能引起政治失控,政治权力不是按照权力所有者的整体意志,而是凭着权力行使者的意志和情绪而运行,以至出现政治异化使政治权力在运行中发生异变,权力的行使不利于权力所有者或者偏袒部分所有者。以权谋私、贪污腐化、权钱交易、弄权渎职等政治腐败行为都是权力失控和异化的现象。为了防止政治权力的失控和异化,要有一部宪法,庄严地宣布一切权力属于人民,公民与生俱来的权利和自由不受非法剥夺;严格地规定国家立法机关、行政机关、司法机关及其他国家机关的职权范围和行使职权的程序,同时建立有效的监督体系和制约机制。在制定宪法之后,还需制定出一系列政治法律或法规,以制约国家权力,有效地保障人民当家作主。

2.民主政治是程序政治。首先,民主政治实质上是民主集中制。而民主集中制的科学内涵必定是程序性的,即民主基础上的集中,集中指导下的民主。在现代文明社会和法治时代,“集中”不是集中到某个人,而是集中到法律和制度;社会共同意志应当通过法律表现出来的,而不应通过某个人的意志表现出来。集中指导应主要体现为法律的指引,而不是某个人或某个机关的指令或命令。其次,民主政治要求各政治主体必须依照既定的规则和程序参与政治,行使政治权力和权利。政治是不同的政治主体为实现一定的利益而影响、控制或行使国家权力的活动。由于各政治主体的利益不同,必然出现政治期望和政治目标的冲突。按照既定的规则从政,可以创造一种公平竞争、和平共处和稳定合作的局面。这正是民主的程序价值所在。随着法治意识的增强和法律技能的普遍提高,公民对规则的要求和对一切政治活动必须符合法律的要求会越来越强烈,从而推动政治活动的法制化。

3.民主政治是一种自由的、平等的和参与的政治。所谓“自由”,指政治主体可以不受限制地表达他们认为是合理的、其他人和国家应该听取与采纳的政见、决策或立法建议。所谓“平等”,指在表达政见、提出决策或立法建议方面,各个政治主体享有同等的资格和机会,同时每个主体对他人的政见和建议有提出异议和否决的权利。所谓“参与”,是指民主政体下的决策和立法程序不是少数几个人说了算,更不是个别人的专断,而是在广大人民群众直接或间接的参与下,按照少数服从多数、多数尊重和保护少数的民主原则行事。也就是列宁所说的:“民主意味着形式上承认公民一律平等,承认大家都有决定国家制度和管理国家的平等权利。”[①] 自由、平等和参与的政治为各种政见、决策和立法建议的表达和交流,各政治主体影响和参与决策提供了机会,使立法政策和法律既能真实地反映广

---

① 《列宁选集》第3卷,257页。

大人民群众的根本利益和共同意志，又能够比较有效地避免出现长时期、大面积、难以纠正的决策失误，但如果没有一定法律的引导、规范和制约，人们就无法进行愿望和政见的交流，更不可能在平等地、自由地发言和讨论的基础上形成多数人的意志，并根据多数人的意志制定出法律和政策。"文化大革命"就是一个沉痛的教训。

4.民主政治应当是高效的政治体制，而高效的政治体制必须是法制化的体制。高效的政治体制是能够用较少的资源消耗取得同样多的效果或用同样的资源消耗取得较大效果的体制，即用尽可能少的机构和人员、最低额的经费，取得最大的政治效果的体制。政治体制的效率取决于多种因素，其中法制化是一个基本因素。首先，高效的政治体制必须有规则和有秩序地运行。为确保政治体制有规则、有秩序和高效率地运行，避免"瞎指挥"引起"瞎折腾"，必须排除人治，实行法治。其次，高效的政治体制需要政治体制的每个组成部分都活跃起来，都发挥其功能。这里一个不言而喻的前提是，各国家机关和政治组织之间要有明确的功能和权责界限。首先是党、国家权力机关、行政机关、司法机关和其他社会组织之间的功能和权责要分明；其次是中央、地方、基层之间的职责权限要分明，做到政治体制内部上下左右的职能划分及相应的权利和义务的配置科学化，并用法律固定下来。

5.民主政治是一种整合政治。在任何政治体制下都存在着政治张力和冲突，诸如发展与稳定，民主与效率，自由与平等，公民权利之扩散趋势与国家权力之集中趋势，各种政见和价值观点的对立等。正是由于这些张力和冲突产生了对民主政治的需要和珍爱；同时，也只有妥善地对待和处理这些张力和冲突，才能保卫和发展民主政治。政治张力和冲突的解决，有赖于社会整合。民主是人类发明出来的一种行之有效的整合机制。而民主整合是借助于法律进行的，并需要通过法律表现出来。

二、民主是法治的政治基础

民主作为法治的政治基础表现为：

第一，民主政治决定着法治的本质和效能。法治的标志主要不在于有无法律，法律多少，甚至也不在于法律实现的状况，而在于法律是否由人民制定，是否切实体现和维护人民的利益和意志。人民的利益和意志决定着法律的"合法性"，而法律的"合法性"则直接影响或决定着它的效能。只有民众认同为"合法"的东西，民众才会把它转化为内在的行为规则而去自觉遵守和维护，法律的价值才能充分实现。只有认真对待公民权益的法律，才能赢得人民对它的信赖、尊重、支持和遵守。

第二，民主政治是权利决定权力、权利制约权力的政治。在民主政治下，国家的政治权力一方面来自人民，人民（作为整体）是权力的源泉；另一方面又被分解为公民（作为个体）的政治权利。民主政治则把国家权力分解为公民的基本政治权利，赋予公民参政的资格和机会，把政治变成绝大多数人的事务，从而克服了专制政治的弊端。在民主制度下，公民享有法定的政治权利并承担着相应的政治义务，国家权力的和平转移，政权机关的组建，都是公民按照既定的法律程序行使政治权利的结果；国家权力是在公民的参与和制约下依法运行和操作的；公民与国家机关工作人员的关系是主仆关系、委托人与受委托人的关系。这样，政权与社会融为一体，公民一方面以政治主体的身份采取主动的参政行动，影响、支持现行的政治决策和立法，从而大大增强了政治的动力、政治体制的承受能力、应变能力、同化能力和自我完善的能力，增强了法律的效能。另一方面，又时刻监视着国家

机关行使权力的活动，制止以权代法、以权压法等破坏法治的行为，从而强有力地保障法律的实行和实现。

总而言之，民主和法治是相互依存的，民主法制化和法制民主化是统一的、相互促进的。

第四节 法与政治体制改革

从党的十一届三中全会开始，中国社会进入了改革开放的历史时期。改革首先是从经济体制开始的，接着而来的是科技体制、教育体制、文化体制等方面的改革。这些体制改革，特别是经济体制改革的深入发展，日益暴露出我国现行的政治体制同经济和社会发展的矛盾，如果不及时地进行政治体制改革，它就会成为经济体制改革和其他改革的严重障碍，成为经济发展和社会全面进步的巨大阻力。同时，发展社会主义商品经济——市场经济的过程，也应该是发展社会主义民主政治的过程。商品——市场经济的发展一方面为民主政治的发展创造了经济前提，另一方面也需要民主政治为之提供有效的政治保障。基于这种实践需要和社会进步的逻辑，党中央和邓小平同志从20世纪80年代中期就明确指出，不进行政治体制改革，经济体制改革不可能最终取得成功，强调必须在进行经济体制改革的同时，积极推进政治体制改革。

所谓政治体制，指的是为保障社会根本政治制度得以实施和完善而建立的各种具体制度的有机体系。例如，干部制度、政治协商制度、司法制度、国家机构组织制度等等，都属于政治体制的范围。政治体制改革就是要在这些方面改革。我国政治体制改革的终极目标，是建设有中国特色的社会主义民主政治。具体说就是，建立高度民主、法制完备、富有效率、充满活力的社会主义政治体制。政治体制改革不是把现行的政治体制推倒重建，而是在科学地分析现行政治体制优点和缺点基础上的兴利除弊，即是政治体制的自我完善和更新。我国现行的政治体制是适应计划经济体制的需要形成。所以，如果以市场经济和社会发展为参照，政治体制改革显然不是个别环节、局部方面的调整，而是涉及到方方面面的改革，例如公民与国家的关系、党政关系、国家权力结构、中央与地方的关系、人事干部制度、政治程序等等。正如孟德斯鸠所说："如果一个人或同一个机关行使这三种权力，即制定法律权、执行公共决议权和裁判私人犯罪或争讼权，则一切便都完了。"① 因此，政治体制改革不是某种表面文章，而是触及政治体制深层矛盾和运行机制的变革。在这种意义上，政治体制改革应当理顺各政治主体之间的关系，在各主体之间合理地配置政治权力（权利）和责任（义务），以有利于人民群众当家作主，有利于巩固和发展社会主义市场经济和社会全面进步所需要的稳定的政治环境，有利于解放和发展生产力。

政治体制改革与法制建设是同步的。我们的政治体制改革是按照民主化和法制化紧密结合的要求进行的，法制建设同民主建设一样，它既是政治体制改革的目标和内容，又是政治体制改革的保障。所以，必须一手抓改革，一手抓法制，把法制建设贯穿于政治体制改革的全过程，用改革推进法制化，用法制引导和保障政治体制改革。

一、法制对政治体制改革的引导作用

在政治体制改革中，应兴应革的事情，要尽可能用法律或制度加以明确。也就是政治

① ［法］孟德斯鸠著，张雁深译：《论法的精神》（上册），156页，北京：商务印书馆，1961年。

体制改革应以法制为先导，运用法律为政治体制改革指明方向和具体要求与步骤。只有这样，全社会才有可能缩小人们在认识和行动上的偏差，从而有效地参与改革，也才有可能真正从制度上保证政治体制改革的不可逆转。这也是政治体制改革得以深化和成功的重要前提。对此，我国宪法所确认的人民民主专政和社会主义基本政治制度，应作为中国当代政治体制改革必须坚持的基本方向和方针。政治体制改革的每一决定在内容与形式上均应具有合宪性，每一项重要改革措施都做到法律化、规范化，使其具有可操作性、权威性和稳定性，以便于全社会一体遵循。也就是说，法律在政治改革中的作用，首先是提供规范或制度的安排，保证政治体制改革达到预期目的。

二、法制对政治体制改革的保障作用

在政治体制改革中，法制建设必须保障建设和改革的秩序。当代中国政治体制改革是社会主义基本政治制度的自我完善。在一定意义上讲也是一场深刻的革命。因为改革促进了生产力的发展，引起了经济生活、社会生活、工作方式和精神状态的一系列深刻变化。在一定范围内也发生了某种程度的“革命性变革”。但它又不同于通常意义上的革命。因为它既不是政治革命和社会革命，也不是社会制度的根本转变，而是在坚持社会主义基本政治制度前提下，在中国共产党领导下的，有计划、有步骤、有秩序的社会主义性质的体制改革。

显而易见，当代中国政治体制改革是党领导的循序渐进的社会改革，是有序化的一个社会发展过程。而改革秩序的形成，主要是通过法制来营造和保障的。法制自身有一种趋于秩序的倾向，因为它必然意味着对人们的行为的一种引导和限制。所以加强和完善法制，也就是强化和保障秩序。在当代中国政治体制改革过程中，法制建设保障秩序主要表现为：保证社会主义基本政治制度不变形，并使之在客观上总揽改革，制约各项具体改革措施；反映改革的内在逻辑和历史进程，防止体制改革出现反复和随意性；消除体制改革中的阻力和对体制改革的破坏与干扰，及时纠正各种反序行为，克服各种无序现象，如惩治腐败，打击犯罪等等。

三、法制对政治体制改革成果的巩固作用

在体制改革进程中，应运用法律形式，使改革成果得以巩固。所谓巩固，在这里既有确认改革成果又有保护、强固改革成果的含义。改革成果实际上是通过改革所形成的新的政治体制，乃至新的社会组织结构、社会关系模式。这些成果离不开法律确认和保护，否则就无法存在、生存和发展。而且，法制在改革中的各种作用，最终都要通过巩固作用来实现。进一步而论，法制对政治体制改革行为的指导和秩序的保障所取得的成果，如果没有法制加以巩固这样的后续行为，那么就有极大的付之东流或畸变的可能性。所以，政治体制改革所取得的每一项成果都依赖于法制的确认和巩固，只有如此，改革的成就才能在更深广的时空范围内发挥作用。

推荐阅读

1．卓泽渊：《法理学》，法律出版社，1998年版。

2．周永坤：《依法治国建设社会主义法治国家理论研讨会述评》，载《法制与社会发

展》,1997年第2期。

思考题

1. 简述法与共产党政策的联系与区别。
2. 法对政治体制改革的作用主要有哪些?

第三十七章　法与科技和教育

学习提示：这一章主要学习科教兴国战略，理解法与科技和教育的基本理论问题，明确当代中国的科技进步需要法律的保障与促进，了解我国科技法制建设的基本情况。

重点问题：

1. 科教兴国战略
2. 法律与科学技术的关系
3. 法对教育的作用

第一节　科教兴国战略

一、科教兴国

科教兴国，是指全面落实科学技术是第一生产力的思想，坚持教育为本，把科技和教育摆在经济、社会发展的重要地位，增强国家的科技实力及向现实生产力转化的能力，提高全民族的科学文化素质，把经济建设转移到依靠科技进步和提高劳动者素质的轨道上来，加速实现国家的繁荣强盛。

党的十一届三中全会决定全党工作重点转移到社会主义现代化建设上来，开创了我国社会主义现代化建设的新时期。党的十二大把教育和科技列为现代化建设的三大战略重点之一，到1995年中共中央和国务院联合发布《关于加速科学技术进步的决定》，对中国科技发展的目标，作了明确的规定："到2000年的目标是：初步建立适应社会主义市场经济体制和科技自身发展规律的科技体制。在工农业科学研究与技术开发、基础性研究、高技术研究等方面取得重大进展。科技进步对经济发展的贡献有显著提高。经济建设、社会发展基本转向依靠科技进步和提高劳动者素质的轨道。到2010年达到以下战略目标：使基本建立的新型科技体制更加巩固和完善，实现科技与经济的有机结合。繁荣科技事业，培养、造就一支高水平的科学技术队伍。全民族科技文化素质有显著提高。重大学科和高技术的一些领域的科技实力接近或达到国际先进水平。大幅度提高自主创新能力，掌握重要产业的关键技术和系统设计技术。主要领域的生产技术接近或达到发达国家下世纪初的水平，一些新兴产业的生产技术达到国际先进水平，为建成社会主义现代化强国奠定坚实的基础。"党中央站在时代的高度，分析了全球范围内科技革命的突飞猛进，对各国经济发展、社会进步和综合国力的增强所产生的巨大推动力量，以及对我国的严峻挑战，审时度势，第一次明确提出了科教兴国的重大战略决策。再到1996年全国人大正

式通过“九五”计划和2010年远景目标规划，把科教兴国作为国民经济和社会发展的重要战略。这是对科学技术是第一生产力观点的全面落实，也是实现社会主义现代化宏伟目标的必然抉择。这一战略的提出，必将推动我国的经济、社会更快地向前发展。正如邓小平反复指出的：“我们国家要赶上世界先进水平，从何着手呢？我想，要从科学和教育着手。”①

我国这一战略性举措，与全球化知识经济将占主导地位的时代特点相适应，也与中国建设社会主义经济、政治、文化的现代化要求相契合。既然我们所面对的是一个智慧是最可贵的资源、科技知识是最高形式的财富、知识和信息是最重的生产要素的时代，那么，坚定不移地以教育为立国之本，以科技为强国之路，就是我们必然的选择。科教兴国的目的是兴国，实现国家的繁荣富强，但其前提必须是科教先兴。科教既是兴国的手段，又是兴国的基础和根本，科教兴国与国兴科教是互为前提、互为支撑的。因而，科技兴国的战略举措首先应是国兴科教，是国家对科技和教育的扶持和高投入，是国家为科技和教育的发展制定切实可行的法律、政策和措施，并以有效的手段保证其推行贯彻。

二、科教兴国与依法治国

科教兴国与依法治国有着不同的内涵、目的、要求、运作机制和价值指向。科教兴国是兴国战略，依法治国是治国方略；科技兴国的基本要求和目的在于兴国，实现国家的繁荣富强，依法治国的基本要求和目的在于治权，实现法治国家和法治生活状态；对于经济增长和社会发展的意义，科教兴国注重优先发展科教，依法治国强调科教、经济和社会发展都必须在科学、合乎理性的法治轨道上进行；科教兴国在价值取向上更倾向于效率与发展，依法治国在价值取向上更关注公平、自由、理性和秩序。

与此同时，科教兴国与依法治国之间又存在着环境互设、机制互动的密切关系。一方面，科教发展及其带来的物质和精神两方面的繁荣，成为依法治国、建设社会主义法治国家的基本环境和动力，促成制度文明的建设和实现。在一个科技落后、文盲充斥、国民整体素质很低的国度，法治只能是遥远的梦想。另一方面，依法治国，实行法治，防止权力的滥用和腐败，使科教、经济和社会的发展不为偶然性、任意性、专断性所左右，也就为科教、经济和社会的发展创造了理性、科学、民主、人道的背景环境；并且，科技和教育优先发展的战略考虑只有转化为制度、规范、程序的设计和运作，才有可能操作、运行和实现。科教兴国为依法治国铺设背景和环境，提供动力和基础；依法治国为科教兴国设计科学、理性的运作轨迹，要求国家发展科技的方式手段法治化。

第二节　法与科学技术

一、科学与技术的含义

科学，泛指学问、知识。是人们关于自然、社会和思维的知识体系，是人们在社会实践中积累下来的经验的结晶。因而科学往往被界定为对人类知识的系统的整理和思考以及由此形成的知识体系，或是人类探求客观世界本质的认识活动及其活动成果的统一。但由于近现代与产业革命相伴随的科学社会化进程的逐步加深，科学的含义更多在科学与

① 《邓小平文选》第2卷，48页。

社会互动的关系中被揭示，科学不仅被看做一种系统化、理论化的知识体系和认知活动，同时还被理解为一种社会活动、社会建制。但一般在把科学与技术合称时，科学主要指自然科学。

技术，泛指技巧、方法，其原意主要反映人类与天然自然界的能动关系，与人工自然的创造密切相关。因而技术往往被界定为人类为满足生产和社会需要，利用自然规律，在改造和控制自然的实践中所创造的劳动手段、工艺方法和技能体系的总和。在更广泛的意义上，技术还可被看做能够达到目的的手段，即一切有效的行为和方法。在技术与科学结合并日益社会化的近现代，技术及其技术理性确实以其强大的渗透力支配和影响着人类生活的各个方面。现代技术已形成了由技术原理、技术手段、工艺方法和技术操作等要素组成的复杂系统。在把技术与科学合称时，技术主要指生产技术和工程技术。

科学技术，是人类在顺应、利用自然界改造、提高自己生存境况时的重要手段。科学技术在人类的历史中扮演着重要的角色，每一次的科学技术革命都给人类社会带来巨大的变化，因此，我们说科学技术是第一生产力。

二、法律与科学技术的关系

(一)科学技术对法的影响

科学技术对法律的影响主要表现在以下几个方面。

1.科学技术影响法律的内容。科技进步所形成的新的科学知识，不断被运用到法律领域，成为法律规定的重要的科学依据。如关于禁止直系血亲和三代以内旁系血亲结婚的法律规定，就是以医学和遗传学的科学原理为依据的。关于卫生医疗的法律、关于禁毒的法律、关于环境保护的法律等，都是以一定的科学知识为依据或基础的。同时，科技进步也影响传统法律的内容，使某些法律内容或原理发生改变。如无过错责任原则对传统的过错责任原则的补充，环境权为当代人权内容增添新成分，专利、商标、版权等无形财产的法律保护使传统民法上的财产法的原则发生变革，等等。

2.科学技术影响法律的表现形式和传播方式。在法产生的早期阶段，习惯法是法的主要表现形式，与之相应的信息传递方式是口头传播或直接以行为影响。后来发生的由习惯法向成文法的转变是与文字的产生相伴随的；而印刷术、造纸业的发展，使成文法的广泛普及成为可能，导致成文法最终成为占主导地位的法的表现形式；20世纪以来的信息革命，特别是无线电、电视、电脑、网络的出现和推广，广泛而深刻地影响法的文字表现形式和信息存储形式，促成法的信息传递方式的变革，使人们得以在更广泛的空间和更短的时间内便利、快捷、充分地了解和掌握法的信息，为人们认同、接受和遵守法律提供了更多的便利和条件。

3.科学技术影响法律的调整范围。随着科学技术的发展，法对社会关系调整的范围不断扩大，不断出现和分化出新的法律部门。如科技发展带来人类活动范围的扩展和对能源、资源开发利用能力的增强，使得维持人与自然统一生态系统平衡的问题提升为法律议题，从而导致环境保护法的产生。同样，由于外层空间开发、世界海洋资源利用以及知识、信息利用和保护的需要，产生了太空法、海洋法和知识产权法。此外，交通法、航空法、原子能法、生物技术法等都与现代科技的创造和应用直接相关。

4.科学技术影响法律创制体制、过程和方法。现代科技的飞速发展及其对社会生活广泛而深刻的影响，使得专业性、技术性法律创制成为必要，而这种专业性、技术性较强的

法律创制工作委托给专业机构和人员的“授权立法”体制得以形成。不仅如此，现代科技提供了先进、快捷、准确的信息传递、沟通手段，使信息的传递、沟通得以在更广泛的空间和时间范围内进行，也就为法律创制的公开性和民主化的实现创造了物质前提。公众可利用现代信息传播手段直接参与、监督和影响国家的立法活动和过程，保证立法更充分地体现民众意愿。此外，电子计算机和其他先进科技手段在立法领域的应用，使得立法预测、立法规划、法律草案拟订、法律议案表决、法规清理、法规汇编、法典编纂乃至法律信息反馈中的资料搜集、数据统计、材料加工、文字处理等技术操作性工作，能最大限度地借助于电子计算机等技术手段，使法律创制对客观情况和规律的把握更充分、全面、精确、及时，促进法律创制的科学化和高效率。

5.科学技术影响法律调整机制。现代科技的突破性进步，使得法律调整本应具有的专业性、技术性程度提高，从而使这一过程可能具有更多的科学性、合理性和更高的效率。电子信息系统、现代通讯设施、自动监控手段广泛用于执法、司法和法制监督，其结果是对违法犯罪的防范、监控、发现和惩治更为便利、准确、及时；从古代的“神判”、“天罚”到运用机械物理破案，再到动用电脑鉴别微量物证破案，其结果是刑事侦破过程的客观、理性和对恣意、擅断的排除；基因技术用于亲子血缘关系鉴定，生物和医学技术用于行为人行为能力的确认，其客观、准确程度令古代社会无法相比；法律信息库及法律专家系统的建立，使认定事实、辨别和选择法律规范乃至适用法律规范作出决定的过程获得了更多的便利等。

6.科学技术影响法学教育、法制宣传和法学研究的方式和内容。科技进步不仅影响法的制度层面和操作层面，也广泛而深刻地影响法的观念层面。计算机技术、现代交通、通讯技术和现代传媒手段使信息交换速度加快，时空阻隔减少，异域异国间法律文化信息沟通、交流、转换的广度和深度加强，也就促使关于法的某些固有看法和观念发生改变，使传统法律价值观发生变革。对权利的尊重，对法的信仰，对正义、自由、平等、效率、秩序等价值的尊崇，对政治民主化、公开性和透明度的要求和期待，都与科技进步及其带来的社会文明状态密切相关。同时，法律信息库和法律信息传输网络为法学教育、法制宣传和法学研究提供了新的物质手段，使人们对法律信息、知识和理论的了解和把握更迅速、准确、全面、充分。此外，不断增加的科学信息、不断发现的科学定律、不断创新的科学探索方法，也为法学研究提供方法论借鉴，促使法学研究在方法论上注意吸收科技新成果，不断更新其研究方法。现代信息论、控制论、系统论，对法学方法论产生了重大影响。法治系统工程的提出，计算机技术用于法律信息传递、处理和运用的探索，概率论用于自杀、犯罪、婚姻问题的研究等，都是法学研究在方法论上深受科学技术影响的例证。

（二）法律对科学技术的作用

在现代社会，法对科技活动的作用主要表现在以下方面：

1.法律组织和协调科技活动，为科技活动和科技管理提供民主、科学的规则和程序。现代科技活动的普遍化、复杂化要求它应是一种高度组织化、规则化和程序化的活动，是排除更多偶然性、任意性和专断性的活动，而法可以满足这种需求：①法确认和保证科技发展在国家社会生活中的优先地位，使科技优先发展的地位得以固定化、制度化。当代一些国家已经把政府促进和鼓励科技发展的内容直接规定在宪法中，一些国家制定了科技基本法，一些国家以立法确定科研经费在国民生产总值中的比例。②法确定国家科技发

展战略,确定科技发展的合理布局和人、财、物力的合理分配。世界各国在立足国情、适应科技发展规律和国际竞争需要的考虑之下,提出的科技发展战略在内容上可能各有不同,但以立法形式确定科技发展战略并将其具体化、细则化、程序化,则几乎一致。③法确立科技管理体制和科技运行机制,组织、协调和管理科技活动。其中包括通过立法规定科技研究和管理机构的设置、组织原则、权限职能和活动程序,确定科技研究计划、投资方向和基金预算,规定科技组织制度、科技人员管理制度、科技发展计划的编制、审批和监督制度、科技经费管理制度、科技情报与档案管理制度、科技标准化制度、科技进步奖励制度等,并设置这一系列制度运作的具体程序。

2.法律调节科技成果应用中产生的利益关系,保证和促进科技成果的合理使用和推广。科技成果只有得到合理的使用和推广,进入实际的生产过程,才有可能转化为现实的生产力。然而科技成果的应用,必然带来科技服务于社会与研究、发明者对科技成果享有专有权的两难选择。这种两难选择借助纯粹权力力量或道德手段都难以合理解决,法律却能以其理性的、权威性的权利义务设置使这一棘手的两难选择获得合理解决的可能。法将科技成果以权利形式设置成专利权、版权、信息控制权、发现权等,赋予它们以法律上的财产属性和人身属性,成为可以独占、使用、处分、收益的产权,并由此派生出财产权、荣誉权、标记权、许可权、转让权、署名权、出版权、发表权、作品完整权、修改权、复制权、传播权、改编权等知识产权,由此形成科技法律关系以及科技成果应用中的技术转让法律关系、技术合作法律关系等,从而使科技成果应用中产生的利益关系,转化为合理的、有保障的法律上的权利义务关系,保证和促进了科技成果的合理使用和推广。

3.法律协调科学技术与人的冲突关系,保证科学技术为人类福利服务的方向。科学技术的发展意味着人对自然的征服和胜利,然而人类在享受征服自然带来的福利的同时,也可能承受这种征服带来的显在或潜在的威胁,如核技术、生物技术可能被用于发动战争,基因工程技术在创造优良品种的同时也可能制造出人类没有免疫能力的新的病菌、病毒,医疗技术进步可能造成急剧的人口膨胀和一系列社会问题,以及工业化造成环境污染和生态失衡等,这些都是科技发展过程中可能呈现的两极状态。为使科技造福于人类的一面发挥到极致,不利于人类的一面被控制在最小限度,就必须通过法律来调整和规范科技与人的冲突关系,减少和化解这种冲突带来的紧张状态和负效应,保证科技发展的正确方向。科技经济法、技术标准化法、劳动安全保护法、环境保护法、人口和社会保障立法以及和平利用原子能、防止核辐射的监督、管理及损害赔偿方面的立法、严禁基因工程技术的误用和滥用方面的立法等,在解决科技的巨额投入与人们当前实际生活水平的矛盾,科技迅猛发展与人们适应能力、承受能力的矛盾,科技的巨大能量与人类有限控制能力的矛盾等方面,发挥了重要的作用。

4.法律推动国际间科学技术合作,促进科学技术的全球共享和高效能运用。在当代,科技活动规模的扩大所导致的不只是科技活动的非个人化即群体化、国家化,而且是科技活动的非国别化即国际化。国际科技合作和国际科技贸易已成为科技发展的重要趋势,而这种合作关系和贸易活动往往是凭借制度化的方式实现的。作为国际法、国际私法和国际经济法重要内容的国际科技合作制度和国际科技贸易制度,使科学技术的全球共享和高效能运用获得了制度上的保障。

5.法律确认和保障科技活动主体科学研究、发明创造的自由,为科技活动创造自由、

宽松、安定的政治和社会环境。正如科技发展为法的进步创造条件一样,法也作为科技发展的预设条件或环境存在。这不仅意味着法通过合理分配权利义务、解决纠纷、打击违法犯罪,为科技活动提供安定的社会秩序;而且意味着法通过奖励科技发展创造,制裁破坏科技活动秩序的行为,维护科技活动秩序,为科技进步创设良好的工作条件;更意味着法通过对思想自由、表达自由、科学研究和发明创造自由的确认和保障,通过对权力专横、滥用的防范和控制,排除一切包括来自权力的对上述自由的非法干涉和侵害,为科技进步营造自由、宽松的政治和社会环境。

6. 法还要限制科学技术的负面效应。科学技术领域一般来说是排除价值判断的。但是,科学技术是一把双刃剑,既可以为人类谋福利,也可以把人类引向罪恶的深渊。如爱因斯坦的相对论可以用来建立核反应堆,也可以用来制造原子弹;基因技术既可以用来治疗疾病,也可以用来实施种族毁灭。法不是对这个社会实际是什么样的描述,而是对社会应该如何的规范。法不但不排除价值判断,而且必然要进行价值判断。法应该有对人类自身的终极关怀,法学也要思考人类社会的终极目标。因此,法努力促进科学技术的进步,保护为科学技术进步作出贡献的人的权益的同时,也要限制科学技术所可能带来的负面影响,促进科学技术的合理应用。法要借助其形式理性以制约科学技术的负面效应。当然,在科学技术已成为一种社会事业和社会建制的情势下,对科学技术负面效应的控制,以及对科学技术发展和进步的推动,仅靠法律是不够的,而需要社会诸方面机制的综合作用。

第三节　法与教育

一、教育对法的影响

法是一个动态的运作系统,在这个动态系统中活动着的是一个个活生生的人(即使组织的活动也是由人进行),人的观念、素质、能力和知识水平,直接决定着这个系统的运作状态。而教育既是对知识的创造和再创造,又是对人才的生产和再生产,因而,教育之于法律,便有了关键性影响和意义。历史上,尽管教育对于法的影响的力度和方向总要受制于一定时代一定国家对待法的态度,往往越是重视法制的国家,教育对于法的影响力度就越强,越具有正向性,但无论如何,影响总是存在的。当今信息时代,由于知识和信息越来越成为经济和社会发展的决定性力量,以输出智力和人才为己任的教育便成为各国经济、政治和文化发展的基础。因而,教育对于法的影响和意义愈加重大和深刻。

1. 教育影响法的内容和法的调整范围,导致新的法律部门出现。教育特别是现代教育,是一个始终与社会保持能量、信息和物质转换的开放系统,既为一定社会的经济、政治、文化乃至人口状况所影响,又广泛而深刻地影响着社会生活。随着教育的日趋普遍化、社会化和复杂化,国家通过立法对教育进行控制和管理促进教育健康发展的趋势也日益加强,关于教育的专门立法不断出现,其他立法乃至宪法中也有关于教育的重要规定。在信息时代,由于教育对经济和社会发展的作用越来越具有直接性质,优先发展教育成为许多国家的战略考虑,原有的关于教育的立法在内容和形式上更加复杂、丰富、完备、系统化,逐渐分化出相对独立的法律部门,即教育法。

2. 教育提供系统的、有组织的积累、选择、整理、保存、传输、普及法和法的知识与技

能的基本手段，是法得以继承、传递、更新、发展的重要条件。法是文化的产物，又是文化本身，其发展是一个不断被创造、积累、传承、更新的过程。教育作为系统、有组织、有目的的传授和创造知识和技能的活动，既具有继承、选择、整理、传递、保存文化的功能，又具有将不同文化交流、融合以变革、更新传统文化的功能，因而，教育能够成为法得以继承、传递、变革、发展的重要条件。教育特别是法学教育，其系统、有目的、有组织地传授法和法的知识与技能的过程，并非是一个消极的照单全收或全销的过程，而是一个对历史和现实、本国和外国的法和法的知识、技能的选择、整理、统合、保存、传承乃至更新和再创造的过程，是一个把传授与创造、继承与更新结合的过程。这一过程的组织性、系统性、创造性和高度的理性化特征，决定了教育在法的传承、变革和发展中的重要地位。

3. 教育影响人们关于法的观念、意识、思维方式和行为方式，进而影响法的运作状态。教育特别是法学教育，不仅以系统的、有组织的方式宣传和传授法和法的知识、技能、理论，培养和训练人们熟练掌握和运用法律的能力，而且深刻影响人们对待法的态度。一个国家或民族总体上对待法的态度，关于法的观念、意识、思维方式和行为方式，与教育特别是法学教育的目的、精神和内容直接相关。一个“法即刑罚”、“法即工具”、“义务本位”、“权力本位”的法学教育体系，难以锻造崇尚法律与自由、又严守义务与责任的观念、意识、思维方式和行为方式。在民主法治成为世界性潮流的形势下，对于一个国家法的运行状态而言，通过教育塑造民主、法治、正义、平等、自由观念和人文精神，以及与之相应的思维方式、行为方式，也许比传授法的知识和技能更为重要。在封建积弊很深的国家尤为如此。

4. 教育影响法学研究的内容和方法，促进法学的繁荣和进步。教育不仅是对知识和技能的传授，而且是对知识和技能的创造和再创造；教育不仅传授知识和技能，而且培养和训练人们看问题的立场、观点、方法。法学教育亦是如此。而法学教育与法学研究是相通的，二者共生互动，互为前提。法学教育在传授和创造法的知识和技能的同时，也为法学研究积累、保存、传输了可作为研究基础的内容；法学教育在培养和训练法学世界观和方法论的同时，也为法学研究提供了方法论借鉴。

5. 教育输出人才、智力、锻造国民素质，是法治建设的人才基地和智力、素质基础。法治既是一个目标，又是一个运作过程。无论作为目标还是作为运作过程，法治都需要智力支持、人才资源和国民整体素质的配合。正是在这个意义上，我们说，一个国家的教育发展水平直接制约和影响着法的发展水平和完善程度，法的发展和完善程度与教育水平成正比。在现代社会，教育特别是法学教育，直接培养和造就为立法、执法、司法、法制监督、法学教育和法学研究所需要的人才，提供贯穿和引导法的运作过程的知识、智力和精神支持，锻造国民与现代民主法治生活相契合的文化素质和法律素质，因而，成为建设和实现法治的重要力量。

教育是一个与经济、政治、文化和社会生活关系互动、环境互设的开放系统，教育始终以其特有的方式影响着经济、政治、文化和社会生活，这种影响在当今信息时代更为广泛、深刻和直接，更具有基础意义。知识经济、信息时代决定了当今世界各国的竞争是知识和人才的竞争，归根结底是教育的竞争。因而，经济、政治、文化和社会生活在更基础且更直接的意义上依赖于教育的发展。教育在基础的、优先的环节上促进和推动经济增长、政治民主、文化多元、社会生活有序，而这一切为法的发展和法治的实现营造了经济、政治和文

化前提。

二、法对教育的作用

教育立法是对教育的一种新型间接控制形式，这一方面意味着，教育的日益复杂化、普及化、体系化、社会化，以及现代教育不再只作为灌输意识形态的阵地，而且作为基础性、优先性、全局性产业存在的事实，促成国家和社会通过法律对教育进行规范和调整的必要；另一方面也意味着，这种对教育的规范和控制，并不能直接命令教师具体讲什么，怎么讲。对教育的宏观调控与对个体教学、研究自由的尊重、确认和保障，是现代教育立法的应有特征。概括地说，法对教育的作用如下：

1.法确认教育的法律地位、发展规划和实现途径，使优先发展教育的战略考虑制度化、规范化、程序化。在现代社会，国家和战略考虑只有转化为具体的规范、制度、程序的设计和运作，才是有保障的、可操作的、可实现的。在教育日益成为知识经济的价值源头的当代，许多国家确立了教育优先发展的战略目标，并通过立法确认教育的法律地位，规定教育发展的规划和实施方式，确定教育发展的格局和财力分配，规定教育投入在国民生产总值中的比例，保证教育的高投入和优先发展。我国宪法明确规定了教育的法律地位及发展模式和途径，关于教育的专项立法特别是1995年通过的《教育法》具体规定了教育发展的规划及具体实施方式。

2.法规范、组织和协调教育活动，为教育活动中的主体提供活动规则和程序。教育是一种有组织的、系统的活动，现代教育更是一种系统化和组织化程度很高的活动，因而也就要求有更多的规则、制度和程序。法规定教育机构和教育管理机构设置和运作的规则与程序，明确教育管理机构的权限范围和法律责任，规定教育和教育管理应遵循的基本原则和标准，确定教育管理特别是教育经费预算审批、执行和监督的制度与程序，规定对教育行政的监督和制约程序，确认和保障教育者和受教育者的合法权益，从而，在制度设置和程序操作上保证教育事业协调、有序、合乎理性地发展。

3.法确认和保障教师在发展教育中的特殊地位，保护、鼓励和奖励有突出贡献者。教师是教育活动中最重要的主体，也是影响和推动教育发展的人才动力，因而，要发展教育，就必须对教师有足够的尊重、充分的保护和切实的鼓励。而这些在制度上的表现，就是通过立法确认教师的法律地位，确认和保障其合法权益，特别是确认和保障其教学和科研自由，为之提供制度、组织和物质条件，对有突出贡献者给予鼓励和奖励。我国除在宪法和关于教育的立法中有相关规定外，还专门制定和颁行了《教师法》。

4.法排除对教学、科研自由和公民受教育权的威胁和侵害，为教育活动创造自由、宽松、安定的政治和社会环境。这不仅意味着法通过合理分配权利义务、排解纠纷、打击违法犯罪，为教育活动营造安定的社会环境；而且意味着法确认公民的受教育权和思想自由、表达自由、教学自由、科研自由，规定物质的、组织的、制度的保障，设定权力行使的界限、程序以及规避义务或滥用权力(利)的法律责任，排除一切包括来自权力的对教学、科研自由和受教育权的非法干涉和侵害，为教育活动主体创造自由、宽松的政治和社会环境。

推荐阅读

1. 葛洪义:《法理学》,中国人民大学出版社,2003 年版。

2. 张文显:《法理学》,高等教育出版社,1999 年版。

思考题

1. 试举例说明科技与法律的相互影响。

2. 法对教育有哪些作用?

第三十八章　法与文化

学习提示:理解法律传统的内涵,道德及宗教的概念。掌握法与道德、法与宗教、法与法律文化的相互关系。通过本章学习,对法与文化领域中的这些现象的关系有一个概括的了解。

重点问题:

1. 法律传统及中西方法律传统的差异。
2. 道德的概念及与法的区别。
3. 宗教与法的关系。

第一节　法与传统

一、传统与法律传统

传统是"由历史沿传而来的思想、道德、风俗、艺术、制度等"。传统的特点在于它是一种在历史上形成并延传到现在,对现实社会中人们的思想和行为能够产生重要影响的精神力量。作为一种历史文化力量,传统具有深厚的社会基础,存在于普通民众的意识、心理、习惯、行为方式及生活过程之中,因而与一个社会的有机体密不可分。甚至在某种程度上,传统成了社会成员信仰或认同的载体。作为这样一种社会历史惯性机制,传统不仅构成了一个社会发展的历史起点,影响着当下社会发展的各个领域,进而与当下社会生活交融在一起,而且制约着一个社会的长期发展进程,有形或无形地左右着该社会发展的未来走向。

法律传统是指在漫长的法律发展过程中,在一个民族或在一个地域内对法律的发展起主导影响的具有内在连续性并得以继承的思想、道德、风俗、制度和文化等,其表现为法律制度、法律思想和相应的法律意识。它的社会价值意义在于:

第一,它具有凝聚的功能。由于某一特定社会的法律传统出于同一源头,因而使生活在这一传统下的社会成员,形成了从种族学意义上讲是共同的或相似的民族法律文化心理。这种民族法律文化心理体现了世代相传的亲缘意识,从而强化了社会成员彼此之间的认同感,起到了凝聚社会的作用。

第二,法律传统也具有规范的功能。社会调整机制是多种多样的。由于法律传统往往表现为世代相传的习俗与惯例,因而在一定条件下,它可以起到规范社会成员行为的功用。尽管法律传统的规范性不具有国家强制性,但是由于在法律传统中,凝结着社会成员对往昔法律现象、经验或祖先的某种程度的崇敬,所以人们往往会有意识地以法律传统为参照系来指导自己的行为。因此,法律传统的规范作用,常常以无形的方式表现出来。

第三,法律传统还具有评价的功能。人的行为是否具有合理性或正当性,对此,社会的评价尺度是多样化的。由于法律传统是指导和规范人们行为的一种范型,因而它的评价功能是不言而喻的。不过,这种评价带有道德经验的色彩。亦即是说,作为评价尺度的法律传统,是世世代代的人们在长期的交往过程中积累起来的生活经验和交往惯例的聚合体,因而它通常具有伦理的性质。它借助于某些流传下来的共同道德原则,来对人们行为的合理性进行道德判断。所以,它往往与其他评价尺度相得益彰,相互补充。

二、西方法律传统

我们不打算对西方法律传统进行详尽的探究,而仅是从法理学的角度,对西方的法律传统整理为几个问题来进行论述。

(一)法治传统

"法治"对于任何一个民族,任何一个国家,都不是从来就有的。而且就是我们一再称道的任何法治社会也不可能是纯粹的、绝对的法治社会。社会是由人治逐步发展而走向法治的。西方国家也是如此。只是人治向法治的转换过程中,法治是在哪一个时期定型,对这一点的界定是非常有意义的。它决定着一个民族或国家法治的起点和进程。西方从人治走向法治,法治得以基本定型是在古希腊时期。这一至今都使人赞叹不已的辉煌时代所传递的法治思想仍然为后人细研。

首先受到法治恩惠的是古罗马。恩格斯曾说,古罗马征服了古希腊,但从某种意义上讲,却是古希腊征服了古罗马。恩格斯在此所说的古希腊对古罗马的征服只是指文化上的征服。法治作为古希腊文化,同样征服了古罗马。

通常,我们只对中世纪在神权至上、扼杀人性的方面对其进行批判,但是,如果冷静地观察那一段历史,特别是制度史,我们会发现,无论神权对理性的思想是如何地摧残,但是,法治精神仍然在那黑暗的时代里发出耀眼的光芒。就是神学家托马斯·阿奎那也认为,在神的理性的指引下,世俗的最高主权者无论是君主还是某个公共权力,都毫不例外地要受到法律的支配,他说:"按照上帝的判断,一个君王不能不受到法律的指导力量的约束,应当自愿地、毫不勉强地满足法律的要求。"从西方的启蒙运动始,霍布斯、洛克、孟德斯鸠、卢梭、康德、黑格尔、边沁、奥斯丁、韦伯、庞德等高举法治的火炬,通过几百年的传递,使法治逐步走向完善。

(二)权利文化

将西方文化定格为权利文化,对我们理解西方的法律传统有着非常重要的意义。西方发达的权利文化是建立在发达的商品经济基础之上的。古希腊特别是古罗马的法律,完全是奴隶制商品经济的法律化;中世纪时期农业经济占主导地位,表现在法律上对罗马法的无知和倒退,这时由于特殊的原因,才保留了刑法民事化的传统和特色。中世纪后期,随着地中海重新回到欧洲人的手中,早期资本主义开始繁荣起来,罗马法也得以复兴和推广。自由资本主义时期商品经济的高度繁荣又加快了民法和商法的发展。在理论上,西方传统的法哲学和近代以前国家观念与权力的相对轻视,也促使了刑事的民事化。近代以来,由于商品经济的根本作用和权利文化的传统力量以及学术上的影响,个人权利的法律化仍然是法制中的主流。

三、中国法律传统

中国法律传统是中华民族几千年法律活动的结果，与西方社会的法律传统有着不同的价值取向。这种不同价值取向的形成并不是由简单的价值取向本身所决定。从深层次讲，是产生并影响这一价值取向的全部社会存在。换句话说，正是这全部的社会存在，即自然经济的经济基础、宗法式的社会结构、专制集权的政治构架等决定了中国法律传统的主要内容。

(一)人治主义传统

这一传统在中国封建社会的法律实践中一直是官方所奉行的根本法学理论，它在历史上世代相承，从未中断，而且在近、现代社会中仍然影响着许多人的观念和行为。人治主义的核心思想是反对确立法律的最高权威，它确信只有让国家的治理者尤其是最高统治者握有不受或不完全受法律限制的权力，才能建立起合理的社会秩序。这就意味着法律对于政府来说仅仅是一种工具，而不是一种在任何条件下都应遵循的"游戏规则"，为了达到政府所追求的目的，法律上的既定规则是可以被忽略的。人治主义主张由道德高尚的睿智之人来治理国家，在法律实施过程中充分发挥人的能动性，这一点也不无道理，然而，问题在于一旦允许出现可以不受法律限制的权力，就并没有可靠的办法保证它总是掌握在圣明君主和清廉官吏的手中，也没有可靠的办法保证掌握着独裁性权力的人不被权力所腐蚀，如此一来，出于反道德目的而滥用权力的现象就会大面积出现。这在中国古代的政治实践和法律实践中已被反复验证。

(二)德治主义传统

德治主义是这样一种观念，治理国家应当以道德教化为主要手段，通过道德教化，人人可以达到"有耻且格"的自我约束状态，此时，法律就只有非常有限的作用和意义。德治主义对法律持有一种深深的怀疑和轻视态度，更反对用明确的法律规则在人们复杂的利益关系中划出一条清晰的界限，相反，它倾向于把人们之间的权利、义务关系模糊化，用"礼让"来调节利益矛盾，并认为这样可以防止和压抑竞争，而竞争是一种非道德现象，它会对理想的社会秩序构成威胁。德治主义传统重视道德在社会调控中的作用，这一点无可非议，然而，它一方面夸大了道德教化所可能发挥的功能，另一方面也轻视了法律应有的地位和作用。

(三)民本主义传统

民本主义的核心概念是强调人民的福利，治理国家者的首要职责是像父母对待子女一样关心民众的疾苦，其典型的表述即孟子的一句广为人知的政治道德箴言："民为本，社稷次之，君为轻。"尽管这种观念在古代社会很少被认真地付诸实践，但是，它仍然构成一种在少数开明官吏和知识分子及广大普通群众中不绝如缕地传承下来的传统，并对立法、执法和司法活动产生影响。民本主义是古代社会的经济、政治条件下最进步的一种政治观念和法律观念，但是，它与民主主义有着实质的不同。民本主义的另一面就是正面意义上的家长主义，它重视人民的福利，但反对给人民提供平等的发表意见的机会。因此，民本主义的理想中并没有权利平等、有限政府和民主程序的位置，它所追求的是"开明的专制"或"开明的人治"。

(四)重刑主义传统

研究中国古代法制史的学者大都认为"诸法合体、以刑为主"构成了中国古代法律制度的重要特点。在中国历史上,所有的法律都或多或少地具有刑法的性质,而且,几乎所有法律关系领域都可以用刑罚手段来调整,甚至在现代人看来完全应由道德来调整的行为,也往往被刑罚所覆盖。例如,在古代社会中,“闻父母丧匿不举哀”,是构成犯罪的行为,要受到严厉的刑罚。因此在中国历史上形成了一种根深蒂固的观念:法即刑,刑即罚。法律即暴力,它仅仅是镇压的工具、惩罚的工具。但“刑为盛世所不能废,而亦盛世所不尚也”。[①] 这种重刑主义传统在现实社会中却时有表现,直至今日,有些人一想到法律,头脑中首先出现的还是刀把子、铁拳头、手铐、监狱等形象。

(五)无讼主义传统

无讼主义传统首先是古代社会中的一种政府哲学,它反映着一种特定的法律价值观,即:解决利益冲突的主要手段不是法律,而是由道德教化所产生的"礼让",法律的适用乃不得以而勉强为之的最后选择。在这种思想的指导下,整个诉讼程序的设计具有极强的封闭性,使当事人视诉讼为畏途,根本不考虑如何方便当事人行使诉权。这是因为,它的设计者们并不指望通过诉讼程序来处理大量的利益冲突和纠纷,不鼓励、也不愿意看到人们为个人私利而对簿公堂,相反,他们希望通过官方的教化使当事人养成自行和解的道德能力和品质。无讼主义传统意味着,在官方的价值排序表中,社会的秩序与和谐是压倒一切的,而个人的正当利益是否得到保护则是相对次要的事情。同时,无讼主义传统也是一种大众观念,它把参加诉讼视为一种耻辱之事,“好讼”几乎被看做是道德败坏的同义语。因此,在大庭广众之下为个人私利而竞争,对两者的自尊和人格都是一种严重的伤害,在多数情况下,这种损失被认为远远超过权利被侵害所导致的损失。在这种传统的影响下,当事人自行和解或在中间人调解下达成和解便成为最自然、最理想的选择。

随着我国市场经济、民主政治和法制建设的不断发展,一些新的传统正处在形成过程之中,上述传统的影响逐渐减弱。这对于实现建设社会主义法治国家的伟大目标来说,是具有积极意义的变化。不过,也应当注意到,上述传统在历史上所起的作用并非全都是消极的,它们所包含的某些观念要素在现实社会也不一定没有任何积极的意义可言。此外,指出这样一个事实,对于法律的研习者也许更加重要:新传统形成并取代旧传统的过程不可能在短期内迅速完成,此时,如果从超现实的理想主义出发去提出问题和处理问题,往往并不会带来预想的成效。无论人们是否认同现有传统,都必须看到,设计得再完美的体制和程序,如果没有传统力量的支持,就难以有效运转,甚至难以为继。

第二节　法与道德

一、道德

(一)道德的概念

道德这一概念包含很多文化信息。在中国,道德是"道"和"德"的组合,兼具两者的意蕴。道既是本体论的范畴,又是认识论的范畴,也可作为人生哲学、政治学、社会学的概念。在人生哲学、伦理学意义上,道是指为人处世的一般原则、根本原则,亦即人之为人所应当遵循的行为准则。德是修道有得,即人遵循为人之道所引致的收获、体验、信念,由此

① 沈家本:《法学兴衰记》卷上四十九。

所形成和达到的品质、境界。道德两者合用,指修道养德,亦即人通过道德的修炼,使自己的行为合于天地人之理,达到理想的人伦关系。所以,道德和伦理两者经常连用。在西方,道德(morality)来源于风俗(mores)。据说,古罗马法学家西塞罗根据希腊道德生活的经验,从 mores 一词创造了一个形容词 moralis,用以指称国家生活的道德风俗和人们的道德个性。后来西方人沿袭了这一含义。可见,不管是中国还是西方,道德是社会的道德原则和个人的道德品质两方面内容的集聚。

道德是调整人与人之间、人与社会之间关系的行为规范的总和。它包括人们在社会生活中形成的关于善与恶、好与坏、美与丑、正义与非正义、公正与偏私、诚实与虚伪等伦理观念、思想、原则、标准,包括在伦理观念、思想、原则、标准指导下人的行为所形成、体现的情感、风格、情操和习惯。

(二)道德的基本特征

1. 道德的规范性。道德是(一种)社会规范,是社会、人的行为规范,是有关人与人之间、人与社会之间关系的是非好坏、正义非正义的行为规范、原则、意识的总和。

2. 道德运作机制的独特性。道德的调节方式、实现方式是多样化的,社会舆论、传统、风俗、习惯、教育、人们内心的信念是道德发挥作用的主要机制。

3. 道德的自律性。道德没有法律那样的外在强制性和强制力,它主要是诉诸人们的内心自觉,通过良心的自律、引导、指导实现的。

4. 道德的应然性。道德是应当如何为,而不是实际上是怎样的。它属于应然的,而非实然的。

5. 道德的社会性和普遍性。道德具有社会性的根源和基础,受制于一定社会的物质生活条件,尤其是一定社会的生产方式。在社会中,道德所产生和发挥的作用是广泛的、普遍的、一般的,任何一个人,任何一个集团,任何一个组织都要受到道德规范的引导、调控和约束,来自觉地承担责任,履行义务。

6. 道德的共同性、多元性和层次性。有社会必存在道德,整个人类也具有共同的道德规范和道德理想。但是因为人的民族性、集团性、阶级性,文明的阶段性,社会发展的不同步性,因为政治、经济、思想等方面的差异,等等,道德呈现出一种多元并存的格局。如一个民族、社会可能同时存在正常的、先进的、补充的、落后的道德形态,一个民族、社会的道德可依其自身的要素而形成不同的等级和层次。

二、法律与道德

(一)社会调控方式的演变

人类生活与其他动物的巨大的不同在于实现了社会化、文明化、制度化、秩序化,在于人通过社会规范调控人与人之间相互关系而实现了社会控制。规范是规矩绳墨,是规律,是法则、规则。凡物凡事皆有规范,自然现象有自然规律,人有人的法则,人类社会有社会规范。所谓社会规范,是调整人与人之间、人与社会之间社会关系的规范,它以一定的社会关系为内容,以一定的方式、手段为形式,目的是维护一定的社会秩序,从而让人们生活在安定、和平、稳定、协调、健康的社会环境之中。社会规范种类繁多,包括风俗习惯、道德规范、宗教规范、法律规范、经济规范、政治规范、社会组织规范等等。社会正是通过这种种社会规范而实现了对人的行为及社会关系的调控。

社会规范的产生、发展是一个历史的过程。在早期社会,一方面生产力低下,人们生

活简单,欲望低浅,争夺之事稀少,人与人之间关系比较朴实,以德施教,足够感化人心。一方面,智力尚未发达,知识不多,人所敬畏的是神灵,以神道施教,亦足以羁系人心。因此社会秩序主要依赖道德规范、宗教规范、风俗习惯等社会规范维持,人们相互间关系也是通过这些社会规范而得到调控。后来,人类社会生产方式日渐发达,人的理性、知识日益开发,欲望日渐高涨,生活越来越复杂,人与人之间关系也愈来愈多元化,"感化之道固恒有所穷,神道亦不足以羁束人心"。社会秩序、人与人之间关系仅仅依靠道德、宗教、风俗习惯调控已远远不够了,必须求助于其他社会规范才能得到控制和协调。于是法律的、经济的、组织的、利益的规范逐渐发展,成为社会的主要法则。美国著名法学家庞德认为:社会控制的主要手段是道德、宗教和法律。在最初的社会中,这些控制方式是融合在一起的,没有区别,如在古希腊那样的先进文明中,人们通常用一个词来表达宗教礼仪、伦理习惯、调整关系的传统方式、城邦立法,把所有这一切看做一个整体。后来宗教担负了大部分的社会控制,教会成为社会调控的主要手段。直到中世纪后期,教会法庭和教会法律仍然同国家和法院同等地掌握调整关系和安排行为的管辖权。到了近代世界,法律就成为社会控制的最高最主要手段。对人与人之间关系的调控,对社会秩序的调控首先是国家的职能,而国家必须通过法律来行使自己的职权。"所有其他社会控制的手段被认为只能行使从属于法律并在法律确定范围内的纪律性权力。"因之,法律成为最主要最根本的社会权威。当然,法律的功能、作用的发挥和实现仍然要借助于其他社会规范而进行,"法律必须在存在着其他比较间接的但是重要的手段如家庭、家庭教养、宗教和学校教育的情况下执行其职能",通过各种社会规范、社会控制方式的协调、互助而共生。

因此,文明社会的演变和发展表明,虽然各种社会规范、社会控制是逐渐形成和发展的,各有其不同的功能和使命,但是它们是社会文明化、制度化、规范化、秩序化、理性化的基础,缺一不可。作为文明的两大核心要素,作为基本的社会规范、调控方式,道德与法律在本质上大体相同,在结构、功能、作用、方式等许多方面交叉交合,不可分离,互助共生。"徒善不足以为政,徒法不足以自行","导之以政,齐之以刑,民免而无耻;导之以德,齐之以礼,有耻且格"。只有法律与道德的互渗互动,才能真正实现社会的有序化,实现社会的和谐和稳定。否则,无论是摈弃道德,还是抛弃法律,都会导致人类的灾难和社会生活的无序。历史证明,有社会必有法律,一个社会只重视道德,忽视法律,抛弃法律,或者必将使人陷入无政府状态,或者人治大为盛行,导致专制、集权。一个社会忽视道德,一味强调对法律的诉求,在现实生活中极其容易导致过度依赖法律相信法律的社会现象,使人们成为法律"麻醉剂"的牺牲品,使社会再度陷入可怕的严重的无序。

(二)法律与道德的区别

作为社会的基本规范、社会关系的调整器,人的社会生活的经纬,法律与道德又有本质上的不同,两者具有根本的差异。

1. 产生方式不同。道德属于人类的本能,根据于人的自然生活而逐渐产生,依赖教育培养而积累长成。就此而言,道德是自发的,有时是无形的,一般不通过专门的公共机关和人员来制定。法律是自觉的,确定的,有形的,一般是通过特定的机构、程序、方式而形成、实现的。在时间上,道德具有先在性,它的产生早于法律,是法律产生、形成、发展、运作和实现的基础。

2. 表现形式不同。法律作为一种规范形式,是由国家制定、认可和解释的,通常是以

成文化的方式表现出来，它的存在形式主要为法典、单行法规、判例、条例、条约等规范性文件，国家认可的习惯法等等。道德则不同，它主要体现在人们的意识、信念和心理之中，通过人们的言论、行为、内心信念、社会舆论、风俗习惯等形式而表现出来。道德规范是出于人们社会生活的日积月累、约定俗成的，无需经过某个专门的国家机关制定和认可。

3.实现方式不同。法律具有国家强制性，它往往以国家的强制力为坚强后盾，依靠强制手段来加以推行和实施，法律主要是一种外在的强制力。道德主要是依靠社会舆论、社会评价的力量，依靠人们的内心信念、内在修养、传统、风俗习惯和社会教育的力量来维持的，诉诸人的心理，通过人们内在的自觉而进行的，道德是一种内在强制力。且“礼者，禁于将然之前，法者，禁于已然之后”。①

4.调整对象不同。道德所调整的对象、内容、范围远比法律广泛得多，它几乎涉及到人们在社会生产、生活、交往中的一切领域、一切活动、一切人际关系，涉及到人的外在行为和内在思想、动机，没有什么(人的)事件、现象、行为不具有道德的意义，可以免除道德(价值)的评价。法律所调整的对象、内容和范围主要是人的行为，与建立和维护正常的社会秩序息息相关的人的行为和社会关系，只有追究一定行为时才涉及与一定的行为相关的东西，如行为的动机、目的。正如马克思所说，“对于法律来说，除了我的行为以外，我是根本不存在的，我根本不是法律的对象”。所以法律所调整的对象、内容、范围，同样也可以同道德来调整，而道德所调整的东西不一定可以通过法律来调整的。因此，违法行为肯定是不道德的行为，而不道德的行为不一定是违法、犯罪行为。

5.权利义务特点不同。法律是以权利和义务为内容的，是通过权利和义务的配置而实现社会调控的，但道德主要是以义务为主体，道德更多地强调人们“应该”如何行为，具有应然性，在社会中主要体现为观念形态、理想形态。道德对违反义务的行为应予何种处置并无明确规定，而且，其制裁手段也只限于舆论的谴责，若当事人公然蔑视舆论，道德的制裁便显得无能为力，只能是一种“软约束”。法律的权利和义务是法定的，是以法律为根据和基础的，是法律化、制度化、规范化的权利和义务，在社会中主要体现为一种实在形态，富有确定性、可预测性的特征，是一种“硬约束”。

总之，道德和法律正是因为具有各自不同的特性，才成为社会不可缺少的文明要素，成为社会生活、生产、交流的基本规范和调控方式。

(三)法律与道德的互助共生

作为社会控制方式，作为人们行为准则，法律与道德你中有我，我中有你，相辅相成，互助共生，与其他社会准则、规范一起，促进了人类社会和文明的进步与发展。道德是法律的基础和灵魂，法律是道德的载体。没有道德，法律缺乏根基，是为无根之浮萍；没有道德，法律成为徒有其表的没有灵魂的形式。同样，没有法律，道德流于空疏，无从落实。具体地说，这种互助作用主要表现在：

1.道德是法律的理论基础。道德是法律大厦得以建立的基础素材。道德理论、理念、观点、学说是法律理论、理念、观点、学说产生、形成和发展的前提，没有道德理念、思想的更新和发展，没有道德理念、原则、信条不断地转化为法律理念、原则、规定和规范，就没有法律理论、法律规定、法律制度的更新和发展，就不可能形成法律大厦的坚实地基。在

① 《礼记·礼察》。

历史上，道德具有先导性，道德的新理念、新理论、新学说、新观点、新流派的出现，往往是法律革命的前兆，往往引起法律理论及其他学科的连锁反应，导致法律科学和法律制度的更新、变革；而法律方面的变革也表征道德的新视域新思维新思潮，它一方面以社会中新道德理念、新价值观念（体系）为理论基础，一方面又进一步推动社会道德、价值理念的发展。

2. 道德是法律的价值基础，是判断评价法律的价值尺度。历史显示，法律是优良的，还是恶劣的，法律是否能够维护人权，捍卫自由、生命和尊严，维护社会文明和进步，是依存于社会的道德和价值。道德是衡量法律良法与恶法的标准，是引导人们进行法律制度、法律秩序建设和改革的指针。没有道德及价值观念体系作为基础，法律缺乏内在支柱，它的合法性最终将失落。"法律原则通过自身的协调反映了我们的道德情感，法律获得了道德特征，获得了道德权威。这些是以强制力为后盾的规则的集合体所不能享有的。正是法律的这种由法律原则所给予的特征，给予了法律特别的权威，也给予了我们对法律的特别的尊敬。"因此，法律的判定、评价始终不能脱离开道德的标准，法律的制定、运用和实现不能摈弃道德的因素。

3. 道德是法律运作的社会基础，法律权威、力量、合法性的发挥和实现是建立在道德这一基石之上的。法律是人们的行为规则，它以权利和义务的配置为基础，设定了行为模式，规定了哪些是可以做的，哪些是不可做的，哪些是禁止做的。所谓法律的运作、实施、实现，就是用法律来调整人们的行为（进而调控人们的社会关系的），促使人们按照法律所确定的三种行为模式去作为，做法律所许可的行为，不做法律所不许可和禁止的行为。法律上的行为模式与道德上的行为模式具有交互的性质和关系，前者是后者的规范化、制度化和法律化，后者是前者的根源。因此，法律的运作，法律权威和力量的发挥，法治的形成和实现都离不开道德信念的支持。法律是以道德为社会基础，为坚强后盾的。

4. 法律是道德的载体，法律通过立法，将社会中的道德理念、信念、基本原则和基本要求法律化制度化规范化，赋予社会的道德价值观念以法律的强制力，进一步强化、维护、实现了道德规范。一个社会的制度和秩序是多方面的，其道德、价值观念及其基本原则和要求是极为重要的，没有道德、价值，社会必将陷入虚无和无政府状态。法律及法律制度的构建，就是将社会中的道德理念、基本信条、基本原则和基本要求，通过立法的途径和方式转化为、上升为法律，形成在规范化制度化法律化方面更为明确、普遍的行为模式和行为准则，并诉诸自身的强制性和强制力予以实施实现。法律的强制性和强制力远比道德的强制性和强制力为大为有力，它能够有效地促使、迫使人们自觉地遵守道德的信念、原则、信条和要求，从而在更大更广范围内维护社会秩序，促进、保障和维护人们的正当生活。通过这种道德法律化的形式和方式，社会规范摈弃了道德自律性和法律的他律性而真正实现了自律与他律的结合。

事实上，作为社会调控方式，作为社会规则，法律与道德具有极大的相似性和统一性，但二者不是等同的，其界限是明确的，一强一弱，一刚一柔，一外一内，一自觉自发一人为强制，一自律一他律，各有其不同的功能、作用和意义，从而形成相辅相成、互助共生的协调机制。总之，法律与道德是人类生存的两根支柱，是人类社会及其活动的不可缺少的永恒质素。人类社会和文明要求法律与道德并举并重，使之相互配合，相互协调，"以道德引导于前，法律鞭挞之于后，使人类生活相率纳入正轨。否则，若无道德观念，纵使满口言

法，甚至自命为法学者，其行为既与法律背道而驰，则为法之贼也。”只有法律与道德的互助共生，才能真正形成和保持和谐稳定、错落有致的社会秩序，才能真正成为人类生存和文明的基石。

第三节　法与宗教

一、宗教的含义

宗教是一种社会意识形态。它是自然力量和社会力量在人们意识中的一种虚幻的、歪曲的反映。它的特点在于通过对超自然力量的信仰来获得某种精神上的慰藉。正如恩格斯所指出的，“一切宗教都不过是支配着人们日常生活的外部力量在人们头脑中的幻想的反映，在这种反映中，人间的力量采取了超人间的力量的形式”。宗教是一种重要的社会现象，它实际上反映了人们对制约其生存和发展的某些自然力量与社会力量的不理解，把这些力量视为某种神秘的、完全异己的东西，因而感到困惑不解。

宗教是一种历史现象，它在国家和法出现以前就已产生。最初的宗教形式，称为自然宗教，如原始拜物教、图腾崇拜、祖先崇拜等。这是当人类具有一定的抽象思维能力，又不能正确理解自然界和自身生理构造的情况下，由于受到自然力的威胁，如受到风雨雷电的突然袭击以及对梦境的神秘感而产生的一种错误的观念。认为有一种“超自然”、“超人间”的力量支配着世界，于是原始宗教便产生了。进入阶级社会后，阶级压迫给人们带来较自然灾害更加深重的痛苦、恐惧和绝望，于是又产生祸福命运由神操纵的观念和追求“来世”的想法。宗教随着历史的发展而演变：由拜物教到多神教，到一神教；由氏族图腾崇拜到民族神和民族宗教；后又出现了世界性宗教。目前传播最广、影响最大的有基督教、佛教和伊斯兰教，通称为世界三大宗教，有些国家还保存有民族宗教，如日本的神道教、印度的印度教，某些地区还存在着原始宗教。在各种宗教的发展过程中，逐步形成了自己的教义信条、神学理论、宗教观念、清规戒律、祭仪制度等等，出现了由信教者组成的宗教组织和团体，以及专职宗教首领和宗教体制。因此，宗教不仅对信教者及家庭有影响，而且对政治、经济、军事、外交都产生了重要影响。

二、法与宗教的关系

宗教是以神的观念为核心而形成的一个观念体系，同时，它也是一个完备的社会规范体系。与法的规范体系、道德规范体系一样，宗教规范体系也是可以用来实现社会控制的三大规范体系之一。宗教规范体系被用于社会控制，在原始社会后期就开始了，而且，在当时它曾同道德规范溶为一体，构成调整社会关系的基本手段。对于私有制社会的统治阶级来说，宗教和法一样，也是其实现社会控制的重要工具。

法与宗教是具有特殊关系的两种社会现象。在阶级社会，法与宗教有共同性，也有区别。二者的主要共同点是：首先，它们都是一定社会形态上层建筑的组成部分，受一定的经济基础制约，为一定的经济基础服务。其次，它们对社会关系都有调整作用，对人们的行为有规范和约束功能。再次，它们都是人类社会一定发展阶段的产物，最终都将趋于消亡。最后，它们有共同的构成要素，正如伯尔曼所指出的，仪式、传统、权威和普遍性，这四种要素存在于所有法律体系中，正如它们存在于所有宗教里面。① 同时，法与宗教的区别表现在：

第一，产生的方式不同。法的规范是由国家制定或认可的，是国家意志的表现。而宗教规范则由宗教领袖假托神的名义而制定，它被视为神意的表现。因为宗教规范的产生和国家没有直接的关系，所以，它既可以在历史上先于国家而存在，也会在实现的方式、制裁的程序和作用的范围等方面表现出与法的规范明显不同的自身特点。

第二，实现的方式不同。法的规范的实现，当然可以由人们自觉地去遵守，但是，法之所以为法还在于它要由国家强制力来作为最后的保障。宗教规范的实现，则主要依靠教徒的自愿或自我强制，同时，宗教机构的权力也可发挥一定的辅助作用。一般说来，宗教规范实现并不是以国家权力来保障的，这一点只有在宗教规范上升为法律之后才是可能的。

第三，制裁的程序不同。法的规范体系的存在与司法机构的存在是分不开的。认定一个人的行为是否违法，应当负什么样的法律责任，这都必须由特定的组织机构来进行，不允许由当事人或其他什么人自行决定。否则，法就不成其为法了。而宗教规范体系则并不要求一定有这样一个唯一有权作出决定的机构。在原始宗教中，一个人是否触犯了宗教禁忌，触犯了禁忌之后他应做些什么，一般都是由当事人及其亲友来决定的。在后来的宗教中，一般的违犯宗教规范的行为，也是由当事人自己根据对神意的理解来判断，并自行决定以忏悔、奉献、施舍或苦修等方法来赎罪，只有那些特别严重的行为才由宗教机构来处理。看来，宗教对犯规行为的制裁程序在很多情况下与道德制裁中的良心自我谴责相仿佛。由此可以说明，在那些名副其实的教徒中间，为什么宗教规范能够被自觉地严格遵守。

第四，作用的范围不同。首先，法的规范只调整那些对社会生活秩序的稳定具有较高价值的社会关系，而宗教规范则覆盖了全部社会关系。其次，法的规范一般只规范人的外部行为，只要行为上无过错就不予追究，而不问主观上是否有恶意，类似所谓“论迹不论心”；宗教规范不但规范人的外部行为，而且更侧重于规范人的内心活动，行为上无过错而心存恶念仍然是不允许的，类似所谓“论心不论迹”。再次，法是国家意志的体现，具有普遍的约束力，法的规范无条件地约束全体社会成员；而宗教则以“属人主义”为基础，宗教规范只对自己的信徒有约束力，对于没有选择该宗教信仰的人毫无约束力。显然，在两种规范作用的广度上，法与宗教各有所长，法能够制约更广泛的主体，宗教能调整更广泛的社会关系。至于在作用的深度上，宗教则具有法所不具备的特殊功能。

第五，规范的形式不同。法的规范通过规定出明确的权利和义务来给人们的行动指明方向，它有权利性规范和义务(包括作为义务和不作为义务)性规范两种基本形式。宗教规范则以强调人对神的服从义务为主，因为人在神面前是没有权利可言的。故宗教规范大多是义务性规范。例如，构成基督教规范体系基础的《摩西十诫》，就全都是以不准、不可、应当等命令的形式来表述的。所以，一般说来，一个宗教规范体系上升为法之后，人民的自由就会受到更为严厉的限制，阶级压迫也更加沉重，社会经济、政治和文化的进步将面临更大的阻力。

三、我国宗教政策与法律调整

在社会主义社会，宗教已经不再是统治工具。社会主义通过逐步消除宗教得以存在

① 伯尔曼：《法律与宗教》，梁治平译，1页，北京：中国政法大学出版社，2003年。

的社会根源和认识根源来使宗教自行消灭。社会主义法既不能被用来推行宗教,也不能被用来禁止宗教。它使宗教信仰问题成为公民个人自由选择的问题。当然,必须注意的是邪教不等同于宗教。邪教的思想体系是神秘主义,邪教实质上坚持必须要有信仰上的代理人。邪教由于它的神秘主义思想基础,而且把信仰当做至高无上的东西,使得很多人在人生价值的问题上被感召,甚至包括很多受过科学训练的人。而且它没有理性主义的监视,它排斥知识,排斥科学,排斥人类的正常的思考,扼杀教徒的批判能力,最后的结果是导致全体教徒的盲信和精神病大发作。邪教是有害的,是反科学、反社会、反人类的,因此,必须坚决取缔。

我国是一个多民族、多宗教的国家,宗教问题往往同民族问题交织在一起。作为一种历史现象,宗教在社会主义社会中将长期存在。因此,在我国,宗教信仰自由是一项长期的基本的宗教政策。认真贯彻这一政策,正确对待宗教问题,这对于巩固和发展民族团结,维护社会安定团结的局面,促进社会主义现代化建设,都具有重要的意义。

我国宪法用根本法的形式确认了宗教信仰自由政策。现行宪法第 36 条明确规定:"中华人民共和国公民有宗教信仰自由。任何国家机关、社会团体和个人不得强制公民信仰宗教或者不信仰宗教。不得歧视信仰宗教的公民和不信仰宗教的公民。国家保护正常的宗教活动。任何人不得利用宗教进行破坏社会秩序、损害公民身体健康、妨碍国家教育制度的活动。宗教团体和宗教事务不受外国势力的支配。"这一规定充分表明:

第一,宗教信仰纯属公民个人的私事。每个公民既有信仰宗教的自由,也有不信仰宗教的自由;有信仰这种宗教的自由,也有信仰那种宗教的自由;在同一宗教中,有信仰这个教派的自由,也有信仰那个教派的自由;有过去不信教现在信教的自由,也有过去信教现在不信教的自由。因此,任何国家机关、社会团体和个人,都不得强制公民信仰宗教或者不信仰宗教,不得歧视信仰宗教的公民和不信仰宗教的公民。

第二,国家保护正常的宗教活动。在我国,法律保护公民正常合法的宗教活动,禁止利用宗教反对社会主义制度,破坏民族团结和祖国统一,破坏社会秩序。禁止借宗教信仰之名搞封建迷信,坚决取缔和制裁利用封建迷信进行违法犯罪活动的行为,禁止并严厉打击邪教组织的反社会反人类活动。

第三,实行"政教分离"的原则。在我国社会主义条件下,必须坚定不移地坚持和实行宗教同国家政治生活及教育相分离的原则,决不允许宗教干预国家政治生活和国家行政、司法事务,也不允许宗教妨碍或干预学校的教育事业。

第四,坚持宗教独立自主、自办教会的方针。宗教现象具有广泛的国际性。国家允许开展宗教事务的国际友好往来,但是,在我国,宗教团体和宗教事务不受外国势力的支配,这是宗教活动的一个基本准则。必须防止和抵御国外敌对势力利用宗教关系进行危害国家安全的活动,不允许外国教会和宗教界人士干预我国的宗教事务。

第四节　法与法律文化

一、法律文化的概念

一般来说,法律文化这个概念,指的是人们对于法律本身、法律机构以及法律裁决的制作者,诸如法官、律师、检察官以及司法程序的各种知识、价值观念、态度、信仰和期望的

总和。它既反映了人们对静态的法和动态的法的知识性认识，又包括人们对它的价值判断，还包括人们对它的实际运用的心理基础。它触及的范围，涵盖了法和法律权利、司法机构与司法者、司法制度与司法程序，以及对社会主流价值的预期性回应等各个层面。人们使用法律捍卫自己合法权益的意愿、法律的感召力，人们对于法律运作的过程和运作结果的期待，人们对各种法律手段的实际选择和可以选择的余地，以及人们对于法院作出裁判的服从程度及一般看法，都与法律文化联系在一起。可以说，在有阶级和法律的社会，人一生下来就被特定的法律文化所怀抱、所渗透。在这层意义上说，是法律文化铸就了人，而人只能适应特定的法律文化。在不同国家和不同历史发展阶段，法律文化会有很大差异。① 美国人对待法律的所作所为，也同样是由在美国占主导地位的、根深蒂固的、源远流长的法律文化决定的。所以，研究、考察美国的民事司法制度，必定要首先了解美国的主流法律文化，考察美国人的法律本质观、对待法律的态度、对待法律权利的见解以及对司法救济方式的运用。

在我国的传统法律文化中，邻居解决纠纷的第一选择极可能是寻求和解或调解，或者退到别的路子逐渐忘却，总之是不希望立即诉诸法院寻求司法救济。这是我国传统的法律文化使然，是厌讼的"和为贵"的诉讼文化所产生的必然结果。但是，同样的事情在美国，人们必然会想到这件事要不通过诉讼不可能解决，因而会自然地寻求法院的审判解决。尽管实际上也可能在诉诸法院之前，尝试一下和解或其他途径，但这并不是他们的关怀所在，而且他们一般也不相信其他方式会取得令人满意的效果。这便是法律文化的作用和功能。特定社区中的人们在遇到纠纷时，是决定运用法律机制，还是决定运用法律外的其他社会机制，如社团组织的力量、村落的力量、家庭的力量、宗教的力量等，归根结底乃是由法律文化来决定的。法律文化的特质决定了纠纷问题的性质归属。该纠纷是属于法律问题？还是属于道德问题、宗教问题、政治问题？还是其他领域的问题？这涉及到该纠纷解决的方式、途径和机制。从表面上看，纠纷性质的划分问题是由立法来规制的，实质上却是法律文化的结果。

二、多样化的法律文化

法律文化的多样性，使法律文化的交流与传播成为可能。随着社会的历史演进，法律文化的交流与融合日益增进。在这一过程中，不同类型的法律文化之间不可避免地要发生矛盾和冲突。因此，冲突与融合是法律文化变迁与发展的一条基本规律。近现代中国社会的历史转型或变迁，实际上是一种变革，是一种文化的转型或变迁，即从传统文化向现代文化的转型或变迁。法律现象不仅是文化的产物，也是文化的重要组成部分之一。因而文化的变迁，必然要引发法律文化变迁的过程。这一过程交织着异常复杂的矛盾与冲突。就历史的实际过程而言，这种变迁的态势，或者是由衰退走向兴盛，或者是由兴盛转而衰退，抑或既有兴盛的层面，亦有衰退的层面。但是，对于近现代中国来说，法律文化的变迁乃是一个前进或成长的过程，这个过程就是近现代中国法制现代化的历史过程。这是因为，近现代中国法制现代化的过程起源于以皇权为中心，以"重刑轻民"为表征的中华法系，而这个过程交织着西方法律文化的东渐与冲击。在剧烈的法律文化冲突过程中，固有的传统法律文化体系产生了深刻的变化，它逐渐地吸收和融合了外域法律文化的某

① 《法理学》朱景文主编，248页，北京：高等教育出版社，1994年。

些因素，导致法律价值取向的巨大转变，进而适应新的社会条件，开始了新的法律文化体系的整合或重建过程，并且由此获得了新的生命力。因此，在这个意义上，我们可以说，近现代中国法制现代化的过程，是一个传统法律文化与西方法律文化的冲突过程，也是传统法律文化迎接挑战、扬弃自身、进而实现创造性转换的过程。在很大程度上欧陆法、前苏联法以及英美法律文化都在中国近代法治的形成发展中扮演了重要角色。但我们在努力建设法治的过程中不能忽略了对与中国社会生活影响最大、制约法制运作及其有效性的本土的“活法”。

当代中国存在着多样化的法律文化，大体上说，有四种法律文化。

第一种是占主导地位的权威性法律文化，即社会主义法律文化。我国宪法、法律以及正确的法学理论就是这种文化的产物。

第二种是我国自古以来的传统法律文化。这种传统法律文化是传统文化的一部分。我国传统文化或传统法律文化是以儒家思想为主体，但不限于儒家思想。

第三种是来自西方国家的法律文化。

第四种是来自前苏联的法律文化。

这四种法律文化的社会地位，特别是第一种权威性法律文化与另外三种法律文化的地位是有很大区别的。后三种法律文化，从它们与第一种法律文化的关系，即是否有利于社会主义现代化事业来看，都分别包含积极因素与消极因素。积极因素可以由主体法律文化借鉴吸收，消极因素则由主体法律文化摈弃。我国法律文化的发展，不能离开人类文明的共同成果，要坚持以我为主，为我所用的原则，开展多种形式的对外文化交流，博采各国文化之长，向世界展示中国文化建设的成就。

推荐阅读

1. 梁治平：《法律的文化解释》，新知三联出版社，1994 年版。
2. 瞿同祖：《论礼》，载《瞿同祖法学论著集》，中国政法大学出版社，1998 年。
3. 刘作翔：《法律与道德：中国法治进程中的难解之题》，载刘海年等编《依法治国与精神文明建设》，中国法制出版社，1997 年版。
4. 张中秋：《家礼与国法的关系、原理、意义》，载《法学》，2005 年第 5 期。

思考题

1. 中西方法律传统有哪些差异？
2. 道德与法有哪些区别？
3. 如何理解宗教与法的关系？

第四十章　法与可持续发展

学习提示：理解可持续发展的含义及特征，了解当今世界出现的环境问题、人口问题给社会带来的严重危机，从而明确法对环境、人口的作用。掌握自然资源的特点，及如何寻求法律的保护。

重点问题：

1. 可持续发展的含义
2. 环境问题
3. 法与环境的关系

第一节　可持续发展释义

一、可持续发展的含义

可持续发展理论是基于现代工业文明造成的负面效益——对生态平衡的破坏和对自然资源的浪费，以及人口增长所引发的全球问题而提出来的。1987年挪威首相布伦特兰夫人在她任主席的联合国世界环境与发展委员会的报告《我们共同的未来》中，把可持续发展定义为"既满足当代人的需要，又不对后代人满足其需要的能力构成危害的发展"，这一定义得到广泛的接受，并在1992年联合国环境与发展大会上取得共识。我国有的学者对这一定义作了如下补充：可持续发展是"不断提高人群生活质量和环境承载能力的、满足当代人需求又不损害子孙后代满足其需求能力的、满足一个地区或一个国家人群需求又不损害别的地区或国家人群满足其需求能力的发展"。美国世界观察研究所所长莱斯特·R·布朗教授则认为，"持续发展是一种具有经济含义的生态概念……一个持续社会的经济和社会体制的结构，应是自然资源和生命系统能够持续维持的结构"。

可持续发展不单是指经济发展或社会发展，也不单是指生态持续，而是指以人为中心的自然——经济——社会三位一体复合系统的可持续，使人在超越资源与环境承载能力的条件下促进经济发展和社会发展，提高生活质量。

可持续发展把当代的发展与未来的发展结合起来，是利在当代、功在千秋的伟大事业，因此，促进社会的全面发展和人的全面发展是可持续发展的价值取向。

二、可持续发展的特征

1. 可持续发展鼓励经济增长，因为它体现国家实力和社会财富。可持续发展不仅重视增长数量，更追求改善质量、提高效益、节约能源、减少废物，改变传统的生产和消费模式，实施清洁生产和文明消费。

2. 可持续发展要以保护自然为基础，与资源和环境的承载能力相协调。因此，发展的同时必须保护环境，包括控制环境污染，改善环境质量，保护生命支持系统，保护生物多

样性，保持地球生态的完整性，保证以持续的方式使用可再生资源，使人类的发展保持在地球承载能力之内。

3. 可持续发展要以改善和提高生活质量为目的，与社会进步相适应。可持续发展的内涵均应包括改善人类生活质量，提高人类健康水平，并创造一个保障人们享有平等、自由、教育、人权和免受暴力的社会环境。

“可持续”是生态持续、经济持续和社会持续，它们之间互相关联而不可分割。孤立追求经济持续必然导致经济崩溃；孤立追求生态持续不能遏止全球环境的衰退。生态持续是基础，经济持续是条件，社会持续是目的。人类共同追求的应该是自然——经济——社会复合系统的持续、稳定、健康发展。

可持续发展的模式与传统的发展模式的根本区别在于：可持续发展的模式不是简单的开发自然资源以满足当代人类发展的需要，而是在开发资源的同时保持自然资源的潜在能力，以满足未来人类发展的需要；可持续发展的模式不是只顾发展不顾环境，而是尽力使发展与环境协调，防止、减少并治理人类活动对环境的破坏，使维持生命所必需的自然生态系统处于良好的状态。因此，可持续发展是可以持续不断的，它既能满足当今的需要，又不致危及人类未来的发展。

三、可持续发展与法

在世界范围内普遍接受并实施可持续发展战略与模式之际，对我国正在全面推行的“依法治国，建设社会主义法治国家”的伟大事业，则是有力的促进，更是辩证的统一。

1. 我国的法制建设，尤其是依法治国方略的实施，必须建立在社会可持续发展的基础上。其实，依法治国归根到底也是可持续发展的客观要求。中国过去长期沿袭传统的非持续发展模式，与之相应的法制建设亦打上了非持续发展的烙印。这种局面理所当然随着可持续发展在中国的实施而必然改变。按照可持续发展战略实施的需要，我国在这方面做了大量工作，特别是在新制定的法律中，充分考虑了可持续发展的客观需要，如修改了森林法和土地管理法，强调了对生态平衡和土地的保护，突出了经济、社会与环境之间的联系等等。

2. 随着可持续发展战略的实施，必然引起某些法学观念的转变。诸如法律的调整对象问题、法律的价值形态问题等等。过去，甚至现在，法学界都一致认为法律调整的是社会关系，即人与人之间的关系，这无疑是正确的。但在可持续发展战略实施中，将有大量的技术规范被赋予法律效力，而技术规范是调整人与自然的关系的。因此，在实施可持续发展过程中，法律在调整人与人之间的关系的基础上，有时也涉及人与自然的关系。至于法的价值形态中的公平与正义，在可持续发展中将更受到重视，因为公平和正义是可持续发展的重要动力，或者说是可持续发展的精髓，是资源和利益的合理分配。

3. 可持续发展战略要求国家加强对环境、资源、人口等方面的高度重视，要求这些方面与社会、经济的发展协调一致。因此，要加强这方面的立法，建立一个可持续发展的法规体系。完善制度建设，加大执法力度，更是面临的重要任务。

4. 实施可持续发展战略，要求各国协调一致，共同努力；要求国内法更多地与国际法相衔接。因为，可持续发展是全人类的大事，是涉及子孙万代的伟大事业，各国人民必须团结合作，步调一致，因此，在这个大问题上人类有共同的利益与要求，各国立法应与国际法相衔接，便于采取一致行动，共同来保护我们的地球。尽管各个国家必然有各自的利

益,但在这个问题上应求大同、存小异,把全球利益放在第一位。

第二节　法与环境

一、环境的概念

一般意义上的环境是指环绕着中心存在物的存在的总和,即围绕某个中心事物的外部空间、条件和状况。各种中心事物不相同,环境的范围、含义也不相同。

环境科学上的环境是指围绕着人群的空间及其中可以直接或间接影响人类生活和发展的种种自然因素的总体。这种以人类为中心事物的环境称为人类环境,它包括自然环境和人工环境。自然环境指与人类生存和发展有密切关系的自然条件和自然资源,它由各种自然物质(如空气、水、土壤、矿藏、臭氧层、野生动植物等)、能量(如阳光、电磁力、风、潮汐等)和自然现象(如气象、气候、地壳稳定性及其他自然力作用等)所组成;人工环境(亦称人为环境)指经过人类活动改造过的环境,如城市、乡村、文化古迹、公园、自然保护区等。

生态学上的环境是指以整个生物界(包括人类、动物、植物和微生物)为中心、为主体,围绕生物界并构成生物生存的必要条件的外部空间和无生命物质(如大气、水、土壤、阳光及其他无生命物等)。是生物的生存环境,也称为"生境"。

人类环境与生态环境是密不可分的,以人类为中心的环境与以整个生物界为中心的环境应当是一致的,环境以人类为中心并不意味着人类与包括其他生物在内的自然界的对立,或是那些在今天看来与人类生存和发展并无密切关系的自然条件和自然资源就可以排除在人类的保护之外。现代环境保护中有关生态气象、自然灾害防治、人口与居住、生物多样性等领域都是生态环境与人类环境一致性发展的体现。以往环境科学和环境法学大都以人类环境为中心,而忽视生态环境,现代环境科学和环境法学则强调二者的一致。其重要标志是作为生态组成部分的许多自然资源正在成为重要的环境因素。

法律上的环境是指为法律规范所调整对象的环境社会关系。作为社会科学组成部分的法律上的环境与自然科学上的环境既有密不可分的联系,又有所区别。法律上的环境定义必然是以自然科学上的环境定义为依据,尤其是环境立法必须遵循环境自然科学的原理和规律。综上所述,环境是可持续发展的重要内容,也是提出可持续发展思想的初衷。所谓环境,按照我国《环境保护法》规定,"是指影响人类生存和发展的各种天然的和经过人工改造的自然因素的总量"。这是"大环境"概念,包括自然环境和人工环境,也包括生活环境和生态环境。因此,环境既是一个自然科学概念,也是一个社会科学概念。

二、环境问题

环境既是人类生存与发展的终极物质来源,又承受着人类活动产生的废弃物和各种作用的结果。因此,环境对人类社会来讲是极为重要的,而环境问题却对人类带来威胁与危害。环境问题指因自然变化或人类活动而引起或可能引起的环境破坏和环境恶化,以及由此给人类的生存和发展带来的不利影响。

环境问题因产生的原因不同可分为两大类:一类是由自然本身某些因素变化造成的第一环境问题(原生环境问题),即人们称之为自然灾害问题;一类是由于人类的生产活动或生活活动的原因造成的第二环境问题(次生环境问题),人们通常称之为环境污染和环

境破坏。一般所讲的环境问题是指后者。

因环境问题造成的危害后果不同,可将环境问题分为环境污染和自然环境破坏。前者指人类活动所引起的环境质量下降而有害于人类及其他生物的正常生存和发展的现象;后者指人类不合理地开发利用自然环境,过量地向环境索取物质和能源,使自然环境的恢复和增殖能力受到破坏的现象。这两种环境问题是相互关联的。

环境问题的产生和解决与人类社会的发展是同步的。人类对环境的利用过程与自然环境的演变规律之间存在着矛盾,而人类对自然规律的认识水平在一定时期存在着局限性,只要有人类社会存在,就必然会有环境问题。

人类社会早期的环境问题主要限于因人类聚居、人口增加所引起的局部地区生物资源特别是作为食物的野生动物资源的减少。人类农牧业生产的发展、城市的建立,是伴随着砍伐森林、毁坏草原进行的,引起了区域性环境的破坏。全球环境退化是全人类共同面临的问题。在迄今为止的社会发展中,人们以牺牲环境和浪费资源的方式谋求经济的发展,形成了环境问题。尤其是在20世纪下半叶以来,环境问题愈演愈烈,导致了“环境危机”。

三、法与环境

环境对法有重要的影响和依赖,同时法对环境有促进和保障作用。环境问题的重要性与严重性,扩大了法律调整的范围,并于本世纪产生了环境法这一部门,并被越来越多的国家确认为基本法之一,而构成为该国法律体系的组成部分。环境法的出现使法律的综合性加强。

法律对环境的促进与保障作用随着历史的发展而日益明显。在调整范围上越来越广,从对自然资源的保护到环境保护到自然保护区的设立;从一般环境污染的防治到特殊环境资源的控制与保护,业已形成一个科学的保护体系。在环境领域,多数国家已发挥了法律对环境保护的规范作用与保障作用。

我国对依法保障环境非常重视,业已形成一个环境资源法体系,并坚持“有法必依、执法必严、违法必究”的原则,坚持标本兼治、以预防为主的原则。一方面,在国内通过立法和执法调整环境领域的各种社会关系,另一方面,在国际上,又积极与联合国合作,为保护人类共同的环境作出了坚持不懈的努力,参加了很多国际环境保护公约,参与国际环境保护工作并作出了贡献。

总之,法对环境保护的引导、促进和教育作用,法对破坏环境的抑制和制裁作用,越来越明显地体现出来。

第三节 法与人口

一、人口问题

人口问题与可持续发展有着直接的联系,人口的迅速增长(亦称人口爆炸)是当代人类面临的严重挑战,构成当今全球问题之一。

据联合国预测,如能有效控制人口增长,到21世纪末世界总人口将达到110亿;如不能有效控制,则有可能突破190亿。世界人口的猛增使全球人均耕地面积大为减少,人均对粮食占有量也大幅度下降。就业危机,使人类处于贫困状态。尤其是发展中国家,一方

面经济发展缓慢，另一方面人口又大量增加，使适龄青年无就业门路，从而出现"人口过剩"。失业必然没有经济来源，因此生活在贫困线上的人高居不下。人口猛增还会带来其他一系列社会问题，如住房问题、交通问题、升学问题等等。这些难题直接制约人类的生存与发展。

二、法在调整人口问题中的作用

人口问题越来越引起人们的关注，在当今世界，法对人口增长主要是起计划调节和抑制作用。在这方面，我国则是开拓者，即通过立法推行计划生育，保障少生、优生，提高人口质量，抑制人口的急剧增长。

由于法对人口作用出发点的改变，在人口问题上某些法学观念也随之更新，如堕胎问题，过去一直作为一种社会犯罪而予以惩罚；而现在多数发展中国家则予以认可，甚至予以引导，并在科学技术上给予帮助。

发挥法在调整人口问题上的特殊作用，业已成为发展中国家的一种战略思想。就我国而言，计划生育的目的，是为了抑制"人口爆炸"，是为了保障少生优生，这是对人类的贡献，是对人权的尊重和保障。当今人口问题的形势极为严峻，如果不通过法律予以调整，是不能控制"人口爆炸"趋势的。因此，发挥法律在这方面的作用，是全球的需要，是时代的要求。世界各国都应予以高度重视。当然，各国人口状况不同，应因地制宜，加以具体分析。但在总体上，应抑制人口的增长，而不是无限制的人口增长。计划生育固然要依靠教育与引导，但也要发挥法的功能。

第四节　法与自然资源

一、自然资源的概念

自然资源是自然界中能为人类所利用的物质和能量的总称。它包括有形的土地、水体、动植物、矿产和无形的光、热等资源。自然资源是人类社会存在与发展的物质基础，是社会生产过程中不可缺少的物质要素，是人类生存的自然基础。自然资源类型，有多种划分方法：①按其在地球上存在的层位，可划分为地表资源和地下资源。前者指分布于地球表面及空间的土地、地表、水生物和气候等资源，后者指埋藏在地下的矿产、地热和地下水等资源。②按其在人类生产和生活中的用途，可分为劳动资料性自然资源和生活资料性自然资源。前者指作为劳动对象或用于生产的矿藏、树木、土地、水力、风力等资源；后者指作为人们直接生活资料的鱼类、野生动物、天然植物性食物等资源。③按其利用限度，可分为再生资源和非再生资源。前者指可以在一定程度上循环利用且可以更新的水体、气候、生物等资源，亦称为"非耗竭性资源"；后者指储量有限且不可更新的矿产等资源，亦称为"耗竭性资源"。④按其数量及质量的稳定程度，可分为恒定资源和亚恒定资源。前者指数量和质量在较长时期内基本稳定的气候等资源；后者指数量和质量经常或不断变化的土地、矿产等资源。

二、自然资源的特点

（一）可用性

所谓可用性，就是指可以被人们所利用，这是自然资源的基本属性。自然资源通常具有多种用途，也就是多功能性。自然资源的可用性与稀缺性有极密切的关系。

(二)整体性

各种自然资源不是孤立存在的,而是相互联系、相互影响、相互制约的复杂系统。但在这个系统中,每种资源都可以彼此独立存在,都有其个性。

(三)空间分布的不均匀性和严格的区域性

不同区域资源组合和匹配都不一样,因地制宜是自然资源利用的一项基本原则。除了上述特点外,各类自然资源还有各自的特点,如生物资源的可再生性,水资源的可循环和可流动性,土地资源具有生产能力和位置的固定性,气候资源有明显的季节性,矿产资源具有不可更新性和隐含性。

三、自然资源的法律保护

人类在长期的生存与发展中,早已明确认识到保护自然资源的重要性,无论在中国还是其他国家,都在几千年前就已经通过立法来保护自然资源。迄今为止保存最完整的唯一的最古老的法律《汉谟拉比法典》便有保护土地、森林和牧场的明确规定。特别是近现代以来,西方一些国家如英、美、法和前苏联早已形成自然资源保护法体系。

在当代中国,我们先后颁布了《森林法》、《草原法》、《渔业法》、《水生野生动物保护实施条例》以及《自然保护区条例》、《野生药材资源保护管理条例》等等。20 世纪 80 年代以来,我国先后颁布保护自然资源的法律、法规数十件,对我国自然资源的保护起了极为重要的作用,有效地维护了我国的生态平衡,为我国社会主义现代化建设提供了有力的物质资源保障。

推荐阅读

1. 张文显:《法理学》,北京大学出版社,高等教育出版社,1999 年版。
2. 周珂:《环境法》,中国人民大学出版社,2000 年版。

思考题

1. 简述可持续发展的含义及特征。
2. 简述法与环境的关系。
3. 法在调整人口问题中有哪些作用?

参考文献

[1] 李达．法理学大纲．法律出版社,1983
[2] 李步云．法理探索．湖南人民出版社,2003
[3] 张文显主编．法理学(第二版)．高等教育出版社,2003
[4] 张文显主编．马克思主义法理学．高等教育出版社,2003
[5] 刘作翔主编．法理学．社会科学文献出版社,2005
[6] 付子堂．马克思主义法律思想研究．高等教育出版社,2005
[7] 苏力．也许正在发生:转型中国的法学．法律出版社,2004
[8] 孙笑侠、夏立安主编．法理学导论．高等教育出版社,2004
[9] 郭道晖、李步云、郝铁川．中国当代法学争鸣实录．湖南人民出版社,1998
[10] 张恒山．法理要论．北京大学出版社,2002
[11] 洪逊欣．法理学．台北三民书局,1982
[12] 杨日然．法理学论文集．台北月旦出版股份有限公司,1997
[13] 谢政道．法学绪论．台北扬智文化事业股份有限公司,2002
[14] 韩忠谟．法学绪论．中国政法大学出版社,2002
[15] [澳]维拉曼特．法律导引．张智仁、周伟文译,上海人民出版社,2003
[16] [俄]拉扎列夫主编．法与国家的一般理论．王哲等译,法律出版社,1999
[17] [德]霍恩．法律科学与法哲学导论．罗莉译,法律出版社,2005
[18] [德]魏德士．法理学．丁晓春、吴越译,法律出版社,2003
[19] [美]博登海默．法理学:法律哲学与法律方法．邓正来译,中国政法大学出版社,2001
[20] 李步云主编．中国法学——过去、现在与未来．南京大学出版社,1988
[21] 文正邦主编．走向21世纪的中国法学．重庆出版社,1993
[22] 李贵连主编．二十世纪的中国法学．北京大学出版社,1998
[23] 何勤华．中国法学史》(第1、2卷),法律出版社,2000
[24] 何勤华编．律学考．商务印书馆,2004
[25] 钱穆．中国思想通俗讲话．生活·读书·新知三联书店,2002
[26] 何勤华．西方法学史．中国政法大学出版社,1996
[27] 沈宗灵．现代西方法理学．北京大学出版社,1996
[28] 张文显．二十世纪西方法哲学思潮研究．法律出版社,1996
[29] 张乃根．西方法哲学史纲．中国政法大学出版社,2002
[30] 李振宇．边缘法学探索．中国检察出版社,2004
[31] 杨仁寿．法学方法．中国政法大学出版社,1999
[32] 胡玉鸿．法学方法论导论．山东人民出版社,2002
[33] [德]卡尔·拉伦茨．法学方法论．陈爱娥译,商务印书馆,2003

[34] 陈守一．法学研究与法学教育论．北京大学出版社,1996
[35] 郭成伟主编．法学教育的现状与未来．中国法制出版社,2000
[36] 贺卫方编．中国法律教育之路．中国政法大学出版社,1997
[37] 孙晓楼．法律教育．中国政法大学出版社,1997
[38] 房文翠．法学教育价值研究．北京大学出版社,2005
[39] [美]罗伯特·斯蒂文斯．法学院:19世纪50年代到20世纪80年代的美国法学教育．阎亚文等译,中国政法大学出版社,2003
[40] [英]哈特．法律的概念．张文显等译,中国大百科全书出版社,1996
[41] 刘星．法律是什么．中国政法大学出版社,1998
[42] [日]美浓部达吉．法之本质．林纪东译,台北商务印书馆股份有限公司,1998
[43] [法]贡塔·托依布纳．法律:一个自创生系统．张骐译,北京大学出版社,2004
[44] [美]贝勒斯．法律的原则．张文显译,中国大百科全书出版社,1996
[45] [日]穗积陈重．法律进化论．黄尊三等译,中国政法大学出版社,1997
[46] 周长龄．法律的起源．中国人民公安大学出版社,1997
[47] 张冠梓．论法的成长．社会科学文献出版社,2000
[48] 范进学．法的观念与现代化．山东大学出版社,2003
[49] 公丕祥．法制现代化的理论逻辑．中国政法大学出版社,1999
[50] 杨鸿烈．中国法律对东亚诸国之影响．中国政法大学出版社,1999
[51] [美]弗里德曼．经济学语境下的法律规则．法律出版社,2004
[52] 刘旺洪．法律意识论．法律出版社,2001
[53] 何怀宏．西方公民不服从的传统．吉林人民出版社,2001
[54] 谢邦宇等．行为法学．法律出版社,1993
[55] 黎国智、马宝善主编．行为法学在中国的崛起．法律出版社,1993
[56] 黄建武．法的实现:法的一种社会学分析．中国人民大学出版社,1997
[57] 梁晓俭．凯尔森法律效力论研究．山东人民出版社,2005
[58] 张根大．法律效力论．法律出版社,1991
[59] 刘兆兴．比较法学．社会科学文献出版社,2004
[60] [美]威格摩尔．世界法系概览(上、下),何勤华等译,上海人民出版社,2004
[61] [德]茨威格特·克茨．较法总论．潘汉典等译,法律出版社,2003
[62] [法]勒内·达维德．当代主要法律体系．漆竹生译,上海译文出版社,1984
[63] [美]罗斯科·庞德．普通法的精神．夏登峻等译,法律出版社,2001.
[64] 郭成伟主编．外国法系精神．中国政法大学出版社,2001
[65] 李步云．走向法治．湖南人民出版社,1998
[66] 李龙主编．良法论．武汉大学出版社,2001
[67] 李龙主编．依法治国方略实施问题研究．武汉大学出版社,2002
[68] 贺卫方．具体法治．法律出版社,2002
[69] 夏勇．法治源流:东方与西方．社会科学文献出版社,2004
[70] 卓泽渊．法治国家论．法律出版社,2003
[71] 王人博、程燎原．法治论．山东人民出版社,1989

[72] 程燎原．从法制到法治．法律出版社,1999
[73] 苏力．法治及其本土资源．中国政法大学出版社,1996
[74] 苏力．道路通向城市——转型中国的法治．法律出版社,2004
[75] 郝铁川．秩序与渐进:中国社会主义初级阶段依法治国研究报告．法律出版社,2004
[76] 戚渊．论立法权．中国法制出版社,2002
[77] 李林．立法理论与制度．中国法制出版社,2005
[78] 于兆波．立法决策论．北京大学出版社,2005
[79] 周旺生．立法论．北京大学出版社,1994
[80] 苗连营．立法程序论．中国检察出版社,2001
[81] 邓世豹．授权立法的法理思考．中国人民公安大学出版社,2002
[82] 张志铭．法律解释操作分析．中国政法大学出版社,1999
[83] [美]卡多佐．司法过程的性质．苏力译,商务印书馆,2000
[84] [意]卡佩莱蒂．比较法视野中的司法程序．徐昕译,清华大学出版社,2005
[85] 季金华．司法权威论．山东人民出版社,2004
[86] 苏力．送法下乡:中国基层司法制度研究．中国政法大学出版社,2000
[87] 韩秀桃．司法独立与近代中国．清华大学出版社,2003
[88] 汤唯、孙季萍．法律监督论纲．北京大学出版社,2001
[89] 邓亚秋．法律职业伦理学论纲．重庆人民出版社,2001
[90] 强世功．法律人的城邦．上海三联书店,2003
[91] 沈同俊,刘同华．司法职业道德．中国政法大学出版社,1997
[92] 孙笑侠等．法律人之治:法律职业的中国思考．中国政法大学出版社,2005
[93] 张文显．司法改革报告:法律职业共同体研究．法律出版社,2003
[94] 霍宪丹主编．当代法律人才培养模式研究．中国政法大学出版社,2005
[95] 徐亚文．程序正义论．山东人民出版社,2004
[96] 季卫东．法律程序的意义．中国法制出版社,2004
[97] [英]丹宁．法律的正当程序．李克强等译,法律出版社,1999
[98] 许传玺．中国社会转型时期的法律发展．法律出版社,2004
[99] 姚建宗．法律与发展研究导论．吉林大学出版社,1998
[100] 黄文艺．当代中国法律发展研究．吉林大学出版社,2000
[101] [德]黑格尔．法哲学原理．范扬、张企泰译,商务印书馆 1961
[102] [英]约翰·奥斯丁．法理学范围．刘星译,中国法制出版社,2002
[103] [美]罗斯科·庞德．法理学(第 1 卷),邓正来译,中国政法大学出版社,2004
[104] [美]理查德·A·波斯纳．法理学问题．苏力译,中国政法大学出版社,1994
[105] [德]科殷．法哲学．林荣远译,华夏出版社,2002
[106] [德]考夫曼．法律哲学．刘幸义等译,法律出版社,2004
[107] 赵震江、付子堂．现代法理学．北京大学出版社,1999
[108] 吕世伦、文正邦．法哲学论．中国人民大学出版社,1999
[109] 文正邦．当代法哲学研究与探索．法律出版社,1999

[110] 付子堂．法之理在法外．法律出版社,2003
[111] 赵明．近代中国的自然权利观．山东人民出版社,2003
[112] 张维迎．信息、信任与法律．生活·读书·新知三联书店,2003
[113] [德]耶林．为权利而斗争．胡宝海译,中国法制出版社,2004
[114] [德]康德．法的形而上学原理——权利的科学．沈叔平译,商务印书馆,1991
[115] 李梅．权利与正义．康德政治哲学研究,社会科学文献出版社,2000
[116] [英]哈特．法律的概念．张文显等译,中国大百科全书出版社,1996
[117] [美]罗纳德·德沃金．法律帝国．李常青译,中国大百科全书出版社,1996
[118] [美]罗纳德·德沃金．认真对待权利．信春鹰、吴玉章译,中国大百科全书出版社,1998
[119] 夏勇主编．走向权利的时代．中国政法大学出版社,2000
[120] 夏勇．中国民权哲学．生活·读书·新知三联书店,2003
[121] 杨春福．权利法哲学研究导论．南京大学出版社,2000
[122] 张永和．权利的由来:人类迁徙自由的研究报告,中国检察出版社,2001
[123] [美]列奥·施特劳斯．自然权利与历史．彭刚译,生活·读书·新知三联书店,2003
[124] 刘红婴．法律语言学．北京大学出版社,2003
[125] 吴伟平．语言与法律——司法领域的语言学研究．上海外语教育出版社,2002
[126] 付子堂．法律功能论．中国政法大学出版社,1999
[127] 杨震．法价值哲学导论．中国社会科学出版社,2004
[128] [英]彼得·斯坦、约翰·香德．西方社会的法律价值,王献平译,中国人民公安大学出版社,1990
[129] 乔克裕、黎晓平．法的价值论．中国政法大学出版社,1991
[130] 周世忠、黄竹胜．法的价值及其实现．广西师范大学出版社,1998
[131] 卓泽渊．法的价值论．法律出版社,1999
[132] 谢鹏程．基本法律价值．山东人民出版社,2000
[133] 严存生．法的价值研究．中国政法大学出版社,2002
[134] 邢建国．秩序论．人民出版社,1993
[135] 官志刚．社会转型与秩序重建．中国人民公安大学出版社,2004
[136] 苏宏章．利益论．辽宁大学出版社,1991
[137] 张江河．论利益与政治．北京大学出版社,2002
[138] [法]卢梭．论人类不平等的起源和基础．李常山译,商务印书馆,1996
[139] [法]皮埃尔·勒鲁．论平等．王允道译,商务印书馆,1991
[140] 邱小平．法律的平等保护．北京大学出版社,2005
[141] [英]约翰·密尔．论自由．程崇华译,商务印书馆,1982
[142] [英]伯林．自由论．胡传胜译,译林出版社,2003
[143] [意]莱奥尼．自由与法律．秋风译,吉林人民出版社,2004
[144] [奥]哈耶克．自由秩序原理(上下)．邓正来译,生活·读书·新知三联书店,1997
[145] 顾肃．自由主义基本理念．中央编译出版社,2003
[146] 张华金主编．自由论．上海人民出版社,1990

[147] 汪丁丁主编．自由与秩序．中国社会科学出版社,2002
[148] 夏勇．人权概念起源——权利的历史哲学．中国政法大学出版社,2001
[149] [美]亨金．权利的时代．信春鹰等译,知识出版社,1997
[150] [英]A.J.M.米尔恩．人的权利与人的多样性——人权哲学．夏勇,张志铭译,中国大百科全书出版社,1998
[151] 孙国华主编．人权:走向自由的标尺．山东人民出版社,1993
[152] 董云虎、刘武萍编著．世界人权约法总览．四川人民出版社,1990
[153] 徐显明主编．人权研究．山东人民出版社,2001
[154] [英]威廉·葛德文．政治正义论．何慕李译,商务印书馆,1997
[155] [美]罗尔斯．正义论．何怀宏、何包钢、廖申白译,中国社会科学出版社,1988
[156] [美]罗尔斯．作为公平的正义——正义新论．姚大志译,上海三联书店,2002
[157] [美]沃尔泽．正义诸领域．松燕译,译林出版社,2002
[158] 慈继伟．正义的两面．生活·读书·新知三联书店,2001
[159] 胡玉鸿．法学方法论导论．山东人民出版社,2002
[160] 陈金钊．法律解释的哲理．山东人民出版社,1999
[161] 谢晖．法律的意义追问——诠释学视野中的法哲学．商务印书馆,2003
[162] 谢晖、陈金钊．法律:诠释与应用．上海译文出版社,2002
[163] 梁治平编．法律解释问题．法律出版社,1998
[164] 董嗥．司法解释论．中国政法大学出版社,1999
[165] [美]伯顿．法律和法律推理导论．张志铭、解兴权译,中国政法大学出版社,1999
[166] 张保生．法律推理的理论与方法．中国政法大学出版社,2000
[167] [德]罗伯特·阿列克西．法律论证理论．舒国滢译,中国法制出版社,2002
[168] 赵震江．法律与社会．时事出版社,1985
[169] 赵震江主编．法律社会学．北京大学出版社,1998
[170] 陈宝良．中国的社与会．浙江人民出版社,1996
[171] 瞿同祖．中国法律与中国社会．中华书局 2003
[172] [美]庞德．通过法律的社会控制法律的任务．沈宗灵、董世忠译,商务印书馆,1984
[173] [英]阿蒂亚．法律与现代社会．范悦等译,辽宁教育出版社,1998
[174] 王威．法律社会学——学科辨析与理论源流．群众出版社,2004
[175] 马长山．国家、市民社会与法治．商务印书馆,2001
[176] [美]罗斯．社会控制．秦志勇,毛永政译,华夏出版社,1989
[177] [美]科斯等．财产权利与制度变迁．胡庄君等译,上海三联书店、上海人民出版社,1994
[178] [美]罗伯特·考特、托马斯·尤伦．法和经济学．张车等译,上海人民出版社,1994
[179] [美]麦乐怡．法与经济学．孙潮译,浙江人民出版社,1999
[180] [美]波斯纳．法律的经济分析．蒋兆康译,中国大百科全书出版社,1997
[181] 赵震江主编．科技法学(修订版),北京大学出版社,1998
[182] 张中秋．法律与经济．南京大学出版社,1995

[183] [德]施米特．政治的概念．刘宗坤等译,上海人民出版社,2003
[184] [德]赫费．政治的正义性．庞学铨等译,上海译文出版社,2005
[185] 刘小枫选编．施米特与政治法学．上海三联书店,2002
[186] 刘作翔主编．立党为公、执政为民的法理学研究．中国政法大学出版社,2005
[187] [英]马凌诺斯基．文化论．费孝通译,华夏出版社,2002
[188] [美]埃尔曼．比较法律文化．高鸿钧,贺卫方译,清华大学出版社,2002
[189] 马小红．礼与法:法的历史与连接．北京大学出版社,2004
[190] 喻中．法律文化视野中的权力．山东人民出版社,2004
[191] 梁治平．法律的文化解释．生活·读书·新知三联书店,1995
[192] 刘作翔．法律文化理论．商务印书馆,1999
[193] 何勤华．法律文化史谭．商务印书馆,2004
[194] [美]罗斯科·庞德．法律与道德．陈林林译,中国政法大学出版社,2003
[195] 曹刚．法律的道德批判．江西人民出版社,2001
[196] [美]伯尔曼．法律与宗教．梁治平译,生活·读书·新知三联书店,1991
[197] [英]戴维·赫尔德．全球大变革——全球化时代的政治、经济与文化．杨雪东等译,社会科学文献出版社,2001
[198] 姚建宗．法治的生态环境．山东人民出版社,2003
[199] 陈泉生主编．生态主义法哲学．法律出版社,2002
[200] 王威、张孝烈．实施可持续发展战略的法律保障研究．西南师范大学出版社,2004

图书在版编目(CIP)数据

法理学/魏清沂主编.—兰州:兰州大学出版社,2006.3

(21 世纪高等学校法学专业应用型系列教材)

ISBN 978-7-311-02761-2

Ⅰ.法… Ⅱ.魏… Ⅲ.法理学—高等学校—教材 Ⅳ.D90

中国版本图书馆 CIP 数据核字(2006)第 018960 号

责任编辑 刘 刚 郝可伟
封面设计 张稳移

书　　名 法理学
主　　编 魏清沂
出版发行 兰州大学出版社 (地址:兰州市天水南路 222 号 730000)
电　　话 0931-8912613(总编办公室) 0931-8617156(营销中心)
0931-8914298(读者服务部)
网　　址 http://www.onbook.com.cn
电子信箱 press@lzu.edu.cn
印　　刷 兰州德辉印刷有限责任公司
开　　本 787 mm×1092 mm 1/16
印　　张 25
字　　数 584 千
印　　数 4001~5000 册
版　　次 2006 年 3 月第 1 版
印　　次 2012 年 1 月第 4 次印刷
书　　号 ISBN 978-7-311-02761-2
定　　价 45.00 元